OPTIMUM

Collection dirigée par Fabien Fichaux

Culture G.

Jacques Bonniot de Ruisselet

Enseignant en culture générale dans la classe préparatoire à l'ENA de l'université de Paris I Panthéon-Sorbonne (CIPCEA)

ellipses

Pour mes parents.

ISBN 2-7298-0640-7

www.editions-ellipses.com

INTRODUCTION

COURS

QU'EST-CE QUE LA CULTURE GÉNÉRALE ?

« La culture généralisée se transformera en haine de la vraie culture. »
F. Nietzsche, *La Volonté de puissance*, Gallimard, 1995, tome II, § 248, p. 85.

« Une époque atteinte de ce mal qu'on appelle la culture générale, mais foncièrement inculte et dénuée d'unité de style, ne saura que faire de la philosophie, fût-elle proclamée dans les rues et sur les places par le génie de la Vérité en personne. »
F. Nietzsche, *La Naissance de la philosophie à l'époque de la tragédie grecque*, Gallimard, p. 33-34.

1. Ce que n'est pas la culture générale

• *Le général contre les généralités*

Aborder la culture générale ne consiste pas à se contenter de généralités, encore moins de banalités, à brasser des idées générales sans aller au fond des choses, sans faire preuve de discernement à l'égard des arguments avancés, mais au contraire à savoir hiérarchiser les phénomènes étudiés et les faits en fonction de leur importance respective.

En ce sens, *il n'est de culture que générale* : rester prisonnier d'un seul point de vue érigé en absolu, c'est faire preuve d'un manque de culture, c'est la marque d'un esprit borné ou fanatique, ou en tout cas celle de celui qui n'a jamais été *ouvert à et par la culture*. La culture n'est pas accumulation d'informations, mais **formation** de l'esprit. De façon significative, un même mot allemand, *Bildung*, signifie à la fois *culture* et *formation*.

La culture ne peut donc être que générale : la culture sera générale ou ne sera pas. L'*inculture* consiste précisément à s'accrocher à un point de vue particulier et unilatéral pour ne plus en démordre. La culture nous permet de mettre en perspective les choses, pour mettre toute chose à sa juste place et éviter d'ériger en absolu un point de vue particulier. *La culture* générale n'est donc pas nécessairement relativisation, elle n'entretient pas nécessairement l'idée qu'au fond « tout se vaut » — c'est-à-dire qu'en définitive « rien ne vaut », comme le fait remarquer Nietzsche — mais *suppose au contraire la faculté de discerner et de hiérarchiser ce qui mérite de l'être,* la capacité de repérer l'éclairage signifiant, celui qui donne la meilleure intelligibilité à l'événement.

Dans un dialogue de Platon, un personnage demande à un autre : « Qui t'a appris à parler grec ? » « Tous ont été mes professeurs », lui est-il répondu. Cette réponse pourrait être élargie à la question plus vaste de la culture : ce qui est culturel en nous, c'est tout ce en quoi « tous » — du moins ceux qui partagent la même culture — « ont été mes professeurs », le langage n'étant alors qu'un cas particulier du phénomène culturel.

• *Le cultivé et le culturel*

Suffit-il pour autant de porter l'empreinte d'une culture, d'être façonné par une culture, pour être cultivé ? Assurément non. Celui qui est marqué par une culture sans disposer des moyens de s'en rendre compte à lui-même, de la comprendre, ne fait que la subir[1], et est d'autant plus prisonnier de cette culture qu'il ignore ou ne prend pas en compte le fait qu'il existe d'autres cultures que la sienne. Car si l'humanité est une, le propre de la culture est de se décliner au pluriel. Il n'y a jamais eu une culture, mais toujours *des* cultures. Même si nous allons, du fait de la mondialisation, vers une culture unique et universelle[2], ou du moins, progressivement, vers une uniformisation des cultures, restera à jamais ce fait historique que les cultures de l'humanité ont été plurielles.

La façon dont une araignée tisse sa toile n'a rien de culturel. Les animaux n'ont pas de culture, la culture est un fait spécifiquement humain. Pas plus le dressage des animaux ne constitue pour eux l'acquisition d'une culture, pas plus le fait d'éduquer un individu* humain ne peut se ramener à un simple dressage, à un simple apprentissage de conduites extérieures. Éduquer un individu*, c'est le mettre à même de développer ses propres capacités, et de s'approprier pour son propre compte l'héritage de l'humanité[3] qui le précède.

Peut-on alors éduquer une foule, les masses*, une classe sociale, ou seulement des individus* ? Le rêve des Lumières était celui de l'éducation d'un peuple à la liberté, condition de l'autonomie politique et de la sortie de la tutelle qui déshonore les peuples[4]. La culture est-elle ce dans quoi l'individu* baigne, et la manière dont il se rapporte au monde — notamment fait de rapports sociaux — qui l'entoure ?

---

1. Telle est la tâche et l'apport de la sociologie selon Pierre Bourdieu : permettre au sujet de se réapproprier le sens de son expérience qui commence par lui échapper, en exerçant un travail de « dénaturalisation et de défatalisation » des déterminants sociaux, qui ne peut être mené à bien que par le dévoilement des fondements sociaux et historiques des discriminations sociales (cf. en particulier Pierre Bourdieu, *La Distinction*, Éditions de Minuit, 1979).
2. Sur cette question, cf. Gérard Leclerc, *La Mondialisation culturelle*, PUF, coll. « Sociologie d'aujourd'hui », PUF, 2000, 496 pages.
3. Voir sur ce thème *L'Héritage de l'Europe* de H.-G. Gadamer, Bibliothèque Rivages, 1996, 157 pages.
4. Cf. l'opuscule d'Emmanuel Kant, *Qu'est-ce que les Lumières ?*, 1785, in *La Philosophie de l'histoire*, Gonthier/Denoël, 1947.

Cependant l'**inculture** est bien plus qu'une absence de culture. Nul ne reprochera à un Kaspar Hauser émergeant enfin de sa cave d'être « inculte ». L'inculture est un refus actif, un rejet, une résistance à la culture. D'où peut bien venir cette résistance ? De ce que les certitudes immédiates, que toute culture amène à remettre en cause, rassurent l'individu*, lui servent de repères[1]. L'ignorance du peuple est un des moyens du pouvoir. Bien des formules politiques qui peuvent passer pour plausibles, crédibles, acceptables, verraient leur inanité mise au grand jour, moyennant un minimum de culture historique, économique et politique. La capacité d'oubli des masses*, des peuples, est étonnante, et peut-être parfois salutaire (voir Renan, *Qu'est-ce qu'une Nation ?*).

La culture, c'est donc la capacité de mettre en perspective le présent, le quotidien, l'immédiat. Elle seule permet d'acquérir la « profondeur de champ » qui permet de situer les événements dans la dynamique qui les rend intelligibles. Parce que l'histoire n'est pas le simple cortège d'événements isolés, juxtaposés, successifs, la culture générale est nécessaire pour analyser notre présent, et cette compréhension est nécessaire pour que nous puissions nous y situer afin d'y agir de façon sensée.

2. Culture générale et philosophie

La culture générale n'est pas la philosophie[2] : où réside la différence ? Socrate par exemple ne se contente pas de comprendre la complexité de la société qui l'entoure, dans toutes ses dimensions (politique, culturelle, artistique, religieuse...) : il porte sur elle un regard critique, il pose la question « pourquoi ? ». Non pas au sens où il voudrait simplement comprendre comment ces différents éléments s'articulent dans la réalité, mais au sens où il pose la question du fondement sur lequel repose cette culture, il pose la question de sa *valeur* : c'est une telle question qui est étrangère à la culture générale. La culture générale consiste à se saisir du réel pour le comprendre et s'y repérer, non pour le critiquer et le remettre en question.

C'est bien pourquoi, selon Hegel, la culture ne peut se suffire à elle-même et porte en elle, pour qui réfléchit véritablement, le « besoin de la philosophie ». La culture est porteuse de la nécessité de se penser elle-même, et de s'évaluer. C'est à la philosophie d'accomplir cette tâche, qui n'a donc pas sa place dans une dissertation de culture générale. Pour Hegel, la philosophie est la conscience qu'une culture donnée prend d'elle-même, et non un ensemble de spéculations individuelles, les théories ou le système d'un « auteur ». La philosophie grecque, c'est à ses yeux la conscience que le monde grec a pris de lui-même, une philosophie est la conscience de soi d'une société donnée. On comprend que

1. La remise en cause de ces repères menace l'individu* ou le groupe d'**anomie***, de l'effondrement de sa culture propre et des normes qui en découlent, orientant ses pratiques et ses choix.
2. Sur cette question, voir P. Simmarano, *Réussir la dissertation de culture générale aux concours*, Bréal, 1999, p. 7-8.

dans cette perspective, il ne saurait y avoir de frontière bien établie entre culture et philosophie : c'est de la culture que jaillissent les questions qui vont donner sa matière à la philosophie d'une époque et d'une culture données. C'est dire que la culture, même la plus aboutie, ne se suffit pas à elle-même, que le tout n'est pas de connaître et de comprendre, mais que plus on connaît de choses, plus on prend connaissance des réalités, plus se fait impérieuse en nous l'exigence de les **penser**, et peut-être de les critiquer voire d'agir pour les modifier : c'est le passage à la *praxis* (terme grec pour « action ») chez Marx.

• *Pourquoi la culture générale ?*

La culture est, comme la langue selon Ésope, la meilleure et la pire des choses, elle est à la fois ce qui rassemble et ce qui divise les hommes. Sans culture commune, sans un minimum de références en commun, impossible pour les hommes de se comprendre et d'échanger. L'éducation, l'apprentissage d'une langue et d'une culture à l'école, sortent l'individu* de son isolement ou de son confinement dans la sphère familiale pour lui donner la clé qui lui permettra d'entrer en contact avec les autres, de se « socialiser », de trouver sa place dans la société. Mais la culture est aussi ce qui divise les hommes. Il n'y a pas, du moins à ce jour, de culture universelle ; à une culture s'opposent toujours d'autres cultures, et cette opposition est peut-être lourde de menaces et vecteur de conflits encore à venir, c'est du moins la thèse de Samuel Huntington ramassée dans la formule de « choc des civilisations ». (Cf. Samuel Huntington, *Le Choc des civilisations*, Odile Jacob, 1997, réédition 2000.)

Conseils

CONSEILS MÉTHODOLOGIQUES EN VUE DE LA DISSERTATION DE CULTURE GÉNÉRALE

Pour passer de la « *culture-réflexe* » à la *réflexion*

Évitez de recourir aux formules lapidaires et allusives. Par exemple, si vous écrivez : « Assistons-nous au "crépuscule du devoir" (Lipovetsky) ». « Traversons-nous l'"ère du vide" ? (Lipovetsky) ». En effet, il est impossible, sur cette base, de discerner si vous connaissez plus que le titre des ouvrages ou le nom des auteurs auxquels vous vous référez. Ce qui est sûr, c'est que vous n'en dites rien d'original, de personnel ou d'intéressant. Il s'agit d'un simple « vernis culturel », d'un simple clin d'œil au correcteur. Or la question n'est pas de savoir si le lecteur saisit ou non ce à quoi vous faites allusion, mais de savoir si vous seriez capable d'y faire plus qu'une allusion. Il faut donc faire une référence plus « substantielle » : montrer que vous avez effectivement connaissance de l'idée ou des idées majeures de cet ouvrage ou de cet auteur. Il importe de montrer que vous êtes capable d'*entrer en dialogue* avec votre référence culturelle : montrer ce qu'elle vous apporte, comment elle enrichit votre réflexion, comment vous vous situez par rapport à elle (Par exemple : est-ce le point de vue que vous entendez combattre ou du moins discuter, avec lequel vous engagez une discussion ? Est-ce un point que vous considérez comme acquis et sur lequel vous basez une partie au moins de votre argumentation ? Ou votre référence vous aide-t-elle à résoudre les problèmes que vous avez formulés précédemment, à dépasser ou surmonter les obstacles sur lesquels vous avez buté ou à répondre aux questions que vous vous posez ?).

SUJET TRAITÉ

« LA CULTURE EST-ELLE L'AFFAIRE DE L'ÉTAT ? »

Éléments de corrigé

• *Introduction*

Si l'on se situe dans le cadre français, la question du sujet court, lancinante, de la création par De Gaulle en février 1959 d'un « Ministère des affaires culturelles » taillé sur mesure pour André Malraux dans le gouvernement de Michel Debré (voir les circonstances précises dans Fumaroli, *L'État culturel,* p. 62) jusqu'aux récentes tentatives de défendre l'« exception culturelle à la française » que Fumaroli qualifie ironiquement de « ligne Maginot culturelle » lors des dernières négociations concernant les accords du GATT par exemple.

La toile de fond du sujet (mais qui sort du cadre strict du programme de culture générale à l'ENA), c'est l'État-mécène de l'Ancien Régime, c'est François Ier et l'importation de la Renaissance italienne, c'est le rayonnement culturel de la Cour de Louis XIV, c'est le despotisme* éclairé incarné dans la figure emblématique de Frédéric II de Prusse.

Et si l'on veut se situer à l'échelle européenne (mais la formulation du sujet invite à privilégier l'État comme cadre de référence de la réflexion, et jusqu'à plus ample informé l'Union européenne ne constitue pas un État), on ne peut s'empêcher de penser à la formule de Jean Monnet citée de mémoire : « Si c'était à refaire [*i.e., la construction européenne*], je commencerais par la culture » – la question de savoir si ce faisant, ce serait bien la même « chose » qui se serait « fait » restant en suspens...

Formulation du sujet

Est-il possible, est-il légitime, est-il souhaitable que l'État se saisisse des « affaires culturelles » ?

I. Le mythe fondateur de la politique culturelle à la française : la France, désert culturel…

À l'origine de la politique culturelle volontariste qui a caractérisé en France l'histoire de la Ve République, il y aurait un mythe, celui du « désert **culturel français**[1] ». Marc Fumaroli retrace, à travers son ouvrage, de façon relativement convaincante, l'archéologie* de ce poncif[2]. Si la France n'est qu'un désert culturel en effet, comment ne pas penser qu'il appartiendrait à l'État de faire (re ?)fleurir ce désert, de l'ensemencer, par une vaste politique d'implantation de « maisons de la culture » de par tout le territoire par exemple, selon la politique impulsée par André Malraux à partir de 1959 ?

La thèse de Marc Fumaroli consiste à dire que **la culture ne se porte jamais mieux que lorsque l'État la laisse en paix** et s'en désintéresse. Les deux postures, les deux positions possibles quant à l'opportunité d'une politique culturelle d'État, se laissent appréhender de façon saisissante par la confrontation de ces deux thèses antithétiques :

> « Ce que l'État encourage dépérit, ce qu'il protège meurt. »
>
> Paul-Louis Courrier, cité par Fumaroli, p. 79 :
> le baiser de l'État à la culture serait le baiser de Judas.

> « Diriger l'art, c'est lui permettre de s'accomplir. »
>
> Georges Hilaire, secrétaire général aux Beaux-Arts dans le gouvernement
> de Pierre Laval, cité par Fumaroli, *ibidem,* p. 107.

Cette antithèse permet de penser qu'autant il est naturel aux régimes totalitaires de s'emparer des « affaires culturelles » comme relevant de plein droit et comme par définition de leur sphère de compétence, autant, il y a dans une démocratie libérale quelque chose de déplaisant et même de choquant dans la notion d'un art officiel, d'une culture d'État. L'art officiel des régimes totalitaires sera toujours académique, forcément académique, quelque « révolutionnaire » qu'il se veuille par ailleurs, puisqu'il faut bien que le pouvoir énonce et édicte les règles de cet art officiel, celles du « réalisme socialiste » par exemple. Ce faisant, les régimes totalitaires font de tout artiste, comme de tout penseur, un dissident potentiel en ceci que précisément l'acte de création artistique n'est préfiguré par aucune règle et ne peut prendre comme ligne de conduite aucune consigne extérieure. C'est donc exclusivement dans les régimes démocratiques, et en particulier le nôtre, celui de la France, que la prise en charge de la culture par l'État pose problème et peut se révéler paradoxale.

Jeanne Laurent, à qui Fumaroli prête un rôle discret mais décisif dans la mise en place d'une politique culturelle à la française, déplore dans son livre *La République et les beaux-arts* (1955), le manque d'ambition culturelle de la IIIe République. Elle dresse un réquisitoire sans

1. « À Paris les grandes écoles, à Paris le théâtre ; le reste était Province [Malraux parle du Premier Empire], c'est-à-dire dans ce domaine [celui de la culture] tournées ou néant. » André Malraux, *Discours d'inauguration de la Maison de la Culture de Grenoble,* 3 février 1968.
2. M. Fumaroli, *L'État culturel,* Livre de Poche, Éditions de Fallois, p. 12-13, 77, 82, 116, 163, 188.

appel contre son absence de politique culturelle et, emportée par son élan, se laisse aller à une paradoxale réhabilitation de la politique culturelle du Second Empire.

Prenant le contre-pied de Jeanne Laurent, Marc Fumaroli réhabilite la IIIe République injustement décriée et un peu vite taxée de « bourgeoise[1] ». Il en loue la « prudence *parcimonieuse* », la modération, la retenue culturelle, la modestie. S'il a tendance à l'idéaliser à son tour, l'identifiant peut-être un peu vite à cette « république *athénienne*[2] » promise par Gambetta et qu'elle aurait voulu être, on ne peut lui contester le mérite de n'avoir pas entravé l'art, de n'avoir pas empêché les véritables artistes de prospérer et de trouver par eux-mêmes le chemin de leur public. Le couple Curie, Gide, Valéry, Rodin, Monet, Seurat, Degas, Bonnard, Jouvet : où est donc ce fameux « désert *culturel français* » dont on nous rebat les oreilles ? « Était-ce là un désert ? » On est loin du « Mozart assassiné » en chaque petit français – l'accusation, « atroce » selon Fumaroli, est de Saint-Exupéry dans *Terre des hommes*[3] (1939).

Jean Zay et Léo Lagrange trouvent, seuls ou presque, grâce aux yeux de Fumaroli pour leur retenue et leur refus conscient d'**embrigader** les loisirs[4] à l'heure où le Front Populaire instaure les « Congés Payés » et où les régimes totalitaires donnent l'exemple d'une tel embrigadement.

C'est donc sur ce mythe d'un « *désert culturel français* » que se met en place, étape par étape, la politique culturelle française, qui devait culminer dans l'assimilation pure et simple du politique et du culturel, dans la politique du « *tout culturel* » (avec Jack Lang). Ces étapes s'appellent **Emmanuel Mounier**[5], Uriage et le mouvement « Jeune France[6] » : le théoricien de la politique culturelle, et l'embryon de sa mise en œuvre ; **Jeanne Laurent**, le grand précurseur, qui eut (aux yeux de Fumaroli) la chance de n'avoir pas les moyens de sa politique (sauf en matière théâtrale : c'est elle qui confie le Festival d'Avignon à Jean Vilar) et le seul

1. L'ingratitude de la France, et singulièrement des intellectuels, à l'égard de la IIIe République ne lui semble pas sans conséquence, mais au contraire avoir fait le lit des politiques culturelles beaucoup plus aventureuses, et contestables, qui ont suivi. « La IIIe République fut enveloppée dans le mépris pour le « stupide XIXe siècle » ou pour le « bourgeois, cette aberration de l'histoire. Maurras et Marx, Baudelaire et Flaubert, étaient contre ce pelé, ce galeux d'où tout le mal était venu. Les crachats de Céline l'emportèrent sur l'humour de Giraudoux. Même Valéry, le poète lauréat du régime, n'eut pas un mot de condoléances. », *Ibidem*, p. 103-104.
2. Thème qui parcourt le livre : *ibidem*, p. 41, 73, 94, 96, 102-103, 110, 288.
3. *Ibidem*, p. 21, 132-133, 229.
4. « L'organisation des loisirs est un terme derrière lequel il convient de penser ce que l'on entend mettre. Il ne peut s'agir, dans un pays démocratique, de caporaliser les loisirs, les distractions et les plaisirs des masses* populaires, et de transformer la joie habilement distribuée en moyen de ne pas penser. » Léo Lagrange, cité par Fumaroli, *op. cit.*, p. 93.
5. Grand conptempteur de l'« individualisme bourgeois » et le promoteur d'une « communauté personnaliste » soudée par une culture commune, qu'il oppose aux artifices de la république radicale et laïque ; Fumaroli, *op. cit.*, p. 107.
6. Que Fumaroli, à la suite de B.-H. Lévy (*L'Idéologie française*) à qui il renvoie, situe dans la collaboration au moins jusqu'en 1942.

défaut d'avoir eu tort trop tôt ; **Malraux**, le « prophète[1] » de la politique culturelle à la française ; **Jack Lang** enfin, le Malraux du pauvre et/ou de la gauche.

La politique du « tout culturel » : la politique culturelle sous Malraux faisait partie intégrante du panache et de la grandeur de la France, mais le Ministère des affaires culturelles (qui deviendra Ministère de la Culture en 1976) occupait un rôle somme toute modeste dans le gouvernement gaulliste. **La fusion entre la culture et l'État n'était pas encore consommée.** Les propos enflammés[2] de Jack Lang, alors ministre de la culture, consomment en revanche cette identification :

> « Culturelle, l'abolition de la peine de mort que vous avez décidée ! Culturelle, la réduction du temps de travail ! Culturel, le respect des pays du Tiers-monde, etc. »

Qu'est-ce sinon faire du ministre de la Culture un Premier ministre bis, ou « faire reposer sur chaque membre du gouvernement une responsabilité artistique évidente ».

Il n'est d'ailleurs pas à exclure que l'État se replie sur une grandiose « ambition culturelle[3] » au moment même où il est en passe de perdre son empire sur le plan politique. Nous aurions alors affaire à un mécanisme similaire à celui décrit par Régis Debray dans *L'État séducteur* (il établit lui-même explicitement le parallèle) : l'État se replie sur une vertueuse « politique humanitaire » dans la mesure même où il déserte son rôle diplomatico-militaire. La guerre du Kosovo dans laquelle s'est impliquée l'OTAN, et qui n'a, pas plus que l'absence d'initiative militaire crédible de la part de l'Occident en Croatie et en Bosnie, eu l'heur de plaire à Régis Debray, ne semble néanmoins pas de nature à corroborer son analyse : le souci humanitaire n'est pas exclusif d'une intervention militaire efficace dont il peut au contraire contribuer à fonder la légitimité. De la même façon – et c'est là une critique implicite des thèses de Fumaroli – il n'est pas sûr que la politique en faveur de la francophonie menée par la France soit un simple ersatz d'une politique coloniale dont il aurait fallu faire son deuil.

II. Les mirages de la « démocratisation de la culture »

En reprenant la formulation paradoxale de Daniel Halévy (« La démocratie, c'est les mêmes privilèges pour tout le monde »), on peut mesurer l'imposture ou le mirage aux alouettes que peut constituer l'idée d'une démocratisation de la culture. La démocratisation de la culture, cela consiste à « étendre à tous le privilège d'accéder à des choses qui n'existent plus. » (Roberto Calasso, cité par Fumaroli, *ibidem*, p. 59). Ce projet qui constitue bien à l'origine la mission centrale dévolue au ministère des affaires culturelles créé par un décret de février

1. Fumaroli, *op. cit.*, p. 14, 218. Ce terme n'est pas employé au hasard, mais à dessein. Le sous-titre du livre de Fumaroli est « Essai sur une religion moderne », et l'auteur rappelle à plusieurs reprises que Malraux voulait faire de ses Maisons de la Culture « les cathédrales du XXe siècle ». (p. 218, 226 *et passim*)
2. Discours à l'Assemblée Nationale du 17 novembre 1981. Cité par Fumaroli, *op. cit.*, p. 192.
3. Le Ministère des Affaires culturelles voit ainsi définie sa mission : « Accomplir le rêve de la France, rendre la vie à son génie passé, donner vie à son génie présent et accueillir le génie du monde. » André Malraux, Décret du 24 juillet 1959, cité par Fumaroli, *op. cit.*, p. 57.

1959 (« Le Ministre d'État a pour mission de rendre accessibles les œuvres capitales de l'humanité, et d'abord de la France, au plus grand nombre possible de français. » cité p. 57), ce projet généreux repose sur une multitude de malentendus.

D'abord sur celui qui consiste à voir dans la culture un ensemble de « choses » ou d'« affaires » auxquelles il ne s'agirait plus que d'assurer la diffusion la plus large possible, qu'il faudrait rendre accessible au public le plus large possible. Cette métaphore qui présente la culture comme :

> « [...] un liquide ou un gaz, dont on ne supporte pas la concentration[1], et qui doit être à tout prix "diffusé" uniformément partout, est une idée d'ingénieurs de la mécanique des fluides. »

Tout « *capitaliste de la culture* » se doit de ressentir de la honte de ce privilège, et est sommé d'éprouver le souci de partager son capital avec tous. Cette conception instaure une détestable « *charité de la culture* », conception apparemment généreuse mais en réalité bien condescendante et parisienne.

Or la culture n'est pas d'abord un ensemble de choses, mais ce que Cicéron appelait la « *cultura animi*[2] », la **culture de l'âme**, « la croissance de l'âme par l'étude désintéressée ». La culture n'est pas ce qui divertit ou ce qui distrait l'homme mais ce qui l'élève et le grandit. L'amputation de la formule complète, « *culture de l'âme* », prépare et rend possible le ravalement du substantif « culture » au rang de simple adjectif « culturel », lui-même promptement mis à toutes les sauces : on ne parlera plus que d'« événements culturels », de manifestations culturelles, d'impérialisme culturel, de sensibilité culturelle, de politique culturelle, d'État culturel.

Or le substantif « culture » dérive à l'origine du verbe latin *colere* qui désigne le métier d'où est sorti toute la civilisation, celui qui consiste à prendre soin de la nature, de veiller à la croissance des êtres vivants, de **cultiver** la nature. Et comme le fait de devenir cultivateur implique une sédentarisation, le verbe *colere* se met à signifier le fait d'habiter une civilisation, de cesser d'être un nomade. C'est aussi *prendre soin* des choses, s'en soucier, leur apporter toute son attention, les aider à croître et, le cas échéant, les *soigner*. Prenant en charge l'environnement qu'il habite, l'homme entreprend enfin de le parer, de l'embellir : *colere* signifiera donc aussi parer, orner, embellir. Mais ce souci de la beauté ne se cantonne pas aux plantes et aux bêtes : il s'étend aux hommes à travers vêtements et parures, enfin aux mœurs, il concerne également l'acquisition de la *politesse*. C'est tout cela qu'il faut entendre dans le substantif « culture », c'est tout cela qui fait l'homme authentiquement *cultivé*.

---

1. Injustice de la culture qui n'est accessible, dans les musées ou les bibliothèques universitaires, qu'à un petit nombre, à une caste de privilégiés !
2. M. Fumaroli, *op. cit.*, p. 113, 203-204, 219. Expression qui traduit *grosso modo* la *paideia* grecque, et que le dernier Foucault rendra par la formule française de « souci de soi », fait de prendre soin de son âme. (p. 219)

> « Colère, bref poème de la vie paysanne, signifie aussi adorer, vénérer, rendre un culte aux êtres divins[1]. »

Culte et culture ne sont pas antinomiques, il y a une vraie parenté entre le *cultuel* et le *culturel*, et ce n'est donc pas pur artifice si André Malraux s'efforce de rendre sa dimension sacrale à la culture. C'est en renouant avec ses origines que la culture peut devenir « une religion moderne ».

Ainsi restituée à son sens primitif, la culture ne peut plus être présentée comme une richesse injustement accaparée par quelques privilégiés, et qu'il faudrait mettre le plus aisément possible à la portée du plus grand nombre. La culture ne désigne pas un privilège mais un patient et exigent travail sur soi. La métaphore de la diffusion et de la « démocratisation » de la culture pourrait bien n'être qu'un symptôme d'un contresens sur ce en quoi consiste la culture véritable.

III. L'État, adossé à la culture

La thèse de Marc Fumaroli prend *in fine* la forme d'un verdict :

> « Les origines, en dernière analyse, de l'État culturel, sont bismarckiennes. »

Or par quoi se caractérise la conception bismarckienne de l'État aux dires mêmes de Fumaroli ? Bismarck « ne croit qu'en l'État » ;

> « pour lui, la nation allemande est à l'État prussien ce que la France d'Ancien Régime était pour Robespierre, un territoire irrationnel que l'État doit rationaliser, moderniser, et enrégimenter au service de sa volonté de puissance. »

Le « *Kulturkampf*[2] » (combat culturel, ou combat en faveur de la culture) n'est alors qu'une facette de la politique de l'État entreprenant de façonner la Nation[3]. Mais cet argument peut précisément être retourné contre l'argumentaire de Fumaroli : c'est précisément dans la mesure où l'État n'est pas simplement « le plus froid de tous les monstres froids » (F. Nietzsche), c'est dans la mesure où il n'est pas, comme dans la conception de Bismarck, un simple agencement de rouages et d'institutions impersonnels et sans âme ; c'est pour autant que l'État n'est vivant qu'en tant qu'il plonge ses racines dans **une culture commune qui le précède**, qu'il s'enracine dans la culture d'un peuple, qu'il ne peut purement et simplement se détourner et se désintéresser de la culture, lui être étranger et indifférent. Il n'est pas d'État, sinon d'artifice en effet, sans culture nationale, et E. Renan disait dans sa conférence *Qu'est-ce qu'une Nation ?* qu'une nation, c'était aussi une mémoire collective ; or qu'est-ce qu'une culture sinon ce fonds commun à qui partage une même civilisation ? Platon écrivait qu'étaient

---

1. Fumaroli, *op. cit.*, p. 203.
2. Autre thème récurrent : p. 65, 67, 157, 197, 205, 215.
3. Il n'est donc pas étonnant que M. Fumaroli soit amené à prendre le contre-pied de ce lieu commun qui veut qu'en France, ce soit la Nation qui soit une création de l'État (M. Fumaroli, *op. cit.*, p. 158). Tout son ouvrage se veut une démonstration, sur le plan culturel, de la thèse inverse.

grecs tous ceux qui avaient appris à lire dans Homère. Définition pré-politique de la Grèce, certes, définition *simplement* culturelle, et qui ne préjugeait nullement de l'existence effective d'un « État » grec au sens moderne du mot.

Reste qu'il est légitime que l'État ait le souci de commémorer ses propres événements fondateurs, de réveiller et de raviver ce qui fait vivre les hommes ensemble, combattant ainsi l'apathie, l'amnésie et l'oubli collectifs qui font le lit des tyrannies*[1]. Quoi que l'on puisse par ailleurs penser du défilé de Goude sur les Champs Élysées, il était légitime pour la République de célébrer le bicentenaire de la Révolution française, et il était impensable qu'elle ne le fit pas.

C'est dire qu'il y a loin d'un État qui se prétendrait et se voudrait source des arts, des lettres et des sciences, à un État vivifié par la culture.

• *Éléments de conclusion*

Si la culture n'est pas un produit commercial comme les autres, dont on pourrait se contenter de faire la « promotion », c'est parce qu'elle a à voir avec les fondements mêmes de la nation.

Marc Fumaroli n'a sans doute pas tort lorsqu'il affirme que les démocraties libérales ont souffert d'un « complexe **culturel** » par rapport aux régimes totalitaires, mieux à même de par leur nature de mobiliser la culture nationale et d'embrigader les loisirs[2]. C'est peut-être ce « complexe culturel » qui a aiguillonné leurs velléités de promouvoir une politique culturelle, mues par le souci de ne pas être en reste.

Tout État, s'il n'est pas le fruit de découpages arbitraires, est culturel en ce sens : non pas source ou protecteur de la culture, non pas tutelle exercée sur la création artistique, mais lui-même une des productions, une des facettes de cette culture nationale.

---

1. Une remarque très suggestive de M. Fumaroli dans *l'État culturel* : « Le marxisme et ses nombreux substituts ou dérivés ont pour principal adversaire le passé. Le passé (ce qui résiste à la passoire du temps) est libérateur et éducateur. » La domination sur les peuples ne peut être totale si du passé l'on n'a pas fait table rase, éradiquant par exemple les classes sociales qui ne sont que des traces ou des survivances de ce passé (comme les koulaks dans la rhétorique de l'Union soviétique), ou s'il n'est pas façonné et réécrit librement par le pouvoir en fonction des impératifs politiques du moment. Remarque importante, mais comment ne pas voir qu'elle implique que l'État fasse fond sur une culture, qui n'est rien d'autre que l'héritage de notre passé, notre patrimoine ?
2. M. Fumaroli en relève comme une étrange nostalgie jusque dans l'ouvrage de Marc Bloch (*L'Étrange défaite*) pourtant peu suspect de fascination pour le totalitarisme : « Ce n'est pas par hasard si notre régime, censément démocratique, n'a jamais su donner à la nation des fêtes qui fussent véritablement celles de tout le monde. Nous avons laissé à Hitler le soin de ressusciter les antiques péans. » cité par Fumaroli, *op. cit.*, p. 129.

Indications bibliographiques

L'usage de référence sur cette question reste pour l'essentiel L'État culturel *de Marc Fumaroli, éd. de Fallois, 1992. Le malheur veut que ce soit en même temps un brûlot contre l'idée même de politique culturelle. La thèse centrale de l'ouvrage est en effet que, dès lors que c'est d'État et de politique qu'il s'agit, la « culture » n'est plus qu'un autre nom d'une propagande qui n'ose plus s'afficher sous son vrai nom. L'itinéraire d'André Malraux, chargé par le Général De Gaulle de la* propagande, *puis de* l'information, *puis des « affaires* culturelles *», apporte une crédibilité historique à cette thèse. (Fumaroli, p. 61)*
On ne peut pas reprocher à Fumaroli de ne pas énoncer clairement la thèse centrale qu'il défend dans son livre : « La culture n'est qu'un autre nom de la propagande » ; « Ce que j'appelle l'État culturel, c'est cette tyrannie larvée qui rétrécit la France ».*
*L'ouvrage de Marc Fumaroli, même s'il est loin d'être dénué d'éléments historiques, ne constitue pas pour autant une histoire de la politique culturelle en France, histoire qui, de l'aveu même de l'auteur, reste pour l'essentiel à écrire (*ibidem*, p. 91, 226).*

Compléments bibliographiques

Bloch M., *L'Étrange défaite*, ouvrage rédigé en 1940, publié en 1946.
Emmanuel P., *Pour une politique de la culture*, Seuil, 1971.
— *La Révolution parallèle*, Seuil, 1975.
Finkielkraut A., *La Défaite de la pensée*, Folio Gallimard, 1987, 186 pages.
Henry M., *L'Amour les yeux fermés*, (roman), Gallimard, 1982, 352 pages.
Laurent J., *La République et les beaux-arts*, 1955.
Renan E., *Qu'est-ce qu'une Nation ?*, Presses Pocket, 1992, 316 pages.
Rigaud J., *L'Exception culturelle, culture et pouvoirs sous la Ve République*, Grasset, 1995, 298 pages.

CHAPITRE 1

CIVILISATION, DÉCADENCE, RENAISSANCE[1] ?

1. Dans ce contexte, et s'agissant non de la Renaissance historique mais d'une possible « Renaissance » à venir, j'emprunte le terme à Edgar Morin, *Penser l'Europe*, Gallimard, 1987. N. Berdiaef prophétisait *Le Nouveau Moyen Âge*, Plon, 1927, réédition L'âge d'homme, 1985. E. Morin, plus optimiste, espère en une nouvelle Renaissance qui partirait d'Europe.

COURS

CIVILISATION, DÉCADENCE, RENAISSANCE ?

I. La notion de civilisation

Remarque : Pour préciser le sens d'une notion, il faut la référer aux usages qui en sont faits. Qui manie cette notion, en fonction de quelles fins ? Le recours au terme de « décadence » par exemple est loin d'être neutre. Quels usages en est-il fait à telle époque (une notion peut voir son sens s'infléchir, voire s'inverser, si quelqu'un d'autre s'en empare, ou si la situation a changé).

1. L'opposition culture/civilisation

Le point de départ de Norbert Élias, dans *La Civilisation des mœurs*, consiste à relever le fait que les Français et les Anglais disent « civilisation » là où les Allemands disent « culture[1] ». Pourquoi ? Il s'agit de faire l'archéologie* de cette différence.

- Être « civilisé » en France et en Angleterre, c'est se comporter en homme des villes (*civitas*) par opposition aux manières grossières et vulgaires des paysans, des hommes de la campagne. *Se conduire en homme civilisé, c'est faire et ne pas faire un certain nombre de choses*, et c'est surtout la *manière* de le faire qui détermine si l'on est ou si l'on n'est pas « civilisé », un honnête homme, un *gentleman*, un gentilhomme… « Civilité » en français renvoie à une manière d'être, une façon de se comporter (raffinement des mœurs, élégance, beau parler, « politesse », savoir se tenir dans le monde, savoir y tenir son rang).
- En Allemagne en revanche, il existe, en raison de l'absence historique d'unité politique, une multiplicité de petites Cours qui toutes imitent la Cour française, qui donne le ton, surtout à l'époque de Louis XIV et de Versailles. Parler allemand est vulgaire (c'est la langue des paysans, qui se décline en

1. Se reporter à la fiche de lecture sur *La Civilisation des mœurs*. On peut voir un indice de cette disparité terminologique dans le fait que l'ouvrage de Freud *Das Unbehagen in der Kultur* est généralement traduit par : *Malaise dans la civilisation*, PUF, 1971. Une nouvelle traduction de cet ouvrage lui donne pour titre : *Le Malaise dans la culture*, PUF, 1995, mais c'est elle qui rompt avec la « jurisprudence » en matière de traduction du terme *Kultur*.

une multiplicité de « dialectes », comme le déplore Frédéric II (en 1780). C'est parler français qui est élégant. Les cours allemandes rivalisent pour se montrer aussi « civilisées » que la Cour du Roi Soleil. La bourgeoisie montante n'est pas admise dans les cercles fermés de l'aristocratie. On observe la montée d'une classe sociale éduquée, « snobée » par les nobles de souche, dissimulant mal son désir d'être admis parmi l'aristocratie ; cette classe montante est de plus coupée de toute participation aux décisions politiques. *Elle va jouer, de façon stratégique, la culture contre la civilisation.* Les aristocrates sont « civilisés » à outrance, ils ne sont qu'affectation, hypocrisie, leurs mœurs sont efféminées, mais ils n'ont aucune production artistique à leur actif. La poésie, la philosophie allemande, la musique, la peinture, tout cela est le fait de la bourgeoisie. Les nobles n'ont rien d'équivalent à mettre en regard. La thèse de Norbert Élias est qu'une différence d'abord *sociologique*, interne à la société allemande (opposition entre bourgeoisie et aristocratie), va devenir peu à peu une différence *nationale*, une marque de distinction nationale, à mesure que la classe bourgeoise va accéder, enfin, progressivement, aux réalités du pouvoir. Être civilisé comme les anciens aristocrates, c'était et ce serait singer les Français. **La vraie vertu allemande, c'est la culture,** à savoir la production d'œuvres artistiques, laquelle est ouverte à tous les talents quelle que soit la condition sociale d'origine. C'est là que réside le génie allemand.

- On peut observer une évolution inverse en France et en Angleterre : pendant que la société allemande s'embourgeoise, les sociétés française et anglaise « s'aristocratisent » (c'est la thèse soutenue par Norbert Élias). Pourquoi ? L'aristocratie française est beaucoup moins fermée que l'allemande. La grande bourgeoisie éclairée la fréquente (et en particulier les producteurs, les encyclopédistes, Voltaire) : ils miment les mœurs de la Cour pour mieux s'y faire admettre[1], ils se lancent dans des surenchères : c'est à qui se montrera plus raffiné encore que les aristocrates pour mieux faire oublier ses origines roturières... Le bourgeois se fait « gentilhomme ». Les mœurs de Cour gagnent peu à peu, par « capilarité » — ou par « contagion » écrit Girard — si l'on peut dire, toutes les couches de la société française (on pourrait le montrer dans le détail : le fait de faire usage de la fourchette et du couteau, au lieu de manger avec ses doigts comme un paysan, commence par la Cour et gagne peu à peu, de proche en proche, l'ensemble de la société, en terminant par la paysannerie...). Est **civilisé** tout ce qui s'écarte le plus possible des mœurs « barbares », « grossières », des paysans et du bas peuple ; est **civilisé** tout ce qui se rapproche le plus possible des mœurs de Cour.

1. Voir la thèse de R. Girard, *Mensonge romantique et vérité romanesque*, Grasset, 1961, chap. V, p. 140.

2. La civilisation comme état et la civilisation comme processus

Avant d'être un *état*, la civilisation est d'abord un *processus*, une tâche : civiliser les mœurs, les individus* ou les catégories sociales qui ne le sont pas encore (ceux dont les mœurs sont encore grossières, barbares, vulgaires...). C'est l'idée que la civilisation doit *se répandre*[1], et qu'en se répandant, elle va produire des bienfaits (les mœurs vont s'adoucir, la violence se résorber[2]...). Il ne s'agit que d'éclairer les peuples par l'éducation et par l'instruction. En France sous l'Ancien Régime : la « civilisation » part des couches les plus élevées, les plus aisées, pour gagner peu à peu toute la société en terminant par les couches les plus basses. La volonté des « réformateurs » se réduit à hâter, **accélérer le processus** de civilisation à l'intérieur de la société. (Cf. Turgot) Sitôt la bourgeoisie éclairée arrivée au pouvoir (Révolution française), c'est la Nation tout entière qui est du jour au lendemain réputée « civilisée ». La France, l'Angleterre sont des Nations « civilisées » par opposition cette fois aux Nations **non civilisées**, ou **à civiliser**. *Le processus intérieur est réputé achevé et a débouché sur un état stable* : celui de « Nation civilisée ». Désormais, *la civilisation occidentale s'exporte* : tel est le soubassement idéologique des aventures coloniales. Les Nations civilisées ont une mission, une vocation à remplir vis-à-vis des peuples non encore civilisés : celles de *répandre* partout cette fameuse « civilisation ».

II. La notion de « décadence[3] »

« Le XXe siècle a deux visages, dont l'un de décadence[4]. »

« L'Europe est un monde qui s'effondre ;
la démocratie est une forme décadente de l'État[5]. »

1. Le terme de « décadence » est familier aux historiens

- On parle de la décadence de l'Empire romain, mais aussi de celle des Cités grecques, de la démocratie athénienne et de son empire (qui aboutira à l'écrasement d'Athènes par Sparte), « Pompéi » était une cité en

1. Pour une critique de cette métaphore, voir M. Fumaroli, *L'État culturel*, Éditions de Fallois, 1992, p. 89.
2. On sait que c'est là le rêve de Voltaire pour les lumières, et l'un des enjeux de son opposition à Rousseau.
3. Sur l'usage symétrique des notions de progrès et de décadence, et sur leur renvoi dos à dos, l'une idéalisant le passé et diabolisant l'avenir, l'autre faisant le contraire, voir F. Laupies, *Leçon philosophique sur le mal*, PUF, 2000, p. 46-47. Cf. P. Valéry, « La Tradition et le progrès sont les deux grands ennemis du genre humain », Pléiade, tome II, p. 1035.
4. F. Nietzsche, *La Volonté de puissance*, Gallimard, 1995, tome II, p. 248.
5. *Idem*, p. 87. Sur ce jugement porté sur la démocratie, voir Raymond Aron, *Démocratie et Totalitarisme*, Idées Gallimard, 1965, p. 349-350.

décadence...) ; on dit que la civilisation d'Amérique latine précolombienne était déjà entrée en décadence bien avant l'arrivée des Conquistadors... Dans tous ces cas, on voit que l'invasion et la défaite politique et militaire viennent sanctionner un déclin déjà amorcé depuis longtemps[1]. **La décadence vient de l'intérieur**, elle est un processus interne à une civilisation ou à une société.

- On peut maintenant risquer une **définition de la décadence** qui lui permette d'échapper à un simple usage de rhétorique idéologique : il s'agit de **l'idée d'un déclin inéluctable, irréversible, qui vient de l'intérieur** (et non pas dû à des causes étrangères, extérieures qui auraient pu ne pas se produire. Ex. de cette problématique : la Révolution française était-elle dans sa nature même porteuse de la Terreur, ou n'a-t-elle dégénéré en terreur que sous la poussée d'éléments étrangers : la guerre de l'Europe contre la France révolutionnaire ? Même chose pour l'URSS : jusqu'où peut-on tout expliquer, tout justifier par l'hostilité extérieure, et à partir de quel point faut-il juger que le mal vient de la nature du régime lui-même, ou devient sa nature intrinsèque, quand bien même la menace extérieure viendrait à cesser ?).

2. Un terme polémique et ambigu lorsqu'il est employé au présent

Il ne s'agit plus alors du discours des historiens mais de celui des hommes politiques ou de celui que la société tient sur elle-même. On perçoit alors un glissement de sens : ce terme devient fortement connoté ; il se double d'un discours réactionnaire ou populiste d'extrême droite : il faut revenir en arrière, le meilleur est derrière nous, nous l'avons trahi, il faut y faire retour, renouer avec un passé idéalisé. Ce terme sert à légitimer les appels au « redressement national », à la « révolution nationale », à un « **re**tour » aux valeurs (ex. le « réarmement moral[2] »). Une société n'est-elle jamais capable de diagnostiquer sa propre décadence au présent ? Le recours au terme de décadence, lorsqu'il est employé au présent, n'est-il toujours que polémique ou idéologique ?

---

1. C'est la thèse de saint Augustin dans *La Cité de Dieu* (Livre I) s'agissant du sac de Rome par Alaric (410) : Rome n'a pu être vaincue et succomber aux invasions « barbares » que parce qu'elle n'avait pas su rester fidèle à la vertu des premiers romains (Livre II, § XIX). L'intention de saint Augustin est naturellement apologétique : il s'agit pour lui de montrer que la « christianisation » de Rome n'est nullement la cause de sa décadence et finalement de sa chute. Voir aussi bien sûr l'ouvrage de référence d'E. Gibbon, *Histoire du déclin et de la chute de l'Empire romain*, Seuil, 1994.
2. Cf. le mot de Valéry : « Je n'aime pas trop que l'on parle de reconstruire la France : c'est construire une France que j'aimerais que l'on voulût. », P. Valéry, Pléiade, tome II, p. 1158.

3. La notion de décadence apparaît donc double, bi-face, bifrons

donc facilement ambiguë (elle favorise toutes les exploitations idéologiques, par glissements permanents de l'un à l'autre sens). Il peut malgré tout exister des éléments objectifs permettant de mesurer un déclin [recul démographique ; paupérisation croissante ; baisse de l'espérance de vie ; perte de la souveraineté* nationale ou vassalisation de fait (la nation se retrouvant inféodée à une puissance étrangère) ; perte du rayonnement culturel et politique ; perte des colonies, déclin de l'influence culturelle (La fameuse — et en partie mythique — « francophonie » perdant du terrain par rapport à l'anglais), etc.].

4. Mais même étayé sur des réalités mesurables, le discours sur la décadence s'accompagne toujours de jugements moraux

Le discours sur la perte des valeurs, des repères, oubli du passé légitime un appel à un sursaut national, voire nationaliste. (Les glissements sont faciles du constatatif au normatif, à l'impératif ; **ils sont peut-être inévitables** et **inhérents à la teneur même de la notion de décadence**.) Faut-il pour autant rejeter cette notion ? Il serait difficile pour l'historien de s'en passer, de ne pas parler du Bas-Empire romain en termes de décadence par exemple (recul sur tous les points : division entre empire d'Orient et empire d'Occident, invasions barbares que l'empire ne sait plus contenir…). Mais *la notion de décadence semble trouver sa pertinence et son usage légitime sur le terrain de la longue durée* (la plupart du temps, plusieurs siècles). D'où la difficulté, le caractère délicat à la manier au présent. Elle ne renvoie pas à un processus rapide que l'on pourrait constater sur une génération, en une vie d'homme. Exemple : dans les années 70-80, on parlait comme d'une évidence du « déclin de l'empire américain »… On voit ce qu'il en est aujourd'hui, à l'heure où nous sommes peut-être confrontés à la menace d'un monde unipolaire, les USA restant l'unique superpuissance en lice après l'effondrement de l'URSS. Mais autant il est incontestable qu'une civilisation puisse décliner de façon irréversible (la décadence romaine correspond bien à un déclin irréversible et venant de l'intérieur), autant il est facile de montrer que les discours sur la décadence du présent sont bien souvent erronés et presque toujours fortement connotés sur le plan idéologique (Exemples : O. Spengler, C. Maurras, M. Barrès, E. Jünger peut-être).

5. Les métaphores à l'arrière-plan de l'idée de décadence

Même incontournable, la notion repose sur un certain nombre de présupposés et de métaphores, qu'il convient d'expliciter et de sonder, pour n'en pas être les dupes. La société (voire l'humanité tout entière, chez Herder par exemple) doit être vue comme un tout, une unité, comme un organisme ou un tout qui passerait de l'enfance à la jeunesse, l'âge mûr puis à la vieillesse[1]. La décadence correspondrait à la vieillesse et à la décrépitude. Cette métaphore souligne le caractère inexorable, inéluctable de la décadence. (C'est ce qui fait dire à Nietzsche qu'il est inutile de lutter contre le **nihilisme*** : cela ne peut que l'aggraver, l'accentuer et précipiter son avènement.) Nous sommes donc confrontés à une **métaphore organiciste** : une société — ou parfois l'humanité tout entière — est considérée comme un grand individu* qui croît puis décroît. Métaphore qui peut être dangereuse, inquiétante : l'individu* n'est alors qu'une cellule, qu'un élément infime de ce grand corps qu'est la société. Il ne peut par conséquent avoir de droits face à la société à laquelle il doit tout (tout comme une cellule ne peut survivre que liée à l'organisme pluricellulaire). La vie de l'individu*, et son sens, sont totalement subordonnés à l'intérêt de la société à laquelle il appartient[2]. Auguste Comte tire la conclusion implacable de cette métaphore : « L'individu* n'a que le droit de faire son devoir ». Il ne peut jamais avoir de droits à opposer à la société. La société a droit de vie et de mort sur les individus* qui la composent (dès lors qu'ils sont devenus dangereux, nocifs à cette société, puisque leur but ne peut être que de contribuer pour sa faible part à son bien-être). Ce même discours se retrouve chez les *behavioristes* : il faut éliminer les parasites sociaux si on ne parvient pas à les rééduquer. La société doit se défendre contre ceux qui, au lieu de s'y insérer pour y jouer leur rôle, font bande à part[3].

6. La querelle des Anciens et des Modernes

- En fait il y a deux possibilités, dès lors qu'on pense la civilisation comme un processus. Il peut s'agir d'un processus s'entretenant et se perpétuant indéfiniment (Pascal, Préface au *Traité sur le Vide* : « L'homme seul n'est fait que pour l'infini[4] »), alors que l'animal est borné par l'instinct (l'individu* comme l'espèce). Chez l'homme, **et** l'individu*, **et** l'espèce peuvent progresser indéfiniment (jusqu'à leur mort, certes, mais *cette mort n'est pas*

1. Luc Ferry, *a contrario*, critique l'idée rousseauiste d'une perfectibilité indéfinie de l'homme, qui fait du processus de vieillissement un phénomène anormal, à la limite pathologique, face auquel nous serions dépourvus de tout modèle pour le penser. Luc Ferry, *Le Nouvel ordre écologique*, Grasset, 1992, p. 47, 51-52, 54, 57, 61-62, **64**.
2. On trouve formulé cet organicisme de la façon la plus nette chez Novalis : « L'État est une personne, tout comme l'individu*. » *Encyclopédie*, Éditions de Minuit, p. 338.
3. Cf. « La société a intérêt à tâcher de guérir les fous et les psychopathes et, si cela lui est impossible, à les placer dans des institutions bien tenues ; on a parfois soulevé la question de savoir si les fous incurables pouvaient être supprimés. On ne peut rien objecter à cela, sauf un sentimentalisme exagéré ou des opinions religieuses médiévales. » Pierre Naville, *la Psychologie, science du comportement*, Gallimard, 1942, p. 140-141. Selon lui, la société serait bien inspirée de supprimer sans états d'âme les parasites sociaux, tout comme l'organisme élimine pour sa survie les cellules cancéreuses. La psychologie est ainsi présentée comme toute entière instrumentalisée par la société qui poursuit à travers elle son « intérêt », sans que la question du statut, de la personne, de l'intérêt du patient soit même posée. Cette question s'est retrouvée sous les feux de l'actualité lorsqu'il s'est agi d'imposer un traitement thérapeutique psychiatrique aux pédophiles condamnés.
4. B. Pascal, *Les Pensées*, Hachette, Éditions Brunschvicg, p. 79.

une conséquence du processus de civilisation : elle intervient *par ailleurs* ; un homme qui n'apprendrait rien ne manquerait pas moins de mourir, et ne mourrait pas plus tard). Lisons Pascal présentant le progrès de la civilisation comme un processus cumulatif, soutenu par la *mémoire* de l'individu* et des peuples :

> « L'homme seul n'est produit que pour l'infinité. Il est dans l'ignorance au premier âge de sa vie ; mais il s'instruit sans cesse dans son progrès, car il tire avantage non seulement de sa propre expérience, mais encore de celle de ses prédécesseurs, parce qu'il garde toujours en sa mémoire les connaissances qu'il s'est une fois acquises, et que celles des Anciens lui sont présentes dans les livres qu'ils ont laissés. »

Rousseau reprend le même parallèle phylogenèse*/ontogenèse* en l'appliquant à l'histoire d'un peuple :

> « Les peuples ainsi que les hommes ne sont dociles que dans leur jeunesse, ils deviennent incorrigibles en vieillissant ; quand une fois les coutumes sont établies et les préjugés enracinés, c'est une entreprise dangereuse et vaine de vouloir les réformer[1]. »

La civilisation suppose donc une mémoire de l'humanité, une maturation : c'est dans les temps les plus reculés qu'il faut chercher les hommes les plus sauvages, et **dans les plus rapprochés les plus civilisés**. Nous-mêmes et nos contemporains n'avons nullement lieu de nous en rengorger : ce n'est que du fait que nous sommes plus tard venus que nous sommes plus sages et possédons plus de connaissances que nos prédécesseurs. Les véritables « anciens » ne sont donc pas les hommes de l'Antiquité (qui incarnent au contraire l'enfance ou la jeunesse de l'humanité), mais bien nous qui venons après eux, et qui à ce titre sommes plus instruits et plus sages qu'eux. C'est ainsi qu'E. Kant a pu définir les Lumières comme l'accès de l'humanité et des peuples à l'âge de raison[2], à l'âge adulte où ils vont pouvoir enfin se gouverner eux-mêmes sans la tutelle des tyrans ni même des despotes. Comme le disait déjà Bernard de Chartres (mort vers 1126), « Nous sommes des nains juchés sur les épaules de géants[3]. » Cette belle image, souvent reprise (par Freud entre autres) mais rarement attribuée correctement, dit à la fois que nous ne sommes que des « nains » comparés aux grands hommes de l'Antiquité (savants, philosophes, hommes politiques, saints et Pères de l'Église), et malgré tout que grâce à eux, juchés sur leurs épaules, nous pouvons voir « plus loin » qu'eux, c'est-à-dire que notre horizon est plus large. **Il n'y a processus de civilisation que dans la mesure où l'humanité ne repart pas de rien à chaque génération**, où il y a **transmission** (de savoirs, de techniques, de mœurs, etc.). Le règne animal au contraire, dépourvu de civilisation, ne connaît que la morne répétition de génération en génération.

1. J.-J. Rousseau, *Du contrat social*, Livre II, chap. 8, GF, p. 81-82.
2. In « Réponse à la question : Qu'est-ce que les Lumières ? », in Kant, *La Philosophie de l'histoire*, Denoël/Gonthier, 1947, p. 46.
3. Cité in *Théologiens et mystiques au Moyen Âge*, Folio, p. 373.

- L'optimisme et l'enthousiasme véhiculés par cette métaphore éclatent sans retenue dans le sillage de la Révolution française. Condorcet, auteur de l'*Esquisse d'un tableau historique des progrès de l'esprit humain*, écrit que le but de son ouvrage

  > « [...] sera de montrer, par le raisonnement et par les faits, qu'il n'a été marqué aucun terme au perfectionnement des facultés humaines ; que la perfectibilité de l'homme est réellement indéfinie, que les progrès de cette perfectibilité, désormais indépendante de toute puissance qui voudrait les arrêter, n'ont d'autre terme que la durée du globe où la nature nous a jetés[1]. »

  Le supposé « perfectionnement des facultés humaines » se voit ici installé en position de toute puissance. Comme la grâce divine est irrésistible dans la théologie janséniste, de même rien, aucune force ne sera de nature à faire obstacle à ce perfectionnement, encore moins à l'arrêter ou à l'inverser. Ce « perfectionnement » ne prendra fin qu'avec la « disparition du globe » (Condorcet n'écrit même pas : avec la disparition de l'espèce humaine...) L'enthousiasme des Lumières n'est pas miné par l'idée contemporaine (omniprésente dans l'œuvre de H. Jonas par exemple) que l'espèce humaine est mortelle et fragile, et pourrait en venir à s'autodétruire[2]. Dans l'esprit de Condorcet, seul un cataclysme de nature cosmique serait de nature à venir enrayer les « progrès de l'esprit humain ». Paradoxalement, si l'humanité ne cesse de progresser, l'homme quant à lui n'y peut à peu près rien ! Ce progrès est ce qui le porte et le pousse toujours en avant, bon gré mal gré, et non le fruit de son patient travail pour comprendre la nature et pour perfectionner ses techniques, comme c'est le cas pour Descartes et Bacon. Impuissance absolue de l'homme face à la toute-puissance des progrès de l'humanité : on trouve ici en germe l'idée, développée par M. Heidegger puis Gilbert Hottois, selon laquelle la technique pourrait bien être le nom d'un processus autonome que l'homme ne croit maîtriser que de manière illusoire, tant qu'il n'entreprend pas de tenter de l'arrêter. Dans l'esprit de Condorcet, la seule marge de manœuvre laissée aux peuples est qu'ils sont en mesure d'accélérer ou de retarder ces progrès inéluctables, la Révolution française étant l'exemple même d'une formidable accélération. L'unique ambition de Condorcet, à travers son ouvrage, étant alors de contribuer autant qu'il est en son pouvoir à accélérer ces inéluctables progrès[3].
- Le *point aveugle* de cette métaphore faisant de l'humanité l'équivalent d'un homme qui apprendrait sans cesse, son impensé, est la notion de vieillissement, de décrépitude. Si l'humanité (ou sa différence spécifique), réside dans la capacité à se développer sans cesse, à se perfectionner[4] à l'infini,

---

1. Condorcet, *Esquisse d'un tableau historique des progrès de l'esprit humain*, GF, p. 81.
2. Inquiétude pourtant déjà présente chez Hobbes, par exemple dans *Le Citoyen*, 1642, section première, chap. 1er, § XIV.
3. *Idem*, p. 80.
4. Rousseau, *Discours sur l'origine et les fondements de l'inégalité parmi les hommes*, première partie : « Il y a une qualité très spécifique qui distingue [les hommes des animaux], c'est la

comment penser la vieillesse[1], le processus de vieillissement sinon comme un phénomène anormal, pathologique, qui nous fait retomber en deçà de l'humain, de tout ce qui définit et constitue notre humanité ? Rousseau : l'homme retombe plus bas que la bête même qui est du moins retenue par l'instinct.

- Ce paradigme, déjà discutable au niveau de l'individu* (ou, du moins, dont on a montré les limites), est-il transposable au niveau des civilisations ? Les civilisations connaissent-elles, comme les êtres vivants, une période de gestation, une éclosion, un moment d'épanouissement ou de maturité, puis un lent mouvement de décadence qui conduit à leur disparition[2] ? (Nous revoici, implicitement ou non, devant la métaphore organiciste.) Vie et mort d'une civilisation ? Est-ce un phénomène réel que l'on constate, ou une grille d'interprétation posée sur une multitude de faits complexes ? Soit une question de changement de nom par exemple : on dit que la civilisation médiévale « succède » à la civilisation antique, romaine. Le changement de nom recouvre un phénomène complexe, étalé sur plusieurs siècles ; les datations sont toujours plus ou moins arbitraires. Quand commence, quand finit le Moyen Âge ? **La périodisation de l'histoire est toujours rétrospective**. C'est une grille d'évaluation, d'interprétation, qui pour n'être pas totalement arbitraire, n'en comporte pas moins nécessairement une part de convention. (Un homme du Moyen Âge ne savait pas qu'il vivait au « Moyen Âge ». Comment aurait-il nommé son présent ? Il aurait sans doute appelé ce présent l'ère de la chrétienté, le temps de l'Église. Le calendrier grégorien prend pour point de départ la naissance du Christ, donc propose ou impose une certaine périodisation de l'histoire, qui fait « basculer » d'un coup toute la période de l'histoire qui a précédé la naissance de Jésus dans la catégorie « avant J.-C. ») Cette périodisation peut avoir une certaine pertinence[3], notamment en occident, elle n'en reste pas moins rétrospective et de toute façon arbitraire à l'égard des civilisations qui ne s'incluent pas dans la « chrétienté ». Toute périodisation est en concurrence avec d'autres périodisations : celle du judaïsme part de la fondation du monde telle qu'elle peut être calculée selon la Genèse : elle ne connaît donc pas d'« avant » ; l'empire de Chine, le Japon, l'Égypte ont eu leur propre périodisation articulée aux successions des dynasties. Le calendrier musulman part de

---

faculté de se perfectionner ; faculté qui, à l'aide des circonstances, développe successivement toutes les autres. », GF, 1971, p. 171.

1. Pour la première fois dans l'histoire de l'humanité, des hommes, certains médecins en l'occurrence, considèrent la vieillesse, le phénomène de vieillissement, comme une maladie, comme un *phénomène pathologique* auquel on peut s'efforcer de porter remède, que l'on peut tenter de contrer par l'action médicale : ralentissement du processus de vieillissement cellulaire, soins de l'ostéoporose, de la maladie d'Alzheimer interprétés comme des symptômes ou des causes d'une maladie que serait le vieillissement.
2. Cf. le mot célèbre de Valéry : « Nous autres civilisations, nous savons désormais que nous sommes mortelles. », in *La Crise de l'esprit*, 1re lettre.
3. Elle désigne clairement l'événement fondateur à partir duquel une certaine société s'organise.

l'*Hégire* (année de la fuite du prophète Mohamed chassé de La Mecque et se réfugiant à Médine), etc.

- La Révolution française repart de l'an un. Tentative de refondation avortée. L'Islam en est à son XIVe siècle... De telles considérations n'ont rien de relativiste, ou du moins leur interprétation en faveur du relativisme ne va pas de soi : certaines grilles d'interprétations sont plus pertinentes, plus éclairantes que d'autres. Quand commence le XXe siècle ? À la guerre de 14 ? Quand finit-il ? À la chute du mur de Berlin et à la fin de la guerre froide [cf. le livre de Fukuyama sur la « fin de l'histoire » (1992)] : ces questions soulèvent des polémiques. Il ne s'agit donc ni d'un simple fait constatable, ni d'une convention arbitraire et sans conséquences ni enjeux ; **toute périodisation suppose des décisions d'interprétation**.

• *Conclusion*

L'idée même de **processus** impose la question : ce processus connaîtra-t-il un jour un terme, ce processus va-t-il quelque part, sera-t-il un jour achevé ? Si, à travers le développement de la civilisation, c'est l'homme lui-même qui se forme, l'espèce humaine existera-t-elle un jour « en acte », comme dirait Aristote, c'est-à-dire pleinement actualisée, réalisée ? Les potentialités qui sommeillent en l'homme seront-elles un jour toutes éveillées et développées ? Si l'histoire est, comme le pense Kant, le processus même du développement de ces facultés, l'histoire est-elle appelée à prendre fin[1] ? Le processus de civilisation est-il appelé à venir trouver un terme dans un état final auquel il tendait dès le départ ? Ce processus est-il aveugle ou finalisé[2] ? Les civilisations ne sont-elles que les différentes étapes d'un progrès que l'humanité laisserait derrière elle après les avoir parcourues[3] ?

III. Vers une nouvelle renaissance ?

- Une telle « renaissance » est appelée de ses vœux par Edgar Morin (*Penser l'Europe* 1987, 1990, p. 234-235). Il faut évidemment se garder de donner dans les incantations et les vœux pieux. (Dans les « il n'y aurait qu'à » ou les « il faudrait »...) Pour cela, il faudrait *ancrer le pronostic* : où va l'Europe ? *dans le diagnostic* (dans quel état est-elle, quelles sont les tendances lourdes ?). Explicitez à quelle échelle vous vous situez : dans la longue durée ? dans les événements récents ? Il faut s'ancrer le plus concrètement possible, de la façon la plus diversifiée possible dans ce que vous avez

---

1. Cf. l'ouvrage de F. Fukuyama, *La Fin de l'histoire ou le dernier homme*, Champs Flammarion, 1992.
2. L'idée de « progrès » est strictement superposable à celle d'un « processus finalisé ».
3. Cf. P. Valéry : « Nous autres civilisations, nous savons désormais que nous sommes mortelles. », in *La Crise de l'esprit*, 1re Lettre, 1919. Voir au contraire une critique de cette vision des choses chez Lévi-Strauss, *Race et Histoire*, Unesco, 1952, Gonthier, 1961.

montré au préalable. Mobilisez, autant que possible, la totalité de vos analyses pour la faire déboucher sur un pronostic, *déduire de l'état des lieux les chances pour l'avenir.*

- Mais il ne suffit pas de faire un pronostic : nous n'avons pas affaire à un simple constat puisque nous sommes aussi, par ailleurs, des citoyens. Nous ne sommes pas seulement des intellectuels ou des analystes de la situation, nous sommes avant tout des femmes et des hommes, des citoyens confrontés à la question : que voulons-nous pour l'avenir, que pouvons-nous vouloir ? Ainsi, quelle Europe voulons-nous ? Quelles institutions pour l'Europe, etc. ? À la question : « l'Europe est-elle oui ou non en décadence ? », il ne suffit pas de répondre par oui ou par non, cette question n'est pas que factuelle. L'Europe sera ce que nous la ferons être, collectivement. Que faut-il faire pour que l'avenir puisse dire, rétrospectivement, qu'elle ne l'était pas ? Il serait habile de montrer qu'à cet égard, *bien des constats sont réversibles*, peuvent être interprétés dans un sens ou dans un autre. L'Europe tâtonne, hésite sur ses institutions, ses frontières (l'adhésion de nouveaux membres, l'adoption d'institutions fédérales ou confédérales : on peut y voir une impuissance à se décider, l'indice d'une attitude velléitaire, comme on peut y voir un bouillonnement intellectuel, un avenir presque complètement *ouvert*).
- Une chose est sûre : l'Europe reste un pôle d'attraction pour de larges parties du monde (Afrique du nord pour la France, Indes pour l'Angleterre, Turquie pour l'Allemagne)... Est-ce une chance ou une menace pour l'Europe (une menace pesant sur son unité par exemple), l'avenir le dira, et chacun peut avancer ses arguments. Ce qui est certain, c'est qu'elle n'a rien perdu de son pouvoir d'attraction. Les immigrants, clandestins ou non, « votent avec leurs pieds », comme on dit, et manifestent que l'Europe apparaît comme un îlot de stabilité et de prospérité dans bien des parties du globe. Les immigrants rendent hommage au fait que l'Europe reste un îlot de prospérité et de stabilité politique, quelques soient les maux qui par ailleurs peuvent l'affliger. *L'Europe doute d'elle-même ?* Sans doute. Mais est-ce un signe de décadence ? Que devient une civilisation qui ne croit plus en elle-même, ne sait plus très bien quoi faire enseigner aux nouvelles générations[1], qui doute de son droit à mener une politique, dans ses anciennes colonies en particulier ? Mais *a contrario*, on pourrait voir dans ce doute et dans cette valse-hésitation qui semblent caractériser l'avancée de l'Union européenne le signe que l'avenir est ouvert, que rien n'y est encore figé, que, certes en tâtonnant, elle se cherche et s'invente : « L'Europe est le nouveau continent » (V. Giscard d'Estaing).
- Donc il ne faut pas en rester au niveau du constat, mais aborder la question sous un nouvel angle (celui des avenirs possibles de l'Europe, qui ne se déduisent pas mécaniquement du présent ou des tendances présentes), tout en ancrant ces avenirs possibles dans l'analyse la plus précise possible du présent (ne pas poser la question en termes abstraits, idéalistes, sympathiques mais impuissants). Donc, il s'agit d'un exercice difficile, délicat,

---

1. Sur cette crise de la transmission, voir la fiche sur D. Hervieu-Léger.

qu'on pourrait résumer par ces termes : de quelle marge de manœuvre disposons-nous ? **Quelles cartes jouer** ? À quel moment les jouer, dans quel ordre, à quel niveau (régional, national, européen...) ? De quels atouts disposons-nous, une fois analysées nos faiblesses, et comment remédier à ces dernières ?

Un conseil méthodologique : dans vos copies, évitez de partir sur des surenchères grandioses mais peu crédibles (du style : comment l'Europe pourra-t-elle retrouver la place première, éminente qui fut la sienne au XIXe siècle ?). Il y a toutes les chances pour que le correcteur ne vous suive pas. Évitez de partir tout seul, pour la gloire, dans un discours excessif ou radical. Ne soutenez pas des affirmations ou des positions au-dessus de vos moyens argumentatifs (c'est-à-dire allant plus loin que ce que vos analyses et vos arguments permettent de soutenir). Optez plutôt pour la posture : **comment l'Europe peut-elle trouver sa juste place dans le monde contemporain**, **jouer pleinement son rôle** dans le monde, **dans le « concert des nations »** (notion étrange, qui mériterait qu'on s'y arrête), comment peut-elle peser de tout son poids, mais seulement de celui-ci, sur le cours des événements ? Si vous êtes dans une telle démarche, vous êtes sûr de ne pas laisser se creuser un fossé entre vous et votre correcteur.

Remarque : Une idée intéressante d'Edgar Morin : il ne s'agit pas pour l'Europe de « **s'adapter** au monde contemporain », de tenter de sauter dans le train en marche, mais de « **s'ouvrir** au monde » (il ne s'agit pas d'une relation à sens unique, univoque ; nous aussi sommes au présent, l'Europe fait partie de ce fameux « monde contemporain » auquel il faudrait soi-disant s'adapter, nous aussi avons quelque chose à apporter, c'est tout autant aux autres parties du monde de « s'adapter » à nous que nous à elles). Nous, européens, faisons peut-être un complexe lié à la culpabilité de l'aventure coloniale[1] (comme l'Allemagne pour le nazisme). Nous avons peut-être à nous défaire de ce complexe sans pour autant renouer avec des pratiques expansionnistes heureusement révolues. Le terme « **_néo_colonialisme**[2] » est à cet égard significatif : n'est-il pas un

1. Cf. Pascal Brückner, *Le Sanglot de l'homme blanc. Tiers-monde, culpabilité et haine de soi*, Seuil, Points actuel, 1986. À opposer à la Préface de Jean-Paul Sartre (1961) aux *Damnés de la terre* (publié en 1962, dix ans après *Peau noire, masques blancs* de Frantz Fanon).

2. Dans quelle mesure ce terme correspond-il à une réalité ? Ce serait aux économistes ou aux spécialistes des problèmes géopolitiques de répondre à cette question. **Ou bien n'est-il que l'expression d'un malaise diffus**, d'un complexe ou d'un sentiment de culpabilité hérité de l'ère coloniale, du XIXe siècle, qui nous fait ressentir comme illégitime toute intervention de l'Europe (c'est-à-dire des anciennes puissances coloniales) sur le reste du monde, et en particulier dans les anciennes colonies. L'analyse transactionnelle, moyennant une transposition de ses concepts, pourrait nous fournir les moyens d'élaborer cette question : il s'agit de passer d'une relation entre États vécue sur le mode parent (protecteur, normatif, abusif voire persécuteur : dans toutes ses déclinaisons, relation éminemment malsaine s'agissant de deux États) — enfant, à une relation adulte — adulte. (Relation faite de parité, de réciprocité, où chacune des deux parties doit être à même de trouver et de faire respecter son intérêt).

symptôme ? **Décrit-il une réalité** (la tendance sournoise à persister à influencer en sous-main de Tiers-monde dans un sens favorable à nos intérêts), ou bien un **simple symptôme de notre incapacité à pouvoir percevoir nos propres actions, nos influences comme légitimes,** compte tenu du colonialisme du siècle passé ? (Il faudrait une réflexion sur la prolifération de ces « *néos* »… et de ces « *post* »…)

- Sur la notion de « Renaissance » : Morin appelle de ses vœux une « nouvelle, deuxième Renaissance ». La Renaissance est devenue un nom propre. Avec une majuscule, la Renaissance par excellence (en Europe, périodisation qui ne vaut qu'en Europe), c'est la sortie du « Moyen Âge », c'est le moment où se constitue la notion de moyen âge pour s'en démarquer. Cet « âge » était « moyen » c'est-à-dire n'était qu'un intermédiaire, au mieux un vecteur de transmission, au pire une parenthèse sombre, les temps obscurs opposés aux lumières de la raison (XVIIe-XVIIIe siècles).
- En fait, on peut voir tout le Moyen Âge comme une série de renaissances dont « La Renaissance » au sens propre n'est que la plus décisive et la plus spectaculaire, qui marque en effet la sortie du Moyen Âge. Les historiens parlent de la Renaissance du IXe siècle (renaissance carolingienne), de celle du XIIe siècle[1], et enfin de celle du XVe siècle (la « vraie » !).
- Que faut-il pour qu'il y ait « Renaissance » ? Selon Edgar Morin :
  - démembrement, dislocation du bloc de civilisation qui jusqu'alors formait un tout : on peut choisir l'Antiquité païenne (les humanistes), le retour à l'évangile primitif (les réformateurs)… Aujourd'hui, c'est le courant post-moderniste : l'homme post-moderne peut se réapproprier les parts qu'il veut de la culture traditionnelle, n'a plus besoin de la rejeter en bloc (comme Voltaire « écrasons l'infâme », il n'y a plus d'infâme à rejeter (toute la notion de Moyen Âge, de « scolastique » : désigne tout ce qu'il faut rejeter pour entrer dans la modernité. La post-modernité* : la « culture supermarché », on prend dans son caddie ce qu'on veut. (/La post-modernité* est une résurgence de l'éclectisme). D'où une inflation des *néo-* (parfois agaçante, souvent ni justifiée ni définie) : néo-individualisme, néo-capitalisme, néo-libéralisme (manie chez Lipovetsky en particulier) : ne pas vous laisser aller à ces facilités, qui nuisent au style et épargnent l'effort d'analyse (éviter tout jargon, même s'il est très en vogue). *Néo-* veut dire le plus souvent : ce qui s'imposait jadis comme une contrainte venant de la société tout entière revient maintenant sous la forme d'un choix possible de l'individu* ; non plus comme ce à quoi il est soumis, qui le structure et qui articule son inscription dans le champ social, mais comme *une option* à laquelle il peut souscrire ou ne pas souscrire. (Il est devenu optionnel de se marier, religieusement ou non, etc.).

---

1. Alain de Libéra, *La Philosophie médiévale*, PUF, coll. « Que sais-je ? », 1963, 1992, p. 48-49 ; la Renaissance du XIIe siècle « un nœud dans l'immense courbe de reconquête du capital de la civilisation antique » (P. Chenu, historien) époque de Bernard de Chartres (évoqué précédemment) et de l'école de Chartres, époque où se situe aussi Abélard.

- Deuxième condition d'après Morin : ouverture à des cultures autres. Nouvelle irrigation de « sang » neuf qui repose le problème de l'héritage (Montaigne : médite sur la découverte des « indiens d'Amérique » ; Montesquieu : adopte le regard d'un « persan » à Paris pour faire apparaître l'Europe familière à travers le prisme d'un regard « exotique »), qui le relativise, qui le fait apparaître sous un autre jour (et donc non universel. On rencontre ici un problème : la renaissance va conduire aux Lumières, à l'idéal de la Raison comme universelle... La « seconde Renaissance ») ne peut plus ressembler à la première sur ce point. Il faut réinventer le rapport entre des cultures diverses.
- **Position propre à Edgar Morin** : le temps des Empires est révolu. L'Europe doit renoncer définitivement à son rôle de maître du monde, à son *leadership* reposant sur la force militaire ou économique. L'ère des États-nations est révolue : elle a produit tout ce qu'elle pouvait produire, pour le meilleur (printemps des Peuples, mouvements d'émancipation nationaux) comme pour le pire (le totalitarisme n'aurait pu se mettre en place sans le socle, le fondement d'États-nations : il y a totalitarisme quand un Parti unique s'empare d'un État pour le manipuler à ses propres fins. H. Arendt). L'Europe peut et doit (à vocation à) (re- ?)devenir (XVIIe siècle : c'est une des faces du XVIIIe siècle) un pôle de stabilité dans le monde et un laboratoire d'idées, d'institutions nouvelles (ayant vocation à concerner le reste du monde si elles « fonctionnent. La vraie vocation à l'Universalité de l'Europe réside là : elle consiste non pas à se bâtir des empires sur lesquels le soleil ne se couche jamais (Angleterre) mais à inventer, formuler, énoncer des idées à vocation universelle.
- Interroger la notion de **crise**. Familière en économie. Liée à l'idée de cycles économiques, alternance de phases d'expansions et de phases de reprise économique. Modèle cyclique pour penser les phénomènes économiques. Crises structurelles ou conjoncturelles, simples crises ou mutation vers une réalité nouvelle (on n'est plus alors dans une analyse de type cyclique). L'explication par la « crise » et celle par la « décadence » constituent une alternative. À court terme, comment distinguer s'il y a simple crise (provisoire, un mauvais moment à passer. On parle toujours de « sortie de la crise », sortir du tunnel : en ressort-on du même côté ou non ?) La sortie de la crise est-elle un retour à l'état initial ? La crise n'est une décadence ni si on en sort par un « retour » en arrière (« retour au plein emploi », « renouer avec la croissance », etc.) ni si la crise était nécessaire à une mutation permettant d'accéder à un état nouveau de l'économie et de la société (« nécessaires restructurations », « modernisation de l'entreprise », « nécessaire évolution vers la flexibilité », etc. Il y a décadence si et seulement si on ne se trouve dans aucun de ces deux cas.

Qu'est-ce qu'une crise ? à l'origine, une notion médicale (Hippocrate). Vient de *krinein* : juger, décider. L'instant critique est l'instant où il faut agir vite : l'instant ou l'état de santé du malade peut encore évoluer vers la guérison ou basculer vers une issue fatale. L'instant précis où doit intervenir l'action du médecin, pour faire évoluer l'état du patient vers une issue heureuse. Tout l'art du médecin consiste à savoir saisir le *kaïros*, l'instant favorable à l'action, à se précipiter au moment de la crise, moment où l'avenir est le plus ouvert possible, où rien n'est joué. Machiavel va reprendre cette notion en politique : le grand politique, l'art politique consiste à savoir saisir au vol une occasion qui ne se présentera qu'une fois. Le *kaïros* : l'instant où l'homme politique dévoile son jeu, abat ses cartes, fonce avant tous les autres dans la « fenêtre de tir ».

Si la civilisation de l'Europe occidentale est ainsi en crise alors rien n'est joué d'avance. Ex. : définition de ses institutions, tâtonnements vers l'Euro, hésitation entre un système fédéral ou confédéral, définition de ses frontières en particulier à l'Est : faut-il accepter dans l'Europe toutes les anciennes « démocraties populaires » ? À quel rythme ? À quelles conditions ? Même la Russie ? Faut-il accepter la candidature de la Turquie ? Le Maroc fait aussi acte de candidature... Si l'Europe est vraiment en crise, alors il n'existe aucune réponse vraie ou fausse à la question posée : tout dépend de ce qu'elle fera, des moyens qu'elle se donnera, des options qu'elle prendra ; d'elle, c'est-à-dire de nous en tant que citoyens, peut-être en tant que futurs dirigeants du pays ou de l'Europe. (Ex. des *Animaux dénaturés* de Vercors : des anthropologues découvrent l'existence d'une espèce vivante intermédiaire entre les grands singes et l'humanité telle que nous la connaissons. Faut-il reconnaître aux individus* de cette espèce la qualité — et les droits qui l'accompagnent — d'êtres humains ? Tous les représentants des différentes sciences se déclarent incompétents pour trancher : cette espèce se situe bien « quelque part » le long de la ligne qui mène des grands singes jusqu'à l'homme. Il ne peut pas y avoir de réponse vraie ou fausse puisque la clé de la solution dépend d'une *décision* : ils seront humains si nous les *acceptons* au sein de l'humanité). Mais cette décision qui nous incombe n'est pas abstraite (tout n'est pas possible) : elle doit venir s'insérer dans une histoire, dans des tendances... L'analyse a pour rôle d'éclairer la décision politique sans que cette décision puisse se « déduire » simplement d'une analyse même rigoureuse, exacte, de la situation présente. Sinon, la politique serait une science exacte.

Bibliographie

Bacon F., *Novum Organum*, PUF, 1986, § 44, § 71, p. 133, § 84, p. 144.

Brown P., *Genèse de l'antiquité tardive*, Gallimard, 1983.

Élias N., *La Civilisation des mœurs*, Presses Pocket, Calmann-Lévy, 1973.

Ferry L., *Le Nouvel ordre écologique*, Grasset, 1992.

Finkielkraut A., *La Défaite de la pensée*, Folio Gallimard, 1987.

Gibbon E., *Histoire du déclin et de la chute de l'Empire romain*, 1776, traduit en français par Guizot en 1812.

Kant, « Qu'est-ce que les Lumières ? » in *La Philosophie de l'histoire*, coll. « Médiations », Gonthier/Denoel, 1947, p. 46-55, ou Gallimard, Pléiade, tome II, p. 209-217.

Marrou H. I., *Décadence romaine ou antiquité tardive ?*, Le Seuil, 1977.

Pascal B., « Préface au Traité sur le vide », in *Pensées et opuscules*, Éditions Brunschvicg, Hachette, 1968, p. 74-84.
Patocka J., « La civilisation technique est-elle une civilisation en déclin ? », in *Essais hérétiques sur la philosophie de l'histoire*, Verdier, 1975.
Rousseau J.-J., *Discours sur l'origine de l'inégalité*, Première partie, GF, 1971, p. 171-177.
Spengler O., *Le Déclin de l'Occident*, 1918, 1922.
Valéry P., *Regards sur le monde actuel* et en particulier : « Notes sur la grandeur et la décadence de l'Europe » in *Œuvres*, tome II, Gallimard, Pléiade, 1960, p. 929-937.
Vico G., *La Science nouvelle (1744) ; Philosophie de l'histoire* in Jules Michelet, *Œuvres complètes*, tome I, Flammarion, 1971, p. 420-593.

Présentation d'un penseur

Le Déclin de l'Occident selon Oswald Spengler

Le livre auquel Spengler doit sa renommée, *Le Déclin de l'occident*, a été conçu et rédigé avant et pendant la Première Guerre mondiale (« en trois ans » O. S.) et *dans la perspective d'une victoire allemande*. La parution du premier volume (1918) coïncide avec la défaite de l'Allemagne qui lui donne une audience considérable. Le livre apparaît alors comme prophétique. Le volume n° 2 paraît en 1922. Spengler dit avoir **conçu** son livre **lors de la crise d'Agadir**, et à l'occasion de cette crise. (C'est-à-dire lors de la confrontation directe entre l'Angleterre et l'Allemagne, deux puissances coloniales). Spengler y voit l'affrontement entre libéralisme (Angleterre) et conservatisme (Allemagne). Spengler n'est pas parti au front et a consacré le temps de la guerre à achever la rédaction de son œuvre. Il veut dire que la grandeur allemande est désormais sa force militaire ; **ce n'est plus une supériorité culturelle mais une domination militaire sur le reste du monde**. En un sens, il s'agit d'un simple ouvrage de propagande, de la contribution de Spengler aux « idées de 14 ».

Parallèlement, Spengler travaille à une ébauche de roman, partiellement autobiographique, qu'il n'achèvera pas : un jeune homme arrive à Munich plein d'illusions, et découvre que l'heure n'est plus à l'art, que l'heure de la grande culture allemande est révolue, que c'est désormais à Berlin qu'il faut aller, lieu de la grande industrie, du pouvoir politique. C'est pour l'Allemagne **l'âge de fer**, l'Allemagne est à l'heure non plus de la culture mais de la puissance politique, militaire et économique. (Sentiment d'un homme blessé, d'un homme né trop tard dans un monde trop vieux : il était fait pour être un intellectuel, un artiste, et il découvre que la réalité de l'Allemagne n'est plus là, elle a cessé d'être le foyer d'un rayonnement culturel et artistique ; elle n'est plus qu'une puissance impériale : sentiment amer qu'il va tenter de communiquer aux autres Allemands lecteurs du *Déclin de l'Occident*).

L'œuvre *Le Déclin de l'Occident* est en rupture de plusieurs (essentiellement trois) manières avec la pensée de l'histoire traditionnelle.

1. Spengler **récuse l'idée qu'il n'y ait qu'une seule grande civilisation vivante à la fois** (idée hégélienne) : tour à tour, chaque civilisation est porteuse des espoirs de l'humanité tout entière, est civilisatrice (cf. Norbert Élias). L'Empire d'Alexandre, l'Empire romain, et désormais le monde occidental, européen et Chrétien.
2. Spengler **refuse l'idée qu'il y ait un progrès d'une civilisation à une autre** : une civilisation n'intègre pas comme selon Hegel le meilleur des civilisations passées ; pas d'*Aufhebung*, de synthèse, pas de glorieuse marche en avant de l'histoire (Hegel). Chaque civilisation déploie son génie propre, elle éclôt en développant progressivement tout ce dont elle était porteuse, puis finit pas entrer en décadence quand elle a fini de produire le meilleur d'elle-même, quand elle s'essouffle et perd le contact avec ses origines. Les « emprunts » d'une civilisation à une autre ne peuvent être que très restreints, superficiels, accidentels et conjoncturels : fondamentalement, une civilisation n'emprunte rien à une autre, et ne peut même pas comprendre une autre civilisation. « Autisme » d'une civilisation à une autre.
3. Enfin, il récuse l'« européanocentrisme ». Pour Spengler, il n'y a pas de position centrale, l'Europe n'est pas porteuse des espoirs de l'humanité. Elle n'a pas un destin universel (refus de toute universalité : comme Herder). De plus, la civilisation occidentale est déjà sur le déclin, en décadence. [Contrairement à Hegel pour qui elle est à son apogée et cette apogée va correspondre avec la fin de l'histoire parce que désormais toutes les grandes figures de l'Esprit sont apparues, et parce que l'Occident s'apprête à opérer l'ultime réconciliation, synthèse : celle entre l'âme éternelle, immortelle du christianisme (l'intériorité réfléchie), et la rationalité de l'État moderne. On assiste alors à la réconciliation ultime entre l'intérieur et l'extérieur, l'individuel et l'universel c'est-à-dire à la fin de l'« histoire »[1].]

   « Aucun retour en arrière n'est possible. Il faut aller de l'avant, c'est-à-dire progresser (s'enfoncer) pas à pas dans la décadence : voilà ma définition du progrès moderne. » (O. Spengler)

Il faut avoir en mémoire l'ambiance générale de pessimisme dans laquelle baigne Spengler (renouveau, regain d'intérêt pour Schopenhauer…). Spengler ne fait pas figure de novateur en ce domaine : il est « en phase » avec un sentiment collectif dominant.

Mais pour Spengler : l'Occident est à terme condamné, mais la décadence idéologique et culturelle de l'Europe est la condition de la promesse d'un avenir impérial grandiose pour l'Allemagne. La décadence culturelle est la condition de l'apothéose impériale. Il y a à la clé pour l'Allemagne la promesse d'un empire germanique qui présidera aux destinées de l'Occident et accompagnera son déclin. La Culture est morte : vive la civilisation, qui sera allemande ou ne sera pas. L'heure de l'Allemagne a enfin sonné à l'horloge de l'Europe : l'Allemagne doit saisir cette chance historique. L'Allemagne doit enfin cesser d'être un pays de

---

1. Voir sur ce thème la fin du chapitre sur « Le totalitarisme, et après ? », et en particulier les thèses de Francis Fukuyama qui reprend et applique à la situation présente ce *topos* hégélien.

penseurs et de poètes pour devenir le centre, le cœur d'un *Reich*, d'une civilisation militaire, d'un **âge de fer**[1].

Depuis Hegel et Marx, plus de grand projet de philosophie de l'histoire. L'histoire sombre dans l'historicisme et dans le relativisme, : plus on la veut scientifique, plus on accumule des faits, des « données », la « poussière » de l'histoire, une « philosophie critique de l'histoire » (formule de R. Aron), plus on perd la grande vision d'ensemble. Ce qui est gagné en rigueur et précision est perdu en lisibilité, visibilité historique, en compréhension. Spengler rompt brutalement avec cette tendance : seul, il est de plain-pied avec Hegel, Herder, même si son ouvrage se présente comme un simple « essai » (humilité rare chez Spengler), ce n'en est pas moins un essai de philosophie de l'histoire de l'humanité. Ambition de Spengler : faire apparaître les grandes structures métaphysiques qui sous-tendent l'histoire de l'humanité ; dégager le principe d'intelligibilité, de compréhension des « faits historiques » : voir chaque civilisation comme un organisme vivant qui naît, croît et ne peut que dépérir.

À lire

Bouveresse J., *Le Temps de la réflexion*, Gallimard, 1983.
Finkielkraut A., *La Défaite de la pensée*, Gallimard, 1987, 185 pages, (première partie).

1. Allusion au mythe hésiodique des races. Spengler pense à la Révolution industrielle, la pollution, le dur labeur au fond des mines... Cette expression signifie sensiblement la même chose que la formule de Churchill « *Je vous promets de la sueur, du sang et des larmes.* »

FICHES DE LECTURE

NORBERT ÉLIAS (1897-1990)

LA CIVILISATION DES MŒURS

Presses-Pocket, 1973, 340 pages

- *La Civilisation des mœurs* constitue la traduction de la première partie de *Über den Prozess der Zivilisation* (1re édition 1939, 2e édition 1969) dont la deuxième partie est parue sous le titre : *La Dynamique de l'Occident* et la troisième sous le titre *Du temps* (Fayard 1996), le triptyque constituant une « théorie des symboles sociaux ».

Thèse centrale

La polarité culture/civilisation est le fruit d'une évolution historique et sociologique très différente en Allemagne d'une part, en Angleterre et en France d'autre part. L'Allemand pense *culture* là où le Français et l'Anglais pensent *civilisation*, civilisé. Ce couple antithétique recouvre d'abord une opposition sociale interne à chaque pays avant de devenir la cristallisation d'une opposition nationale entre Allemagne d'une part, France et Angleterre d'autre part.

- Dans l'usage courant, la distinction entre les termes culture, civilisation, est peu rigoureuse. On emploie fréquemment ces mots l'un pour l'autre. Les deux sont difficiles à définir. Il est presque impossible de définir la civilisation (elle englobe les croyances et pratiques religieuses, les coutumes de table (Lévi-Strauss), les règles de savoir-vivre...). En première approximation, on peut dire que **relève de la civilisation tout ce qui peut être effectué de manière « civilisée » ou « non-civilisée »** (mais il y a là, bien sûr, une pétition de principe). D'un point de vue sociologique, comment fonctionne l'usage du terme « civilisé », quelle est sa **fonction sociale** ? Il est l'expression de la conscience des sociétés européennes d'être *en avance*[1] par rapport aux autres sociétés jugées plus « barbares » et moins « civilisées ». **La civilisation : terme employé par les sociétés occidentales pour définir ce**

1. Voir la critique de cette notion chez C. Lévi-Strauss, *Race et Histoire*, Unesco, Gonthier, 1961.

qui les caractérise par opposition à toutes les autres (son avance technologique, ses règles de savoir-vivre...).

- Toutefois, une fois posé ce constat général, les choses vont diverger selon les différentes entités nationales. En **France et en Angleterre, la civilisation désigne ce que l'on est, une manière d'être** et de vivre. Un homme « civilisé » fait ou ne fait pas un certain nombre de choses. Sous le terme « civilisation » viennent se loger tous les progrès de l'Occident et de l'humanité en général (faits politiques, prouesses technologiques, prospérité économique...).
- **En Allemagne** au contraire, **le mot « civilisation » ne désigne que des apparences extérieures**, la surface ou le vernis « civilisé ». Pour désigner ce dont il est fier comme des grands accomplissements de sa Nation ou de l'humanité, l'Allemand emploiera le mot « culture ». **L'Allemand dit « culture » là où le Français et l'Anglais disent « civilisation ». L'une des ambitions du livre est de faire l'archéologie* de cette différence, voire de cette divergence.**

Chapitre 1 : La formation de la polarité culture/civilisation en Allemagne

- En Allemagne, le terme « culture » ne renvoie pas à la façon de se comporter civilisée, « urbaine » mais aux productions les plus prestigieuses de l'industrie humaine (les œuvres d'art en particulier). Pourquoi ?
- L'unité politique allemande s'est faite très tard. En France et en Angleterre, l'identité propre est acquise depuis longtemps et ne semble plus menacée. Ces Nations se sont au contraire étendues sur un vaste empire colonial. Le terme de « civilisation » correspond au socle idéologique de la réalité coloniale. C'est au nom d'une commune « civilisation » appelée à devenir celle de tous les hommes que l'on part à la conquête du monde.
- La Nation allemande est divisée en une multitude de mini-États ayant chacun une petite cour « provinciale ». Toutes les Cours allemandes imitent la Cour française de Louis XIV, à son apogée. Le français est la langue parlée par l'élite sociale, l'allemand est la langue du bas peuple, à demi barbare.
- L'Empereur Frédéric II écrit en 1780 : « Je trouve dans la langue allemande une langue à demi barbare, qui se divise en autant de dialectes différents que l'Allemagne compte de provinces. Chaque cercle se persuade que son patois est le meilleur. » Les cercles des Cours allemandes n'ont d'yeux que pour la France et sa « civilisation » qu'il convient d'imiter en tout point. En Allemagne, les frontières entre les classes sociales sont plus étanches que partout ailleurs. En France, les meilleurs esprits, même d'origine roturière, ont accès à la cour et fréquentent les plus hautes couches de la société.
- **L'opposition entre civilisation** (revendiquée par les plus hauts cercles de la noblesse) **et culture** (revendiquée par l'« intelligentsia » de la bourgeoisie montante, mais rencontrant un obstacle à son ascension sociale) est d'abord une opposition sociologique. La bourgeoisie allemande critique les manières

« civilisées », les « manières de Cour » de la grande noblesse qui n'a aucune réalisation culturelle, artistique ou littéraire à son actif.

- Cette opposition se retrouve de façon très caractéristique chez Kant :

> « Nous sommes cultivés à un haut degré par l'art et les sciences, nous sommes civilisés à satiété pour exercer les politesses et convenances sociales[1]. »

N. Élias fait ici une lecture « sociologique » d'un texte philosophique : à travers Kant, c'est l'aigreur de l'intelligentsia de la bourgeoisie allemande qui s'exprime. Alors que le texte peut sembler balancé (distinction rigoureuse entre culture et civilisation), la préférence de Kant ne fait aucun doute : il oppose **la civilisation comme apparence extérieure de la vertu à la culture véritable qui implique une modification de l'attitude intérieure** et un accès à la moralité véritable[2]. La bourgeoisie allemande, coupée de toute participation au pouvoir, et même de toute fréquentation des « grands », s'enorgueillit de ses réalisations intellectuelles, artistiques, philosophiques et même économiques (la bourgeoisie commerçante se sent à l'origine de la relative prospérité), réalisations auxquelles elle oppose le comportement d'une couche sociale à laquelle elle n'a pas accès, qui « n'accomplit rien mais place au centre de la conscience de soi et de son autojustification un comportement distingué et soucieux des distances. »

- Allons plus loin : la « courtoisie » dont fait preuve dans son comportement l'homme de cour n'est qu'artifice et tromperie[3], hypocrisie à opposer à la *sincérité* et la *franchise* (valeurs bourgeoises) de l'homme authentiquement cultivé et formé par la culture (*Bildung*, formation, signifie aussi en allemand culture. Être cultivé, c'est être façonné dans son être, pétri par des valeurs, la formation du goût... Être « civilisé », c'est avoir acquis une certaine attitude extérieure qui dissimule un être mal dégrossi[4]).
- Un texte de 1736, « Cour, courtoisie et homme de Cour », formule de façon plus nette encore l'opposition exprimée par Kant :

> « La courtoisie tire sans doute son nom de "cour" et de "vie de cour". Les cours des grands seigneurs sont un lieu où tout le monde veut faire fortune. Le seul moyen d'y parvenir est de s'attirer les sympathies du prince et des nobles les plus hauts placés à la cour. On se donne donc toutes les peines du monde pour se faire bien voir d'eux. Rien n'est plus efficace que de faire croire à l'autre qu'on est disposé à le servir en toutes circonstances. Or nous n'en

1. Kant, *Idée d'une histoire universelle d'un point de vue cosmopolitique*, in *La Philosophie de l'histoire*, Gonthier/Denoël, 1947.
2. On pourrait donc risquer une lecture « sociologique » de la philosophie morale kantienne : agir « conformément au devoir », ce serait agir comme l'aristocratie qui se contente de l'apparence de la vertu ; agir « par devoir », ce serait agir de manière bourgeoise (en ne mimant pas extérieurement la vertu mais en la pratiquant).
3. « La *courtoisie* (politesse) est un semblant de condescendance qui rend aimable. » Kant, *Anthropologie*, Pléiade, Gallimard, p. 970.
4. Cf. A. Schopenhauer, « La civilisation n'est qu'une mince pellicule au-dessus d'un chaos brûlant. », *Le Monde comme volonté et comme représentation*, PUF, 1966, réédition 1989, 1435 pages.

> sommes pas toujours capables, et ne le voulons pas toujours, et ceci souvent pour des raisons légitimes. C'est alors qu'intervient la courtoisie. Elle consiste à faire naître dans l'autre, par des attitudes extérieures, la certitude que nous le servirons de bonne grâce. Ainsi gagnons-nous sa confiance, qui engendre la sympathie qui le poussera irrésistiblement à nous faire du bien. Cet effet de la courtoisie est si général qu'il offre à ceux qui la possèdent un avantage inappréciable. En vérité, c'est l'habileté et la vertu qui devraient nous gagner l'estime des autres hommes. Mais combien peu nombreux sont ceux qui savent les reconnaître ! Et moins nombreux encore ceux qui les jugent dignes de quelque respect ! Les hommes trop portés aux choses extérieures se laissent impressionner par les choses qui frappent les sens, surtout quand certaines circonstances s'y ajoutent qui exercent un étrange pouvoir sur leur volonté. C'est précisément ce qui arrive à un homme courtois[1]. »

L'homme « civilisé[2] », dont le prototype et la quintessence est « l'homme courtois », n'est donc au fond qu'un calculateur et un intriguant qui singe la vertu sans la pratiquer pour parvenir à ses fins auprès d'hommes qui ne sont capables de juger que sur les apparences. Ce texte comme celui de Kant fait jouer l'opposition entre courtoisie trompeuse (Civilisation) et vertu authentique (Culture). Dans la deuxième moitié du XVIIIe siècle, cette opposition va s'accentuer et jouer un rôle considérable dans la prise de conscience de soi de la bourgeoisie montante et dans le fondement de ses revendications.

- Au cours de la deuxième moitié du XVIIIe siècle, le français, des Cours princières, gagne les plus hautes couches de la bourgeoisie. Il est de bon ton de parler et d'écrire en français. « Rien n'est plus vulgaire que d'écrire des lettres en allemand. » (1730). Quand on s'exprime en allemand, le « bel usage » veut qu'on le parsème de termes français. La langue allemande est perçue comme « lourde et barbare », rude, bien peu faite pour exprimer choses distinguées et sentiments raffinés. **Frédéric II déplore mais constate l'inexistence d'une littérature allemande digne de ce nom** (1780). **Frédéric II déplore l'engouement du bas peuple pour les « abominables pièces de Shakespeare »,** qu'il qualifie de « divertissements pour le bas peuple, à peine dignes des sauvages du Canada », et leur oppose le raffinement des pièces du classicisme français (Racine, Corneille). Ce qui est « abominable » chez Shakespeare, c'est que s'y côtoient des princes et des

---

1. Voir sur ce même thème, mais sans ce jugement moral dépréciatif, B. Gracian, *L'Homme de cour*, 1647, Mille et Une Nuits, 1997.
2. On n'est pas très loin de certains thèmes de Rousseau dans le *Discours sur les sciences et les arts*, GF, 1750. Ce rapprochement fait entre la société (et singulièrement la société de cour) et le paraître n'est donc pas exclusivement allemand et peut se retrouver chez un auteur francophone comme J.-J. Rousseau « Qu'il serait doux de vivre parmi nous si la contenance extérieure était toujours à l'image des dispositions du cœur ; si la décence était la vertu ; si nos maximes nous servaient de règles. Mais tant de qualité vont trop rarement ensemble, et **la vertu ne marche guère en si grande pompe**. La richesse de la parure peut annoncer un homme opulent ; l'homme sain se reconnaît à d'autres marques : c'est sous l'habit rustique d'un laboureur, et non sous la dorure d'un **courtisan**, qu'on trouvera la force et la vigueur du corps. La parure n'est pas moins étrangère à la vertu qui est la force et la vigueur de l'âme. » (1750)

princesses avec leurs nobles sentiments, avec les couches les plus basses de la société (fossoyeurs, charretiers), comme si eux aussi pouvaient avoir leur place dans une tragédie ! Le jugement de Frédéric II n'est pas isolé mais au contraire partagé par Voltaire et par toute l'intelligentsia européenne[1], francophone et francophile.

- Leibniz (seul grand philosophe allemand à l'époque, mais écrivant la plupart du temps en français ou en latin) et Goethe (seul grand esprit roturier admis dans les Cours allemandes) ne doivent pas tromper et ne font figure que d'exceptions.
- Or en 1781 paraissent la *Critique de la Raison pure* de Kant, *Les Brigands* de Schiller ; en 1787 le *Don Carlos* de Schiller et l'*Iphigénie* de Goethe, etc. Kant, Schiller, Goethe, Lessing, Herder : **Frédéric II écrit à la veille d'une des plus belles floraisons de la culture allemande**. L'Allemand n'est pas passé en un an de l'état de dialecte semi-barbare à celui de langue capable de produire de tels chefs-d'œuvre. Cette éclosion est préparée et préfigurée par tout un mouvement que Frédéric II ne voit pas, ne peut pas voir se dessiner. C'est que ce mouvement, en particulier le « *Sturm und Drang*[2] », se prépare dans une bourgeoisie montante dont Frédéric II n'attend rien. L'intelligentsia bourgeoise est coupée tant du peuple (aux yeux de qui elle fait figure d'élite privilégiée) que du pouvoir et de la haute noblesse (au sein de laquelle elle n'est pas admise). Les *Souffrances du jeune Werther* racontent l'humiliation d'un jeune roturier présent à une soirée donnée par un comte à qui l'on fait discrètement comprendre qu'il est temps qu'il se retire à mesure que les représentants de la haute noblesse arrive. Il se drape dans sa solitude et va lire Homère tout en assistant au coucher du soleil. Tout le drame de l'intelligentsia bourgeoise est résumé dans cette scène : elle enrage de n'être pas admise dans le « monde » tout en jugeant sa conversation superficielle, ses mœurs dévoyées et en méprisant souverainement « ces êtres dont l'âme tout entière n'est occupée que de cérémonial ». Werther exprime à merveille l'impasse dans laquelle se trouve la bourgeoisie éclairée : « Ce dont surtout j'enrage, ce sont les odieuses conditions bourgeoises. Assurément je sais comme tout autre combien est nécessaire la différence des conditions. Mais je ne voudrais point la trouver sur ma route… » La bourgeoisie voudrait maintenir les barrières vers le bas (celles qui la séparent du « bas peuple ») tout en voyant s'ouvrir les portes vers le haut (elle veut accéder à la noblesse et au pouvoir). Elle n'ose abattre le cloisonnement social de peur de voir s'effondrer en même temps le mur qui la sépare du bas peuple.

---

1. « Un siècle aussi raffiné et cultivé, qui avait pour modèle un roi galant [Louis XIV] et une cour si magnifique, ne pouvait plus admirer sans réserve la grossièreté brutale des tragiques anglais. » (Dryden) Et encore chez Nietzsche : « Il y a chez Shakespeare une étonnante synthèse de goûts espagnols, mauresque et saxon qui aurait fait s'étrangler de rire ou d'indignation un citoyen de l'antique Athènes, un ami d'Eschyle. » (1886)
2. Littéralement, « Tempête et élan » : mouvement littéraire et artistique allemand préromantique, influencé par J.-J. Rousseau. Il s'oppose au rationalisme des Lumières au nom des exigences de la sensibilité. Les auteurs les plus représentatifs de ce courant sont Lessing, Hamann, Herder, le jeune Schiller, le jeune Goethe (celui du *Werther*).

- Les *Conversations de Goethe avec Eckermann* illustrent parfaitement ce conflit entre deux systèmes de valeurs caractéristiques de deux classes sociales distinctes. Quand Eckermann fait l'éloge de la sincérité, du naturel (« Je porte dans la société mes sympathies et mes antipathies naturelles »), Goethe lui répond que ces dispositions prouvent qu'il n'est guère sociable : « À quoi servirait l'éducation si nous ne tentions d'y surmonter nos tendances naturelles ? Il faut s'efforcer, même à contrecœur, de s'accorder avec les autres. » Goethe s'est rallié aux valeurs de l'homme du monde, de l'homme de cour. Fréquenter le monde suppose que l'on soit capable de réprimer ou du moins de dissimuler ses sympathies et ses antipathies naturelles. **Là où Eckermann voit affectation, manque de véracité et de franchise, Goethe voit maîtrise de soi, civilité, politesse[1], urbanité**. Goethe a adopté les valeurs de la Cour, Eckermann reste le porte-parole des valeurs de la bourgeoisie intellectuelle.
- **Ce qui était la marque d'une différence sociale va devenir la marque d'une différence nationale**. Concomitante à la montée tardive de la bourgeoisie allemande, la **culture** va s'imposer comme la marque spécifique de la nation allemande par opposition à la « **civilisation** » (simple adoption formelle de « manières », de langage précieux) perçue comme trait français que l'empire Napoléonien s'efforcerait d'exporter. *Ce sont les valeurs bourgeoises qui s'imposent en Allemagne contre le raffinement de civilisation perçu comme* « français ».

Chapitre 2 : La formation du concept de civilisation en France

- **La Cour française était nettement plus ouverte** que les Cours allemandes à la montée de nouvelles classes sociales. Ce sont les manières de la Cour qui vont être copiées et ses valeurs adoptées par une bourgeoisie toujours plus large. **La société allemande s'embourgeoise quand la société française s'aristocratise**. Entre aristocratie et bourgeoisie, les différences de mœurs ne cessent de s'estomper.

  > « Nous *[Allemands]* nous sommes émancipés du goût de Cour quand Voltaire le portait à son point de perfection.» (F. Nietzsche, 1886)

  Contrairement à leurs collègues allemands, les intellectuels français disposaient et d'une audience aristocratique, et d'un vaste public bourgeois. Il se forme jusqu'à la Cour du Roi Soleil une clique acquise aux idées nouvelles qui, dans les structures de l'Ancien Régime, ne pouvait s'organiser en parti politique mais constituait une sphère d'influence non négligeable.

  > La notion française de « civilisation » est issue, tout comme la notion allemande de « culture », de ce mouvement d'opposition de la 2e moitié du XVIIIe siècle.

---

1. Cf. Alain, *Propos sur le bonheur*, Idées Gallimard, 1928, 242 pages : p. 208-210 et p. 212. Alain y oppose politesse vraie et mœurs de courtisans.

- La civilisation au sens proprement français s'ébauche chez Turgot et s'explicite chez Mirabeau père au début de la deuxième moitié du XVIIIe siècle :

  « Si je demandais à la plupart en quoi ils font consister la civilisation, on me répondrait : "La civilisation d'un peuple est l'adoucissement de ses mœurs, l'urbanité, la politesse et les connaissances répandues de manière que les bienséances y soient et tiennent lieu de lois de détail" ; tout cela ne me présente que le masque de la vertu et non son visage, et la civilisation ne fait rien pour la société si elle ne lui donne **le fond et la forme de la vertu**. »

  Ce texte d'un Français semble dire la même chose que celui de Kant, et dans toute l'Europe la bourgeoisie semble opposer à l'aristocratie les mêmes valeurs : la civilisation n'est rien si elle n'est que vernis ou semblant de vertu ; seules comptent non l'apparence et les manières, mais le naturel, le cœur, la sincérité, bref : **la réalité de la vertu**. L'homme civilisé du XVIIIe siècle est l'honnête homme du XVIIe siècle. Les termes « civilité », politesse de mœurs, urbanité, servaient à exprimer la conscience de la supériorité des classes dominantes en Europe à l'égard des classes inférieures, et *a fortiori* à l'égard des autres parties du globe. Dans la deuxième moitié du XVIIIe siècle, on le voit à l'œuvre dans le texte de Mirabeau, la bourgeoisie s'empare du terme « civilisé » pour le retourner contre la classe alors dominante, la noblesse. Comme Rousseau quoique de façon moins nette, Mirabeau bouleverse la hiérarchie des valeurs établies. La réalité de la civilisation ne peut consister dans les seules manières distinguées ou raffinées. **La vraie civilisation, c'est la vertu accessible aux gens simples, aux bourgeois, non ces différences d'étiquette** et ces « murs de papier » que vous croyez avoir érigé entre vous et les roturiers, qui ne sont qu'apparence et faux-semblants. Le recours aux utopies bucoliques[1], aux bergers d'Arcadie, au « bon sauvage » ne servait qu'à incarner dans sa pureté l'homme simple et vertueux situé aux antipodes de la « civilité » aristocratique.

- Rousseau lui-même théorise son idéal humain (le « bon sauvage »), mais pas son anti-type qui serait la cible de toutes ses critiques : l'homme dépravé par la société de la « civilisation[2] ». C'est Mirabeau qui dégage la figure perverse de **cette contrefaçon de l'homme vertueux qu'est le « civilisé »**. La critique politique et sociale est plus audacieuse en France ; la critique intellectuelle, et la remise en cause des concepts hérités de l'aristocratie est plus radicale du côté des intellectuels allemands coupés de toute possibilité d'une action sociale ou politique. En témoigne le fait que la formule « fausse civilisation » constitue en France l'exact pendant, et la traduction exacte, de ce qu'on appelle en Allemagne « civilisation » tout court. Les intellectuels allemands s'émancipent plus rapidement de schémas de pensées qui restent prégnants en France. Les Allemands ne sont à la recherche ni d'une « civilisation authentique », ni d'un hypothétique « état de nature » où se

1. Cf. Honoré d'Urfé, *L'Astrée*, Gallimard, 1984.
2. Cette affirmation d'Élias serait doublement à nuancer : le *Contrat social* nous présente l'homme primitif comme « un animal stupide et borné » ; le *Discours sur les sciences et les arts* ébauche bien une description de l'homme social dépravé.

rencontreraient des « bons sauvages ». Ce que promeut l'intelligentsia allemande, c'est « l'homme cultivé », à la fois pétri de culture et fécond en œuvres culturelles.

- Le fait d'être « civilisé » apparaît sous sa première forme, et en particulier dans les écrits de Mirabeau, comme **l'élément d'un cycle**.

> « Cette surabondance d'argent bannit l'industrie et les arts, et jette en conséquence les États dans la pauvreté et la dépopulation. De là naîtrait comment le cercle de la barbarie à la décadence par la civilisation et la richesse peut être repris par un ministre habile et attentif et la machine être remontée — comme une horloge — avant que d'être à sa fin[1]. » (Mirabeau, *L'Ami des hommes*)

- **Mirabeau conçoit la « civilisation » non comme un état stable mais comme un moment d'un processus fait de flux et de reflux**. « L'exemple de tous les empires qui ont précédé le vôtre, *écrit-il au roi de France*, et qui ont parcouru **le cercle de la civilisation** serait dans le détail une preuve de ce que j'avance. » Dans son esprit,

> « [...] la vraie civilisation s'insère dans le cycle conduisant de la barbarie à la civilisation fausse ou décadente par la faute de la surabondance de l'argent. C'est l'affaire d'un gouvernement éclairé de diriger cet automatisme de telle sorte que la société puisse s'épanouir entre la barbarie et la décadence. Déjà à cette époque le concept de "civilisation" évoque l'idée de décadence ou de catastrophe finale qui depuis a toujours surgi, de manière ouverte ou dissimulée, au rythme des crises cycliques. »

La réforme a pour objet de transformer la civilisation « fausse » ou « décadente » en une civilisation « bonne » ou « authentique ».

- **La civilisation n'est plus conçue en France comme un état mais comme un processus** (*Prozess* en allemand, terme figurant dans le titre originel). La civilisation est perpétuellement en chantier, elle est son propre procès (processus) « La civilisation des peuples n'est pas encore terminée. » (d'Holbach, 1774). La société a atteint un certain « palier » grâce à la civilisation, mais celle-ci reste insuffisante : elle doit continuer à progresser et être soutenue par les « réformes ». La « civilisation » désigne un palier de la société opposé à un palier inférieur qualifié de plus fruste ou de barbare. En ce sens la quintessence de la civilisation apparaît dans l'aristocratie de cour, et elle s'oppose par définition au bas peuple. Les peuples ne sont pas encore suffisamment civilisés, affirment les réformateurs.

> « La civilisation n'est pas seulement un état, elle est un processus qu'il s'agit de promouvoir. C'est là la pensée nouvelle que traduit la notion de civilisation. »

- **La civilisation fait l'objet d'un projet politique** : il s'agit de « civiliser » des couches toujours plus larges de la population en les affranchissant progressivement de ce qu'il reste de barbare et de déraisonnable dans la

1. C'est à quoi fait allusion la pique d'Albert Einstein : « Les États-Unis sont la seule puissance qui ait réussi à passer de la barbarie à la décadence sans connaître la civilisation. »

situation présente. **Le règne de la civilisation sera l'heureux résultat de l'affinement des mœurs et de la pacification intérieure du pays**.

> « Le Roi [Louis XIV] parvint à faire d'une nation jusque-là turbulente un peuple paisible qui ne fût dangereux qu'aux ennemis ; les mœurs s'adoucirent. » (Voltaire)

Ce ne sont plus désormais les seuls individus* qui doivent être « civilisés » (rendus « civils »), **mais aussi les mœurs et les lois**, en combattant ce qui peut y rester de barbare et de brutal.

> « Malgré la barbarie d'une partie des lois, malgré les vices des principes d'administration, l'augmentation des impôts, les mauvaises maximes qui dirigèrent le gouvernement, on peut observer que les peuples de l'intérieur du Royaume ont vécu en paix à l'abri des lois. » (Condorcet)

- **La notion française de civilisation**, après avoir été l'expression de la conscience de sa supériorité par l'aristocratie de cour, devient le cri de ralliement de la bourgeoisie réformatrice. Une fois cette bourgeoisie arrivée au pouvoir, **elle devient l'expression du sentiment national**. La Nation tout entière est réputée civilisée : désormais, le terme de civilisation sert de justification idéologique aux tendances expansionnistes de la France.

> « Soldats, vous vous lancez dans une conquête dont les conséquences sont incalculables pour la civilisation. » (Napoléon lors de la campagne d'Égypte)

Contrairement à ce que ce mot évoquait lors de son apparition, le processus de « civilisation apparaît achevé à l'intérieur de la société ». Les peuples d'Europe se sentent désormais

> « [...] comme des apôtres chargés de transmettre aux autres une civilisation déjà existante et achevée.
>
> Personne ne s'intéresse plus à la civilisation conçue comme un processus. La conviction de leur supériorité sert de justification aux nations conquérantes et civilisatrices qui se hissent ainsi au rang de "couches civilisatrices" dans de vastes territoires extra-européens, de la même manière que les ancêtres de la "civilisation", à savoir la "politesse" et la "civilité", avaient servi d'assise à la domination de l'aristocratie de cour. »

Chapitre 3 : Comment peut-on être civilisé ?

- Aux racines de la notion moderne de civilisation on trouve donc les notions plus anciennes de « civilité » et de « politesse » des mœurs. La Chrétienté médiévale se lance dans des guerres de conquête au nom de la Croix, comme elle le fera aux XVIIIe et XIXe siècles au nom de la « civilisation ». La « civilité » des mœurs correspond à une réalité sociale dont l'épine dorsale est la **société de cour** européenne. Des mœurs qui font l'unité et la raison d'être des classes dirigeantes européennes vont se trouver ultérieurement codifiées dans des manuels dont le prototype et l'inspirateur est le traité d'Érasme, *De civilitate morum puerilium*. (« Sur la civilité des mœurs enfantines ») (1530). L'aspect le plus frappant de l'ouvrage d'Érasme est son absence d'orientation sociale déterminée : **Érasme n'écrit pas pour définir**

les mœurs de tel groupe social (les clercs au Moyen Âge, les aristocrates de cour, les bourgeois...) **mais pour tous les jeunes gens.** Les bonnes manières ne sont pas pour lui la marque distinctive d'une classe sociale et le moyen de s'y intégrer et d'en être reconnu, mais au contraire ce qui doit former tout « honnête homme » et de « bonnes mœurs » (« *homo honestus et bene moratus* »). Toute une lignée d'ouvrages vont reprendre cette veine jusqu'au XIXe siècle, enseignant aux enfants « la civilité puérile et honnête ». Érasme redéfinit le sens de la « *civilitas* » d'une manière conforme à ce qu'exigeait l'esprit de la Renaissance, et l'on retrouve des termes équivalents dans toutes les autres langues d'Europe : la *civility* anglaise, la *civilità* italienne, la *Zivilität* allemande.

- Érasme dans son traité admet que l'art d'éduquer les jeunes gens comporte de nombreux aspects, et que la « civilité des mœurs » n'est que la partie la plus grossière de la philosophie. Son objet consiste à orienter et à régler le comportement de l'homme en société, principalement, mais non exclusivement, « en ce qui concerne les convenances extérieures du corps. » (*externum corporis decorum*) Toute la « philosophie » de l'ouvrage repose sur l'idée que le maintien du corps, le « comportement extérieur », est l'expression de l'homme dans son ensemble. Les coutumes de table sont par exemple détaillées. L'homme de la Renaissance, du Roi au paysan ou au palefrenier, mange avec ses doigts. Mais lorsqu'on est en bonne société, on ne plonge pas les deux mains à la fois dans le plat. La manière la plus distinguée de manger consiste à ne se servir que de trois doigts. C'est ce geste qui permet aux couches supérieures de se distinguer du bas peuple et de se reconnaître entre elles comme faisant partie « du même monde ». De même se jeter sur les aliments est d'un paysan, comme de replonger dans la sauce un morceau de pain dans lequel on a déjà mordu. Faire preuve de civilité, c'est se montrer digne citoyen de la cité, de la *civitas*, et donc se distinguer autant que possible des mœurs « paysannes ».
- Mais l'opposition civilité/incivilité ne doit pas être prise comme un couple d'opposés statiques (comme bien/mal, bon/mauvais). Bien des attitudes qu'Érasme recommande comme marques de civilité n'éveillent en nous que gêne ou dégoût.

> « Civilisé et non civilisé sont les jalons d'une évolution qui n'est nullement achevée : il se pourrait fort bien que nos descendants affichent face à notre niveau de civilisation les mêmes sentiments de gêne qui s'emparent de nous quand nous évoquons les mœurs de nos ancêtres. »

Ce n'est pas tellement le nombre ou la nature des instruments qui distinguent la classe sociale dominante, c'est surtout la manière de s'en servir. Néanmoins, pendant tout le Moyen Âge, de nouveaux instruments sont apparus, en commençant toujours par la classe supérieure. Le Moyen Âge (occidental) ignorait l'usage de la fourchette. Au XIe siècle, un doge vénitien épousa une princesse grecque. Celle-ci se servait d'une fourchette pour manger. La chose fit un tel scandale à Venise que les autorités religieuses sollicitées, condamnèrent l'usage de la fourchette et appelèrent sur la princesse le courroux divin. Celle-ci périt peu de temps après d'une grave maladie et saint Bonaventure n'hésita pas à en déduire que Dieu lui-même désapprouvait l'usage de la fourchette.

- Avant la « civilité » telle qu'Érasme la définit à la Renaissance, nous trouvons la « courtoisie », les mœurs « courtoises ». Comme pour la civilité, toutes les langues européennes possèdent un terme équivalent : *courtesy* en anglais, *cortezia* en italien, *Hövescheit* en allemand, etc. Le Moyen Âge est fécond en ouvrages traitant des règles de conduite et des manières « courtoises », c'est-à-dire conformes à celles pratiquées à la Cour (c'est elle, et non pas la chevalerie dans son ensemble, qui donne le ton des « bonnes manières »). (Hugo de Saint-Victor, Jean de Garland, Thomasin de Zirklaria, etc.). Les recommandations nous semblent aujourd'hui simplistes et grossières. Elles nous semblent refléter un degré très bas de « civilisation », la grande majorité des « recommandations » nous apparaissent aujourd'hui comme des évidences et ne nous semblent donc pas mériter d'être formulées. **Toutes ces recommandations des manuels du Moyen Âge s'adressent à des adultes et non à des enfants : au Moyen Âge, ce sont les adultes qui ont besoin d'être éduqués, policés ; après Érasme, ce type d'ouvrages s'appliquera essentiellement à l'éducation des jeunes gens** et sera en vigueur dans les écoles et les lieux d'apprentissage.
- **Ce qui peut sembler de simples différences « techniques » est en fait emblématique de relations à autrui différentes des nôtres**. Les hommes du Moyen Âge et de la Renaissance se servaient à même le plat, buvaient dans la même coupe, lampaient la soupe dans la même assiette. Leurs rapports les uns aux autres étaient différents, leur vie émotionnelle, ce qui les choquait ou les dégoûtait. **Le processus de « civilisation » va aller dans le sens d'une plus grande retenue**, d'une plus grande distance entre les hommes, **d'un rejet toujours plus grand de la promiscuité**.
- Le traité d'Érasme se démarque en ce sens des traités comparables du Moyen Âge. L'exigence d'une distance plus grande entre les hommes se fait jour, mais l'essentiel est ailleurs : un concept nouveau, celui de « civilité », est en train de supplanter le concept médiéval de « courtoisie ». **Il n'y a pas rupture** cependant (la plupart des interdits médiévaux se retrouvent chez Érasme) **mais progression dans la « civilisation » et le raffinement**. L'usage des trois doigts pour manger s'impose maintenant impérativement pour tout le monde. Érasme avait probablement connaissance des traités médiévaux portant sur la bienséance, mais il ne s'est pas contenté de les compiler. Il était porteur d'une idée précise et personnelle concernant les règles en matière de bonne et de mauvaise conduite. La société de la Renaissance était engagée dans un processus de transition vers une forme plus élaborée de « civilisation ». Le livre d'Érasme reflète et codifie cette transition, elle marque un moment précis de cette transition en même temps qu'il contribue à la répandre et à l'accélérer. C'est par la manière d'aborder les problèmes plus que par le contenu qu'Érasme se démarque le plus des traités antérieurs. **Les recommandations médiévales sont absolues, les préceptes d'Érasme sont circonstanciés** (« Si tu es en bonne compagnie... ») **Tout ce qui renvoyait pour nous aux critères de la simplicité et du naturel a**

disparu. L'ouvrage d'Érasme comme de ses homologues est double : d'une part il se comporte en chroniqueur, il nous dévoile et décrit les mœurs de son époque ; mais d'autre part il les juge, il s'en fait le censeur, et **nous indique ce qu'il *perçoit* comme de bonnes ou de mauvaises manières**. **Les mauvaises manières sont ce qui persiste dans le présent des manières caractéristiques d'un état antérieur de la société**, et parfois ce qui était explicitement recommandé par les manuels antérieurs de « courtoisie ».

- **L'existence du traité d'Érasme est en elle-même significative** : à la Renaissance, de grands esprits mondialement connus ne dédaignent plus de se pencher sur le problème des mœurs sociales. Elles le méritent dans la mesure où elles sont en pleine mutation et que la classe susceptible de lire le livre d'Érasme **hésite** sur les bonnes manières. Contrairement aux traités médiévaux, Érasme s'y exprime de manière personnelle, il donne son jugement propre. L'individu* a désormais son mot à dire sur les bonnes et les mauvaises manières. Érasme dispose d'une certaine latitude d'appréciation parce que l'ancienne société médiévale est en décadence et que la nouvelle classe dominante (la Cour absolutiste) n'a pas encore fini de s'implanter et d'imposer sa propre hiérarchie. **L'ouvrage d'Érasme est un ouvrage de transition reflétant une mutation sociologique en cours**. Aux yeux d'Érasme, représentant en cela de la sensibilité humaniste, le fait d'être « civilisé » ne dépend pas de l'appartenance ou de la non-appartenance à la noblesse ; c'est au contraire le comportement civilisé qui caractérise la vraie noblesse. « Il faut considérer comme nobles tous ceux qui se cultivent l'esprit par des études libérales. » (Érasme) Les humanistes et leurs émules constituent la vraie noblesse. **Érasme emprunte à la noblesse de Cour son modèle** de bonnes manières et puise dans ses comportements le critère qui permet de distinguer entre les « bonnes » et les « mauvaises » manières, **mais une fois défini, le caractère de ce qui est « civilisé » se détache de son modèle au point de pouvoir lui être opposé**, au point qu'un bourgeois éclairé peut fort bien se comporter de manière plus « civilisée » que bien des nobles de naissance. Après Érasme, cette liberté (qui n'a jamais existé en Allemagne) disparaît assez vite au point que c'est au contraire **le fait d'observer scrupuleusement les différences sociales qui devient la condition même du savoir-vivre et de la politesse**.

Idées-clés à retenir

- L'Allemagne met en avant sa « **culture** » (productions littéraires, scientifiques et artistiques) là où l'Angleterre et la France mettent en avant, la « **civilisation** », la manière d'être, les mœurs raffinées et policées. Cette différence s'explique historiquement.
- Le comportement civilisé ne dépend pas exclusivement de l'apprentissage extérieur des bonnes manières. Il suppose aussi un don d'observation, la capacité de comprendre les hommes et de déceler leurs mobiles (Érasme). La civilité constitue un art reposant sur une science : la connaissance du

comportement des hommes en société. Appartient à un « monde » social celui qui en connaît ou devine intuitivement les règles de conduite implicites.

- L'opposition binaire entre Nations « civilisées » et Nations « non-civilisées » ou à civiliser repose sur le refoulement et l'oubli du processus interne de civilisation, portant sur plusieurs siècles, au cours duquel une classe sociale dominante a peu à peu imposé à l'ensemble de la société ses mœurs, ses valeurs, sa façon de ressentir ce qui est ou n'est pas « civilisé ».
- **La civilisation est un processus avant d'être un état stable** : une nation est d'abord barbare, puis civilisée (à son apogée), enfin en décadence ou en déclin. Une société qui cesse de se civiliser, de surenchérir dans le raffinement des mœurs, est inexorablement vouée au déclin. L'aventure coloniale des nations européennes a permis une sorte de sursis au processus de déclin, les nations se considérant elles mêmes comme pleinement « civilisées » se donnant pour mission de « civiliser » les autres peuples de la terre.

À lire

Collectif, *La Bienséance, la civilité et la politesse enseignée aux enfants,* Textes d'Érasme, Jean-Baptiste de la Salle, Henri Bergson, Jean-Michel Place et Le Cri, 1992.

Érasme, « Il faut donner très tôt aux enfants une éducation libérale », in *Œuvres*, Bouquins, Robert Laffont, 1992, p. 469-548.

Érasme, *La Civilité puérile,* Ramsay, 1977.

Gracian B., *L'Homme de Cour,* Mille et une nuits, 1997.

Heidegger M., *Questions I,* Gallimard, p. 127-130. (Cf. Nietzsche, *La Volonté de Puissance,* Gallimard, tome II, p. 75).

EDGAR MORIN (né en 1921)

PENSER L'EUROPE

Gallimard, 1987, 367 pages

> **Thèse centrale**
>
> **La prise de conscience par les Européens eux-mêmes de leur communauté de destin est un préalable nécessaire à la définition d'un dessein commun.**

Ambition

Penser l'Europe présente à partir de son passé ; encore que ce soit dans le présent et non dans le passé qu'il faille chercher le principe de l'organisation européenne.

Concepts-clés de l'ouvrage

- **Le principe dialogique** : deux ou plusieurs principes sont liés en une unité, sans que cette unité ne dissolve ou ne surmonte cette pluralité.
- **Le principe de « récursion »** : Les processus à l'œuvre se renforcent et s'amplifient mutuellement, de sorte qu'il n'y a pas entre eux une causalité linéaire mais au contraire des boucles faisant que chaque processus peut être vu comme à la fois « cause » et « effet » de tous les autres. D'où l'insuffisance d'une explication à partir d'une causalité « linéaire » et chronologique.

Remarques

Deux concepts à utiliser avec modération. Très « jargonnants ».

Idées majeures

- Il est difficile de bien percevoir l'Europe à partir de l'Europe. Risque d'osciller entre complaisance et masochisme, autosatisfaction et auto-flagellation. Il faut intégrer à notre vision de l'Europe celle qu'en ont les autres continents.

(Ils nous perçoivent comme les anciennes puissances coloniales, mais aussi comme l'origine de la Déclaration des droits de l'homme...)

- **L'Europe est un complexe**. Elle est constituée par des couples de contraires (liberté **et** tyrannie*, chrétienté **et** laïcité, droit **et** arbitraire, etc.). Toute tentative de la réduire la mutile. L'Europe est une notion vague, aux contours incertains, **à géométrie variable** suivant le terrain sur lequel on se situe (géopolitique, économique, idéologique, historique[1]...).
- **Il n'y a pas de principe fondateur et unificateur à l'origine de l'Europe**. Pas d'unité perdue avec laquelle il suffirait de renouer. Inutile de s'interroger sur l'« essence » de l'Europe : on ne trouverait qu'un fantomatique « esprit européen », aussi évanescent que l'« âme russe ». Il faut au contraire **interroger l'Europe dans ce qu'elle a d'incertain et de flou.**
- Dans l'Antiquité, ce que nous appelons aujourd'hui « Europe » n'est qu'un au-delà septentrional informe, inconnu. Ce sont les confins du monde civilisé. L'origine de l'Europe est à chercher au Proche-Orient (d'un point de vue religieux : judéo-christianisme) et dans une civilisation méditerranéenne (grecque et romaine) centrée sur la Méditerranée[2], s'étendant sur les deux rives (y compris africaine) et tournant le dos au « continent » européen. **Rien ne prédisposait l'Europe à devenir un continent**, une entité géographique et historique.
- **Rien ne prédisposait non plus la chrétienté**, née en Asie, **à venir coïncider avec les frontières de l'Europe**. Le christianisme se développe d'abord en Asie Mineure et en Afrique du Nord (saint Augustin). C'est la conquête arabe qui, islamisant l'Asie et l'Afrique du Nord, va repousser le christianisme et l'enfermer pour des siècles dans les frontières de l'Europe. « C'est l'Islam qui fait l'Europe en y enclosant la Chrétienté (VIIe siècle). » Dans un second temps, c'est l'Europe qui se fait elle-même et prend conscience d'elle-même en stoppant la progression arabe à Poitiers (732) jusqu'à l'expulser entièrement hors d'Europe (reconquête de l'Andalousie). La reconquête s'achève à Gibraltar et ne débouche pas hors d'Europe. Conscience européenne éphémère liée à la présence d'un ennemi commun à combattre : Charlemagne est dit « chef de l'Europe, père de l'Europe ». (800) Le mot disparaît ensuite jusqu'au XIVe siècle.
- **Les Croisades**, ce ne sont pas les pays européens tentant une première conquête et colonisation des terres non européennes, c'est **la dernière tentative de la Chrétienté de reconquérir ce qui fut son berceau et de ne pas se laisser enfermer dans l'Europe**. Les Croisés sont perçus par les

1. Cf. P. Valéry : « Je n'avais jamais songé qu'il existât véritablement une Europe. Ce nom ne m'était qu'une expression géographique. Nous ne pensons que par hasard aux circonstances permanentes de notre vie. », Pléiade, tome II, p. 914.
2. Cf. « La Méditerranée a été une véritable machine à fabriquer de la civilisation. » (P. Valéry, Pléiade, tome II, p. 1086). Ph. Engelhard écrit que la crise identitaire de l'Europe est celle de sa longue hésitation entre un destin méditerranéen et un destin occidental (*L'Homme mondial*, p. 253).

musulmans et se perçoivent eux-mêmes non comme des européens mais comme des Francs.

- Le début des Temps modernes, c'est l'Amérique ouverte à la christianisation, et l'Europe à la critique du christianisme et à l'émergence de la laïcité. Ce n'est donc qu'au Moyen Âge que peuvent être dits coïncider Europe et Chrétienté. « L'Europe médiévale est l'Europe chrétienne. »
- La fissure de l'Europe entre occidentale et orientale est préfigurée par la cassure entre empire d'Orient et empire d'Occident (395), puis par le schisme définitif entre catholicisme (occident) et orthodoxie (orient) (1054).
- L'Europe émerge lentement d'une série de ruptures :
  - Cassure Rome/Byzance (Ve siècle).
  - Coupure de la Méditerranée (VIIIe siècle), devenue « frontière liquide » (F. Braudel).
  - Schisme orthodoxie/catholicisme (XIe siècle).
  - Cassure Papauté/Saint Empire (XIe-XIIIe siècles). D'où la séparation pouvoir spirituel/pouvoir temporel.

L'Europe moderne se forme en perdant le Monde Ancien (chute de Byzance qui bascule à l'Islam, 1453), **en découvrant le Nouveau Monde** (Christophe Colomb, 1492), **en changeant de Monde** (Galilée, Copernic) **avant de se préparer à changer le Monde** (Révolution industrielle, colonisation).

- L'Europe est l'épicentre de tourbillons, de déséquilibres, de tensions et de désordre. Cela lui permet — tout en la contraignant — à subir des mutations plus rapides et plus profondes que la Chine, par exemple, dont la civilisation est pourtant plus évoluée. L'économie européenne devient une « économie-monde » (F. Braudel). Chaque décentrage produit un recentrage qui induit de nouveaux déséquilibres. Venise, Anvers, Gênes, Amsterdam sont tour à tour « capitale économique » de l'Europe, microcosme polycentré.
- Ce qui émerge sur le plan politique n'est pas l'Europe en tant qu'entité homogène mais au contraire une pluralité d'États-nations. « L'Europe n'est en fait que parce qu'il n'y a pas d'Europe en droit. » Ont déjà existé des Cités-États et des Empires, **l'État-nation est une invention propre de l'Europe des temps modernes**. Les luttes au sein de l'Europe, avec leurs renversements d'alliances perpétuelles, montrent que le pouvoir politique fait primer la raison d'État sur les affinités religieuses (alliances entre pays catholiques et protestants, voire avec l'Empire ottoman). La Raison d'État l'emporte sur la défense de la Foi, la souveraineté* des États-nations est devenue une réalité (Bodin, Machiavel). « Les États nationaux occupent de façon « polythéiste » la scène européenne. »
- La réalité de l'Europe au XVIIIe siècle, c'est la conjonction des phénomènes suivants : souveraineté* des États, guerres caractérisées par des renversements perpétuels d'alliances, Droit des gens, équilibre des pouvoirs.

« La France révolutionnaire est le premier modèle accompli de l'État-nation », que l'Ancien Régime ne faisait que préparer et préfigurer. La Nation devient une communauté mythique, l'État devient une figure paternelle, les citoyens deviennent les « enfants de la Patrie ». La Nation s'est affranchie de la tutelle religieuse pour devenir elle-même une réalité religieuse, objet d'un « amour sacré » : le patriotisme est la religion de la Nation.

- Le concert européen, plus ou moins bien régulé au XVIIIe siècle, se dérègle au XIXe siècle. À l'éclosion des États-nations succède la montée des nationalismes ombrageux ; aux économies fermées succède la guerre économique. (Blocus.)
- L'Europe, assurée par la révolution industrielle d'une supériorité technique et militaire incontestée sur le reste du monde, se rue sur ce monde comme sur sa proie, et les différents États se taillent des Empires coloniaux qui entretiennent leur puissance économique. C'est **l'apogée de la puissance européenne qui précède immédiatement sa chute**.
- Au XXe siècle, **l'Europe « se suicide » au travers des deux guerres mondiales** qui vont la laisser exsangue et consacrer la puissance économique et militaire montante des États-Unis. A l'issue de la Seconde Guerre mondiale, « l'Europe est libérée (*du nazisme*) par ce qui va la mettre sous tutelle à l'Ouest (*les USA via le Plan Marshall et l'OTAN*) et ce qui va l'asservir à l'Est » (L'URSS, pacte de Varsovie). L'Europe est réduite à la portion congrue, elle réintègre ses frontières géographiques, elle n'est plus que « la plus petite province de la planète », à la limite un simple appendice de l'Asie. **Et elle est coupée en deux** (guerre froide).
- **La soumission de l'État-nation**[1] **au Parti unique produit un type de régime politique inédit : le Totalitarisme** (URSS, Allemagne, Italie). (*La démocratie change de nature en changeant d'ennemi.*) La démocratie ne s'oppose plus désormais tant à la monarchie absolue ou à la dictature* qu'à une nouvelle forme de régime : le totalitarisme. Comprendre la nature du Totalitarisme nous permet de mieux comprendre encore la spécificité de la démocratie, et réciproquement.
- **L'Europe sort de la guerre ruinée et en ruines** ; elle est à l'ouest terre de développement économique sous contrôle américain, mais de déchéance politique ; elle est asservie à l'est et stagne économiquement.

1. Cf. H. Arendt, *La Nature du totalitarisme*, Payot, 1990, p. 181 : Morin et Arendt ne s'opposent peut-être qu'apparemment. Pour H. Arendt, la mise en place d'un système totalitaire correspond à un effondrement de l'État-nation. La notion et la réalité de l'État deviennent une « coquille vide », une simple façade de « respectabilité » destinée à donner le change sur la scène internationale, simple artifice destiné à leurrer les autres Nations. La réalité du pouvoir passe tout entière au Parti Unique auquel l'État ne sert plus que de paravent. Les lois nazis sont censées valoir sur la terre entière, et la loi sur les mariages entre juifs et aryens s'appliquer rétroactivement en Pologne aux mariages célébrés avant l'invasion nazie. Paradoxalement, le national-socialisme n'est donc en ce sens pas « nationaliste ».

Quel sera l'avenir de l'Europe après 1945 ? L'avenir est ouvert, « tout est incertain ». L'Europe se laissera-t-elle marginaliser ? La demi-Europe asservie parviendra-t-elle à se libérer ? L'Europe sera-t-elle le terrain où se jouera la guerre idéologique sur laquelle pourrait déboucher la guerre froide ?

- **L'Europe n'est devenue une notion géographique pertinente que parce qu'elle était d'abord devenue une réalité historique**. L'Europe émerge du chaos, elle se construit à travers « l'anarchie organisatrice. » Avec le rayonnement des Cours européennes, le développement des mœurs bourgeoises dans les villes, **on va pouvoir parler de « civilisation européenne ». À force d'explorer et de découvrir le reste du monde, on va sentir sa propre particularité et développer son sentiment d'appartenance européenne**. Cette appartenance peut être revendiquée ou critiquée (Montaigne, Voltaire, Rousseau) : ce sont les deux faces d'une même prise de conscience. À la « civilisation européenne » sont opposés « les barbares » comme « les bons sauvages ». Le terme « européanisme » pour désigner ce qui est propre à l'Europe apparaît vers 1800 : globalement, l'appartenance à l'Europe est fièrement revendiquée, et est affichée la conscience d'une supériorité de la civilisation européenne sur le reste du monde, moins développé (économiquement, techniquement) et moins raffiné (culturellement). **Cette conscience va faire la bonne conscience des aventures coloniales.**
- Avec les deux guerres mondiales du XXe siècle, le maelström où s'était faite l'Europe semble s'être désintégré. L'Europe comme notion a divorcé de sa définition strictement géographique. Historiquement, le tourbillon européen s'était traduit par une européanisation vers l'est (la Russie puis l'URSS sont européennes malgré la géographie et étendent l'Europe jusqu'à Vladivostok ; le kémalisme intègre provisoirement la Turquie à l'Europe). Mais l'Occident a aussi essaimé vers l'ouest, a traversé l'Atlantique au point de faire des USA et du Canada une sorte « d'hyper-Occident ». L'Occident déborde l'Europe à l'est et à l'ouest. Les frontières sont floues : le stalinisme est une sorte de « despotisme* oriental occidentalisé », et inversement l'influence orientale se fait sentir en Italie du Sud.
- **La guerre froide et le rideau de fer semblent consacrer la coupure antique entre est et ouest**, orient et occident. Mais les frontières ne se recouvrent pas : la Grèce orthodoxe appartient à l'Occident ; toute l'Europe centrale catholique et protestante se retrouve à l'est du rideau de fer. L'Europe se retrouve coupée en deux par **une frontière idéologique et politique supra-européenne**, qui traverse en fait toute la Planète (partage de Yalta). **L'Europe contient en elle-même la polarité Orient/Occident** qui déchire le monde comme jamais auparavant.
- Désormais, l'Europe semble subir le destin du monde plutôt qu'y présider. Mais l'Europe, en dominant le monde aux XVIIIe-XIXe siècles, a aussi essaimé sur le monde. Rien de ce qui était propre à l'Europe occidentale n'est resté spécifique à cette Europe, n'est resté la propriété exclusive de l'Occident. État-nation, Démocratie, Rationalité, Révolution industrielle, Capitalisme, Socialisme : autant de notions et de réalités qui sont devenues

le patrimoine commun de l'humanité. L'Europe a contribué de façon décisive à façonner le monde contemporain : qu'est-elle dans ce monde, quelle place y a-t-elle et y tient-elle ?

- L'Europe a toujours été une notion aux frontières géographiquement floues et historiquement mouvantes : ce sont maintenant les « frontières » entre les civilisations qui sont devenues « floues » et les contours incertains. « La civilisation européenne a déferlé et continue de déferler (en bonne partie *via* les États-Unis) sur le monde. » Même pour s'opposer à elle, les autres parties du monde doivent lui emprunter les armes qu'elles retournent contre elle (technologie, États-nations, socialisme...).
- Les origines juive, latine, grecque auraient conflué en une synthèse harmonieuse pour produire une civilisation originale, celle de l'Europe, supérieure à toutes les autres par les valeurs, les institutions, les développements scientifiques et techniques qui consacrent sa supériorité : tel est le mythe, le récit des origines que la culture européenne est tentée d'entretenir sur elle-même. Tout cela est vrai, mais tous les éléments discordants sont tout également vrais : l'Europe a produit une barbarie sans égale dans l'histoire humaine (nazisme, stalinisme), elle a été source d'oppression pour le reste du globe (traite des noirs, empires coloniaux). De l'Europe, tout est vrai et son contraire : source de l'élaboration du droit, elle a su faire régner l'arbitraire ; patrie des droits de l'homme, elle héberge et théorise le racisme, etc.
- Culture et civilisation[1] : l'Allemand, plus que le Français, distingue nettement les deux termes. La culture renvoie à ce qui est singulier et spécifique à une société, la civilisation ce qui peut être acquis, transmis ou perdu d'une société à une autre. « La culture est générique, la civilisation généralisable. » Toutefois la frontière n'est pas si étanche : l'humanisme, le rationalisme, la science sont d'abord des traits singuliers des sociétés européennes avant de s'en émanciper et d'essaimer hors d'Europe. De simples traits culturels qu'ils étaient, ils deviennent alors des éléments de civilisation transmissibles et universalisables, au point qu'on en vienne à ne plus pouvoir concevoir de civilisation qui en soit dépourvue.

  > « Si la culture européenne est devenue civilisation en essaimant dans le monde, les cultures européennes sont restées des cultures désormais menacées par la civilisation même issue de l'Europe. »

- Du Moyen Âge à la Renaissance, les courants d'idées et les influences artistiques traversent et transcendent les Nations (Universités, diffusion de l'art roman, du gothique, du baroque, vie « cosmopolite » des grands humanistes, Érasme, Descartes, Leibniz...). Le fonds culturel classique est commun à toute l'Europe et ne se limite pas à l'Antiquité. Les grands esprits

---

1. Cf. Norbert Élias, *La Civilisation des mœurs*, Presses Pocket, « Première partie, Culture et Civilisation », chap. 1 (sur l'Allemagne), chap. 2 (sur la France), pour un traitement plus développé et plus rigoureux : c'est le livre de N. Élias qui est à considérer comme l'ouvrage de référence sur cette question.

du temps se lisent mutuellement, à travers le latin, puis le français. La culture européenne est une réalité polycentrique.

- **La Renaissance va libérer les antagonismes restés virtuels au Moyen Âge** entre les différentes sources de l'héritage : on peut désormais choisir les antiquités gréco-latines contre l'héritage judéo-chrétien (humanistes, Érasme, Rabelais, Budé), ou au contraire s'efforcer de revenir aux sources du christianisme en rejetant tout apport étranger (Réforme). Le devenir culturel européen moderne se joue dans la dislocation de ce qui était étroitement uni dans la pensée et l'art médiévaux. La foi se sépare de la raison, la nature se sépare de Dieu puis de l'homme, la philosophie se sépare de la théologie, puis la science de la philosophie ; le politique se dissocie du religieux. Nous vivons de cet éclatement progressif. Des réconciliations s'ébauchent, puis échouent. « Tout ce qui se sépare s'autonomise, et tout ce qui s'autonomise cherche et croit trouver son fondement en lui-même. » Ainsi la raison (Kant), la nature (Galilée/Newton), la politique (Bodin/Machiavel), la société (Hobbes/Comte).

> « De même que l'Europe moderne naît politiquement dans la rupture et le conflit, de même elle naît culturellement dans l'éclatement des antagonismes entre instance judaïque, chrétienne, grecque, latine. »

- Une fois perdu l'enracinement dans une religion historiquement déterminée, la pensée humaine se laïcise et s'universalise, en cherchant des principes valables pour tout l'univers, pour tout homme, pour toute société. Mais toutes ces tentatives de fondation et de re-fondation sont éphémères : aucune qui ne soit presque aussitôt confrontée à sa contestation radicale. La négation ne cesse d'être à l'œuvre comme moteur du développement culturel occidental, et même la foi se met à jouer un rôle critique en interrogeant l'universalité de la raison[1].
- L'originalité européenne est donc à chercher non seulement dans la pluralité des apports, **mais aussi dans la « conflictualité » permanente des héritages** qui l'oblige à inventer sans cesse de nouvelles synthèses. La raison comme instance critique, le doute, l'empirisme apparaissent dans ce sillage. De crise en crise, de refondation en refondation, c'est la culture européenne qui ne cesse de s'approfondir en se problématisant de façon toujours plus radicale.
- Dans le dénouement des fils de l'héritage européen **se rejoue la place et le statut de l'homme**. Le naturalisme et le rationalisme issus de la pensée grecque convergent pour repenser l'homme non par rapport à Dieu (« créé à son image et à sa ressemblance ») mais à partir de son rapport à la nature. La pensée scientifique va réintégrer l'homme à la nature, pour en faire à la fois une partie et un produit (Lamarck/Darwin). Les fondements de l'humanisme de la Renaissance s'effondrent. Tout en se coupant d'une problématique religieuse, l'humanisme philosophique va tenter de conserver à

1. Cf. Martin Luther : « La raison est la putain du diable. »

l'homme une place à part, faisant de lui le seul sujet de l'univers ayant pour vocation de le gouverner dans une posture quasi-divine (Renan, Comte). Cette position deviendra de plus en plus difficile à tenir à mesure que la science s'efforcera, puis réussira de mieux en mieux, à penser l'émergence et la place de l'homme dans l'univers à partir et en fonction de l'univers seul.

Perspectives

- **Nous sommes, que nous le voulions ou non, à l'ère planétaire**, la terre est un village. Morin prend l'exemple de la propagation fulgurante du sida, « voyageant à la vitesse du jet » (p. 228). Il y a une communauté de destin à l'échelle de l'humanité. « Bien que l'Europe ait sa communauté de destin propre, elle ne peut échapper au destin commun de l'humanité. » Nous n'avons pas à choisir entre appartenance européenne et appartenance à l'humanité. L'Europe doit s'édifier dans un contexte international incertain et flou. (p. 230). Nous sommes loin de la « lutte finale » (marxisme) comme de la « fin de l'histoire » (libéralisme, Fukuyama). Mais notre conscience d'appartenance à l'humanité et à l'Europe est encore sous-développée, elle est en retard sur la réalité, et par conséquent la freine.
- **Nous ne sommes encore qu'à « l'âge de fer » de cette ère planétaire.** Un nouvel art de vivre est à inventer en Europe, en harmonie avec cette ère nouvelle. Morin appelle de ses vœux une « seconde Renaissance » qui serait à la fois culturelle et politique et qui partirait de l'Europe.
- **L'Europe doit accepter une fois pour toutes sa provincialisation**, elle doit renoncer une fois pour toutes à être le centre du monde et de l'histoire. Il ne s'agit pas pour elle seulement de « s'adapter au monde », mais de *s'ouvrir au monde* (c'est-à-dire aussi de s'approprier ses mutations. Il ne s'agit pas seulement d'être à la traîne ou à la remorque (des USA par ex.) mais d'y jouer pleinement son rôle, d'y tenir son rang).
- **L'Europe a vocation à devenir une sorte de « Fondation** » (par analogie à celle du roman de science-fiction d'I. Asimov) : à la fois lieu où se conserve le meilleur du passé et où se prépare l'avenir : « Il faut désormais sauver le passé pour sauver l'avenir. » Seule l'Europe est allée jusqu'au bout du délire nationaliste, des promesses trompeuses de paradis terrestre, du développement industriel : l'Europe est le seul îlot où la fièvre nationaliste soit (au moins provisoirement) éteinte. *En renonçant à gouverner le monde par sa puissance, l'Europe peut redevenir ce laboratoire d'idées qu'elle fut au XVIIIe siècle.*
- L'ouvrage se referme sur l'effondrement du bloc soviétique (Second épilogue, 1990). Il serait illusoire de croire que seuls les anciens « pays de l'est » vont changer de visage. Ce changement de visage — et même de nature — va forcer l'Europe de l'ouest à repenser son « occidentalité », voire la faire se décomposer. Cet effondrement du bloc soviétique peut être une chance inespérée pour la construction européenne, comme elle peut contenir en germe de nouveaux regains de nationalismes.

- L'Europe n'a devant elle que deux possibilités : **soit un retour vers le passé**, une réaffirmation inconditionnelle de la souveraineté* des États-nations, ce qui signifierait à terme une « balkanisation » de l'Europe, et une suite de guerres intestines. **Soit la marche vers le futur** : développement de fédérations ou de confédérations où se conjuguent respect des peuples et des nations et dépassement de l'État-nation.
- La menace toujours présente de retour de flammes nationalistes, d'éruptions ethno-religieuses incontrôlables peut, paradoxalement, constituer une chance pour l'Europe dans la mesure où elle est de nature à raffermir la détermination européenne des plus hésitants.

Évaluation de l'ouvrage

- Écrit par un « anti-européen repenti » (premier prologue), l'ouvrage, tout en étant résolument « pro-européen », évite de sombrer dans l'unilatéralité et les surenchères. Il s'efforce de penser l'Europe comme une réalité complexe et mouvante, recouvrant plusieurs champs (historique, politique, culturel...) et ne coïncidant jamais avec elle-même. **L'Europe est toujours en quête d'elle-même : se faisant et se cherchant, c'est peut-être ce qui la définit le mieux**.
- Ceci dit, le recours perpétuel aux notions passe-partout de « complexité », de « chaos », peut devenir lassant : à force de tout expliquer, ces notions n'expliquent plus grand chose et dispensent d'une analyse plus précise.
- La mondialisation et la globalisation (on disait à l'époque : « le village planétaire ») sont présentées à la fois comme un fait acquis, inévitable, et comme une chose souhaitable, à laquelle nous pouvons contribuer, ne serait-ce qu'en en prenant conscience. L'exemple de la dissémination planétaire du sida est à cet égard éloquent, voire stupéfiant : comment passe-t-on du registre du constat des faits ou d'une tendance, à celui de l'idéal ou du moins de ce qui est souhaitable ?

À lire

Brague R., *Europe, la voie romaine*, Gallimard, 1999.
Gadamer H.-G., *L'Héritage de l'Europe*, Bibliothèque Rivages, 1996.
Rougemont D. (de), *L'Europe en jeu, le cheminement des esprits*, La Baconnière, 1970.

SIGMUND FREUD (1856-1939)

MALAISE DANS LA CIVILISATION

trad. C. et J. Odier, PUF, 1971, 107 pages[1]

- Le point de départ et comme le prétexte du livre est la réponse d'un « ami » [il s'agit de Romain Rolland] à l'envoi du livre de Freud *L'Avenir d'une illusion*[2] (1927). L'illusion en question est la religion. Romain Rolland répond à Freud qu'il serait entièrement d'accord avec lui **si ce dernier n'avait totalement négligé la véritable source de la religion : le « sentiment océanique[3] »** par lequel l'homme sent qu'il ne fait plus qu'un avec l'univers tout entier. Piqué au vif, Freud va entreprendre (tout le début du livre est consacré à cette démarche et ne se comprend que dans cette perspective), d'évaluer l'une et l'autre explications (celle de Romain Rolland et la sienne) du phénomène religieux.

---

1. Traduction de *Das Unbehagen in der Kultur* (**1929 : Le manuscrit est déposé par Freud chez l'imprimeur une semaine après le « mardi noir » de *Wall Street*, 29/10/29**) (autre traduction en français : *Le Malaise dans la culture*, PUF, trad. P. Cotet, R. Lainé et J. Stute-Cadiot, 1995, 93 pages. Je renvoie ici toujours à la première traduction).

   Nous savons par E. Jones que Freud avait au départ envisagé d'appeler son livre : *Le Malheur* (*Unglück*) *dans la culture*, d'où toutes les réflexions du début du livre sur le couple bonheur/malheur. Le terme finalement retenu — *Unbehagen*, malaise, mal-être, état de déplaisir chronique et diffus —, exprime plus fidèlement la pensée de Freud : la vie en société ne rend pas nécessairement malheureux, du moins pas tout le monde (c'est le cas des **seuls névrosés**), mais elle s'accompagne toujours, nécessairement, chez **tous** les individus*, d'un vague sentiment de « malaise ».
2. L'hypothèse de Freud y était que le sentiment religieux dérivait de la croyance de l'enfant qui voit son père comme un être tout puissant à même de le protéger, parfois sévère, toujours bienveillant. Cette croyance satisfait un besoin de sécurité de la part de l'enfant qui sent sa force infime par rapport au monde qui l'entoure. À mesure que l'enfant va grandir, va s'estomper le besoin d'un tel Père protecteur ; parallèlement va croître la lucidité de chacun sur son propre père réel (ni tout puissant, ni infaillible, ni source de la loi mais simple « transmetteur » de la loi). **Les personnes ou les peuples religieux** seraient ceux qui ne parviendraient pas à renoncer totalement à la protection d'un père bienveillant, ce besoin se transposant vers un « Père céleste » infiniment juste et bon, revêtu de toutes les caractéristiques qui sont celles du « père archaïque » aux yeux du petit enfant.
3. Cf. S. Ferenczi, *Thalassa, Psychanalyse des origines de la vie sexuelle* (1924), en français, Payot, PBP, 1977, 186 pages.

- Freud a pleinement conscience d'intervenir à l'intérieur d'un débat en cours sur **la nature et l'avenir de la *Kultur,* de la « civilisation** ». Mais contrairement à Oswald Spengler (*Le Déclin de l'Occident,* 1917, 1922), il :

  > « [...] dédaigne de distinguer entre *Kultur* et *Zivilisation*, c'est-à-dire entre une réalité organique du collectif et ses expressions artificielles[1]. La *Kultur* désigne (chez Freud) la somme des actions et institutions par lesquelles notre vie s'écarte de celle de nos ancêtres les animaux et qui servent uniquement deux fins : la protection de l'homme à l'égard des agressions de la nature, et la réglementation des rapports des hommes entre eux. » (S. Freud, GW XIV, p. 448)

Section I

- Freud part d'un constat : les hommes semblent se tromper la plupart du temps dans leurs évaluations, ils ne consacrent ni leur temps, ni leur énergie à l'essentiel. Ce constat serait chez un moraliste le point de départ d'un rappel des vraies valeurs et d'une invitation à changer nos comportements[2]. Mais Freud n'est ni philosophe, ni moraliste : son but n'est pas de nous voir « réformer » nos conduites, son propos est de se demander **d'où provient cette distorsion des valeurs, de quoi est-elle le symptôme**, d'où vient précisément le fait que, **pour l'essentiel, les hommes ne se consacrent pas à l'essentiel** ?
- Deux principes pour expliquer la religion, c'est un de trop : il va falloir arbitrer entre l'explication freudienne et celle de Ferenczi, (relayée par Romain Rolland). R. Rolland a écrit à Freud que celui-ci était passé totalement à côté des véritables sources de la vie religieuse : le « **sentiment océanique** », sentiment d'éternité, d'infinité, sentiment cosmique dont lui-même se sent constamment animé[3]. Freud se dit très embarrassé du fait qu'il n'a jamais trouvé en lui-même la moindre trace d'un tel sentiment. L'amitié l'amène à admettre l'existence d'un tel sentiment chez certaines personnes (les personnes « religieuses »), et son absence chez d'autres. Admettons donc **comme hypothèse l'existence bien réelle mais non universelle d'un tel sentiment**.
- Qu'en résulte-t-il ? Freud souligne la difficulté de fonder un discours rationnel sur un sentiment. Il craint ainsi que ce « sentiment océanique » se dérobe, à son tour, à une description rigoureuse. Que peut-on expliquer à partir de quelque chose qui est à son tour inexplicable[4] ? Sans nier la réalité de ce

---

1. Voir la fiche de lecture sur N. Élias.
2. Cf. par exemple les trois premières pages du *Traité de la Réforme de l'entendement*, 1677 (posthume) de B. Spinoza, ou de l'*Enquête sur l'entendement humain*, 1748, première section, de D. Hume, Nathan.
3. On voit que cette idée centrale de Ferenczi ferait de lui un des précurseurs du mouvement « *new age* ». L'opposition de Freud permet de le classer dans le camp adverse.
4. Argument employé par Voltaire à l'endroit des dogmes religieux : que peut-on expliquer à partir d'un « Dieu créateur », de la « Trinité », etc., eux-mêmes inexplicables ?

sentiment, Freud met en doute sa **nature primaire** (le fait qu'il s'agisse d'un **fait premier** susceptible d'expliquer un phénomène aussi complexe que le fait religieux ; c'est dire que le « sentiment océanique », loin de tout expliquer, mériterait au contraire d'être à son tour expliqué, c'est-à-dire **dérivé de ce que l'on connaît par ailleurs du psychisme humain** : ce qu'a fait Freud précisément dans *L'Avenir d'une illusion*). Pour réduire ce problème, Freud prend une **décision de méthode** : il se détournera de l'étude du « sentiment » en lui-même, impalpable, pour s'attaquer aux représentations mentales qui lui sont le plus communément associées : là réside notre seul fil conducteur possible.

- Freud dissocie donc la question de **l'existence** de ce sentiment océanique, et celle de **son statut** (est-il un principe susceptible d'expliquer une large part des processus psychiques, ou au contraire un phénomène marginal, peut-être d'essence pathologique, qui relèverait à son tour d'une interprétation psychanalytique[1] ?).
- Dans l'ordre des sentiments, rien n'est plus stable et permanent *a priori* que le sentiment de notre Moi. Pourtant la psychanalyse consiste précisément à montrer que les limites de notre Moi sont mal définies, et que celui-ci se prolonge en permanence, ou plonge ses racines, dans l'inconscient, dans le « ça », dans le « soi » (*Selbst*). **Le *Moi* pourrait bien n'être qu'une simple façade du *Soi*.** Le Moi est le fruit d'une construction ontogénétique[2]. Au tout commencement de sa vie psychique, le nourrisson ne dispose d'aucune frontière bien établie entre son « Moi » et le « non-Moi ». On frôle ici le thème du « narcissisme primaire », du moment où aucune part de sa *libido* n'a encore été fixée par le nourrisson sur un être autre que lui. Le premier surgissement du Moi se fait en l'absence d'un non-Moi qui lui serait opposé, en l'absence d'un monde extérieur, et coïnciderait bien avec l'idée d'**un « sentiment océanique » par lequel le Moi se prolonge à l'infini et se fond en toutes choses**. Le Moi est tout d'abord en parfaite symbiose avec son milieu[3]. La question reste alors de **savoir si et comment un tel sentiment pourrait subsister chez l'adulte**[4]. L'enfant apprend à distinguer entre le Moi et le non-Moi, le sein maternel par exemple, qui n'est pas toujours présent mais se caractérise par l'alternance de présence et d'absence, et l'enfant découvre l'absence du non-Moi comme source de **déplaisir**. Il a donc déjà commencé à investir une partie de sa *libido* hors de lui, dans un « objet » (cette part de sa « *libido* » devient « objectale », au moins provisoirement : elle pourra être déplacée vers un autre objet, voire être réabsorbée par le Moi). « C'est ainsi que le moi se détache du monde extérieur. À l'origine, le

1. *Idem*, p. 7.
2. *Ibid.*, « Le sentiment du Moi que possède l'adulte n'a pu être tel dès l'origine. Il a dû subir une évolution qu'on ne peut évidemment pas démontrer, mais qu'on peut retracer. », p. 8.
3. *Ibid.*, p. 10.
4. Et comment il pourrait coexister, chez l'adulte, avec le Moi de l'âge mûr, dont la délimitation est incomparablement plus étroite et, sauf phénomène pathologique, plus précise, p. 10.

Moi inclut tout, plus tard, il exclut de lui le monde extérieur[1] ». Le premier Moi est **un Moi purement égoïste et hédoniste**[2] : il n'attend rien d'autre du monde extérieur qu'il se manifeste comme source de plaisir, il n'en redoute rien d'autre qu'il ne se manifeste comme source de déplaisir. Au cours d'une vie psychique, les frontières entre le moi et le non-Moi ne cessent de fluctuer (au gré des investissements et des désinvestissements objectaux) et peuvent se révéler floues ou inexactes (processus pathologiques, phobies, hallucinations, impression que nos propres sentiments nous sont comme extérieurs, persécuteurs, etc.).

- Il existe par ailleurs un sentiment qui n'a rien de pathologique et que nous connaissons tous, dans lequel la frontière ordinaire séparant le Moi du Non-Moi se trouve profondément affectée : **l'état amoureux**. Lorsque nous sommes amoureux, une part considérable de notre propre *libido* se trouve investie durablement dans un objet unique, si bien que **nous traitons cet objet plutôt comme s'il était une partie de nous-mêmes**, notre « moitié », si bien aussi que son absence ou sa disparition peuvent nous faire souffrir exactement comme si nous nous trouvions amputés d'une partie de nous-mêmes.
- Le Moi hédoniste initial était gouverné par le seul **principe de plaisir** (rechercher le plus de plaisir possible/fuir le déplaisir dans toute la mesure du possible). Le Moi adulte va être gouverné par le **principe de réalité** (la prise en compte de la réalité telle qu'elle est, de ses pesanteurs, des impossibilités ; principe présenté ici, exceptionnellement, **non comme l'autre pôle du principe de plaisir**, le Moi se trouvant en quelque sorte écartelé entre les deux, **mais comme une mutation du principe de plaisir lui-même, sa forme plus modeste** qu'il doit adopter lorsque l'individu* tend vers l'âge adulte pour que ses conduites ne soient pas invariablement inadéquates et par conséquent sources d'un perpétuel déplaisir).
- L'hypothèse du maintien possible du « sentiment océanique » chez certains individus* parvenus à l'âge adulte pose la question plus générale : **pouvons-nous admettre dans le psychisme humain la survivance des états psychiques primitifs à côté des états plus élaborés qui en sont dérivés ?** La réponse de Freud (et de la psychanalyse) à cette question est : oui ! Freud multiplie les métaphores pour « asseoir » cette idée : parmi les êtres vivants, certaines espèces très rudimentaires continuent d'exister à côté des formes de vie beaucoup plus complexes comme celle des mammifères vertébrés ; dans une ville, coexistent des bâtiments, des ruines, appartenant à plusieurs périodes de l'histoire. Dans la vie psychique, tel souvenir d'enfance peut resurgir à la faveur d'une analyse par exemple, alors qu'il semblait à jamais oublié. Un traumatisme (comme la naissance d'un petit frère ou d'une petite sœur, ou un deuil), peut induire une régression du comportement, c'est-à-dire le retour (provisoire) à un mode de fonctionnement plus archaïque. « On est en droit de supposer la persistance de tous

1. *Ibid.*, p. 10.
2. Du grec *hédonè*, le plaisir.

les stades passés au sein du stade terminal, ou plutôt : un stade dépassé n'est pas nécessairement détruit par l'avènement d'un stade ultérieur. » **Il n'y a** donc **pas d'impossibilité de principe mais il s'agit d'établir s'il en va ainsi du « sentiment océanique ».**

- Une fois admise à titre d'hypothèse l**a persistance chez certains humains parvenus à l'âge adulte d'un sentiment océanique qui serait la trace de la phase initiale du « sentiment du Moi », est-on fondé à voir là la source du besoin religieux** ? C'est cette hypothèse que Freud entend maintenant réfuter. Freud estime avoir établi dans *L'Avenir d'une illusion* que **le sentiment religieux consiste en une nostalgie du père et dérive de l'attachement à un être protecteur**, puissant et bienveillant, permettant à l'individu* de faire face à une réalité devant laquelle il se sent démuni, impuissant. L'hypothèse du « sentiment océanique » ne nous propose rien de tel : il serait une trace d'un sentiment passé, **mais ne répondrait à aucun besoin réel**, actuel. Au mieux, il viendrait secondairement se rattacher au sentiment religieux primitivement constitué autour du noyau que constitue le besoin d'un « Père protecteur » tout puissant. **Le sentiment océanique se voit relégué à un rôle subalterne ; loin de constituer une alternative crédible, il pourrait n'être qu'une forme limitée et partielle de l'hypothèse freudienne**. « Se fondre dans le Tout », ce pourrait être **le mécanisme de défense le plus archaïque** permettant au Moi angoissé de se soustraire à la crainte que lui inspire une réalité extérieure écrasante et menaçante.

Section II

- Le véritable propos de *L'Avenir d'une illusion* ne consistait pas à dévoiler la source cachée ultime du sentiment religieux, mais à rendre intelligible la façon dont les systèmes de croyances **fonctionnent ici et maintenant, en nous ou autour de nous**, et à montrer à quels besoins psychologiques ils répondent. **Toute vie psychique est régie par le principe de plaisir**[1], c'est-à-dire est vouée à rechercher le plaisir et à fuir la douleur. Le phénomène religieux ne pourra être considéré comme expliqué que lorsque l'on aura montré comment il peut, même partiellement, même imparfaitement, même indirectement, contribuer à ce double objectif. Lorsque le heurt avec la réalité est trop douloureux, lorsque les sources de plaisir sont durablement hors de portée, le psychisme peut se tourner vers des objets de substitution, des dérivatifs. Le travail, la recherche scientifique, l'art, l'usage des drogues peuvent constituer de tels dérivatifs.
- Parler de buts dérivés, c'est parler de buts initiaux, c'est **poser la question de ces buts**. La première section s'ouvrait sur le constat que les hommes ne semblent pas dans leur vie établir correctement la hiérarchie de leurs valeurs ou de leurs priorités. C'est pourquoi religions et philosophies posent

1. Chez l'adulte, écrit Freud, la vie consciente est dominée par le principe de réalité alors que le principe de plaisir continue de régner seul sur l'inconscient.

à l'homme la question du sens de sa vie. Mais peut-être cette question n'a-t-elle aucun sens, et n'est-elle que le fruit de l'orgueil humain : à qui viendra-t-il l'idée de poser la question du sens de la vie des animaux ? **Ce n'est qu'à l'intérieur d'un système de représentation du monde religieux que la question du sens de la vie peut prendre place et trouver sens.** En dehors de ce cadre, il faut se rabattre sur une question plus « modeste » : **quels sont les desseins ou les objectifs vitaux tels qu'ils peuvent être inférés de l'observation des conduites humaines ? Non pas que devraient-ils rechercher, mais que recherchent-ils en fait, quels sont leurs desseins** (les représentations mentales qui les font agir) et quels sont leurs mobiles, éventuellement inconscients ? Une seule réponse fera l'unanimité : les hommes désirent toujours être heureux, et tel est le principe qui doit nous servir pour expliquer leurs comportements. Cette quête du bonheur comporte elle-même deux faces : elle consiste à fuir la douleur ou le déplaisir, et à rechercher le plaisir[1].

- Ce à quoi tend toute vie humaine, c'est donc à la simple satisfaction de ses pulsions[2], mais il apparaît tout aussi clairement que l'univers tout entier semble conspirer contre ce but[3] pourtant modeste. Tout l'ordre de l'univers s'oppose à ce que l'homme puisse satisfaire la totalité de ses pulsions. Car l'acmé[4] du bonheur consiste dans la satisfaction **soudaine**[5] d'un désir qui avait atteint la plus forte intensité possible, et une telle satisfaction n'est possible qu'épisodiquement, au point que **le bonheur semble plutôt n'être qu'une éclipse du malheur** ou plutôt de la souffrance, du malaise engendré par l'état de désir insatisfait.
- Toute vie psychique va donc consister en une stratégie (ou une succession de stratégies ou de « formations de compromis », comme dit Freud)

---

1. Freud est ici très proche du philosophe Arthur Schopenhauer dans son œuvre principale : *Le Monde comme volonté et comme représentation*, 1818, PUF, 1966, réédition 1989. A. Schopenhauer y écrit que « la croyance que les hommes existent pour être heureux est l'unique illusion universelle », dont la philosophie a pour tâche de nous délivrer. Pour Schopenhauer en effet seule la douleur est réelle et le bonheur est par définition pourrait-on dire impossible, si bien que lorsque la douleur vient à cesser commence l'ennui. L'ennui est la réfutation expérimentale de l'idée de bonheur. C'est pourquoi Schopenhauer écrit que « toute existence humaine oscille continuellement entre souffrance et ennui », seule l'amplitude de l'oscillation pouvant varier d'un individu* à l'autre, et décrit-il la vie de couple comme « une relation entre une personne qui souffre et une autre qui s'ennuie ». Toute grande passion nous délivre de l'ennui mais le prix à payer en est la souffrance. Freud, au lieu de récuser l'idée de bonheur comme une pure chimère, s'efforce ici de lui donner un sens libidinal précis, de le définir de façon économique par le jeu des pulsions en présence.
2. Il n'y a donc là rien de mystérieux à rechercher, rien qui puisse faire l'objet d'une révélation ni même d'une philosophie.
3. Freud est ici au plus près de Schopenhauer, mais il va à nouveau s'en écarter en s'efforçant de redonner un contenu psychique au terme « bonheur », que Schopenhauer préfère écarter.
4. Terme grec signifiant : le comble, le maximum, le *summum*.
5. Sur cette discontinuité du plaisir opposée à la continuité de la souffrance, voir G. Bataille, *L'Érotisme*, Éditions de Minuit, 1957, 307 pages et *La Part maudite*, Éditions de Minuit, 1967, 230 pages.

permettant de combiner le plus de plaisir et le moins de souffrance possible. Tous, nous pensons que « la satisfaction illimitée de tous nos besoins serait le mode de vie le plus séduisant », mais nous savons bien qu'il s'agit là d'une pure chimère[1]. Tout homme accepte de réduire ses prétentions au bonheur, c'est-à-dire de renoncer à la satisfaction de certaines de ses pulsions, pour éviter de s'exposer à trop de déconvenues.

> « [...] tout se passe comme si le principe de plaisir en se transformant sous la pression du monde extérieur s'était mué en ce principe plus modeste qu'est celui de réalité. » (S. Freud)

- Dans la vie quotidienne de la plupart des hommes, le seul souci d'éloigner de soi la souffrance mobilise déjà la quasi totalité de l'énergie pulsionnelle au point de reléguer au second plan la recherche active du plaisir. La philosophie vient réactiver ce but premier que serait l'accession à la « béatitude » (Spinoza). Tous les courants philosophiques (stoïcisme, épicurisme, utilitarisme, etc.) vont proposer chacun ses « recettes » pour conseiller aux hommes d'adopter la meilleure stratégie, celle qui conduit le plus directement au bonheur. Mais **il n'existe pas de principes généraux du bonheur** qui permettraient à tous les hommes de l'atteindre à coup sûr[2], une telle philosophie est impossible et il faut se contenter d'explorer les stratégies effectivement déployées par les hommes pour repousser la souffrance et parvenir au plaisir. Ce second but étant comme on l'a vu relégué au second plan, ces stratégies apparaissent essentiellement comme des **stratégies de défense. Le principe de ces stratégies de défense est commun à tous, mais développé à des degrés divers : il s'agit de se retirer ou de se détourner de la réalité extérieure qui déçoit ou fait souffrir, pour se retirer dans son « palais intérieur ».** (Se soustraire à la dépendance à l'égard de la réalité extérieure).
- La première stratégie de défense consiste à dire que c'est la réalité extérieure qui est la source principale de la frustration, de la déception de ne pouvoir accomplir ses désirs, et que le sujet se soustraira donc à la menace de nouveaux désenchantements en **désinvestissant le monde extérieur** (sur le plan pulsionnel) et en **réinvestissant de façon narcissique le Moi**. Cette voie consiste donc à apprendre à maîtriser ses propres pulsions pour les empêcher de nous reconduire perpétuellement vers l'expérience de la frustration. Telle est l'explication freudienne de **l'énigme de l'ascétisme**[3]. **La vie ascétique**, consistant à « viser moins haut » à « en rabattre » quant à la

1. Voir le traitement du même problème par Tocqueville, *De la démocratie en Amérique* (voir par exemple la fiche de lecture, p. 266).
2. « Aucun conseil ici n'est valable pour tous, et c'est à chacun de chercher par lui-même la façon dont il peut devenir heureux. » Cf. topo sur le libéralisme d'Hayek, p. 260.
3. C'est F. Nietzsche qui a fait de cette énigme [comment un être vivant doté de sensations et de pensées peut-il en venir à répudier ses propres désirs et à s'élever contre les conditions même de la vie, la sexualité en particulier ?] l'un des points d'interrogations principaux de sa philosophie dans *Généalogie de la morale*, 1887.

quasi-totalité de ses aspirations, **ne constitue nullement une exception ou une alternative au fait que toute vie psychique est soumise au principe de plaisir**. Bien au contraire, la voie ascétique n'est qu'une tentative désespérée adoptée par un individu* que la quasi totalité de ses pulsions mène à l'expérience de l'échec et de la frustration.

- Une autre stratégie de défense consiste en un **déplacement de la *libido***. Si la *libido* mène à l'échec sous la forme d'une satisfaction sexuelle directe, une part plus ou moins grande de cette *libido* peut être détournée vers d'autres buts : **sublimation** vers l'art, la recherche, la science, la connaissance en général. Le fait de se tourner vers des objets ou des buts en quelque sorte impalpables, soustraits aux aléas du temps, met l'individu* à l'abri des revers de fortune, des caprices de la destinée. L'artiste, l'écrivain, le chercheur ont en quelque sorte **leur objet d'amour en eux-mêmes**, il est à leur portée chaque fois qu'ils décident de se tourner vers lui. (Il n'est pas, comme le sein maternel, soumis à l'alternance de la présence et de l'absence.)
- La stratégie suivante, celle de **l'imaginaire**, fait un pas de plus dans la direction de ce **retrait du réel**. L'homme se réfugie dans ses rêves, « la satisfaction procède d'illusions qui sont reconnues comme telles, le domaine d'où proviennent ces illusions est celui de l'imagination », c'est la voie empruntée par l'artiste qui la met pour ainsi dire à travers son œuvre à la portée de qui n'est pas lui-même pourvu d'un talent artistique. Cette « légère narcose (*ou engourdissement dû au recours à une drogue*) où l'art nous plonge est hélas fugitive », et précède l'inéluctable retour à la difficile réalité[1].
- La dernière stratégie[2] de défense consiste dans le **fuite dans la maladie** : c'est la « solution » des névrosés. Le malade s'y soustrait, par le biais de la maladie, aux exigences que nous imposent les réalités de la vie quotidienne : devoir travailler, assumer ses responsabilités, développer des relations affectives. S'il est incapable de le faire, ce n'est pas de son fait, c'est la faute de la maladie. [Freud dit qu'il retire des bénéfices primaires (si ces bénéfices sont la cause première de l'entrée dans la maladie) ou secondaires (s'il ne fait que profiter des avantages que lui procure une maladie déjà installée).]
- Enfin, une ultime posture est possible, qui, elle, ne se laisse pas décrire en termes de réaction de défense, la seule en fait qui conserve comme but principal la recherche positive du plaisir et non la fuite du déplaisir : il s'agit de **l'attitude de vie se centrant sur la relation amoureuse**. Une telle attitude ne repose pas sur un désinvestissement de la réalité extérieure, mais au contraire dans l'investissement continu d'une grande part de la *libido* dans l'être aimé. Cette posture dans laquelle on escompte que « toute joie vient du fait d'aimer et d'être aimé » n'a rien de pathologique, elle est

---

1. Thème lui aussi commun à Schopenhauer, *Le Monde comme volonté et représentation*, PUF, 1989, § 34, 36, 38.
2. Mais Freud ne se prétend ici ni systématique, ni exhaustif. (*Ibid.*, p. 27)

sans doute la voie la plus satisfaisante dans l'économie* de la vie psychique. C'est **l'amour sexuel** qui nous fait connaître la plus grande intensité de joie et peut passer pour « le prototype de toute aspiration au bonheur ». Le seul revers de cette posture est qu'elle nous expose tout entiers à la rupture de cette relation amoureuse : si l'autre disparaît ou cesse de nous aimer, s'ensuivra le plus grand état de malheur possible, le malheur auquel on est exposé étant fonction du bonheur que nous procure cette source de bonheur privilégiée[1].

> « Chacun peut adopter des voies très différentes selon que l'on place au premier plan l'aspect positif du bonheur, obtenir la jouissance, ou bien son aspect négatif, se soustraire à la souffrance. Mais nous ne saurions réaliser **tout** ce que nous souhaitons par aucune de ces voies. Pris dans ce sens relatif, le seul où il paraisse réalisable, le bonheur est **un problème d'économie* libidinale individuelle**. » (S. Freud)
>
> **Remarque**
>
> *Freud entend placer ici la question du bonheur à son vrai niveau, le seul où elle soit susceptible de recevoir une solution, certes partielle et purement individuelle.*

Section III

• *Les sources du malheur sont triples*

1. Impuissance de l'homme face à une nature qui l'écrase.
2. Caractère périssable et sujet au vieillissement de notre propre corps.
3. Dysfonctionnement des rapports sociaux et souffrances provenant des conflits entre les individus* ou les peuples.

- Concernant les deux premiers points, nous n'avons quasiment aucun pouvoir de modifier le rapport de forces, nous ne pouvons que travailler à réduire la souffrance, une tradition de sagesse multi-séculaire nous a appris à le faire (le stoïcisme[2] par ex.). Il en va tout autrement de la souffrance provenant des relations sociales : nous sommes libres, tant individuellement que collectivement, de modifier la nature de ces relations. Les institutions humaines n'ont-elles pas pour finalité d'éviter toute souffrance due aux relations inter-humaines ? Pourquoi échouent-elles à le faire ? **Nous sommes confrontés ici à un échec qui n'apparaît pas inéluctable.** Nous nous heurtons ici à une assertion que Freud juge « surprenante » : **c'est la civilisation elle-même qui serait la source de nos principaux maux**[3], et faire retour à une vie plus simple et plus primitive rendrait possible une

1. Cf. A. Schopenhauer, *Métaphysique de l'amour, métaphysique de la mort*, 10/18, UGE, 1964.
2. On se doute que le discours sur ces deux premiers points serait aujourd'hui bien différent. Cf. Hans Jonas, *Le Principe responsabilité*, Champs Flammarion, 1990, 470 pages.
3. Cf. caractéristique de cette position : Ch. Fourier (1772-1837), *Vers la liberté en amour*, Idées Gallimard, 1975.

somme nettement plus grande de bonheur. Cette assertion est surprenante parce que ce que les hommes appellent **leur « civilisation » n'est rien d'autre que l'ensemble des stratégies mises en œuvre pour écarter les deux premières sources de souffrance**. (On retrouve ici le paradoxe posé au départ : pourquoi les hommes échouent-ils généralement dans les stratégies qu'ils déploient pour satisfaire leurs désirs tout en faisant face à la réalité ?)

> ***Comment tout ce qui est mis en œuvre par les hommes pour combattre les souffrances dues à la réalité naturelle extérieure et à la déchéance du corps peut-il se transformer en nouvelle source de souffrance ?*** **Ici se noue la problématique centrale de ce livre de Freud.**

- Réponse de Freud : l'idée d'un état édénique de l'humanité, le mythe du bon sauvage menant une vie à la fois simple et heureuse, n'est qu'un mirage d'occidental. **Partout où il y a « civilisation », c'est-à-dire société humaine, il y a « malaise »**, « *Unbehagen* », parce que **toute civilisation repose sur une solide répression d'un certain nombre de pulsions dont l'individu* est porteur**, à savoir : celles qui nuiraient gravement au maintien du lien social, et mettraient gravement en danger la vie ou la sécurité des autres. L'homme moderne ne peut concevoir le projet de rejeter la civilisation que parce que, à l'époque moderne, se mettent à proliférer les cas de névroses, c'est-à-dire de personnes qui sont incapables de supporter le degré toujours plus grand de renoncement à ses propres pulsions qu'exige d'eux la « société moderne ».
- Freud part du constat que même dans les conditions optimales [progrès dans la maîtrise de la nature mise au service des besoins de l'homme ; raffinement toujours plus poussé de la civilisation et « adoucissement des mœurs » (Tocqueville, Voltaire)], **le malaise lié pour l'homme à la vie en société ne semble pas diminuer mais plutôt croître** au contraire, d'où l'hypothèse que ce malaise serait consubstantiel à l'existence en société elle-même. « Il est certain que nous ne nous sentons pas à l'aise dans la civilisation actuelle », mais il est délicat de décider si les hommes du passé furent plus ou moins heureux que nous, « le bonheur étant une chose éminemment subjective. »
- Délaissant les chimériques comparaisons historiques, il faut donc délibérément s'attaquer de front à la question de fond : **dans quelle mesure la civilisation développée par les humains est-elle dispensatrice de bonheur[1] ?** (Civilisation dont la définition n'a pas changé : ensemble des

1. *Ibid.*, p. 37 « Depuis des temps immémoriaux, l'humanité subit le phénomène du développement de la culture (d'aucuns préfèrent, je le sais, utiliser ici le terme de civilisation). C'est à ce phénomène que nous devons le meilleur de ce dont nous sommes faits et une bonne part de ce dont nous souffrons. Ses causes et ses origines sont obscures, son aboutissement est incertain. Peut-être conduit-il à l'extinction du genre humain, car il nuit par plus d'un côté à la fonction sexuelle. [...] Les transformations psychiques qui accompagnent le

institutions et des mœurs dont la mise en œuvre nous éloigne de la condition animale.) Cette civilisation vise deux fins, dont il conviendra de se demander dans quelle mesure elle parvient à les atteindre, et à quel prix :

1. Protéger l'existence humaine des forces de la nature ;
2. Réglementer la coexistence des hommes sur la terre de manière à assurer leur sécurité.

1. Il est incontestable que la civilisation parvient, et de mieux en mieux (progrès), à atteindre ce premier objectif.
La technique humaine réalise un à un la plupart des rêves humains formulés dans les mythes et les contes, qui semblaient à jamais inaccessibles aux hommes au moment où ils se sont déposés dans ces récits qui témoignent de leur émergence. Dès les temps anciens, les hommes s'étaient forgés un idéal de toute puissance et d'omniscience qu'ils avaient cru trouver réalisé dans leurs divinités[1]. L'essor de la technique moderne nous rapproche toujours plus de cet idéal et rien ne nous donne à penser que cet essor soit destiné à connaître un jour une fin.

2. Mais nous ne nous satisfaisons pas de la seule réalisation de cette première fin. **Nous attendons autre chose de la civilisation** que la satisfaction optimale de nos besoins organiques. Nous attendons en outre l'épanouissement de choses dont l'utilité n'est pas évidente et ne se ramène pas à satisfaire des besoins : développement des arts, de la courtoisie, de manières de vivre agréables. « Cet inutile dont nous demandons à la civilisation de reconnaître le prix n'est pas autre chose que la beauté. » Beauté, propreté, ordre font partie des exigences que nous adressons à toute civilisation.

Mais le trait fondamental de toute civilisation tient à la façon dont elle parvient à organiser de manière stable les rapports des hommes entre eux. Les autres, c'est ceux qui peuvent m'aider ou me nuire, me désirer et/ou faire l'objet de mon désir sexuel, les membres de ma famille, les citoyens de mon État ou bien les étrangers.

> « La vie en commun ne devient possible que lorsqu'une pluralité parvient à former un groupement plus puissant que ne l'est lui-même chacun de ses membres, et à maintenir une forte cohésion face à tout individu* pris en particulier. La puissance de cette communauté élevée au rang de "droit" s'oppose alors à celle des individus* flétrie du nom de "force brute", violence[2]. » (S. Freud)

---

développement culturel sont évidentes et indubitables : elles consistent en une éviction progressive des fins instinctives, jointes à une limitation des réactions impulsives : des sensations qui pour nos ancêtres étaient chargées de plaisir nous sont devenues indifférentes et même intolérables. » (S. Freud, *Extrait d'une lettre à Albert Einstein*, 1932) [Sur cette dernière idée, voir G. Lipovetsky, *L'Ère du vide*, p. 205-206 : le comique et la cruauté, au départ intimement liés, n'ont cessé de diverger depuis l'avènement de la modernité.]

1. Cf. L. Feuerbach, *L'Essence du Christianisme*, 1841, FMFondations/Maspéro, 1982, 526 pages.
2. Sur cette conception — hobbesienne — de la nature du lien social, voir la correspondance entre Freud et Einstein, datée de 1932, partiellement publiée dans *Le Courrier de l'Unesco*, numéros de mai 1985 et mars 1993.

- La liberté n'est pas un acquis de la société, au contraire la liberté des hommes serait bien plus grande sans les entraves du lien social, même si bien peu d'individus* seraient en mesure de la défendre contre l'agression des autres. C'est dire que l'homme a dû troquer au moins une partie de sa liberté pour acquérir la relative sécurité que lui assure le lien social, donc, en termes psychologiques maintenant, qu'il a dû renoncer à la satisfaction d'une partie de ses pulsions. Beauté, ordre, propreté : voici qui réclame qu'un bon nombre de nos pulsions soient inhibées ou domestiquées, éduquées : le caractère désordonné et spontané de la *libido*, l'intérêt de l'enfant pour la défécation, le plaisir archaïque de se vautrer dans ce qui est sale, « répugnant » aux yeux d'un adulte. **Les idéaux de la civilisation nous indiquent quelles tendances ont dû être combattues pour que s'établisse ladite civilisation**. Toute civilisation repose sur le **refoulement** et la **sublimation** d'une part considérable de la *libido* :
  a. **refoulement** : l'expression de certains désirs est perçue comme moralement condamnable, socialement inacceptable, se caractériser par le mauvais goût, le sans-gêne voire la perversion. La vie en société exigera que ces pulsions soient refoulées, c'est-à-dire désavouées par l'individu* qui ne les perçoit plus comme siennes.
  b. **sublimation** : alors que le refoulement fait perdre la part d'énergie psychique liée à certains désirs, et nécessite de plus l'effort permanent de la censure pour empêcher à ces désirs de refaire surface, la sublimation consiste au contraire à détourner une part de la *libido* de son but initialement sexuel, pour la mettre au service d'activités socialement valorisées (vie professionnelle, relations amicales, créativité artistique, etc.). **Toute vie « civilisée » nous oblige donc à renoncer, suivant ce double processus, à une large partie de notre vie pulsionnelle**.

Section IV

- Freud se livre à une **reconstitution phylogénétique de la façon dont la civilisation a dû émerger**[1]. L'homme se caractérise, contrairement aux autres animaux qui ne connaissent qu'une seule « saison des amours », par le fait que **son activité sexuelle est continue tout au long de l'année**. L'homme comme la femme sont donc comme incités à fonder une « famille » pour avoir chacun à disposition permanente l'objet de sa satisfaction sexuelle. L'instauration de la famille est à cet égard similaire au passage de la prédation à l'élevage, de la cueillette à la culture, toutes proportions gardées. **À l'origine, famille et communauté forment une même réalité**. Il ne manque à ce stade qu'un seul aspect à l'état embryonnaire de ce que

1. Reconstitution à confronter bien sûr avec celle à laquelle se livre Rousseau, véritable créateur du genre, dans son *Discours sur l'origine de l'inégalité parmi les hommes*, 1755, GF, 1971, 249 pages, p. 139-247.

sera plus tard la civilisation : **l'existence du droit**[1]. Sur la horde primitive règne sans partage l'arbitraire du chef, le règne discrétionnaire du patriarche, auquel nulle loi ne vient faire obstacle[2]. La naissance de la loi nous oblige à supposer qu'un jour tous les frères se soient liguer pour mettre fin au pouvoir discrétionnaire du Patriarche, pour l'évincer et sans doute l'éliminer. Ainsi la première association d'êtres humains libres se scellerait-elle dans le sang, et la première loi apparaîtrait comme un pacte passé entre les frères : nul n'a le droit de s'accaparer l'usage exclusif des femmes comme le faisait le Père abusif, et chacun doit renoncer à la jouissance sexuelle de ses propres sœurs pour les laisser à la disposition des autres mâles de la horde. Ainsi apparaît **la première loi venant mettre un frein à la satisfaction** désordonnée et sans limites **de la pulsion sexuelle**, ainsi apparaît l'interdiction de l'inceste et **c'est de cette interdiction que découle la disjonction entre la famille et le groupe social, et non l'inverse**.

- La société apparaît donc sous sa forme initiale comme une association de mâles égaux, unis par un même meurtre[3] et par un interdit commun : l'interdiction de l'inceste. Dès son origine, la société humaine repose donc sur un interdit fondateur, l'interdit de l'inceste, et nulle part où il y a humanité l'on ne pourra trouver une *libido* abandonnée au seul état sauvage. Les hommes vivent en commun pour unir leurs efforts par le travail pour subvenir à leurs besoins, et pour pouvoir disposer pacifiquement de la jouissance de l'objet de leur satisfaction sexuelle sans devoir en permanence en défendre la possession. **« Éros et Anankè**[4] **sont ainsi les parents de la civilisation humaine. »**

Conclusion

Toute civilisation est nécessairement fondée sur la répression d'une part plus ou moins grande de la pulsion sexuelle, de la *libido*. Plus la civilisation est développée, plus cette part devient importante. Réprimer une part de la *libido*, c'est la détourner de sa satisfaction sexuelle, c'est l'inhiber quant à son but sexuel. Sans cette part de répression, nous n'aurions pas une société mais une juxtaposition de couples exclusivement tournés vers la satisfaction, l'un par l'autre, de la *libido*. Le développement du travail, de l'art, de la vie sociale, de l'amitié,

---

1. Qui va **dériver** du premier interdit capital, **l'interdit de l'inceste**, dont l'institution va dissocier deux réalités au départ confondues, la famille et la communauté, qui vont désormais connaître des évolutions divergentes.
2. Thèse développée par Freud dans *Totem et Tabou*, PUF, 1913.
3. Freud voit dans ce meurtre du père primitif l'origine première de l'idée de Dieu, le Père archaïque étant divinisé après sa mort d'une part pour soulager le complexe de culpabilité généré par ce meurtre (on lui fait des offrandes pour apaiser sa juste colère), d'autre part parce que c'est bien lui qui, à travers sa mort, a rendu possible l'émergence d'une société pacifique viable régulée par un interdit central : l'interdit de l'inceste. Voir *Totem et Tabou* et *L'Avenir d'une illusion* chez Freud, et la reprise de cette thématique dans l'œuvre de René Girard.
4. Termes grecs désignant *L'Amour* et la *Nécessité*, Freud, *Malaise dans la civilisation*, PUF, p. 51.

suppose qu'une part toujours plus grande de la *libido* soit inhibée quant au but sexuel direct. Toutes les productions humaines de l'art, de la technique, la grandeur historique des civilisations, sont à mettre à l'actif de cette inhibition. Celle-ci est malheureusement à l'origine du sentiment de « malaise » qu'éprouve l'homme civilisé vivant dans une société imposant des règles rigides à la satisfaction directe de ses désirs, et, sous une forme morbide, les névroses que développent certains individus* incapables de supporter l'importance de cette inhibition.

À lire

Marcuse H., *Éros et Civilisation,* 1955 ; traduction française Éditions de Minuit, 1963, réédition 1970. Marcuse s'y démarque du Freud de *Malaise*... en introduisant la **distinction entre répression** (ou interdiction de l'inceste nécessaire pour qu'il y ait tant sexualité que société **humaines**) **et** « **surrépression** », néologisme qu'il forge pour désigner tous les autres interdits (politesse, pudeur, monogamie et « monoandrie » imposées, etc.) dont les sociétés « civilisées » accablent injustement, inutilement la *libido* des malheureux civilisés que nous sommes, engendrant névroses et tous les troubles pathologiques que nous constatons autour de nous. Marcuse est ainsi un précurseur bien plus direct que Freud de la « libération sexuelle » des années 60 et 70.

Foucault M., *Histoire de la sexualité,* tome I, « La volonté de savoir », Gallimard, 1976, 226 pages. Foucault y montre que, contrairement à une idée trop répandue, la société et l'État n'oppriment pas une sexualité « primitive et sauvage » qui leur préexisterait, et qui pourrait à nouveau se donner libre cours si cette répression venait à cesser, mais que ce système de codes et d'interdits structure de part en part la sexualité humaine : la position de Michel Foucault est donc à opposer à celle de Marcuse.

SUJET TRAITÉ

« LA CIVILISATION D'EUROPE OCCIDENTALE EST-ELLE EN DÉCADENCE ? »

• *Préambule*

Remarque

Trois grandes notions dans le sujet : Europe ; civilisation ; décadence. Les trois font problème.

• *Introduction*

L'**Europe** : une unité géographique (un continent ? mais pas de frontière naturelle à l'est) ? politique (mais à géométrie variable, les frontières fluctuent ; coupée en deux selon une ligne de partage elle-même mouvante : la limite empire d'Orient/empire d'Occident n'est pas superposable au rideau de fer... unité de peuplement ? certainement pas. De civilisation ? Peut-être. Reste à définir cette **civilisation**. Problèmes similaires : une ou plusieurs civilisations ? Comment définir son **unité** (civilisation latine/germanique) et sa particularité (quête de problématiques traits culturels qu'on ne trouverait qu'en Europe ?). L'Espagne ou le Portugal ont peut-être plus de points communs avec l'Amérique latine qu'avec l'Allemagne ou la Finlande... L'Europe est-elle assimilable au christianisme ou la chrétienté ? Pas vrai non plus (ou plutôt, ce n'est vrai, approximativement, que durant une période historique déterminée : le Moyen Âge). Cette civilisation (aux contours flous et à l'unité problématique) est-elle *en décadence* ? S'agit-il de porter un jugement **moral** : décadence des mœurs, perte des valeurs...) ? Un jugement **politique** ? (perte d'influence politique sur le reste du monde, perte des empires coloniaux ? Voire vassalisation de l'Europe au XXe siècle (par l'URSS à l'est, les États-Unis à l'ouest) ? Constat **démographique** (diminution relative de la part de l'Europe dans le monde, par rapport à la montée en puissance de la Chine, de l'Inde, de l'Afrique ?) Perte d'influence **économique** (plus de modèle occidental ? modèles en crise ?) Pays émergents, le Japon ? Un jugement **culturel** ? Paris n'est plus la capitale intellectuelle, artistique qu'elle a pu être (attirant les écrivains, Hemingway, époque de Saint-Germain-des-Prés, de Montparnasse...) Rouleau compresseur du cinéma américain, de la musique américaine (d'où les tentatives désespérées de défendre « l'exception culturelle[1] » ? position sur la défensive : sauver ce qui peut l'être).

Tous les termes du sujet sont à manier avec précaution, prudence. Un tel sujet est piégé de multiples manières. Déjouer, désamorcer les pièges en s'efforçant de définir rigoureusement les termes, voir en quels termes le problème se pose. Il faut éviter de « partir » sur un discours alarmiste ou au contraire lénifiant. Il s'agit de faire un état des lieux, un bilan contrasté. Il faut s 'efforcer de passer en revue, avec rigueur mais aussi équilibre, les revers, les défaillances, les chances ou les atouts de l'Europe. Quelles cartes peut-elle jouer, comment, avec quels risques...

La réflexion doit bien sûr permettre de se tourner vers l'avenir et ne pas seulement faire un diagnostic assez stérile : oui/non elle est ou n'est pas en décadence) : Quelle juste place pour l'Europe dans le monde d'aujourd'hui et de demain ? Comment lui permettre de (re)trouver sa place dans le « concert des nations », rien que sa place mais toute sa place. (Une telle démarche est plus intéressante que de se lamenter sur les grandeurs perdues ou de partir dans des auto-flagellations sur le colonialisme : l'Europe n'a que ce qu'elle mérite... vous pouvez le dire mais en aucun cas en rester là.) (Se complaire à s'adresser des *satisfecits* ou au contraire s'abîmer dans les exercices d'auto-flagellation.)

Faire une analyse rigoureuse, précise, argumentée, détaillée, contrastée (la réponse ne sera pas forcément la même dans tous les domaines, selon tous les points de vue. Il faut éviter de **partir dans un « discours »** (copie militante) **qui fait feu de tout bois** pour défendre envers et contre tout, contre la terre entière, une idée préconçue).

> « Si l'Europe doit voir périr ou dépérir sa culture ; si nos villes, nos musées, nos monuments, nos universités doivent être détruits dans la fureur de la guerre scientifiquement conduite ; si l'existence des hommes de pensée et des créateurs est rendue impossible ou atroce par des circonstances brutales, politiques ou économiques, une certaine consolation, un certain espoir sont contenus dans l'idée que nos œuvres, le souvenir de nos travaux, les noms de nos plus grands hommes ne seront pas comme s'ils n'avaient jamais été, et qu'il y aura, ça et là, dans le Nouveau Monde, des esprits dans lesquels vivront d'une seconde vie quelques unes des créatures merveilleuses des malheureux Européens[2].
> Une civilisation est un capital dont l'accroissement peut se poursuivre pendant des siècles comme celui de certains capitaux, et qui absorbe en lui les intérêts composés. »
>
> P. Valéry, *Regards sur le monde actuel*, Pléiade, t.ome II, p. 1082.

1. Marc Fumaroli emploie la formule ironique de « ligne Maginot culturelle » dans *L'État culturel*, Éditions de Fallois, 1992, p. 210.
2. P. Valéry, *Regards sur le monde actuel*, Pléiade, tome II, 1938, p. 990.

CHAPITRE 2

La responsabilité en questions

COURS

LA RESPONSABILITÉ EN QUESTIONS

> « Impossible de déposer notre impondérable fardeau. Notre obligatoire liberté est à la fois notre destinée et notre destin et elle nous fait coresponsables de tout l'avenir du monde. »
>
> V. Jankelevitch[1].

Introduction

Un sujet d'actualité sur de multiples plans, présentant de multiples facettes :

1. La responsabilité des décisions politiques « responsables mais pas coupables » ? Formule (employée par Mme G. Dufoix) qui a fait couler beaucoup d'encre. À resituer dans le cadre du scandale du sang contaminé.
2. La responsabilité pénale* des maires (poursuivis en justice quand un vélomoteur a dérapé sur une bouse de vache... Jusqu'où peut s'étendre la responsabilité d'un maire ?) (il faut statuer par voie législative ou que s'établisse une jurisprudence claire : risque de dérive à l'américaine : les citoyens obtiennent dédommagements de la part de l'institution : la ville, l'État... Problème de la **crise des vocations** (comme pour le clergé...) nombreux maires de petites communes qui ne veulent pas se représenter.
3. La responsabilité personnelle d'un fonctionnaire peut-elle être engagée quand il n'a fait qu'exécuter les ordres qu'il a reçus (procès Papon). **L'ignorance** — supposée — **des fins dernières vaut-elle absolution**, fait-elle du fonctionnaire un instrument aveugle d'un processus qui le dépasse ? Peut-on opposer ici éthique de la responsabilité et éthique de l'obéissance, au sens où K. Jaspers parle d'une « soif inextinguible d'obéissance » qui faisait, sous le nazisme, de la formule magique « un ordre est un ordre » l'expression du devoir suprême pour l'homme, et, d'un point de vue critique, fournissait à bon compte l'alibi d'une bonne conscience à la posture qui consistait en fait à avoir abdiqué d'avance toute conscience.
4. Responsabilité de parents pour des faits commis par leurs enfants mineurs (délit de mauvaise éducation, de démission parentale ?).
5. La responsabilité de « l'État Français » pour les crimes commis par Vichy : rafle du « Vel d'Hiv », déportations, exactions commises par sa police et sa

1. V. Jankelevitch, *La Volonté de vouloir*, Seuil, 1980, p. 45.

justice. On peut rappeler sur ce point l'opposition Mitterrand/Chirac : La République est-elle comptable de ces faits ? Doit-elle des excuses, ou des réparations financières (ou symboliques) ? Gestes d'assumer, d'endosser ce passé ou de s'en démarquer ? L'État Français de Pétain, de Vichy, a correspondu à une « éclipse » de la république, à la suspension des instances supérieures, des institutions (parlement). **Éclipse de la République (thèse de Mitterrand) ou continuité de l'État (Chirac) ?** La libération est retour à l'État de droit. Mais cela ne freine pas, n'enraye pas la carrière des juges (ou des politiques : Papon ministre de Giscard...) qui ont servi sous Vichy. La question se pose aujourd'hui à propos de l'usage de la torture pendant la guerre d'Algérie, sans que l'on puisse invoquer ici une quelconque « éclipse de la république ».

6. Responsabilité ou non d'un préfet quand des actes délictueux se produisent sous sa responsabilité (affaire du préfet en Corse).

- Notion très complexe, se pose à des niveaux multiples. Informatif, élémentaire : distinction entre responsabilité civile* et responsabilité pénale*.
  - **responsabilité civile*** : obligation de réparer le dommage dont on a pu être l'auteur, volontairement ou involontairement, par son action ou par son inaction, auprès de la personne, des personnes, de la personne morale qui a subi ce dommage. [prendre en charge les préjudices infligés à autrui.]
  - **responsabilité pénale*** : idée de violation de la loi, transgression du droit qui doit être sanctionnée par une punition (mettre en prison ne rapporte pas d'argent à la société, en coûte même au contraire...) être appelé à comparaître en justice pour rendre compte de ses actes délictueux et subir le châtiment prévu par la loi. [Dimension répressive, potentiellement dissuasive ? ou par simple souci de rétablissement du droit, par pur souci de justice (donc sans arrière pensée d'utilité, d'efficacité de la peine : ex. débats sur la peine de mort. Arguments situés sur deux plans totalement différents, souvent confondus).]

I. Archéologie* de la notion

A. Approche linguistique/philologique[1]

Il s'agit à l'origine d'une notion empruntée au champ sémantique juridique (d'abord, d'emblée une notion juridique, relevant du droit) (E. Benveniste)

Spondeo en latin = je promets.

Re-spondeo : **je réponds de, je me porte garant, caution de la promesse qui a été faite par un autre**. Je la reprends à mon compte, j'en suis comptable, j'en assume la responsabilité. (N.B. : l'idée de **substitution de la responsabilité** à

1. Michèle Vignaux, *L'Invention de la responsabilité*, Presses de l'École Normale Supérieure, 1995, 352 pages, Introduction et chap. 1, « Étude lexicale ».

l'origine même de la notion de responsabilité : être responsable, c'est *se porter responsable d'autrui avant même que d'être responsable de soi.* C'est originairement prendre sur soi ce qu'a promis autrui. Implication juridique : c'est vers moi que l'on se retournera si l'autre n'honore pas sa promesse. (En droit romain : rapport de complémentarité entre le « *sponsor* » : celui qui s'engage à mener quelque chose à bien ; et le « *responsor* » : celui qui se porte garant de la solvabilité du premier ; le deuxième n'entrera dans la danse que si le *sponsor* s'avère défaillant.)

Puis « responsable » apparaît au Moyen Âge en vieux français dans un double sens :

1. **responsabilité au sens objectif** : un château-fort « responsable » est un château capable de soutenir un siège, de repousser une attaque. Une place forte « responsable » : qui est à même de (peut) **répondre** de la vie de ceux qui s'y réfugient. (D'assurer leur survie.)
2. **responsabilité au sens subjectif** : un homme est « responsable » de ses « gens » (de ses domestiques : à lui de les « tenir ») : il répond de leur conduite ; un suzerain est « responsable » de ses vassaux : il se porte garant de leur loyauté (vis-à-vis du roi).

Le substantif « responsabilité » apparaît simultanément en français et en anglais dans les quelques années précédant immédiatement la Révolution française (1783-1787). Donc apparition très tardive : toute la théorie éthique, depuis Platon et Aristote, s'est développée sans ce concept pour nous central, et comme inséparable du questionnement éthique.

B. Préhistoire de la notion

Les processus qui vont aboutir à la formation du concept de **responsabilité** à l'époque **moderne** :

1. **Processus d'humanisation** : (les procès faits à des animaux nous sont devenus inintelligibles, incompréhensibles[1] ce qui signifie que nous ne comprenons plus comment des hommes, nos ancêtres ont pu penser comme cela, faire cela. En remontant plus loin, objets rendus responsables d'événements ou de malheur (pensée animiste). Chez nous : le petit enfant tape la table contre laquelle il s'est cogné : il lui « rend » le mal qu'elle lui a fait).
2. **Processus d'individualisation** : (remise en cause de la notion plus primitive de responsabilité collective, de responsabilité du groupe).

   Dans les sociétés primitives, la responsabilité est d'abord collective, c'est le groupe qui est en tant que tel acteur (comme le châtiment *qui la révèle* : Sodome et Gomorrhe[2], *Pompéi*, la peste de Thèbes...) *Œdipe Roi* de Sophocle : la peste ravage la ville de Thèbes parce que le meurtre du Roi

1. Cf. Luc Ferry, *Le Nouvel ordre écologique*, Grasset, 1992.
2. *La Bible, Genèse*, chap. 13, 19.

Laïos n'a pas été vengé. La souillure est sur toute la ville tant que le coupable n'a pas été châtié. Toute la tragédie va vers *l'identification du vrai « coupable »* (un coupable, involontaire, irresponsable, qui justement voulait éviter ce qui lui arrive) pour que le calme puisse revenir dans la Cité, l'épidémie s'éteindre. **La responsabilité est d'abord collective comme le châtiment, la vengeance divine qui s'abat sur le groupe**. L'idée d'individualité encore mal dégagée, est seconde. Dieu châtie Sodome et Gomorrhe et n'excepte du châtiment que la famille de Lot (sa femme reprise *in extremis*). À ce stade, c'est plus **ce qui arrive à** quelqu'un que **ce qu'il a fait** qui représente pour le groupe social un danger : il doit être isolé : la femme qui a ses règles, un homme qui a touché un cadavre (par inadvertance ou du fait de son métier) sont **tabou** : représentent un danger pour le groupe. Ils doivent d'abord se purifier[1]. (Pas lié à l'idée d'une « faute » au sens chrétien, moderne.) Idée d'une contagion : celui qui toucherait l'homme ou la femme tabou **deviendrait tabou à son tour**. Le tabou n'est pas exclusivement négatif : le pouvoir, le chef, le sorcier sont eux aussi tabous : sont revêtus de grands pouvoirs, mais aussi sont source de danger pour les autres membres du groupe. (Ambivalence* : le tabou fascine et terrifie.)

Les Érinyes (tragédies grecques : déesses vengeresses. Le sang appelle le sang. Ce n'est que dans le sang qu'un crime peut être vengé. Cycle infernal de la vengeance, de la vendetta : les Érinyes sont des furies insatiables : le sort s'acharne sur la famille d'Oreste (*L'Orestie*) : ses membres doivent périr jusqu'au dernier.

Athéna, Apollon : sans méconnaître les droits des Érinyes, font signe vers une décision de justice. Athéna fait pencher la balance... elle joue un rôle d'arbitre.

3. **Processus d'intériorisation** : formation du *for intérieur*, formation de la conscience (bonne ou mauvaise) : intériorisation de l'accusation, je peux me **sentir** responsable même en l'absence de toute accusation extérieure. (Formation du Surmoi chez Freud par intériorisation des interdits parentaux puis sociaux.)

4. **Processus de civilisation** : (et parallèlement de « judiciarisation » ? Il convient d'effectuer un travail de distinction entre deux concepts confondus au départ) (cf. Paul Ricœur)

- Distinguer trois différentes strates de sens :
  - **être responsable** : désigne **un état** : les parents ou tuteurs sont responsables des délits commis — et le cas échéant des dommages causés — par leurs enfants mineurs (notion juridique. Responsabilité définie par le code pénal. Ceux qui sont juridiquement responsables (les adultes majeurs) répondent de ceux qui ne le sont pas (les mineurs) : ils

1. Cf. l'article sur « Apollon » dans le *Dictionnaire de culture générale*, PUF, 2000, p. 785 : l'eau pure de la source de Castalie purifie le pèlerin. Apollon est le dieu pur et de la pureté. Il purifie mais ne doit être approché que le cœur pur. « Pénètre l'âme pure dans le temple du dieu pur. »

en sont, qu'ils le veuillent ou non, qu'ils en aient conscience ou non, aux yeux de la loi, responsables.

- **Être responsable** : désigne **une capacité** (établir le degré de discernement de la personne concernée. Discerner dans quelle mesure elle était ou non responsable de ses actes, et par conséquent est en état d'en répondre (notions de démence, folie passagère… La personne peut être déclarée irresponsable (sur la base d'expertises psychiatriques par exemple, s'il est établi qu'elle ne disposait pas de ses facultés intellectuelles au moment des faits. (Pas en possession de ses moyens, ne jouissait pas de toute sa raison…)
- **Être responsable** : désigne enfin **une obligation**, le fait d'avoir à répondre de quelque chose du fait de sa fonction (le chef d'établissement pour les événements ou actes délictueux qui peuvent se produire dans un lycée par exemple). Il est ici responsable non de ce qu'il a commis lui-même mais de ce qui s'est produit dans son établissement (un viol par ex.), dans l'établissement qui était **sous sa responsabilité**. Il est responsable signifie qu'il a à répondre de ce qui s'est produit en ce qu'il est, **de par sa fonction**, responsable de la vie de l'établissement, responsable du bon fonctionnement de l'institution. (Donc ici, la notion de responsabilité intervient deux fois. Comme un ministre est responsable de ce que font ses subordonnés, de ce qui se passe dans son ministère, des dysfonctionnements possibles, même s'il n'en a pas eu connaissance : c'était de sa responsabilité d'en prendre connaissance.)
- Disjonction en Allemand, deux termes là où nous n'en avons qu'un :
- *Veranwortung, verantwortlig* : responsabilité **morale**.
- *Haftung, Haftbarkeit* : responsabilité **juridique**.

• Transition : La responsabilité sous les formes qu'elle a prise en Occident, liée à l'histoire de la lente montée de l'individualisme, est une institution qui est le fruit d'une histoire complexe, qu'on peut reconstituer au moins en partie hypothétiquement.

II. Les conditions de la responsabilité à l'époque moderne (l'aboutissement du processus ci-dessus dans les sociétés occidentales). L'âge d'or de la responsabilité ?

Auteur majeur pour cette théorisation de la responsabilité : Max Weber, sociologue, (1864-1920). La conférence date de 1919 : elle constitue son testament politique.

- Opposition cardinale[1] chez Max Weber entre éthique de la responsabilité et éthique de la conviction : bien que Max Weber emploie ici le mot éthique, sa distinction intervient à l'intérieur d'une réflexion sur le propre de l'activité politique. Il réfléchit moins sur la responsabilité de l'homme en tant qu'individu*, ou même que citoyen, que sur la responsabilité politique d'un homme politique ou d'un haut fonctionnaire (la « haute fonction publique », dirions-nous en France).
- (**mais il élargit son propos à la fin** de la conférence : celui qui saurait prendre en compte les deux principes serait un homme complet, un homme accompli et « authentique » : un homme qui serait susceptible de jouer pleinement son rôle en tant que citoyen ou homme d'État. Ce qui semblait une question pointue de déontologie* de l'homme politique rejaillit plus largement sur la question : qu'est-ce que se comporter en homme véritable ?)
- **Éthique de la conviction** : on agit à partir de convictions, en se basant sur des principes considérés comme intangibles. C'est l'intention qui compte, et non le résultat, pour faire la valeur « morale » de l'action. Exemple type : la morale kantienne : tout dépend de la « maxime » selon laquelle on agit, qui oriente notre action. Formulation extrême de ce principe : « que justice soit faite, le monde dût-il en périr » (« *fiat justicia, pereit mundus*[2] »). On se désintéresse des conséquences : **la justice est une valeur en soi, absolue** (supérieure à l'existence empirique du monde).
- **Éthique de la responsabilité** : se soucier avant tout des conséquences. (Cela ne veut pas dire qu'on se désintéresse pour autant de l'éthique : *c'est* une éthique, *un comportement éthique possible*, pas du cynisme. Certes il semble y avoir un lien fort entre efficacité et responsabilité, mais l'éthique de la responsabilité n'implique nullement que l'on vise l'efficacité à tout prix, ni au service de n'importe quelle fin[3].) C'est le résultat qui prime. Se sentir le garant (des institutions par exemple), sentir peser sur ses épaules le poids d'une responsabilité (pour le monde selon Arendt, pour l'État, pour l'avenir selon Jonas). Ce partage n'est pas manichéen, ne divise pas l'humanité en deux groupes : cette **tension** entre éthique de la conviction et éthique de la responsabilité nous traverse tous ; toute conduite humaine doit pouvoir se situer quelque part sur le dégradé continu qui va d'une de ces formes pures à l'autre. (Responsabilité et conviction sont deux *idéaux-types* (voir glossaire), deux notions-limites.)

---

1. Pour une critique de cette disjonction, voir P. Ricœur, *Lectures I*, Seuil, 1991, p. 286-287. Ricœur souligne le fait que les notions de « conviction », « valeurs », « principes », découplées de la notion d'une mission confiée, sont un ferment de fanatisme, angélisme suspect et inquiétant (exemples : pacifisme intégral ou écologie fondamentale qui se désintéressent des conséquences immédiates des « solutions » qu'ils préconisent ou des positions sur lesquelles ils campent.
2. La première occurrence de cette maxime souvent invoquée dans le droit anglo-saxon semble se trouver sous la plume de l'Empereur Ferdinand Ier (1503-1564) sous la forme « *fiat iustitia, et pereat mundus.* »
3. Cf. P. Ricœur, *Lectures I*, Seuil, 1991, p. 284.

- Exemple : fallait-il, après la chute du mur et de la RDA, ouvrir ou non les archives de la Stasi (effets dévastateurs vue l'ampleur de la délation généralisée : la mari dénonçant sa femme et réciproquement, etc.), ou était-il plus urgent de tourner la page et de reconstruire le pays ? L'homme qui a le sens de l'État va-t-il s'opposer à un déballage public ravageur, prendre le risque que le tissu social se décompose au moment même où les institutions sont à reconstruire ? fût-ce au prix d'un **déni* de justice** ?
- Autre exemple : le procès O. J. Simpson (boxeur américain) Idole des noirs américains (symbole de la réussite sociale possible pour un noir. (Il en joue comme Tapie en France : ils s'acharnent (curée) sur un petit comme vous qui a réussi, qui n'était pas du sérail ; jeu complexe : cela peut faire partie du jeu, de la stratégie d'un homme public ou politique : personne n'aura intérêt à un déballage public... Pasqua protège par le secret-défense un homme de gauche (Yves Chalier ?) en fuite : affaire du financement occulte du PS, affaire « carrefour du développement ».) Simpson : S'il était condamné, il y aurait eu des émeutes de rue, peut-être des dizaines de morts. Si l'on dit : « **il fallait l'acquitter, quand bien même il aurait été coupable** », on opte résolument pour l'éthique de responsabilité. Si l'on dit : si l'on prend en compte ce type de raisonnement pour rendre son verdict, alors il n'y a plus aucune justice possible, **on est du côté de l'éthique de la conviction.**
- Exemple de l'Affaire Dreyfus : si l'on suit l'argumentaire selon lequel il faut maintenir sa condamnation, même s'il est innocent, parce qu'il y va de l'honneur de l'armée, de la crédibilité des états-majors, etc., alors il n'y a plus de justice possible. On fait passer les conséquences potentiellement désastreuses avant le souci de justice.

  Autre exemple : l'Affaire du *Rainbow Warrior,* des écoutes téléphoniques de l'Élysée : faut-il aller jusqu'au bout des enquêtes *au risque d'un discrédit de l'État,* ou vaut-il mieux enterrer l'affaire, se réfugier derrière le « secret défense », etc. Autre exemple : Jaruselski accepte de jouer le rôle du « méchant » : fait un coup d'État, impose la loi martiale... Il évite le pire à son pays, lui épargne une invasion militaire par l'URSS ? Faut-il établir une analogie avec le Pétain de la Seconde Guerre mondiale ? Jusqu'où ira-t-on dans la « compréhension » ?) Qui est authentiquement moral, qui se comporte véritablement en homme responsable, qui lutte efficacement contre le mal ?
- **On a « envie », sur la base de ces exemples, de choisir l'éthique de conviction**, plus idéaliste, plus « noble », plus héroïque ; on a le beau rôle, on garde les mains propres. On est une « belle âme » (celui qui n'a rien sur la conscience, qui n'a jamais fait rien de mal ; on a su se préserver pur de toute tâche, immaculé), selon la formule ironique de Hegel à l'adresse de la morale kantien : le kantien se rengorge de sa pureté **mais il ne fait rien pour que cesse (mettre un terme à) l'injustice ou le mal**, ne peut agir efficacement au service du bien parce que cela supposerait de se salir les mains. Agir au sein de l'injustice, du sein d'une réalité qui n'est jamais idéale, c'est accepter d'endosser, de prendre sur soi une partie de cette injustice. On laisse ainsi les autres faire le « sale boulot » et on se félicite de

sa propre pureté. Péguy : *le kantien n'a pas les mains sales parce qu'il n'a pas de mains du tout*[1]. Il se condamne à l'inaction, il est incapable d'intervenir dans le monde ; se contente de ne pas faire la mal, lui.

- **Faisons un pas de plus** : (Surenchère : *non seulement il n'a pas de mains, mais en plus elles sont sales !* Ex. En mangeant du sucre, je me fais le complice des exploiteurs d'esclaves ou de ceux qui payent une misère les locaux. En achetant un vêtement fabriqué dans le Tiers-monde, je me fais le complice de l'esclavage des enfants. On ne peut pas se laver les mains de ce qui se passe dans le monde.)
- Et pourtant, Max Weber dit : le politique[2] « choisira », par la force des choses, **l'éthique de la responsabilité**. Seule éthique compatible avec l'activité politique. (Des hommes de l'éthique de la conviction sont impuissants, se condamnent eux-mêmes à l'impuissance en politique : faiblesse de Jimmy Carter, en France Mendès-France, peut-être Rocard, Jacques Delors : pèsent finalement d'un poids très faible sur le cours des choses, sur le destin du pays. N'ont leur chance que très ponctuellement. Par définition, ils laissent le champ libre à moins scrupuleux qu'eux.) S'il veut d'abord accéder au pouvoir, puis s'y maintenir, il doit se conduire inspiré par la logique de la responsabilité. S'il n'obéit plus qu'à l'éthique de la responsabilité (ou s'il oublie qu'elle aussi est à sa manière une éthique, qu'elle ne permet pas de justifier n'importe quoi au nom de l'efficacité), alors être au pouvoir et s'y maintenir **est le but en soi, ce qu'il veut en définitive** : tout autre but est subordonné à celui là. **C'est le cas du « Prince » de Machiavel** : il ne veut qu'une seule chose : arriver et rester au pouvoir. Ce n'est qu'accidentellement qu'il veut des choses annexes : il a plus de chances de se maintenir au pouvoir si le pays est uni que si règne la guerre civile, si la population est heureuse et prospère que si elle crie famine, etc. Mais il ne veut ces buts annexes que dans la mesure où il estime qu'ils contribuent à le maintenir en place, à asseoir son régime.

1. « Le kantisme a les mains pures, mais il n'a pas de mains ». Charles Péguy, *Victor-Marie, Comte Hugo*. Un kantien n'a jamais les mains sales (il n'a jamais rien fait de mal, n'agit que par devoir), le problème est qu'il n'a pas de main : il est impuissant à résister au mal, à lutter contre le mal parce que cela supposerait qu'on se donne les moyens d'agir efficacement, donc de « mettre les mains dans le cambouis ».

   Allons plus loin : non seulement il n'avait pas de mains, mais en plus elles étaient sales ! Ex. En achetant un Tee-Shirt ou un jean fabriqué en Asie du Sud-Est, je participe activement à l'esclavage des enfants...
2. En fait, il a déjà choisi, il choisit simplement d'entrer ou de ne pas entrer en politique. Une fois entré, il doit se plier aux règles du jeu, au rapport de forces. Entrer en politique, c'est faire le choix d'accepter d'avoir à faire des compromis.

III. Les mutations contemporaines de la responsabilité : (référence principale : Hans Jonas, *Le Principe responsabilité*, 1979)

1. Les présupposés communs à toutes les éthiques traditionnelles

(qu'elles soient laïques ou religieuses dans leurs fondements, qu'elles soient des éthiques de l'intention ou de résultat.)

- La morale s'adresse essentiellement à des individus*. Elle fait appel à la bonne volonté, au libre arbitre, à la capacité de discerner (en partie guidé par des valeurs sociales, collectives) entre une action injuste et une action juste, entre le « bien et le mal » pour employer une expression « naïve ».
- La morale concerne les rapports au sein de l'humanité. Les échanges hommes/nature constituent un terrain moralement neutre, où ne peuvent s'appliquer que des critères de plus ou moins grande efficacité, de plus ou moins grande opportunité, de plus ou moins grande adéquation entre la fin poursuivie et les moyens mis en œuvre, sans que s'impose la question du droit de poursuivre telle ou telle fin.
- L'éthique traditionnelle suppose que les conséquences de nos actes soient au moins en grande partie prévisibles. Si un acte produit un dommage qui était tout à fait imprévisible, il peut au plus y avoir responsabilité civile*, en aucun cas responsabilité pénale*.
- L'éthique traditionnelle repose sur le principe de réciprocité « Ne fais pas à autrui ce que tu ne voudrais pas qu'il te fasse. » : formulation la plus limpide de ce principe.
- L'éthique traditionnelle est une éthique centrée sur le présent (elle concerne des hommes partageant un même présent, co-existant dans une même société), elle se centre sur l'acte lui-même (Hegel), sur l'intention (Kant) ou au plus sur les conséquences immédiates, à court terme (pragmatisme[1], utilitarisme[2]).

2. Pourquoi le développement de la technique moderne bouleverse radicalement la donne (nous plaçant ainsi dans une situation radicalement inédite) ?

La conjonction de ces deux événements majeurs du XXe siècle que sont Auschwitz et Hiroshima induit un changement dans la **portée** de l'agir humain, et

1. W. James, *Précis de psychologie*, La Bibliothèque de l'homme, 1999, 644 pages.
2. Stuart Mill John, *L'Utilitarisme*, GF, 1968, 181 pages.

partant un changement d'échelle qui induit un changement qualitatif de la nature de cet agir. (P. Ricœur[1])

Une « heuristique* », **une pédagogie de la peur**[2], qui est le corollaire obligé de la notion de plus en plus présente de **dangerosité** mesurable, et de risque calculé : **en l'occurrence, la peur est bonne conseillère**. Seule la prise de conscience du risque de destruction totale et définitive de toute vie sur la terre peut nous obliger à accomplir dans l'urgence une révision radicale de nos idées et de nos comportements. Nous devons repenser l'éthique entièrement à nouveaux frais, sur de nouvelles bases. (Sans un tel sentiment d'urgence, les mentalités et les mœurs n'évoluent que très lentement. Nous ne pouvons plus nous payer ce luxe !) (Nous n'avons plus les moyens de nous situer « par-delà le bien et le mal ». Déjà depuis Auschwitz ? pour d'autres raisons. Ricœur[3].)

3. Les grands traits d'une éthique de la responsabilité à l'ère atomique

- **Formulations négatives** : ce qu'elle ne sera pas :
  a. **plus une éthique de l'individu*** (faisant appel au libre arbitre et à la bonne volonté), (l'intègre mais la surplombe et l'englobe)
  b. **plus une éthique du présent,** mais au contraire une éthique qui prend en charge l'avenir (apparition d'actions qui peuvent dérouler leurs conséquences à une échelle qui n'est ni celle d'une vie individuelle, ni même celle d'une civilisation : déchets nucléaires).
  c. **ni une éthique de la réciprocité** (nous sommes responsables devant les générations futures qui elles ne sont en rien[4] responsables devant nous, mais le seront devant leurs propres descendants.

---

1. *Lectures I*, Seuil, p. 279-280.
2. D'aucuns pourraient critiquer ici une sorte de « terrorisme intellectuel », une pensée de l'intimidation, qui inhibe le sens critique par la simple évocation de la portée des enjeux, certes bien réels, mais dont on pourrait peut-être tirer d'autres conséquences.
3. Cf. « Qu'est-ce que Dieu ne peut pas ? » dans les *Éléments de culture générale*, Ellipses, 1999, p. 71-77, en particulier p. 73 (note). Cf. Hans Jonas, *Le Concept de Dieu après Auschwitz*, Rivages Poche, 1994 : la responsabilité qui était celle de Dieu dans la théologie médiévale (même si Dieu la déléguait à l'homme, c'est à lui qu'elle revenait en définitive : c'est de Dieu que dépendait que la création soit bonne, que l'aventure de la vie n'échoue pas lamentablement. Il la délègue à Adam dans le jardin, au roi chrétien ou au pouvoir en place dans l'histoire) devient intégralement celle de l'homme après Auschwitz : Auschwitz et Hiroshima sont la tragique « preuve expérimentale » qu'aucun Dieu n'interviendra pour arrêter la main de l'homme réalisant le pire. **Aucune providence ne viendra enrayer les conséquences du mal, ce qui revient à dire que le sort de l'humanité, de la vie sur terre, celui de notre planète (au moins, pour l'instant) est entre nos mains sans appel.**
4. Ce point au moins est discutable : nos descendants n'ont-ils réellement aucun devoir envers nous ? Être héritiers ne crée-t-il pas des devoirs ? Sommes-nous à la hauteur du legs des civilisations antiques, ou de l'ère des Lumières ? Que faisons-nous de cet héritage qui nous est confié ?

- **Formulations positives** : ce qu'elle devra être :
  a. Elle sera **une « éthique du futur[1] »**, ou ce futur ne sera pas. (Cf. Malraux : « le XXIe siècle sera religieux ou ne sera pas » ; H. Jonas : nous serons éthiques et responsables, ou le XXIe siècle ne sera pas.) Pas une éthique **pour** le futur (ce que devraient faire les générations suivantes), mais **une éthique au présent qui prenne en charge le futur**, qui préserve les chances du futur. Nous sommes responsables, comptables devant les générations futures. Nous avons des comptes à rendre devant des générations qui n'existent pas encore[2]. Cette éthique du futur se caractérise par sa transversalité : elle traverse le présent, le « prend en écharpe ». Notre responsabilité s'étend exactement jusqu'aux limites de notre capacité d'agir, ni plus, ni moins. Tout ce que nous devenons capables de modifier ou de détruire (irrévocablement) nous est par là même confié, est mis sous notre garde. (Ex. : Les hommes de l'Antiquité n'étaient pas responsables de la nature, elle ne leur était pas confiée.) (Intérêt des écologistes pour la pensée de Hans Jonas.)
  b. Elle sera une éthique collective, et même planétaire : les problèmes, les dangers ne peuvent être traités qu'au niveau où ils se posent. Faire appel à la « bonne volonté » contre le trou de la couche d'ozone, aux pluies acides, à Tchernobyl ne sert à rien. (Retour imprévu de la responsabilité collective, commune, d'une société ou de l'humanité ? Retour sur la scène juridique d'une idée inquiétante ?)
  c. Elle sera une éthique hypothétique : les conséquences à très long terme sont incertaines : nous nous trouvons à cet égard dans une situation particulièrement inconfortable, pris entre une exigence toujours plus pressante d'efficacité, et l'acceptation nécessaire d'une incertitude résiduelle, irréductible. C'est une prise de conscience récente dans l'histoire de l'épistémologie que tout savoir (surtout prévisionnel) s'accompagne d'une marge d'erreur, alors que Descartes et les temps modernes avec lui se berçaient de l'idéal d'une certitude absolue,

1. Pour reprendre le titre de deux conférences prononcées par Jonas (1987, 1992, éd. Rivages/Poches).
2. Est-ce aussi entièrement nouveau que le prétend Jonas ? N'était-ce pas déjà présent dans la notion de « jugement dernier » ? « L'histoire du monde, c'est le tribunal du monde » (Hegel) ; nous léguons un certain état de la civilisation, des techniques, des institutions ; un pays plus ou moins prospère… Nous léguons à nos enfants un capital ou des dettes (Japon : crédits courant sur plusieurs générations pour acheter une maison : nous nous engageons pour des êtres qui n'existent pas encore : nos enfants à naître). Nous les engageons avant même qu'ils existent (Freud citant Goethe : « vous permettez que, même pauvres, nous contractions une dette. », in *Le Rêve et son interprétation*). Le nouveau, c'est la radicalité : tout ou rien ? Il se pourrait que par notre faute, il n'y ait plus à l'avenir de responsabilité, de forme de vie responsable, sinon dans l'univers, du moins sur la terre. Question : sommes-nous responsables d'hypothétiques « extra-terrestres », d'autres formes de vie responsables ? Non, tant que nous ne sommes pas en mesure de leur nuire. Notre responsabilité s'étend strictement aussi loin que notre pouvoir de nuisance, de sauver ou de détruire. **C'est notre capacité technique qui nous remet la nature, qui nous la confie, la place sous notre garde, en nous mettant entre les mains les moyens de la détruire.**

indubitable dans les sciences. (Ex. une guerre nucléaire, un hiver nucléaire ? Une nuit nucléaire, ou au contraire un réchauffement de la planète, une réaction en chaîne ?) Même en supposant ce problème spécifique (qui n'est qu'un exemple) résolu, il s'en présentera toujours de nouveaux (à mesure que la science progresse, elle nous donne des moyens de plus en plus efficaces d'interagir avec la nature, d'agir sur elle en fonction de nos intérêts).

Autre exemple : conséquences à grande échelle et sur la longue durée des « Organismes Génétiquement Modifiés »... La bonne volonté ne suffit pas. Un savoir parfois très technique peut s'avérer nécessaire : comment éviter **la conclusion que c'est aux techniciens (aux experts en définitive) de prendre la décision ou de la « suggérer » aux politiques qui ne la ratifieraient que pour la bonne forme ? (spectre d'une technocratie qui nous serait imposée par les avancées de la technique, et qui viderait de sa substance l'idée de démocratie, de souveraineté*** (liée à un État, donc à une certaine échelle de la décision : existe-t-il, peut-il exister une « souveraineté* mondiale » ?).

Cette éthique supposera *toujours la médiation d'experts*, donc la diffusion aussi rapide et claire que possible de l'information disponible (or enjeux parfois très complexes, risques de panique, ou au contraire désintérêt pour des conséquences à très long terme... très difficile à mettre en place). (Kant : il suffisait à chaque homme d'être dépositaire de la raison pour connaître clairement, en toute circonstance, quel était son devoir. La morale kantienne ne passait pas par la médiation de connaissances acquises, encore moins par le recours à des experts spécialisés.)

Elle supposera le recours permanent au **principe de précaution**[1] (consistant à dire : dans le doute, ne pas faire, tant les conséquences, certes hypothétiques, seraient graves). Mais principe à double tranchant : **pourquoi dans certains cas ne serait-ce pas le fait de « ne pas faire » qui serait grave,** une non intervention au moment stratégique peut s'avérer aussi catastrophique dans ses conséquences que le fait de faire activement quelque chose dans d'autres circonstances ?

On risque fort de déboucher dans certains cas au moins sur une sorte de **« neutralisation » du principe de précaution** qui nous laisse face à l'indécidable, face à des choix irrationnels. (Risque de retour à des choix irrationnels. C'est le problème du **processus de la prise de décision** : qui décide en dernier recours ?)

---

1. Ricœur souligne la fréquence aujourd'hui des appels à la prudence, à la mesure, à la retenue, quand ce n'est pas à l'abstention pure et simple ou au moratoire*. Cette nouvelle tendance contraste avec l'euphorie du progrès qui a bercé le XIXe siècle et qui était au contraire fortement volontariste, qui invitait à accélérer la marche de l'histoire (tant sur le plan des techniques que sur le plan politique). Or le moratoire*, s'il ne s'accompagne pas d'un programme de recherches précis, peut n'être que manœuvre dilatoire pour différer des mesures qu'il conviendrait peut-être de prendre d'urgence. Le principe de précaution ne peut fonctionner en sens unique, militant toujours en faveur de l'abstention. Il peut conduire au contraire à l'urgence de mesures conservatoires à prendre avant qu'il ne soit trop tard.

Conclusion en cinq points

1. **La prise en compte du « principe responsabilité » induit-elle** (paradoxalement ou non) **un déclassement général de la responsabilité « conventionnelle » (traditionnelle, individuelle) ?** (comme on parle d'armes conventionnelles par opposition à l'arme nucléaire) ? S'oriente-t-on vers une relativisation généralisée de tous les comportements individuels ? c'est-à-dire : Finalement, torturer quelqu'un, réduire des enfants à l'esclavage, ne serait pas si grave… (Ex. les conseillers des Présidents américains pendant la guerre froide deviennent sans scrupule dans leur bonne conscience tant qu'ils étaient mus par la conviction que reposait sur leurs épaules la responsabilité d'éviter une guerre nucléaire.) Cela pose le délicat problème de *l'articulation* de deux niveaux aussi différents, disproportionnés, dont on peut bien *penser* la *distinction*, mais que l'on ne pourra empêcher d'*interférer* ponctuellement. La formulation du problème ci-dessus repose sur une confusion entre les deux plans.

   Élément de solution : il ne faut pas se tromper d'échelle. Il convient de traiter les problèmes au niveau où ils se posent. La responsabilité individuelle reste entière, aussi grave à son niveau qu'elle l'a toujours été. La vie et la mort d'un homme restent un absolu. Dostoïevski écrit des pleurs d'un enfant sans défense, sans réponse : comment accepter, approuver que le monde existe si cela implique les larmes d'un enfant ? « Toute la science du monde ne vaut pas les larmes d'un enfant[1]. »

2. **À la responsabilité traditionnelle s'en est ajoutée une nouvelle, tout aussi absolue**. L'impératif kantien (qui ne s'adressait qu'à des individus*, à leur libre arbitre et à leur bonne volonté) ne suffit plus, n'est plus le seul critère absolu sur le plan moral. Cette responsabilité « **de plus** » nous échoit désormais que nous le voulions ou non, elle nous incombe, nous est tombée dessus. *Notre initiative se limite à en prendre conscience*, à en prendre la pleine mesure. **C'est la technique qui**, en mettant entre nos mains des moyens de destruction massive, **nous a confié la nature comme un dépôt mis sous notre garde**, comme un bien placé sous notre responsabilité, et **dont nous sommes comptables vis-à-vis des générations à venir**. (Pour formuler cette idée en termes juridiques, nous n'avons que l'*usufruit* de la nature, nous n'en avons *pas l'abusus* : le droit d'en disposer à notre gré, y compris de la détruire.)

3. **Il n'y a sans doute plus de terrain « neutre » sur le plan moral**. La morale engloberait aujourd'hui tout le spectre des comportements humains. S'agit-il là d'une prise de conscience salutaire ou d'un phénomène inquiétant ? Une prise de conscience de comportements collectifs s'est produite récemment, à partir du XIXe siècle (en particulier grâce à la sociologie, à l'ethnologie, à l'écologie…), comportements qui sont loin d'être « neutres », c'est-à-dire sans incidence sur le plan moral (pillage des ressources de la planète, part

1. *Les Frères Karamazov*, Pléiade, p. 262. C'est Ivan qui parle à Aliocha, qui le soumet à une épreuve, le « tente ». 2e partie, livre 5, chap. 4, « La révolte ».

totalement disproportionnée, comparée au poids démographique qu'ils représentent, de l'Amérique du Nord et de l'Europe (consommation d'électricité, confrontation des PIB (produit intérieur brut), de notre responsabilité concernant la pollution au niveau mondial).

Ex. : le débat autour de la question : *faut-il que ce soient les pollueurs qui soient les payeurs ?* Y compris au niveau des États (pas seulement des entreprises privées) : idée d'un « crédit de pollution » qu'on affecterait à chaque pays (en fonction de quoi ? de son poids démographique ? de son étendue géographique ?) Les pays les plus riches et les plus pollueurs pourraient « acheter » du « droit à polluer » aux pays pauvres c'est-à-dire moins industrialisés, et par conséquent *a priori* moins pollueurs…

4. **Risque du « tout moral », de régression vers un « tout moral » ?** Comment se positionner entre la nécessaire « moralisation de la vie politique » et la chape de plomb du « retour à l'ordre moral » (B.-H. Lévy : « La pureté dangereuse » risque d'une régression par rapport à l'autonomisation de la sphère politique). Risque d'une perte de l'espace proprement politique. **Le moral engloberait le politique, voire, pire : s'y substituerait, l'humanitaire viendrait occuper la place laissée vacante par l'absence de tout projet politique.** (Ex. Le comportement de la communauté internationale face à la guerre en Croatie et en Bosnie.) Thème de R. Debray dans *L'État séducteur*[1] : l'État devenu une coquille vide sur le plan politique, diplomatique, se « rabat » **sur le caritatif et l'humanitaire qui devraient relever soit de l'initiative individuelle, soit des ONG.** On aurait là le symptôme d'une grave confusion dans les responsabilités et les tâches respectives. Est-ce à l'armée de convoyer nourriture et médicaments ? Comment s'opposer à un État qui s'arroge le beau rôle, qui fait du bien, qui fait de l'humanitaire ? Comment cela pourrait-il ne pas masquer les enjeux politiques, ne pas **inhiber le combat politique** des citoyens ? Peut-il encore y avoir débat démocratique ou lutte politique ? Si l'État est devenu le père Noël, comment s'opposer à lui, le père Noël peut-il être une « ordure » ?

   Élément de solution : À cet égard, il faut peut-être, contre une conception et une pratique toutes consensuelles et iréniques de la vie politique, réhabiliter la notion de **combat politique**, la vie politique faisant l'objet d'un combat, combat pour le pouvoir certes, mais aussi jusque dans la discussion et la négociation.

5. **Assistons-nous à une régression vers l'idée inquiétante de culpabilité collective** (qui irait, pour le coup, à contre-courant de l'histoire du droit) ? (un retour de l'archaïque, un retour du refoulé collectif qui a été le lieu d'apparition de la notion de responsabilité, lorsque l'individu* n'était pas encore bien dégagé de son immersion dans le groupe (mouvement qui irait à rebours de l'individualisme exacerbé des sociétés contemporaines, peut-être en réaction contre lui).

1. Folio Essais, p. 26-29.

NON : solution : il ne faut pas confondre *culpabilité collective* et *responsabilité commune*. La culpabilité collective est la trace, le poids d'une **faute passée** (le meurtre du père selon Freud[1], le péché originel dans la Genèse, le meurtre de Laïos dans *Œdipe-Roi* de Sophocle). **La responsabilité commune** (à une société donnée, ou à l'humanité tout entière) est **tournée vers le futur**. Une **responsabilité** morale « **conservatoire** » : prise de conscience du fait que nous sommes comptables des conséquences de nos actes (du moins aussi loin que nous sommes capables de les prévoir, ou même seulement de les subodorer) devant les générations à venir. Nous n'avons aucun titre à hypothéquer le futur.

Bibliographie

Arendt H., *Eichmann à Jérusalem*, Folio histoire, 1966, réédition 1991, p. 42-43, 153.

Goldhagen D., *Les Bourreaux volontaires de Hitler*, Seuil, 1998, 797 pages.

Heidegger M., *Être et Temps*, Gallimard, 1986; § 58, 590 pages.

Jaspers K., *La Culpabilité allemande*, Éditions de Minuit, 1990, 125 pages.

Jonas H., *Le Principe responsabilité*, Champs Flammarion, 1979 en allemand, 1990 en français.

Nietzsche, *La Généalogie de la morale*, Idées Gallimard, 1964, ou Folio Essais, 1971.

Ricœur P., *Finitude et culpabilité ; Lectures 1*, Seuil, « Temps de la responsabilité », p. 270 ss.

Vignaux M., *L'Invention de la responsabilité*, Presses de l'École Normale supérieure, 1995, 352 pages.

Weber M., « La vocation du politique » in *Le Savant et le Politique*, 10/18, Plon, 1959.

Weil E., « La responsabilité politique » in *Essais et conférences*, Plon, 1970, tome II.

1. Cf. *Totem et Tabou*, PBP, 1981, 186 pages, quatrième partie, p. 163-165.

FICHES DE LECTURE

KARL JASPERS (1883-1969)

LA CULPABILITÉ ALLEMANDE

Éditions de Minuit, 1990, 128 pages

Préambule : « La situation spirituelle en Allemagne[1] »

- Le cours sur « La culpabilité allemande » a été prononcé par Jaspers en 1945-1946. Jaspers part d'une suspicion légitime qu'il suppose chez ses étudiants : les choses ont changé de visage, des professeurs ont disparu, d'autres sont apparus ou revenus. D'où : tentation de relativisme : on va nous enseigner la vérité du jour, comme hier, donc au fond rien n'a changé. Jaspers veut que soit laissée ouverte la possibilité qu'il en aille aujourd'hui autrement qu'hier, c'est-à-dire qu'il y ait une vraie volonté de faire apparaître la vérité.
- Dans des disciplines comme les mathématiques ou la physique, presque rien n'aura changé ; en philosophie et en sciences politiques en revanche, il est vrai que le contenu du cours sera profondément différent. Comment échapper à l'idée qu'un professeur soit un fonctionnaire de l'État quel qu'il soit, mandaté pour enseigner des choses bien précises ?
- Cependant ce changement dans le contenu de l'enseignement ne doit pas forcément être interprété comme signe d'une versatilité opportuniste : il peut aussi être **prise en compte de l'ampleur des événements** récents.

---

1. K. Jaspers avait déjà rédigé un ouvrage — à ne pas confondre avec celui présenté ici — intitulé « La situation spirituelle de notre époque », rédigé en 1930, publié en 1931 [traduction française DDB/Nauwelaerts, 1951]. Quinze ans plus tard — et quelles quinze années ! — il reprend donc la même question à nouveaux frais. Il ne faut pas entendre dans le terme « spirituelle » une quelconque profession de foi spiritualiste. Ce terme renvoie à l'opposition en allemand entre les « *Geisteswissenschaften* » (sciences de l'esprit, que nous appelons en français « sciences de l'homme ») et les « *Naturwissenschaften* », (les « sciences de la nature »). Cette distinction remonte à W. Dilthey (1833-1911) et se retrouve par exemple sous la plume de S. Freud qui insiste à plusieurs reprises pour qualifier la psychanalyse de « *Naturwissenschaft* », parce que seules les sciences de la nature sont réellement « scientifiques » à ses yeux. C'est contre cette prétention que s'élèvera Karl Popper.

- La liberté de l'enseignement ne consiste pas à pouvoir tout dire, mais à parler de façon absolument libre de ce dont il est question. Louer ou blâmer la politique du gouvernement ne peut faire l'objet d'un enseignement universitaire, et l'université doit rester dans son rôle ou y rentrer si elle en est sortie. La situation actuelle (gouvernement militaire, tutelle internationale) ne fait que nous contraindre à nous abstenir de ce qui n'a jamais été notre rôle, à nous universitaires : cette situation ne limite en rien la liberté de la recherche ni de l'enseignement, mais nous enjoint de nous y tenir.
- Mais le problème redouble lorsqu'il s'agit d'un cours de philosophie, qui de surcroît s'est fixé comme thème : « La situation actuelle de l'Allemagne ». Un tel cours **ne peut que frôler constamment des prises de position** sur ce qui se fait aujourd'hui et sur ce qui s'est fait hier, et donc est exposé plus que tout autre à sombrer dans la propagande « pour » ou « contre ».
- Mais la difficulté à laquelle se trouve confrontée l'université allemande ne fait jamais que refléter la situation autrement plus dramatique dans laquelle se trouve plongée la Nation allemande. Nous autres Allemands[1] devons réapprendre à vivre ensemble, et n'avons plus de sol commun, pour l'instant, pour le faire. Le comportement de l'Allemagne a conduit à cette situation que l'unité du peuple allemand est aujourd'hui devenue problématique.
- N'ayant plus ni sol commun, ni vécu commun, les Allemands sont devenus incapables de communiquer, de se parler[2]. Nous ne dialoguons pas parce que les conditions de possibilité du dialogue ne sont pas réunies. L'impossibilité de se parler provient de l'absence d'une référence commune et d'un vécu commun. Tous, il est vrai, sont plongés dans la détresse, mais **chacun ne comprend que sa propre détresse**, ce qui fait de celle-ci non le fond d'un échange possible mais **l'abîme qui rend impossible tout échange**. Hors de toute possibilité d'échange public pendant 12 ans, les appréciations des événements ont profondément divergé, ce qui fait que même la souffrance et la détresse ne sont pas réellement communes, et que chacun est en deuil de choses différentes.
- Nous autres Allemands n'avons plus en commun que des éléments négatifs : « **Nous avons en commun notre absence de communauté**. » Pendant les douze années qu'a duré le régime national-socialiste, aucune

---

1. Il est frappant que pour parler de la culpabilité allemande, K. Jaspers emploie toujours le « nous », c'est-à-dire se pose lui-même comme Allemand, parle et interroge en tant qu'Allemand, alors même qu'ayant lui-même fui le nazisme et s'étant réfugié en Suisse, il aurait pu adopter une position d'extériorité pour aborder la question de la « culpabilité allemande ».
2. Cette formule est reprise dans l'article d'Éric Alliez du *Monde des Débats*, novembre 1999, p. 9, qui voit dans la « Philosophie de la communication » de Jürgen Habermas une tentative de dénier* — ou de surmonter, si on l'interprète favorablement — cette situation dans laquelle se trouve plongée l'Allemagne de l'après-guerre, au prix d'une réduction de la philosophie à une simple « théorie de la communication », et j'ajouterais, deuxième réduction, du traitement de la notion de communication exclusivement en termes éthiques — faisant délibérément l'impasse sur la dimension gnoséologique et cognitive de la communication (comment se fait la transmission d'un savoir, la circulation d'informations) : c'est là « **l'hypermoralisme** » que certains critiquent chez **Habermas** aujourd'hui.

discussion publique ne fut possible, « publiquement seule existait la façon de penser et de parler national-socialiste », la propagande officielle recouvrait un immense silence. Maintenant que nous pourrions nous parler librement, nous nous retrouvons comme si nous provenions de mondes différents. **Pouvoir se parler**, réapprendre à se parler, **est devenu la tâche à laquelle se trouve confronté le peuple allemand**.

- La résistance et la réprobation de ce qui devenait la réalité allemande ne sont apparues que très graduellement : pour quelques uns, très rares, dès 1933 : ceux-là désiraient l'attaque et la victoire des puissances occidentales dès 1933.

> « Depuis que les portes du pénitencier allemand [comprendre : de la Nation allemande] avaient été brusquement refermées, la libération ne pouvait plus venir que du dehors. »

- D'autres, plus nombreux, depuis 1938, avec les pogroms contre les juifs, d'autres, depuis 1942[1], quand la défaite devint probable, d'autres depuis 1943, où elle était devenue certaine, d'autres enfin ne parvinrent à ouvrir les yeux qu'en 1945, quand elle fut un fait accompli. Certains souhaitaient la victoire de l'Allemagne même sans approuver le régime nazi, pensant qu'une fois cette victoire acquise, l'Allemagne parviendrait bien à se débarrasser du parti et de Hitler, et refuserait de se comporter comme un peuple d'esclaves aux ordres des SS[2]. De tels hommes ne sont pas en deuil des mêmes choses, et si **la détresse** est apparemment la seule chose commune, elle atteint chacun de manière spécifique, de sorte qu'elle aussi reste incommunicable. Beaucoup ont été confrontés à l'inhumain dont ils n'osent pas parler et qu'ils ne parviennent pas à oublier, beaucoup sont jetés par la dénazification hors de leur voie et sont désemparés, « la plupart ne comprennent que la misère qui les atteint personnellement ». On peut bien interpréter la détresse du peuple allemand comme « des sacrifices » qu'il faut accepter, mais des sacrifices à quoi et en vue de quoi ? : il n'existe pas l'ombre d'un consensus* sur ces questions.

1. Jaspers oppose plus loin, de façon plus tranchée, les résistants dès 1933, qui sont les authentiques antinazis, des résistants de 1942 ou plus tard, **qui ne se sont désolidarisés du régime nazi qu'à mesure qu'ils cessaient de croire à une victoire allemande**, et qui se prennent, **abusivement**, pour des antinazis. Cf. aussi H. Arendt, *Eichmann à Jérusalem*, Folio Histoire, p. 168-171.
2. Ce thème est développé par H. Arendt, élève de Karl Jaspers, dans *Le Système totalitaire*. Arendt y montre comme trait significatif d'un régime totalitaire le fait que le parti qui est parvenu à s'emparer du pouvoir traite son propre peuple comme s'il était en territoire conquis, comme s'il avait affaire à une nation étrangère conquise par annexion.

« Énormes sont les différences qui tiennent à la nature et à l'étendue de notre culpabilité. Personne n'est innocent. »

Remarque

Jaspers dit ***à la fois*** *que la culpabilité allemande est collective et globale, que nul Allemand ne peut s'en proclamer innocent ;* ***et*** *qu'elle comporte d'« énormes différences », que tous ne sont pas coupables des mêmes choses ni au même degré, c'est-à-dire qu'en dépit de l'énormité du crime perpétré par l'Allemagne nazie, le droit doit fonctionner normalement*[1]*, il ne s'agit pas de « noyer le poisson » sous un « tous coupables » englobant, mais malgré tout d'établir des culpabilités réelles, différenciées, concrètes : d'établir qui est responsable de quoi*[2].

- Le plan du cours prononcé par K. Jaspers (en 1945-46) était le suivant :
  1. L'histoire devient seulement maintenant, à l'issue de la Seconde Guerre mondiale, réellement et définitivement universelle. C'est donc dans ce cadre nouveau seulement que peut être posée la question de la « situation de l'Allemagne ».
  2. À l'intérieur de ce cadre général, il s'agit de frayer un chemin pour poser la question du *problème spécifique de l'Allemagne, qui est celui de sa culpabilité*.
  3. C'est seulement à partir de cette prise en compte radicale du mal que peut être posée la question : *qu'est-ce qui est spécifiquement allemand* ?
  4. Quelle force et quels atouts reste-t-il alors à l'Allemagne, compte tenu de sa ruine politique, militaire et économique ? Quelle morale peut être celle du peuple allemand, peuple qui est devenu, **de son propre fait**, un « peuple paria » aux yeux de la communauté internationale, statut qu'il avait voulu imposer au peuple juif ?
- Malheureusement, de ce cours, le livre ne reproduit que la deuxième partie sous le titre : « De la culpabilité », « *Die Schuldfrage* ».

---

1. Dès lors, dit-il, que les Alliés ont par « mansuétude » décidé de donner à leurs **représailles** les formes du **droit**. (Il faut noter qu'il parle bien malgré tout de représailles, donc l'horizon du procès de Nuremberg reste bien, malgré tout, celui des représailles infligées par les vainqueurs aux vaincus, ce qui est cohérent avec le fait qu'il affirme que la culpabilité métaphysique ne relève d'aucun tribunal humain, « Dieu n'ayant pas de représentant sur cette terre. ») [Les représailles infligées par vainqueurs aux vaincus restent donc bien, dans son esprit, l'horizon du Procès de Nuremberg, qui n'est pas le fait d'un sursaut de l'humanité statuant sur les crimes qu'elle doit proscrire de son sein pour que nous puissions tout simplement rester des hommes].
2. Ce qui, en gros, a été le cas au procès de Nuremberg, où Alain Finkielkraut montre qu'en dépit de la gravité des crimes, le droit a fonctionné normalement (prononçant des peines différenciées, et non la peine de mort pour tous les accusés). En dépit du fait que K. Jaspers affirme bien une culpabilité de tous les Allemands, une culpabilité collective de l'Allemagne en tant que telle, il ne me semble donc pas que K. Jaspers soit sur la ligne des thèses développées récemment par Daniel Goldhagen, *Les Bourreaux volontaires de Hitler : les allemands ordinaires et l'holocauste*, Seuil, 1998.

Introduction

- Le monde entier accuse l'Allemagne : cf. l'affiche **anonyme**, placardée sur les murs et les villages d'Allemagne, présentant la photo d'un camp de concentration et portant pour légende « **C'est vous qui avez fait ça !** » L'accusation ne vient pas seulement des ennemis de l'Allemagne d'hier, des vainqueurs d'aujourd'hui, mais également des émigrés allemands adversaires du nazisme, des pays neutres, pour certains d'entre nous de notre propre conscience[1].
- Il serait tentant mais lâche **d'invoquer la détresse bien réelle** dans laquelle se trouve plongée la population allemande de l'immédiate après-guerre pour **éluder la question de la culpabilité allemande**.
- Nous Allemands avons à faire face sans faux-fuyants à la question de notre propre responsabilité au nom de notre dignité d'hommes, pour retrouver et conserver cette dignité à nos propres yeux et à ceux de la communauté internationale. « Nous sommes d'abord des hommes, et ensuite seulement des Allemands ».
- Nous ne pouvons nous en tenir à un vague et diffus « sentiment de culpabilité ». « Nos sentiments obscurs ne méritent pas sans autre notre confiance. » S'en tenir à ce simple « sentiment de culpabilité » serait une autre façon d'éluder la question de notre responsabilité réelle, objective, de nos responsabilités individuelles, précises. Le sentiment de culpabilité demande à être élucidé par la pensée. (« Les sentiments ne sont pas de simples faits, mais sont élaborés par notre comportement moral, notre pensée, notre savoir. Ils deviennent plus profonds et plus clairs dans la mesure où nous les pensons. » Il ne s'agit donc pas de dissoudre le sentiment par l'analyse, mais au contraire de le clarifier et de l'approfondir.)
- Pour ce faire, **il faudra établir des distinctions entre des notions distinctes et des niveaux différents de responsabilité**. Certes ces distinctions ne sont pas des absolus, et ne font en dernière analyse que décliner diversement une seule et unique culpabilité[2], mais **en passer par ces distinctions est un moment nécessaire pour y voir clair en nous-mêmes**.

A. Les distinctions nécessaires

I. Les différentes sortes de culpabilité

La culpabilité se décline à quatre niveaux distincts, qu'on peut classer deux par deux :

---

1. « L'accusé reçoit des reproches qui lui viennent du dehors, du monde, et/ou du dedans, de son âme à lui. »
2. « La portée de ces distinctions n'est pas absolue. En dernière analyse, la racine de ce que nous appelons la culpabilité réside dans une réalité unique. »

Relèvent d'une instance humaine, institutionnelle, extérieure à nous	Ne relèvent d'aucun tribunal humain, extérieur à nous
Culpabilité criminelle : elle procède de crimes établis, violant des lois préexistantes univoques. L'instance compétente est le tribunal.	**Culpabilité morale** : Les actes coupables aux yeux de la morale sont tous par nature individuels[1], j'en suis moralement responsable ; y compris lorsque ces actes m'ont été commandés par mes supérieurs hiérarchiques, par le pouvoir (militaire par exemple) dont je dépendais. « Un crime reste un crime même s'il a été ordonné » : invoquer un ordre reçu est donc absolument déplacé du point de vue de la responsabilité morale[2]. L'instance compétente, c'est la conscience individuelle, le *for intérieur*.
Culpabilité politique : elle réside dans les actes publics d'hommes politiques, et dans le fait que, citoyen d'un État, je dois assumer la conséquence des actes accomplis par cet État[3]. L'instance compétente est la volonté du vainqueur (ou, s'il le juge bon, le tribunal auquel il délègue librement cette compétence).	**Culpabilité métaphysique** : « Il existe entre les hommes, du seul fait qu'ils sont hommes, une solidarité en vertu de laquelle chacun se trouve co-responsable de toute injustice et de tout mal commis dans le monde. » « Que je vive encore[4], après que de tels crimes se soient passés, pèse sur moi comme une culpabilité inexpiable. » « La seule instance compétente, c'est Dieu. »

- La distinction rigoureuse, au moins dans un premier temps, entre ces quatre formes de culpabilité, permet de cerner de plus près les reproches qui nous sont adressés, à nous Allemands. Si l'on ne veut pas tout confondre, c'est au *juge* de décider en ce qui concerne les *crimes* ; c'est aux *vainqueurs* de décider en ce qui concerne la *culpabilité politique* (en particulier, qui porte la responsabilité du déclenchement de la guerre) ; c'est à chacun de juger *en conscience* dans quelle mesure il porte une *responsabilité morale* dans les crimes qui ont été commis : parler de la « responsabilité morale » d'un peuple ne présente aucune espèce de signification ; la culpabilité

1. Rappelons que H. Jonas contestera cette idée dans *Le Principe responsabilité* : une des caractéristiques d'une « éthique du futur » est qu'elle fera place à la notion de responsabilité commune (à l'égard de la planète, de l'humanité, de la vie »), et donc admet une possible culpabilité morale (de notre génération à l'égard des générations à venir, par exemple).
2. Tout au plus le degré de coercition ou de contrainte auquel j'étais soumis au moment de commettre cet acte peut-il être invoqué à titre de circonstance atténuante.
3. Se réfugier dans un prétendu « apolitisme » ne sert de rien à cet égard et ne m'exonère en rien de ma responsabilité politique, dans la mesure où même une vie « apolitique » coupée du monde bénéficie encore de l'ordre et de la sécurité émanant du pouvoir en place. (p. 46)
4. K. Jaspers avait donc perçu, dès 1945, le problème de la « culpabilité des survivants ».

métaphysique relève de Dieu seul : tout au plus peut-elle être évoquée par une œuvre poétique ou par une fiction romanesque[1].

> « En ont le plus profondément conscience ceux qui ont atteint le domaine de l'absolu et qui ont par là même fait l'expérience de leur échec : ils n'ont pas su rester fidèles à cet absolu à l'égard de **tous** les hommes. »

- La culpabilité morale, les petits manquements de tous les jours, le laisser-aller, constituent le terrain sur lequel peut se développer par la suite la culpabilité politique et le crime[2]. Ils « participent à l'établissement d'une atmosphère publique favorisant la confusion et créant par là même la possibilité du mal. »
- Toute vie en commun se trouve « prise dans des rapports de forces » : il serait aussi coupable de refuser de voir le rôle que joue la force dans la vie en commun des hommes, que de faire de la force un absolu. Lutter contre la part de culpabilité qui entache inévitablement la vie en commun des hommes, c'est :

> « [...] lutter pour l'avènement de la force qui réalise le droit. [...] La culpabilité politique devient culpabilité morale lorsque la force supprime la raison d'être de la force — la réalisation du droit. [...] Lorsque la force ne se limite pas elle-même, c'est le règne de la violence. »

- Aux différentes sortes de culpabilité correspondent différentes sortes de processus : processus externes pour les culpabilités criminelle et politique, processus internes pour les culpabilités morale et métaphysique.
    1. Au **crime** répond le châtiment ou **la peine** décidés par un tribunal. Le juge doit avoir identifié la réalité du crime et l'identité de son auteur, il n'est en revanche pas nécessaire que le criminel reconnaisse son crime, ni qu'il reconnaisse la compétence du tribunal.
    2. À la **culpabilité politique** répond la **responsabilité pénale*** qui entraîne réparations, perte ou limitation du pouvoir, déchéance civique ou politique. Dans la mesure où cette responsabilité a débouché sur le déclenchement d'une guerre, l'effet pour les vaincus peut être l'anéantissement, la déportation ou l'extermination. (Les coupables **politiques** sont sans

1. K. Jaspers ne propose aucun exemple. Je pense pour ma part à Dostoïevski, en particulier à *Crime et Châtiment*, et aux *Frères Karamazov* [en particulier le dialogue entre le *starets* Zosime et sa mère, Pléiade, 2e partie, livre VI, chap. II, p. 310] ; à Milan Kundera dans *L'Insoutenable légèreté de l'être*, et dans *La Plaisanterie*. À l'œuvre poétique de Paul Celan, également.
2. Il y a là une ambiguïté dans le texte de Jaspers : il semble d'abord dire que les quatre « formes » de culpabilité dérivent d'une source unique qu'il ne nomme pas, puis semble dériver les trois autres formes de la culpabilité de la seule « culpabilité métaphysique » — thématique voisine de celle du péché originel, à laquelle il faudrait l'articuler — sans laquelle nous serions « des anges et non plus des hommes », et deviendrions par là même incapables des autres formes de culpabilité (p. 48) ; et enfin semble ici dériver les trois autres formes de culpabilité de la culpabilité morale individuelle, ce qui induirait une perspective moralisatrice bien discutable/contestable : « Tout comportement politique, et par là toute situation politique, résultent de la conduite morale de la plupart des individus*. » (p. 49) On peut douter qu'il soit possible d'analyser une situation politique, et des comportements politiques en partant ainsi d'une perspective étroitement « morale ».

recours soumis à la volonté des vainqueurs. Ceux-ci peuvent décider de transposer les conséquences de cette culpabilité sur le plan du droit : c'est un effet de leur **mansuétude**, nul ne peut les y contraindre.)

3. La **culpabilité morale** relève de la **prise de conscience** de ses responsabilités, suscite le repentir, et par cette voie le renouvellement de soi. Il s'agit là d'un **processus** purement **intérieur** : **nul ne peut y contraindre autrui**. Celui qui s'y refuse reste enfermé dans sa culpabilité pour toujours. Ce processus intérieur peut produire des effets dans la réalité extérieure (la réconciliation des ennemis d'hier par exemple).
4. La **culpabilité métaphysique** a pour effet la **transformation de la conscience que l'homme a de lui-même** devant Dieu. En s'éveillant à cette culpabilité, l'homme voit son orgueil intérieur brisé, il apprend la modestie. De cette transformation de soi peut jaillir une vie nouvelle, mais cette vie nouvelle restera définitivement marquée par la conscience de cette culpabilité métaphysique : l'homme qui s'y est éveillé a abdiqué pour toujours son arrogance, sa suffisance et sa morgue.

- « Lorsque les hommes ne se mettent pas d'accord entre eux, la décision appartient à la force. » Le **consensus*** est donc la seule alternative véritable à la force. En l'absence d'un tel consensus*, seule la force demeure capable d'arbitrer les conflits. « Le recours à la violence appelle la violence » : or en l'occurrence c'est l'Allemagne de Hitler qui a recouru de façon systématique à la violence : c'est donc au vainqueur de disposer à son gré du vaincu : le principe *vae victis* [« Malheur aux vaincus »] s'applique légitimement et seule la mansuétude des vainqueurs peut fixer une limite aux conséquences qu'ils vont faire porter aux vaincus.
- Le droit, que les hommes peuvent décider de substituer à la force en tant qu'arbitre des conflits, est assuré par la force, mais non déterminée par celle-ci[1]. La victoire des Alliés à l'issue de la Seconde Guerre mondiale étant totale, les vaincus sont entièrement à leur merci en ce qui concerne leur responsabilité criminelle et politique ; en revanche, **aucune situation historique ne pourra jamais faire que relèvent d'un processus externe les responsabilités morale et métaphysique**[2].

> « Le droit n'a de sens que pour une culpabilité résultant d'un délit criminel ou d'une responsabilité politique, mais non pas pour la culpabilité morale et métaphysique. »

1. K. Jaspers distingue donc entre assurer le droit par la force, recourir à la force pour donner force au droit, et fonder le droit sur la force. Dans le cas d'espèce, c'est bien le fait qu'ils soient sortis vainqueurs de la guerre qui permet aux Alliés de réunir le Tribunal de Nuremberg, mais ce n'est pas lui qui préjuge de ce que seront les verdicts.
2. « Les reproches venus du dehors n'ont de sens que s'ils concernent les crimes et la responsabilité politique. Ils sont formulés dans l'intention d'obtenir un châtiment et d'établir les responsabilités. Ils ont une portée juridique et politique, non pas morale ni métaphysique. »

II. Qui est l'accusé ? Qui est susceptible d'être jugé ?

- Il relève de la seule initiative du justiciable, puis du condamné, de reconnaître la réalité de sa culpabilité et la compétence du tribunal qui le condamne. **Nul ne peut l'y contraindre**. S'il accepte, par un processus intérieur, de reconnaître sa responsabilité criminelle et/ou politique, alors seulement l'effectuation de sa peine peut être pour lui le moyen de sa réhabilitation et de sa réintégration normale dans la communauté des hommes.
- « Moralement, on ne peut donner tort qu'à soi-même, non à autrui. » Dès lors, en quel sens peut-on parler d'une responsabilité collective ? On peut tenir tous les citoyens d'un État comme collectivement responsables de tous les actes commis par cet État et de leurs conséquences. Seulement cette responsabilité doit être définie et délimitée, elle doit exclure toute portée morale ou métaphysique[1].
- Seuls des individus* peuvent être châtiés pour des crimes, chacun à la mesure de sa participation auxdits crimes. « Un criminel est toujours un individu* » : il est dénué de sens d'inculper de crime un peuple, tout comme « il est dénué de sens d'accuser moralement un peuple tout entier ». Ne peuvent être coupables moralement que les êtres capables de repentir et d'expiation : c'est la capacité de repentir qui est la condition de la culpabilité morale. « Il n'existe pas de caractère d'un peuple[2] » On ne peut pas faire d'un peuple un individu*, un peuple ne peut agir ni moralement, ni immoralement ; un peuple considéré comme un tout ne peut être ni coupable, ni innocent[3]. Les hommes sont habitués à juger de façon globale, à l'aide de désignations collectives : ils disent « *les* Allemands, *les* Anglais, *les* Juifs » sont ainsi. Cette forme de pensée semble se perpétuer de génération en génération, entretenant des haines séculaires. Cette forme de pensée :

  > « [...] paraît malheureusement familière à la plupart des gens au point d'aller de soi. Les nationaux-socialistes en ont fait le pire usage, et leur propagande l'a fait entrer dans les têtes à coups de marteau. Il semblait qu'il n'y eût plus d'êtres humains, mais seulement ces entités collectives[4]. »

  Dire que le peuple allemand est coupable en tant que tel, c'est ni plus, ni moins que reconduire le mode de pensée national-socialiste, remplaçant simplement un peuple paria (les Juifs) par un autre (les Allemands). C'est

1. Karl Jaspers s'inscrit donc ici très nettement en faux, par avance bien entendu, contre la thèse développée par Daniel Goldhagen.
2. p. 54, 84, 85. Allusion aux thèses de Johann Herder (1744-1803) selon lequel chaque peuple avait un « génie » ou un « caractère » propre. (Mais déjà aussi de Kant, *Anthropologie*, Pléiade, tome III, p. 1123). À mon sens, Jaspers se contredit plus loin, en disant que le « régime nazi a détruit ce qui fait l'essence de l'Allemagne » (p. 75, 82, 85), et que l'armée et la police allemande, n'intervenant pas pour renverser le régime pour mettre un terme à la déportation massive des juifs vers les camps « s'étaient déjà détachés de l'âme allemande ». (p. 82)
3. Autre façon de dire qu'un peuple ne peut constituer un « sujet moral ».
4. p. 54. On voit dans quelle filiation se situe le mouvement communautariste*.

précisément avec le même raisonnement que l'Église catholique a prêché pendant des siècles que « les juifs » étaient coupables de la crucifixion du Christ.

- Conclusion : Lorsqu'il s'agit de juger, la catégorie « peuple » est toujours impropre, et le jugement porté injuste.

III. Qui est l'accusateur ? Qui est en droit de juger ?

Quiconque prétend juger doit être à même de répondre à ces questions : quels sont ses pouvoirs, qu'est-ce qui lui donne le droit de juger, quels sont ses motifs de juger, quels sont les rapports existant entre lui et la personne jugée ? C'est pourquoi il apparaît choquant aux yeux de Jaspers que l'affiche déjà mentionnée soit une affiche **anonyme** : qui accuse qui ici ? Une telle démarche ne peut à ses yeux qu'accroître la confusion (la condamnation **précédant ici tout verdict**). En toute hypothèse, nul homme ou nulle institution humaine, nul tribunal ne peut s'ériger en juge des affaires humaines en matière morale ou métaphysique : « Dieu n'a pas d'instance pour le représenter sur la terre », les hommes ne peuvent statuer qu'en ce qui relève de la culpabilité criminelle et/ou politique.

IV. Les droits de la défense

En cas de défaite totale (comme c'est le cas de la défaite de l'Allemagne face aux puissances alliées : capitulation sans condition), **les vaincus sont à la discrétion des vainqueurs**. Néanmoins, dès lors que les vainqueurs, du fait de leur **mansuétude**, décident de passer par les formes du droit, **les vaincus**, devenant par là même les accusés, **ont droit à une défense**[1]. La défense la plus élémentaire est **le droit à prendre la parole et à être entendu**. C'est le vainqueur qui fixe seul les règles : s'il motive son action et la situe sur le plan du droit, le vaincu ne peut lui répondre par la violence mais doit, du fond de son impuissance, emprunter les voies de la défense. « La défense est possible dès lors qu'il est permis à l'homme de parler » et de se faire entendre.

Quelles sont les stratégies possibles de la défense ? Elle peut tenter de **jouer des confusions** : celles ci peuvent avoir des conséquences tour à tour utiles ou néfastes aux uns et aux autres, mais **en tout cas injustes**. Elle peut au contraire s'efforcer d'**établir les distinctions nécessaires**, « et stimule ainsi l'esprit de justice » chez ses juges. Elle peut en appeler aux droits naturels, aux droits de l'homme, au droit des *gens*[2]. Mais un régime qui a, comme c'est le cas du régime nazi, constamment et systématiquement bafoué ces droits, d'abord avant la guerre sur son propre sol, puis durant la guerre dans tous les pays qu'il a envahis ou annexés, a retiré toute légitimité à ses ressortissants, à plus forte raison à ses dignitaires, d'en appeler à leur tour à ces mêmes droits[3]. **Si le droit naturel et les**

---

1. « Si l'on se réclame du droit, on admet la défense. » (*Ibidem*, p. 56).
2. C'est-à-dire « droit des peuples ».
3. « Il ne peut réclamer qu'on reconnaisse en sa faveur ce que lui-même n'a jamais reconnu ». Il me semble que Jaspers procède ici à un glissement entre le régime nazi et ses ressortissants.

droits de l'homme sont reconnus et défendus, c'est uniquement du fait de la défaite totale des vaincus, du fait de leur impuissance à œuvrer conformément à leurs principes, du fait de la volonté constante des vainqueurs et de la victoire qu'ils ont obtenue au risque de leur vie. Il est donc inconcevable que les vaincus leur opposent ces mêmes droits.

En revanche, la défense est dans son droit **lorsqu'elle relève le moment où l'accusation cesse d'être authentique et légitime**, en se déplaçant sur le terrain moral ou métaphysique, en **confondant les différents registres de la culpabilité**. L'accusation peut légitimement exiger punition et réparations — mais pas plus. Le repentir est une chose que nul homme ne peut exiger de nul autre homme[1]. « L'exigence du repentir et de la renaissance intérieure ne peut venir que du dedans[2]. »

En définitive, ce n'est pas aux vaincus, aux Allemands, d'approuver ou de récuser la compétence du Tribunal de Nuremberg. **C'est l'histoire qui retiendra et qui jugera si les vainqueurs, à Nuremberg, se sont comportés simplement comme vainqueurs poussant leur avantage comme ils étaient en position pour le faire, ou en juges disant le droit** sur les crimes qui ont été commis.

B. Les problèmes allemands

I. Analyse de la culpabilité allemande

§ 1. La culpabilité criminelle

Les faits reprochés à l'Allemagne sont sans commune mesure avec ceux qui ont pu avoir lieu durant la Première Guerre mondiale, et ont conduit à la constitution, fait sans précédent dans l'histoire, du Tribunal de Nuremberg appelé à juger les crimes de guerre.

1. Ce tribunal a pour vocation de juger non le peuple allemand mais des acteurs pour les crimes qu'ils ont commis[3].
2. Il ne jugera pas ces criminels pour les crimes de l'Allemagne nazie en général, mais pour ceux qu'ils ont personnellement commis ou ordonnés. Ces crimes peuvent relever de trois catégories : crimes contre la paix, crimes de guerre, crimes contre l'humanité.

Sans doute peut-on et doit-on refuser aux dignitaires du régime, voire à tous les membres du NSDAP, tout droit à faire appel aux « droits de l'homme » qu'il a constamment contribué à bafouer, par les actes pour lesquels il va précisément être jugé. Peut-on dénier* ce droit à un Allemand du seul fait qu'il appartenait à la Nation allemande et qu'il était de ce fait, que cela lui plaise ou non, un ressortissant du IIIe Reich ? (cf. p. 65)

1. Tout au plus peut-on **exhorter** l'autre à se repentir, encore n'est-ce là pas le rôle du juge, mais plutôt de l'ami.
2. **On ne peut se repentir** en étant sous influence, encore moins **sur ordre**.
3. « Nous voulons déclarer clairement que nous n'avons nullement l'intention d'inculper tout le peuple allemand. » Déclaration de l'américain Jackson, approuvée par Jaspers, et sur laquelle il se fonde pour appuyer la légitimité du Tribunal.

§ 2. La culpabilité politique

Bien que les Allemands en tant que tels ne soient pas directement impliqués dans ce procès[1] (ils n'en ont pas l'initiative, ils n'y jugeront pas[2], ils n'y sont pas comme tels les accusés, ils n'en sont que des « spectateurs » et « auditeurs »), ils ne peuvent que se sentir blessés dans leur honneur par ce procès[3]. Ce sentiment peut s'expliquer : il a la même cause que le sentiment qui entraîne, du côté de l'opinion internationale, l'inculpation en bloc du peuple allemand en tant que tel pour les atrocités commises par le régime nazi. **Chaque citoyen se trouve responsable des actes de l'État auquel il appartient**[4].

> « Un État criminel pèse moralement sur le peuple entier. C'est pourquoi le traitement subi par les chefs d'État de son pays, même s'ils sont des criminels, est ressenti par le citoyen comme s'il le subissait aussi. Le peuple se trouve englobé dans leur condamnation[5]. »

Jaspers écrit à deux reprises que le peuple allemand est responsable des crimes d'un régime qu'il a « toléré[6] ».

---

1. Il se produit donc **un glissement**, à la fois dans la conscience que prend de lui-même le peuple allemand, et dans l'opinion internationale, **de la culpabilité criminelle à la culpabilité politique**. Le peuple allemand est coupable des crimes commis par les hommes qu'ils ont portés au pouvoir.
2. Aucun Allemand n'a siégé au Tribunal de Nuremberg, où étaient représentés seulement les puissances victorieuses et des pays neutres, comme cela est légitime aux yeux de Jaspers, rien n'obligeant même les vainqueurs à donner à leurs représailles les formes du droit.
3. Ce fait ne peut que confirmer, à mes yeux, à quel point un tel procès demeurait nécessaire.
4. « Que la population se sache responsable [*des actes de ses dirigeants*], c'est le premier signe que la liberté politique s'éveille ». La question est : existait-il la moindre « liberté politique » en Allemagne sous le régime nazi ? C'est là que se révèle très problématique le fait que Jaspers ait d'avance disqualifié toute tentative de discrimination entre régime politique légitime ou non, entre régime démocratique et régime totalitaire : **c'est un angle d'attaque pour critiquer la position de Jaspers**.
5. K. Jaspers se montre ici extrêmement ambigu et semble vouloir jouer sur les deux tableaux. Il dit d'une part qu'il est regrettable mais bien compréhensible que le peuple allemand se sente atteint dans sa fierté par le Tribunal de Nuremberg. Il dit que ce sentiment a la même cause que celui qui pousse l'opinion internationale à considérer le peuple allemand comme tel comme responsable des crimes commis par le régime nazi (réaction internationale qu'il réprouve comme une confusion consistant à traiter un peuple entier comme une personne morale, dans la lignée de Herder puis des nazis eux-mêmes). Puis il se met à dire qu'en effet, les citoyens sont politiquement responsables des actes commis par leurs dirigeants et de leurs conséquences, sans distinguer entre régimes choisis et régimes subis par la population.
6. L'usage de ce verbe, « tolérer », employé à dessein puisqu'il revient plusieurs fois, me paraît pour le coup extravagant voire proprement « intolérable ». **Le peuple allemand n'a** à mon sens **jamais « *toléré* » le régime nazi**. Il l'a porté au pouvoir, plébiscité à plusieurs reprises avec des taux de « oui » avalisant des coups de forces et le viol de la constitution* allemande de l'ordre de 95 à 96 %, puis il l'a subi, bon gré, mal gré, comme tous les autres peuples, mais à cette différence près que ces autres peuples le subissaient, eux, du seul fait du peuple allemand qui l'avait mis au pouvoir puisque, comme Jaspers le rappelle lui-même, à partir d'un certain moment la délivrance ne pouvait plus venir que de l'extérieur et passer par une défaite militaire totale de l'Allemagne.

Aux yeux de Jaspers, le parallèle entre la Première et la Seconde guerres mondiales, tentant pour les Allemands qui pourraient souhaiter se poser une nouvelle fois en victimes, et accuser leurs juges de vouloir leur imposer une fois de plus un « *Diktat* » comme à Versailles, est inacceptable à plusieurs titres : seule la deuxième guerre aux yeux de Jaspers mérite d'être appelée véritablement « mondiale[1] ». Alors que les responsabilités pour l'entrée en guerre peuvent être discutées en ce qui concerne la Première Guerre mondiale, elles sont indiscutables s'agissant de la seconde et imputable à un seul État : l'Allemagne de Hitler[2]. L'Allemagne a mené la guerre avec une violence inouïe, violant en permanence et systématiquement les lois de la guerre, les traités signés, en transgressant perpétuellement la règle kantienne : faire la guerre toujours de telle sorte que l'on ménage la possibilité d'un retour à la paix qui ne passe pas par l'extermination pure et simple de l'adversaire.

§ 3. La culpabilité morale

Jaspers développe le thème, en soi intéressant, de **la bonne conscience dans le mal**[3]. Il était tentant pour les Allemands de se donner bonne conscience en se disant qu'ils œuvraient pour leur pays, et non pour le régime nazi qui serait transitoire, et que le renversement du régime nazi passait par une victoire écrasante de l'Allemagne[4]. Ce discours était, dit-il, particulièrement en vogue dans l'armée allemande. La « bonne conscience dans le mal » permet de s'accommoder de tous les compromis : le propre de la bonne conscience est que l'on s'y complaît, et qu'en cela on est déjà coupable.

La formule « un ordre est un ordre » peut également servir d'alibi à la bonne conscience. Se raccrocher à cette formule consiste à faire « comme si l'ordre était la formulation du devoir suprême[5] ».

> « La culpabilité morale d'un tel comportement aboutissait à la soif d'obéissance, cette attitude commandée par l'instinct qui permet de trouver bonne conscience alors qu'on a abdiqué toute conscience. »

L'impartialité de mauvais aloi feignait de croire que face à un régime tel que le régime nazi, il était possible de ne pas prendre une position radicale, et que l'attitude consistant à dire « il y a quand même du bon là-dedans » était un signe d'objectivité et d'absence de parti pris, et non de lâcheté. Les intellectuels

---

1. « Elle a trouvé le monde dans une autre situation, armé d'un autre savoir ».
2. « Il n'est pas douteux que l'Allemagne ait préparé méthodiquement la guerre et qu'elle l'ait commencée sans provocation aucune venue de l'autre côté. On n'attribue pas à l'Allemagne la responsabilité de **la** guerre [il est vain par conséquent de noyer le poisson en rappelant qu'il y a eu de tout temps des guerres...], mais de **cette** guerre qui est elle-même quelque chose d'absolument nouveau, de différent, dans une situation historique mondiale sans précédent. »
3. Thème voisin du concept sartrien de « mauvaise foi », in *L'Être et le Néant*, 1943.
4. « Après la guerre, notre victoire même nous permettra de liquider le national-socialisme ».
5. Voir plus loin le thème de la solidarité humaine qui doit en dernier recours primer sur la solidarité nationale.

allemands se sont souvent enfermés dans cette attitude de « fronde » et de pseudo audace, prétendant agir et penser sans parti pris, qui les menait en fait à fournir **leur propre justification** à leur soumission au régime nazi (au lieu de simplement subir la propagande extérieure, ils apportaient eux-mêmes et pour leur propre compte leurs propres justifications au régime, ce qui les compromettait donc bien plus profondément que les autres[1], et ce qui a fait que leur position soit disant « personnelle », leur soi disant « quant à soi » a pu survivre à l'écrasement militaire de l'Allemagne et la disparition du régime, contrairement à ce qui s'est passé pour la masse* de la population. Face à un tel régime, **aucune neutralité individuelle n'était possible**.

§ 4. La culpabilité métaphysique

> « Être coupable au sens métaphysique, c'est manquer à la solidarité absolue qui nous lie à tout être humain comme tel. »

Cette culpabilité existe que j'aie activement participé aux crimes déchirant l'unité de l'espèce humaine, ou que je me sois contenté d'y assister sans réagir.

Cette culpabilité métaphysique prend ainsi la forme de la culpabilité des survivants : si j'ai survécu, c'est que je n'ai pas donné ma vie pour que cesse l'horreur :

> « [...] du simple fait que je vis encore, je suis coupable.
>
> Il y avait de quoi chercher à mourir lorsque à notre grand déshonneur, en 1938, les synagogues, ces maisons de Dieu, brûlèrent dans toute l'Allemagne[2]. »

La culpabilité métaphysique relève de :

> « [...] la solidarité de tous les hommes devant Dieu. Il y a pour chacun une limite ou il a le droit [ou même le devoir ? [J. B.] de rompre ce qui le lie à un État, à un peuple, à un groupe, pour ne pas rompre la solidarité indivisible des hommes[3]. »

Remarque : Jaspers a parfaitement conscience de l'usage pervers qui peut être fait des distinctions qu'il s'est efforcé d'établir. Il a bien conscience que son travail d'élucidation peut être instrumenté en **moyen**

---

1. On pourrait sans doute en dire autant des « compagnons de route » du parti communiste qui, du fait de leur soi-disant « soutien critique », étaient autrement plus coupables et compromis que les simples militants de base qui se sont purement et simplement laissés abuser.
2. Cf. H. Arendt, *Eichmann à Jérusalem*, Folio Histoire, p. 168.
3. Cette idée vient de Bergson, et est exposée dans *Les deux sources de la morale et de la religion* (1932 ; édition du Centenaire, PUF, chap. 4, p. 1201 à 1220 ; en voir un commentaire dans les *50 Fiches de lecture en philosophie*, Bréal, janvier 2000, Fiche 33, p. 169) où il oppose les « sociétés closes » (dressées dans leur antagonisme les unes par rapport aux autres), et d'autre part la « société ouverte » qui serait, elle, coextensive à l'humanité tout entière. Comme Jaspers, il affirme que la « morale » des sociétés closes devient illégitime dès lors qu'elle entrave le développement de la morale de la société ouverte. Cette dichotomie est reprise et radicalisée par Karl Popper, *La Société ouverte et ses ennemis* (**1945 aussi**, traduction française au Seuil, deux volumes).

de dissiper la notion même de culpabilité. Chacun peut dire : la responsabilité criminelle ne me concerne pas mais seulement une petite poignée de dignitaires, je n'ai fait qu'obéir aux ordres ; la responsabilité politique est collective et ne me concerne pas moi, personnellement : je n'avais personnellement aucun moyen d'arrêter ce qui se déroulait ; la responsabilité morale est une affaire entre moi et ma conscience : du moment que je sens que je n'ai rien à me reprocher, nul n'a le droit de s'immiscer. À plus forte raison, la responsabilité métaphysique ne regarde personne et est une affaire entre moi et Dieu.

Conclusion : La purification de l'Allemagne ?

- **L'enjeu est de savoir si la culpabilité de l'Allemagne et du peuple allemand est immuable et définitive**, ou si elle peut donner lieu à un processus qui aboutirait à une normalisation de l'Allemagne redevenant ainsi un pays « comme les autres » et reprenant sa place dans le concert des Nations au terme d'un lent travail sur soi.
- L'effort que fait un peuple pour y voir clair en lui-même est en soi distinct de l'effort que fait chaque individu* isolément pour voir clair en lui-même, et pourtant le premier processus (collectif) passe nécessairement par le second (individuel).
- **Le Tribunal de Nuremberg n'est pas le « Jugement dernier », et l'histoire ne s'arrête pas à Auschwitz**. Traiter de la culpabilité, c'est immanquablement poser la question de la purification. Pourtant, ce serait une erreur de croire qu'il suffit de laisser le temps passer pour que l'affaire soit finalement classée, et de s'engouffrer, comme le peuple allemand est tenté de le faire, dans des « fuites devant la purification ». Le temps qui passe n'est que l'occasion d'un long travail sur soi, tant au plan individuel que collectif, au terme duquel seulement il pourrait devenir légitime de parler de purification.

À lire

Habermas J., *Morale et communication*, Cerf, 1986, 214 pages.
Jankelevitch V., *L'Imprescriptible ; Pardonner ? Dans l'honneur et la dignité*, Points Seuil, 1986, 107 pages.
Lacroix J., *Philosophie de la culpabilité*, PUF, 1977, 176 pages, épuisé.
Ricœur P., *Finitude et culpabilité*, Aubier, 1988, 496 pages.

HANS JONAS (1903-1993)

LE PRINCIPE RESPONSABILITÉ[1]

Champs Flammarion, 1990[2], 470 pages

Introduction

- Le livre s'ouvre sur une thèse liminaire, curieusement double, c'est-à-dire comportant une version (modérément) « optimiste » et une version « pessimiste » : « La promesse de la technique moderne s'est inversée en menace, **ou bien** celle-ci s'est indissolublement liée à celle-là. » **La menace a-t-elle supplanté la promesse**, ou s'y est-elle simplement surajoutée ?
- La thèse-programme de l'ouvrage est également énoncée d'emblée :

  > « Le Prométhée définitivement déchaîné [...] réclame une éthique qui, par entraves librement consenties, empêche le pouvoir de l'homme de devenir une malédiction pour lui[3]. »

  La soumission de la nature à l'homme (cf. le projet cartésien) destinée au bonheur humain, qui s'étend désormais à la nature de l'homme lui-même (biotechnologies), s'est retournée en le plus formidable **défi** auquel l'humanité ait jamais eu à faire face. Aucune comparaison avec des situations passées ne saurait donc nous aider à comprendre ce défi, encore moins à le relever. Nous nous avançons en *terra incognita*, nous sommes confrontés à un **vide éthique** (par analogie à un vide juridique). L'ouvrage se propose d'explorer « une terre encore vierge de la théorie éthique ».
- Comment se diriger dans ce « vide éthique » qui coïncide avec l'actuel « relativisme des valeurs » ? C'est « l'anticipation de la menace elle-même » qui doit ici nous servir de boussole[4]. Ce qui est en jeu n'est pas seulement la

---

1. Le titre est construit sur le modèle — dont se démarque Jonas — du *Principe espérance* de Ernst Bloch, 1959. La pensée de Bloch est une pensée de l'utopie, qui s'oppose pour Jonas à une pensée de la responsabilité.
2. Le livre est paru initialement en allemand en 1979.
3. Il semble y avoir là comme une paraphrase, voulue ou non, du Bergson de la fin des *Deux sources de la morale et de la religion*, 1932 : « Ajoutons que le corps agrandi [*de l'humanité, agrandi par les nouveaux pouvoirs techniques*] appelle **un supplément d'âme**, et que la mécanique exigerait une mystique. », p. 1239 de l'Édition du centenaire, PUF, 1959, réédition 1984.
4. H. Jonas croit en une « pédagogie de la crainte » ou une « heuristique* de la peur » seules à même de nous permettre et de nous contraindre à réviser dramatiquement, rapidement, nos

survie matérielle de l'espèce humaine, mais la perpétuation de la vie sur terre, l'image même de l'homme, ses conditions de vie future, son essence d'homme.

- Fonder une éthique telle que Jonas se la donne pour tâche dépasse donc de très loin un arrangement que l'homme pourrait passer avec ses concitoyens, et même, plus généralement, ses contemporains[1]. Une telle éthique ne se contente pas d'une dimension intersubjective (elle déborde donc et l'utilitarisme, et le pragmatisme) mais rejoint la question (métaphysique) « qu'est-ce que l'homme ? », pourquoi est-il préférable que l'espèce humaine, ou que la vie, continuent d'exister plutôt qu'elles ne cessent d'exister[2] ?
- Le concept de responsabilité n'est pas un concept nouveau et n'a jamais été complètement absent des éthiques du passé. Mais il a reçu, du fait de l'essor spectaculaire des techniques, un champ d'application infiniment plus vaste[3], au point d'englober aujourd'hui la nature tout entière, du moins sur terre. **Notre responsabilité s'étend rigoureusement aussi loin que notre capacité d'agir, et donc, potentiellement, de nuire**. La nature tout entière nous est confiée, est mise ou placée sous notre responsabilité, du fait même que nous sommes devenus (par la technique) capables de la détruire. Elle ne nous est confiée par *personne*, ou si l'on veut par la technique elle-même, ou encore, cela revient au même, par nous-mêmes. Mais il faut bien comprendre que si elle nous est confiée par nous-mêmes, nous ne sommes pas pour autant libres de nous la confier ou non. **Nous sommes acculés à assumer la responsabilité pour la nature, dans la mesure même où nous**

---

plus anciennes habitudes de pensées et nos comportements les mieux ancrés. On voit ici apparaître la racine de ce que sera le « principe de précaution ».

1. Le projet de Jonas est donc beaucoup plus ambitieux et beaucoup plus vaste que ceux de Rawls dans la *Théorie de la Justice* (seuls moi et mes concitoyens sommes en jeu et avons à nous mettre d'accord entre nous) et de M. Serres (un contrat que l'on passerait *au présent* avec la nature).
2. La question est donc posée : l'éthique à venir, à fonder, sera aussi impérieuse, aussi catégorique que la nécessité de la poursuite de la vie et de la vie intelligente en ce monde. Mais la réponse de Jonas à cette question peut sembler décevante, et peut même sembler le contraire d'une fondation véritable, une pétition de principe : il se contente de professer sa « croyance métaphysique » selon laquelle il vaut mieux que l'aventure de la vie continue. « L'homme est, *dit-il*, le seul être de nous connu qui puisse avoir une responsabilité. » Nous sommes donc responsables de « sauver la responsabilité » pour l'avenir, responsables au second degré. Mais pourquoi faut-il qu'il y ait de la responsabilité à l'avenir ? Jonas se contente de déclarer qu'il n'aurait « rien à dire » à quiconque soutiendrait la position inverse : « il vaut mieux que la responsabilité disparaisse de cette terre ou de ce monde. » Voir là deux options équivalentes, entre lesquelles aucun argument ne nous permettrait d'opter, n'est-ce pas là le nihilisme* même, et une retombée dans le « relativisme des valeurs » ?, in « Sur le fondement ontologique d'une éthique du futur », in *Pour une éthique du futur*, Rivages/Poche, 1998, 117 pages.
3. Cette extension du champ de la responsabilité est formulée de la manière la plus nette dans *Pour une éthique du futur* : « la responsabilité concerne le comportement de l'espèce [humaine] tout entière vis-à-vis de la nature tout entière. »

nous sommes dotés des moyens de la détruire. L'élargissement considérable de la responsabilité à l'époque moderne induit une modification radicale du statut de ce concept : il devient le concept central de toute éthique à l'époque moderne, au point que nous puissions dire que théorie de la responsabilité et développement d'une éthique du futur constituent désormais une seule et unique tâche.

> **« La théorie de la responsabilité, qui fait encore défaut, forme le centre de cet ouvrage. »**

- **Utopie contre responsabilité** : l'utopie désigna jadis les vains rêves de l'humanité, d'inoffensives chimères. Mais dans la mesure où l'utopie trouve désormais les techniques toutes prêtes à son service pour lui permettre de se réaliser, elle est aujourd'hui devenue « la plus funeste des tentations ». Aux grandioses — et menaçantes — entreprises de l'utopisme, le « **principe responsabilité** » oppose le projet le plus modeste qui soit :

> « [...] dans l'ambivalence* durable de sa liberté, qu'aucune transformation des circonstances ne saurait jamais abolir, préserver pour l'homme l'intégrité de son monde et de son essence contre les abus de son propre pouvoir. »

- Cette éthique que Jonas se propose d'écrire se veut (et se doit d'être) démonstrative. Elle s'abstiendra donc de faire appel aux bons sentiments, à la bonne volonté, aux intentions irréprochables (allusion critique à Kant). Aucune motivation aussi louable soit-elle « ne saurait servir d'excuse aux insuffisances philosophiques de l'argumentation. » Le tout sera une même argumentation déployée au fil des 6 chapitres composant le livre.

Chapitre 1 : La transformation de l'essence de l'agir humain

Ce premier chapitre est consacré à dégager ce qui a été commun à « toute éthique jusqu'à ce jour », éthiques dont Jonas entend naturellement se démarquer ; il a donc pour fonction de mieux faire ressortir ce qu'a de radicalement nouveau **l'éthique du futur** que Jonas expose sous le titre de « principe responsabilité ». « Toute éthique jusqu'à ce jour » reposait sur un certain nombre de présupposés qu'il est possible d'énumérer, et qui sont solidaires :

1. La nature humaine (ou la condition humaine) est une donnée intangible et immuable ;
2. Sur la base de cette définition de l'homme, il est sinon aisé du moins possible de déterminer rationnellement ce qui est bon pour lui[1] ;
3. La portée de ses actes, et par conséquent de sa responsabilité, est étroitement circonscrite.

---

1. Cf. Aron disant que c'est en partant d'une définition précise de l'homme qu'Aristote peut poser la question dans l'absolu du « meilleur des régimes politiques possibles » pour l'homme.

Le projet de Jonas consiste à montrer qu'aucune de ces trois présuppositions ne s'applique plus du fait d'une mutation de l'agir humain, et que par conséquent celle-ci appelle une toute nouvelle éthique reposant sur d'autres bases, d'autres présupposés. Il s'agit donc dans un premier temps de penser « de quelle manière la technique affecte la nature de notre agir » pour expliciter les conséquences éthiques de cette transformation en cours.

> « L'essence de l'agir humain s'est transformé à l'époque moderne, et la transformation de cette essence appelle une transformation radicale de l'éthique. »

1. L'exemple de l'Antiquité

Jonas prend comme témoin de la façon dont l'homme antique a pu se penser et se vivre lui-même le premier vers du célèbre « chœur d'*Antigone* » de Sophocle : « Il est bien des merveilles en ce monde ; mais parmi ces merveilles, aucune plus grande que l'homme ». Le chœur décline tous les pouvoirs de l'homme avant de se tenir en arrêt devant son impuissance démunie face à la mort seule. Le chœur décrit en même temps l'irruption soudaine des pouvoirs de l'homme dans tous les domaines de la nature, et qu'à la faveur de cette irruption, l'homme se bâtit une autre nature qui lui soit propre, il se bâtit une « demeure » : le monde de la cité auquel il confère une certaine permanence pour y réfugier son être. Le chœur rappelle que devant aucun des aspects de la nature l'homme n'est dépourvu de ressources ; mais que devant la mort seule il demeure totalement exposé et sans ressources, le monde de la Cité ne pouvant rien pour protéger l'homme de l'emprise de la mort. Ce qui intéresse Jonas dans ce chœur, plus que ce qui y est explicitement dit, c'est ce qui y est passé sous silence, ce qui n'a pas besoin d'être dit tant cela va de soi pour un homme de l'Antiquité : l'immense disproportion entre les pouvoirs de la nature et ceux de l'homme, la prédominance massive des pouvoirs de la nature. Certes l'homme peut se protéger et se prémunir contre toutes les forces naturelles — hormis la mort — mais ce qui n'a pas besoin d'être dit, c'est que la nature n'a pas à se prémunir des assauts que lui font subir les pouvoirs de l'homme. Les pouvoirs de l'homme ne constituent en rien une menace à l'égard du caractère imperturbable et souverain de la nature.

2. Signes distinctifs de toute éthique jusqu'à ce jour

- La sphère de l'éthique ne concerne que les rapports entre les hommes. Tout commerce (technique en particulier) avec la nature est par définition **éthiquement neutre**. **Toute éthique traditionnelle est anthropocentrique.**
- **Toute éthique repose sur une réciprocité** de droits et de devoirs. Je ne peux avoir de devoirs envers autrui que si l'autre en a en retour (et sans doute les mêmes) envers moi.
- **L'éthique ne prend en charge que le présent ou le futur immédiat**, les conséquences imminentes et donc aisément prévisibles de mes actes. Kant par exemple écrit qu'il suffit de disposer de la raison pour connaître

clairement quel est notre devoir, qu'il n'est donc nul besoin de la médiation d'un savoir d'experts hautement spécialisés, encore moins de tabler sur des hypothèses ou des statistiques pour fonder sur elles notre devoir.

- **Tous les impératifs éthiques s'adressaient de façon privilégiée à l'individu***, alors que des institutions, ou des États, pouvaient s'en sentir exemptés (il était communément admis que l'état de guerre[1] suspendait les impératifs éthiques tels que le « tu ne tueras point »).

3. Les nouvelles dimensions de la responsabilité

Les anciennes prescriptions de l'« **éthique du prochain** » n'ont pas cessé de valoir, mais sont surplombées par une sphère toujours plus large de **l'agir collectif**. La nature s'est révélée exposée et vulnérable aux effets de la technique humaine. C'est désormais la biosphère entière de notre planète qui fait l'objet de notre responsabilité : « La nature en tant qu'objet de la responsabilité humaine est certainement une nouveauté. » Entre dans la sphère de la responsabilité tout ce sur quoi nous sommes capables d'agir en profondeur, c'est-à-dire ce à quoi nous serions capables d'infliger des dommages irréparables.

Chapitre 2 : Questions de fondement et de méthodes

La démarche de Jonas se trouve confrontée à deux questions fondamentales :

1. Sur quel fondement peut reposer une telle « éthique du futur » requise par la mutation de l'agir humain ? Cette première question est une question d'éthique fondamentale.
2. Quelles chances peut avoir une telle éthique de s'imposer face aux impératifs techniques et pragmatiques de cet agir, ou simplement de peser sur eux ? Cette seconde question est une question d'éthique appliquée, et en l'occurrence, puisqu'elle ne concerne directement que l'agir collectif, elle relève de la théorie politique.

La possibilité d'une telle éthique d'infléchir notablement le comportement des masses* (qui seul compte ici) est hautement problématique, dans la mesure où il ne s'agit par définition que de viser un bien extrêmement lointain, qui ne peut être discerné, vue la complexité des enjeux, que par un très petit nombre, et encore, très probablement, uniquement de manière conjecturale (probabiliste).

Cette position extrêmement fragile de l'éthique du futur invite à dissiper tous les doutes quant à son caractère arbitraire, et par conséquent à la fonder sur autre chose que sur un simple sentiment diffus (de sympathie à l'égard de la nature par exemple). La recherche d'un fondement à cette éthique du futur doit s'affronter à ces deux questions :

---

1. Cf. E. Levinas, *Totalité et Infini*, Nijhof, 1974, préface, première page.

1. Pourquoi devrait-il y avoir un futur en général plutôt que pas de futur du tout ? (et il ne faut pas trop vite considérer ce point comme accordé) ;
2. Pourquoi cet avenir devrait-il être ou ne devrait-il pas être tel ou tel ?

Entre la quête des fondements ultimes de l'éthique et les incertitudes concernant les conséquences à long terme de l'agir humain, il faut une médiation, une « science intermédiaire » qui soit une sorte de « futurologie comparée », qui ait pour tâche d'extrapoler à partir du savoir présent disponible les conséquences à long terme telles qu'elles peuvent être prévisibles. L'objet central de cette « science intermédiaire » est d'induire une **heuristique*** — ou pédagogie — **de la peur**, seule à même d'infléchir notablement et rapidement le comportement collectif des masses*.

Mais l'existence de cette peur suppose acquise la valeur impérative de la vie et la nécessité que la vie se poursuive dans l'avenir ; cette « science intermédiaire » s'articule donc sur les fondements ultimes de l'éthique du futur. C'est de la connaissance de la menace ou du péril que nous apprenons la valeur de ce qui est en péril, que nous apprenons ce qui doit être protégé et pourquoi il le doit (de même que c'est de la perpétration de crimes contre l'humanité qu'est née cette avancée du droit qu'a été la qualification même de « crimes contre l'humanité » : tant que la possibilité même de tels crimes n'était pas pensée, leur proscription par le droit ne pouvait pas être prononcée).

Nous savons d'expérience que la reconnaissance du mal nous est plus aisée que celle du bien : nous sommes chacun plus hésitant quant au bien à vouloir qu'au mal à prévenir, et le consensus* est plus facile à obtenir quant au mal à proscrire que quant à la société idéale à promouvoir. « Nous savons beaucoup plus aisément ce que nous ne voulons pas que ce que nous voulons. » L'éthique du futur sera donc négative et conservatoire, elle consistera à prévenir des perspectives menaçantes et non à promouvoir une société idéale.

Néanmoins, ce que nous craignons le plus n'est pas nécessairement ce qui est le plus à craindre, de sorte qu'on ne peut s'en remettre entièrement au sentiment (même si on peut l'utiliser comme mobile pour faire bouger les comportements des masses*) : on ne peut faire l'économie d'une science des risques qui, les étalonnant, fournisse un fondement objectif au principe de précaution.

Notre premier devoir vis-à-vis de l'avenir est donc de nous doter des moyens suffisants pour connaître le mieux possible les effets — même seulement probables — de notre agir présent sur l'avenir lointain.

Néanmoins la découverte de menaces ou de maux réels dans un avenir lointain n'entraînera pas automatiquement le réflexe de peur et l'inhibition de l'action qui devrait s'ensuivre : l'avenir en question peut être si lointain que je peux fort bien me refuser à m'identifier à ceux qui auront à le subir. La peur dont il s'agit dans cette heuristique* de la peur n'est donc pas une peur simplement « pathologique » (empirique) ou instinctive (au sens où Hobbes dit que dans l'état de nature, chacun agit mû par la peur de sa propre mort). « Cette peur doit être notre œuvre propre ». Loin d'être enclenchée par l'instinct, elle est notre second devoir éthique vis-à-vis de l'avenir. **Nous avons le devoir d'avoir peur des conséquences néfastes de nos actions que nous avons le devoir de prévoir**.

L'éthique du futur est congénitalement incertaine et inconfortable (à l'opposé des éthiques d'Aristote ou de Kant par exemple) parce que, quelque soient nos efforts, notre savoir effectif ne portera jamais aussi loin que les conséquences effectives de notre agir, ce que pourtant l'éthique requerrait.

La science ne nous laisse malgré tout pas face à une incertitude totale (sur laquelle on ne saurait fonder quelque responsabilité que ce soit), mais elle nous fournit un savoir probabiliste. Face à un tel type de savoir, obligation nous est faite de privilégier le mauvais pronostic sur le bon. L'humanité (contrairement à l'individu*) n'a pas le droit de « jouer son *va-tout* », c'est-à-dire de s'engager dans une aventure dont l'une des issues possibles serait la disparition pure et simple de l'humanité — quels que soient les biens promis dans l'autre plateau de la balance (Jonas renouera avec ce thème dans sa critique de l'utopie, comme idéologie visant à pousser l'humanité à jouer son *va-tout*).

Le principe de précaution découle directement de cette prédilection éthiquement exigée en faveur du pronostic pessimiste. Certes tout agir humain suppose une part de pari, et ériger en absolu le principe de précaution reviendrait à se priver de toute marge de manœuvre et d'action, à parier invariablement sur l'inertie et l'attentisme. Une limitation de ce principe semble venir du bon sens : nul n'a le droit de parier que ce qui lui appartient en propre. Mais « l'enchevêtrement des affaires humaines » la rend tout aussi inapplicable que la considération précédente dans le domaine de l'agir collectif. On peut simplement prescrire comme raisonnable l'interdiction de risquer à l'étourdi, sans en avoir mûrement pesé les conséquences, le bien d'autrui.

La responsabilité politique : dans quelle mesure puis-je agir en mettant en jeu (donc en péril) l'intégralité des biens d'autrui, et même sa vie ? C'est à une telle question qu'est confronté l'homme politique devant décider de la guerre ou de la paix.

> « On ne contestera pas à l'homme politique le droit de mettre en jeu l'existence de la nation au profit de l'avenir, si vraiment l'extrême est déjà en jeu. Ainsi sont prises des décisions terribles, mais moralement défendables, concernant la guerre et la paix, là où l'avenir lui-même devient l'enjeu pour le bien de l'avenir. Seulement de telles décisions ne doivent pas être prises en fonction d'un avenir glorieux, mais seulement sous la menace d'un avenir terrifiant. Non pour acquérir le bien suprême, mais pour éviter le mal suprême. On peut très bien vivre sans le bien suprême (l'humanité l'a toujours fait), non avec le mal suprême. »

Chapitre 3 : Les fins et leur position dans l'être

• *Distinction entre la fin et la valeur*

La fin est « ce en vue de quoi » une chose existe. Ex. : Un tribunal existe afin de rendre la justice. L'assignation d'une **fin** à une chose ne préjuge encore en rien de sa **valeur** : sa fin peut être jugée futile, inutile, nécessaire, criminelle... Juger **nulle** la valeur de telle fin n'abolit pas le fait de la reconnaître comme fin : au contraire, c'est cette reconnaissance qui rend ce jugement de valeur possible.

• *Il existe deux sortes de jugements de valeurs*

L'une portant sur la valeur intrinsèque de la fin poursuivie ; l'autre sur l'adéquation des moyens employés eu égard à la fin poursuivie. La fin peut être jugée bonne et les moyens mis en œuvre pour l'atteindre inadéquats (inefficaces) ou condamnables.

• *Deux questions sont donc à distinguer*

Celle de la **nature des fins** que nous décelons dans les choses, et celle de la **valeur de ces fins**. Dans un premier temps, seule la première question sera traitée. La fin d'une chose est le « ce en vue de quoi » une chose existe. La fin du marteau est de frapper efficacement, la fin d'une cour de justice est de rendre la justice. La fin du marteau explique « de part en part » son existence et chacune de ses propriétés : toute propriété qui ne convergerait pas vers cette fin serait une imperfection. Pourtant si la fin du marteau réside de façon immanente dans le marteau au point qu'on puisse en déduire intégralement toutes ses caractéristiques, cette fin réside en l'homme, est une fin **de l'homme** et non du marteau.

• *Cette distinction ne vaut pas s'agissant de la cour de justice*

La cour de justice ne peut pas exister de manière inerte, si nul n'y rend plus la justice, alors que le marteau reste marteau quand bien même il ne serait plus utilisé pendant des millénaires. La cour de justice ne peut remplir sa fonction que si ceux qui la composent **se sont approprié**, ont fait leur, la fin du législateur ou de celui qui l'a instituée : rendre la justice. Ici, ontologiquement, le producteur et le produit sont le même sujet, l'homme, même s'il ne s'agit pas concrètement de la même personne. Si le marteau ne remplit pas bien sa fonction, s'il est impropre à sa fin, c'est son producteur qui est à blâmer. Dans le cas d'une cour de justice au contraire, « ce sont les juges, non les pères de la constitution* » qui sont à blâmer si l'institution se détourne de sa mission et ne remplit plus correctement sa mission. Il y a donc deux manières bien distinctes pour les fins d'être présentes de manière immanente dans l'instrument de ces fins, à savoir dans un cas dans un outil, dans l'autre dans une institution.

• *Dans un outil ou un instrument, la fin, bien qu'invisible par elle-même, peut se laisser déduire de la configuration de l'objet*

Retrouvant un outil préhistorique, je peux au moins formuler des conjectures quant à sa fin et à son usage. Pour une institution humaine en revanche, qui n'existe que pour autant qu'elle est exercée, je ne peux rien déduire d'une observation extérieure. Je ne pourrais rien comprendre à une cour de justice si je ne disposais pas par avance des concepts de délit, de châtiment, de justice, etc. Le seul « inventaire physique » de l'institution ne me permettrait aucune conclusion quant à sa fin.

• *Pour tous les « instruments sociaux » (les institutions), la fin ne se laisse pas déchiffrer à même la description physique de l'instrument*

De l'observation d'un arsenal militaire, nul ne pourrait déduire les notions d'État, de souveraineté* nationale, de guerre, s'il n'en disposait déjà. *A fortiori* de l'observation d'un arsenal nucléaire ne pourrait-on déduire les notions de guerre froide, de course aux armements, d'équilibre de la terreur, bref de l'idée que ces « objets » **existent afin que l'on n'ait pas à s'en servir**. En dernière analyse, c'est toujours la fin immatérielle et invisible qui est principe d'explication ultime de l'existant observable.

• *L'analyse semble donc confirmer la conviction moderne selon laquelle il n'y a de fin que de l'homme et pour l'homme*[1]

De cela, on ne peut nullement conclure à la simplicité ni à l'unicité de la fin : une institution peut fort bien répondre de concert à plusieurs fins sociales, voire être détournée de sa fin originelle pour être mise au service d'autres fins. (Ou répondre à des fins inconscientes, dévoilées seulement par la psychanalyse ou la sociologie.)

---

1. C'est d'une critique de la notion aristotélicienne de fins, de l'idée que s'il existe des fins de la nature, celles-ci nous sont entièrement inconnues et cachées, que Descartes conclut à notre vocation de nous rendre « comme maîtres et possesseurs de la nature », de par ce qu'on appelle le droit de se saisir de ce qui n'appartient à personne et n'est utilisé par personne. Jonas, s'il doit questionner ou limiter le droit de l'espèce humaine à s'emparer de la nature, doit donc interroger ce présupposé selon lequel il n'existerait de fins que pour l'homme.

• *Peut-on parler de fin naturelle indépendamment de l'homme ?*

(Enjeu : donc de fins qui pourraient être objectées ou opposées aux fins qu'il poursuit consciemment.) Jonas répond sobrement oui, sans retomber pour autant dans l'anthropocentrisme. C'est l'étude même de la nature qui nous contraint à conclure à l'existence de fins indépendantes de l'homme. La vie veut la vie : l'existence de l'instinct, de tendances (instinct de conservation, de reproduction) nous montre que c'est l'essence même de la vie que de tendre à se perpétuer. Nous en faisons l'expérience en nous-mêmes dans tout ce qui échappe à nos volontés conscientes (digestion, respiration, battement du cœur…) C'est donc à ces fins naturelles immanentes, non voulues, non subjectives, que l'agir humain pourrait porter atteinte. La question se pose donc de savoir dans quelle mesure il en aurait **le droit**. Les fins de la nature ne sont pas les fins de l'homme, ne coïncident pas nécessairement avec celles-là ; dans quelle mesure peut-il faire prévaloir celles-ci sur celles-là ?

Chapitre 4 : Le bien, le devoir et l'être : théorie de la responsabilité

• *La responsabilité pour l'homme*

L'homme est à la fois un être de besoins (il est non autarcique) et un être vulnérable, périssable. C'est à ce double titre qu'**il peut faire l'objet d'une responsabilité**. La responsabilité est antérieure à toute existence empirique : chaque homme a été, enfant, l'objet de la sollicitude de ses parents (ou d'autres adultes) qui lui ont permis de survivre.

> « L'archétype de toute responsabilité est celle de l'homme envers l'autre homme[1]. »

La fragilité et la mortalité de toute espèce vivante fait qu'elle *peut* faire l'objet d'une responsabilité, non qu'elle le *doit*. Pour l'homme seul, en tant qu'il est l'espèce douée de responsabilité, cette possibilité se convertit aussitôt en impératif :

> « […] le seul fait que l'homme puisse avoir la responsabilité de ses semblables signifie immédiatement qu'il doit l'avoir : la faculté de l'avoir est la condition suffisante de son effectivité. »

L'existence de cette responsabilité doit donc faire partie de toute définition de l'humanité, au même titre que la possession de la raison, du langage, ou que la dimension sociale de son existence.

---

1. C'est pourquoi il me semble erroné de classer H. Jonas parmi les tenants de l'« écologie fondamentale » anti-humaniste, comme le fait Luc Ferry, *Le Nouvel ordre écologique*, Grasset, 1992, p. 32.

L'impératif premier qui veut qu'il y ait une humanité, et qu'il continue a y en avoir, ne repose sur aucune bilan (globalement positif ou négatif) dressé sur le passé. La responsabilité pour l'humanité consiste à maintenir ouverte, pour l'avenir, le fait qu'il y ait de la responsabilité, le fait qu'il existe des hommes capables de responsabilité. Nous ne sommes pas nécessairement responsables du fait que nos descendants soient heureux ou non, mais nous le sommes du fait qu'ils soient capables de se comporter de manière responsable. Au fond, **nous ne sommes responsables que de la responsabilité même**, du fait qu'il continue dans le futur à y avoir des êtres capables de responsabilité.

Chapitre 5 : La responsabilité aujourd'hui : l'avenir menacé

La démarche fondamentale de toute utopie consiste à dire : l'histoire de l'humanité n'a pas encore commencé, l'homme véritable n'existe pas encore, et par conséquent nous ne pouvons faire fond sur aucune nature humaine disponible puisque ce que nous prendrions à tort pour celle-ci ne serait que le résultat de circonstances aliénantes, perturbatrices de cette nature. Le dogme de toute utopie conséquente est que l'homme est de part en part le produit de circonstances contingentes, et donc qu'un bouleversement de ces circonstances pourrait amener à le changer **du tout au tout**.

Chapitre 6 : Critique de l'utopie et éthique de la responsabilité

Le marxisme a été une telle utopie au pouvoir. Rien ne lui est comparable à part peut-être la foi religieuse. L'attente messianique devait permettre à « l'image de Dieu » qu'est l'homme de se manifester enfin sur la terre dans toute sa pureté. Jonas interprète le marxisme comme une eschatologie sécularisée : la collectivisation de l'outil de production n'avait pas d'autre but que de produire l'homme nouveau, ou pour mieux dire l'homme véritable.

Le marxisme est une utopie d'un genre unique, dans la mesure où il concentre sa théorie sur les moyens de son arrivée au pouvoir[1], non sur l'état final sur lequel il n'y a pas plus à dire que sur le royaume de Dieu. Pourquoi cette radicalité de l'utopie, était-il nécessaire de promettre un tel « homme nouveau » pour mobiliser « les damnés de la terre », c'est-à-dire dans la phraséologie *marxiste* « tous ceux qui n'avaient à perdre que leurs chaînes » ? **La rédemption est le rêve de la souffrance** et les théoriciens de la révolution pouvaient bien faire appel à ce moteur puissant qu'est la misère et l'oppression, alors que *leur but à eux* (qui n'étaient pas les misérables ni les opprimés) portait beaucoup plus loin.

---

1. D'où la critique par Marx du socialisme utopique, qui se laissait aller à rêver un monde idéal au lieu de partir de la situation présente pour penser les moyens de sa transformation radicale.

Cette misère n'a pas disparu, ni donc la puissance de mobilisation qu'elle représente, mais elle existe de moins en moins comme phénomène de masse* dans les pays industrialisés, elle s'est déplacée pour l'essentiel dans le Tiers-monde ex-colonisé. Ce qui était pensé par Marx en termes de lutte de classes au sein d'une même société s'est transposé en relation entre peuples, États, continents.

L'augmentation de la productivité dans les pays industrialisés a permis d'améliorer considérablement les conditions de vie du prolétariat et donc à l'y pacifier (à faire en sorte qu'il sente pour l'essentiel son sort lié à celui de la société dans laquelle il est inséré). Les prolétaires des pays industrialisés vivent aujourd'hui mieux que la majorité des « bourgeois » et des paysans des siècles passés : ce qui les disqualifie en tant que « candidats à la révolution ». Dans les pays développés **la réforme a étouffé la révolution**, et rares sont ceux qui auraient objectivement intérêt à ce que soit renversé par la violence un mode de régulation sociale qui intègre les représentants de leurs intérêts (syndicats et partis politiques par exemple). **La révolution n'a pas lieu faute de combattants**, et les révolutionnaires professionnels voient (avec lucidité) d'un très mauvais œil l'amélioration concrète des conditions de vie des classes sociales qu'ils considèrent comme leur « fond de commerce ». L'essence de l'utopie se révèle ici : elle ne vise pas une amélioration de l'existant mais sa suppression pure et simple au profit d'une autre réalité.

Le fond de commerce des révolutionnaires utopistes migre donc des classes les plus basses des sociétés développées vers les sociétés du Tiers-monde tout entier. **Le Tiers-mondisme est la reconversion obligée de révolutionnaires désavoués** par ceux au nom de qui ils prétendaient s'exprimer, et qui n'aspirent à rien d'autre qu'à occuper une place satisfaisante dans la société existante.

La pacification des « classes » potentiellement « dangereuses[1] » dans les pays développés peut être présentée comme une victoire non eschatologique obtenue — malgré eux — par les mouvements révolutionnaires, en ce sens que les mêmes résultats auraient difficilement pu être obtenus sans leur existence.

> « La socialisation croissante sous la forme de l'État-Providence semble jusqu'à nouvel ordre la tendance générale des sociétés occidentales. »

Les nouvelles classes dangereuses sont les masses* réduites à la misère des pays du Tiers-monde, et elles doivent être considérées comme opprimées non par l'élite locale fortunée — négligeable — mais bien par les pays développés. La lutte des classes devient un enjeu international (non une lutte interne à une société donnée) et rejoint les enjeux géopolitiques. La situation nouvelle est fondamentalement différente : entre la classe exploitée et ses exploiteurs, il n'y a plus ni cohérence fonctionnelle, ni unité de territoire. L'exploitation est beaucoup plus diffuse, indirecte, difficile à cerner, plus inconsciente. Le terme d'« **impérialisme économique** » recouvre cette nébuleuse réalité sans vraiment l'éclairer.

1. Cf. Louis Chevalier, *Classes laborieuses, classes dangereuses*, Hachette, 1984.

Si c'est l'éthique qui doit motiver notre assistance aux pays non développés, cette aide devra être plus consciente, plus lucide, plus généreuse[1] que celle au sein d'une même société (qui s'effectue en grande partie à la faveur d'un rapport de forces). Le principe en lui-même légitime : « *charity begins at home*[2] » justifie souvent de fait qu'on s'en tienne là.

> « Pour le sentiment, les limites de la responsabilité directe sont celles de la proximité » géographique.

Ce qui fait défaut et explique l'insuffisance notoire de l'aide apportée par les pays développés au « Tiers-monde » est moins la **charité** désintéressée que la **lucidité** quant aux causes et aux conséquences mondiales de sa misère. Ce qui fait que l'on s'accommode de cette misère est l'incapacité quasi générale à raisonner sur le long terme et à l'échelle globale. C'est l'intérêt de l'économie nationale de chaque pays que le contexte économique mondial soit sain. En l'absence de solutions prévisibles à cette misère, on ne peut que s'attendre à des explosions de violences qui peuvent prendre la forme de guerre de nations pauvres liguées contre les pays économiquement développés[3], soit, plus vraisemblablement, celle d'un terrorisme endémique, avec des phases d'effervescence plus fortes, relativement volatile, presque toujours impossible à imputer à un pays en particulier, menace face à laquelle les « pays riches » sont particulièrement démunis. Cette forme de terrorisme serait à comprendre en termes de harcèlement quasi permanent visant à arracher des « tributs économiques » aux pays riches (analogues donc dans leur fonctionnement aux syndicats et aux grèves du XIXe siècle).

> « Dans tous les cas la "guerre des classes" dégénérerait en une "guerre nationale" si ce n'est en une "guerre raciale", et provoquerait chez les attaqués les vieux réflexes de solidarité nationale, étouffant les sympathies pour la partie adverse qui pouvaient exister auparavant[4]. »

À long terme, le recours à la violence jouerait sans doute en défaveur des plus faibles, en dépit des politiques d'aide, beaucoup trop tardives, que les vainqueurs finiraient par mettre en place en faveur des vaincus. **L'apathie et l'attentisme actuels** ne peuvent donc conduire qu'à une situation d'anarchie internationale, ce qui justifie aux yeux de Jonas l'appel à une politique ambitieuse, volontariste et préventive d'aide aux pays en voie de développement.

Le problème du déséquilibre Nord/Sud ne peut recevoir que deux solutions : soit une industrialisation à marche forcée des pays « en voie de développement »

---

1. Plus désintéressée ? À confronter à la formule de F. Mitterrand : « Aider le Tiers-monde, c'est nous aider nous-mêmes à sortir de la crise. » Il y a ici une tentative de faire jouer une motivation égoïste pour faire accepter par l'opinion l'idée d'un allègement de la dette du Tiers-monde.
2. Équivalent en langue anglaise de notre proverbe : « charité bien ordonnée commence par soi-même. »
3. À confronter aux thèses de S. Huntington qui fait délibérément l'impasse sur les facteurs économiques.
4. Penser par exemple aux amitiés franco-irakiennes d'avant la guerre du Golfe.

pour qu'ils « rattrapent » les pays développés, soit une égalisation par transfert d'une partie de l'activité industrielle des pays développés vers les autres. Or aucune de ces deux solutions ne semble praticable : tout semble indiquer que la nature serait incapable de supporter l'agression accrue que constituerait la généralisation à l'ensemble des peuples de la terre de l'« *american way of life* » par exemple, si l'on extrapole la dépense d'énergie que cela représenterait ; d'autre part, tout indique que les « pays développés » n'accepteraient jamais un transfert d'une partie de leur activité qui induirait une baisse de leur pouvoir de consommation et de leur niveau de vie en général, même si celui-ci demeurait considérablement supérieur à celui de leurs parents ou de leurs grands-parents, en l'absence d'une menace imminente et absolument évidente.

L'absence apparente de solution politique pousse à rechercher une solution de type technologique : il s'agit soit de rendre moins agressive vis-à-vis de la nature l'intervention de la technique humaine à niveau de production égal, soit de repousser le seuil de tolérance de la nature (par exemple, rendre supportable l'agriculture intensive par l'adjonction d'engrais). Seulement l'histoire nous apprend que **le progrès engendre de nouveaux problèmes chaque fois qu'il entreprend de pallier à ceux qu'il a déjà produits**. C'est là le problème central d'une éthique de la responsabilité.

On peut seulement espérer qu'une prise de conscience de ce problème finisse par substituer, dans l'idée même de progrès, des **buts homéostatiques** (la circonspection et non l'excès devraient devenir le mot d'ordre : promotion du principe de précaution) aux **buts expansionnistes** (idéologie de la « croissance ») qui lui sont consubstantiels depuis au moins le XIXe siècle. La « magie de l'utopie » compromet fortement la probabilité d'une telle lucidité.

Le marxisme opte ouvertement pour la première solution politique : le Tiers-monde doit s'industrialiser à marche forcée, pour rattraper voire dépasser le monde développé « occidental ». L'utopie ne reconnaît d'autres limites que celles liées à la mauvaise organisation socio-politique. Dans un ordre politique différent, toutes ces limites seraient levées. Il s'agit de « libérer les forces productives » : les capacités productives de l'homme, comme les ressources naturelles, sont infinies[1]. Seule une idéologie bourgeoise nous fait croire le contraire.

> « Le potentiel de la nature est en soi illimité ; il attend simplement l'utopie afin d'être libéré. »

L'utopie, en affirmant que l'homme digne de ce nom n'existe pas encore, que l'homme que nous connaissons est aliéné et que l'enjeu est l'avènement de l'homme comme tel, lève **l'inhibition qui consiste, pour l'humanité, dans l'interdiction de jouer son *va-tout***: l'utopie autorise des choix qui comportent, comme l'une des deux issues possibles, la disparition de l'humanité. L'importance de l'enjeu est telle que des hommes politiques guidés par cette utopie ne

1. Par exemple : « Les engrais artificiels sont en bonne voie d'inciter la terre à produire mille fois plus de fruits [...] allant jusqu'au concept-limite d'un champ de blé qui pousse dans le creux de la main. », E. Bloch, *Le Principe espérance*, 1959, Gallimard, 1976.

reculeront pas devant l'extermination de masse* si elle leur semble le moyen le plus adéquat pour réaliser cette utopie.

> Or « cette disposition au "tout ou rien" est le péché mortel éthique et même métaphysique dont l'humanité (à la différence de l'individu*) peut se rendre coupable, et nul but ne saurait atténuer le fait qu'un risque d'une telle envergure doit être maudit. »

Il s'agit donc pour Jonas de **lever l'hypothèque de l'utopie** par une réfutation en deux temps :

1. **Critique portant sur la possibilité de la réalisation de cette utopie** : cette critique relève d'une science de la nature.
2. **Critique du contenu même de cette utopie** : cette critique relève de la philosophie et d'une réflexion, non sur la nature en général, mais sur la nature *de l'homme*.

1. Extension du champ de l'éthique

À la prétention selon laquelle les seules limites rencontrées par l'agir humain seraient d'ordre social-idéologique (de simples « préjugés bourgeois »), il faut opposer « une science globale de l'environnement » qui engloberait climatologie, botanique, géologie, biologie, etc. Jonas en est donc réduit à anticiper sur les résultats d'une telle science à promouvoir, mais peut appuyer son anticipation sur les résultats partiels de ces différentes sciences déjà existantes. En effet ce n'est pas ici au philosophe mais à la science de parler, et au philosophe d'écouter. Malheureusement ce qu'il entend est encore vague et incertain. Il ne peut recevoir que des conjectures parfois contradictoires. Le caractère probabiliste des extrapolations est peut-être irréductible, même si l'on est en droit d'attendre de l'avancée des sciences une réduction des marges d'erreurs.

Quoi qu'il en soit, la notion de **seuils de tolérance** de ce que la nature peut endurer s'impose déjà clairement à tous. Outrepasser durablement ces seuils de tolérance ne peut conduire qu'à des catastrophes **du point de vue des fins de l'homme** lui-même. À partir d'un certain seuil, les interventions de l'homme sur l'environnement lui sont plus préjudiciables que bénéfiques. Dès lors le principe d'une auto-limitation de l'agir humain s'impose à tous, même si tous ne le situent pas au même endroit. Ces limitations sont strictement indifférentes aux motivations de l'agir humain, et donc s'appliquent sans distinction aux sociétés « socialistes » comme aux sociétés « capitalistes ». C'est à la science, non à l'idéologie, qu'il appartient de fixer des limites qui ne soient pas arbitraires.

L'utopie suppose la possibilité d'une **société d'abondance pour tous**, et d'une relative facilité à se procurer cette abondance (société des loisirs). Cette double condition est attendue des progrès de la technique, ou en langage marxiste d'une « libération des forces productives ». Or il est à remarquer qu'un tel processus est déjà en route sans l'utopie et la révolution qui la porterait au pouvoir. Il est arbitraire de supposer que dans une société socialiste, l'inventivité technologique serait supérieure (le constat empirique semble même montrer le contraire). Par ailleurs, l'utopie n'a aucune solution à proposer au problème des seuils de tolérance au-delà desquels des dommages irréparables seraient infligés à la nature. (Elle consiste même à nier ou à ne pas vouloir tenir compte de l'existence de ces seuils.) La supériorité d'une société de type socialiste ne pourrait donc consister qu'en deux points : une meilleure orientation (planification) de la recherche scientifique et technologique, une meilleure répartition des richesses (de l'« abondance »). En ce sens effectivement le problème auquel nous sommes confrontés n'est pas seulement technique et écologique, mais relève également d'une solution socio-politique.

2. Examen du caractère souhaitable *de l'utopie marxiste*

L'examen du contenu de l'utopie proprement dite comporte deux versants : un versant positif (le tableau de la société idéale telle qu'elle est proposée au désir de l'homme) et un versant négatif (la thèse, inséparable de la première, selon laquelle l'histoire telle qu'elle s'est déroulée jusqu'à ce jour n'a pas encore permis à l'humanité proprement dite de voir le jour[1]). Toute utopie fonctionne comme un idéal, c'est-à-dire présente comme désirable non pas ce qu'il y a de meilleur dans l'humanité passée et présente, mais une autre réalité, conçue de toutes pièces, et opposable dans son ensemble à l'histoire de l'humanité prise en bloc.

1. **Le premier versant est**, par hypothèse pourrait-on dire, **quasiment vide**, puisqu'il est censé nous peindre un tableau radicalement différent de tout ce que l'humanité jusqu'à ce jour a pu connaître. Dans l'œuvre immense de Marx, seules quelques lignes sont consacrées à dépeindre « la société communiste accomplie » (encore ce tableau est-il en grande partie négatif : l'homme n'y serait **plus** aliéné, exploité, l'État ne serait **plus** nécessaire, etc.) qui contraste avec le bloc massif consacré par Marx à l'analyse du Capital. Sur ce que serait l'« homme véritable », le dossier est vide et ne peut que l'être, sauf à être composé de lambeaux de la réalité actuelle. Sur quelles bases alors conclure à son caractère « désirable », « préférable » (et ce au point de neutraliser l'interdit pour l'humanité de jouer son va-tout) ? Marx se contente de dire que « le royaume de la liberté commence là où cesse le travail régi par la nécessité », et que cette liberté « n'est que la première liberté et la condition de toutes les autres, lesquelles consistent dans le plein développement (ou déchaînement) de la richesse de la nature humaine[2] ». La présentation du but à atteindre est donc purement tautologique, en ce qu'elle présuppose la nature humaine qu'elle prétend faire advenir.

---

1. Voir la thèse de F. Fukuyama dans *La Fin de l'histoire ou le dernier homme* qui, tout en s'opposant à ce verdict (en affirmant au contraire que l'humanité est parvenue à son terme, à bon port), partage avec la tradition qu'il combat un présupposé commun : à savoir que l'histoire était bien un processus au terme duquel seulement l'humanité pouvait advenir. Le désaccord ne porte donc que sur une question de date (et de contenu). L'analyse globale est identique.
2. *Le Capital*, tome III, livre III.

2. **L'utopie est naturellement plus prolixe sur les imperfections du monde réel** : la condition de possibilité de l'utopie consiste à décréter tout état de fait provisoire, voire devant être supprimé. La question du sens de l'affirmation (qui est la condition de l'utopie) : « L'homme en tant que tel n'a jamais encore existé », et du droit à formuler une telle affirmation, relève de la seule philosophie. Certes l'histoire nous apprend que le devenir humain est pris dans une évolution historique, qui concerne les modes de pensée, les comportements, les modalités de l'organisation sociale. Mais il est impossible de conclure de cela : « l'homme comme tel n'a encore jamais existé ». Une telle affirmation suppose une ontologie du « ne pas encore être » développée par E. Bloch. L'utopie moderne ne se situe pas dans la continuité des pensées qui ont formulé que l'homme (individu* comme espèce) était dans un rapport entre potentialité et actualisation, disant par exemple que l'enfant est un adulte humain « en puissance », en train de s'actualiser. Même chez Kant, le fait que l'humanité tende indéfiniment à se perfectionner se produisait à l'intérieur d'un monde en lui-même achevé. Pour l'utopie moderne en revanche, et singulièrement pour la pensée marxiste, c'est l'univers comme tel qui est tout entier « inachevé », et c'est à l'homme d'achever la nature comme de s'achever lui-même. Chez Bloch, c'est l'ouverture sur l'avenir qui fait déchoir tout présent au rang de « provisoire » impuissant à fournir règles et normes. Ce qui existe dans le présent (en matière d'art par exemple) ne pourra valoir comme plus qu'un divertissement pour classes supérieures[1] qu'à la lumière rétrospective d'un avenir et en tant que « pré-apparaître » de cet avenir. C'est ici l'avenir comme tel qui est présupposé comme valeur suprême, et l'art ne vaut, pour reprendre notre exemple, que comme « art d'avant-garde ». Nous retrouvons donc la même pétition de principe qu'à propos de la nature humaine : l'avenir sera meilleur et disqualifie le présent **parce qu**'il est à venir. L'œuvre d'Euclide ne vaut-elle que comme anticipation de celle de Riemann, celle de Newton que comme anticipation de celle d'Einstein ?

« Les royaumes passent, un beau vers demeure, et il dit ce qui nous attend. » (E. Bloch). Aux yeux de Jonas, la dernière partie de la phrase détruit la vérité contenue dans la première : pourquoi « un beau vers » ne vaudrait-il qu'en tant qu'annonce de l'avenir, non en tant que témoignage d'**un instant présent de perfection**, précédé et rendu possible par des millénaires de civilisation ? Il faut donc se garder d'attribuer à Jonas, comme une lecture rapide pourrait porter à le faire, une prévention indécrottable en faveur de l'avenir au détriment du passé et du présent ? C'est précisément le type de position qu'il critique chez Bloch, et par-delà dans toute forme d'utopisme, qui lui semble aux antipodes de la responsabilité. L'utopie voit dans tout présent quel qu'il soit ce qui mérite d'être supprimé en faveur de ce qui n'est pas encore. Pour Jonas au contraire, c'est à travers la préservation du présent, à travers sa prise en charge comme objet de notre responsabilité, que nous maintenons ouvertes les possibilités de l'avenir,

1. C'est pour arracher l'art au statut de « jouissance culturelle des parasites » que Bloch est amené à le faire valoir en tant que pré-apparaître de l'avenir supposé valoir par lui-même.

que nous évitons d'hypothéquer les chances de l'avenir. L'*imminence* est *toujours* là (et pas seulement dans les œuvres dites d'avant-garde), et nous est toujours confiée ; mais projeter sur les œuvres du passé l'éclairage rétrospectif du présent et les déchiffrer comme des pré-manifestation de notre présent (croire les grandir en les qualifiant par exemple de « modernes »), c'est les dépouiller de leur droit propre, et les manquer dans ce présent à partir duquel elles portent témoignage jusqu'à nous.

Conclusion

« La vérité toute simple, ni accablante, ni exaltante », mais qui requiert notre attention, « est que l'homme authentique, véritable, existe depuis toujours », depuis qu'il y a des hommes, avec ses hauts et ses bas dont l'histoire, comme l'histoire de l'art, portent témoignage. L'homme dans son malheur et son bonheur, capable du meilleur comme du pire, existe depuis toujours, « son ambivalence* est inséparable de lui », insurmontable. Face à des situations toujours renouvelées, il sera toujours nouveau, imprévisible et différent, mais en tout cas jamais ni plus ni moins « authentique[1] ». Rien ne peut l'affranchir du risque toujours lié à son être homme, et qui fait précisément son authenticité. L'homme de l'utopie devenu univoque, ayant surmonté son ambivalence*, « lamentablement conditionné pour se comporter de manière convenable », serait non pas plus, mais moins humain que l'homme contemporain, que l'homme de l'histoire, ou pour mieux dire n'aurait plus rien d'humain. Nous ne sommes pas responsables du bonheur ou du malheur des hommes qui viendront après nous, nous ne sommes pas non plus responsables de l'usage qu'ils feront de leur responsabilité, mais nous sommes responsables de leur transmettre ce fardeau de la responsabilité, dont toute forme d'utopie aspire à soulager l'homme.

• *Hors-Texte*

« L'humanité gémit, à demi écrasée sous le poids des progrès qu'elle a faits. Elle ne sait pas assez que son avenir dépend d'elle. À elle de voir d'abord si elle veut continuer à vivre. À elle de se demander enfin si elle veut vivre seulement, ou fournir en outre l'effort nécessaire pour que s'accomplisse, jusque sur notre planète réfractaire, la fonction essentielle de l'univers, qui est **une machine à faire des dieux**. » (dernière phrase de H. Bergson, *Les deux sources de la morale et de la religion*, 1932).

1. Allusion critique à la thématique de l'authenticité/inauthenticité dans *Être et Temps* (1927) de Martin Heidegger, Gallimard, 1986.

Sujet traité

« Ne sommes-nous responsables que de ce que nous pouvions prévoir ? »

Introduction

Jules César franchit le Rubicon : il décide, de retour d'une campagne victorieuse, d'entrer dans Rome avec son armée, ce que la loi romaine lui interdisait formellement. Il commet ce que nous appellerions aujourd'hui un putsch militaire. Quand s'arrêtent les conséquences de son acte ? Jamais. Tant que l'histoire humaine continue de se dérouler, de nouvelles conséquences se font jour. Si César n'avait pas franchi le Rubicon, sans doute aucun de nous n'existerions et ne serions là pour y réfléchir, puisque nous sommes tous le fruit de métissages qui eussent été différents sans cette décision. Peut-on tenir Jules César pour responsable de la scission entre empire d'Orient et empire d'Occident ? Du Saint Empire romain germanique ? De l'empire napoléonien ? De l'Europe mussolinienne et hitlérienne ? De l'actuelle construction européenne ? Ou bien sa responsabilité est-elle limitée par l'horizon de ce qu'il pouvait prévoir ? Si les conséquences de nos actes vont à l'infini (certes en se diluant toujours et en se croisant avec les conséquences d'innombrables autres actes individuels), la responsabilité, elle, ne peut être que limitée. Ne sommes-nous responsables que de ce que nous pouvons prévoir ?

I. Confusions et limites de la notion de responsabilité

1. Les nécessaires distinctions

Afin de dissiper les confusions, il s'agit avant tout de clarifier le concept de **responsabilité**, qui peut recouvrir des champs bien différents. Il existe une responsabilité **pénale*** (le fait de commettre une infraction, de se rendre coupable d'un délit ou d'un crime qui doivent être punis et expiés), une responsabilité **civile*** (le fait de causer, intentionnellement ou non, un dommage ou un tort à autrui, lequel doit être réparé, le plus souvent par une indemnisation pécuniaire, même en l'absence de toute intention de nuire), une responsabilité **morale** (dont chacun est seul juge en son *for* intérieur[1], et qui ne relève d'aucun tribunal humain), une responsabilité politique (qui est sanctionnée par exemple, en régime démocratique, par les prochaines élections), et enfin une responsabilité **historique** (qui par définition échappe tant à l'acteur qu'à ses contemporains, s'agissant de laquelle prétendre savoir relève de l'imposture et serait se tromper à coup sûr). Jules César franchissant le Rubicon commet un délit, il est pénalement coupable eu égard au droit romain ; cette responsabilité là ne met pas en jeu la question de la prévision, sauf pour ce qui concerne ses chances de succès ou d'échec, sans rapport avec la question de sa responsabilité. Pénalement responsable, et donc coupable, César ne laisse pourtant pas nécessairement d'avoir raison politiquement, ainsi que devant l'histoire, mais c'est à nous, aujourd'hui, d'en juger.

2. Limitation de la notion de responsabilité

Si nous étions comptables des conséquences de nos actes à l'infini, nous ne ferions plus rien. Il n'est aucune action, même la plus anodine, dont nous puissions savoir de source sûre qu'elle ne causera aucun dommage à qui que ce soit, dont nous puissions prédire que les conséquences lointaines ne nuiront jamais à personne. Viser le risque zéro, la responsabilité nulle, ce serait se condamner à l'inaction et à l'impuissance. Un médecin par exemple qui prendrait pour règles absolues de sa pratique de « avant tout ne pas nuire » d'Hippocrate et le seul principe de précaution laisserait mourir la plupart de ses patients. Aussi l'argumentation se retourne-t-elle à ce point :

« Non seulement ils n'ont pas de mains, mais en plus elles sont sales. » (Charles Péguy). Celui qui n'accepte de courir aucun risque, qui ne veut assumer aucune responsabilité, « il n'a pas de mains » : il se réduit lui-même à la plus totale des impuissances ; mais ce faisant, il laisse se perpétuer le mal et l'injustice sans rien entreprendre d'efficace pour les contrer : « et en plus elles sont sales ».

- *Ex. l'impuissance vertueuse à laquelle se réduit le pacifisme.*

« Chacun est responsable de tout devant tous » : Dostoïevski formule ainsi, dans *Les Frères Karamazov*, le principe de ce que Karl Jaspers appellera, dans *La Culpabilité allemande*, la responsabilité métaphysique. H. Arendt parle aussi d'une « responsabilité pour le monde », par nature infinie, qui incombe naturellement solidairement à l'humanité tout entière, et H. Jonas, dans *Le Principe responsabilité*, élargit pour sa part le champ de la responsabilité en dehors de la sphère des relations interhumaines : nous, hommes d'aujourd'hui, sommes comptables de l'état dans lequel nous laisserons la « planète bleue » aux générations futures ; **nous sommes selon lui responsables de prévoir les conséquences de nos actes**[2]. Mais si Jaspers écrit bien que tous les Allemands – et peut-être même tous les hommes – sont responsables des crimes perpétrés par le régime nazi, et qu'en ce sens nul ne peut s'en

---

1. Cf. K. Jaspers, *La Culpabilité allemande*, Éditions de Minuit, 1990.
2. Michel Serres va dans le même sens dans *Le Contrat naturel*, François Bourin, 1990.

proclamer innocent, c'est pour ajouter aussitôt qu'« immenses sont les différences », que tous ne sont pas coupables de tout et de n'importe quoi, ni de la même manière. Il a parfaitement conscience que l'affirmation d'une responsabilité métaphysique illimitée pourrait servir de prétexte pour « noyer le poisson » et éviter d'établir précisément, et surtout **judiciairement**, qui est responsable de quoi. C'est dans la même perspective que P. Ricœur s'inscrit en faux contre l'idée d'une responsabilité illimitée :

> « Si chacun est responsable de tout devant tous, alors plus personne n'est responsable de quoi que ce soit. À force d'étendre à l'infini le champ de la responsabilité, on finit par détruire celle-ci. On ne peut être tenu responsable que d'actes dans lesquels on se reconnaît encore soi-même. Si on illimite la responsabilité, elle devient comme nulle. »
> (P. Ricœur)

Une responsabilité infinie est **comme nulle**, et devient indiscernable de l'irresponsabilité absolue. « **On est responsable dans les limites de ce qu'on a pu raisonnablement prévoir**. » (P. Ricœur) Et Paul Ricœur de plaider en faveur d'un **principe de modération** du droit. Il ne convient pas de poursuivre *ad infinitum*, au-delà du raisonnable, ni de remonter à l'infini la chaîne des causes conduisant à un dommage, sans quoi le droit ne pourrait plus s'exercer efficacement. Si l'on allait jusqu'au bout de la notion de **risque partagé**, toute situation serait *en droit* susceptible d'entraîner une conséquence de droit, c'est-à-dire de faire l'objet d'un jugement devant un tribunal (on aurait ainsi une dérive à l'américaine : une « judiciarisation » de toutes les sphères de l'existence, politique, sociale, économique, professionnelle, conjugale...) : un tel dévoiement du droit conduirait à la limite à paralyser l'appareil judiciaire et l'empêcherait de se centrer sur les cas qui effectivement requièrent un jugement et impliquent qu'une parole de droit soit prononcée (Mireille Delmas-Marty).

3. Les mutations contemporaines de la responsabilité

La promotion de la responsabilité à l'époque actuelle. Jusqu'au XIXe siècle, la notion de **responsabilité** était en droit étroitement corrélée avec la notion de **faute**. On était responsable quand on était coupable. La tâche du tribunal était d'établir l'identité du coupable : la question de la prévisibilité des conséquences était absente ou accessoire. On avait affaire à une justice centrée sur la personne du coupable et occupée à établir la réalité de la faute ou du délit et l'identité du coupable. Au XXe siècle, nous sommes entrés dans l'ère de la solidarité (A. Finkielkraut). Le lien de bon sens entre responsabilité et culpabilité vient à se distendre. Une nouvelle jurisprudence se met en place sous nos yeux : on voit désormais des patrons condamnés alors même qu'ils n'ont commis aucune **faute** à l'égard de leurs employés victimes d'accidents du travail. La notion de **responsabilité sans faute**, naguère une monstruosité juridique, gagne ses lettres de noblesse à mesure que la notion de responsabilité vient à s'implanter en **droit civil**. L'idée d'indemniser la victime prend le pas sur celle de sanctionner la faute. Dès lors, la personne centrale du procès n'est plus le coupable (il peut fort bien n'y en pas avoir), mais la victime, avec son cri de souffrance et son exigence de réparation.

– Ex. : l'« Affaire du sang contaminé ».

La pierre angulaire de la responsabilité n'est plus la faute ou l'infraction mais le **risque** et la **dangerosité**. Nous voici en plein dans la question de la prévisibilité des conséquences [Méthodologie : le sujet a une origine historique. Retracer son historique]. Qui peut prévoir aujourd'hui les conséquences des OGM, du clonage, du développement de l'énergie nucléaire pour la santé publique en particulier ? Quels ministres d'aujourd'hui pourraient se trouver mis en examen demain ? Est-ce au droit de prévoir et d'établir cette dangerosité ?

Nous voici entrés dans l'ère de la « victimisation » (Todorov). Alors que naguère chacun s'évertuait à prouver qu'il n'était pas **coupable**, voici qu'aujourd'hui chacun s'évertue à établir qu'il est **victime** : victime de l'État, de la société, des médias, de son conjoint... la liste serait infinie. Être reconnu dans son statut de victime représente un sort fort enviable : être victime donne accès à des droits spécifiques, et ouvre une ligne de crédit quasi illimitée, du moins aux USA. (Todorov)

La grande conquête du droit, qui est sa dissociation d'avec la vengeance, réside dans la capacité d'établir une juste distance entre les faits et le jugement d'une part, entre le prévenu et la victime de l'autre (Ricœur). L'écoute unilatérale de la plainte de la victime risque de nous faire perdre cette distance nécessaire à la sérénité de la justice, et d'induire une régression à l'immédiateté de la « justice populaire » et à l'indifférencié. On ne cherche plus alors le vrai coupable mais un « responsable », quel qu'il soit, un bouc émissaire (René Girard), quelqu'un qui puisse payer pour tous, pour tous les autres. Il se produit ici le paradoxe d'une régression tout à fait **archaïque** mais qui prend place dans un contexte résolument **moderne**. D'un côté la souffrance exige que soit trouvé un coupable (F. Nietzsche, *Généalogie de la morale*), et de l'autre, à l'époque moderne, ce coupable ne peut être qu'un humain ou un groupe d'humains. La résultante est qu'il n'y a plus de catastrophe naturelle, même les catastrophes naturelles ne sont plus naturelles.

– Ex. Le drame de l'inondation de Vaison-la-Romaine.

Il faut à tout prix que soit coupable : soit le maire, soit le préfet, soit l'urbaniste... Que quelqu'un soit coupable de délit d'imprévoyance, tout aurait dû être prévu. Qui était le coupable du tremblement de terre de Lisbonne au XVIIIe siècle ? Nous faisons et pensons comme si aucun dommage ne pouvait subvenir à des hommes sans être le fait d'autres hommes, sans trouver son origine dans une faute humaine, sans avoir pour source une action (fût-elle toute négative, une omission) d'autres hommes. C'est là établir le **délit d'imprévoyance** et installer implicitement l'humanité en posture de toute-puissance : **tout aurait pu**, et donc dû, **être prévu et évité**[1].

L'acharnement à trouver coûte que coûte des coupables à la hauteur de la gravité des sinistres (Ex. effondrement de la tribune du stade de Furiani, campings ouverts sur des zones inondables) pourrait bien être un symptôme et une réaction à la bureaucratisation croissante du pouvoir à l'époque moderne. Le pouvoir moderne est un pouvoir anonyme, disséminé,

1. Sur ce thème, voir Russell Banks, *De beaux lendemains*, Actes Sud, 1997.

pouvoir où il n'y a plus personne pour revendiquer la responsabilité de ses actes. L'exigence de trouver des responsables est exigence de rendre à nouveau lisibles et intelligibles des actions qui se déroulent dans un monde de plus en plus complexe et où règne la confusion sur la question de savoir qui est responsable de quoi. (Finkielkraut)

Le fait de savoir ou de ne pas savoir n'est pas une constante dont il faudrait bon gré, mal gré s'accommoder, mais une variable. On peut ne pas vouloir le savoir, on peut se donner ou non les moyens de savoir. Cela fait peut-être partie des devoirs d'une fonction que de se donner les moyens de prévoir les conséquences de ses actes.

- Ex. Un moratoire* (sur les OGM par exemple) ne doit pas être un temps d'attente et d'expectative, mais un temps consacré à diligenter toutes les enquêtes possibles pour anticiper les conséquences et les risques possibles, afin, à l'issue du moratoire*, de prendre la décision la plus éclairée possible.

Il pourrait, à cet égard, être déjà coupable de ne pas s'être donné tous les moyens de prévoir les conséquences de ses décisions. Mais cette recherche portant sur les conséquences a bien évidemment **un coût**. Par ailleurs, pendant le moratoire* (sur une recherche médicale portant sur la thérapie génique par exemple), des patients vont peut-être mourir, il y aura peut-être une génération sacrifiée. Il serait par conséquent déraisonnable de viser le « risque zéro », **au risque**, précisément, **de repousser aux calendes grecques la levée du moratoire***. Viser l'absence de risque sécrète des risques spécifiques, il serait irresponsable de vouloir n'endosser aucune responsabilité.

Bibliographie

Banks R., *De beaux lendemains*, Actes Sud, 1997.

Delmas-Marty M., *Pour un droit commun*, Seuil, 1994.

Feuerbach L., *L'Essence du christianisme,* FMFondations/Maspéro, 1982.

Fourier Ch., *Vers la liberté en amour*, Idées Gallimard, 1975.

Jonas H., *Le Principe responsabilité,* paru en allemand en 1979 ; trad. française Le Cerf/Champs Flammarion, 1990.

Ricœur P., *Finitude et culpabilité,* Aubier, 1988.

CHAPITRE 3

BUREAUCRATIE, TECHNOCRATIE, DÉMOCRATIE

COURS

BUREAUCRATIE, TECHNOCRATIE, DÉMOCRATIE

Remarques

1. Ce cours a une frontière commune avec celui sur la responsabilité. Qui est responsable de quoi dans une bureaucratie ; ou bien la bureaucratie se caractériserait-elle par le fait que la responsabilité y soit toujours inassignable, n'ait pas de **lieu** propre ? Max Weber que l'on a rencontré sur l'éthique de la responsabilité, est aussi le premier, et ce n'est pas un hasard, à s'être penché sur la bureaucratie moderne en tant qu'« *idéal-type** ». Autre auteur que l'on va retrouver : Claude Lefort (*La Complication*), que l'on a sollicité pour penser l'après-communisme, s'était aussi penché précédemment sur le système soviétique interprété comme « **bureaucratie d'État** », la *nomenclatura* (et non le prolétariat) étant selon lui *la vraie classe sociale exerçant la réalité du pouvoir*. (Gravir les échelons de la bureaucratie du Parti était le seul moyen de se hisser à l'exercice du pouvoir dans l'ex-URSS.)

2. Pour rendre possible une approche sociologique du phénomène bureaucratique, il convient de *lui retirer la connotation* invariablement négative* qui accompagne ce mot dans la vie courante. **Il ne faut pas en préjuger**. Il peut y avoir des cas où le fonctionnement bureaucratique est le plus adéquat, celui qui est le plus en conformité avec les buts poursuivis (Mintzberg). Il peut aussi y avoir des bureaucraties qui fonctionnent et d'autres qui ne fonctionnent pas. Il peut y avoir un point, ou un moment, à partir duquel les dysfonctionnements se mettent à l'emporter sur le fonctionnement proprement dit, au point de l'entraver. Rien ne nous autorise à imputer *a priori* à la bureaucratie en général ce qui n'est peut-être le fait que de **dysfonctionnements de la bureaucratie**. (De même qu'il ne convient pas d'imputer à la démocratie en tant que telle les moments où elle trahit ses propres principes. Ex. : l'aventure coloniale.)

Le texte canonique, fondateur de toute la littérature sur la bureaucratie est un court texte de Max Weber « Caractéristiques de la bureaucratie », publié par M. Weber en 1922 dans *Économie et Société*[1]. Tout ce qui s'écrit depuis en

---

1. Traduction française : Plon, 1982.

sociologie sur la bureaucratie s'écrit en partie sur et à partir de ce texte de Max Weber, en partie contre lui, en particulier pour ce qui est des « critiques de la bureaucratie » comme Claude Lefort[1] et Castoriadis (avec le problème plus général que cela pose : comment un sociologue peut-il « critiquer » son objet[2] ?). Quoiqu'il en soit, le texte de Max Weber se veut tout sauf une critique de la bureaucratie.

Le texte de Max Weber se situe à un très haut niveau de généralité (et donc d'abstraction). Il traite de la bureaucratie en général (qu'elle concerne l'appareil d'État, le fonctionnement d'une entreprise privée, ou encore l'organisation d'une administration[3]). La plupart de ceux qui traitent de la bureaucratie aujourd'hui le font à un niveau d'abstraction beaucoup moins élevé. Mintzberg fait de la « sociologie des organisations » : de la sociologie appliquée si l'on veut, en tout cas il ne couvre qu'une petite partie du champ d'étude de la sociologie : il ne s'intéresse à la bureaucratie *que comme un mode possible d'organisation de l'entreprise*. Claude Lefort au contraire ne s'intéresse pratiquement qu'à la bureaucratie d'État : il analyse globalement le système soviétique comme l'épanouissement d'une **bureaucratie d'État**[4].

Max Weber décrit la bureaucratie comme un **idéal-type*** : une institution dont il brosse à grands traits les caractéristiques principales, en insistant sur ce qui la distingue des autres modes d'organisation connus. Pourtant, il parle explicitement de la **bureaucratie moderne** : indice que le cordon ombilical avec l'histoire n'est pas non plus complètement coupé. Cette ambiguïté, constante chez Max Weber, est attachée à l'idée même d'idéal-type*, ambiguïté que lui reprocheront d'autres sociologues.

L'ambiguïté redouble du fait que Max Weber écrit que l'on ne peut parler de bureaucratie que parce qu'il y a eu au préalable un **processus de bureaucratisation** qui a travaillé et modifié dans ses structures une société, une entreprise ou une institution. La bureaucratie ne tombe pas du ciel[5], mais *émerge d'un processus progressif de bureaucratisation.* **La bureaucratie comme idéal-type* serait le terme idéal de ce processus** s'il pouvait être mené pleinement à bien sans entraves ni contre-pouvoirs.

La thèse de Max Weber est au fond simple et apparemment tout d'une pièce « **bureaucratisation = rationalisation d'un système** et des procédures ». Pour situer la bureaucratie, il faut distinguer trois types de domination des hommes

1. *Éléments d'une critique de la bureaucratie*, Gallimard, 1979.
2. « La sociologie est une science qui cherche à comprendre l'action sociale en l'interprétant et à expliquer causalement son déroulement et ses effets. » (Max Weber, 1922) (Définition qui ne semble laisser aucune place à des jugements de valeur normatifs.) Sur ce problème général, voir aussi R. Aron, *Démocratie et Totalitarisme*, Première partie, ainsi que la présentation de la pensée de Pierre Bourdieu.
3. C'est une thèse et non une simple question de méthode : « Le caractère bureaucratique ne dépend en rien du fait que son autorité soit appelée publique ou privée. » (p. 47)
4. Il ne fait, sur ce point, que suivre et reprendre l'analyse de R. Aron, *Démocratie et Totalitarisme*, Idées Gallimard, p. 345.
5. Allusion ironique à *La Bureaucratie céleste*, livre où Étienne Balazs étudie l'administration de la Chine traditionnelle.

entre eux (trois types de rapports de pouvoirs politiques et/ou économiques) : la domination rationnelle, traditionnelle, charismatique. Elles se distinguent par ce qui *motive*[1] l'obéissance, et par le *type de croyance* qui l'accompagne.

a. La domination est **rationnelle** si elle est fondée sur la croyance en la légalité des règles qui régulent les rapports sociaux et sur la légitimité de ceux qui exercent la domination (le « pouvoir ») c'est-à-dire sur leurs titres à l'exercer, quels qu'ils soient.

b. La domination **traditionnelle** est, elle, fondée sur la croyance dans le caractère sacré et irrévocable des traditions sur lesquelles reposent les pratiques sociales, et sur la capacité de ceux qui exercent le pouvoir d'en être les dépositaires.

c. La domination est **charismatique** si elle repose sur l'attachement affectif qui relie un groupe à son chef[2]. La bureaucratie est le mode d'organisation du champ social qui est conforme (adéquate, congruente à) la domination rationnelle. La bureaucratie n'a pas pu toujours exister et suppose des conditions de possibilité non institutionnelles : il y a des conditions non institutionnelles, pré-institutionnelles, des institutions bureaucratiques.

Les principaux traits du phénomène bureaucratique

1. L'adéquation entre l'homme et la fonction (« The right man in the right place » : formulation, expression de l'idéologie bureaucratique.)

C'est la **compétence** seule qui légitime le fait qu'un homme occupe une fonction déterminée[3], par opposition au système féodal, à l'acquisition et à la transmission de charges par désignation, à la notion même de charges honorifiques, c'est-à-dire découplées de toute fonction réelle. Cette compétence est censée être validée par un **diplôme**. Le **concours** est alors le moyen le plus adéquat pour recruter les individus* pourvus de la meilleure compétence. La mentalité bureaucratique ne peut que conspuer la notion même de « charge honorifique ».

1. Max Weber se situe donc au niveau de ce que l'on appellerait dans la langue de Montesquieu le *principe* et non la *nature* d'un régime : le sens de l'honneur est le principe du régime aristocratique, en ce qu'il est ce qui y motive l'obéissance ; de même la crainte dans le régime despotique et la vertu dans le régime démocratique.
2. Étudié par Freud dans « Psychologie des foules et analyse du moi. »
3. La bureaucratie est incompatible avec le principe de la monarchie héréditaire : le fait d'être qualifié à exercer une fonction (à plus forte raison la fonction suprême !) de par sa naissance est en contradiction complète avec le principe bureaucratique.

2. À chaque fonction correspondent des missions, des tâches spécifiques, explicitées, clairement énoncées et connues de celui qui occupe cette fonction[1]

Plus la bureaucratie sera développée, plus ces tâches seront précises. (Sa tendance consiste à dissiper tout « flou » ou toute interférence de compétences prévenir tout **conflit** invariablement perçu comme un **dysfonctionnement** de la bureaucratie.)

Remarque

Les caractéristiques essentielles de la bureaucratie s'expliquent à partir de la **phobie du conflit** : il est contraire à la « philosophie » bureaucratique que le conflit puisse être fécond, productif ; qu'il puisse être un révélateur ou un symptôme de dysfonctionnements plutôt que le dysfonctionnement lui-même. Qu'un conflit puisse faire sens est radicalement étranger à la mentalité bureaucratique : un conflit est ce qui n'aurait jamais dû se produire, il constitue un « raté » ou un échec de la bureaucratie.

3. Organisation fortement hiérarchisée

La bureaucratie achevé tend à être **monocéphale**[2] : la bureaucratie tend à n'avoir qu'un seul chef. (Même raison : éliminer tout risque de conflit de pouvoir. Ex. Staline liquide les deux autres membres de la « Troïka » pour gouverner seul.) Il ne s'agit pas seulement de stratégies de pouvoir ou d'ambition personnelle, mais d'*une logique interne au système bureaucratique*. Chacun dans le système bureaucratique a un supérieur hiérarchique clairement identifié, auquel il doit constamment en référer, à qui il a à rendre des comptes. Selon cette hiérarchie se déclinent les différents niveaux d'autorité.

---

1. Ceci s'oppose au caractère informel de la répartition des tâches dans l'artisanat traditionnel, l'entreprise familiale avec quelques apprentis, le compagnonnage. Un tel système fonctionne sur les liens tissés entre les personnes, dont la bureaucratie tend à se méfier : ne s'en remet pas aux affinités ou aux inimitiés de personnes, que l'on incite bien au contraire à refouler. Dans une bureaucratie, **c'est le rapport entre les fonctions qui prime sur le rapport entre les personnes**. De cette primauté de la fonction sur la personne découle le fait que le chef d'entreprise est « le premier salarié de son entreprise », que le chef de l'État « est le premier serviteur de l'État ». Il s'agit là de bien plus que d'une simple rhétorique démagogique : un symptôme que quelque chose s'est inversé... Cette inversion est critiquée par H. Arendt. Être roi est aujourd'hui devenu un métier intéressant, voire passionnant, une fonction dont on peut démissionner pour se marier par exemple (D. de Rougemont, *L'Amour et l'Occident*, 10/18, Plon, 1972).
2. « Le plein développement... détermine une organisation monocratique. » (*Idem*, p. 47). Voir, s'agissant de la « bureaucratie d'État » (Claude Lefort), comment Staline s'y prend pour éliminer ceux avec qui il était censé partager le pouvoir.

Trois éléments-clés du pouvoir bureaucratique

- **La permanence du fonctionnement**, des institutions, activités régulières de fonctionnement (la bureaucratie génère sa propre activité, ce qui signifie qu'elle ne pourrait survivre dans l'intermittence ou le travail saisonnier[1]).
- **L'autorité de qui donne des ordres**, de la hiérarchie, assortie des moyens de coercition (physiques ou morales : emprisonnement, licenciement, rétrogradation (dans l'armée), etc.
- La reconnaissance collective de l'**aptitude** de ceux qui exercent le pouvoir. Celui qui détient l'autorité doit assumer de façon continue sa fonction afin de faire la preuve de son aptitude à gouverner.

Ces trois éléments ne sont réunis et développés que dans les bureaucraties modernes. Ils constituent ensemble **l'autorité bureaucratique** (s'agissant de l'appareil d'État) ou la **direction bureaucratique** (s'agissant d'une entreprise privée[2]).

Toute l'organisation bureaucratique est conçue pour laminer, ou du moins pour marginaliser, et si possible neutraliser, **l'initiative individuelle**, même astucieuse, perçue comme *un risque potentiel de dysfonctionnement*. Prendre une initiative est le contraire de ce qui est attendu de la part de l'individu* inséré dans un système bureaucratique, à savoir *exécuter les tâches qui lui sont confiées*. **Prendre une initiative revient, par définition, à empiéter sur la sphère de compétence de son supérieur**. Les initiatives doivent venir de qui de droit, de la hiérarchie. (Comme un joueur de football qui ferait cavalier seul, même brillamment, ferait courir à toute son équipe le risque d'une défaite.) L'inattendu et l'imprévu sont les ennemis de la bureaucratie.

« Bureaucratie = planification des tâches ».

• *Conclusion, diagnostic de Max Weber*

> « **La raison décisive de l'avance de l'organisation bureaucratique est sa supériorité purement technique sur toute autre forme d'organisation.** Un mécanisme bureaucratique pleinement développé est dans le même rapport aux autres types d'organisation qu'une machine avec des moyens non mécaniques de production. »

La précision, la rapidité, la non ambiguïté, la continuité, la discrétion : autant de traits de l'organisation bureaucratique qui assurent sa supériorité sur toute autre forme d'organisation. L'ambition est d'éliminer toute part d'irrationnel des processus de décision et d'exécution. La bureaucratie est l'idéal d'un fonctionnement social intégralement soumis à la rationalité. **La bureaucratie n'est-elle qu'une utopie ?** (Celle de l'éviction de l'irrationnel, de l'imprévu, du

---

1. Cette exigence de continuité, garante de pérennité de l'institution, génère une inflation de traces écrites. Chaque niveau doit justifier de son activité par des rapports. Inflation de la paperasserie congénitale/inhérente à l'épanouissement de la bureaucratie. (*Idem*, p. 47)
2. *Idem*, p. 46.

conflit, de l'ambiguïté[1], c'est-à-dire du facteur humain, d'où un **coût humain** très lourd pour les individus*.)

• *Enjeu*

Le processus de bureaucratisation peut-il connaître un terme, peut-il être un jour achevé ? Cette question revient à se demander si une bureaucratie intégrale est possible, si la réalité historique peut rejoindre l'idéal-type*. Pour M. Weber, à mesure que l'entreprise capitaliste va croître, sa bureaucratisation devra suivre, être de plus en plus poussée (comme la division du travail **dont elle n'est peut-être qu'un aspect ou que le corrélat administratif**) (p. 51 : plus l'entreprise est vaste, plus l'organisation bureaucratique doit être rigide). La bureaucratie est louée par Max Weber pour *son efficacité* (sa rapidité, par rapport aux lenteurs et à l'arbitraire des administrations d'anciens régimes) c'est-à-dire précisément *pour ce pour quoi elle est le plus souvent critiquée aujourd'hui* : lenteur, rigidité, caractère procédurier, endormissement de l'initiative individuelle[2].

La bureaucratie, de l'aveu même de Weber, implique un développement implacable de la rationalité « sans égard pour l'homme » : **l'homme se trouve réduit à sa fonction**, il n'a pas à être (re)connu dans ses aptitudes particulières, propres ; pour des aptitudes autres que celles pour lesquelles il a été recruté pour cette fonction, précisément. Il serait déplacé que l'individu* fasse preuve sur son lieu de travail de qualités autres que celles pour lesquelles il a été recruté. « La fonction bureaucratique implique un nivellement de la fonction de l'honneur » (M. Weber) (cf. Tocqueville : le sens de l'honneur, *sentiment moteur* des sociétés d'Ancien Régime. Ce sentiment est tout à fait hors de propos dans une bureaucratie : on ne demande à chacun que d'obéir aux ordres qu'il a reçus de son supérieur : on n'a que faire de l'honneur. La bureaucratie est donc bien un phénomène spécifiquement moderne, en parfait accord avec le principe des sociétés modernes).

La rationalité, à l'époque moderne, est synonyme de **calculabilité (la productivité suppose des résultats prévisibles et mesurables**). « La bureaucratie est *déshumanisée*, elle réussit complètement à éliminer de l'action officielle l'amour, la haine, et tout ce qui étant purement personnel, irrationnel et émotionnel, échappe au calcul. » (p. 53) Il ne faut pas voir là chez Max Weber l'embryon d'une

---

1. Culte de l'univocité, alors qu'on sait bien (par la linguistique) que dans tout ordre, même le plus précis, il reste toujours une part d'équivoque, si bien qu'accomplir un ordre, c'est toujours l'interpréter.

2. Il est frappant que les deux termes « bureaucratie d'État » et « système totalitaire » puissent être appliqués alternativement aux régimes de l'ex-bloc soviétique, alors même que H. Arendt relève comme un trait caractéristique des systèmes totalitaires leur caractère « imprévisible » et même incompréhensible pour le monde extérieur « normal », non totalitaire. C'est que la totalité de l'arbitraire se concentre entre les mains du chef, qui, n'ayant de comptes à rendre à personne, peut changer de stratégie voire d'objectifs à tout moment (Lénine, Mao). Un système totalitaire est donc un système redoutablement efficace parce que rationalisé à l'extrême, ayant circonscrit tout facteur humain porteur d'une capacité sinon de résistance, au moins d'inertie, ou d'imprévu, mis au service de l'irrationnel et de l'arbitraire le plus absolu.

critique de la bureaucratie. C'est là au contraire la « vertu spécifique de la bureaucratie » :

> « La complexité et la spécialisation croissante de la culture moderne exigent pour son appareil extérieur un fonctionnaire personnellement désintéressé[1] et rigoureusement objectif, en lieu et place du seigneur des structures sociales d'autrefois mû par la sympathie, la faveur, la grâce et la gratitude personnelle. Tout ceci est offert par la structure bureaucratique en une constellation harmonieuse. »

Manifestement, Max Weber idéalise la bureaucratie pour laquelle il y a les yeux de Chimène. La description qu'il en fait évoque irrésistiblement la description du « phalanstère » par Fourier : le socialisme utopique du XIXe siècle était déjà une utopie rationnelle, *un rêve de la raison* (Goya).

Mise en perspective historique

Lente transition, transmission des fonctions juridiques de l'antique procédure liée à la tradition et à des présuppositions irrationnelles à un spécialiste rationnellement formé : lente transmission des pouvoirs dont naît la bureaucratie moderne.

> « La bureaucratie dans la République, c'est la tyrannie* dans l'État. » (Alain)

Bibliographie

Arendt H., *Les Origines du totalitarisme, L'impérialisme*, Fayard, 1982, chap. 3, « Race et bureaucratie », p. 111-169.
Balazs É., *La Bureaucratie céleste*, Tel Gallimard, 1968.
Ballé C., *Sociologie des organisations*, PUF, coll. « Que sais-je ? », 1990.
Busino G., *Les Théories de la bureaucratie*, PUF, coll. « Que sais-je ? », 1993.
Castoriadis C., *La Société bureaucratique*, Christian Bourgois Éditeur, 1990.
Crozier M., *Le Phénomène bureaucratique*, Seuil, 1963.
Mintzberg H., *Structure et dynamique des organisations*, éd. d'Organisation, 2000, 434 pages.
Sainsaulieu R., *L'Identité au travail*, Références, 1988, chap. 3.
— *L'Exemple de Hermann Melville* (1819-1891), Bartelby (1853, la première nouvelle de Melville) ; ou F. Dostoïevski, *Le Crocodile*, Babel, Actes Sud, 2000.
Sen A., *Un nouveau modèle économique*, Odile Jacob 2000, p. 86-87.
Weber M., *Économie et Société*, Plon, 1932.

---

1. Le caractère anonyme, impersonnel de l'organisation bureaucratique est le meilleur garant de l'équité et de l'égalité de traitement. Il n'y a pas de traitement de faveur dans une bureaucratie qui se respecte.

PRÉSENTATION D'UN PENSEUR

UTILISER *BARTLEBY* (1853) DE HERMANN MELVILLE[1] (1819-1891)

Le narrateur commence par déplorer que nul n'ait pris la peine d'écrire sur ceux qui écrivent, d'écrire la vie des scribes et des copistes. De tels récits donneraient à la fois à rire et à pleurer (ambivalence*, tragique). Mais il donnerait toutes les biographies du monde « pour quelques instants de la vie de Bartleby », le copiste le plus insignifiant qu'on puisse imaginer « un de ces êtres dont on ne peut rien dire de certain » : c'est précisément ce qui fascine le narrateur, mais aussi qui laissera au lecteur la responsabilité de son interprétation.

Bartleby est un **homme sans qualités**[2], donc le sujet le plus improbable d'une biographie. Il dit de lui-même : « *I am not a particular* », je n'ai rien de particulier, il ne veut ni ne refuse quelque chose de particulier, au nom d'autre chose. Mais peut-être plus encore : « je ne suis pas un particulier », je ne suis personne, *Nemo*. Il pourrait être littéralement n'importe qui, n'importe lequel d'entre nous. **Il serait rassurant de voir dans Bartleby quelqu'un de particulier, un « original »**, un homme étrange voire un fou, quand il est **plutôt un révélateur de la folie du système** dans lequel il est inséré : l'étude d'un avoué.

À dix reprises au cours de la nouvelle, Bartleby répète (avec quelques variantes), la phrase étrange : « *I would prefer not to.* » La première fois quand l'avoué lui demande de relire la copie des deux clercs : « Je préférerais ne pas[3]. » La seconde fois, quand l'avoué lui demande de relire ses propres copies ; la troisième fois, quand l'avoué lui demande de relire une copie avec lui, en tête à tête ; la quatrième fois, quand l'avoué veut l'envoyer faire une course ; la cinquième, quand l'avoué lui demande d'aller dans la pièce voisine ; la sixième fois, quand l'avoué veut entrer dans son étude un dimanche matin et découvre que Bartleby y couche. La septième fois, quand l'avoué lui pose des questions ; la

---

1. Je m'inspire librement, mais largement, de la lecture qu'en a fait Gilles Deleuze : « Bartelby, ou la formule » in Hermann Melville, *Bartleby, Les Îles enchantées*, GF, 1989, Postface de Gilles Deleuze.
2. Cf. R. Musil, *L'Homme sans qualités*, Points, 216 pages. Voir le commentaire de Blanchot, *Le Livre à venir*, Gallimard, p. 203.
3. La première incongruité consiste peut-être tout simplement dans l'irruption déplacée des affects (l'affirmation, ou plutôt la négation d'une « préférence »), là où ils n'ont que faire — dans une bureaucratie.

huitième fois, quand Bartleby a renoncé à effectuer la moindre copie et que l'avoué le chasse ; la neuvième fois, quand l'avoué fait une seconde tentative pour le chasser ; la dixième fois, quand Bartleby, expulsé du bureau, s'est installé sur le pallier et refuse d'en partir.

« *I would rather not* » : je préférerais ne pas, j'aimerais mieux pas. Bartleby aimerait mieux ne pas faire ce pour quoi il est là, ce pour quoi on l'a embauché, et apparemment ce qui constitue toute sa vie : il couche dans l'office (ce qui rappelle des situations à la Kafka, dans *Le Procès* et *Le Château*). Mais Bartleby ne répond jamais non, il ne commet pas d'acte d'insubordination : il ne crée pas de conflit. Il profère une « phrase imparable » (Deleuze parle de « parade imparable ») et indéterminée : va-t-il finalement faire ou ne pas faire ce qu'il « préférerait ne pas » (faire) ? La formule propage l'affolement et la désorganisation, un dysfonctionnement du système auquel nul ne trouve de parade. La formule se propage comme une maladie. « Les mots insolites : "*I would prefer*", s'insinuent dans le langage des clercs et de l'avoué lui-même. » (G. Deleuze) « Vous avez attrapé le mot vous aussi ! » La phrase de Bartleby est inclassable : elle n'est ni affirmative, ni négative ; Bartleby n'accepte ni ne refuse l'ordre ou la consigne (ce qui seraient les deux réactions prévues à l'intérieur d'un système hiérarchique). Elle se contente d'énoncer sobrement une préférence, mais qui est **une préférence négative** : Bartleby ne dira jamais ce qu'il préférerait faire, ce au nom de quoi, ou par rapport à quoi, il « préférerait ne pas » faire ce qui lui est demandé. La non-préférence n'est pas liée à un contenu déterminé. Quoi qu'on lui demande de faire, la réponse est toujours la même : il préférerait ne pas. La phrase « *I am not a particular* » doit être comprise en ce sens là : Bartleby n'éprouve aucune antipathie particulière, aucune préférence, quoique le verbe figure dans sa phrase, aucune aversion particulière pour son métier ou pour le travail en général. Il n'est ni un héros de la liberté, ni un militant syndical, ni même un anarchiste. Face à son attitude, le fonctionnement de l'étude, microcosme du fonctionnement social, est bien plus désemparé, désorganisé, incapable de trouver une réponse adéquate.

La phrase de Bartleby est-elle un énoncé constatif* ou performatif* ? Là encore, cette étrange formule d'apparence inoffensive bouleverse, voire subvertit, les catégories de la linguistique : Bartleby ne dit pas clairement qu'il ne le fera pas, il n'affirme ni qu'il exécutera l'ordre, ni qu'il ne l'exécutera pas. Ne fait-il pour autant que *décrire* un sentiment intérieur (il « sent » qu'il ne préférerait pas), comme il énoncerait, par exemple, qu'il fait beau ? Mais le choix de **dire** cette phrase est un **choix performatif*** : il décide de nous faire savoir, il fait savoir par cette phrase à son entourage qu'il « préférerait ne pas ». Il y a donc bien une dimension performative dans sa phrase, mais qui laisse désemparé et comme sans prise. Bartleby *s'expose à peine*, aussi peu que possible, « il s'expose un peu dans un léger retrait de la parole » (Philippe Jaworski). La formule est ravageuse parce qu'elle élimine aussi radicalement le préférable que n'importe quel non préféré. On sait bien, dès la première occurrence, que quoi que l'on propose par la suite à Bartleby, cette proposition se heurtera à la même réponse. Il emploie le vocabulaire de la préférence non pas pour fixer une hiérarchie du désirable, mais pour abolir toute hiérarchie, pour tout mettre sur un même plan et tout embrasser dans un même et uniforme rejet, ou plutôt, car il n'y a pas de rejet à proprement parler, qui serait une action à laquelle on pourrait opposer une réaction, dans une même indifférence sur le mode de la distance. Le « je » ne s'exprime que pour manifester son absence de qualité, le fait que rien n'a de prise sur lui.

Bartleby est-il alors **l'incarnation par excellence du bureaucrate**, jouant jusqu'à l'absurde de sa faculté d'inertie, de sa capacité de résistance paralysante[1] qui ne se mue jamais en acte de sabotage ou de rébellion délibéré, ou bien est-il au contraire le « grain de sable » qui fait que toute l'étude de l'avoué se grippe et s'enraye, ce qui introduit le dysfonctionnement fatal dans la machine et en révèle à la fois l'absurdité et la fragilité ?

À lire

Kafka F., *Le Procès*, LGF, 2001, 285 pages.
— *Le Château*,. LGF, 2001, 391 pages.
Melville H., *Bartleby*, Gallimard, 1996.
Musil R., *L'Homme sans qualités*, Le Seuil, 1995.
O'Tooll, *La Conjuration des imbéciles*, 10/18, 448 pages.

1. Alain Minc parle, à propos des personnes occupant des postes liés au *Welfare State*, de leur « incroyable capacité de résistance au changement », qui les disqualifierait pour tout autre emploi mais qui, là où ils sont, « leur offre un long sursis », *La Mondialisation heureuse*, p. 35. Claude Lefort parle, lui, à propos du fonctionnement hiérarchique des organisations bureaucratiques, de « solidarité dans l'incompétence, qui va assez loin pour lier l'employé situé tout en bas de l'échelle au système dont il fait partie ». *Arguments 1, La Bureaucratie*, 10/18, p. 273.

FICHE DE LECTURE

RENAUD SAINSAULIEU

L'IDENTITÉ AU TRAVAIL[1]

Presses de la Fondation Nationale des Sciences Politiques, 1988, 3e édition, 477 pages

Introduction

Toute structure économique ou sociale en croissance voit nécessairement évoluer l'organisation des rapports collectifs.

> « Un réseau de situations organisées selon des principes rationnels s'interpose entre le monde des relations interpersonnelles et le monde des rapports collectifs à l'échelon national. » (Cf. Max Weber)

C'est là ce qui justifie le projet du livre : ce serait en manquer les principaux enjeux que de croire que les modifications des organisations n'affectent que le technique et l'économique, et n'ont pas d'incidence sur **l'identité**.

Thèse

Dans les sociétés de masse* et de consommation, urbanisées et industrialisées, les habitudes de travail, les modes de pensée et d'action diffèrent profondément de ce qu'elles étaient il y a encore un siècle (structures familiales, artisanales, corporations, compagnonnage...) En attestent les effets dévastateurs induits dans des structures villageoises restées rurales, ou dans des sociétés restées quasi « médiévales » (Tiers-monde) confrontées brutalement à la modernité. Une grande entreprise arrive et plaque ses schémas d'organisation rationnelle et de catégorisation fondée sur la compétence technique (thèse de Max Weber sur une entreprise bureaucratique) : « Nos sociétés ont instauré des formes radicalement nouvelles de sociabilité. »

---

1. Thèse soutenue sous la direction de Michel Crozier.

Le livre rend compte d'une prise de conscience progressive des effets induits par l'organisation du travail sur les mentalités, les comportements et les habitudes collectives, sur les identités individuelles et collectives.

Thèse à laquelle il arrive :

> « Dans les mécanismes même des mécanismes de la reproduction d'une culture se situe toujours l'expérimentation concrète et immédiate des normes et valeurs transmises antérieurement. [...] C'est ainsi que l'étude des phénomènes d'apprentissage culturel dans l'organisation du travail prend tout son sens. [...] **Notre hypothèse générale est que le phénomène organisationnel, considérable à notre époque, ne peut manquer de médiatiser en toute institution**[1] **la reproduction des conduites et des cultures.** »

Sainsaulieu veut montrer :

> « [...] à quel point l'individu* peut être influencé dans sa façon de raisonner, de symboliser et d'interpréter son expérience et celle des autres par les modalités de la communication dans le travail. La culture, au sens anthropologique[2], recouvre l'ensemble des significations, représentations et valeurs, plus ou moins codifiées, dont on se sert pour agir et se faire comprendre dans les échanges, cette culture pourrait bien être apprise et transformée dans le contexte du lieu de travail : les individus* y font l'expérience d'un véritable conditionnement de leur aptitude à communiquer. »

Les études sur la classe ouvrière au XIXe siècle, classe dont le développement dépend du mode d'organisation du travail prévalant à l'époque, se sont pour la plupart attachées à décrire une « culture ouvrière » qui serait une sorte de « sous-culture » à l'intérieur de la société en général, de contre-culture* construite en réaction à la culture dominante. Il faudrait alors que toute analyse **sociologique** du phénomène d'organisation rationnelle du travail se double d'un travail d'**ethnologue** portant sur les us et coutumes des différentes catégories sociologiques « dans les ateliers et les bureaux ». Sainsaulieu appelle « culturaliste » cette approche qui double ou juxtapose les deux phénomènes, approche dans laquelle il entend bien ne pas s'enfermer.

Parallèlement, la psychologie et la sociologie américaines ont entrepris de rendre compte des comportements des individus* et des groupes à partir des différents facteurs de l'organisation du travail. Sainsaulieu revendique un triple héritage sans lequel son propre travail n'eût pas été possible :

1. G. Friedmann[3] montre que par-delà les facteurs de situations, **c'est l'ensemble du système d'organisation rationnelle du travail qui agit sur les comportements au point de provoquer des troubles graves de personnalité chez certains ouvriers soumis à une extrême simplification des tâches** (Taylorisme).

---

1. Thèse qu'il conviendrait de confronter à celle de Pierre Bourdieu, *La Reproduction*, concernant la seule « école » ou du moins le système d'éducation français.
2. À savoir au sens où elle s'oppose à l'**anomie***.
3. Georges Friedmann, *Le Travail en miettes*, Gallimard, 1964.

2. J.-D. Reynaud met en évidence **« la soif d'informel » ressentie par l'homme** enserré dans une organisation bureaucratique du travail.
3. M. Crozier[1] met en évidence **l'importance des rapports de pouvoir dans les relations informelles d'usine ou de bureau**.

> « L'autorité dans les entreprises bureaucratiques est la conséquence de la structure formelle des rapports de travail, mais aussi, et plus profondément, des possibilités de jeux partiellement indépendants que s'y constituent les acteurs en fonction des ressources stratégiques de leurs positions organisationnelles. »

L'organisation est ainsi dès les années 60 définie comme un lieu d'implication forte des individus* dans un milieu humain dépassant largement en complexité la définition formelle apparaissant sur un organigramme. La scène des rapports de travail, envisagée auparavant sous le double angle des rapports fonctionnels de production (Max Weber) et des rapports collectifs de lutte sociale (approche marxiste) **acquiert une troisième dimension : celle des échanges humains quotidiens[2], où le fonctionnel, l'interpersonnel et le collectif se mêlent pour donner une signification nouvelle au monde du travail**.

Le premier chapitre du livre retrace l'étonnement de l'auteur face à la réalité des rapports de travail qu'il découvre en atelier. « Refusant de prendre la place des militants ouvriers pour exposer les conditions difficiles de la vie en usine[3] », Sainsaulieu adopte l'attitude d'un sociologue « observant jusqu'à quel point les individus* pouvaient être conditionnés par leur travail d'ouvriers ».

Les chapitres 2 à 6 retracent l'étape suivante : élargissement du champ de l'étude à plusieurs entreprises publiques et privées. Objectif : analyser les différences de systèmes de relation et de compréhension mutuelle entre ouvriers, employés, techniciens et cadres. Montrer que la variété des conduites observées n'était pas strictement corrélée avec les catégories socio-professionnelles déterminées par la formation professionnelle. C'est la différence des modes d'accès au pouvoir de l'entreprise qui permet de rendre compte de ces différences.

Les chapitres 7 et 8 mettent en relation les résultats des travaux des psychologues sociaux (américains, britanniques, français) avec les différences mises en évidence par l'enquête de Sainsaulieu. La mise en évidence de correspondances et de corrélations autorise à parler « d'un apprentissage des normes de comportement dans les relations de travail », ce processus d'apprentissage étant corrélé « aux conditions sociales d'accès au pouvoir dans les échanges en organisation. » Jusque là, on est dans une démarche de type *behavioriste* : de même que les *behavioristes* expliquent l'apprentissage

---

1. *Le Phénomène bureaucratique*, Le Seuil, 1964.
2. Voir en particulier Michel de Certeau et Luce Giard, *L'Invention du quotidien*, Gallimard, 1990.
3. Ce qui est au contraire la posture résolument adoptée par Simone Weil allant travailler en usine de décembre 1934 à août 1935 pour tenir son *Journal d'usine* et se faire ainsi la voix ou le porte-plume des ouvrières. Cf. Simone Weil, *Œuvres*, Quarto Gallimard, 1999, p. 132, et plus largement p. 127-210.

d'aptitudes en termes de réponses à des stimuli et de rectification des attitudes socialement inadéquates par le biais de stimuli correcteurs, les aptitudes relationnelles et des « séquences comportementales » seraient acquises par le biais du stimulus « accès au pouvoir ». Une pratique serait encouragée dans la mesure où elle ouvrirait l'accès au pouvoir, découragée dans la mesure où elle fermerait l'accès au pouvoir. Donc on pourrait rendre compte de l'apparition de « **normes relationnelles** » dans le « contexte contraignant et conflictuel des rapports de travail ».

Mais le travail de Sainsaulieu s'infléchit alors dans une toute autre direction, se tournant vers des questions qui étaient restées jusque là propres aux psychanalystes : **Quelle est la signification inconsciente, pour les structures mentales du sujet, des expériences identificatoires et conflictuelles qu'il peut vivre dans ses relations affectives et cognitives ?** Sainsaulieu est ainsi amené à formuler une nouvelle hypothèse, celle de l'interdépendance entre l'expérience du pouvoir au travail et l'identité personnelle des individus* confrontés à la question des modalités d'accès à la reconnaissance de soi dans et par le milieu social et professionnel.

La dernière partie est consacrée aux catégories sociologiques des valeurs, idéologies et de la culture des groupes sociaux. La thèse soutenue est que l'expérience des relations dans les organisations contemporaines est si intense et si durable que **ses effets débordent largement les cadres de l'organisation** elle-même (**ne se bornant pas à établir des normes ne valant que dans le cadre du bureau ou de l'atelier**) : **elle modèle et façonne l'identité et la modalité des relations des individus* indépendamment de tout cadre professionnel** particulier, donc **infléchit de façon décisive le rapport à soi et aux autres de l'individu***. Enjeu : Sainsaulieu retourne alors la problématique initiale : **les rapports sociaux de classes, et en particulier les comportements syndicaux, doivent être réinterprétés à la lumière des processus inconscients d'apprentissage culturel dans le travail**. Sainsaulieu assume et revendique l'évolution du projet initial : parti d'une approche classique du conditionnement social (*behavioriste*) et de la notion de « culture de classe » (« culturalisme »), il en vient à s'interroger sur la corrélation entre les normes relationnelles et les processus d'identification inconscients d'une part, et l'approche sociologique des rapports de pouvoir dans l'entreprise d'autre part.

Chapitre 1. Le conditionnement des rapports humains dans l'atelier

Chapitre 2. Conditions de travail et relations entre ouvriers

Chapitre 3. L'interpersonnel et le formel dans les bureaux

La catégorie d'« employé aux écritures » (administrations, bureaux, banques, assurances…) arrive en troisième position des catégories socio-professionnelles (après l'industrie et l'agriculture). Retrouvera-t-on dans cette catégorie la même diversité qu'à l'intérieur du monde ouvrier ? Confrontés à la montée de cette nouvelle catégorie sociale des « employés de bureau » générée par la croissance industrielle, romanciers (Balzac, Flaubert, Courteline et ses « ronds de cuir ») et sociologues du XIXe siècle se sont penchés sur elle. Ils y ont fait les mêmes découvertes : respect scrupuleux des règlements pouvant aller jusqu'au ritualisme[1], et importance des querelles et rivalités pouvant aller jusqu'à la mesquinerie[2].

De cette « préhistoire de la bureaucratie », nous avons conservé deux idées :

1. La promotion sociale est conditionnée par l'application méticuleuse, scrupuleuse du règlement.
2. Cette catégorie socio-professionnelle produit des individus* routiniers, ritualistes, devenus incapables de la moindre initiative dominés par la jalousie et les rivalités liées à l'avancement dans la « carrière ».

Les sociologues s'intéressent à l'univers bureaucratique parce que, soustrait aux contraintes liées à la production industrielle, **il semble promettre une planification idéale de la rationalité des conduites**. D'où **l'idéal-type* de la bureaucratie** défini par Marx Weber. La bureaucratie est l'univers qui tend à fonder au maximum les décisions sur les seules compétences des individus*, et ce grâce à la spécification des attributions, à la hiérarchisation des contrôles et la formalisation des procédures. **Cet idéal implique une extrême dépersonnalisation des rapports sociaux**, et induit un attachement presque sentimental à la règle, aux règlements, aux procédures qui assurent le bon fonctionnement de l'ensemble.

Ce sont les sociologues américains (Merton) qui vont s'aviser des conséquences sécrétées, pour les individus*, par cette montée en puissance de la rationalité dans le monde du travail. L'attachement aux règles qui garantit le bon fonctionnement du système (assurant que les collègues de travail auront bien précisément les comportements attendus d'eux) inhibe la capacité d'initiative, induit un comportement de protection à l'égard de la hiérarchie, enlise l'individu* dans la routine, développe des solidarités de castes[3].

La priorité devient de faire les choses « selon les règles », « en suivant la procédure » (ce qui devient de plus en plus difficile), le souci de satisfaire le client et de répondre à la demande formulée passe au second plan : les procédures en viennent à être opposées au client, alors qu'elles devraient avoir pour finalité d'assurer sa satisfaction optimale ! La marge de manœuvre et d'appréciation devient de plus en plus étroite à mesure que les procédures se « rationalisent » (Max Weber), c'est-à-dire se précisent et se standardisent.

Selon Merton, ce sont les traits fondamentaux, structurels, de la bureaucratie tels que décrits par Max Weber : le mode d'avancement, les salaires, le

---

1. Cioran parle quelque part, à propos des règlements administratifs, de « métaphysique à l'usage des singes ».
2. Cf. dans *Belle du Seigneur,* d'Albert Cohen, les dimensions proprement métaphysiques que prend, aux yeux d'Adrien Deume, la promotion de cadre de catégorie B à cadre de catégorie A… (Par exemple : Ire partie, chap. IV-VI).
3. « Incroyable solidarité dans l'incompétence », écrit Claude Lefort.

développement de la hiérarchie avec **une démultiplication de grades**, d'échelons, d'indices, qui engendrent une vénération inconditionnelle pour la discipline[1], une attitude quasi religieuse (faite de respect et de crainte, d'effroi), une inhibition de l'esprit critique.

La critique américaine est reprise et approfondie par Crozier : il pose d'une manière radicalement nouvelle la question du paradoxe de la mentalité de bureau. Le paradoxe social tient à ce que l'efficacité et la rationalité ne soient atteints qu'à un coût très élevé pour l'individu*, qui doit oublier ou sacrifier sa personnalité sur l'autel du fonctionnement rationnel et efficace du système. Les impératifs bureaucratiques ne reposent-ils pas sur une analyse simpliste des rapports sociaux ? Une dépersonnalisation totale non seulement serait pathologique (Merton), mais est impossible. Les individus* s'expriment en s'aménageant de plus ou moins confortables « niches de liberté » au cœur même de l'application apparemment scrupuleuse des règlements[2].

Le **positionnement** des individus* face au fonctionnement bureaucratique est **loin d'être uniforme** (variant en fonction de l'origine sociale, du grade, de l'âge...), pouvant aller de l'apathie la plus complète à la participation critique de type syndicaliste. **Il n'existe pas une personnalité bureaucratique unique et typique** (Crozier) mais de nombreux types d'adaptations aux procédures et aux normes, les bénéfices retirés par les individus* et les contraintes subies par eux variant considérablement en fonction des services, des secteurs.

Mais surtout : les réactions aux pressions subies par les individus* ne sont pas le produit mécanique d'un conditionnement par la structure (comme tend à le pensée l'école américaine d'inspiration *behavioriste*), mais constituent des réactions stratégiques aux contraintes engendrées par la situation, et peuvent être interprétées en termes de réactions de défense. Les relations régies par les normes du groupe existent bel et bien, mais sont le résultat du jeu collectif des différents acteurs[3], chacun avec la part de pouvoir qui lui est dévolue, et ne sont pas imposées de façon volontariste par la hiérarchie. Elles sont à interpréter en termes sociologiques, non en termes simplement administratifs (comme étant l'application mécanique du règlement, pas plus que la véritable configuration du pouvoir dans une entreprise ne se laisse réduire à celle figurant sur l'organigramme). Les comportements de blocage sont à interpréter comme des éléments d'une stratégie d'acteurs se trouvant eux-mêmes dans une situation bloquée (sur le plan de l'avancement professionnel par exemple) jouant avec/contre d'autres acteurs.

---

1. Qui a fait en Allemagne le lit de la montée du nazisme selon Eisenstadt : nul ne songeait à contester un ordre pour peu qu'il émanât effectivement de la hiérarchie légitime.
2. Cette idée est analogue à celle de Marcel Gauchet montrant qu'au fond, les hommes ont toujours « composé » avec les règles religieuses, ont toujours « négocié » avec elles, en trichant ou en se les accommodant, ce phénomène n'étant donc pas, comme l'écrit Lipovetsky, caractéristique de la seule « post-modernité* ».
3. Crozier et Friedberg, *L'Acteur et le Système*, Le Seuil, 1977.

> « La règle formelle est le cadre délimitant le champ du jeu des acteurs, non la réalité même de ce jeu. »

Troisième apport de Crozier : Pourquoi la bureaucratie échoue-t-elle à éliminer les dysfonctionnements qui ont nom ritualisme, apathie, routine, comportements procéduriers ? La hiérarchie répond invariablement à ces dysfonctionnements (rétention d'information, stratégies de protection à l'égard des chefs) en édictant de nouvelles règles, en précisant les procédures, bref en procédant à une **surenchère dans la rationalisation**, dont ils ne parviennent pas à voir que c'est elle qui engendre ces dysfonctionnements. Les sphères inférieures perçoivent — avec raison — ces nouvelles règles comme dirigées contre elles, comme des signes de défiance à leur égard « fonctionnement en cercle vicieux » : d'où mise en place de normes des conduites collectives qui sont non pas celles décidées par la hiérarchie mais celles résultant de ces stratégies et contre-stratégies. Les niveaux inférieurs se saisissent des règles pour contrer ce qu'ils perçoivent comme l'arbitraire de la hiérarchie (par exemple, revendication syndicale d'une progression à l'ancienneté et non au mérite, perçue comme plus « arbitraire »).

Sainsaulieu écrit :

> « La médiation humaine est si forte dans la réalisation du produit de bureau que l'organisation formelle ne cesse de se heurter à la complexité des individus* ; dans les bureaux, chacun trouve des libertés plus nombreuses pour se poser en tant qu'individu*. »

(Implicitement : plus nombreuses que dans l'atelier ou la chaîne de montage où l'affirmation de l'individu* se heurte constamment aux contraintes liées à la production industrielle).

Paradoxe : plus il y a de règles, plus il est possible de se définir une stratégie personnelle en jouant sur leurs imperfections, leurs contradictions, ou en prenant les textes au pied de la lettre pour faire du « zèle » — ou de la résistance. **Les stratégies individuelles prennent appui sur l'inflation des règles qui étaient censées les contrer**. Les règlements censés standardiser les comportements multiplient aussi les stratégies individuelles pouvant entrer en conflit les unes avec les autres, produisant les fameux « dysfonctionnements ».

Différence entre la situation socio-professionnelle en bureau et en usine : en bureau, l'implication dans les relations professionnelles est nettement contrebalancée par des rapports humains extra-professionnels. L'appartenance sociologique est plus diversifiée qu'entre ouvriers, la mobilité sociale d'une génération à l'autre est plus grande, le travail est moins contraignant et laisse plus de disponibilité pour l'extérieur. L'effet des structures d'organisation du travail est moins implacable qu'à l'usine ou à l'atelier.

Analyse des résultats d'une **enquête** (non datée) **faite auprès d'« employés de bureau »** :

- **Existe-t-il une « mentalité de bureau » ?** Fortes différences par rapport aux résultats obtenus en usine, quant à l'attitude face au travail, à l'ambiance de travail, et aux rapports aux collègues de travail et à la hiérarchie. Constat de discours et de pratiques très diversifiés, mais néanmoins nettement distincts de ceux observés à l'usine.

- **Conditions de travail beaucoup moins pénibles, pesantes** : Discours sur un travail facile, léger, mais dévalorisé, déprécié (déficit de reconnaissance sociale). La question du travail est parfois purement et simplement éludée (alors que le questionnaire portait sur lui). Le travail est soit passé sous silence, soit critiqué et jugé peu intéressant (dévalorisé dans l'esprit même de ceux qui l'exercent). Discours : « Mon travail n'a rien de passionnant. » Ce constat ne s'accompagne pas nécessairement d'un mécontentement à l'égard du poste occupé. Le processus d'adaptation à l'égard des conditions de travail et de la fonction a le plus souvent joué. La majorité des employés de bureau se disent satisfaits d'une fonction qui ne fait pas — ou que très peu — appel à un effort intellectuel. 67 % des employés disent n'avoir pas ou très peu de responsabilités professionnelles. Les 33 % restants correspondent soit à des postes à haute technicité (faisant appel à une qualification pointue), soit à des postes de commandement. Les plus mécontents de leur poste sont les plus jeunes : on constate une adaptation croissante à la fonction au fur et à mesure du déroulement de la carrière. Les deux principaux sujets de mécontentement sont le salaire et l'avancement.
- **Le sentiment d'originalité individuelle** : La plupart soulignent l'importance de la complexité des individus* et l'originalité du point de vue de chacun. Chacun souligne que son point de vue est personnel, qu'il l'exprime sans connaître l'avis des autres. Souci de retrait par rapport au groupe, de se poser comme individu*, d'affirmer sa différence. Importance accordée à la complexité des individus*, à laquelle on impute la difficulté de se comprendre. **L'individu* est perçu comme complexe et original, irréductible au groupe, à sa fonction et à son travail.**
- **Une identité collective dépréciée** : La « mentalité de bureau », l'« esprit de bureau » sont unanimement condamnés. Autodénigrement du groupe, de la communauté des collègues, qui commande l'affirmation de soi comme individu* nettement différencié. Affirmation revendiquée d'être profondément différent de ses collègues (comme si chacun était un bureaucrate « par erreur », comme si personne n'était fait pour cette fonction), qui a pour corollaire **l'affirmation du fait d'être incompris**, méconnu de ses collègues. Sentiment d'un fossé entre les individus*, imputé à l'organisation du travail, alors même que l'on parle beaucoup dans les bureaux, beaucoup plus facilement qu'à l'usine. Mais une parole dans laquelle l'individu* ne **s'investit** pas et ne se **reconnaît** pas. À travers la relative facilité d'expression dans les bureaux, chacun attend d'être écouté et compris, et chacun constate que cette compréhension n'a pas lieu. Les relations interpersonnelles au bureau sont complexes : les relations strictement professionnelles sont vite débordées (« Il y a un élan de sympathie dans le bureau si quelqu'un est dans le malheur »), mais cette proximité est chargée d'ambivalence* (« Savoir ce que les autres pensent, c'est savoir ce qu'ils pensent de vous. »).
- **La constance des relations s'accompagne d'un constat de différences de points de vue irréductibles.** Ces points de vue sont classifiables selon une

démarche sociologique (éducation, âge, sexe, opinions religieuses ou politiques…). Les bureaucrates sont obligés de vivre ensemble, bon gré, mal gré. Ils ne peuvent esquiver la grande aventure de découverte de soi et des autres, dans la mesure où la communication est toujours possible. Mais chacun semble plus soucieux de se faire entendre et comprendre que de faire l'effort de comprendre l'autre. Cette revendication globale se heurte à la dimension stratégique de l'autre : salaires, carrières, avancements…, tout cela offre plus d'occasions de se confronter et de se jalouser que de se comprendre. Chacun perçoit confusément le « jeu » de l'autre, et qu'il peut devenir un objet au service de cette stratégie, qu'à terme leurs stratégies ont plus de chances de les mener à la confrontation qu'à la coopération. Chacun se protège en renonçant à se livrer (craintes répétées que l'autre puisse « s'en servir » contre soi, le « répété par derrière à la hiérarchie »…). La relation de bureau n'est jamais confortable et se révèle souvent dangereuse. Le souci de rapprochement des autres se heurte au souci de protection de soi vis-à-vis des autres. Mouvements de replis et de défense : « Mieux vaut ne pas dire ce que l'on pense. »

> « L'organisation du travail dans une bureaucratie ôte à chacun les moyens d'établir une relation de confiance autrement qu'en se désengageant ou en tronquant la relation. »

- **Les compromis résultant de ce conflit** : L'essentiel est quoi qu'il arrive de ne pas perturber gravement le climat de coexistence : d'où un désengagement/désinvestissement affectif des relations. À ne surtout pas confondre avec l'accord unanimiste/fusionnel qui peut exister dans un groupe d'ouvrier (par exemple membres d'un même syndicat) ; chacun reste sur la défensive, sur son quant à soi. La situation est inverse : dans l'usine, difficultés pratiques de communiquer (bruit, cadence, surveillance), mais sentiment profond de solidarité ; dans les bureaux, facilités pratiques de l'échange, mais facilité à laquelle il ne faut pas se laisser aller : méfiance généralisée. La notion de groupe est perçue de façon très floue : la séparation/répartition des tâches fait qu'il n'y a quasiment pas de décision à prendre en groupe. Les décisions émanent d'un hiérarchique individuel. **Le groupe est ce à quoi s'impose la décision** (par exemple le service, ou un niveau hiérarchique), ce qui la subit, **non ce dont elle émane.** Le groupe n'existe pratiquement pas dans les bureaux, même à titre d'aspiration ; la vie collective se réduit pour l'essentiel à être une juxtaposition d'individualités.
- **Le rapport au « chef »** : Il y a plus d'échanges entre les employés et leur chef de service qu'entre les ouvriers et les agents de maîtrise. Rapports plus structurés et structurants. Plus ils gagnent en importance, plus ils tendent à déborder le simple cadre de rapports professionnels. Le discours sur les chefs tourne autour des qualités humaines (on attend d'eux et on apprécie qu'ils soient conviviaux, humains, tolérants, chaleureux, compréhensifs), et non autour de la question de leur compétence professionnelle. On attend implicitement du chef qu'il exerce un véritable **rôle thérapeutique** sur le

service (qu'il détende les relations, désamorce les conflits, inhibe les jalousies…) : qu'il **prenne soin** de son service. Le principal reproche est « l'injustice » qui exacerbe les conflits. Plus les relations sont décevantes entre les membres d'un même service, plus les attentes se polarise sur le chef qui doit jouer tous les rôles : arbitre, conseiller, thérapeute, etc.

- **La vie extérieure est valorisée voire idéalisée par rapport à la vie de bureau.** Les collègues de travail sont seulement des « amis du bureau », c'est-à-dire des amis au rabais, des amis faute de mieux, des amis plutôt que d'en faire ses ennemis. On est contraint à s'entendre, à coopérer.

À lire

Crozier M. et Friedberg E., *L'Acteur et le Système*, Seuil, 1977.

CHAPITRE 4

Le totalitarisme, et après ? Penser l'après communisme

COURS

LE TOTALITARISME ET APRÈS ? PENSER L'APRÈS COMMUNISME

Introduction

Raymond Aron, en 1952, annonce devant ses étudiants de l'ENA qu'il va entreprendre un cours inutile, « encore plus inutile que les autres années », prend-il la peine de préciser, puisqu'il n'y sera parlé ni de fiscalité, ni de diplomatie, ni d'équilibre géopolitique,

> « mais seulement, de manière comparée, des idées, des principes et des réalités des régimes des démocraties représentatives libérales et des régimes des démocraties populaires des pays de l'Est. »

Revendiquons la même inutilité, réclamons-nous d'elle pour parler de l'essentiel.

L'adjectif « totalitaire » (1936), le substantif « totalitarisme » (1940) apparaissent très timidement dans l'entre-deux-guerres, d'abord pour qualifier le régime mussolinien. Les connotations* n'en sont pas nécessairement négatives à ce stade là : ce sont des termes servant à qualifier **l'ambition** mussolinienne à embrigader et **à encadrer l'ensemble de la société** et de l'économie italiennes, à. prendre en charge la société dans sa globalité.

Ces termes n'acquièrent un véritable statut théorique qu'après la Seconde Guerre mondiale (ils n'ont pas constitué un argument de propagande pendant la guerre, ne serait-ce qu'à cause de l'alliance avec l'URSS), avec la publication du premier grand livre de philosophie politique d'H. Arendt[1] en trois volets : *Les*

---

1. « L'usage du terme de totalitarisme dans le discours populaire pour dénoncer un mal politique extrême ne remonte guère à plus de 5 ans. Jusqu'à la fin de la Seconde Guerre mondiale et dans les premières années d'après-guerre, le mal politique était désigné par le terme passe-partout d'impérialisme. Ce dernier terme était alors généralement employé pour signifier l'agressivité en politique extérieure et, au demeurant, on assimilait les deux termes de manière si profonde qu'ils pouvaient sans difficulté être employés indifféremment. D'une façon assez analogue, le terme de « totalitarisme » sert aujourd'hui à désigner la soif du pouvoir, la volonté de domination et la terreur brute. » (*La Nature du totalitarisme*, p. 80). C'est l'effondrement de l'empire britannique qui a, dans l'esprit populaire, fait passer la notion d'impérialisme à l'arrière-plan et fait apparaître le totalitarisme comme le nouveau phénomène déterminant de notre époque.

Origines du totalitarisme : 1. *L'antisémitisme*, 2. *L'impérialisme*, 3. *Le Système totalitaire* proprement dit[1]. **Tout le livre — tout le concept — repose sur la comparaison terme à terme du mode de fonctionnement politique, institutionnel, social de l'Allemagne hitlérienne et de l'URSS de Staline**.

• *Historique de la réception du terme en France*

On a peine aujourd'hui à imaginer la violence du rejet que ce livre — et par contagion ce concept — provoqua. Dès le départ, il s'agit d'**un terme violemment polémique**[2]. Le simple fait d'oser le reprendre à son compte exposait à être traité en pestiféré par la quasi totalité des intellectuels de l'époque, et évidemment, par dessus tout du Parti communiste et de ses « compagnons de route[3] ». Terme délibérément repris à son compte par Raymond Aron dans *Démocratie et Totalitarisme* (1965, mais le titre n'est pas d'origine), mais il s'agit de la publication d'un cours datant des années 1955-1958 (donc, audacieux et précoce ; mais **venant d'un penseur libéral** : c'est-à-dire du courant de pensée qui était le plus « réceptif » à ce type de discours. Un tel terme constituait même une véritable aubaine pour un penseur libéral : il lui permettait de regrouper sous un même vocable ses deux ennemis, de « gauche » et de « droite », si l'on peut dire, et de les caractériser par un condensé de ce en quoi ils sont aux antipodes des idées libérales[4]), ce qui ne retire rien au courage d'Aron, qui s'exposait sciemment en particulier à la vindicte de Sartre. Merleau-Ponty (dans *Humanisme et Terreur* 1947), reprenant pour l'essentiel des articles parus précédemment dans *Les Temps modernes*, reste ambigu. Son livre est présenté par certains, à tort, comme une apologie des procès de Moscou (1936-1938). Ce qui est vrai, c'est que la fascination de Merleau-Ponty pour l'URSS n'a pas encore fini de se dissiper. En

---

1. Un concept qu'elle porte seule, à bout de bras, et qui prend à rebrousse poil toutes les tendances intellectuelles de l'époque — à part peut-être le libéralisme.
2. Un terme profondément polémique au départ qui va devenir l'exemple même de terme profondément consensuel, au prix d'une certaine dilution de son sens contre laquelle réagit H. Arendt (*La Nature du totalitarisme*, Payot, 1990, p. 80-81 : prise en compte large de la réalité nouvelle au prix de la rigueur du concept : plus il se diffuse largement, plus il est employé à mauvais escient, c'est-à-dire sans que soit plus pensée la nouveauté radicale qu'il est censé nommer).
3. Ce livre fait l'objet d'un premier compte rendu par Raymond Aron en 1954 dans la revue *Critique*. Dans un article qui porte le titre « L'essence du totalitarisme ». La notion clé est donc bien reprise : c'est admettre qu'il s'agit de bien plus que d'un simple accident de l'histoire. Aron le rapproche du *Bréviaire de la haine* de Léon Poliakov : « Le livre de Mme Arendt est un livre important. En dépit de ses défauts, parfois irritants, le lecteur, même de mauvaise volonté, se sent peu à peu comme envoûté par la force et la subtilité de certaines analyses. » (R. Aron)
4. Le **pluralisme**, valeur cardinale du libéralisme, est une aberration dans la logique totalitaire. Il est au mieux perçu comme un mal provisoire, comme une situation temporaire (symptôme que la société n'est pas encore homogène, c'est-à-dire comporte encore des classes sociales, c'est-à-dire des conflits politiques). Tous les mouvements totalitaires pensent qu'à terme, il n'y aura qu'un seul Parti, là même où des alliances tactiques sont nouées pour un temps avec tel ou tel autre parti. Le pluripartisme est une situation de fait avec laquelle il s'agit de composer tant que dure la phase de transition entre monde normal et totalitarisme au pouvoir.

1955, dans *Les Aventures de la dialectique*, toute ambiguïté est levée ; Merleau-Ponty reprend pleinement à son compte le concept de « totalitarisme », il analyse la politique soviétique comme celle d'une puissance coloniale classique, sans renoncer, contrairement à Alain, à Max Weber et à d'autres, à rechercher une philosophie de l'histoire, un sens aux actions des hommes dans l'histoire : donc sans faire l'impasse sur l'histoire.

Il faut donc retenir que la notion de « totalitarisme » reste une notion confidentielle, maniée par des originaux développant des thèses paradoxales, voire un terme équivoque et compromettant, jusqu'à Soljenitsyne et *L'Archipel du goulag* (1976), qui va enfin ouvrir les yeux à une large frange de l'opinion publique, et même, ô miracle, de l'*intelligentsia*, et donner enfin ses lettres de noblesse au concept de totalitarisme. Le concept sort alors de la confidentialité pour s'imposer avec la force d'une évidence (à des degrés et à des rythmes divers). **La question du parallèle** entre les camps de concentration nazis et le goulag soviétique **est désormais ouvertement posée** — les réponses seules pouvant varier suivant les différentes sensibilités, courants. Claude Lefort poursuit le travail de Merleau-Ponty après la mort de celui-ci (1961) et tente de concilier démocratie et socialisme. (En particulier dans *L'Invention démocratique* : *les limites de la domination totalitaire*, 1981.)

Rarement (pour ne pas dire jamais) **un concept de philosophie politique** n'a rencontré **d'aussi fortes, durables, générales résistances**[1]. Deux raisons à cela :

1. **raisons « *stratégiques* »** : l'engagement « à gauche » d'une très large part des intellectuels d'après-guerre, soit directement au Parti communiste, soit dans des partis qui envisageaient, prônaient ou pratiquaient l'alliance avec le Parti communiste.
2. **raisons *théoriques*** : De plus, le concept de « totalitarisme » vient faire éclater les cadres de la pensée politique qui semblaient immuables depuis au moins Aristote. C'est ce que j'appellerais le « syndrome* de la classification de Mendeleïev » (elle comportait des cases vides, qu'on a pu partiellement remplir avec le temps. Découverte de nouveaux matériaux qui viennent comme réaliser la « prophétie » du tableau).

Le tableau de la classification des régimes politiques semblait au contraire « plein ». Tous les cas semblaient envisagés. Les termes ont légèrement varié, mais les cases sont restées les mêmes. L'irruption d'un tout nouveau mode de domination, la « **domination totale** » (H. Arendt), faisait voler en éclats les cadres de la théorie politique classique. Selon Arendt, penser la radicale nouveauté du phénomène totalitaire est à ce prix.

Prenons le Duverger[2], une « Bible » de la pensée des institutions politiques : le totalitarisme n'y figure pas, et ne **peut pas** y figurer. Il n'y a pas sa place :

---

1. Il reste aujourd'hui encore contesté par certains. Voir dans Ph. Engelhard, *L'Homme mondial*, p. 293-295 ce que peut être l'histoire du XXe siècle vue par quelqu'un qui récuse sans nuances le concept de totalitarisme.
2. Maurice Duverger, *Institutions politiques et droit constitutionnel*, PUF, 1955, réédition 1980, tome I.

l'introduire ferait voler en éclats tout l'édifice de Duverger. Le livre date de 1955. La quinzième édition (datant de 1980) ne comporte pas même une note ajoutée, ne serait-ce que pour justifier l'absence du terme « totalitarisme ». Le « tableau » des formes de régimes politiques est classique, presque directement hérité d'Aristote (*via* Montesquieu), avec la terminologie moderne en plus. Selon Duverger, il peut exister quatre formes, et quatre seulement, de systèmes politiques : (Duverger, contrairement à Aron, ne semble nourrir aucune inquiétude quant à la pertinence de sa typologie, encore moins quant à la validité du projet d'établir une typologie des différents régimes politiques).

Régimes libéraux	**Régimes autoritaires**
Démocraties libérales à l'occidentale	Régimes autoritaires capitalistes
Démocraties socialistes[1]	Dictatures* socialistes

L'ambiguïté du propos de Duverger est extrême : raisonne-t-il en termes d'*idéaux-types** ? Ce qui pourrait le donner à penser, c'est qu'il dit que les démocraties libérales à l'occidentale n'ont jamais existé à l'état pur. Il ne se contente donc pas de décrire des systèmes historiquement existants : il les confronte à leurs principes. L'exemple qu'il donne est le suivant : le rôle du Parlement devrait en principe être central dans ce type de régime ; il est en fait la plupart du temps annexe (ce sont les USA, avec la puissance du Congrès, qui s'en rapprocheraient le plus). Donc, on semble avoir affaire à des *idéaux-types** dont les régimes politiques historiques se rapprocheraient plus ou moins, jamais réalisés historiquement dans leur pureté. Mais dans ce cas il devrait pouvoir nous décrire ce que serait une « démocratie socialiste » conforme à son *idéal-type**, ce qu'il renonce à faire (il ne décrit que les trois autres modèles) *au motif qu'un tel régime n'a jamais existé*.

Allons plus loin : il écrit qu'à l'heure actuelle, tous les régimes, quelle que soit leur vraie nature, sont obligés de « donner le change » en jouant un simulacre de vie démocratique[2] : des élections au suffrage universel même quand il n'y a qu'un seul candidat, ou quand un seul candidat a accès aux médias, un parlement élu même si ses pouvoirs sont inexistants, etc. C'est « l'hommage du vice à la vertu » : même les régimes les plus autoritaires et les plus corrompus doivent jouer le jeu de la démocratie : alors, il devrait logiquement nous présenter *un seul idéal-type** : celui des démocraties à l'occidentale, dont tous les régimes existant, au moins de nos jours, seraient plus ou moins proches selon un dégradé, se rapprocheraient ou s'éloigneraient plus ou moins de ce modèle unique. D'où une

1. Duverger écrit que ce type de régime est théoriquement possible, mais n'a jamais existé dans l'histoire. Il a toujours été stoppé par des événements historiques apparemment accidentels. Les chars soviétiques (Prague 68) viennent stopper la tentative d'évolution d'une dictature* socialiste vers une démocratie socialiste. De même l'état d'urgence en Pologne par lequel le Général Jaruzelski vient mettre un terme à l'expérience « Solidarité ». En Amérique latine, c'est l'armée américaine qui vient stopper l'aventure d'une démocratie capitaliste s'apprêtant à évoluer vers une démocratie socialiste (assassinat d'Allende).
2. *Op. cit.*, p. 74-77.

idée forte par ailleurs : *aujourd'hui, plus un régime apparaît légitime au vu de ses propres principes revendiqués, plus il est solide*. Les dictatures* sont des géants aux pieds d'argile : elles sont contraintes d'exercer le pouvoir d'une façon très éloignée des principes qu'elles affichent et revendiquent. Sur la durée, les démocraties sont infiniment moins fragiles : le temps joue en leur faveur. (On voit là ressortir la solide conviction libérale.) L'analyse de Duverger présente donc une extrême ambiguïté : est-il dans le *descriptif* ou dans l'exposition d'un *idéal-type** ? Dans le normatif ou le descriptif ? Il entend en permanence mener les deux de front sans jamais clairement les distinguer.

Pourquoi Duverger ne peut pas intégrer dans son schéma le totalitarisme[1] : force nous est de constater l'existence, au XXe siècle, de régimes qui se sont réclamés de tout autres principes que de ceux de l'État de droit démocratique. (Cf. Claude Lefort, dans *La Complication*, contre Aron.) Ils n'étaient pas seulement à distance, dans leur pratique, de leurs principes ; ils se présentaient bel et bien comme d'authentiques alternatives aux régimes démocratiques et développaient une vraie critique de ces régimes.

Prendre le risque de penser dans sa radicalité la nouveauté « inouïe » du phénomène totalitaire, c'est donc prendre le risque de voir voler en éclats tous nos concepts de philosophie politique classique. C'est aussi, sans doute, le seul espoir de penser « comme en son cœur » le XXe siècle.

Comprendre

> **« l'institution des régimes totalitaires, dans la mesure où ils constituent un fait absolument sans précédent, équivaut pour ainsi dire à comprendre le cœur même de notre XXe siècle[2]. »** (H. Arendt)

I. Les conditions d'apparition du phénomène totalitaire

• *Conditions politiques*

Par définition, le phénomène totalitaire apparaît dans un monde « non-totalitaire », dans un monde « normal » (d'où la distinction entre *phénomène totalitaire* et *système totalitaire*[3], c'est-à-dire correspondant au moment où le totalitarisme s'est emparé du pouvoir). Le phénomène totalitaire se comporte au départ apparemment comme un parti normal, présente un programme, participe aux élections, prend part au débat, défend certaines idées, forme parfois même des alliances avec d'autres partis. Mais dès le départ, il a vocation à être le Parti unique, il se considère comme le (seul) « vrai Parti » (et non le représentant de telle

1. Il ferait des régimes totalitaires de simples sous-produits, des formes dérivées tant des régimes autoritaires « capitalistes » que « socialistes » : on pourrait alors montrer avec Arendt en quoi il manquerait l'essentiel.
2. *La Nature du totalitarisme*, p. 77.
3. Cette distinction correspond *mutatis mutandis* à la distinction formulée par Aron entre « Parti à vocation monopolistique » et « Parti monopolistique » (qui correspond à la phase du totalitarisme au pouvoir).

ou telle couche de la population, même s'il dit le contraire par ailleurs). Ainsi le parti communiste se présente comme « le parti de la classe ouvrière », mais ses membres (voire les compagnons de route) l'appellent « le Parti » tout court, sans être des ouvriers pour autant, avec un P majuscule, comme on dit l'État sans avoir besoin de préciser de quel État il s'agit. Dans les esprits des « sympathisants », même pendant cette phase pré-totalitaire, le Parti est déjà parti unique, il a vocation à devenir ce qu'il est déjà à leurs yeux : LE seul Parti[1].

Le parti dans cette phase pré-totalitaire a recours à la propagande comme moyen unique de se rapporter au monde extérieur, c'est-à-dire au monde « normal[2] ». Plus on est bas dans la hiérarchie, plus on appartient aux cercles extérieurs, plus on est une jeune recrue, plus on croit à la propagande. Le militant de base croit que ce que dit le Parti est vrai, et que ce que répond la propagande adverse est faux. (Ce qui signifie que le discours du monde extérieur est *dès lors assimilé à une contre-propagande*. On voit comment se met en place une véritable *structure paranoïaque* dans laquelle enferme instantanément l'adhésion à un Parti totalitaire, même en formation.)

Plus on monte dans la hiérarchie, plus on sait que la propagande n'est que de la propagande, qu'elle n'est pas et n'a pas à être la vérité. Cela n'ébranle aucunement la confiance du militant dans le Parti : au contraire. La fidélité au Parti prime sur la croyance en la vérité (surtout qu'on lui présente que tous les autres partis agissent de même) ; plus il comprend ou croit comprendre pourquoi le Parti lance telle ou telle affirmation manifestement fausse, plus il se sent proche du pouvoir, plus il se sent initié à la stratégie secrète du Parti, plus il en est fier. Chaque sphère de pouvoir, chaque cercle plus resserré rapprochant du centre du pouvoir, c'est-à-dire du chef suprême du Parti, ne ressent que mépris pour les cercles inférieurs, qui sont plus « **dupes** » du discours envoyé vers l'extérieur. À chaque échelon du Parti, les échelons inférieurs figurent le « monde normal ». (Plus on va vers la périphérie du Parti, plus on croit que la propagande officielle est « vraie ».) Le but est d'éviter au nouveau venu l'idée d'un choix binaire entre monde totalitaire et monde normal : estomper autant que possible la notion de choix, happer peu à peu le sympathisant vers les cercles de plus en plus proches du pouvoir. Les partis totalitaires sont des sortes de « **sociétés secrètes agissant au grand jour** » (Arendt), avec une structure interne paramilitaire avec des degrés d'initiation qui se démultiplient. Le parti totalitaire bourgeonne à partir du centre. C'est au départ, quand il est encore le plus loin de son accession à ses stades totalitaires, que le Parti annonce le plus clairement ses intentions véritables. À mesure qu'il les réalise, le Parti dément ses intentions voire affiche les intentions exactement contraires : il s'agit d'abuser qui ne demande qu'à être abusé (les

1. D'où le caractère littéralement traumatisant que pouvait revêtir la sanction suprême qu'était l'« exclusion du Parti ».

2. Un peu comme le membre d'une secte ne se rapporterait au « monde extérieur » que sur le mode du prosélytisme militant. Tout ce qui vient de l'extérieur est mauvais ou faux. Doit être approché, appréhendé avec circonspection par le militant. Il faut demander au Parti/à la secte ce que l'on doit en penser. Si Freud appelle la religion un phénomène de « névrose collective », ne peut-on pas qualifier un mouvement totalitaire de « **paranoïa collective** » ?)

accords de Munich : en les affectant d'un indice de négation, on connaît clairement les intentions de Hitler). Mieux valait lire *Mein Kampf*[1] que d'écouter les discours du chancelier en 33-34 pour savoir quelles étaient les véritables intentions de Hitler. Au début, afficher ses intentions, c'est un moyen d'attirer les adeptes potentiels. Peu à peu, cela devient contre-productif : cela ne ferait que renforcer la détermination bien chancelante des ennemis éventuels : les aider à s'illusionner, c'est donner à quiconque ne demande qu'à être berné les moyens de l'être le plus longtemps possible.

• *Inertie de la classe politique traditionnelle*

(Soit discréditée — réduite à l'impuissance — par des scandales, ou incapable d'analyser la situation pour pouvoir proposer une issue claire à la crise) : elle-même à la recherche de ses bases, ayant perdu le contact avec son électorat traditionnel : en quête d'une nouvelle légitimité, quitte à passer des accords contre nature. Le parti à vocation totalitaire prospère sur le discrédit, voire la décomposition, de la classe politique traditionnelle, des partis traditionnels.

• *Conditions économiques*

Absence d'une classe moyenne, ou classe moyenne en pleine déliquescence, détresse, en voie de paupérisation rapide, brutale (ex : crise de 1929 pour l'Allemagne). Les partis politiques traditionnels ne peuvent plus jouer leur rôle de porte-parole des intérêts de leurs électeurs : absence de programme politique précis, personne n'a de solution à la crise économique.

• *Conditions sociales, sociologiques : des* classes *aux* masses*

La Révolution française, pour des raisons historiques liées à l'Ancien Régime, se méfie des corporations, de tout ce qui pourrait ressembler à des « ordres » ayant des intérêts distincts de ceux de la Nation à faire prévaloir[2]. Position « universaliste » : égalité de tous (de tous les *citoyens*) devant la loi. H. Arendt avertit que la dissolution des liens de solidarité, des liens associatifs, risque de faire le lit du totalitarisme. **L'atomisation* sociale est la condition sociologique de l'avènement du totalitarisme**. Le pouvoir totalitaire n'a ni interlocuteur, ni partenaire, ni minorités avec lesquelles composer. Il assume seul la pleine et entière responsabilité de sa politique (le Président de la République consultant les leaders des principaux partis politiques, le ministre recevant les représentants des différents syndicats). Comme le dit **Aron** : la pratique du parti monopolistique ne se caractérise ni par la modération, ni par la diplomatie, ni par l'art du compromis. **Rien n'est plus étranger au totalitarisme que le compromis**. Pour cela, il faut

1. Écrit par Hitler en prison en 1923, après le coup d'État manqué à Munich.
2. Cf. Steven L. Kaplan, *La Fin des corporations*, Fayard, 2001, 740 pages.

qu'une fois le totalitarisme au pouvoir, il n'y ait plus personne pour lui tenir tête, qu'il n'y ait plus aucune « digue » pour lui résister. **La montée de l'individualisme et l'avènement des masses* ne sont pas deux phénomènes contradictoires mais les deux faces d'un même phénomène**. Les masses* sont un ensemble amorphe (auquel le totalitarisme pourra donner forme à sa guise), une juxtaposition d'individus* n'ayant rien en commun, n'étant liés par aucun intérêt commun à défendre[1]. Les seules solidarités admises sont celles encadrées et orchestrées par le Parti (jeunesses hitlériennes, jeunesses communistes). Faut-il voir dans cette méfiance à l'égard de l'individualisme un aspect « antilibéral » dans la pensée d'Arendt ? Le fait est qu'elle se méfie de la réduction de l'homme au seul statut d'individu* ; de la prétention à fonder la société sur les seuls individus*[2]. L'individu* livré à lui-même est bien incapable de faire face, d'affronter, plus encore de s'opposer efficacement à la toute-puissance du Parti unique. *La réduction des* ***classes*** *sociales à des* ***masses**** *aisément manipulables* est la condition de la mise en place de la « **domination totale** » dans laquelle H. Arendt voit l'essence et la vérité du totalitarisme (à savoir ce à quoi il tend, et qu'il arrive plus ou moins bien à imposer). La dissolution de toutes les solidarités traditionnelles (familiales, religieuses, municipales : structures de villages et de paroisses mises à mal par l'exode rural, individus* déracinés coupés de leur « tissu social » d'origine[3]) tribales (Afrique), de classes sociales ou de corporations, de compagnonnages. Toute conscience collective, d'intérêts communs au sein de la société civile, autres que ceux proclamés par le Parti, doit être dissoute. L'individu* doit savoir qu'il ne peut compter que sur lui seul, qu'il est sans recours à la merci du pouvoir totalitaire, qu'il ne pourra survivre qu'en s'y soumettant.

• *Différence historique*

Hitler en 1933 trouve la société allemande déjà en pleine décomposition, alors qu'en URSS, Lénine puis Staline doivent obtenir de façon accélérée, par une politique adéquate (extermination des koulaks, instauration de la délation obligatoire), cette atomisation* qui est la condition de la domination totale.

> Allemagne

Hitler, du fait de la crise de 1929, a trouvé la société allemande dans un état de décomposition déjà très avancé : niveau record de chômeurs, inflation vertigineuse, paupérisation galopante de la classe moyenne. L'exode rural avait déjà depuis longtemps défait les solidarités villageoises, la famille élargie traditionnelle.

---

1. Le totalitarisme communiste prétend exercer le pouvoir au nom d'une classe sociale — le prolétariat. Mais il s'évertue à détruire toute solidarité à l'intérieur de cette classe, par le « stakhanovisme » en particulier. Le communisme soviétique, comme le capitalisme, met les ouvriers en concurrence les uns avec les autres.
2. On retrouvera une critique de même inspiration, mais bien plus radicale, dans les mouvements multiculturalistes et communautaristes aux USA (qui contrebalancent comme mécaniquement l'unilatéralité du libéralisme).
3. Situation de bien des immigrés en France aujourd'hui.

La crise de 29 avait fait le reste. **L'effondrement des classes sociales laissant place à des masses* atomisées vidait de sa substance toute la vie politique démocratique**. Les partis politiques traditionnels ne pouvaient plus jouer le rôle de courroie de transmission entre la société civile et l'État. N'ayant plus ni classe sociale, ni corporations, avec des intérêts communs bien définis, à défendre, ils se trouvaient coupés de leur base électorale et **dans l'incapacité de développer un programme politique cohérent et mobilisateur**. Le parti totalitaire prolifère toujours sur le discrédit des partis politiques traditionnels (cf. la « bande des 4 » vilipendée par J.-M. Le Pen au cours des années 80), quitte à s'allier avec eux pour un temps au gré des circonstances et des opportunités politiques. Cette stratégie peut séduire certains partis traditionnels dans la mesure où ils y voient un moyen de freiner la fuite de leur électorat traditionnel vers le parti totalitaire qui a le vent en poupe.

> Russie puis URSS

Lénine puis Staline ont dû créer eux-même l'état d'atomisation* sociale qui a été trouvée par Hitler à son arrivée au pouvoir. En Russie : très faible exode rural, bonne solidité des solidarités traditionnelles, de la famille traditionnelle. Le vecteur essentiel de l'atomisation* sociale en URSS, selon Arendt est l'institution de la délation obligatoire[1]. Des enfants sont publiquement cités en exemple pour avoir dénoncé leurs propres parents, pour des propos tenus dans un cadre privé, à la table familiale par exemple.

II. Le système totalitaire : le totalitarisme au pouvoir

1. Le concept de domination totale et l'effacement des frontières

a. Frontière entre vie privée et vie publique, entre espace privé et espace public[2]

Enfants invités à la délation sur les conversations privées, familiales de leurs parents : la parole a même statut dans ce que nous, appartenant au « monde normal[3] », considérons comme deux lieux différents (par exemple, nous ne

1. **La seule chance de survie est la désocialisation accélérée**. Tout ami, tout parent, devient un délateur potentiel. Le seul espoir d'échapper aux purges est de fréquenter le moins de monde possible (toute relation peut vous être soudain reprochée et devenir suspecte pour peu que votre « ami » soit brutalement tombé en disgrâce), et de dénoncer soi-même le plus de personnes pour **faire montre de sa loyauté** au nouveau régime.
2. Dès que le pouvoir totalitaire est en train de se mettre en place, la frontière entre vie privée et vie publique n'est pas seulement déplacée mais disparaît purement et simplement.
3. La notion de « monde normal » serait sans doute à critiquer, ou du moins à nuancer. À trop vouloir souligner la nouveauté « inouïe » des régimes totalitaires, H. Arendt en vient peut-être à rassembler sous cet unique vocable de « monde normal » des situation socio-politiques extrêmement diverses (régimes autoritaires, démocraties libérales, pays où l'État est en pleine

soutiendrions pas forcément publiquement certaines de nos prises de position privées). Il ne fait strictement aucune différence d'avoir prononcé des propos lors d'un meeting public ou dans le cadre d'une conversation familiale privée. L'État légifère sur qui a droit d'épouser qui ; « dissidents » poursuivis pour leur sexualité, leurs romans, leurs poèmes : ce qui ne relève pas pour nous de l'action politique. **Tout relève de la compétence de l'État**[1], et ce, à un degré égal.

Nous partons facilement du présupposé que la vie privée ou familiale **préexiste** au politique dont il n'y aurait qu'à la **préserver**. Or c'est là précisément une illusion pour H. Arendt : dans le monde normal, la loi remplit de concert deux fonctions : définir les règles de la vie publique ; et d'un même geste, tracer les frontières de l'espace privé, de ce qui ne relève pas de la sphère d'intervention de l'État. Pour poser la vie privée, il faut la présence de la loi. En même temps qu'elle légifère sur l'espace public, « la loi délimite l'espace à l'intérieur duquel nos destinées singulières s'accomplissent[2]. » Ce sont ces lois, avec leur double fonction, que balaie le pouvoir totalitaire (au nom de lois soi-disant supérieures qui ne laissent aucune place à l'initiative des individus* : celles de la race pour le nazisme, celles de l'histoire pour le communisme).

b. Disparition de la frontière entre sympathisants et opposants[3]

Il convient de noter une opposition entre Aron et Arendt sur ce point : Aron continue à penser en termes d'opposants au régime, d'opposition, pour ajouter la phrase d'après qu'« elle est réduite à la plus totale impuissance », et que toute la politique du Parti monopolistique vise à renforcer ce sentiment d'impuissance et donc à désarmer toute velléité de résistance. D'où l'objection : en quoi est-ce encore une opposition si elle ne peut sur aucun point jouer un rôle de contre-pouvoir, ni même faire entendre une voix discordante (Le Parti s'assurant le monopole de la presse et de l'information) ? Arendt est plus radicale : la **domination totale** n'a que faire d'une adhésion libre et volontaire, individuelle, sur la base d'un *choix*. L'instauration de la **domination totale** suppose la liquidation des séquelles des phases « pré-totalitaires » du mouvement. Les adhérents de la première heure ne sont pas épargnés : ils ne doivent pas tout aux actuels

---

déliquescence) qui n'ont peut-être en commun que le simple fait, tout négatif, de ne pas appartenir à l'« univers totalitaire ».

1. On peut développer le paradoxe à partir de Arendt : dans un système totalitaire, en un sens tout devient politique, tout relève a priori de la compétence du politique, mais en même temps l'espace politique a disparu, s'est refermé capté par une puissance unique : le Parti. Plus d'espace où puissent apparaître des décisions politiques et se produire des actions concertées. Chappe de plomb sur la politique.
2. *La Nature du totalitarisme*, p. 89.
3. La nature du régime totalitaire veut que toutes les victimes soient des victimes-complices. Le « *kapo* », dans le système nazi, est l'incarnation même de cette « victime-complice ». Cela ne veut nullement dire, bien sûr, que tous pâtissent et bénéficient du régime au même degré, ni que le totalitarisme loge tout le monde à la même enseigne. Cela veut simplement dire que la nature d'un gouvernement par la terreur veut que même la dernière des victimes sache qu'elle doit sa survie (ou un simple sursis) au bon vouloir du régime, donc qu'elle *est tout entière à sa merci.*

dirigeants, ils ne sont pas leurs hommes, à leur merci[1]. **Au regard de la domination totale**, une adhésion volontaire **est tout autant un obstacle à la domination totale qu'une opposition volontaire**[2]. L'une comme l'autre doivent être balayées (comme « restes de conscience bourgeoise », dans la phraséologie marxiste : dire que **j'adhère** volontairement **au parti, ce serait dire que je juge, par ma conscience, qu'il a raison, donc qu'il pourrait se tromper, et qu'une conscience individuelle pourrait être à même de discerner le moment où le Parti commence à se tromper**. Or c'est cela même, **le déviationnisme** (croire que c'est la conscience de **l'individu* qui juge, évalue, apprécie la politique du Parti**, la ligne du Parti, alors **qu'en vérité c'est le Parti qui, en fixant sa ligne, discrimine qui, quelles couches de la population, sont utiles ou nuisibles**, lesquelles doivent être éliminées ou « rééduquées » (de même que sous l'Inquisition, croire que l'individu* est à même de juger du dogme était la définition même de l'hérésie **avant même** toute hérésie de fond).

C'est cette disparition que Raymond Aron ne parvient pas à penser, et c'est peut-être cela qui le met dans l'incapacité de penser le système totalitaire comme domination totale, de rentrer dans le cœur de sa « logique interne », comme il dit. **Le système totalitaire fait apparaître un rapport** (paradoxal pour le « monde normal ») **entre embrigadement, enthousiasme des foules, et recours à la violence et à la coercition (règne de et par la terreur). Penser les deux à la fois nous ouvre l'accès à la compréhension de l'essence de la *domination totale*.**

Aron et Arendt jouent au même jeu, comme s'ils s'étaient donnés le mot : qu'aurait dit un Montesquieu confronté à un régime totalitaire[3] ?

La réponse sur **la nature** du régime importe peu : pour Aron, un régime à parti monopolistique, c'est-à-dire où *une minorité s'arroge le monopole de l'action politique légitime* ; pour Arendt, un régime de gouvernement par la terreur, du « domination totale ».

Pour **le principe** qui fait agir dans ce type de régime : selon Aron, l'amour (ou l'enthousiasme) **et** la crainte[4]. Chez Montesquieu la **crainte**[5] est le principe du

---

1. Le totalitarisme au pouvoir doit « liquider » ses phases pré-totalitaires pour imposer la domination totale (éliminer ceux qui s'étaient ralliés volontairement, « spontanément », délibérément, et si l'on peut dire par « idéalisme »). Élimination des SA, stérilisation des soviets.
2. Une adhésion volontaire, éclairée, sincère, constitue un obstacle aussi grand à la domination totale qu'une opposition résolue. Il faut tester le caractère inconditionnel, aveugle, instinctif, indéfectible de l'attachement à la cause : faire condamner des innocents, des proches, être prêt à tout pour la « cause » c'est-à-dire pour le Parti.
3. Aron, *Démocratie et Totalitarisme*, p. 87-88 ; Arendt, *La Nature du totalitarisme*, p. 97.
4. Cf. *Le Prince* de Machiavel (Nathan, chap. XVII, p. 92), que Aron connaît fort bien, où Machiavel conseille au Prince de se faire redouter **et** aimer s'il le peut, mais, s'il n'y parvient pas, de se faire redouter, la crainte étant un sentiment beaucoup plus stable, donc fiable, que l'amour.
5. La crainte, non comme phénomène psychologique, mais comme principe d'action et d'action politique, précise Arendt. Contresens d'Aron sur Montesquieu, ou du moins lecture superficielle ? C'est chez Machiavel que la crainte reste bien un phénomène « psychologique ». Or Arendt souligne le fait que la crainte comme mobile d'action politique semble une contradiction dans les termes, puisque la crainte ne peut être que destructrice et « consiste à désespérer de

régime despotique. Il n'y aurait plus alors qu'à lui adjoindre l'amour ou l'enthousiasme ; **un système totalitaire serait un système despotique où le pouvoir, par impossible, parviendrait à entraîner l'adhésion, l'amour, l'enthousiasme d'une fraction très large de la population**. (Mais Aron n'allie jamais chez les mêmes personnes l'amour **et** la crainte : il pense qu'il s'agit de deux camps différents, des militants et des opposants ou des dissidents.) Or l'histoire nous apprend que les membres du Parti communiste, même sincères, même les plus hauts dignitaires, même les héros de la révolution, n'étaient nullement à l'abri des purges staliniennes. (Cf. les Procès de Moscou.) **Être un fervent adhérent ne met à l'abri de rien** : **tous** doivent être tenaillés par la crainte. ***Aron ne voit pas qu'il y a dissymétrie* : seul l'amour est *optionnel* et peut être seulement *feint*. La terreur au contraire doit être uniformément répartie**, et doit être *effectivement ressentie* par tous. Aron manque ici, de peu, l'essence du totalitarisme. Tout se joue là.

Pour Arendt, on ne peut pas répondre à cette question en des termes qu'aurait pu employer ou même comprendre Montesquieu, parce que ce serait là escamoter la nouveauté radicale de l'événement auquel Montesquieu **n'a pas** été confronté. Le système totalitaire déjoue toutes les catégories de la philosophie politique classique : entre gouvernement **constitutionnel** et **arbitraire** par exemple (classification d'Éric Weil[1]). Un régime totalitaire n'est certes pas un régime constitutionnel, il piétine toute espèce de constitution*, à commencer par celles qu'il promulgue lui-même, *mais ne se présente pas pour autant comme arbitraire* : il prétend se ressourcer aux sources mêmes du droit, ne piétiner le droit positif que pour renouer avec sa source : les lois immuables et universelles de l'Histoire dans un cas (marxisme), de la Nature et de la race de l'autre (Nazisme). À l'entendre, le Chef totalitaire ne règne pas selon son bon plaisir, mais s'est mis au service d'une cause supérieure ou incarne[2] le bras du destin, même si les voies de sa politique peuvent sembler au profane rationnellement insondables. Lui seul, et le Parti dont il est l'émanation, sont les interprètes des lois de la race ou de l'histoire.

La crainte n'est pas la ***terreur*** (Aron semble confondre les deux). **La crainte est un principe d'action**, fût-il seulement négatif et déficient : on peut agir *par crainte* que n'arrive telle ou telle chose ; **la terreur en revanche n'est pas un principe d'action**, elle ne pousse pas les hommes, gouvernants et gouvernés, à faire quelque chose que ce soit ; **elle paralyse l'action des hommes s'enracinant dans des sujets** libres, **pour laisser la champ libre à un processus anonyme**. La Terreur[3] tétanise les hommes, elle fige leur capacité d'initiative et d'action, **pour**

---

toute action. (p. 94) C'est pourquoi Montesquieu écrit, et Arendt l'approuve, que le despotisme* est une forme de gouvernement congénitalement déficiente, « *corrompue par nature* ». (p. 94)

1. In *Philosophie politique*, Vrin, 1956.

2. On pourrait voir dans les systèmes totalitaires une « rechute » historique d'un âge politique où le pouvoir est *représenté*, à un autre âge antérieur où il est *incarné*, c'est-à-dire où il ne tire pas sa légitimité ultime du peuple.

3. « La Terreur réduit les hommes à l'unité en abolissant les limites créées par les lois qui assurent à chaque individu* son espace de liberté. », Arendt, p. 103.

libérer la voie au « processus » naturel ou historique. Le totalitarisme n'est pas seulement un système politique déficient : *il fonctionne à rebours des principes* dégagés par Montesquieu. **Il élimine le champ politique** (c'est là la thèse fondamentale d'Arendt : le totalitarisme ne se confond pas avec le « tout politique », comme l'analysent parfois les libéraux, avec la politisation à outrance, mais au contraire avec **la disparition radicale de l'espace politique, c'est-à-dire de la capacité pour les hommes de délibérer et d'agir en commun, de concert. L'atomisation* sociale exclut d'avance une telle possibilité**[1].

> « Dans un régime totalitaire parfait, aucun principe d'action au sens de Montesquieu n'est requis, un principe qui fasse agir tous les hommes, gouvernants et gouvernés, comme ils le font. L'action humaine cède la place et laisse le champ libre au processus aveugle de l'histoire ou de la race. » (Arendt, *idem*, p. 104)

c. Disparition de la frontière entre *bénéficiaire* du régime et *victime* du régime[2]

(suppose un certain temps pendant lequel le système totalitaire a pu exister : temps de formation des archives). Le système totalitaire a pour stratégie de « mouiller » tout le monde. Tout le monde doit avoir dénoncé quelqu'un pour retarder le moment de faire lui-même l'objet d'une purge. [Ex. des archives de la *Stasi* en ex-Allemagne de l'Est : ampleur telle qu'il est impossible de traiter l'information sinon comme moyen de chantage sur le délateur. Abolir la frontière entre victime et complice du régime : **chaque citoyen, chaque individu* doit être les deux à la fois**. **Chacun sait qu'il ne survit malgré tout que grâce au régime**, grâce à ses dysfonctionnements, ou par une faveur spéciale du régime : **chacun est victime/complice**[3]. Que tout le monde ait quelque chose à se reprocher (aux yeux du régime) constitue **la condition de la domination totale**. **Il s'agit de rendre impossible la posture héroïque du résistant irréprochable**. **Il s'agit de faire en sorte que tous les adversaires possibles soient eux-mêmes compromis,** décrédibilisés. [Pendant l'effondrement de l'Allemagne de l'Est, les dirigeants sortaient régulièrement des dossiers sur les nouveaux porte-paroles du mouvement « leaders d'opposition » qui émergeaient : ils n'ont pas réussi à endiguer le phénomène, mais cela a montré au grand jour comment le système fonctionnait : **par la peur**. (Au moins lors de l'effondrement du système totalitaire, **c'est plus le lien entre le délateur et la délation** qui est fondamental, qui est un moyen de le « tenir », **que le lien entre la délation et la personne dénoncée** :

1. Les débuts du syndicat *Solidarité* à Gdansk : exemple de la difficile réouverture du champ politique ?
2. Ce point peut sembler choquant. Il constitue néanmoins un aspect fondamental de la pensée d'Arendt. Nos catégories traditionnelles ne jouent plus. Les kapos étaient victimes/coupables dans les camps de concentration. Les *Judenratten* étaient victimes/coupables, consentantes, elles collaboraient *de fait* avec le régime totalitaire ; l'Église orthodoxe en Russie était victime/complice du régime, etc.
3. Il se s'agit pas de prétendre, bien sûr, que tous soient victimes et complices au même degré. Mais on voit à l'œuvre le fonctionnement qui amènera K. Jaspers à conclure *a posteriori* : « nul ne peut se proclamer innocent. », *La Culpabilité allemande*, Minuit, 1990, p. 38.

masse* d'archives intraitables. Peu importe ce qui est vrai ou faux (dans ces dénonciations) : l'important est que, vrai ou faux, tout le monde soit compromis.]

d. Disparition de la frontière entre politique intérieure et politique étrangère

Le système totalitaire **élimine toute distinction entre politique intérieure et politique extérieure**, étrangère[1]. **Il n'est qu'en apparence un « nationalisme »** : c'est un des aspects les plus originaux de l'analyse d'Arendt. Le discours nationaliste s'adresse à la « Nation » elle-même, à la population intérieure : il s'agit de flatter, de mobiliser pour les instrumenter ses penchants nationalistes. Il s'agit également de laisser croire à l'opinion internationale que l'expansion militaire s'arrêtera lorsque les revendications nationalistes traditionnelles seront satisfaites. Or le mouvement totalitaire parvenu au pouvoir se comporte vis-à-vis de son propre peuple, de ceux qui l'ont mis au pouvoir, comme en pays conquis. Les hauts dignitaires pillent sans vergogne le pays (musées, œuvres d'art, châteaux,…), la confusion s'installe entre police et armée. L'armée est réquisitionnée pour tirer sur le peuple, *comme si le régime était en situation de guerre à l'égard de son propre peuple* (Ex. de la place Tien An Men en Chine). Dans l'esprit des dignitaires du régime, l'« homme nouveau » qu'ils constituent n'est nullement le peuple allemand (ou russe, ou chinois), dont au contraire de larges parts doivent être éliminées ou réduites à l'esclavage, mais *l'homo sovieticus* ou le *SS* allemand. Se font jour alors une politique d'eugénisme d'État forcé, un recrutement précoce dans les jeunesses hitlériennes ou communistes pour modeler l'homme de demain, les maîtres de demain. Le pays dans lequel ils sont parvenus à s'emparer du pouvoir n'est dans leur esprit que la base arrière à partir de laquelle se lancer à la conquête du monde, vers la domination totale et mondiale.

f. Dans la phase aboutie du système totalitaire, la propagande est devenue inutile, sinon à titre de discours adressé à l'extérieur, au « monde normal » : elle tient alors lieu de « politique étrangère »

La propagande est si peu l'essence du totalitarisme que dès que celui-ci est devenu pleinement lui-même, dès qu'il s'est réalisé, il n'a plus aucun besoin d'y recourir. Tenir un discours de propagande, c'est encore s'adresser à des individus* capables de réfléchir et de comprendre, susceptibles d'être manipulés, à qui l'on demande de faire des *choix* (de rejoindre la cause et de lutter pour le Parti). La domination totale balaie tout cela. L'obéissance ne pourra être aveugle et inconditionnelle que dans la mesure où elle ne sera pas subordonnée à un discours (fût-il fallacieux, idéologique), mais procédera directement de la terreur et/ou[2] de la fascination. À mesure que croît la confiance totale dans l'infaillibilité du Parti ou du Führer, la « demande de compréhension » de la part de la population décroît et s'affaiblit. Que la politique du Parti soit incompréhensible au

1. Ce qui est incompréhensible par le monde normal, les interlocuteurs/partenaires/adversaires du monde totalitaire, ce qui les déroute tellement dans le comportement des régimes totalitaires.
2. Cf. R. Aron qui ne pense pas le « et ».

commun des mortels est un signe de plus de son caractère génial et infaillible, supra-rationnel.

e. Abolition de la différence entre vie normale et état de guerre, d'exception

L'état d'exception est devenu la règle, la norme. Arendt s'attache à montrer comment le brouillage s'établit entre vie normale et état de guerre ou état d'exception : **l'état d'exception a vocation à durer et est appelé à devenir l'état de vie « normal ». La vie privée des simples citoyens** pris dans un système totalitaire ressemble à s'y méprendre à celle des espions ou des agents secrets dans le « monde normal[1] » : tous doivent mener une double vie et jouer un double jeu, mentir pour survivre, trahir, dénoncer, n'avoir pas d'amis, faire en sorte que tous en sachent le moins possible sur soi. La condition de vie des agents secrets, des espions, *tend à devenir celle de la masse* de la population.*

2. La domination totale et le système concentrationnaire

Aron évoque à peine, en passant, l'existence des camps de concentration, de travail, d'extermination. Un simple phénomène marginal, accidentel, lié à des circonstances historiques[2] ? Non selon Arendt. Le phénomène totalitaire, **le gouvernement par la terreur pure, est impensable sans l'existence des camps de concentration**.

> Thèse d'H. Arendt

Le système concentrationnaire est l'essence même du régime totalitaire, le lieu où sa nature se révèle de la façon la plus nette, la plus crue. Le camp de concentration est *l'idéal social* du régime totalitaire, son utopie à lui[3]. Les camps de concentration sont le lieu où la logique totalitaire va jusqu'au bout d'elle-même

1. Ce qui faisait le quotidien de la vie des espions pendant la phase pré-totalitaire devient la vie courante de tout un chacun.
2. Les camps de concentration appartiennent-ils à l'idéal-type* du totalitarisme ? Non selon Aron, oui selon Arendt. Dans l'analyse de Philippe Engelhard, ce sont tous les traits caractéristiques des phénomènes totalitaires qui sont réputés n'être que des accidents historiques (*L'Homme mondial*, Arléa, 1996, p. 294). Il en vient donc logiquement à interpréter l'Allemagne nazie et l'URSS de Staline comme des phénomènes de dictatures*, tout en percevant lui-même ce que cette analyse a d'insatisfaisant : « Tous les dictateurs n'ont pas inventé le goulag. Qui dit dictature* ne dit pas nécessairement terreur ni extermination. » On mesure ici ce que l'on perd en intelligibilité lorsque l'on fait l'impasse sur le concept de totalitarisme.
3. De même que Foucault montrait dans son cours sur la « **gouvernementalité** » (Cours au Collège de France 1978-79) que la ville de Richelieu, avec son urbanisme, était l'utopie de l'époque, celle de Richelieu en particulier, son « phalanstère » à lui (cf. Fourier). Quadrillage de la ville, du champ social. Rues tracées en ligne droite, se croisant à angle droit. Rationalité faisant table rase de toute sédimentation historique, visibilité maximale (tend vers le panoptique : de la place centrale, on peut voir **presque** toute la ville ; facilitation de la circulation du pouvoir : deux rues principales se croisant sur la place centrale, permettant de sillonner la ville en un temps record…)

[*elle y abolit, radicalement, la barrière entre « vie privée » et « vie publique »* : il ne demeure plus aucune des deux. Dans un camp de concentration, il n'y a plus *ni vie privée* (aucune intimité, promiscuité permanente) *ni vie publique* (impossibilité de se concerter pour agir en commun)]. **Le système concentrationnaire est une sorte de laboratoire, d'avant-garde, où s'expérimente la domination totale**. Le pouvoir totalitaire pense toujours que l'on n'est pas allé encore assez loin, qu'il reste un pas à franchir (Mao : le « grand bond en avant », la « révolution culturelle »...) Il s'agit de régimes par nature « en mouvement », instables (formules d'Aron et d'Arendt), « révolutionnaires », alors que *dans les démocraties, la loi fournit un cadre « relativement stable », suffisamment stable du moins pour que les individus* puissent faire des projets et entreprendre de les réaliser.*

Un régime totalitaire développe, « émet », **trois types de discours** :

1. **À l'intention de l'opinion internationale** : on parle de construire le socialisme dans un seul pays. On dit que le nazisme n'est pas exportable mais est lié intrinsèquement à la race aryenne. Le système totalitaire feint d'être un partenaire « normal » dans la politique internationale.
2. **Discours en direction du peuple** (des Allemands, des Russes) : il se présente comme un *nationalisme* et flatte les tendances nationalistes du peuple, le mouvement totalitaire se présente comme l'occasion unique, rêvée, de *réaliser enfin les aspirations nationalistes*. Nous allons vous mener à la victoire, déchirer le *Diktat* de Versailles, réaliser l'*Anschluss*, réaliser les vieux rêves pan-germaniques et nous en resterons là. Après, ce sera le retour à la paix (ce qui est démenti, s'agissant du IIIe Reich, par l'invasion de l'URSS, les attaques contre l'Angleterre, la politique en Afrique du Nord...). Il faut dire que *le totalitarisme réalise jusqu'à l'absurde le découplage entre la parole et l'action*[1] (Arendt). Or la dévalorisation de la parole va de pair avec la promotion de la violence. Il joue du fait que les démocraties ont envie de croire les discours et non les actes ; de plus, il entend rejeter dans leur camp la responsabilité de la guerre. **Le monde totalitaire se présente toujours comme faisant l'objet d'un formidable et incompréhensible complot** de la part du monde non totalitaire, lui qui ne demanderait qu'à vivre en paix avec ses voisins. (Il s'agit de développer une paranoïa[2] qui prépare et légitime l'état de guerre. La domination totale n'est pas pensable sans l'emprise sur les masses* d'une paranoïa collective.) **Le monde totalitaire se présente toujours comme en état de légitime défense**, et légitime son action à partir

1. Todorov pense pouvoir relever ici une dissymétrie : il pense que le nazisme a toujours eu une pratique beaucoup plus proche de son idéologie officielle que le communisme, que le communisme a toujours, beaucoup plus que le nazisme, eu soin de dissimuler ses intentions et ses pratiques véritables ; au point que Todorov va jusqu'à dire que le discours de propagande nazi nous renseigne beaucoup plus sur la nature des deux totalitarismes — y compris donc communiste — que n'importe quel texte d'inspiration marxiste.
2. Le faux célèbre « Protocole des Sages de Sion » en est le meilleur exemple ; mais sous le régime de Staline se multiplient également les soi-disant complots « trotskistes » ou « contre-révolutionnaires ».

de là : les raisonnements politiques traditionnels ne peuvent plus s'appliquer **puisque** le monde totalitaire fait l'objet d'un complot universel.

3. **Discours interne au Parti**, tenu entre eux par les dignitaires du régime : le pays dans lequel le Parti est parvenu à se hisser au pouvoir n'est que la « base arrière » à partir de laquelle le Parti va pouvoir se lancer dans la course à la domination mondiale.

La Boétie écrivait déjà dans son *Discours sur la servitude volontaire* (avant 1553) qu'un régime politique ne peut se maintenir sur la durée que si un nombre suffisamment grand de personnes y trouvent leur compte (« mouiller » toute la population dans les crimes du régime).

La nécessité de désigner toujours de nouveaux ennemis pour entretenir et justifier l'état d'urgence, la **mobilisation permanente** (La Terreur française voit des « complots contre-révolutionnaires » partout) : **moins il subsiste d'opposition réelle à même d'inquiéter le pouvoir en place[1], plus les « ennemis de la révolution » se mettent à proliférer dans les discours**. Ils sont d'autant plus partout et invisibles, donc menaçants, qu'ils ne sont plus nulle part... comme le complot « hitléro-titiste », « judéo-troskiste », etc. **Le système totalitaire repose sur une paranoïa collective** (le « monde normal » semble en permanence sur le point d'agresser le monde totalitaire : cela rend impossibles les divergences internes, il faut serrer les rangs, **l'homme qui doute est** déjà, par là même, **un traître**).

Dans le « monde normal[2] », accéder aux plus hautes fonctions de l'État (Président de la République, Premier ministre, ministre), c'est arriver au pouvoir, aux « affaires ». J. Chirac quitte la présidence du RPR pour devenir président de la République : il arrive au pouvoir, aux « affaires ». Dans le système totalitaire, c'est l'inverse. La réalité du pouvoir est toute dans le seul Parti. Quelqu'un qui tombe en disgrâce ou qui est mis sur la touche se voit nommé ministre ou ambassadeur. Être envoyé dans les structures de l'État, c'est être mis au « placard ». L'État en est réduit, dans un système totalitaire, à n'être que la façade plus ou moins respectable des activités du Parti.

> Comparaison entre Aron et Arendt

Aron, armé de sa « variable principale » (unicité ou pluralité des partis), n'évoque quasiment pas les camps de concentration (camps de travail et d'extermination), dans lesquels Arendt voit au contraire le lieu où se révèle le mieux, « à nu », la vérité du système totalitaire : son **idéal d'un quadrillage total de la société**. Aron pense qu'il persiste une opposition entre ceux qui croient (les militants) et ceux qui ont peur (les opposants) ; il pense que cette distinction reste

---

1. « La terreur a cessé d'être un moyen d'éliminer l'opposition politique, elle en est devenue indépendante, et elle règne de manière absolue lorsqu'elle ne rencontre plus aucune forme d'opposition sur son chemin. », H. Arendt, *La Nature du totalitarisme*, p. 101.
2. Il faudrait s'interroger sur la pertinence de cette formule d'H. Arendt, qui pour mieux dégager la spécificité inouïe des systèmes totalitaires, met dans le même sac, celui du « monde normal », des régimes et des situations bien différents. Aron est moins manichéen mais il manque peut-être, par la même, la spécificité du monde totalitaire.

pertinente, qu'il peut persister une véritable opposition (même s'il la reconnaît « totalement impuissante » : en quoi est-ce alors une opposition, en quoi joue-t-elle un rôle de contrepouvoir ?), ce dont le système totalitaire voudrait nous persuader (il justifie la terreur qu'il fait régner par de prétendus « complots contre-révolutionnaires »). Pour Arendt au contraire : **l'existence d'une opposition véritable était le dernier frein au déchaînement de la terreur totale, loin d'être l'explication et la justification de cette terreur**. C'est quand plus aucune opposition ne peut exister que le déchaînement de la terreur devient absolu, total. Surtout, Aron ne voit pas que même les sympathisants, même les dirigeants, même les dignitaires du régimes sont tenaillés par la peur : il ne comprend pas le phénomène de **domination totale** : tous doivent avoir peur, nul ne doit se sentir à l'abri. Il ne pense pas véritablement le système totalitaire. Il reste malgré tout pris dans les cadres de la pensée politique classique. Ce qui signifie qu'une variable simplement politique ne permet sans doute pas de prendre la mesure de la radicale nouveauté du système totalitaire.

Remarque : Dans *La Nature du totalitarisme* (1990) p. 80-82 : Arendt dans sa dernière période est soucieuse de défendre la rigueur du concept. Le mot « totalitarisme » — paradoxalement comme le mot « libéralisme » — est victime de son succès, mis à toutes les sauces, on l'emploie comme synonyme d'impérialisme ou d'autoritarisme. Si l'on accepte cette dérive, on reperd la notion de radicale nouveauté et spécificité qui était le gain de l'introduction et de l'adoption de cette notion nouvelle. On commence par entrevoir cette nouveauté, on finit par admettre un nouveau mot, puis, le diluant à l'usage, on y ré-insuffle les contenus anciens. Cette dérive sémantique est révélatrice d'une prise de conscience progressivement *déniée**.

III. Comment sortir du totalitarisme ?

1. La thèse de l'unicité du modèle[1] : la thèse libérale « optimiste »

À cette question, la réponse au niveau factuel, historique, semble simple au premier abord :

Pour le nazisme, la réponse des « démocraties », du « monde normal » (mais il ne faut pas oublier que l'URSS de Staline pèse de tout son poids dans la victoire

1. Cf. Duverger, *Institutions politiques*, tome I, p. 74-80. La thèse de Duverger est qu'il n'existe plus à l'époque moderne qu'un modèle institutionnel unique, le modèle des démocraties libérales. Tous les régimes peuvent être étalonnés en fonction de leur plus ou moins grande distance à l'égard de ce modèle (suivant qu'elles réalisent plus ou moins parfaitement cet *idéal-type**). Selon lui, tous les autres régimes actuels emprunteraient aux démocraties libérales leurs institutions, quitte à les vider de leur substance, de manières et à des degrés divers (existence d'un Parlement élu dépourvu de tout pouvoir (législatif) ; élections au suffrage universel mais avec un candidat unique auto-désigné, etc.).

des alliés) est **militaire** (écrasement de l'Allemagne), mais aussi **juridique** : mise en place du Tribunal de Nuremberg pour juger des crimes contre l'humanité, des crimes contre la paix et des crimes de guerre. La victoire sur le nazisme marque historiquement un progrès du droit[1].

Pour le communisme version soviétique, l'expérience va jusqu'au bout d'elle-même et s'essouffle, rencontre ses limites. Réponse économique ? (Faut-il privilégier la thèse du rôle de la compétition avec les USA, de la « guerre des étoiles » de Reagan[2] : thèse suivant laquelle l'URSS n'aurait plus pu suivre économiquement ?) et/ou politique : affirmation par le chef de l'État lui-même (Gorbatchev) que le système doit se réformer (le monde entier apprend deux mots de russe « *perestroïka* » = « reconstruction » et « *glasnosk* » = « transparence »).

Au-delà de ces réponses factuelles, se pose la question : **que reste-t-il de l'expérience totalitaire au XXe siècle**[3] **?** En quoi quelque chose a-t-il été changé, ou bien est-ce que l'humanité se retrouve à son point de départ, comme si le totalitarisme n'avait jamais existé ?

**** Thèse commune de Raymond Aron et de François Furet***

Le communisme, au moins[4], repose sur les mêmes principes que la démocratie libérale, il existe un lien de lointaine parenté entre démocratie libérale et communisme. Simplement, le régime soviétique ne pratiquait pas ces principes[5]. R. Aron va jusqu'à dire que si l'URSS appliquait ses propres principes, ceux figurant dans ses constitutions* et dans les traités internationaux qu'elle a signés, elle serait une démocratie libérale peu différente du système français (argument de Aron : les deux premières constitutions* ne mentionnent même pas l'existence du Parti communiste. La troisième la mentionne au passage, parmi d'autres formations[6] : *elle réaffirme le principe de la pluralité alors que la pratique est aux antipodes.* L'interprétation de Aron est que ces constitutions* ne sont pas simplement de la « poudre au yeux » en direction de l'opinion internationale, un argument pour les Partis communistes du « monde libre » (« la constitution* soviétique est la plus démocratique au monde », peuvent proclamer les responsables des partis communistes du « monde libre ») mais marque que les dirigeants politiques savent que leur pratique est très éloignée de leurs principes,

---

1. Allemagne nazie et Japon : modèles d'une défaite militaire totale. Il s'ensuit l'imposition des régimes politiques en vigueur chez les alliés. Modèle soviétique et modèle démocratique libéral occidental. **L'Allemagne de l'Est bascule sans transition du totalitarisme nazi au totalitarisme stalinien.**
2. « coup de bluff » américain ? Qui « fausse le jeu » de la compétition entre les deux formes de régimes ?
3. C'est une question centrale du livre de T. Todorov, *Mémoire du mal, tentation du bien : enquête sur le siècle*, Laffont, 2000.
4. Ce serait sans doute indéfendable s'agissant du nazisme. Mais C. Lefort le conteste même du communisme, qu'il analyse comme une forme de régime propre, spécifique : une **bureaucratie d'État**.
5. Maurice Duverger partage la même analyse : *op. cit.*, p. 74-77.
6. Mention bien furtive : le parti communisme figure parmi les groupements chargés de présenter des candidats aux élections : tel est son seul rôle « constitutionnel ».

et que le contenu « libéral » des constitutions* soviétiques marque une évolution possible, quoique statistiquement très improbable reconnaît-il, du régime soviétique. Si le communisme au moins repose sur les mêmes bases que les démocraties occidentales, alors la page peut se refermer sans reste, l'histoire reprendre son cours normal, comme avant. C'est la version de François Furet :

> « [...] le communisme est une parenthèse qui s'est refermée dans les péripéties de l'histoire de la mise en place des démocraties libérales[1] ».

Une version « aberrante, pathologique, tératologique » de la démocratie[2]. (Une illusion collective, un délire collectif[3] comme la religion selon Freud[4] ; d'où le titre de son livre *Le Passé d'une illusion*.) **Le communisme aurait été la réalisation de la prophétie en forme de cauchemar de Tocqueville : une dérive de la démocratie sacrifiant la liberté sur l'autel de l'égalité**[5].

Opposition de Claude Lefort : même les constitutions* soviétiques, pour qui les lit bien, ne sont pas si « libérales » que ça. Elles réaffirment certes les droits inviolables de la personne, *l'habeas corpus*, le droit d'association, la liberté de pensée, d'expression. Mais **l'exercice de tous ces droits est soumis à conditions : qu'ils soient exercés conformément aux intérêts de la classe ouvrière**, intérêts dont le Parti est seul juge en dernière instance. Donc même une application littérale de la constitution* ne donnerait pas un régime démocratique au sens occidental. **Le système soviétique constituait bien une alternative au modèle des sociétés libérales,** il faut lui reconnaître cela ; **il explorait une autre voie qui s'est avérée au fil de l'histoire être une impasse**. (C. Lefort). Le communisme n'était ni une croyance aberrante, une illusion ou une « utopie » (Martin Malia) au pouvoir, mais **un système politique, économique et social qui a échoué**. Il n'est pas une parenthèse qui se refermerait sans reste : il avait une **consistance propre**. [Lefort critique la phrase de Martin Malia : « Puisque le système soviétique s'est effondré comme un château de cartes, c'est qu'il n'avait jamais été autre chose qu'un château de cartes. » (Martin Malia). Il s'agit là d'une illusion rétrospective analogue à celle consistant à dire : puisque le religieux ne joue plus un rôle déterminant dans les sociétés occidentales modernes, c'est qu'il n'a jamais joué un tel rôle dans l'histoire. Cf. M. Gauchet[6].] Il n'y a qu'à voir la Chine communiste de nos jours pour constater que le communisme peut être un vrai système économique et politique, **critiquable** sans doute, mais **existant et consistant** sûrement.

---

1. Interprétation récusée (par avance) avec véhémence par H. Arendt, *Le Système totalitaire*, p. 71-72.
2. Sans compter que cette version laisse entier le problème du nazisme.
3. Le communisme aurait été la dernière grande utopie de l'humanité, le dernier grand récit, grande narration de l'histoire des hommes, la dernière opportunité de nous projeter dans l'avenir de manière collective, de penser un **avenir commun** (Zaki Laïdi).
4. Freud, *L'Avenir d'une illusion*, PUF, 1971, réédition, 1983.
5. *De la démocratie en Amérique*, quatrième partie, chap. VI.
6. *Le Désenchantement du monde*, Gallimard, Présentation, p. IV-V.

H. Arendt : la page du totalitarisme ne pourra jamais être refermée dans l'histoire des hommes, parce qu'avec la mise en place d'un régime de terreur et de « domination totale », **il a repoussé** pour toujours **les limites du possible**, les limites de **ce qui paraissait possible dans l'histoire humaine**. (Le totalitarisme a indirectement et à son corps défendant, bien sûr, contribué au renforcement du droit international, à la création de l'ONU, du Conseil Permanent de Sécurité, d'un Tribunal Pénal International : toutes conditions que Kant plaçait à l'horizon de l'histoire, comme mise en place des institutions habilitées à faire régner la « paix perpétuelle » entre les nations ; ce qu'il identifie avec la fin de l'histoire, l'avènement de l'humanité[1].)

> Version libérale et optimiste de la chute du système/bloc soviétique

Il consacre définitivement la victoire du modèle de la démocratie libérale à l'échelle planétaire. Il n'existe plus d'autre modèle en concurrence qui pourrait lui contester cette place. Nous sommes entrés dans un monde « unipolaire » **au moins en droit** (un seul type de régime possible) **sinon en fait** (les USA restant durablement comme seule superpuissance en lice. Les deux variantes du totalitarisme n'auraient été au XXe siècle que de simples « faire-valoir » de la démocratie libérale).

> Thèse de Fukuyama

Nous sommes entrés dans la fin de l'histoire, nous vivons l'époque du dernier homme, parce que seul le régime de type démocratique-libéral reste en lice sur la scène de l'histoire[2]. Dernier acteur qui vient saluer après la représentation, tous ses « partenaires/adversaires » ayant disparu. Cela ne veut bien sûr pas dire qu'il ne se produira plus d'événements, qu'il n'y aura plus de guerres locales en tel ou tel point du globe, **mais que ces événements ne sont plus porteurs d'enjeux majeurs pour l'humanité** : **l'humanité serait achevée**, nous vivrions le temps du dernier homme.

Nous vivrions ainsi **l'accomplissement d'un vieux rêve** : Kant parle de la fin de l'histoire comme de la fin à laquelle tend aveuglément l'histoire universelle : le temps de l'homme, du plein développement des potentialités de l'homme ici bas sur la Terre. Pour Kant comme pour Hegel plus tard, la fin de l'histoire est une apothéose grandiose. Dépassement des conflits internationaux pour Kant, établissement d'une paix perpétuelle entre les Nations, conditions les plus favorables au plein développement des dispositions naturelles de l'humanité ; chez Hegel, avènement de la liberté dans le monde. Marx est l'héritier de cette tradition : le moteur de l'histoire est pour lui la lutte des classes. La disparition des dernières oppositions entre classes sociales, l'abolition de la distinction gouvernants/gouvernés, l'avènement de la société sans classe, marquent la fin de l'histoire (ou, dans d'autres textes, la fin de la *pré*histoire de l'humanité et le

1. Cf. Kant, *Projet de paix perpétuelle*, 1795 in *Œuvres philosophiques*, Gallimard, Pléiade, 1986, tome III, p. 327-383.
2. Cf. Ph. Engelhard, *L'Homme mondial*, Arléa, 1996, p. 254-256.

commencement de l'histoire véritable de l'homme, proprement dite. La terminologie est flottante, sujette à variations, mais l'idée est la même[1]). **Marx fait correspondre la fin de l'histoire avec l'avènement du communisme, Fukuyama fait coïncider la fin de l'histoire avec la disparition du communisme (du moins sous sa forme soviétique**) comme dernière alternative au modèle des démocraties libérales : **ne serait-ce pas l'autre version de la même illusion**, *sa version libérale*, qui partage une même conviction avec le marxisme : l'histoire doit bien finir un jour.

Nous baignons dans le *pathos* de la fin, dans le discours sur la fin[2] : fin de l'histoire, de l'homme, des idéologies, etc. Fukuyama ne fait que reprendre le schème essentiel, le schème directeur des traditions qu'il combat[3]. (Lié à l'an 2000 et au passage au troisième millénaire ? à l'armement nucléaire ? ambiance « apocalyptique[4] » : on nous annonce quelque chose sans précédent, qui signera la fin de la période actuelle.) (Cf. Houellebecq, *Les Particules élémentaires*, Flamarion, 1998 ; réédition, J'ai Lu, 2001, annonçant une « mutation métaphysique » de l'humanité, mais aussi Heidegger : la domination de la technique à l'échelle planétaire[5]).

Marx : la « **lutte finale** » (Internationale), la révolution prolétarienne est la dernière révolution de l'histoire, après laquelle il ne pourra plus en avoir d'autres, parce que le prolétariat n'exploite personne, n'est pas une classe dominante exploitant une classe dominée.

Nietzsche annonce aussi l'avènement du « dernier homme » : de l'homme moderne : une version pessimiste aux antipodes des fresques grandioses de Hegel ou de Marx. Le dernier homme comme homme moderne, le plus méprisable parce qu'il est devenu incapable de voir ce qu'il y a de grand dans l'histoire, il ne peut percevoir l'avenir que comme une perpétuelle répétition du présent[6] : assurant confort, sécurité, bien-être : c'est à cela que l'histoire tumultueuse des hommes aurait abouti ! Réalisation dérisoire, l'histoire est une montagne qui accouche d'une souris : le dernier homme.

Foucault, dans *Les Mots et les Choses* (1966) : la dernière page annonce la mort de l'homme. *De la mort de Dieu à la mort de l'homme, la conclusion est bonne*[7].

---

1. M. Henry, *Marx*, Tel Gallimard, 1976, tome I, p. 162-178 ; Marx, *La Lutte des classes en France ; 1848-1850*, éd. sociales, 1974 ; *Le 18 Brumaire de Louis-Napoléon Bonaparte*, éd. Sociales, 1976.
2. Dont les dérapages de certaines sectes seraient des exacerbations pathologiques, des « passages à l'acte » (au sens psychanalytique de cette expression) de la fin de l'humanité : on peut ainsi penser aux suicides collectifs... Le climat du temps est propice à ce genre de phénomènes.
3. Remarque perspicace de J. Derrida, *Spectres de Marx*, Galilée, 1993, p. 37.
4. que diverses sectes ne font qu'exploiter et exacerber. Prospèrent sur un « terreau » favorable.
5. Thème lui-même lié à celui de la fin de la philosophie, chez Heidegger, la technique n'étant rien d'autre à ses yeux que l'accomplissement de la métaphysique in « Dépassement de la métaphysique », Tel Gallimard, 1958.
6. Cf. Zaki Laïdi relevant l'actuelle **surcharge du présent**, l'absence d'horizon historique et de perspective d'avenir commun. De nos jours, l'avenir n'appartient plus qu'aux seuls individus*.
7. Voir la reprise de ces thèmes dans J. Derrida, *Le Siècle et le Pardon*, Seuil, 2000.

La mort de Dieu ne fait que précéder de peu et annoncer l'imminente mort de l'homme. Que veut dire Foucault ? « L'homme n'est ni le plus vieux, ni le plus constant problème qui se soit posé au savoir humain ». Au contraire, l'idée de faire de l'humain l'objet d'une connaissance spécifique est une idée récente et tardive. Essor des sciences humaines au XIXe siècle seulement. Or ces sciences de l'homme, en nous faisant de mieux en mieux connaître l'homme, contribuent à le faire disparaître, à le dissoudre ou à le résorber en un faisceau de déterminismes (historiques, sociaux, psychologiques, culturels et maintenant neuro-biologiques... De même que la biologie, née de la notion de vie, a contribué à « dissoudre » cette idée : l'objet même de sa science, en montrant qu'elle se laisse ramener à du physico-chimique). **« L'homme » n'existe pas plus que « la vie »** : il n'a pas de domaine spécifique, autonome, mais se résorbe sans reste dans une multiplicité de sciences.

> « L'homme est une invention dont l'archéologie*[1] de notre pensée montre aisément la date récente. Et peut-être la fin prochaine. »

Si les dispositions qui ont rendu possible, depuis la Renaissance jusqu'au XIXe siècle l'apparition de « l'homme » comme objet de science venaient à disparaître, « alors on peut parier que l'homme s'effacerait, comme à la limite de la mer un visage de sable. » Structuralisme de Foucault : ce que nous appelons « l'homme », « la subjectivité, le psychisme, la conscience », ne sont que des effets de surface, induits par les structures historiques, sociales, institutionnelles[2]... N'ont pas plus de consistance que la crête des vagues sur un océan déchaîné. [**L'humanisme serait soluble dans les sciences humaines (sociales, psychologie, anthropologie[3])** : plus l'homme apprendrait à se connaître, plus il se considérerait comme un phénomène naturel inséré parmi d'autres phénomènes naturels : il ne pourrait plus se prendre comme valeur suprême ni comme **norme**.]

> Quelle est la version proprement libérale de la fin de l'histoire, quel est le tableau « libéral » du dernier homme ? Revisiter la thèse de Fukuyama

Objection à laquelle se confronte Fukuyama : ne subsisterait-il pas une contestation venant des pays du Sud-Est asiatique ? Y a-t-il là un modèle alternatif crédible au modèle américain et/ou occidental européen ? Alliance d'un libéralisme économique très dynamique, très compétitif (croissance nettement plus forte qu'en Occident) et de régimes politiques autoritaires ou semi-autoritaires. Il convient de distinguer plusieurs niveaux d'argumentation.

Le modèle occidental serait inapplicable tel quel en Asie. Il est solidaire de la culture occidentale et ne conviendrait pas à des cultures asiatiques marquées par

---

1. Signifie chez Foucault l'**Archéologie***.
2. À confronter avec les analyses de Pierre Bourdieu.
3. Les procès faits au animaux il n'y a pas si longtemps nous sont devenus aujourd'hui incompréhensibles (Luc Ferry, *Le Nouvel ordre écologique*, Avant-Propos, « Procès d'animaux », p. 9 s. Procès du XVIe siècle). Se pourrait-il que d'ici quelques siècles le procès que nous faisons aujourd'hui aux humains soient pareillement devenus incompréhensibles, du fait de la progression des savoirs sur les déterminismes génétiques, sociaux, environnementaux, etc. ?

le Confucianisme[1]. (Parenté entre paternalisme autoritaire et tradition confucéenne.)

Un tout autre argument qui serait, lui, potentiellement exportable : un régime politique relativement autoritaire s'accorderait mieux avec un fort taux de croissance qu'un régime démocratique à l'occidental. (Thèse de **Lee Kouan You** (Premier ministre de Singapour à l'époque[2].) Pronostic de Fukuyama : **un tel modèle échouera à s'exporter** hors de la zone d'influence du confucianisme, comme le fondamentalisme musulman ne pourrait s'exporter hors de la zone d'influence de l'Islam[3]. Ce seraient plutôt des retards locaux à entrer dans le modèle démocratique libéral, qu'une véritable alternative crédible à l'échelle planétaire.

> Critique des valeurs occidentales

Les droits de l'homme ont été rédigés par moins de 1 % de la population humaine, par des hommes (sans les femmes) représentant une culture particulière, représentant une infime partie de l'humanité : d'où la demande d'une reformulation de la Déclaration des droits de l'homme incluant effectivement des hommes et des femmes de toutes cultures. [Revendication de type communautariste, témoignant d'une autre conception de l'universel : seule serait vraiment « universelle » une déclaration à laquelle auraient contribué des représentants de toutes les communautés humaines, de toutes les cultures humaines. L'universalité ne tient pas dans le contenu (« Tout homme » peut se déplacer librement, « nul homme » ne doit être inquiété pour ses opinions) mais par la représentativité sociologique du « *pool* » de personnes dont elle émane. Une universalité bigarrée, multicolore, qui ne fasse pas l'impasse sur la diversité des cultures, **donc des systèmes de valeurs**.]

D'où ce paradoxe : une telle déclaration ne pourrait pas être universelle du point de vue des révolutionnaires français ! Il s'agirait d'une « universalité » accueillante aux particularismes, bienveillante et non critique à leur égard, non soucieuse de dégager l'« universel » en l'être humain.

Fukuyama se confronte à cette objection : y a-t-il un modèle asiatique (politico-socio-économique) différent par nature du système occidental, et présentant par conséquent une alternative possible ? Le système démocratique est formellement le même (au moins au Japon : les institutions politiques ne sont pas de nature

1. Fukuyama, *idem*, p. 276. Paradoxe des paradoxes : Herrlee Glessener (sinologue américain), dans *Confucius, the Man and the Myth*, salue en Confucius un précurseur de la démocratie libérale, alors qu'il est voué aux gémonies par le Président Mao. Cf. Ph. Engelhard, *L'Homme mondial*, Arléa, 1996, p. 263.
2. In Fukuyama, *La Fin de l'histoire et le dernier homme*, Champs Flammarion, p. 276, 279. Cf. Ph. Engelhard, *L'Homme mondial*, p. 23.
3. De tels systèmes ne proposeraient donc pas de modèles à portée/visée/prétention universelles, exportables, contrairement à la démocratie libérale selon Fukuyama qui pourrait en droit s'implanter n'importe où. Cela pose la question du statut de la « neutralité » ou de la laïcité » de l'État (formules d'Aron) dans les démocraties libérales. **Première forme de régime dans l'histoire qui ne soit solidaire d'aucun contenu déterminé ?**

différente de celles des USA) Mais le contenu, la pratique sont fondamentalement différents. Aux USA, l'adolescence comme rébellion contre l'autorité des parents est un passage obligé de l'accès à l'âge adulte. Moment négatif de résistance : l'adolescent se soustrait à l'ascendant de ses parents pour acquérir indépendance, individualité, autonomie. Cette phase-là n'existe pas dans la société japonaise, et plus généralement dans les sociétés asiatiques[1]. À Singapour, une loi stipule quelle doit être la longueur des cheveux des jeunes adolescents ; à Taïwan, une loi interdit de danser la « Lambada » : de telles « lois » seraient impensables en Occident. Les japonais restent des « enfants » toute leur vie de ce point de vue là, et selon les critères occidentaux ne deviennent jamais tout à fait des « individus* ». Ce qui est honteux n'est pas tellement les actions individuelles mais les échecs, le déshonneur, le discrédit[2] portés sur le groupe (famille, entreprise) dont on fait partie[3]. Cela peut mener les individus* au suicide : on se suicide parce que le honte qui frappe le groupe rejaillit sur tous les membres du groupe, même sur ceux qui n'ont pas pris part directement à ce qui provoque l'opprobre. Il s'agit donc bien d'un **système vraiment différent** malgré les analogies formelles. **D'où le pronostic** : si la croissance reste durablement plus forte en Asie qu'en occident, si l'occident s'enfonce dans le discrédit de sa propre tradition, de ses propres institutions (école, églises...), la thèse selon laquelle un régime autoritaire à l'asiatique est plus propice à une croissance économique forte risque de s'imposer durablement en Asie d'où l'adoption d'un modèle politique non-libéral couplé avec un libéralisme économique florissant. (Hypothèse pessimiste pour Fukuyama, puisqu'elle assurerait, pour un temps, de manière « artificielle », la consolidation d'un régime « semi-libéral » en Asie.)

2. Le devenir des relations internationales dans ce nouveau contexte libéralo-libéral

> Thèse de Fukuyama

Le réalisme politique, la « *Realpolitik* » était l'idéologie de la guerre froide en matière de politique internationale, et ce modèle est aujourd'hui dépassé du fait de la **situation nouvelle** (fin de la guerre froide).

> Critique de fond de Fukuyama aux thèses des tenants du « réalisme politique »

Ils font comme si la guerre était une constante de la condition humaine, comme si elle n'était pas, elle aussi, prise dans le mouvement de l'histoire, comme s'il n'y avait pas une histoire de la guerre à l'intérieur de l'histoire de l'humanité. Les « réalpoliticiens » prennent la guerre comme un phénomène intemporel (alors que

1. Fukuyama s'explique ici à l'évidence avec sa double culture...
2. Fukuyama, *La Fin de l'histoire et le dernier homme*, p. 274-275.
3. *Idem*, p. 273. Ce que les multiculturalistes voudraient imposer aux USA existe déjà au Japon : « Un individu* obtient son statut principalement dans la mesure où il est membre d'un groupe. La société japonaise tend à n'accorder la reconnaissance qu'aux groupes. »

pour Fukuyama, tous les phénomènes du devenir des sociétés humaines convergent vers l'établissement de régimes socio-politiques libéraux, c'est-à-dire à ses yeux congénitalement pacifiques).

Le **réalisme politique** est l'idéologie de la guerre froide, et son plus ardent théoricien et avocat est **Henry Kissinger**[1]. Il consiste en une conception pessimiste des relations entre les États. Ces relations resteraient comparables à celles qui règnent entre les individus* dans *l'état de nature* selon Hobbes[2]. Chacun a peur de ses voisins ; chacun s'arme en conséquence ; chacun interprète les efforts d'armement de l'autre comme une confirmation de ses propres craintes, et s'arme d'autant plus, etc. Course aux armements, *relation spéculaire*, spirale ou cercle vicieux de la peur et de la violence. Confusion de l'attaque et de la défense. On attaque pour mieux se défendre...

En quoi consiste le réalisme politique ? Il présente deux versants : l'un **descriptif** et l'autre **prescriptif** : d'une part il propose une « grille de lecture » pour interpréter la politique internationale, d'autre part il préconise les réactions adéquates au regard de l'analyse qu'il a faite. En l'absence d'une puissance internationale souveraine, crédible et dissuasive, chaque État ne peut compter en dernier recours que sur lui-même pour se défendre de ses voisins : il doit s'armer à hauteur de l'armement de ses voisins. Les guerres se produisent non pas du fait du comportement plus ou moins belliqueux de tel peuple ou de tel dirigeant, *mais partout où existe un déséquilibre des forces trop important.* **Le seul moyen de prévenir les guerres est d'établir et de préserver un équilibre local**, régional, entre les puissances en présence.

> « Les réalistes les plus conséquents soutiennent que la **répartition** de la puissance est le seul facteur déterminant de la guerre et de la paix. » (Fukuyama, p. 284)

Prenons la métaphore des boules de billard : une boule de billard = un État. Peu importe ce que « contient la boule », peu importe la nature du régime : démocratie, régime autoritaire, totalitaire : cela ne change rien aux lois des forces qui régissent la scène internationale, les conflits et les tensions géopolitiques. Il faut faire abstraction du contenu pour faire une analyse lucide de la situation Il ne faut pas penser en termes d'amis ou d'ennemis, d'alliés ou d'adversaires, mais en termes de **puissances**.

D'où les préconisations, les principales règles à suivre si on veut préserver les chances de la paix :

---

1. À remarquer : Kissinger a rédigé son mémoire de philosophie à l'université de Harvard contre Kant et en particulier contre son optimisme politique et son idéal d'une « paix perpétuelle » à l'horizon de l'histoire. Déjà Kissinger, encore étudiant, croit que la guerre est une constante de l'histoire humaine, et qu'il n'y aura pas de fin de l'histoire.
2. En l'absence d'un « Traité de paix perpétuelle », ou plus simplement d'un droit international respecté, les nations se tiennent les unes à l'égard des autres dans un état de nature qui ne demande qu'à dégénérer en état de guerre.

1. résister à la tentation de se surarmer pour se rassurer : ne ferait qu'alerter les voisins et précipiter la guerre. (G. W. Bush parle de relancer le projet de guerre des étoiles...)
2. Faire des alliances sans se soucier des affinités de régimes ou de personnes, ni de l'histoire, mais passer les alliances qui garantissent le mieux l'équilibre du rapport des forces (y compris des alliances contre-nature : pacte germano-soviétique, alliance entre les alliés occidentaux et l'URSS, l'Angleterre refusant de démembrer la France après l'écrasement de Napoléon[1] pour ne pas affecter l'équilibre des forces en Europe (Ce qui montre au passage qu'il s'agit d'une doctrine déjà ancienne, plus ancienne que la guerre froide donc). Ce qu'il faut comprendre par dessus tout, c'est qu'*il n'y a pas d'alliances contre-nature, parce que du point de vue de la politique internationale, il n'y a pas de différence de nature.* **La nature de l'État est la même du point de vue de la politique internationale : celle d'être une puissance militaire** quelque soit son contenu « interne » (la « nature » du régime).
   - règle : trouver et préserver l'équilibre de sa puissance avec celle de ses ennemis potentiels.
   - Amis et ennemis doivent être choisis en fonction de leur puissance, non en fonction des affinités.
   - Ne tenir aucun compte des intentions (belliqueuses ou pacifiques) affichées, mais du niveau de l'armement. Les intentions peuvent n'être que ruse, le gouvernement peut être renversé et les intentions changer du tout au tout en l'espace d'une nuit (une simple révolution de palais peut faire que l'on se retrouve demain face à de tout autres interlocuteurs mus par de tout autres motivations... Le niveau d'armement, pour peu qu'on soit capable de l'évaluer, est une donnée bien plus stable, donc bien plus fiable.
   - Bannir toute considération morale de la politique étrangère (Morganthau se montre disciple de Machiavel sur ce point).

Kissinger était un ardent défenseur de la détente et de la fin de la guerre froide : il tentait d'amener les américains à considérer le régime soviétique comme une donnée constante de la situation internationale, avec laquelle il fallait apprendre à compter. (*Ibidem*, p. 287).

> Thèse de Fukuyama

Autant le « réalisme politique » était le cadre adéquat pour penser les relations internationales dans un contexte de guerre froide[2], autant il est aujourd'hui dépassé et inadéquat. Exemple pris par Fukuyama : les conseillers du président américain le conjurent de tout faire pour empêcher l'effondrement du Pacte de

1. *Idem*, p. 285.
2. « Le réalisme est une vue adéquate de la politique internationale pour un siècle pessimiste. », *ibidem*, p. 288.

Varsovie[1], parce qu'à leurs yeux toute remise en cause de l'équilibre fragile des forces en Europe est susceptible de déboucher sur une guerre en Europe[2]. C'est là l'exemple d'un usage aberrant, hors de propos, dogmatique en diable, des principes de la *Realpolitik* ! Cela ressemble à un médecin qui serait finalement parvenu, avec un remède de cheval, à guérir son patient de son cancer, et, une fois la guérison acquise, le conjurerait de ne pas arrêter un traitement qui a si bien réussi ! La fin de la guerre froide est le « retour à la santé » de la politique internationale. La politique internationale se porte bien, merci, elle est en bonne santé depuis l'effondrement du bloc soviétique, et n'a désormais que faire des remèdes de cheval du « réalisme politique ». La politique internationale ne peut plus fonctionner exclusivement sur le registre de la peur. Exemple de ce que Fukuyama appelle « fin de l'histoire » : plus rien d'essentiel ne se joue pour un État dans sa confrontation avec ses États voisins. Plus aucun État ne prétend imposer son modèle à son voisin. Nous assisterions à une pacification des relations internationales, même s'il peut y avoir ici ou là des « retours de flamme nationalistes » (Dans l'esprit de Fukuyama, il n'existera sans doute jamais un État mondial « réel », mais ce sera tout comme, si les régimes politiques convergent indéfiniment, ne cessent de se rapprocher. *L'attachement à la Nation restera un contrepoids à la mondialisation*, sans constituer ni un obstacle, ni une alternative. (*Ibidem*, p. 279-280). Il dit comme Alain Minc et Zaki Laïdi : mondialisation et réaffirmation de l'identité régionale ou nationale ne sont pas antagonistes mais deux « phénomènes gémellaires » (Minc), allant de pair[3].

Remarque : Fukuyama fait une lecture « historique » du réalisme politique. Il ne le réfute pas comme doctrine erronée mais combat son application dogmatique, hors de propos, en le resituant dans son cadre historique de validité et de pertinence. Fukuyama est en ceci cohérent avec lui-même et fidèle à son propos.

Fukuyama réfute fondamentalement la théorie des boules de billard : la paix et la guerre se déduiraient mécaniquement du seul rapport des forces, non de la nature des régimes. « *Une guerre entre la Hollande et le Danemark*, quelques différentes qui puissent être leur puissance, est mentalement impensable » : les démocraties libérales seraient des nations naturellement, structurellement et foncièrement pacifiques. La très longue frontière entre le Canada et les USA est non défendue militairement : il s'agit d'une première dans l'histoire, tout simplement parce qu'une guerre entre ces deux pays serait impensable, alors même que la puissance militaire canadienne est sans commune mesure avec celle des USA La paix serait plus favorable au commerce que la guerre. Le

1. Un « réalisme politique » devenu paradoxalement dogmatique et idéologique fait obstacle à leur compréhension du caractère nouveau de la situation et les amène à préconiser des « solutions » à contre-courant du simple bon sens.
2. Kant reprend de Swift l'exemple du petit oiseau qui s'était posé sur une maison tellement bien en équilibre qu'elle s'effondra aussitôt. Critique « par anticipation » des théories de la *realpolitik* in *Théorie et pratique*, Vrin, 1980, p. 58.
3. Cf. Ph. Engelhard, *L'Homme mondial*, p. 97, 249.

caractère pacifique des démocraties libérales repose sur le simple *constat d'un* « lien entre stabilité politico-militaire et prospérité. » (Fukuyama[1]) (aujourd'hui, certains théoriciens prétendent le contraire : la crise de 1929 produit la Seconde Guerre mondiale ; la préparation de la guerre relance l'économie allemande, l'entrée en guerre puis la reconstruction dans l'après-guerre contribuent puissamment à la prospérité économique des USA et effacent complètement les conséquences de la crise de 1929. Pour G. Bataille, il y a une affinité entre la prospérité et la guerre. La guerre, dépense somptuaire des surplus, permet de relancer la demande. (In *La Part maudite*, éd. de Minuit, 1967).

Pour Fukuyama, toutes les zones géographiques, tous les pays n'entrent pas en même temps dans l'ère post-historique. Pendant une longue période de transition vont coexister deux mondes, l'un post-historique (celui ayant renoncé à la puissance et à l'agression comme mode d'affirmation de son identité : les pays libéraux pacifiques) et un monde restant encore dans la période historique (chacun pensant qu'il ne peut accroître sa puissance qu'au détriment de ses voisins (Irak/Iran, Syrie/Liban, Syrie/Israël, Inde/Pakistan,…). Ces frontières vont se déplacer progressivement, avec *a priori* un accroissement constant de la sphère post-historique, mais aussi avec des rechutes possibles (ex-Yougoslavie).

Fukuyama pose la question de fond : supposons que les démocraties libérales l'aient emporté pratiquement sur toute la surface de la terre, au point que plus rien désormais ne les menace sérieusement de l'extérieur. La démocratie peut-elle survivre sans ennemi extérieur à combattre, sans contre-modèle (sinon des réminiscences historiques qui deviendront par définition vagues et lointaines) ? La démocratie peut-elle survivre sans adversaire : sans avoir plus rien **pour quoi** ou **contre quoi** lutter ? À cette question est liée la suivante : un monde unipolaire est-il viable ? Les démocraties, même ou surtout en l'absence de toute menace extérieure (l'existence de la guerre froide n'a-t-elle pas artificiellement entretenu, prolongé l'expérience communiste sous les espèces de la survie du bloc soviétique ?) peuvent-elles survivre, ou finiront-elles par s'effondrer sous leur propre poids, comme l'URSS[2] ? Certes, les démocraties libérales sont loin d'être

---

1. Déjà Voltaire faisait de la tolérance une vertu « libérale », parce que la quête du profit est de nature à mettre en sommeil les passions agressives qui visent qui ne pense pas et qui ne vit pas comme nous : « À la bourse d'Amsterdam, de Londres ou de Surate ou de Bassora, le guèbre, le banian, le juif, le mahométan, le déicole chinois, le bramin, le chrétien grec, le chrétien romain, le chrétien protestant, le chrétien quaker trafiquent ensemble : ils ne lèveront pas le poignard les uns sur les autres pour gagner des âmes à leur religion. », *Dictionnaire philosophique*, article « tolérance », GF, 1964, p. 363. Ph. Engelhard vient troubler ce bel optimisme libéral : « Il faut se faire une raison : la mondialisation du « doux commerce » d'Adam Smith ne nous a pas rendus plus proches l'un de l'autre et elle n'a pas substitué l'intérêt mercantile à la violence. », Ph. Engelhard, *L'Homme mondial*, Arléa, p. 250.
2. Peut-on voir dans **l'effondrement de l'URSS sans défaite militaire** une préfiguration d'un effondrement qui pourrait tout aussi bien guetter les démocraties libérales ? **Était-ce l'existence d'un autre modèle (nommément les démocraties occidentales) qui a rendu possible l'effondrement de l'URSS ?** Le contexte de guerre froide a-t-il précipité ou au contraire retardé, rendu possible ou quasi impossible, l'effondrement de l'URSS ? Autant de questions auxquelles un simple examen des faits, même dans une perspective historique, ne permet pas de répondre.

exemptes de problèmes internes (pauvreté, persistance du chômage, criminalité, pollution et périls écologiques…) Supposons que les démocraties libérales soient capables de faire face à tous ces problèmes de façon relativement satisfaisante. Cela suffira-t-il à y rendre la vie acceptable ? Y aurait-il suffisamment de raisons de vivre dans ce type de sociétés ? C'est une question déjà posée par Nietzsche[1], par Tocqueville aussi, qui compare « à charge et à décharge » les sociétés d'Ancien Régime et les sociétés modernes : une fois perdu le principe de l'honneur, de l'éminence, de l'excellence, ce qui est gagné en retour est-il suffisant pour compenser la perte, pour rendre les sociétés démocratiques rationnellement **préférables** ? Ce qui revient à s'interroger, dans la problématique qui est celle de Fukuyama : dire que l'histoire conduit inéluctablement vers les sociétés de type démocratiques-libérales est-il synonyme de dire que l'histoire est le **lieu d'un progrès** ? Reste-t-il des contradictions insurmontables, structurelles au sein d'un tel régime, auquel cas la notion de fin de l'histoire serait illusoire ? (Fukuyama partage avec Hegel et Marx l'idée que *la contradiction* est le moteur de l'histoire.)

À quoi mesurer, évaluer les sociétés démocratiques modernes ? Il faut à Fukuyama un étalon « trans-historique » (il ne peut prendre à témoin l'homme de telle ou telle période de l'histoire : **les jugements seraient trop changeants**). C'est pourquoi il récuse tout l'empirique. On ne peut pas faire de sondage pour savoir si l'homme des démocraties libérales est l'homme le plus heureux. Il fait appel à une nature humaine supposée trans-historique, ou an-historique : **le dernier homme est identique, ne fait qu'un avec le premier homme** (l'homme de l'état de nature, l'homme sans l'histoire, « l'homme en tant que tel »). C'est à « l'homme en tant qu'homme » qu'il faut mesurer la validité des démocraties modernes.

Hegel et Marx s'accordent à penser que l'histoire sera accomplie quand le besoin le plus fondamental de l'homme sera satisfait, honoré. Fukuyama s'accorde avec eux sur ce point. Mais Marx voit dans l'homme essentiellement un être économique, un producteur : l'homme s'accomplit dans la **société communiste** qui libère les rapports de production. Hegel : l'homme est avant tout désir de reconnaissance et de dignité, aspiration à la liberté. C'est dans **l'État de droit** que l'homme s'accomplit en tant qu'homme libre. Fukuyama : la démocratie libérale repose sur deux piliers : bien être économique (société d'abondance, système économique le plus efficace assurant la prospérité) et reconnaissance de l'égale dignité des hommes[2] (égalité des conditions, démocratie politique, suffrage universel) : l'homme n'a plus besoin de se lancer dans des aventures guerrières pour satisfaire son besoin de reconnaissance. Ce besoin se voit satisfait, d'avance, pacifiquement. Les sociétés démocratiques libérales sont à la fois prospères et pacifiques, elles satisfont les besoins de l'homme « comme tel », « *as such* ». Telle est bien la digne fin de l'histoire, *l'histoire s'y achève parce qu'elle s'y accomplit.*

1. In *Ainsi parlait Zarathoustra*, Idées Gallimard, 1971, Prologue.
2. Ceci explique pourquoi les démocraties libérales sont par nature pacifiques, contrairement aux régimes autoritaires et aux totalitarismes.

> Critique de Derrida[1]

« L'homme comme tel » : c'est là une abstraction dont ont fait justice et Hegel, et Marx, et Nietzsche : un tel homme n'existe pas. Il n'existe aucune permanence d'une nature humaine qui serait simplement plus ou moins bien satisfaite selon les périodes de l'histoire et les types de systèmes politiques.

> « Le moins que l'on puisse dire, c'est que Hegel, sous les auspices de qui se place Fukuyama, n'est pas le philosophe de l'homme naturel et trans-historique ! Si la référence à Hegel domine ce livre, elle n'est jamais troublée par cette évidence. Pour définir cette entité supposée naturelle, anhistorique et abstraite, cet "homme en tant qu'homme" dont il parle si tranquillement, Fukuyama prétend en revenir à ce qu'il appelle "le premier homme", c'est-à-dire "l'homme naturel". Sur ce concept de nature, sur sa généalogie, Fukuyama paraît étrangement silencieux[2]. »

> Ce que la mondialisation a de commun avec l'univers totalitaire[3]

Dans les deux cas l'homme ou la société doivent se penser sans horizon[4], sans extériorité. Le village planétaire : **il n'y a plus d'ailleurs** à partir duquel se penser ou critiquer le présent. **Nous assistons à la perte de la fonction de l'utopie**[5]. C'est peut-être cela **la notion même de fin : l'horloge de l'histoire s'est arrêtée, nous sommes englués, prisonniers, enfermés dans un éternel présent**. Nietzsche écrit dans le *Zarathoustra* que le dernier homme[6] est celui qui est incapable de concevoir l'avenir autrement que comme la répétition et la généralisation de son présent, de son mode de vie[7]. Zaki Laïdi voit la mondialisation comme une « surcharge du présent[8] » (on dirait en termes psychanalytiques : un « surinvestissement du présent »). L'homme contemporain **exige** de l'instantanéité, il *exige du présent* ce que l'homme de jadis *espérait pour le futur*. L'homme de la mondialisation ne s'en laisse plus conter : à la fois cela permet la jouissance dans le présent, du présent, et en même temps cela

---

1. J. Derrida, *Spectres de Marx*, Galilée, 1993, p. 113-114.
2. J. Derrida, *Spectres de Marx*, Galilée, 1993, p. 115.
3. Voir la fin du livre de Claude Lefort, *La Complication*, qui les compare explicitement.
4. Cf. le slogan : « *No future* » ! Voir Zaki Laïdi, *Malaise dans la mondialisation*, et Ph. Engelhard, *L'Homme mondial*, p. 261-262 sur la dialectique dedans/dehors et sa disparition.
5. On peut la déplorer (Zaki Laïdi) comme s'en féliciter, avec H. Jonas qui oppose le principe responsabilité à la fonction de l'utopie.
6. L'âge du dernier homme est celui d'un éternel présent sans avenir : « Malheur ! Arrive le temps où l'homme au-dessus de l'homme ne lancera plus sa flèche et le temps où de vibrer désapprendra son arc ! Je vous le dis, il faut avoir du chaos en soi pour enfanter une étoile qui danse. Malheur ! Arrive le temps où de l'homme ne naîtra plus aucune étoile. Malheur, arrive le temps du plus misérable des hommes, de celui qui ne sait même plus se mépriser. [...] Le dernier homme est celui qui vit le plus vieux. » in *Ainsi parlait Zarathoustra*, Idées Gallimard, 1971, Prologue § 5.
7. Plus de croissance, plus de prospérité, plus de temps de loisir, etc.
8. Sur la fin de l'histoire comme surcharge du présent, enfermement dans le présent, voir M. Houellebecq, *Les Particules élémentaires*, Flammarion, 1998, p. 139, 394. Voir Zaki Laïdi, *Le Sacre du présent*, Flammarion, 2000.

exacerbe les frustrations qui ne sont plus compensées et contrebalancées par rien. Tocqueville analysait déjà que plus les conditions s'égalisent, plus les différences, même minimes, même infimes sont perçues comme insupportables, scandaleuses, comme des **injustices**. Dans les sociétés d'Ancien Régime, les différences de condition étaient quasiment intangibles, c'est-à-dire qu'elles étaient perçues et acceptées comme faisant partie du lot de la condition humaine (On s'accommodait de disparités qui nous paraissent proprement impensables : tel l'esclavage[1]). Nous savons, nous, que les différences de condition sont **le fait des hommes**, de l'organisation de la société, du système de redistribution : chacun réclame sa part de la « cagnotte ». Dans un régime qui fonde sa légitimité sur le principe de l'égalité des conditions, les disparités de condition au présent ne peuvent être perçues que comme des injustices.

Pour Kant, la fin de l'histoire coïncidait avec l'avènement de l'humanité, d'une humanité enfin conforme aux **exigences de la raison**, enfin humaine, c'est-à-dire enfin soumise à la raison jusqu'au plan de la politique internationale, et soustraite à l'arbitrage de la guerre, c'est-à-dire de la violence, comme critère ultime d'arbitrage entre les peuples. La perspective grandiose de la fin de l'histoire comme apothéose de l'humanité, avènement de l'âge propre de l'homme (l'âge où l'humanité serait enfin à la hauteur de son idéal, de l'exigence de la raison : cette perspective vient-elle se réduire aux dimensions plus modestes de la barrière « clôturant le parc humain » (P. Sloterdijk[2]) ? **La fin de l'histoire en viendrait-elle à coïncider avec la fin de l'humanisme**, et non pas l'avènement de l'homme, comme ce devait l'être de Kant à Marx compris ? C'est le pouvoir disproportionné de la technique qui permet à l'homme d'entrevoir la terre promise de la fin de l'histoire[3]. Mais cette technique, l'homme est devenu capable de la retourner contre lui-même. L'homme est devenu ce que l'homme pourrait produire et fabriquer en série. (Clonage.)

> Critique de Fukuyama par Derrida

Fukuyama s'inscrit apparemment sans s'en rendre compte dans une longue tradition : mort de l'art (Hegel), fin de l'histoire (Hegel, Marx), mort de Dieu (Nietzsche), mort de l'homme (Foucault), fin de la philosophie (Heidegger, Derrida...), mort des idéologies (p. 37) : *pathos* de la fin, *pathos* crépusculaire. *La fin de l'histoire et le dernier homme* serait l'évangile médiatisé de la disparition du communisme comme fin de l'histoire en apothéose du capitalisme. Pourtant « le livre n'est ni aussi naïf, ni aussi mauvais » que sa médiatisation tend à le laisser croire. (Derrida, *ibidem*, p. 98) L'objet du livre est de :

> « répondre sereinement oui à la question : l'histoire de l'humanité est-elle en dernière analyse cohérente et orientée vers l'accession de "la plus grande

1. Il ne faut pas abuser de cet argument, par définition délicat à manier : dans quelle mesure le sort de l'esclave lui était-il plus « supportable » du fait qu'il n'imaginait pas pouvoir changer de sort ? Comme l'a dit Fukuyama lui-même, on ne peut faire un sondage auprès des hommes du passé.
2. P. Sloterdijk, *Règles pour le parc humain*, Mille et Une Nuits, 2000, 63 pages.
3. Fukuyama, *ibidem*, p. 15.

partie de l'humanité" à une démocratie libérale, pacifique et prospère ? » (p. 99)

(Bien sûr, Fukuyama assortit sa réponse d'un rappel de tout ce qui devrait inciter à répondre non : les horreurs du nazisme et du stalinisme, la *Shoah*, Hiroshima, l'autogénocide khmer sous Pol Pot, etc. Il réduit tout cela à n'être que des événements certes **réels** et graves mais *empiriques*[1] qui ne remettent nullement en cause la marche **idéale** de l'humanité vers un avenir meilleur. Pour Fukuyama, certes des démocratie libérales stables ne sont pas parvenues à s'imposer partout pour occuper le terrain libéré par l'effondrement des totalitarismes et des régimes autoritaires (en Amérique latine), mais la démocratie reste l'unique aspiration dans laquelle communient tous les peuples de la terre, y compris les plus opprimés. L'alliance des démocraties politiques et de l'économie de marché est « ***la terre promise***[2] » qu'a devant elle l'humanité tout entière, même si certains n'y entreront pas (comme Moïse a vu la terre promise du haut d'une montagne mais est mort avant de l'avoir atteinte) : métaphores empruntées à la Bible, pour reformuler un nouvel évangile.

Kojève visitant le Japon en 1959[3] fait ce verdict que le Japon est déjà entré dans une civilisation post-historique, située hors de l'histoire, distincte de la fin de l'histoire telle qu'elle s'accomplit aux USA. (Or Fukuyama lit Hegel à travers l'interprétation de Kojève dont nous savons aujourd'hui qu'il était un agent du KGB... la boucle est bouclée.) Fukuyama dit que Kojève ne répugne pas à travailler dans cette « bureaucratie » qu'est la Commission Européenne, destinée à bâtir l'ultime demeure du dernier homme, de la dernière figure de l'homme. (p. 351) Derrida critique chez Fukuyama une interprétation « chrétienne » de la lutte pour la reconnaissance[4], il lui reproche de vouloir « compléter » Marx : faire reposer l'humanité sur ces deux piliers que sont l'économie (Marx) et la reconnaissance de la dignité (hégéliano-christianisme). **L'État universel, homogène et définitif, aurait pour modèle abouti la commission européenne** au sein de laquelle Kojève ne dédaigne pas de travailler à titre de « bureaucrate » !

Le « Messie » n'est plus le prolétariat, mais l'ensemble des pays développés (il inverse le complexe « colonial[5] » : les pays riches et développés ont pour mission historique de guider tous les peuples de la terre au seuil des démocraties libérales de marché). Ce qui leur en donne le pouvoir est leur avance technologique. Fukuyama constate sans l'expliquer ni en rendre compte la concordance entre pays technologiquement les plus avancés et pays les plus démocratiques. *La maîtrise de la technique nous conduit aux portes de la démocratie mais ne suffit pas à nous y faire entrer, la liberté ne se déduit pas de la technique*[6].

1. Fukuyama se situe ici aux antipodes de Hans Jonas qui fait d'Auschwitz un événement à portée métaphysique, affectant le concept même de Dieu, qu'on soit croyant ou non. (*Le Concept de Dieu après Auschwitz*, Rivages/Poche, 1994).
2. Derrida, *ibidem*, p. 103-104, Fukuyama, *ibidem*, p. 13-15.
3. Kojève, *Introduction à la lecture de Hegel*, Tel Gallimard, 1947, note p. 434-437.
4. *Ibidem*, p. 105-106.
5. Se reporter au cours sur le multiculturalisme*.
6. F. Fukuyama, *La Fin de l'histoire et le dernier homme*, p. 15.

3. Une nouvelle pluralité qui succèderait à la bipolarisation du monde pendant la « guerre froide », « ère glaciaire » de la politique internationale

Thèse centrale, qui peut se décliner de diverses manières : ce ne seraient plus les systèmes politiques ou les modèles de société qui seraient déterminants dans les conflits de l'avenir. Peu importe après tout les différences institutionnelles ou constitutionnelles, dont on apprendrait d'autant mieux à s'accommoder qu'elles tendraient peu à peu à se résorber, qu'elles tendraient à converger lentement mais pacifiquement (ex. évolution discrète de la Chine, de la Corée du Nord...). Non : le nouvel enjeu des conflits à venir seraient les contenus civilisationnels. (Thèse de Samuel Huntington[1].)

Deux remarques

a. il n'est pas vrai que le modèle des démocraties occidentales ne soit solidaire d'aucun contenu. Il présuppose par exemple le développement de l'individualisme qui est un phénomène sociologique spécifiquement occidental ;

b. il y aurait une propension à l'hégémonie culturelle occidentale qui réveillerait des mécanismes de défenses dans les autres types de « civilisations ». Les « failles » géologiques, les frontières entre les civilisations ne recouvriraient pas exactement les anciennes lignes de partage. L'ex-Yougoslavie, mais aussi la Russie, sont traversées par des lignes de partage civilisationnelles. L'exemple pris par Fukuyama, à savoir celui de l'impossible conflit entre les USA et le Canada va de soi, n'a rien de triomphaliste pour Samuel Huntington : il s'agit de la même civilisation ! Il n'y a donc **aucun enjeu, aucune cause de conflit possible** : il n'y a pas lieu de pavoiser et d'en conclure que les sociétés démocratiques modernes sont « structurellement pacifiques », comme le fait Fukuyama. Il faudrait donc changer radicalement de « grille de lecture », de paradigme, pour rendre intelligible notre présent et nous permettre d'anticiper, de voir venir les conflits du futur.

1. Thèses de Samuel Huntington

S. Huntington joue les *Cassandre. Il apporte une note discordante dans l'euphorie qui a suivi la chute du rideau de fer,* euphorie qui culmine avec le livre de Fukuyama. Huntington nous dit que nous n'avons encore rien vu, que le pire est devant nous, les plus implacables des conflits parce que ceux mettant aux prises les grandes civilisations. Huntington n'annonce nullement la fin de l'ère des conflits mais au contraire l'aube d'une nouvelle ère de conflits, de conflits d'un nouveau type. De nouveaux *motifs* de conflits vont induire de nouveaux *types* de conflits. C'est maintenant qu'il nous faut nous y préparer. **« Les lignes de fractures**

1. S. Huntington s'inscrit dans la lignée d'Oswald Spengler et contre les thèses de Fukuyama. Il y aurait quelque chose qui résisterait à la mondialisation, un reste ou un résidu : les différentes civilisations ne seraient pas solubles dans la mondialisation.

entre les civilisations seront les lignes de front de l'avenir. » (S. Huntington, « Le choc des civilisations ? », Revue *Commentaire*, n° 66, été 1994, p. 238).

S. Huntington s'inscrit dans une conception historique (aux antipodes d'une conception intemporelle : ceux pour qui l'agressivité serait une **constante** de la nature humaine, indépendante de **l'histoire** et des **circonstances** qui déclenchent les conflits. Ce que Fukuyama reproche à Kissinger, aux tenants de la *Realpolitik* : Huntington ne tombe *en tout cas pas* sous le coup de cette critique-là) de l'évolution des conflits : (Mais Huntington n'est pas historien et il juxtapose deux thèses qui peuvent paraître incompatibles) :

* ***1re thèse***

a. Il y aurait eu une phase de conflits entre princes pour étendre leur pouvoir//phase de gestation des États-nations. Phase qui s'accompagne de l'idéologie de la gloire, du rayonnement, de la puissance ; étendre son territoire, sa zone d'influence, l'ampleur de sa zone commerciale (époque de la compagnie des Indes...).

b. Phase du conflit entre États-nations constitués : idéologie nationaliste, patriotique. À partir de la Révolution française, les conflits entre nations ont pris le relais des conflits entre princes. « Les guerres des rois étaient terminées ; commençaient les guerres des peuples. » (R. Palmer). Période qui dure en gros jusqu'à la fin de la guerre de 14.

c. La révolution russe change la donne : les conflits idéologiques prennent le pas sur les conflits nationalistes : d'abord entre régimes communistes et démocraties libérales et fascisme/nazisme (guerre des pays de l'axe contre les pays alliés) puis, après la victoire conjointe de ces derniers, guerre larvée, puis guerre froide entre le bloc communiste et le bloc libéral occidental (la ligne de partage, le « rideau de fer » coupant Berlin, l'Allemagne, l'Europe en deux). Ère de la guerre froide, « ère glacière ». La guerre froide est une guerre entre deux superpuissances qui ne sont ni l'une, ni l'autre une Nation au sens européen, et *qui définissent leur identité à partir d'une idéologie* et d'un certain mode d'organisation du pouvoir.

Ces trois générations de conflits ont été des « guerres civiles » à l'intérieur de la civilisation occidentale, (dont et le nazisme, et le communisme étaient des rejetons ou des sous-produits) (Cf. la formule d'Edgar Morin : l'Europe s'est « suicidée » à travers deux guerres mondiales). **Les conflits *entre* les différentes civilisations** sont encore à venir, **sont devant nous**.

> « Avec la fin de la guerre froide, la politique internationale sort de sa phase occidentale pour devenir le centre des interactions entre civilisation occidentale et civilisations non occidentales, ainsi qu'entre les différentes civilisations non occidentales. »

(Conflit Inde/Pakistan ? L'Inde elle-même est traversée par une ligne de fracture entre au moins deux civilisations. Plus complexe que de simples « lignes de partage »). Désormais les autres régions du monde ne subissent plus les contre-coups des soubresauts de l'histoire occidentale, mais « sont devenus des acteurs au même titre que l'Occident ; comme lui, ils donnent mouvement et forme à l'histoire. » (*Ibidem*, p. 238)

• 2e thèse

Les guerres entre princes puis États-nations ne seraient qu'une brève parenthèse dans l'histoire de l'humanité. La fin de la guerre froide renouerait en fait avec la situation « normale » de l'humanité : toutes les guerres ont été des conflits entre civilisations : guerre de l'Empire romain contre l'Égypte, contre Carthage, guerre entre conquistadors et civilisations amérindiennes précolombiennes, guerres qui ont forgé la Russie entre Européens du Nord et invasions venues du Sud (Tartares...), etc.

> Thèse de Huntington

Depuis l'effondrement du bloc soviétique, **toutes les partitions antérieures sont devenues caduques**. Il n'y a plus ni bloc de l'Est, ni bloc de l'Ouest, ni pays non alignés, ni Tiers-monde. *Le Tiers-monde n'existe plus : il n'était que l'ombre projetée des découpages occidentaux*[1]. **Les découpages** par types de régimes politiques, *mais aussi bien par niveau de développement*, niveau de vie, **ne sont plus pertinents aujourd'hui**. Les guerres n'auront plus lieu entre États-nations mais entre civilisations[2]. Les grandes coalitions comme la guerre du Golfe, la guerre du Kosovo, en sont des préfigurations. **Seules comptent désormais les fractures entre les civilisations**.

> Définition

Une civilisation est la plus large entité culturelle possible avant celle qui serait coextensive à l'humanité tout entière. Les Français ne forment pas une civilisation (s'intègrent dans une unité plus vaste). « Les chinois, les arabes, les occidentaux, forment une civilisation » ; c'est-à-dire qu'ils ne s'intègrent pas dans un ensemble plus vaste, autre que l'humanité elle-même.

« Les frontières entre les civilisations sont rarement nettes, elles n'en sont pas moins bien réelles ». Chaque civilisation est mue par sa dynamique propre : elles naissent, déclinent, se subdivisent, fusionnent (Huntington s'inscrit sur ce point dans la filiation d'O. Spengler et de Toynbee).

---

1. À remarquer : S. Huntington ne mentionne pas, parmi les causes possibles de conflits à venir, les déséquilibres démographiques et économiques. C'est une lacune de taille dans ses analyses.
2. « Les conflits locaux les plus susceptibles de dégénérer en guerres majeures seraient ceux qui, comme en Bosnie et dans le Caucase, se situent sur les lignes de fractures entre civilisations. La prochaine Guerre mondiale sera une guerre entre civilisations. », Huntington, p. 247 ; cité par David Camroux, « Huntington : scénarios controversés pour le futur », *Études*, juin 1996, p. 736-737.

> **Question : pourquoi les civilisations ne sont-elles pas pacifiques (comme les régimes démocratiques selon Fukuyama) c'est-à-dire pourquoi vont-elles inéluctablement entrer en conflit ?**

Les différences entre les civilisations *sont non seulement réelles mais fondamentales, irréductibles*[1]. Dans cette gradation entre les trois types de conflits passés et le type à venir[2], on va toujours vers des mobiles de conflits de plus en plus profonds, de plus en plus fondamentaux, de moins en moins accidentels, conjoncturels[3].

Mais **différence ne veut pas dire automatiquement conflit**, et conflit ne signifie pas automatiquement conflit armé, militaire. Pourquoi ce pronostic pessimiste ? La multiplication des contacts entre les civilisations intensifie les sentiments d'appartenance à sa civilisation. Les processus de modernisation économique (de l'exode rural à la mondialisation de l'économie) affaiblissent les liens qui reliaient les hommes à leur identité traditionnelle. On se retrouve avec des individus* déracinés dont l'identité est devenue problématique, et qui par conséquent demande à être renforcée, réaffirmée, revendiquée sur le mode polémique. (Zaki Laïdi et Alain Minc sont d'accord pour une fois : « mondialisation » et « tribalisation » vont de pair, sont « deux phénomènes gémellaires ».) Parallèlement, on constate le profond discrédit de l'État-nation[4] quant à sa capacité de fonder une identité collective stable. L'État-nation est **déstabilisé** par en haut (mondialisation de l'économie, construction européenne) comme par en bas (poussée des régionalismes) : on ne peut compter sur le « patriotisme » de nos grands-parents pour restaurer une identité devenue problématique. Dans bien des régions du monde, **la religion** occupe ce terrain laissé vacant par l'affaiblissement de l'État. (C'est la montée des intégrismes, et pas seulement en

1. Philippe Engelhard conteste ce point, en disant que si l'on part de cette prémisse, alors les différentes cultures qui composent l'humanité sont vouées à l'autisme. *L'Homme mondial*, Arléa, p. 277-278.
2. Du moins si l'on suit la première thèse, dont on voit mal comment elle peut s'accorder avec la seconde...
3. Mais S. Huntington dit en même temps que la période pendant laquelle les conflits ont eu lieu entre les princes puis les Nations a été extrêmement courte dans l'histoire de l'humanité. Les occidentaux qui persistent à croire que les États-nations sont les acteurs principaux voire exclusifs de l'histoire en retirent une vision de l'histoire complètement faussée (Toynbee). Pendant la quasi-totalité de l'histoire de l'humanité, les conflits ont bel et bien eu lieu entre différentes civilisations, au point de contact, d'interférence, voire de chevauchement entre plusieurs civilisations. L'histoire ne ferait que renouer avec son cours normal après une brève parenthèse liée à la surpuissance européenne par rapport aux autres régions du monde (ère du colonialisme). S. Huntington semble donc ici se contredire, ou du moins hésiter entre deux conceptions de l'histoire.
4. « La raison libérale mondialisée est destructrice de l'État-nation pluraliste. Et destructrice de l'État-nation, elle conduit à son contraire : l'ethnicisme. [...] La négation des liens communautaires est le plus sûr moyen de les voir resurgir sous une forme paroxysmique, violemment destructrice. » Ph. Engelhard, *L'Homme mondial*, p. 249-250. « La nation est encore ce creuset où peut commencer à se faire la reconnaissance réciproque de soi par l'autre. », p. 260. « La mondialisation de l'économie est en train de détruire l'État-nation comme creuset de la pluralité. », p. 263.

terre d'Islam.) Paradoxe : « La dé-sécularisation du monde est l'un des faits marquants de cette fin de XXe siècle ». (George Weigel formule en forme de pied de nez à M. Gauchet.)

Ces différents phénomènes induisent une **exacerbation** du sentiment d'appartenance à une civilisation. Un peu partout on constate l'échec des politiques « d'occidentalisation » ou de « modernisation[1] » des différentes régions du monde : la Turquie se réislamise après la tentative de Mustapha Kemal de l'occidentaliser, renversement du Shah par la révolution iranienne, prise de pouvoir par les talibans en Afghanistan, ré-hindouisation de l'Inde (le Parti hindou a le vent en poupe au détriment du Parti du Congrès plus « laïc », et partant plus propice à une coexistence des religions ?), ré-asiatiser le Japon, « russifier » la Russie : chacun entend renouer avec ses racines. Tous ces mouvements sont indépendants les uns des autres, mais leurs effets convergent vers une situation explosive :

> « L'Occident au faîte de sa puissance a devant lui des non-occidentaux qui ont de plus en plus le désir, la volonté et les moyens de façonner le monde selon des modalités non occidentales. »

> Conviction de Huntington

Dans le prochain conflit à venir, **l'Occident sera seul, isolé**.

> « L'axe central de la politique mondiale sera dans l'avenir proche le conflit entre l'occident et le reste du monde. » (Il cite Kishore Mahbubani, p. 248)

Le fossé tend à se creuser entre l'occident et les pays non occidentaux. De plus en plus, les élites au pouvoir ne sont plus occidentalisées, pétries des valeurs de l'occident comme à l'époque où tous les chefs d'État du Tiers Monde avaient été formés dans les universités françaises (Léopold Léonard Senghor), anglaises ou américaines[2]. Les élites doivent se démarquer de l'occident pour « donner des gages » à leur opinion publique.

Les caractéristiques civilisationnelles sont pensées par Huntington comme des constantes, intangibles : des solutions de compromis sont bien moins possibles que pour de « simples » enjeux économiques, politiques ou institutionnels[3].

> « Un communiste peut devenir libéral et un libéral communiste, un riche peut devenir pauvre et vice-versa, mais un russe ne peut pas devenir estonien et un estonien ne peut pas devenir un russe. »

---

1. Le modèle occidental n'est pas pour lui exportable (Aron, Duverger, Fukuyama), il n'a aucune vocation à l'universalité, il est solidaire du contenu civilisationnel de l'occident, plus, il en est une partie ou un aspect (le volet institutionnel de la civilisation occidentale).
2. Mario Bettati écrit le contraire de la bourgeoisie, de la classe montante dans les « pays émergents » : plus que jamais, elle envoie ses fils se former dans les universités américaines, d'où ils reviennent pétris de valeurs occidentales, et surtout du goût pour le mode de vie à l'occidentale.
3. Avec les conflits entre Nations ou plus encore avec les conflits idéologiques, on pouvait choisir son camp, des renversements d'alliances étaient possibles. Sauf de façon marginale, on ne choisit pas sa civilisation (elle est le résultat d'un processus pluriséculaire : ne se situe pas à l'échelle d'une vie humaine. Marge de manœuvre quasi nulle.

Huntington formule ici clairement les conséquences — inquiétantes — de ses présupposés. L'appartenance civilisationnelle est-elle une donnée intangible ?

Les économies ont tendance à se « régionaliser » : une « région » Asie du Sud Est, une région « Amérique du Nord[1] » incluant le Mexique, une région Union européenne et ses satellites. Cette régionalisation va renforcer le sentiment d'appartenance à une civilisation dotée d'intérêts convergents, d'une « communauté de destin ». Pronostic de Huntington (qui découle de ses présupposés) : ces zones économiques ne vont « prendre » que si elles recouvrent une zone civilisationnelle homogène[2]. Et de prendre à l'appui l'exemple de la difficulté rencontrée par le Japon pour créer une zone dont il soit le centre, malgré sa supériorité économique et technologique écrasante : le Japon est à lui seul une civilisation à part, distincte du reste de l'Asie. Prédiction de Huntington : cette « zone Asie » se formera, la jour venu, autour de la Chine[3], et non du Japon, trop isolé.

« Le rideau de velours de la culture a remplacé le rideau de fer idéologique[4]. »

L'effacement des antagonismes idéologiques consécutif à la fin de la guerre froide voit ressurgir des conflits ethniques, culturels, pluriséculaires (entre musulmans, orthodoxes, catholiques…). Ces conflits refont surface, les civilisations se sont avérées non solubles dans le communisme ; ce qui signifie que les conflits idéologiques n'ont été que superficiels, ont masqué pour un temps les vraies lignes de fracture sans les faire disparaître (en Europe : ligne de la frontière de l'Empire ottoman lors de sa plus grande extension[5] : les conflits dans les Balkans[6]).

Les conflits vont se jouer à deux niveaux :

1. par en bas, escarmouches locales (mais qui peuvent être extrêmement sanglantes. Des groupes ethniques situés à la frontière entre deux civilisations vont se faire une guerre sans merci pour « récupérer » sur l'adversaire le plus de territoire possible (conflits entre les Arméniens et les Azéris, conflits dans l'ex-Yougoslavie. Thème de la soi-disant « purification ethnique », dont l'enjeu consiste à rendre claire, lisible, la frontière civilisationnelle).
2. Par le haut, les États qui sont les chefs de file de coalitions civilisationnelles vont se faire une guerre économique et militaire dans lesquelles elles entraîneront leurs pays satellites.

---

1. « Association nord-américaine de libre-échange ».
2. « Une communauté de culture est une pré-condition de l'intégration économique », p. 241.
3. « Avec la fin de la guerre froide, les communautés culturelles l'emportent progressivement sur les différends idéologiques », p. 241.
4. Huntington, p. 242 ; cité par David Camroux, « Huntington : scénarios controversés pour le futur », *Études*, juin 1996, p. 738.
5. « La vraie ligne qui partage l'Europe pourrait bien être la frontière orientale de la chrétienté occidentale en l'an 1500. », William Wallace.
6. « Dans les Balkans, cette ligne coïncide avec la frontière historique entre l'Empire des Habsbourg et l'Empire ottoman. », S. Huntington, p. 242.

Au niveau mondial, **le prochain conflit global va se jouer entre l'Islam et l'Occident**. Huntington fait un historique qui va des Croisades à l'ère coloniale et à **Israël, perçu** (avec raison selon lui) **comme la tête de pont avancée de l'Occident** en plein cœur du monde musulman. Un pur produit de l'occident incrusté au beau milieu du monde arabo-musulman.

> « Le prochain adversaire de l'Occident sera certainement le monde musulman » (M. J. Akbar, p. 243).
>
> « Le sang coule sur toutes les frontières de l'Islam. » (Samuel Huntington, p. 244)

> Le regroupement par civilisations

Le « syndrome* du pays frère » (formule empruntée à H. D. Greenway). La suprématie occidentale et sa politique offensive pour maintenir son avance produisent, par un choc en retour, un « syndrome* des pays frères[1] » se traduisant par le regroupement entre pays appartenant à la même civilisation, voire par des tentatives de coalitions entre des civilisations pour tenir tête à l'occident, pour tenter de faire jeu égal avec lui (prolifération nucléaire et d'armes conventionnelles ou chimiques entre pays *qui n'ont en commun que le fait de ne pas appartenir à l'occident,* et de ne pas avoir lié leur sort aux intérêts de l'occident).

Le « syndrome* du pays frère » est entretenu — voire provoqué — par la politique agressive de l'Occident.

> « L'occident utilise toutes les institutions internationales pour diriger le monde de manière à maintenir la prééminence (voire à la conforter, renforcer) occidentale » (p. 247).

Les moyens par lesquels l'Occident tente de conforter voire de renforcer sa suprématie : les traités de non prolifération (en particulier nucléaire) : l'Occident veut s'assurer le monopole (à part la Chine, évidemment ; et le problème posé par l'Inde et le Pakistan) de l'arme nucléaire. (Alors qu'Israël, contrairement au monde arabe, en est presque certainement dotée.) Frénésie pour empêcher qu'un pays arabo-musulman se dote de l'arme nucléaire : destruction d'une usine irakienne par l'armée israélienne (avec au moins le « feu vert » occidental), la guerre du Golfe et les contrôles pour empêcher l'Irak de se doter de l'arme nucléaire ; tentatives — inefficaces apparemment — pour empêcher le Pakistan d'entrer dans le « club ». L'ONU : porte-parole des intérêts de l'occident, en particulier les membres permanents du conseils de sécurité — à part la Chine qui se contente parfois de s'abstenir. La banque mondiale et le FMI : deux instances « internationales » qui tendent en fait à imposer aux pays tiers la politique économique la plus favorable à l'occident. Les pays du Tiers-monde, étranglés par la dette, ont difficilement la capacité de résister aux politiques qu'on tente de leur imposer. La guerre du Golfe est « lue » par la population arabe (sinon par l'élite au pouvoir, isolée), comme une lutte civilisationnelle : « Il ne s'agit pas d'une guerre du monde

---

1. Pendant la guerre du Golfe : manchettes du quotidien « L'opinion » au Maroc : « complot impérialo-sioniste contre le glorieux peuple irakien **frère**. » « Saddam Hussein est notre dernier rempart contre le déferlement de la barbarie blonde ».

contre l'Irak mais d'une guerre de l'Occident contre l'Islam » (*Safar Al-Awali*, doyen des études islamiques à l'Université de la Mecque, cité par Huntington, p. 245). En Iran, l'Ayatollah Khamenei lance un appel au *Jihad* contre l'occident, promettant le mort en martyr au service de l'islam aux combattants qui périront dans le conflit. Les solidarités civilisationnelles semblent fonctionner dans l'ex-bloc soviétique : la Russie soutient les Serbes orthodoxes et leur fournit des armes **en dépit de l'embargo** (p. 246), la Turquie et les pays du Golfe en font autant en faveur des bosniaques. La Turquie apporte son soutien à l'Azerbaïdjan dans le conflit qui l'oppose aux arméniens. En ex-Yougoslavie, l'empressement de l'Allemagne à reconnaître l'indépendance de la Slovénie et la Croatie, deux pays à dominante catholique, forçant ainsi la main à l'Union européenne, n'a d'égal que l'empressement… du Vatican.

L'occident présente ses valeurs et ses institutions comme étant universelles ou ayant vocation à s'universaliser, mais ce n'est qu'un leurre[1]. L'occident a tort de ne pas assumer les particularités — pour ne pas dire les particularismes — de sa civilisation. Il provoque par sa prétention hégémonique des réactions d'hostilité compréhensibles de la part des autres civilisations. (L'individualisme, le libéralisme, le constitutionnalisme, les droits de l'homme, la liberté, l'égalité, le règne de la loi : *autant de valeurs spécifiquement occidentales*, reconnaissons-le sans fard[2].) Là même où nous les trouvons ailleurs que dans les pays de civilisation occidentale, ce n'est qu'à titre de **séquelles du colonialisme**, et elles sont soit entièrement vidées de leur sens, de leur substance, ou sont instrumentées par des éléments de la civilisation locale (la religion ou le pouvoir tribal par exemple. Existence de partis « religieux » ou « ethniques » qui, du point de vue occidental, sont des détournements des institutions libérales[3] : cela montre que ces institutions ont été « plaquées » sur une civilisation pour laquelle elles n'étaient pas faites, et qu'elles lui sont demeurées étrangères).

Les pays « candidats au démembrement », ou États en première ligne sont ceux qui sont traversés par une ligne de fracture : La Tchécoslovaquie, la Yougoslavie (déjà fait), puis la Fédération de Russie ? L'Inde ? La Chine ? **Ce qui va apparaître comme des *guerres civiles* si l'on continue à penser en termes d'États-nations (en termes politiques au sens strict) seront en fait des guerres *entre* civilisations**[4]. Les conflits à venir nous contraignent à changer notre grille de lecture si nous voulons y comprendre quelque chose.

---

1. Dans quelle mesure les institutions occidentales caractéristiques des démocraties libérales sont-elles solidaires du contenu civilisationnel occidental est un enjeu de fond, qui pose le problème : ces institutions constitue-t-elles un modèle qui ait vocation à être exporté, comme le pense F. Fukuyama — un modèle d'ores et déjà universel — ou au contraire une particularité de l'occident ? Cf. Ph. Engelhard, *L'Homme mondial*, p. 266-267.
2. Se positionnant aux antipodes de Duverger, mais aussi d'Aron, S. Huntington incline au multiculturalisme* au détriment du libéralisme.
3. Cf. Ph. Engelhard, *L'Homme mondial*, p. 265.
4. On voit ici l'importance des enjeux dans le changement de « grille de lecture » : si l'on persiste à penser en termes d'États-nations, on ne peut pas comprendre les conflits en cours et à venir qui se laissent au contraire aisément déchiffrer en termes de conflits entre civilisations.

Face à l'écrasante suprématie occidentale, trois stratégies sont possibles pour les pays n'appartenant pas à cette civilisation :

a. *Le ralliement au camp du vainqueur*[1] : c'est la tentation aux « marches » de « l'empire occidental » : les demandes d'adhésion à l'Union européenne se multiplient : des anciens pays de l'est, de la Turquie, du Maroc... ; adhésion du Mexique à « Association nord-américaine de libre-échange ». Selon Huntington, trois conditions doivent être réunies pour qu'un pays « bascule » dans le camp occidental :

- La conviction des élites au pouvoir de la nécessité d'une redéfinition de leur pays (ne plus se définir par opposition à l'occident ; adopter le type de régime démocrate-libéral compatible avec un partenariat avec les pays occidentaux ; en passer par les décisions du FMI et de la banque mondiale).
- La capacité des élites à convaincre les masses* de la nécessité de cette redéfinition ; d'y faire adhérer les masses* (ce qui ne va pas sans créer des contre-mouvements : en Turquie, ré-islamisation de la jeunesse : elle réaffirme son identité musulmane contre une assimilation annoncée de la Turquie dans l'UE).
- Une adoption du nouveau candidat par la communauté des pays déjà membres du « club » occidental. Pour Huntington, ces trois conditions sont déjà largement remplies au Mexique : le Mexique est en train de se détacher de l'Amérique latine pour se rattacher à l'Amérique du Nord ; la troisième condition ne sera pas remplie par la Turquie (encore moins pour le Maroc). Huntington prédit que l'UE va « rejeter » la candidature de la Turquie[2] (Huntington relate son entretien avec le président Özal : Il y aura des prétextes (Chypre, les relations avec la Grèce, le génocide arménien...) : « La vraie raison, qui ne sera jamais dite, c'est que vous êtes chrétiens et que nous sommes musulmans ». Huntington à l'évidence « boit du petit lait »). Ce rejet va obliger la Turquie à renverser sa stratégie : elle va tenter de devenir leader d'un groupe de pays incluant les républiques ex-soviétiques à majorité musulmane. La Turquie va profiter de l'échec de la révolution iranienne à s'exporter, et du relatif isolement de l'Afghanistan : elle reste le seul pays leader musulman crédible dans cette région du monde.

---

1. Le « camp du vainqueur » n'est plus ici la démocratie libérale (un type de régime) mais la civilisation occidentale.
2. « La Turquie ne sera pas admise dans la communauté européenne. », p. 248b. « Prédiction » qui découle des postulats d'Huntington : elle n'appartient réellement pas à la civilisation occidentale. Il étaye sa thèse sur l'échec de la tentative de Mustapha Kémal. En fait, sur l'échec de toutes les tentatives d'européanisation du reste du monde. Ces politiques ont échoué partout (L'Iran du Shah, L'Égypte de Nasser...) ; restent deux cas très particuliers : le Japon (membre associé de l'occident quoique représentant à lui seul une civilisation spécifique) et Israël, création de toutes pièces de l'Occident, émanation de l'Occident, portée à bout de bras par les USA.

b. *Se retirer de la compétition*, du jeu diplomatique et économique international. Politique qui se paye très cher. Elle supposerait une autarcie parfaite de ces pays. Par ailleurs, n'est-il pas illusoire de croire pouvoir s'abstraire des équilibres géopolitiques ? La neutralité, ça ne tient pas sauf si on est un tout petit pays à capacité militaire et économique négligeables (concernés : la Birmanie, la Corée du Nord ? Cuba (subit l'embargo), la Chine elle-même étant contrainte à s'ouvrir sur le plan économique.

c. *Se coaliser pour tenir tête à l'Occident*, pour faire jeu égal avec lui, ou du moins pour disposer d'un pouvoir de nuisance à la fois économique et militaire tel que l'Occident soit contraint de composer et de négocier avec vous. Pour Huntington, c'est cette formule qui va s'imposer à l'échelle mondiale, entraînant le risque d'une nouvelle Guerre mondiale.

2. Les critiques de S. Huntington

Si l'on suit l'analyse de S. Huntington, le « vainqueur » de la guerre froide n'est plus le régime socio-politique démocratique et libéral mais la civilisation occidentale désormais au « faîte de sa puissance ». Selon Fukuyama la guerre froide se solde par la consécration **définitive** d'un modèle socio-politique, celui des démocraties libérales à l'occidentale (mais qui ne sont solidaires d'aucune culture spécifique) ; selon Samuel Huntington, par la victoire toute **provisoire** d'une des civilisations, la civilisation européenne/occidentale, sur les autres.

**** Huntington pense les relations internationales exclusivement en termes de conflits (éventuellement économiques, mais essentiellement militaires)***

Huntington attribue dans le passé une passivité totale aux États et aux civilisations non-occidentales face aux entreprises hégémoniques de l'occident, thèse qu'une étude historique un peu sérieuse amènerait certainement à nuancer. Ethnocentrisme radical de Huntington, européanocentrisme, même s'il dit que celui-ci est aujourd'hui en péril. L'occident est parvenu à s'aliéner pratiquement toutes les autres civilisations : il est aujourd'hui exposé à une coalition des civilisations non occidentales pour le contrer, voire pour le détruire. (En particulier à un « arc islamo-confucianiste ».)

**** Les partages qu'il fait entre les différentes civilisations sont arbitraires et très floues : il en compte tantôt 6, 7, 8…***

L'Amérique latine, peuplée essentiellement de colons venus d'Europe, est exclue de la civilisation occidentale, alors que l'Australie et la Nouvelle Zélande (qui se sont peuplées de façon similaire) y sont inclues. Pourquoi le Japon est-il considéré, à lui seul, comme une civilisation à part entière (et donc à part en Asie) ? Pourquoi la Grèce et Chypre (orthodoxes) sont-elles intégrées à la civilisation occidentale, alors que les autres pays orthodoxes d'Europe en sont exclus, précisément pour cette raison ?

**** « Le sang coule à toutes les frontières de l'Islam »***

phrase inacceptable, qui réunit pêle-mêle les lieux où les musulmans sont les agresseurs (Soudan, Afghanistan), et ceux où ils sont les agressés (Bosnie, Tchétchénie). Tout est fait pour désigner à l'occident son véritable ennemi : le monde musulman (discours par ailleurs relayé en terre d'Islam. Appels à la guerre sainte contre l'occident).

**** Huntington enterre peut-être un peu vite les États-nations***

> « L'État-nation a encore de beaux jours devant lui[1]. » (Camroux, p. 741)

Pour l'instant, et sans doute pour longtemps encore, jusqu'à nouvel ordre, ce sont les États qui sont les acteurs principaux de la scène internationale.

> « Il faut être clair : les civilisations ne contrôlent pas les États, ce sont les États qui contrôlent les civilisations. » (Fouad Ajami[2], « The Summoning »)

**** Huntington « réalise » les civilisations***

Il fait comme si elles étaient des données intangibles, non des grilles d'analyse[3]. Il les suppose homogènes. Il fait l'impasse sur l'examen de l'occident. Chaque individu* enfermé dans sa culture ? (Il nie ou marginalise le métissage, la conversion, l'assimilation… Quelles conclusions en tirer sur les conséquences de l'immigration par exemple ?) **Risque qu'il nous fasse régresser vers une appréhension pré-politique, infra-politique des phénomènes éminemment politiques** comme la guerre par exemple. La question « qui êtes vous ? » prime désormais sur la question : « que voulez-vous, que pensez-vous, quel camp choisissez-vous[4] ? » On aurait en politique affaire à des entités, à des êtres, non à des volontés[5]. Une telle approche ne sape-t-elle pas à la base le système démocratique ? Peut-on opposer à la volonté d'un individu* son identité ou la volonté supposé du groupe auquel il est dit, qu'il le veuille ou non, appartenir ? On ne peut que constater ici une très grande collusion entre S. Huntington et le **mouvement multiculturaliste** nord-américain.

**** Plus grave : Huntington semble confondre la « rhétorique civilisationnelle » déployée par certains dirigeants pour les besoins de la cause, avec la réalité des véritables causes des conflits***

> « qui sont toujours la quête de territoires et de puissance, en particulier économique » (thèse de Camroux).

Huntington prend pour argent comptant une rhétorique qui n'est peut-être que propagande, apparemment sans la confronter aux réalités géopolitiques du terrain. Cf. l'interminable guerre entre l'Iran et l'Irak, qui avait *apparemment* pour

---

1. E. Morin, dans *Penser l'Europe*, écrit que l'État-nation a donné tout ce qu'il pouvait, pour le meilleur (la démocratie) comme pour le pire (le nationalisme et le totalitarisme) : nous sommes maintenant au-delà, à l'ère des grandes confédérations à l'échelle d'un continent.
2. Cité in Camroux, p. 741.
3. « "Qui êtes vous ?" C'est là un donné non modifiable. » (p. 241) Alors que les questions : que voulez-vous, que pensez-vous ? ouvrent un champ à la négociation, ouvrent un espace politique.
4. Cf. La critique de S. Huntington par Zaki Laïdi : « Cette relecture culturaliste des enjeux du monde est simplificatrice. Le recours à la culture sert à fournir des alibis identitaires aux pouvoirs dans un contexte d'effondrement des idéologies et d'accélération de la mondialisation. » (Zaki Laïdi, « La guerre des cultures n'aura pas lieu », 1993).
5. Voir K. Jaspers qui y voit un trait caractéristique de la pensée nationale-socialiste.

enjeu l'appropriation de quelques îles, de quelques lambeaux de territoire dans le Golfe ; en réalité l'appropriation d'une part plus importante des gisements pétroliers, le contrôle économico-militaire (géostratégique) du Golfe persique. Elle était aussi une conséquence des tentatives de déstabilisation en Irak du parti Baas et de Saddam Hussein par l'Iran khomeiniste qui souhaitait voir une république islamique prendre le pouvoir en Irak. Ce n'est pas ici le conflit civilisationnel entre arabes et perses (ou persans, iraniens), qui est la « grille de lecture » adéquate, qui permet de comprendre les enjeux du conflit. Lors de la seconde guerre du Golfe (celle dont le Koweit était l'enjeu), Saddam Hussein, en partie relayé par des dirigeants et des religieux arabo-musulmans, transforment la guerre en un affrontement occident/monde musulman. La guerre devient une croisade *versus Jihad.* [Saddam Hussein se compare à Saladin, il apparaît ostensiblement faisant ses prières sur toutes les télévisions du monde arabe, alors qu'il est issu du Parti Baas *a priori* d'inspiration occidentale et laïque. Il joue tactiquement la carte « religieuse-civilisationnelle » quand cela lui est opportun[1]. **S. Huntington semble naïvement prendre pour argent comptant toutes les justifications rhétoriques des conflits : ce faisant, il risque de se faire le relais de toutes les propagandes.** Si on prend au sérieux, au pied de la lettre, les déclarations des divers dirigeants, on pourra montrer tout et n'importe quoi. Pendant la guerre du Golfe, des chefs religieux d'Arabie saoudite lancent une *fatwa* contre Saddam Hussein et en faveur de la coalition alliée pour défendre « la religion (musulmane), les lieux saints, les biens, l'honneur et le sang des princes saoudiens ». (p. 740) L'analyse de S. Huntington se prête aisément à une récupération qui ferait le jeu des dictateurs en herbe des différentes parties du monde. « Les références culturelles n'ont de sens que si elles sont considérées comme **évolutives** (c'est-à-dire historiques, cf. F. Braudel) et **ambivalentes**. » (Zaki Laïdi, in « La guerre des cultures n'aura pas lieu »). Il faut rejeter la métaphore implicite de la « tectonique des plaques », qui induit l'idée que le contact entre civilisations ne peut qu'être explosif et porteur de conflits, comme si rien d'autre ne se jouait dans cette rencontre. Une telle approche *ne laisse pas jouer les ambivalences**, et réduit la politique internationale à n'être appréhendée qu'en termes de conflits.]

En Asie du Sud-Est à Singapour, Lee Kouan You[2] argue des « différences civilisationnelles » entre Asie et Occident pour justifier des pratiques de régimes autoritaires (absence des libertés publiques). La théorie de Huntington ouvre un boulevard, elle est pain bénit pour ce genre de discours.

Contre-argument : certes, la théorie de Huntington détonne dans le contexte intellectuel de l'après-guerre froide (seul, il annonce une Troisième Guerre mondiale) et dérange (elle discrédite toutes les instances internationales qui ne

1. Même s'il n'est pas indifférent de voir que tel ou tel argument « porte » ou « ne porte pas », prend ou ne prend pas dans telle ou telle couche de la population. S. Hussein liant le conflit Irak/Koweit au conflit Israël/Palestiniens/Pays arabes rencontre un formidable écho dans l'opinion publique des pays musulmans : cela ne veut nullement dire que ce soit pour « délivrer » la Palestine qu'il a envahi le Koweit…

2. Premier ministre de Singapour ; un des représentants de l'École de Singapour cités par Fukuyama, p. 278-279.

sont ni plus ni moins, à ses yeux, que l'émanation des intérêts occidentaux), mais si elle était vraie ? Réponse de Ajami : il y a là un formidable *bluff* asiatique, une manipulation. Dans le même temps, ces mêmes pays accueillent à bras ouverts les capitaux et les technologies occidentaux. Ce dont on ne veut pas de l'occident, c'est la liberté qui n'est « pas faite pour ces peuples là ».

Selon Camroux, toute entreprise hégémonique, tout désir d'accroître son territoire ou sa puissance se justifie, du moins depuis l'entrée dans la modernité, par un discours sur la « *défense* des valeurs de la civilisation » (de l'occident par exemple. Les mouvements de l'extrême droite ou de la nouvelle droite : club de l'horloge, mouvement « Occident », le « Grèce », prétendent tous défendre les valeurs de l'occident en péril). Les thèses de Huntington constituent une excellente « caisse de résonance » pour tous les petits tyrans en herbe des Balkans :

> **« l'abominable purification ethnique se voit aussitôt promue et respectabilisée en "purification civilisationnelle", défense de la civilisation occidentale »**

(Cf. les prises de position de V. Volkoff : Le régime Serbe (sous Milosevitch) défend à notre place l'Europe de la barbarie islamique intégriste : nous devrions soutenir Slobodan Milosevitch à bout de bras[1]...)

Conclusion

Les analyses de Huntington le situent clairement dans **le courant multiculturaliste** (essentiellement américain, du moins à l'origine) et à l'opposé d'un courant universaliste (Kant et Hegel, ou, pour parler de l'échiquier politique contemporain : Chevènement : égal règne de la loi pour tous, n'ayant pas à connaître des différences[2]).

Huntington **transpose** en termes d'analyse des relations internationales une grille de lecture qui s'est d'abord constituée pour penser autre chose : la diversité du corps social américain. Martin Luther King réclamait « des droits égaux pour tous » : la loi, l'État n'ont pas à savoir si je suis blanc ou noir de peau, et n'ont pas à me traiter différemment. Quarante ans plus tard, les noirs ont les mêmes droits que les autres, mais ne les exercent pas à niveau égal : ils ont le droit de vote

1. Exemple d'une « application » des thèses de S. Huntington aux conflits qui déchirent l'ex-Yougoslavie : « L'atmosphère dans ce pays [la Serbie] n'est ni au défaitisme, ni au matérialisme, et on aurait tort de chercher à discréditer, sous le terme péjoratif de nationalisme, un élan patriotique qu'il serait moins déraisonnable d'envier, voire d'imiter. [...] On comprend bien que le fondamentalisme islamiste s'inquiète de la création d'un État chrétien [celui des serbes de Bosnie] dans les territoires sur lesquels il essaye de mettre la main. [...] On comprend moins que la France ne voie pas que ce petit peuple [les serbes], qui a toujours été son allié, propose au monde une nouvelle façon de vivre le post-communisme et un modèle qu'il ne serait peut-être pas inutile d'imiter. », V. Volkoff, « Pour la Serbie », *Le Figaro*, 3/12/1996.
2. Voir, dans les *Éléments de culture générale* (Ellipses, 1999), les exposés sur « Qu'est-ce qu'être citoyen du monde ? » et « Je suis homme et rien de ce qui est humain ne m'est étranger. »

mais votent moins que les blancs[1]. Pour faire court, les noirs sont sous-représentés dans les universités et sur-représentés dans les prisons. Constat sociologique : en l'absence d'une politique volontariste (et nous le savons maintenant : même avec une politique volontariste !) les écarts sociologiques ne vont pas en se résorbant mais en se creusant. Entre les « *WASPS* », la communauté hispanique, les noirs américains, l'égalité des chances n'est qu'une fiction. D'où la politique de la **discrimination positive** : instaurer des quotas positifs dans les universités (parmi les étudiants, mais aussi parmi les professeurs…) *Les multiculturalistes ne réclament pas les mêmes droits pour tous, mais des droits spécifiques* pour les indiens, pour les noirs, pour les américains d'origine hispaniques, pour les homosexuels, pour les transsexuels, pour les personnes « à charge pondérale différente », « à réussite sociale différée », etc. Où s'arrêtera-t-on ? Peut-on ficher toute la population ? Demander aux impétrants (étudiants ou professeurs) quelle est leur religion, leur sexualité ? Quels critères sont pertinents, lesquels va-t-on faire primer sur d'autres ? S'il est admis que ce n'est pas forcément l'étudiant qui aura obtenu les meilleures notes à l'examen d'entrée qui sera reçu, faut-il faire passer en premier l'étudiant noir issu d'une famille aisée ou l'étudiant blanc issu d'une famille pauvre ? Sans compter le phénomène du métissage, qui semble ne pas être pris en compte (il n'intervient que dans un second temps, à titre d'anomalie : va-t-on compter comme les nazis les « demi-juifs », les « quarts de juifs », les « huitièmes de juifs »…)

Peut-on opposer à l'individu* la volonté de la communauté à laquelle il est censé appartenir ? Que fera-t-on s'il prétend ne pas appartenir ou vouloir sortir de cette communauté ? L'État a-t-il pour mission de défendre la « pureté » de cultures/civilisations différentes, est-il le gardien et la providence des particularismes en tout genre, ou bien doit-il défendre les individus* face aux revendications parfois exorbitantes de ces communautés (Cf. l'affaire Rushdie) ? On retrouve, au sein de la société américaine, les mêmes problèmes que S. Huntington rencontre au niveau international. Si l'on pense les communautés et les civilisations comme immuables, foncièrement étrangères les unes aux autres, sans doute alors ne peut-on penser leurs relations qu'en termes de conflits.

Mais l'histoire nous apprend tout autre chose : Braudel par exemple retrace l'émergence d'une « civilisation méditerranéenne » faite de métissages successifs pluriséculaires. Les métissages ne sont pas des phénomènes marginaux voire anormaux, nuisant à la préservation de la culture d'origine (va-t-on instaurer un apartheid positif ?), mais au contraire sont à l'origine, fondateurs, **plus anciens que n'importe quelle civilisation aujourd'hui existante**. *Ce qui se passe aux « frontières » des civilisations, ce ne sont pas seulement des conflits, même si c'est l'aspect le plus visible, le plus spectaculaire, mais aussi bien des échanges.* (Ex. les préhistoriens parviennent à retracer comment une « invention » se propage, migre, se déplace durant des milliers d'années d'une civilisation à une autre, si du moins les frontières sont assez nettes pour qu'on puisse parler déjà de « civilisations ».)

---

1. Ils n'ont pas un égal accès à **l'exercice effectif** de ces droits : opposition entre « droits formels* » et « droits réels* » en langage marxiste.

Aujourd'hui, Paul Krugman[1] montre que les échanges internationaux « ne sont pas un jeu à somme nulle » : tous peuvent gagner à cet échange. Il n'y a pas forcément des gagnants et des perdants, absolument parlant, même s'il y a forcément des pays ou des « civilisations » qui vont gagner « plus que d'autres » à la faveur de ces échanges. (L'Occident à l'ère de la pratique de ce qu'on appelle pudiquement « l'échange inégal[2] ».) C'est pourquoi la position consistant à se mettre sur la touche des échanges internationaux est intenable à long terme. C'est ça aussi, la mondialisation.

Un dernier soupçon : et si cette place, apparemment généreuse et admirable, ménagée à *toutes* les minorités dans la vision multiculturaliste de la société américaine, était **le symptôme du passage d'une logique de la Nation** (américaine, avec ses maladies possibles que sont l'isolationnisme et le protectionnisme) **à une logique d'empire** (comme l'Empire romain englobe et digère toutes les cultures, tous les cultes, toutes les religions pour pouvoir s'étendre sans limites, pour ne plus laisser d'adversaire hors de lui, pour tendre à coïncider avec l'univers habité ou du moins l'univers civilisé ?) Cf. tous les films de science-fiction qui identifient implicitement l'Amérique à l'humanité. (« *Independance Day* », « *Le Ve élément* », etc.)

Bibliographie : critiques de Fukuyama

Baudrillard J., *L'Illusion de la fin*, Galilée, 1992.

Collectif, *La Fin de l'histoire*, Éditions du Félin/Sauramps, 1992.

Collectif, coordonné par Stéphane Courtois, *Le Siècle des communismes*, Éd. de l'Atelier, 2000.

Derrida J., *Spectres de Marx*, Galilée, 1993.

Rousset D., *L'Univers concentrationnaire*, Hachette, 1998.

1. *La Mondialisation n'est pas coupable*, La Découverte, Poche, 2000, 219 pages.
2. Samir Amin, *L'Échange inégal et la loi de la valeur*, 1973, (augmenté 1988), 248 pages.

FICHES DE LECTURE

HANNAH ARENDT (1907-1975)

LE SYSTÈME TOTALITAIRE

Le Seuil, 1972, réédition 1995

Cet ouvrage est le troisième volet de la trilogie consacrée aux « Origines du totalitarisme », après *L'impérialisme*[1] et *l'Antisémitisme*[2]. H. Arendt entreprend d'y dégager, d'une manière révolutionnaire pour l'époque (1951), la nature du **phénomène** spécifiquement **totalitaire**, qu'elle oppose aux simples dictatures*, à partir d'une comparaison constante entre système soviétique stalinien et nazisme hitlérien.

I. Les conditions sociologiques de la domination totalitaire : des classes aux masses*

La dissolution des classes sociales **dans des masses*** indifférenciées est la condition sociologique de la domination totale. Les classes sociales, depuis la dissolution des ordres des sociétés d'Ancien Régime fondés sur les privilèges[3], étaient les seules formes de stratification sociale existant dans les sociétés occidentales du XXe siècle. La destruction ou la disparition des classes sociales a signifié la rupture des liens qui unissaient la société civile à la classe politique, le « pays réel » à ses représentants au sein de l'État. La disparition des classes sociales a **vidé de sa substance le jeu politique** démocratique, les différents partis en présence **se trouvant coupés de toute légitimité** et privés de tout contenu dès lors qu'ils n'avaient plus de classes sociales à défendre douées d'un minimum de conscience d'intérêts communs. Le « désintéressement » qui est frappant dans les phénomènes totalitaires n'a rien à voir avec l'idéalisme individuel mais correspond au fait qu'il n'y a plus du tout d'intérêt collectif à défendre.

---

1. Fayard, 1982, 348 pages.
2. Calmann-Lévy, 1973.
3. Cf. Tocqueville, *L'Ancien Régime et la Révolution*, Idées Gallimard, 1967, 378 pages.

La seule différence entre l'Allemagne de Hitler et l'URSS de Staline est que Hitler a trouvé une situation où les solidarités de classes avaient déjà été détruites par la violence de la crise économique qui avait succédé au krach de 1929, alors que Staline a été obligé de détruire les classes qui subsistaient encore lors de son accession au pouvoir. Son arme a été la mise en place de la délation systématique et obligatoire. Quiconque ne dénonçait personne s'accusait lui-même et faisait preuve de son peu de zèle au service du régime en place. Les enfants ayant dénoncé leurs parents pour des conversations tenues en privé, dans le cadre de la famille, étaient cités en exemples comme héros de la révolution. Dès lors, tout « ami » étant un délateur potentiel, le salut consistait à avoir le moins d'amis possibles, *à se désocialiser*, ce qui était la seule façon de pouvoir espérer échapper aux purges. La promotion du « stakhanovisme » en URSS était le moyen délibéré de dissoudre toute solidarité au sein de la classe ouvrière.

Le type de société compatible avec un système totalitaire est **composé d'une masse* amorphe d'individus* atomisés**, sans autre lien de solidarité les uns avec les autres que ceux organisés et encadrés par le Parti (cellules de base, jeunesses hitlérienne et communiste). Montée de l'individualisme et apparition des masses* sur la scène de l'histoire ne sont pas des mouvements contradictoires mais corrélatifs. Les masses* sont orientées et manipulées au nom des « lois de la race » (nazisme) ou des « lois de l'histoire » (marxisme).

La finalité du totalitarisme est de **créer une loyauté inconditionnelle et sans contenu**. Les slogans peuvent changer mais la fidélité doit rester la même, imperturbable. Adhérer au mouvement pour ses propres raisons, pour des raisons personnelles[1], est déjà une trahison du mouvement, un reste d'« individualisme bourgeois » dans la phraséologie marxiste. Chaque mouvement totalitaire parvenu au pouvoir se décharge de son « programme », de son « contenu », de ses « promesses » qui ne sont plus que des vestiges, qui n'ont jamais été que des moyens de propagande lors des phases non encore totalitaires, celles où le mouvement n'était pas encore parvenu à s'emparer du pouvoir.

II. Le mouvement totalitaire

Dans la logique totalitaire, la propagande n'est qu'un instrument utilisé à l'extérieur, en direction du monde non totalitaire.

La terreur, qui est la forme propre de ce type de régime, **rend toute propagande interne inutile**. La propagande s'adresse encore à une conscience, à quelqu'un qui raisonne, à quelqu'un qui nourrit encore l'illusion ou l'espoir de pouvoir choisir. Mais le système totalitaire ne veut pas d'une adhésion spontanée qui serait le fruit d'une décision éclairée, donc conditionnelle et provisoire. Une fois établi, **le totalitarisme n'a plus besoin de propagande, sinon à titre de**

1. Sur les intellectuels qui prétendaient adhérer au nazisme tout en gardant leur quant-à-soi, sur leurs propres bases et pour des raisons personnelles, voir la fiche de lecture sur K. Jaspers, *La Culpabilité allemande*, Éditions de Minuit.

« politique étrangère », à destination du monde non (encore, dans sa logique), totalitaire.

Ce qui est frappant pour un observateur extérieur, c'est le caractère idéologique et non utilitariste des décisions prises par un mouvement totalitaire. Un mouvement totalitaire peut durablement prendre et imposer des décisions qui sont contraires à ses intérêts les plus vitaux. C'est ce qui le rend si imprévisible et incompréhensible pour ses partenaires ou adversaires démocratiques, qui finissent toujours par faire prévaloir les décisions qui coïncident avec leurs intérêts vitaux, et s'attendent à une attitude équivalente de la part du monde totalitaire[1].

> « L'intérêt en tant que force collective ne se fait sentir que si des corps sociaux stables fournissent les nécessaires courroies de transmission entre l'individu* et le groupe. »

Un trait caractéristique des dictateurs totalitaires est qu'ils annoncent toujours leurs **intentions** sous une forme **prophétique**, ce qui leur confère aux yeux du peuple une « aura » d'infaillibilité. Hitler annonce comme une prophétie son intention de déchaîner une guerre en Europe et d'exterminer les juifs. Staline qualifie des « koulaks » de « classe sociale moribonde », entendons : nous allons les exterminer. Staline déclare que Moscou dispose de l'unique métro du monde, entendons : les métros de Paris, de Londres ou de New York doivent être détruits. Dans la logique totalitaire, l'homme n'accomplit jamais que ce qui doit, de toute façon, se réaliser, conformément aux lois du sang ou de l'histoire, dont le guide du Parti est l'interprète infaillible. (La question : faut-il le faire, et pourquoi ? Est-ce juste, ou plus simplement est-ce dans notre intérêt ?, ces questions n'ont pas à être posées. Ce sont des questions « bourgeoises » ou démocratiques.) **Le chef est le bras du destin**, le moyen de réalisation des lois de la nature (nazisme) ou de l'histoire (marxisme[2]).

Les masses* se caractérisent par le fait qu'elles veulent retrouver dans le monde qui les entoure et dans leur histoire cohérence et logique ; elles ne veulent voir dans les faits et les événements historiques, comme dans les décisions politiques, que des exemples de lois générales et aisément compréhensibles. Elles sont en demande de discours totalitaires qui satisfont leur attente, et leur sont d'avance réceptives. Le totalitarisme se caractérise par **la fuite de la réalité** (dans son insurmontable complexité) **vers la cohérence d'une fiction**, l'évidence d'une narration, vers la coïncidence supposée du réel avec la cohérence logique.

La stratégie des régimes totalitaires est toujours de **reprendre les slogans** et les mots d'ordre de leurs adversaires (fûssent-ils imaginaires) **pour les retourner contre eux**. De nombreux slogans du nazisme sont calqués sur des phrases du

---

1. Auguste Comte disait que l'avenir était prévisible pour qui maîtrisait la science sociale, parce qu'en dernière analyse les hommes agiraient toujours conformément à leurs intérêts. C'est cette anthropologie optimiste, ou cynique, comme on voudra, que met en échec la logique totalitaire.
2. R. Girard interprète dans cette perspective le livre de Job dans *La Route antique des hommes pervers*, Grasset, 1985.

« Protocole des sages de Sion[1] ». « Ce qui est juste est ce qui est bon pour le peuple allemand », est la reprise textuelle de la phrase dénoncée dans le « Protocole des sages de Sion » : « Ce qui est juste est ce qui est bon pour le peuple juif. » Ce qui est dénoncé chez l'adversaire comme signe de la pire bassesse et d'ignominie devient l'expression d'un devoir sacré dès lors que la même idée est transposée pour être mise au service de la nation allemande.

Le mouvement totalitaire, lors de ses phases pré-totalitaires (tant qu'il ne s'est pas encore emparé de l'appareil d'État), se divise entre sympathisants[2] et adhérents.

Les « sympathisants » constituent une façade apparemment respectable en direction de l'extérieur, du monde non-totalitaire : vous voyez, nous avons avec nous des intellectuels, des savants, des personnalités incontestables, dont la non adhésion au Parti est même la garantie de la probité, de leur objectivité. De plus, le cercle des sympathisants vient s'interposer entre les adhérents et le monde « normal » non totalitaire, pour éviter que les adhérents soient en contact direct avec des façons de penser trop étrangères à celles du Parti.

Au fur et à mesure que se développe le mouvement totalitaire, la hiérarchie du militantisme se démultiplie, allant des cercles les plus extérieurs jusqu'au cœur du pouvoir. Chaque échelon représente pour l'échelon supérieur la figure du monde non-totalitaire, chacun se sent et se croit enfin « dedans », et aspire à gravir un nouvel échelon. Tout est fait pour épargner aux adhérents le choc de la **monstrueuse dichotomie totalitaire**, qui donnerait à penser qu'il y a lieu de « choisir ». Les adhérents sont entourés par le monde « normal » des sympathisants, auquel le Parti s'adresse sur le mode de la propagande. Les formations d'élites sont entourées par le « monde normal » des simples adhérents, etc. Tout se développe à partir du centre, qui est le *Führer* ou le Guide suprême de la Révolution. Monde « normal », c'est-à-dire non totalitaire.

Cette hiérarchie est fluctuante : il se produit une formation constante de nouvelles couches par lesquelles le chef suprême s'assure que nul ne pourra lui faire de l'ombre, par lesquelles il garde la haute main sur les équilibres fragiles et subtils des pouvoirs et des contre-pouvoirs. Il se produit des déplacements d'autorité au gré des seules humeurs du guide suprême (exemple extrême : SS/SA, la nuit des longs couteaux).

Cette occultation complexe et subtile de la dualité monde totalitaire/monde normal permet de donner l'impression au militant que tout ce qui ne lui a pas été nommément désigné comme ennemi est un allié secret ou potentiel. (D'où des perspectives de triomphes inespérés, de croissance soudaine du mouvement.) Le but du Parti Nazi était d'organiser l'ensemble du peuple allemand réduit à l'état de masse* informe en un immense corps de sympathisants, coextensif du « peuple allemand » lui-même (incluant les Autrichiens, les Allemands des Sudètes, etc.)

---

1. Faux historique qui était censé démontrer l'existence d'un complot mondial juif visant à prendre le contrôle de la planète.
2. Les sympathisants étant, pour le communisme, les « compagnons de route » qui n'adhèrent pas au « Parti » mais justifient invariablement ses revirements et sa stratégie.

(D'où l'aspect inconcevable ou invraisemblable aux yeux de quelqu'un pensant sur le mode totalitaire que l'existence d'« opposants allemands ».)

Dans l'Allemagne nazie, le « *Führerprinzip* » court-circuite en un certain sens toute cette subtile hiérarchie. Chaque subordonné agit, à sa place et à son niveau, au nom du seul chef, comme si l'ordre qu'il exécute émanait du Führer lui-même, et comme si c'était au Führer lui-même qu'il aurait à en rendre compte. En dernier recours, seul le Chef suprême est **responsable** parce que seul, il peut prendre à tout coup la bonne décision, il prend seul la responsabilité sur lui parce que seul il sait vraiment ce qui est bon pour le Parti, donc pour la cause (marxisme) ou pour la patrie (nazisme). En la personne du Chef suprême seule se concentre le droit et la possibilité de l'explication ultime, du « pourquoi » c'est dire que **l'obéissance** doit être **par définition aveugle**, émanant de la seule confiance absolue dans l'infaillibilité du Guide suprême. **Dans un système totalitaire, l'autorité du chef n'est filtrée par aucun corps intermédiaire**. Alors que, dans une dictature*, la responsabilité se délègue, le pouvoir repose sur une rigoureuse hiérarchie pyramidale, dans un système totalitaire, la volonté suprême du chef peut s'incarner partout et à tout moment ; tous, jusqu'au plus jeune membre des jeunesses hitlériennes ou des jeunesses communistes, sont conscients et fiers du fait que leur autorité procède immédiatement du Führer ou du « Guide suprême » de la Révolution.

Les mouvements totalitaires peuvent être comparés à **des sociétés secrètes agissant au grand jour**. Elles sont des sociétés secrètes dotées de multiples rites initiatiques, chaque initiation est un honneur et une marque de confiance. Les rituels (chants, etc.) relient mieux que les dogmes ou les convictions communes qui appartiennent à l'ère pré-totalitaire. Les affirmations du chef (prophétiques) ne peuvent jamais être démenties par les faits et la réalité présente, mais seulement par les événements à venir.

Seuls les sympathisants croient que ce qui est dit par le Parti (la propagande) est vrai et a à l'être. **Chaque échelon de la hiérarchie est fier du fait qu'il n'est pas dupe du contenu du discours** et du programme (il se sent par là plus près du chef, initié aux mystères de la politique totalitaire), et méprise les échelons inférieurs[1] qui « croient » encore la propagande, c'est-à-dire ne la comprennent pas comme simple stratégie. Seul le véritable militant sait « décrypter » le message totalitaire. « Les juifs sont des êtres inférieurs » signifie : « nous allons détruire les juifs ». (**Le langage totalitaire n'est pas descriptif***, il n'est pas vrai ou faux, **il est « performatif* »** et se formule sur le mode prophétique.) Les sympathisants croient Hitler sincère à Munich, les vrais adhérents savent qu'il s'agit d'une simple stratégie et saluent l'habileté politique de leur chef. Dans le système totalitaire, la vérité cesse d'être une valeur, et **le langage n'est plus au service de la vérité mais de la volonté**. **L'élite totalitaire** se caractérise par sa supériorité et **sa désinvolture à l'égard des dogmes**, par la liberté prise à l'égard de l'idéologie officielle.

1. Il en méprise la crédulité et l'incompréhension, ce qui lui permet de se sentir d'autant plus près du pouvoir.

III. Le totalitarisme au pouvoir

Le totalitarisme se caractérise par son instabilité permanente, par la « révolution permanente ». Aucune position ne met à l'abri d'une purge, d'un retournement de stratégie décidé par le seul chef, d'une volonté de modifier les rapports de forces au sein du Parti et de l'État (élimination des SA, procès de Moscou, diabolisation de révolutionnaires de la première heure (Trotski) menaçant de faire de l'ombre au Guide suprême.

Le totalitarisme une fois installé au pouvoir **feint de jouer le jeu de la politique internationale**. Il conserve l'État comme une façade respectable à destination des autres pays, non totalitaires. Il envoie des ambassadeurs, signe des traités qu'il n'a jamais eu l'intention de respecter (Munich, Pacte germano-soviétique). Or le totalitarisme au pouvoir ne peut que viser la domination totale et mondiale. Cette ambition doit rester secrète, cachée, pour donner au Parti le temps de se donner les moyens de sa politique ultime. Plus on vise la domination mondiale, plus on va réaffirmer que « le nazisme n'est pas exportable », que l'on construit « le socialisme dans un seul pays », le pays du « socialisme réel », l'Union soviétique.

> « L'accroissement de la terreur est inversement proportionnel à l'existence d'une opposition politique interne, si bien que celle-ci ne semble pas avoir été le prétexte le prétexte de la terreur mais bien le dernier obstacle à son déchaînement total. » (p. 123)

Lorsque le totalitarisme accède enfin au pouvoir, deux sources de pouvoir semblent coexister : le Parti et l'État.

1. Dans une **dictature*** classique, le Parti unique sert de courroie de transmission entre l'État et la société.
2. Dans le **totalitarisme** au contraire, **l'État n'est qu'un pouvoir fantôme, fantoche entre les mains du Parti.** L'État, instrumenté par le Parti, devient une simple façade permettant au pouvoir totalitaire de feindre jouer le jeu sur la scène internationale tant qu'il en a encore besoin : tant qu'il n'a pas les moyens de la domination mondiale à laquelle il aspire.

D'où un dédoublement des services : la pyramide de l'État et celle du Parti se superposent, mais **le véritable pouvoir se trouve toujours dans le Parti**. Un dignitaire du Parti disgracié et mis sur la touche est envoyé dans l'État, nommé ministre ou ambassadeur. « Ceux qui quittent le Parti pour entrer dans l'État perdent instantanément tout pouvoir », toute influence[1]. **La vérité du totalitarisme n'est pas l'État tout puissant mais un État impuissant servant de masque à une Parti unique tout puissant**. Plus les organes de gouvernement sont visibles, moins leur pouvoir est réel. **Où commence le secret, là commence aussi le pouvoir véritable**.

---

1. Il se produit donc un phénomène inverse de ce qui se passe dans une démocratie, où accéder aux hautes fonctions de l'État est arriver aux affaires, goûter enfin à la réalité du pouvoir.

La démultiplication des services et des autorités fait que le « citoyen » d'un pays totalitaire est soumis à une multiplicité d'instances simultanées et souvent en conflit les unes avec les autres. (Les différentes administrations, le Parti, les SA, les SS...) si bien qu'il ne sait jamais de source sûre à laquelle obéir, d'autant que **la réalité du pouvoir ne cesse de se déplacer**. Soumis à une multitude de règlements, **il est toujours en tort** vis-à-vis de l'un ou l'autre, si bien qu'il est soumis au pouvoir discrétionnaire des autorités, il est livré à l'arbitraire, quand bien même il ferait tout pour appliquer à la lettre les consignes du Parti. Chacun vit dans la crainte parce que l'absence de sanction peut n'être provisoire, chacun a quelque chose à redouter de la part de telle ou telle administration, toute velléité de résistance ou d'opposition se voit ainsi désamorcée.

Et réciproquement, **chaque membre de la clique dirigeante ne sait jamais avec certitude quelle est sa propre position** dans la hiérarchie, s'il est encore dans les bonnes grâces du Guide suprême, et pour combien de temps. Il se crée constamment de nouveaux centres de pouvoir qui vident de leur substance les organes précédents qui ne disparaissent jamais tout à fait (sauf les SA), mais **deviennent de simples vestiges** du passé (neutralisation, stérilisation des soviets par Lénine). **Le pouvoir se déplace sans cesse**, seul le centre, incarné par un seul homme, reste stable. Des services rivaux ayant des fonctions et des tâches rigoureusement identiques, superposables, sont en permanente concurrence, le Chef suprême pouvant arbitrer à tout moment, brutalement, entre les deux. Personne n'est indispensable au Führer ou au Parti, alors que le Guide suprême est indispensable à tous : **sans lui, c'est tout l'édifice qui s'écroule**.

Les régimes totalitaires ne sont nationalistes qu'en apparence. Lorsque les dirigeants totalitaires proclament que le pays où ils ont réussi à s'emparer du pouvoir n'est à leurs yeux que le QG temporaire du mouvement, qu'une base de départ pour la conquête du monde, et que les intérêts « planétaires », « de l'humanité », priment toujours sur les intérêts nationaux, nous tenons (à tort), de tels propos pour négligeables, pour de simples rodomontades. Le fameux slogan « Est juste ce qui est conforme aux intérêts de la Nation allemande » n'est que l'expression de la propagande à l'égard des masses* : une formule dirigée vers l'opinion intérieure allemande, destinée à lui faire épouser la cause du nazisme. À l'intérieur du Parti, en direction des dignitaires et des adhérents du régime, le discours était : « est juste ce qui est conforme aux intérêts du Parti nazi ». Les nazis ne pensaient nullement que les Allemands formaient une race de seigneurs à qui le monde était destiné à appartenir. Ils pensaient au contraire que les troupes de SA, de SS, soigneusement recrutées selon des critères raciaux, étaient l'embryon d'une telle race supérieure. Ils pensaient que les Allemands constituaient une simple masse* appelée à être guidée, au même titre que les autres races de la terre, par une race de seigneurs en train de naître : les SS[1].

---

1. Voir, dans la Fiche sur *La Culpabilité allemande* de Jaspers, la prise de conscience de ce fait par les intellectuels allemands, qui en tiraient les conclusions suivantes : laissons les nazis porter l'Allemagne jusqu'à la victoire, le peuple allemand se retournera alors contre le national-socialisme qu'il renversera parce que jamais les Allemands n'accepteront en temps de paix d'être traités comme un peuple d'esclaves au service des SS.

Hitler parvenait à apaiser les inquiétudes tant des Allemands que des autres nations en laissant entendre que les ambitions nazies seraient satisfaites dès que seraient satisfaites les revendications traditionnelles d'une politique allemande étrangère **nationaliste**. (Renversement des conséquences de l'infamant « *Diktat* » de Versailles, réarmement de la Ruhr, *Anschluss*, intégration des Allemands des sudètes au Reich, récupération par l'Allemagne de l'Alsace-Lorraine, corridor de Dantzig, etc.)

Les dictateurs totalitaires sont conscients du danger consistant à pratiquer une véritable politique nationaliste ou à bâtir effectivement « le socialisme dans un seul pays » (ce qui ne correspond pas à l'objectif réel du mouvement totalitaire). **Leur stratégie consiste à faire systématiquement le contraire de ce qu'ils disent** (découplage parole/action). **Plus le pouvoir du totalitarisme devient visible, plus ses desseins véritables deviennent caché.** (C'est dans *Mein Kampf* (1923-24), non dans ses discours de 1933, qu'il fallait aller chercher les intentions véritables de Hitler.)

Un signe clair de la **dimension non (ou supra) nationaliste du phénomène totalitaire**, c'est que les nazis introduisent le code pénal du IIIe Reich de façon rétroactive dans les territoires qu'ils occupent. Ainsi la loi bannissant les mariages entre « aryens » et « non-aryens » sont appliquées en Pologne en incluant les mariages qui ont précédé l'occupation militaire de la Pologne, de tels mariages étant déclarés nuls ou illégaux. **Les lois du Reich sont réputées valoir pour la terre entière**, dans la mesure où elles ne sont que les formulations de lois raciales universelles, et de même les lois soviétiques qui sont la traduction des lois de l'histoire interprétées à la lumière du marxisme-léninisme. **Le nazisme considère la terre entière comme relevant de droit de sa juridiction**, d'où la volonté d'exterminer les juifs **d'Europe**, voire de les faire disparaître de la surface de la terre[1]. Ainsi l'armée d'occupation n'était-elle plus un instrument de conquête imposant la **loi nouvelle** du conquérant, mais **l'organe exécutif qui faisait enfin respecter une loi** dont on supposait l'existence et la validité déjà acquise pour tous avant même l'occupation militaire.

La « politique étrangère » totalitaire, si tant est qu'une telle expression garde encore un sens, abolit donc toute distinction entre mère-patrie et pays étranger, **entre politique intérieure et politique extérieure**[2], entre armée et police, distinctions qui sont à la base de toute vie publique dans un système « normal » non-totalitaire, fût-il dictatorial.

---

1. A. Finkielkraut fait remarquer que de tous temps États et Empires ont persécuté leurs minorités ou leurs opposants, allant parfois jusqu'à les massacrer, mais que personne avant les nazis n'avait prétendu décider à l'échelle mondiale qui avait le droit ou non de vivre, quels peuples devaient être retranchés de l'humanité.
2. « La distinction entre politique étrangère et politique intérieure se trouve résolue par la prétention au gouvernement mondial, démontrée en traitant chaque pays conquis au mépris complet de son droit propre, comme un délinquant coupable de transgresser les lois totalitaires et en en punissant les habitants selon des lois auxquelles on confère une validité rétroactive. », H. Arendt, *La Nature du totalitarisme*, Payot, p. 88.

Le pouvoir totalitaire traite son propre peuple, celui qui l'a porté au pouvoir, exactement **comme s'il était en terre étrangère**, sur un territoire étranger (il pille sans vergogne les musées par exemple, se comportant comme le prédateur du patrimoine national qu'il est censé défendre). **Le mouvement totalitaire s'empare du pouvoir dans le même état d'esprit qu'un conquérant étranger mettant sous coupe réglée une population conquise par les armes**. Les richesses tant naturelles de son propre pays font l'objet d'un pillage systématique destiné à soutenir l'effort de guerre, c'est-à-dire mises au service de **l'ambition de conquête qui est la raison d'être du Parti**.

La police secrète : une fois achevée l'extermination des ennemis réels du nouveau régime, commence la chasse aux « ennemis objectifs », à l'« ennemi de classe » (formules marxistes-léninistes qui introduisaient l'idée qu'un militant communiste sincère pouvait tout à la fois être un ennemi réel et « objectif » de la révolution prolétarienne, du fait de sa seule naissance, et fût-ce à son propre insu ; de même, dans le nazisme, l'unique chose qui soit reprochée à un juif est d'être né et d'être né juif, quelles que puissent être par ailleurs ses opinions ou ses actions). **La terreur devient alors l'essence même du régime totalitaire** parvenu « à maturité ». Ce qui dans les phases pré-totalitaires du régime constituait **le quotidien de l'existence des agents secrets devient le mode de vie « normal » de toute la population** (dissimulation, duplicité, prête-noms, pratiques en marge de la légalité, marché noir, nécessité de pratiquer la délation systématique, etc.).

Alors que sous une **dictature* « normale** » **c'est le passé de l'individu*** (ses actes ou ses déclarations passées) **qui le qualifie comme suspect** aux yeux du pouvoir et justifie tous les soupçons qui pèsent sur lui, dans un **régime totalitaire** au contraire, **les « ennemis objectifs »**, les « contre-révolutionnaires objectifs » **sont suspects en tant qu'ils sont considérés porteurs de « tendances déviationnistes »**, c'est **leurs actes futurs supposés** qui justifient par avance, aujourd'hui, leur « mise hors d'état de nuire », soit leur déportation, soit leur extermination. Le « contre-révolutionnaire objectif » n'a pas à avoir commis quelque acte répréhensible que ce soit, ni même à avoir eu des pensées hostiles à l'égard du parti, à avoir envisagé de tels actes. **Il est opposant sans se savoir opposant**, le pouvoir n'a nullement à démontrer qu'il a commis des actes répréhensibles, le Parti est mieux placé que quiconque, que l'individu* lui-même, aussi sincère soit-il, pour détecter s'il est en germe un **déviationniste**, et à ce titre s'il constitue une menace pour la révolution (les Procès de Moscou[1]). **Le Parti est toujours supposé en état de légitime défense**, toute élimination est justifiée par la cause que défend le Parti et par son devoir de la préserver de ses ennemis « virtuels ». Le pouvoir totalitaire n'a pas à établir la réalité de crimes ou de complots, mais **sa prévoyance et sa lucidité, son infaillibilité se remarquent à ceci qu'il sait toujours les détecter et y remédier avant même qu'ils se soient produits** (URSS, Maoïsme).

La provocation pour démasquer et débusquer les coupables potentiels n'est plus seulement (comme c'est le cas dans les dictatures*), l'arme de prédilection de

---

1. Voir M. Merleau-Ponty, *Humanisme et Terreur*.

la police secrète ou politique, mais **devient une méthode de gouvernement**, y compris en termes de politique étrangère (Nazisme, révolution iranienne[1]).

Peu à peu, à mesure que des couches nouvelles de la population deviennent à leur tour victimes des purges, chacun se met à devoir sa place, sa situation, sa carrière, au fait que son prédécesseur ou son supérieur a été éliminé ou envoyé dans les camps. Ainsi chacun, **chaque citoyen partage la culpabilité politique, chacun bénéficie du système tout autant qu'il en est victime** ou qu'il en est menacé[2]. **Chacun est à la fois complice et victime de l'oppression totalitaire**, ce qui empêche tout un chacun de se présenter, de se définir même à ses propres yeux comme un opposant résolu. Il n'est possible de survivre et de mener une existence aussi « normale » que possible dans un système totalitaire qu'en se compromettant toujours plus avec le régime, d'où l'idée que nul ne peut se dire exempt de toute culpabilité[3]. La façon dont le totalitarisme reconstruit **un semblant de « lien social »** après avoir dissous toutes les solidarités de classes et produit une immense masse* amorphe d'individus*, c'est de faire que chaque détenteur d'un emploi, aussi modeste soit-il, devienne un complice conscient et un bénéficiaire des crimes du régime.

Le système totalitaire suppose une suppression pure et simple de la distinction entre sphère publique et sphère publique, qui est la condition de toute liberté au moins à l'époque moderne.

1. **Le nazisme procède à une abolition pure et simple de la vie privée**. L'homme se doit tout entier au salut de sa « patrie » et aux intérêts du régime, l'allemande portant des enfants ne mène pas sa simple vie familiale mais travaille en faveur de l'avenir de la race.
2. Dans le stalinisme est proclamée l'identité entre les intérêts individuels et les intérêts nationaux. Seuls ont des intérêts propres ou des buts à défendre (des « privilèges ») ceux qui sont les ennemis de la classe ouvrière. Dans les deux cas, chaque individu* doit le tout de son existence à l'intérêt politique du régime.

Renan avait déjà montré que toute Nation reposait sur une dialectique entre mémoire et oubli. Dans les régimes totalitaires, la mémoire et l'oubli collectifs font l'objet d'une politique de manipulation délibérée et systématique : noms qui disparaissent des livres d'histoires, photos retouchées, « disparition politique » de Trotski, etc. De même que les camps de la mort nazis avaient pour but de faire disparaître dans les chambres à gaz jusqu'à la moindre trace d'êtres qui aux yeux du régime n'auraient jamais dû exister[4] (effacer leurs cadavres, leur nom, leur

---

1. Qu'H. Arendt ne cite pas naturellement du fait de la chronologie.
2. Cela, E. de La Boétie l'écrivait déjà de la tyrannie*, dans son *Discours sur la servitude volontaire, ou Contr'un.*
3. Voir la Fiche sur K. Jaspers, *La Culpabilité allemande*, p. 96.
4. « La mort du prisonnier ne faisait au fond qu'entériner le fait qu'il n'avait jamais vraiment existé. », p. 191.

nombre[1]), de même en URSS l'élimination des révolutionnaires historiques poursuivis par la paranoïa de Staline était autant politique et historique, **symbolique**, que physique. **Mémoire et oubli sont donc manipulés au service des intérêts du moment du pouvoir en place** avec une efficacité sans équivalent dans les régimes non totalitaires.

Le régime totalitaire devenu capable de mener à bien ses visées expansionnistes les justifie par un soi-disant complot du monde non totalitaire à l'égard du monde totalitaire[2]. Là encore, **le régime totalitaire est toujours**, par définition, **en position de légitime défense**. Il s'agit invariablement d'attribuer à l'adversaire ses propres intentions (par exemple ne pas respecter les termes du traité signé) pour soi-même être légitimé à agir conformément à ses propres intentions (déniées*, désavouées). **L'action du dirigeant s'en trouve rehaussée aux yeux des masses* : il a su lire dans le jeu de l'adversaire, déjouer les crimes** qu'il s'apprêtait à commettre à notre égard, le prendre de vitesse et le mettre dans l'incapacité d'exécuter ses noirs desseins. La non réalisation de la prophétie du Guide suprême ne lui sera pas comptée comme erreur d'interprétation mais **au contraire** sera mise à l'actif de la rapidité et de la justesse de sa « contre-attaque ».

Les camps de concentration sont la forme de vie totalitaire et de « société totalitaire » les plus aboutis à ce jour. Il faut les percevoir comme des sortes de laboratoires à l'intérieur duquel le pouvoir totalitaire expérimente ce que pourrait être un quadrillage total de la société, une mise au pas des individus* et leur instrumentation pure et simple au service des fins visées par le Parti. Si « l'expérience nazie » n'avait été interrompue par l'issue de la guerre, il ne faut pas croire que les camps de concentration auraient disparu avec les derniers juifs d'Europe ni avec les derniers opposants, réels ou imaginaires, au régime. L'économie de l'Allemagne nazie avait besoin des camps de travail pour soutenir son effort de guerre, et des couches toujours nouvelles de la société allemande ou des peuples conquis se seraient succédés dans les camps de travail[3]. L'existence de camps de travail forcé et d'extermination, le Goulag, sont consubstantiels du phénomène totalitaire et ne sont pas de simples accidents transitoires. Partout

1. D'où le caractère macabre et dérisoire des polémiques actuelles sur le nombre des victimes du génocides, comme si le totalitarisme, même défait, parvenait à nous imposer encore ses mensonges et ses « blancs » dans l'histoire de l'Europe.
2. Il conviendrait de se demander dans quelle mesure la Révolution française elle-même ne tombe pas sous le coup de cette analyse d'Arendt.
3. G. Agamben, dans *Homo Sacer* I, II, et III, reprend cette idée d'Arendt en la radicalisant et en extrapolant. Il fait du système concentrationnaire la vérité non seulement du régime totalitaire (le lieu où son essence se révèle de la façon la plus crue, la plus visible), mais la vérité de l'État moderne en tant que tel. Quelles que soient les critiques adressées par H. Arendt aux formes modernes de la vie politique (en particulier ses critiques sur l'importance prise à l'époque moderne par la société civile qui introduit un brouillage entre sphère privée et sphère publique, introduisant un espace intermédiaire toujours plus envahissant), elle était trop attachée à l'idée d'une spécificité radicale du phénomène totalitaire, phénomène inédit avant le XXe siècle, pour accepter une telle extrapolation.

(dans la Chine de Mao, le Cambodge de Pol Pot), le système concentrationnaire a accompagné la mise en place de la terreur totalitaire.

Le système totalitaire préside à une disparition systématique de la personne juridique, de l'idée d'individus* pourvus de droits : il s'agit de faire en sorte que la population tout entière finisse par se trouver hors la loi dans son propre pays et par conséquent livrée sans recours aux décisions arbitraires, au bon vouloir du Parti. Le libre consentement, pour des raisons personnelles[1], constitue aux yeux de la logique totalitaire un obstacle aussi grand qu'une libre opposition : l'un comme l'autre doivent être surmontés par la domination totale (l'un comme l'autre constituent une même résistance à la domination totale c'est-à-dire à la soumission inconditionnelle et aveugle).

Le choix auquel nous confronte le totalitarisme n'est plus le choix entre le bien et le mal, entre le militantisme ou la résistance, entre l'obéissance et l'insoumission (de tels choix sont tournés en dérision comme illusoires, individualistes et « bourgeois »), mais **entre le meurtre et le meurtre**[2]. (Les *kapos* par exemple ont le choix entre tuer ou mourir, ils doivent sélectionner ceux qui vont mourir et ceux qui vont, provisoirement, survivre.)

> « Le totalitarisme parvient à abolir toute frontière entre persécuteur et persécuté[3] ; tant que cette frontière subsiste, même de façon ténue, c'est que le totalitarisme n'est pas encore parvenu à son terme, que la domination n'est pas encore totale. » (p. 192)

IV. Idéologie et terreur

La question centrale pour H. Arendt se penchant en philosophe sur le phénomène totalitaire est : **existe-t-il une essence de ce type de régime**, distincte des autres formes d'oppression politique apparues dans l'histoire (despotisme*, tyrannie*, dictature*, etc.), et **le système totalitaire se caractérise-t-il par une logique qui lui soit propre** ? La réponse d'Hannah Arendt est clairement : oui.

Les philosophes grecs du politique avaient semblé avoir établi pour toujours le tableau des types de pouvoir politique possibles (de même qu'Aristote avait répertorié une fois pour toutes les différentes formes de syllogismes possibles). Ce tableau pouvait se présenter de la manière suivante :

1. Voir dans la fiche sur Jaspers ce qui concerne le pseudo « quant à soi » des intellectuels sous le nazisme.
2. Cf. *Le Choix de Sophie*, de William Styron, Gallimard, 1998.
3. C'est ici qu'on voit à quel point l'analyse d'H Arendt va plus loin que celle de Raymond Aron, qui persiste jusqu'au bout à opposer les « croyants » et les opposants », ceux qui sont dominés par l'enthousiasme et ceux qui le sont par la peur. (*Démocratie et Totalitarisme*, Idées Gallimard, 1965, p. 88-89).

Régimes légitimes (pourvus de lois)	**Régimes illégitimes** (dépourvus de lois)
Monarchies : règne d'un seul ayant pour principe d'action le bien du peuple.	**Tyrannies*** : règne d'un seul ayant pour principe d'action son ambition ou son intérêt personnel[1].
Aristocraties : règne des meilleurs guidés par leur sagesse pour prendre des décisions conformes aux intérêts de la cité.	**Oligarchies** ou ploutocraties : règne d'un petit groupe (les notables ou les plus riches) exerçant le pouvoir de manière à préserver leurs avantages et à faire prévaloir leurs propres intérêts.
Républiques : règne de tous ayant pour principe d'action le bien commun.	**Démocraties** : règne de la plèbe ayant pour principe d'action l'intérêt du plus grand nombre (ou des plus pauvres).

Pour Platon en particulier chaque régime légitime avait une tendance naturelle à se dégrader dans sa forme dégénérée et illégitime. Chaque type de régime était donc exposé à un type de péril qui lui était propre, qui était sa « pente naturelle ».

D'après Hannah Arendt, l'apparition des régimes totalitaires fait voler en éclats cette classification traditionnelle qui avait permis d'organiser toute la philosophie politique depuis l'Antiquité jusqu'à l'aube du XXe siècle[2]. Le régime totalitaire ne se laisse pas réduire au seul règne de l'arbitraire ou de l'appétit de pouvoir de ses dirigeants. S'il viole constamment la Constitution* et les lois positives, s'il ne fait aucun cas des traités signés, ce n'est pas au seul nom de la fantaisie de son dirigeant mais **au nom des lois supérieures de l'histoire (marxisme) ou de la race (nazisme)**. La difficulté théorique est que **plus le régime totalitaire s'implante, plus les lois existantes dans l'État sont censées être l'incarnation de ces lois supérieures**, et **pourtant le Parti persiste à les violer**. **Les régimes totalitaires ne piétinent les lois qu'en prétendant se ressourcer aux sources mêmes du droit**. Comme Antigone, le Parti défie les lois positives de la Cité **au nom de lois prétendues supérieures** et appelant un interprète suprême : le guide suprême de la révolution ou du Parti. **Le défi constant à la légalité de fait va de pair avec la prétention d'instaurer le règne direct de la Justice sur la terre.** Le régime totalitaire adopte pour mission d'accomplir les lois de l'histoire ou de la nature sur la terre, d'y plier enfin les sociétés humaines. Il s'agit de les appliquer directement au genre humain sans se soucier ni des conduites ni des opinions individuelles, **non plus que des frontières** jugées artificielles entre les États. (**Les totalitarismes** qui se présentent comme une forme particulièrement exacerbée de nationalisme **sont en vérité des internationalismes**, comme le proclame ouvertement la théorie marxiste. **Le contrôle de l'appareil d'État n'est pas une fin en soi mais une étape dans la conquête de la planète tout entière. Le totalitarisme au pouvoir est donc nécessairement en guerre**, quoi qu'il dise,

1. Voir la fiche sur : « Le bonheur est une idée neuve en Europe. », Saint-Just in *Éléments de culture générale*, Ellipses, 1999.
2. Avec Montesquieu, l'analyse se complique sans « éclater » radicalement : Montesquieu ajoute au critère : qui détient et exerce le pouvoir ? cet autre critère : comment, de quelle manière ce pouvoir est-il exercé ?

avec la totalité du monde non totalitaire perçu comme entrave à son projet légitime de domination universelle.) Le but visé est de transformer l'espèce humaine elle-même, de faire advenir « l'homme nouveau » célébré par les peintures et les statues tant soviétiques que nazies.

Le totalitarisme, contrairement à toute autre forme de pouvoir politique ayant existé, prétend pouvoir se passer de tout *consensus* juri,* consensus* sur le droit. Mettant en œuvre la domination totale, **il peut se passer de mettre en place son propre *consensus* juri,* et bafoue en permanence toutes les lois existantes, y compris les siennes propres**. Dès lors la loi ne constitue plus un cadre stable à l'intérieur duquel les actions humaines puissent venir s'inscrire pacifiquement (ce qui est le rôle de la loi pour H. Arendt), mais elle devient l'expression et l'émanation du mouvement lui-même. Alors que la loi positive dit toujours ce qui ne doit pas être fait (« La liberté consiste à pouvoir faire tout ce que la loi n'interdit pas[1] », Montesquieu), le monde totalitaire prescrit ce qui doit être fait[2] : c'en est alors fait de la liberté.

À lire

Arendt H., *La Nature du totalitarisme*, Payot, 1990, 190 pages.
Aron R., *Démocratie et Totalitarisme*, Gallimard, 1965, 374 pages.
Koestler A., *Le Yogi et le Commissaire*, Charlot, 1946.
Merleau-Ponty M., *Humanisme et terreur*, Idées Gallimard, 1947 ;
— *Les Aventures de la dialectique*, Idées Gallimard, 1955, 341 pages.
Rousset D., *Le Système concentrationnaire*, Hachette, 1998.

1. Cf. Arendt, *La Nature du totalitarisme*, Payot, p. 104-105.
2. Il est, selon la terminologie d'Hayek, une **téléocratie***, non une **nomocratie***. On voit ici la pertinence de ce couple de concepts : c'est bien au nom du but suprême prétendument ou réellement poursuivi que les lois positives sont perpétuellement piétinées.

CLAUDE LEFORT[1] (né en 1924)

LA COMPLICATION (RETOUR SUR LE COMMUNISME)

Fayard, 1999, 260 pages

Introduction

Le communisme comme phénomène historique appartenant désormais au passé, « la question du communisme reste posée au cœur de notre temps ». Cette question est refoulée par les interprétations qui voient dans l'apparition du phénomène totalitaire une simple digression au sein du XXe siècle, une parenthèse de l'histoire désormais refermée[2]. Le propos du livre n'est pas de faire œuvre d'historien, mais de contribuer à la compréhension des sociétés politiques contemporaines.

Ce livre est la réaction à la lecture de deux autres livres ayant entrepris avant lui de « dresser le bilan de l'entreprise communiste à la lumière de son échec » : *L'Avenir d'une illusion*, de François Furet[3] et de Martin Malia, *La Tragédie soviétique*.

Lefort partage avec Furet la conviction que s'est édifié « en URSS un mode de domination d'un genre inconnu, autrefois inimaginable ». Mais Lefort est déçu par la faiblesse de la « clé » interprétative : faire du communisme une simple « illusion » implantée dans les esprits, et qui aurait mis plus longtemps encore à se dissiper à l'ouest qu'à l'est, c'est se condamner à ne faire que narrer les tribulations d'un peuple de plusieurs dizaines de milliers d'hommes en proie à une pure aberration. De même Malia aborde le problème comme celui d'une utopie, celle du marxisme, qui aurait orienté toute l'histoire de l'URSS de son apparition à sa dissolution. La parenté des deux approches et des deux perspectives est frappante, et conduit Lefort à interroger leur pertinence. Pour l'un comme pour l'autre, **c'est l'idée** (illusion ou utopie) **qui prime**, et le fait qu'elle s'inscrit dans des institutions déterminées et des pratiques politiques n'en altère pas la nature. Les dirigeants comme les peuples sont guidés par une idée : ils

1. Cofondateur du groupe « *socialisme ou barbarie* ».
2. C'est essentiellement François Furet, *Le Passé d'une illusion* (1995), qui est visé.
3. Claude Lefort est un ami de François Furet : la polémique, puisque polémique il y a, se fera à fleurets mouchetés.

« croient » tous au communisme, et cette croyance est censée expliquer leurs conduites, leurs décisions : c'est le **règne de l'idéocratie** :

> « dans le monde créé par la révolution d'Octobre, nous n'avons pas affaire à une société, mais à un régime idéocratique. » (Malia)

La convergence des deux analyses d'historiens semble accréditer l'idée qu'un nouveau schéma d'interprétation du phénomène totalitaire est en train de se dessiner. Du constat que l'URSS n'a pas succombé à une défaite militaire mais s'est en quelque sorte « effondrée » d'elle-même, on est tenté de conclure qu'elle n'a jamais eu de consistance réelle.

> « Si le communisme s'effondrait comme un château de cartes, c'est qu'il avait été toujours un château de cartes. » (M. Malia, thèse contestée par Lefort)

Il s'agirait donc d'un phénomène sans consistance historique ni épaisseur sociologique, d'un simple *mirage* en quelque sorte, ou d'une *parenthèse refermée*. Le communisme n'aurait jamais été qu'une divagation de l'esprit qui ne serait jamais parvenue à s'ancrer dans une réalité. C'est cette approche que Lefort entend mettre en question.

I. Communisme et démocratie

Le communisme aura-t-il été *une déviation provisoire des principes démocratiques*, la parenthèse étant aujourd'hui refermée ? Autrement dit, le communisme repose-t-il sur le même socle idéologique que la démocratie libérale ? **Furet répond oui, Lefort répond non** (et c'est pourquoi pour Lefort, comme pour **Jacques Derrida**, le communisme peut continuer de nous interroger et d'être pour nous source d'interrogation par-delà son échec historique, alors que pour Furet, « la page est tournée »). Si l'on accorde au communisme le même socle idéologique que la démocratie, on en fait la réalisation de la prophétie de **Tocqueville** qui voyait dans l'égalitarisme le péril propre de la démocratie, celle-ci risquant à tout moment de donner libre cours à sa passion pour l'égalité, lui sacrifiant tout et au premier chef les notions de droits et de liberté. **L'amour de la liberté est sacrifié sur l'autel de l'égalité**[1]. La menace qui pèse sur l'individu*, qui n'est plus soumis à une autorité visible[2] et assignable, consiste à :

> « [...] prendre pour guide celle du plus grand nombre[3], celle de l'opinion commune. Entendons non pas que chacun imite son semblable[4], mais que chacun règle son jugement sous l'attrait de la similitude des opinions ».

1. Cf. aussi F. Fukuyama, *La Fin de l'histoire et le dernier homme*, p. 329-330.
2. Cf. ce qu'écrit A. Minc sur **l'invisibilité** du pouvoir dans le processus de mondialisation.
3. Le principe de la majorité ne peut donc être un rempart ni contre le principe de l'unité, ni contre celui de l'égalité.
4. Ce qui est l'interprétation que Girard fait de Tocqueville dans *Mensonge romantique et vérité romanesque*, Grasset/Pluriel, 1961.

Ainsi, si l'individu* acquiert bien une nouvelle indépendance dans le régime démocratique, sa « petitesse » et son isolement l'exposent par ailleurs particulièrement au despotisme*. Tocqueville distingue deux cas de despotisme*s compatibles avec le « nivellement des conditions[1] » : Le despotisme* où Un seul[2] est libre et où tous lui sont soumis ; deuxième cas, celui des démocraties modernes, risque de s'instaurer un « despotisme* d'un nouveau genre, « la tyrannie* de la majorité[3] ». Mais Tocqueville ajoute que le peuple ne se satisferait pas longtemps d'un tel état de fait, et se donnerait bientôt des institutions plus libres, ou viendrait s'étendre à nouveau aux pieds d'un maître (par un retour à la forme classique du despotisme*). Tocqueville accrédite néanmoins comme viable l'hypothèse d'une combinaison de démocratie et de despotisme*, dans laquelle l'individu* serait comme dépossédé à l'avance de ce qui aurait dû faire le contenu et le prix de son indépendance : le goût de l'initiative, celui de l'association qui permet d'accroître sa puissance.

« Quant à l'égalitarisme, est-il vrai qu'il soit le mauvais rejeton de l'égalité démocratique et qu'il en vienne à engendrer un nouveau modèle d'organisation et un nouveau style d'existence ? » L'égalité présentée comme naturelle n'est pas seulement objet de croyance. Elle donne sens aux rapports humains dans la Cité — alors même qu'en fait subsistent des inégalités de toutes sortes et même qu'elle se heurte à une dénégation* tenace (fait colonial). **L'égalité est** (comme l'échange selon Marcel Mauss) **un « fait social total »**. L'égalitarisme comme croyance — ou comme imaginaire de l'égalité — peut se manifester de plusieurs manières : égalité des revenus, mais aussi abolition de la distinction entre gouvernants et gouvernés[4], et plus généralement il convertir la négation d'une hiérarchie naturelle (constitutive d'une société d'Ancien Régime) en une négation de la différence des places. Dans la société bourgeoise, l'égalitarisme signifie avant tout le désir de déposséder les riches de leurs biens, d'avoir les mêmes biens pour tous. Pour Lefort, le communisme soviétique ne correspond pas à la corruption de la démocratie prophétisée par Tocqueville :

> « À tort confondrait-on ces phénomènes avec ce que Tocqueville décrivait comme un penchant démocratique né du progrès de l'égalité des conditions. [...] Comment dire que la passion égalitaire, telle qu'on l'impute aux bolcheviks, fut importée de l'Occident ? Elle n'a pas été le moteur de la politique léniniste, même si celle-ci sut tirer parti dans sa première phase de la violence qui sévit dans les campagnes contre les détenteurs de la propriété : l'édification du socialisme fut expressément subordonnée à l'introduction des normes du capitalisme industriel. Plus aberrant encore serait de présenter la dékoulakisation stalinienne comme le signe d'une volonté de nivellement des

1. Cf. Fukuyama, *La Fin de l'histoire*, p. 348-349.
2. Allusion au livre de La Boétie : *De la servitude volontaire*, ou le *Contr'Un*, Le Griffon d'Argile, 1985.
3. Voir la Fiche de lecture sur Tocqueville.
4. Cf. « Plus de pasteur, un seul troupeau ! Chacun veut la même chose, tous sont égaux ! Qui sent d'une autre manière, sa place est à l'asile de fous ! » C'est par ces mots que Nietzsche caractérise l'idiosyncrasie de l'homme moderne, qu'il nomme « le dernier homme », avec une ambiguïté voulue sur le terme « dernier ». (*Ainsi parlait Zarathoustra*, Prologue, § 5).

> conditions : son objectif était de ruiner la paysannerie tout entière et de faire de l'État le propriétaire de la totalité des moyens de production, assurant ainsi la domination d'une couche bureaucratique sur l'ensemble de la population. »

II. Démocratie et totalitarisme

La dictature* du Parti se présente comme celle du Prolétariat. Elle ne se présente pas comme imposée de haut mais comme émanant de la base ; par ailleurs, elle se présente comme transitoire, c'est-à-dire comme étant appelée à disparaître dès qu'elle sera parvenue à éliminer toute forme de « domination », d'« exploitation ». Lénine déclare que seuls les intellectuels peuvent apporter aux prolétaires la conscience de leur mission historique, mais ils ne le peuvent qu'en ayant pris fait et cause pour le prolétariat, en ayant épousé sa cause sans retour en arrière possible. C'est de l'intérieur de l'ancienne classe exploitée que la dictature* est censée naître et s'exercer. Les bolcheviks (les membres et les responsables du Parti) doivent apprendre leur tâche auprès de l'homme du peuple (Lénine). On nous présente donc l'image d'un Parti qui serait entièrement voué à défendre les intérêts de son maître (le Prolétariat) à qui ne manquerait que la capacité de se comprendre et de s'exprimer par lui-même. Mais **la pratique est tout autre**, et s'accompagne d'ailleurs de la revendication permanente du **monopole de l'exercice du pouvoir (par le Parti)**. Pourquoi la connaissance de cette pratique, y compris en Occident, ne suffit-elle pas à remettre en cause dans les esprits l'idée d'un enracinement du communisme dans la démocratie ? Raymond Aron, dans *Démocratie et Totalitarisme* (1965), est seul à poser la question, avec une audace qui tranche sur le conformisme des analyses libérales du système soviétique à l'époque. Dans le chapitre qu'il consacre aux « fictions constitutionnelles[1] », R. Aron s'interroge sur les règles démocratiques, fussent-elles de pure forme, qui sont maintenues tant dans le fonctionnement du Parti que dans celui de l'État, tout en soulignant les contradictions dans lesquelles s'enferme le discours de Lénine. L'analyse d'Aron est révélatrice de la nature de la « **croyance** » communiste : **1.** il dit que depuis la prise de pouvoir par les bolcheviks jusqu'au règne de Staline, le **principe majoritaire** a été formellement respecté ; **2.** il signale que les « constitutions* » (la première sous Lénine, les deux suivantes sous Staline), témoignent d'une inspiration démocratique.

> « Il suffirait de prendre au sérieux les textes constitutionnels pour avoir le sentiment qu'il n'y a pas de différence de nature entre le régime français et le régime soviétique. » (R. Aron)

1. Après la disparition de Lénine, Staline n'est parvenu à s'emparer du pouvoir qu'en nouant des alliances qui lui assuraient la majorité, pour éliminer progressivement tous ses partenaires et toute forme d'opposition. Le « principe majoritaire » est mis au service de manœuvres qui visent exclusivement au pouvoir autocratique.

---

1. Chap. XIII, p. 243.

> « Cette fidélité verbale au principe ne garantit pas, mais peut favoriser, le retour du pouvoir absolu d'Un seul à un jeu constitutionnel. » (R. Aron)

L'analyse démontre la persistance de conflits au sommet du pouvoir et l'instabilité permanente des rapports de forces sous couvert de l'unité réaffirmée du Parti et du soutien « unanime » de la population. **Le principe de la majorité n'est en rien l'indice d'un attachement à la démocratie**. (C. Lefort) L'institution du suffrage universel ne vaut pas non plus à lui seul comme signe de démocratie, puisque les électeurs

> « savent que leur obéissance aux consignes du Secrétariat leur garantit poursuite de leur carrière ou promotion ».

> « On ne peut comprendre le développement du nouveau régime, à partir des années 20, et le succès du stalinisme, sans prendre en compte la formation d'une nouvelle couche sociale dont le mode d'existence et le mode de légitimation n'ont pas d'équivalent dans une société démocratique. »

Par-dessus tout, **le principe majoritaire est neutralisé par le principe unitaire** : que signifie la majorité des suffrages dans un régime à Parti unique ? Là où aucun débat ne peut prendre forme, là où aucune objection ne peut être formulée sans que ceux qui l'expriment n'encourent le risque d'être physiquement éliminés, comment parler de principe majoritaire ? « Le principe majoritaire perd toute signification démocratique s'il n'implique pas l'institution du pluralisme[1]. »

2. En examinant les trois constitutions*, Aron constate que les deux premières ne mentionnent même pas les fonctions du Parti, la dernière les mentionnant furtivement. Le Parti figure seulement « parmi les groupements chargés de présenter des candidats aux élections. », dans un article précisant qu'« il regroupe les citoyens les plus actifs de l'Union soviétique » et « constitue l'avant-garde du peuple des travailleurs. » Aron sait bien, tous les citoyens soviétiques savent bien qu'il s'agit là de pures fictions. Mais Aron juge néanmoins que les Constitutions* sont d'« apparence démocratiques ». Les gouvernés ont en théorie tous les droits fondamentaux : liberté de parole, de réunion, les personnes sont déclarées sacrées et les domiciles inviolables, toutes les exigences de l'*habeas corpus* sont réunies. Mais **tous ces droits s'accompagnent d'une réserve majeure** : ils doivent être exercés « conformément aux intérêts des travailleurs ». Or seul le Parti incarne ces intérêts et est à même de les apprécier. Comment croire dès lors au caractère « libéral » des dispositions constitutionnelles ?

Lefort conteste l'ambiguïté, même formelle, qu'Aron croit trouver dans les dispositions constitutionnelles. La constitution* de 1918 n'émane pas d'une Assemblée constituante, que les bolcheviks ont dissoute le jour même où elle se constituait. C'est un texte rédigé par les dirigeants bolcheviks qui est soumis à ratification du IIIe Congrès des Soviets. Son statut est celui d'une déclaration similaire à la Déclaration des droits de l'homme, non celui d'une constitution*. Elle

---

1. Leçon de libéralisme paradoxalement infligée par Lefort à Aron, rétrospectivement il est vrai, Aron étant pris en flagrant délit de « croyance » communiste.

porte le titre : « Déclaration des droits du peuple travailleur exploité. » C'est Lénine en personne qui en avait rédigé la première version. Dominique Colas la présente comme « un texte épurateur, un texte de guerre civile[1] ».

Pour Lefort, **le communisme** est à tous égards **un phénomène appartenant à la modernité**, caractéristique de la modernité (État-nation, appareil d'État, Parti, régime, moteurs de l'action politique...) : « tout cela n'est concevable que dans les horizons du monde moderne[2]. » Sur ce point il est en accord avec M. Malia, bien que celui-ci insiste par ailleurs sur le fait que la société soviétique n'était ni une société développée moderne, ni assimilable à un pays en voie de développement. L'expérience soviétique **n'est pas une variante de l'histoire des pays tentant de sortir de leur sous-développement pour devenir des sociétés modernes**, mais « l'unique tentative aboutie dans l'histoire de l'occident de porter une utopie au pouvoir. » (M. Malia).

La thèse de Martin Malia

> « L'expérience soviétique n'a pas tourné au totalitarisme en dépit du socialisme, mais c'est le socialisme qui s'est avéré la formule achevée du totalitarisme. »
>
> « Jamais, dans l'histoire de l'occident, un échec aussi monumental n'a eu un aussi irrésistible succès. » (M. Malia)

III. Totalitarisme et bureaucratie

R. Aron écrivait dans *Démocratie et Totalitarisme* que :

> « [...] le problème des classes ne peut pas être traité abstraction faite du régime politique. C'est le régime politique, c'est-à-dire l'organisation du pouvoir et la conception que les gouvernants se font de leur autorité qui déterminent, pour une part, l'existence ou l'inexistence des classes, et surtout la conscience qu'elles prennent d'elles-mêmes. »

Il radicalise sa position en avançant la formule d'« **absolutisme bureaucratique** » pour définir le régime soviétique. La bureaucratie est un facteur essentiel de reconduction du système,

> « [...] parce qu'il est vain d'attendre d'une couche dont les intérêts dépendent exclusivement de son insertion dans l'État qu'elle puisse donner naissance à des réformateurs. » (C. Lefort)

Pour Lefort, Aron, tout en discernant la montée dans la société soviétique de la bureaucratie, ne perçoit pas ce que le système totalitaire doit à sa formation.

> « Le bureaucrate au sens sociologique [...] est le représentant d'un ordre anonyme qui agit, non pas en tant que personne concrète, mais en tant qu'individu* défini par sa fonction, à une place déterminée de la hiérarchie. » (R. Aron)

---

1. *Textes constitutionnels soviétiques*, Paris, PUF, coll. « Que sais-je ? », 1987.
2. Lefort s'inscrit ici en faux contre les thèses d'Hélène Carrère d'Encausse qui a tenté d'interprété la politique soviétique comme se situant dans la continuité de la politique tsariste.

Certes, une bureaucratie importante se développe en parallèle dans la société américaine, et il se peut que nous soyons arrivés à l'« **âge administratif** ». Mais le phénomène n'est parallèle que jusqu'à un certain point : ce qui permet de parler d'**absolutisme bureaucratique** dans le système soviétique, non dans le système américain,

> « [...] c'est que les dirigeants du travail, ingénieurs, managers, sont tous intégrés à une administration au lieu d'être dispersés en des entreprises autonomes, chacune ayant sa bureaucratie propre. » (R. Aron)

La bureaucratie soviétique ne constituerait pas alors un simple stade plus avancé d'un phénomène bureaucratique également à l'œuvre en occident, mais la formation d'une société d'un nouveau genre, la société soviétique, d'où les principes fondamentaux de la démocratie seraient absents (pluralisme, distinction entre société civile et État). La bureaucratie ne peut en venir à former une classe spécifique en Occident, ayant des intérêts convergents, parce que la classe dominante fait place à des intérêts divergents et parce que la distinction est maintenue entre bureaucratie d'État et bureaucratie d'entreprise. **La bureaucratie devient une classe autonome à part entière en URSS au moment où elle en vient à s'identifier avec l'appareil d'État.** (C. Lefort)

> « Il ne reste dès lors qu'un voie d'accès aux positions importantes, aux honneurs, et elle passe par la bureaucratie d'État, avec les servitudes que comporte une telle filière. » (R. Aron)

Voilà ce qui explique l'absence de résistance des cadres du régime, notamment des chefs militaires les plus prestigieux, lors des grandes purges qui eurent lieu dans les années 30. En tant qu'individus*, ces hommes n'étaient rien, ils n'avaient d'autre pouvoir que celui qu'ils tiraient de leur insertion dans la bureaucratie. La bureaucratie soviétique n'a aucune marge de manœuvre face au pouvoir, et les individus* y sont entièrement à la merci des décisions du Parti.

Cependant l'unification de la bureaucratie n'est jamais totalement réalisée. (C. Lefort). La bureaucratie est certes toute dépendante du pouvoir politique, mais sans cesser d'être liée à des intérêts particuliers, sans cesser d'être sujette à des contraintes locales ni minée par des rivalités de personnes d'autant plus intenses que la hiérarchie n'est jamais stabilisée en fonction de critères objectifs[1]. L'intégration à l'État de bureaucrates de toute espèce va de pair avec un processus centrifuge qui fait obstacle à la puissance du dirigeant suprême. Les purges staliniennes ont entre autres objectifs de :

> « [...] redistribuer des postes à une masse d'éléments nouveaux dont la promotion, l'autorité et les privilèges qu'ils acquéraient avaient pour effet de souder le pouvoir politique et l'administration d'État. » (C. Lefort, p. 151)
>
> « La bureaucratie soviétique a politiquement évincé le prolétariat pour défendre par ses propres méthodes les conquêtes sociales du prolétariat. Les

1. Voir la même idée chez H. Arendt : le caractère essentiellement mouvant du pouvoir, mal défini, se déplaçant sans cesse, comme instrument de la terreur et de la domination totale : chacun contribue d'autant plus servilement aux purges qu'il sait qu'il risque d'en être la prochaine victime.

> moyens de production appartiennent à l'État. L'État appartient en quelque sorte à la bureaucratie. » (Léon Trotski)

Dans l'analyse de Lefort, Trotski se masque, malgré les éléments d'analyse qui sont justes, le résultat final, dont il n'aurait pu prendre conscience qu'en comprenant du même coup le rôle qu'il a lui-même joué dans le processus : **la Révolution d'octobre a engendré un Parti monopolistique qui s'est emparé de l'État et qui a développé une classe bureaucratique**[1] **hypertrophiée** qui a mis ses propres intérêts à la place de ceux du prolétariat comme buts assignés à l'État.

Les grandes purges avaient pour but de faire régner la terreur, d'instaurer la « domination totale », d'empêcher toute solidarité entre les individus* autre que celle orchestrée par le parti lui-même (encore était-elle conditionnelle, et chacun savait qu'il pouvait faire lui-même demain l'objet d'une purge et qu'il serait aussitôt « lâché » par tous ses « amis », étant devenu une connaissance compromettante).

> « Les purges et l'institutionnalisation de la terreur achevaient la pulvérisation de la société civile et la quasi-atomisation* de la population entreprise par le Parti : face au Parti-État, il n'existait plus qu'une société fantôme, de plus en plus pâle, et une masse* d'individus* isolés, dissuadés par la peur de s'associer entre eux. » (R. Aron)

Lefort souscrit à ce constat — qui se trouve déjà chez Arendt — avec cette réserve qu'il estime qu'est mise en place dès 1934 une vaste entreprise d'encadrement de la culture et de l'éducation dont le but est d'inclure les individus* « atomisés » dans une myriade de « microcorps » gravitant autour du Parti.

IV. Communisme et mondialisation

Le régime soviétique a constitué pendant une partie du XXe siècle un modèle politico-économique possible **à l'échelle de la planète**, modèle qui a exercé un attrait plus ou moins grand sur les différents points du globe. Le communisme est apparu pendant un temps comme une alternative à l'échelle de la planète ; ceci signifie que l'histoire de l'URSS ne peut être présentée simplement comme la dernière aventure impériale ou coloniale[2]. (Il serait inadéquat d'en faire une lecture purement **nationaliste.**) Sur cet antagonisme entre deux modèles en concurrence s'est greffée la rivalité entre deux superpuissances et entre deux coalitions : la guerre froide. Faut-il pour autant conclure de la soudaine décomposition d'un des deux blocs que « tout le monde rêvait », ses partisans comme ses adversaires, et que le communisme n'aura été qu'une tenace et

1. Alors que dans la terminologie de Marx la bureaucratie est composée de « parasites » qui prolifèrent à la faveur de la révolution industrielle et au service de la bourgeoisie, liant une part importante de couches venant des classes moyennes et inférieures au sort de la bourgeoisie.
2. « Le communisme fut autre chose que la dernière aventure impériale, conduite avec des moyens inédits et à une échelle auparavant impensable. », p. 249-250.

sinistre « illusion » (Furet), une « utopie » (Malia) ou un rêve collectif ? Non. La thèse de Lefort est que **le communisme avait ouvert au XXe siècle une voie pour l'humanité qui s'est avérée au fil de l'histoire être une impasse**.

Lefort propose de voir dans l'entreprise communiste **non ce dont l'échec a rendu possible la « mondialisation[1] »** (qui serait alors comprise comme simple phénomène économico-libéral, réduit à la libre circulation des biens, des savoir-faire et des capitaux), **mais une étape dans le processus de mondialisation**.

> « L'entreprise communiste s'éclaire d'être replacée dans le cadre de ce qu'on appelle de nos jours la mondialisation. » [...] « La formation d'un seul espace-monde a donné les ressources de concevoir, par-delà la différence des cultures et des inégalités de développement, **un seul état social**, une maîtrise totale des rapports humains sous le signe de l'Un, une abolition des divisions qui avaient impliqué toujours une expérience de **l'autre**[2], enfin un système tel que s'y effacerait la distinction entre dominants et dominés. » (p. 250)
>
> « C'est à observer les traits [d'une société entièrement nouvelle] à scruter un phénomène à la fois local et devenu inlocalisable dès lors qu'il acquit une signification universelle et affecta le monde entier, que nous sommes amenés à mesurer les effets de l'érosion des barrières entre des systèmes politiques, des modes de production et, le mot n'est pas trop fort, des **civilisations** différents. »

On a minimisé le rôle de la Première Guerre mondiale[3] dans l'apparition d'un type de parti nouveau (le parti bolchevique), et une fois ce parti au pouvoir, d'un type de société nouveau : la société soviétique. **La « mobilisation totale »** (Lefort) **de la Première Guerre mondiale a fait le lit, a préparé et préfiguré le phénomène de la « domination totale » si bien décrite par H. Arendt et qui en est la perpétuation même en temps de « paix ».** Arendt a souligné le rôle joué par la Première Guerre mondiale dans l'essor du communisme, non seulement parce qu'elle a déstabilisé le régime tsariste, mais parce qu'elle a créé une situation entièrement nouvelle, transformé le cadre des relations entre les nations, ébranlé l'ordre social et politique à l'intérieur de chaque pays. En Europe, les partis sociaux-démocrates s'étaient discrédités pour avoir rejeté leur « internationalisme » pour embrasser le parti de la guerre. La victoire des bolcheviks en Russie a été accueillie en Europe occidentale comme la promesse d'une ère nouvelle (Furet). Mais comment expliquer la persistance de l'illusion, l'aveuglement constant des partis communistes d'Europe occidentale face à la toute puissance du régime du Parti-État en URSS ? Le dogme était que la « patrie du socialisme réel » ne saurait faillir. Question de Lefort : les responsables communistes d'Europe de l'ouest ont-il pu réellement ne pas voir ce qui se produisait en URSS, l'URSS « telle qu'elle était », c'est-à-dire :

---

1. Ce qui est la thèse de Francis Fukuyama, *La Fin de l'histoire et le dernier homme*, 1992.
2. Fût-elle conflictuelle, fût-ce sous la forme de la lutte des classes. Zaki Laïdi a ainsi parlé, à propos de la mondialisation, de la nécessité de se penser désormais sans altérité et sans extériorité.
3. Cf. *De la grande guerre au totalitarisme, la brutalisation des sociétés européennes*, de George Mosse, Hachette, 1999, 294 pages.

« [...] tout assujettie aux normes du Parti-État, dirigée par une main de fer, délivrée des « parasites » en tout genre, triomphant des désordres de la démocratie, devenue source d'une grande puissance anticapitaliste, mais construisant un empire industriel dans lequel la masse* des travailleurs obéit à la loi de l'organisation ? »

La version de Furet : L'**idée** communiste naît en Europe occidentale, émigre en Russie où elle finit par s'imposer à la faveur de tensions et d'accidents divers, s'y heurte à l'épreuve de la réalité et s'y enlise dans des pratiques bien éloignées de l'idée d'origine ; de là, elle fait retour sur son premier terrain, l'Europe occidentale, et y entretient le désir obstiné de croire au succès de l'État prolétarien, idée qui perdure parce que soustraite à l'épreuve des faits. **Le communisme n'aurait été qu'une parenthèse, aujourd'hui refermée sans reste, de l'histoire de la démocratie**.

Objection de **Lefort** : le parti bolchevique est présenté comme la réalisation des espoirs socialistes du XIXe siècle en Europe occidentale. Or aucun de ses courants n'avait jamais théorisé la formation d'un Parti unique ayant vocation de dominer, par sa maîtrise de l'appareil d'État, la société tout entière. Lefort admet que Marx annonçait **la fin de l'histoire**[1] (ou selon les textes, la fin de la préhistoire ouvrant sur le début de l'histoire véritable de l'humanité) qu'il faisait coïncider avec l'avènement d'une société sans classes, et que cette annonce était utopique. Les idées et courants socialistes en Europe de l'Ouest ont au moins autant trouvé des débouchés dans les formations de syndicats et de partis, dans des luttes politiques et sociales qui ont contribué à façonner l'histoire de l'Europe occidentale (et même des États-Unis) aux XIXe et XXe siècles. Présenter le socialisme comme une utopie, une « croyance » (Furet) oblige à s'interroger sur ce qu'il y avait d'utopie dans le camp d'en face, dans le courant libéral, de tendances « qui, si elles n'avaient pas rencontré d'obstacles, auraient elles aussi été dévastatrices. »

La thèse de Furet est rassurante au-delà du raisonnable : « De crainte de consentir à affronter une question qui ébranle sa confiance dans la raison, l'historien s'efforce de tenir à distance l'événement, de le circonscrire dans le temps (le voilà passé), dans l'espace du monde (il est issu de l'Europe occidentale), de le ramener à la sphère des passions (c'était un aveuglement, une errance). Cependant, en dépit de sa destruction, **le communisme laisse la trace du franchissement d'un seuil du possible**, comme **H. Arendt** l'avait admirablement compris. »

Si l'on convient que le communisme a surgi d'un état du monde, alors on ne peut simplement faire confiance à la mondialisation. Il y a lieu de redouter — sans catastrophisme mais par souci de vigilance — les effets d'une imbrication toujours

---

1. Il y aurait évidemment bien des remarques à faire sur le fait que Marx assimile la fin de l'histoire à l'avènement de la société communiste sans classes, Fukuyama au contraire à la disparition du communisme et à l'avènement d'une « démocratie de marché » libérale à l'échelle planétaire. Ne s'agit-il pas des deux faces d'une même illusion, consistant à croire que l'histoire serait un processus tendant vers une fin, donc susceptible de l'atteindre un jour et donc de s'achever en tant que processus, alors que l'histoire serait en réalité simplement le lieu où viennent prendre place les actions humaines ? (Thèse d'H. Arendt, en particulier dans *La Crise de la culture*, Idées Gallimard, 380 pages, chap. 2, « Le concept d'histoire », p. 58-120.)

plus grande des économies, des régimes politiques et des modes d'organisation sociale. La quiétude des libéraux qui ne voient dans la mondialisation que le développement combiné du marché et de la démocratie, est à courte vue. La mondialisation pourrait aussi bien être le vecteur de la diffusion de la domination totale à l'échelle planétaire qu'un rempart contre elle.

> « Les effets des effets qui étaient autrefois insensibles ou négligeables relativement à la durée d'une vie humaine se font sentir presque instantanément à toute distance, reviennent aussitôt vers leur cause, ne s'amortissent que dans l'imprévu. » (p. 258)

À lire

Arendt H., *La Nature du totalitarisme*, Payot, 1990, 182 pages ;
— *Le Système totalitaire*, Seuil.
Aron R., *Démocratie et Totalitarisme*, Idées Gallimard, 1965, 375 pages.
Derrida J., *Spectres de Marx, Galilée*, 1993, 279 pages.
Malia M., *La Tragédie soviétique*, Le Seuil, 1999.
Todorov T., *Mémoire du Mal, Tentation du Bien : enquête sur le siècle*, Laffont, 2000, 355 pages.
Furet F., *Le Passé d'une illusion*, Livre de Poche, R. Laffont, 1995, 824 pages.

CHAPITRE 5

Libéralisme, pragmatisme, utilitarisme

COURS

LIBÉRALISME, PRAGMATISME, UTILITARISME

Trois courants de la pensée politique anglo-saxonne

Introduction

Objet de ce cours : explorer et dégager les fondements des trois « philosophies politiques » qui restent en lice après la (possible) disparition du marxisme.

Des formulations vagues (sans parler des slogans politiques) peuvent exprimer indistinctement des idées pouvant appartenir ou relever de n'importe lequel de ces mouvements de pensée. Il importe d'autant plus de scruter leurs fondements et leurs présupposés dans leurs différences mêmes (pour y trouver ce qui les distingue) et de repérer les **points de rupture** précis entre ces trois familles de pensée.

Trois courants souvent confondus, et se réclamant souvent des mêmes « sources[1] » (Machiavel, Rousseau, John Locke, Adam Smith, Jeremy Bentham... ils leur empruntent des choses différentes : il est de multiples manières d'être des héritiers...). Ces confusions peuvent être volontaires ou involontaires. Le discours de « la pensée unique » consiste à dire qu'il n'y a qu'une seule politique possible, donc à s'annexer l'héritage des différents mouvements politiques du passé[2]. Les trois courants peuvent se trouver mêlés, avec des dosages variables, dans le programmes de partis politiques distincts. Il importe d'autant plus de clarifier le débat, de démêler les fils pour voir ce qui vient d'où. L'objet de ce chapitre est donc d'évaluer les éléments de convergence réelle, mais aussi de divergence, afin de dissiper les confusions.

- 1er point commun **: trois courants qui viennent** (pour l'essentiel) **de la tradition anglo-saxonne**. (Supériorité/avance des anglo-saxons dans le

---

1. Le livre de Pierre Manent, *Histoire intellectuelle du libéralisme*, Calmann-Lévy, 1987, 250 pages, est à cet égard exemplaire, dans la mesure où il « annexe » des auteurs (Machiavel, Hobbes pour ne citer qu'eux) dont pourraient aussi légitimement se réclamer les autres courants de la pensée politique. Cf. le livre de Léo Strauss et Joseph Cropsey, *Histoire de la philosophie politique*, PUF, 1994, 1075 pages.
2. C'est le fameux principe « TINA » (*There Is No Alternative*) de Mme Thatcher.

domaine de la philosophie politique.) Avec un « surgeon » dans *L'École de Vienne*, ultra libérale : von Hayek et Popper.

- 2e point commun : Ces courants ne sont pas seulement des théories politiques : ils s'enracinent dans une tradition philosophique globale (même si c'est bien sûr d'abord à l'aspect politique que nous nous attacherons). Les auteurs de ces courants attirent souvent l'attention sur le fait que leur théorie politique est liée aux autres registres de leur philosophie : lien philosophie /morale chez Rawls (libéral), lien politique/logique chez Peirce (pragmatisme), etc. **Tous renvoient sans doute à une anthropologie implicite** (à une définition de ce en quoi consiste l'humain, des mobiles qui peuvent le déterminer à agir. Cette anthropologie souvent d'autant plus « naïve » qu'elle reste implicite, qu'elle n'est jamais thématisée pour elle-même, qu'elle est adoptée comme un présupposé « évident » (cas de l'utilitarisme en particulier).

Pour corser le tout, il y a un flottement dans la terminologie : le mot libéral, libéralisme n'a pas le même sens en Europe et aux USA[1].

Aux USA, le « libéralisme » est un courant « de gauche » (équivalent approximatif, toutes choses égales par ailleurs, à ce que nous appelons en Europe la « social-démocratie »).

Hayek (libéral intégral au sens européen, membre de l'École de Vienne) dit qu'aux USA, les « libéraux » se sont faits voler leur nom par leurs adversaires : ils ont dû pour s'en démarquer se rabattre sur le nom de « libertariens[2] ».

Donc on a :

Europe	USA
Libéralisme politique et économique	= courant libertarien
Social-démocratie	= libéralisme américain[3]

Donc, il faut d'une part beaucoup de vigilance dans vos lectures (en particulier d'articles de journaux [les traducteurs des livres américains sont dans l'ensemble de très bons connaisseurs du libéralisme (en particulier Pierre Manent : traductions irréprochables)]. En revanche, beaucoup de contresens peuvent être induits par une lecture non « avertie », non « informée », des articles de journaux. Les termes sont-ils utilisés dans leur sens européen ou américain ? Il faut vous

1. Distorsion sémantique, « faux-ami » linguistique qui peut s'expliquer par des raisons historiques (ce qui est très instructif quant à la façon dont les mots « reçoivent » leur sens). La Nation américaine est **née libérale** au sens européen. Elle n'avait pas besoin de « se libéraliser », pas besoin du **processus** puisque le **résultat** était déjà là au départ. Les « libéraux » américains n'ont pas eu à lutter sur ce front là, n'ont pas eu à livrer ce combat-là. Ce ne pouvait être un cri de ralliement pour les « libéraux ». Cf. P. Manent, *Histoire intellectuelle du libéralisme, op. cit.*, p. 223, 225.
2. Qui n'a bien évidemment rien à voir avec la mouvance « libertaire » en Europe.
3. Caractérisé par le souci, la volonté d'ajouter aux libertés politiques considérées comme acquises, des *droits sociaux* nouveaux.

astreindre, d'autre part, à une grande **rigueur** dans la **rédaction** de vos dissertations. Expliciter dans quel sens vous emploierez les termes, et vous efforcer d'être cohérent avec vous-même tout au long de la copie. Dans ce chapitre, j'emploierai les mots dans leur sens européen c'est-à-dire conforme à l'usage habituel dans la presse française[1].

I. Le libéralisme

1. Définitions et registres de validité de la notion

a. **Le libéralisme** est à l'origine, indissociablement une théorie politique **et** économique. (Peut-on, doit-on maintenir ce lien ? enjeu actuel d'un débat interne au libéralisme.) Pour les purs et durs (Hayek), devraient seuls se revendiquer du courant libéral ceux qui restent « libéraux » sur ces deux plans. (Ceux qui veulent les dissocier : les « déviationnistes », qui ne s'en tiennent pas en toute rigueur aux principes du libéralisme.) (C'est en particulier J. Rawls qui est visé.)

b. **Définition de la notion sur ces deux registres, à ces deux niveaux :** (dualité insurmontable, originaire, peut-être fondatrice du libéralisme ? En tout cas *caractéristique* du libéralisme (le pragmatisme, en particulier, récuse une telle partition).

   - **Sur le plan politique** : être libéral, c'est promouvoir une certaine organisation institutionnelle du pouvoir politique (séparation et équilibre des pouvoirs[2]) et **certaines règles auxquelles soumettre l'exercice du pouvoir** (ce point peut sembler paradoxal aujourd'hui : il est nécessaire de **légiférer** (ce n'est pas d'une déréglementation tous azimuts qu'est attendu l'épanouissement du libéralisme) : *il faut soumettre l'État à des règles pour limiter, cantonner sa sphère d'intervention*[3] permet de passer le relais, de **faire la transition avec le libéralisme au sens économique.** On peut dire en quelque sorte que **le libéralisme politique est la condition du libéralisme économique**.

---

1. Termes employés de manière un peu plus rigoureuse par les intellectuels dialoguant entre eux que par l'usage courant ou journalistique, de la presse « grand public ». Ils prennent le mot « libéralisme » comme s'enracinant dans des courants bien plus anciens, et lui-même composé de multiples courants qui ne se « recouvrent » que très partiellement. [Pêle-mêle, seraient des précurseurs du libéralisme Bentham, Tocqueville, sont des libéraux à des degrés divers (plus ou moins radicaux, « intégraux » Hayek : le seul libéralisme cohérent avec lui-même selon Hayek. Les autres lui paraissent des compromis bâtards entre doctrines étrangères les unes aux autres) : Madison, Hayek, Popper, etc. Mais les frontières restent floues : E. Burke, adversaire de la Révolution française, est-il libéral ou conservateur ?] On ne peut que constater l'absence d'accord sur un critère clair permettant de discriminer si l'on a affaire à un penseur « libéral » ou non. Plus on est profondément « libéral », plus on place la « barre » haut. À la limite pour Hayek, il est lui-même l'unique penseur libéral !
2. Montesquieu, *De l'esprit des lois*, tome I, Livre XI, chap. III à VI, GF, 1979.
3. Cf. en particulier Karl Popper, *État paternaliste ou État minimal*, Éditions de l'Aire, 1997.

(contre-exemple : ce qui se passe en Chine aujourd'hui : ouverture économique sans ouverture politique. Cette expérience est aberrante pour un libéral, et donc vouée à l'échec à ses yeux).

- **Sur le plan économique**, être libéral, c'est défendre une certaine conception de ce que sont et de ce que devraient être[1] les rapports entre l'État et l'économie, ou plus largement, plus radicalement, entre l'État et la société tout entière. En un mot : favorable à une limitation de l'intervention de l'État pour que l'économie et le social puissent se développer de manière autonome, et s'autoréguler. Le libéralisme économique consiste à s'en remettre à leur autorégulation pour peu que l'État se garde d'intervenir pour « fausser le jeu ».

2. Historique[2] : émergence et fluctuations de la notion[3]

Le mot n'apparaît en français qu'au début du XIXe siècle (**donc : est anachronique avant**[4]) chez Maine de Biran (1818) : le terme « libéralisme » sert à désigner le parti, le courant, et la doctrine favorables à une libéralisation, à un développement des libertés. (Mot très vague au départ, sans contenu politique précis,

1. Ambiguïté décisive, que l'on peut voir à l'œuvre dans la pensée de F. von Hayek en particulier.
2. Le libéralisme appartient intégralement à la pensée moderne. Il n'a aucun équivalent dans la pensée/pratique antique ou médiévale. Mais il se situe dans une mouvance plus large, vaste que lui. Celle du mouvement de laïcisation, de sécularisation, combat pour la séparation/autonomie de la sphère politique par rapport à l'autorité religieuse. Ce divorce est pleinement consommé sur le plan théorique avec **Machiavel**. (La principale découverte de Machiavel consiste en ceci : la nécessité d'un substitut immoral à la motivation morale perçue comme insuffisante pour fonder le lien social, dans la mesure où elle ne s'enracine pas assez profondément en l'homme.) La religion devient une simple affaire privée qui ne concerne pas l'État. (Cf. F. **Bacon** : l'État n'a pas vocation à sonder les cœurs et les reins, mais à gérer les grands équilibres qui assurent la paix sociale et la prospérité du pays. Le recentrer sur ses vraies fonctions, attributions dont il (l'État) avait débordé). Nous assistons donc à l'émergence de l'autonomie du politique et de l'économique par rapport à la morale. (On assiste à l'apparition de sphères de « neutralité morale ». La morale ne se fait pas à la bourse (pas de boycott des produits fabriqués par des enfants réduits à l'esclavage, pas de boycott des sociétés pétrolières « pollueuses » (marée noire de l'Amococadiz) par exemple ; il convient avant tout de ne pas tout mélanger. Pour Aristote, pour saint Thomas d'Aquin encore, la politique vise le bien vivre ensemble, l'accomplissement de l'humain en tant qu'être social et politique. Pour eux, exercer le pouvoir consiste à gérer le **bien commun**, à gouverner de façon à préserver ce bien commun. Or *il n'y a pas de bien commun pour les libéraux.*
3. Pierre Manent soutient le contraire : il accorde au libéralisme au bas mot trois siècles d'existence dans son *Histoire intellectuelle du libéralisme*, Pluriel, Calmann-Lévy, 1987. Le libéralisme aurait été théorisé avant de s'incarner dans des institutions. Pastichant la célèbre formule de Hegel, il écrit que « c'est à l'aube que l'alouette du libéralisme a pris son vol », p. 8.
4. Mais il est issu d'une tradition, d'une préhistoire qui passerait par Locke (pour l'*aspect contractuel du lien social*), Montesquieu (et les Pères fondateurs de la « constitution* » américaine, pour la *séparation des pouvoirs*), Adam Smith enfin (qui pose les linéaments du libéralisme économique), avec l'apparition de la métaphore fondatrice de la « main invisible* ». (Eux-mêmes reprenant les précurseurs de la modernité : Machiavel pour la séparation politique/religieux/moral, l'autonomisation ***et*** la limitation (ce dernier point étant moins visible, n'apparaissant qu'à l'analyse précise) de la sphère politique (J. Bodin, et Hobbes).)

sans programme.) Le mot apparaît en 1819 en anglais (Dictionnaire d'Oxford). [Le Premier parti à se dire (revendiquer) « libéral » est le parti des Cortes en Espagne (1812).] Depuis, terme revendiqué par des courants très divers : **le sens du terme (le contenu) varie en fonction du contexte socio-politique et des adversaires à qui l'on s'oppose (au marxisme, à la social-démocratie, aux partis conservateurs...) ; il est donc très difficile de s'y retrouver**, d'en parler rigoureusement [deux stratégies possibles : **adopter résolument soit le point de vue historique** (le moins risqué, mais peut-être aussi le moins intéressant, le moins ambitieux), soit **le point de vue conceptuel** consistant à dégager un improbable « noyau » proprement « libéral », invariant ? (pour le moins problématique : il convient de faire preuve de prudence].

Quoi qu'il en soit, l'étendue du champ sémantique du terme libéral donne une idée de son succès. Rançon du succès : **le terme de libéralisme a pris un sens très vague**. Appauvrissement du contenu, contre lequel luttent les « vrais libéraux », défenseurs d'un libéralisme global, « intégral » (Hayek), qui veulent « revenir[1] » à la radicalité des idées libérales, sans les panacher à des emprunts extérieurs.

Pourtant une telle « radicalité » au départ est sans doute fictive : au départ, avoir des « idées libérales », c'est **être favorable à la liberté politique** (dans l'espace public) **et à la liberté de pensée** et de conscience (dans l'espace privé). Cette position de principe s'applique à des situations très diverses[2] : les libéraux sont favorables à la séparation de l'Église — ou plutôt **des** Églises — et de l'État[3] (lutte en faveur de la laïcité) ; ils refusent tout pouvoir autocratique ; ils réclament l'existence de contre-pouvoirs et **d'une limitation constitutionnelle** du pouvoir et des prérogatives **de l'État**. Donc il ne s'agissait pas, au départ, de la seule défense des libertés individuelles : individuelles **et publiques**. Cela ne leur semblait pas s'opposer, cela leur apparaissait au contraire comme un seul et même combat. Les libéraux « radicaux » sont peut-être moins fidèles qu'ils ne le croient à l'inspiration initiale. Ils se font les « intégristes » du libéralisme (terme revendiqué par Hayek : « libéralisme intégral »). Le « programme » du libéralisme

1. Il faudrait revenir là dessus : les libéraux ont tendance à oublier que « l'âge d'or » du libéralisme auquel ils se réfèrent était caractérisé par un État fort considéré comme allant de soi. C'est une critique à opposer à ceux qui se prétendent les héritiers fidèles du libéralisme dans ses premières formulations : ils se veulent fidèles à des textes qui étaient confrontés à des réalités tout autres que les réalités contemporaines. La vraie fidélité pourrait consister à repenser le libéralisme en conséquence (Rawls).
2. Multiples chevaux de bataille du libéralisme.
3. Simple et immense malentendu à expliquer par des raisons historiques, ou trait caractéristique constant qui nous renseigne sur la nature du libéralisme ? (Manent, p. 13) Réponse de Manent : continuité entre les deux phases : le libéralisme naissant lutte contre les idées religieuses en collusion avec le pouvoir en place. C'est lui qui apporte, introduit la possibilité de disjonction ente idées et pouvoirs (découplage inconnu avant). Une fois la rupture consommée, peut accueillir à bras ouverts les idées religieuses digne de respect, dignes d'être défendues (contre ceux qui voudraient les empêcher de s'exprimer), voire leur reconnaître un caractère éminent, parmi les plus hautes productions de l'esprit humain (comme les arts...). Distinction qui nous révèle mieux que toute polémique la vraie nature du libéralisme.

(pour autant qu'une telle formule ne représente pas à elle seule une contradiction *in adjecto*) semble s'être resserré à mesure que leurs revendications en matière de libertés publiques semblaient être durablement satisfaites, du moins dans les démocraties libérales occidentales.

3. Quel contenu donner aujourd'hui au mot libéral lorsque le libéralisme politique a triomphé ?

Ou, ce qui revient au même : quels combats peuvent encore se réclamer du libéralisme, ou les libéraux ne sont-ils que d'anciens combattants d'une guerre gagnée par eux ? L'enjeu consiste à savoir *si le mot a encore une pertinence propre ou s'il est devenu synonyme de démocratie.*

a. Sur le plan politique

Mais le « libéralisme » en ce sens (initial, originel) s'est imposé dans la quasi-totalité des États occidentaux : **plus personne n'est « libéral » en ce sens puisque le libéralisme est entré dans les mœurs et les institutions,** l'a emporté (du moins en Europe et en Amérique du Nord). Le terme serait victime de son succès, le concept s'effacerait derrière sa réalisation. **Le libéralisme entendu dans ce sens n'existe plus puisqu'il n'a plus d'adversaire**. Qui conteste aujourd'hui le suffrage universel, la pluralité des partis politiques, la liberté syndicale, l'égalité de tous les individus* devant la loi, la liberté de penser ? (**C'était ce à quoi le libéralisme s'opposait qui lui conférait son contenu**.)

« Libéralisme = Démocratie » ? (Le libéralisme aurait gagné la bataille sur le plan de la réalité politique, sur celui des institutions mais **l'aurait perdue sur le plan sémantique**.) Au temps de la guerre froide, on distingue encore « démocratie libérale » et « démocratie populaire » : parallèle trompeur dans la mesure où il est clair que le mot « démocratie » n'est pas pris dans le même sens dans ces deux expressions. Depuis la « chute du communisme », même cette dernière distinction est tombée : **le libéralisme serait devenu coextensif à la démocratie tout court**. (D'où la fin de l'histoire selon Fukuyama.) La mise en place des démocraties et leur stabilisation, leur affermissement **a vidé de toute sa substance le libéralisme politique, devenu une coquille vide** : **le « combat » s'est déplacé vers la sphère économique** (nouveau front : être **favorable au libéralisme économique** garde un sens tant que tout le monde ne se réclame pas du libéralisme économique, de l'économie de marché). Le libéralisme économique, est-ce le règne du « marché roi » (selon la thèse d'A. Minc) ?

b. Sur le plan économique

Question[1] : Le libéralisme économique est-il (d'ores et déjà) entré dans les faits, ou bien reste-t-il l'objet d'un combat qu'il pourrait perdre, qui reste à mener si on

1. C'est à partir de là que le libéralisme se « scinde » en deux, très schématiquement : soit le combat consiste à faire advenir dans les faits un système économique intégralement libéral c'est-à-dire à ramener l'État à sa plus simple expression (F. von Hayek), jusqu'à tendre vers un

est (authentiquement) « libéral » (Popper par ex.) ? (On retrouve ici le même problème sémantique que sur le plan politique). **Le libéralisme économique est-il synonyme de capitalisme, de l'acceptation sans restriction de la « loi du marché »** ? (là encore règnent beaucoup de confusions, il reste difficile de s'y retrouver, manque de rigueur entre termes parfois utilisés les uns pour les autres comme synonymes. Tout ceci ne contribue pas à éclairer le dialogue entre intellectuels qui ne définissent pas de la même façon les termes. (Une chose au moins est sûre : la bataille **sémantique** n'est pas encore jouée, entre *libéralisme économique* et *capitalisme*.)

c. Les présupposés communs du libéralisme : (tenter de dégager « l'invariant » du libéralisme ? Exercice périlleux)

Premier principe : prendre l'homme tel qu'il est : comment est-il ? Quelle est l'anthropologie libérale ?

Le postulat du libéralisme est qu'il faut renoncer à réformer l'homme (ambition irréaliste et dangereuse : c'est la base du projet totalitaire promettant l'avènement d'un « homme nouveau ») et prendre les hommes tels qu'ils sont, c'est-à-dire fonder le lien socio-politique sur les désirs et les intérêts réels des hommes[1]. (Il ne convient pas de tenter de leur substituer d'autres mobiles plus nobles, plus altruistes… sur ce qui guide leurs actions réellement et non pas faire naître une motivation nouvelle, problématique (altruisme, sociabilité, idéalisme, projets utopiques.) Une telle motivation, même en mettant les choses au mieux, si on parvient à l'implanter dans le cœur de l'homme, sera en conflit avec ses autres aspirations : agir par patriotisme, souci de l'intérêt général, « altruisme », etc. (*là, sur ce point, accord entre libéraux et utilitarisme, sauf que pour les utilitaristes, on peut faire naître/cultiver en l'homme un réel souci du bonheur commun qui, loin de s'y opposer, devient une part de notre propre bonheur. Pas d'appel au sacrifice, il ne s'agit pas, même chez les utilitaristes, d'immoler son propre bonheur à celui des autres ou de l'humanité*).

Machiavel substituait au souci d'autrui, du prochain comme source du lien social (théorie chrétienne, thomiste du lien social) **le désir de pouvoir** (d'accéder au pouvoir et de s'y maintenir le plus longtemps possible et de l'accroître autant que faire se peut). Locke et Adam Smith substituent à cette motivation **la recherche** de **l'intérêt**[2]. Chercher à s'enrichir **n'a rien d'immoral** ni de condamnable : **c'est au contraire le garant de rapports pacifiques** avec autrui, favorables à la paix civile (on ne trucide pas quelqu'un avec qui on vient de passer un contrat, échangé, commercé, ou avec qui on s'apprête à le faire). **Les échanges**

« État minimaliste » (K. Popper : tout ce qui affaiblit l'État est bon à prendre) ; soit il s'agit de corriger les effets pervers du libéralisme en faisant intervenir, à titre de régulation, des « principes de justice": position de J. Rawls. Du fait de cette divergence, le libéralisme se scinde en deux courants se tournant le dos.

1. C'est dans cet esprit qu'Hans Jonas oppose le « principe responsabilité » (la prise en charge du réel) au « principe espérance » d'Ernst Bloch (l'échafaudage aventureux d'un monde idéal).
2. Cf. *Éléments de culture générale*, Ellipses, 1999, exposé sur B. Constant, « Le temps c'est de l'argent », p. 205-207.

économiques supplantent les « échanges militaires », forme pacifiée des rapports à autrui où l'opposition n'est plus que la concurrence économique, forme apaisée de la guerre[1].

> « La pensée politique de Locke *(et, ajouterais-je, d'Adam Smith) (l'économisme à savoir le fait de faire reposer le lien social sur la poursuite des intérêts, de l'enrichissement, du développement des échanges)* est l'intuition de Machiavel parvenue à [sa] maturité. » (formule de Léo Strauss)

(Il n'y a pas besoin que l'homme soit bon, pas besoin d'une anthropologie optimiste pour fonder le libéralisme : les comportements individuels sont « *moralement neutres* », **il faut et il suffit que l'homme recherche toujours son propre intérêt**, et **ne soit jamais altruiste**. [Cf. la formule de Guizot : « *Enrichissez-vous* ! », (sous-entendu : nous les politiques, nous l'État, nous nous chargeons du reste). La formule est cynique mais résume fort bien le *credo* libéral. L'État libéral ne demande pas des « sacrifices » à l'individu*, au citoyen, mais lui demande au contraire de vaquer librement à ses occupations intéressées. L'État libéral ne table pas sur des comportements altruistes ou sur le désintéressement[2].] **Il n'y a pas besoin pour un libéral d'élever le niveau de moralité et de civisme des individus*** pour garantir la paix sociale, la « concorde » (ce serait au contraire un fondement bien hypothétique et bien fragile, donc bien aventureux, bien dangereux. **Il serait irresponsable de faire dépendre la « concorde » sociale d'une condition si problématique**. (Rawls : sur ce point précis, mais capital, il y a opposition nette de Rawls à l'une des bases du libéralisme.) (*Il faut accorder cela à Hayek*. Aux yeux d'Hayek, Rawls n'est pas un libéral.) La paix civile sera assurée par de **bonnes institutions** (c'est-à-dire celles prenant les hommes tels qu'ils sont, non tels qu'ils devraient être) permettant de réguler et de combiner, de canaliser, d'agencer la poursuite des intérêts individuels **dans un sens favorable à la paix civile** (Il s'agit donc en réalité presque du contraire de ce qu'on appelle parfois, aujourd'hui, « libéralisme »…), **pour les faire conspirer à la paix civile au lieu de déchirer le lien social.** Ce serait le fait de mauvaises institutions ne prenant pas l'homme tel qu'il est mais « tel qu'il devrait être » (exemple type pour un libéral : le communisme. L'État n'a pas à entreprendre de « changer l'homme », de produire un « homme nouveau »). Le libéralisme se caractérise par son refus de tout « volontarisme politique » néfaste, nuisible, dangereux. Il repose sur la confiance dans les institutions et non dans les vertus individuelles[3] pour affermir le lien social

1. Cf. A. Sen, *Un Nouveau modèle économique*, Éditions Odile Jacob, 2000, p. 17, 39, 121, 123.
2. Mais là réside peut-être malgré tout l'optimisme ou la naïveté de l'anthropologie libérale et utilitariste : est-il vrai que l'homme recherche toujours son intérêt, que l'intérêt soit le seul mobile et donc suffise à rendre compte des comportements collectifs ? Les hommes en proie à des **passions politiques** peuvent œuvrer en dépit de leur intérêt raisonnablement poursuivi : engagement « marxiste » de membres de la bourgeoisie, Irak, Serbie…)
3. Il y a là une divergence de fond avec Montesquieu, pourtant précurseur du libéralisme. Pour Montesquieu, la démocratie est le régime qui repose sur la vertu des citoyens, sur l'attachement du peuple aux institutions qui rendent la liberté possible. L'honneur est le principe du régime aristocratique, la crainte celui du régime monarchique. « Il ne faut pas beaucoup de probité pour qu'un gouvernement monarchique ou un gouvernement despotique se soutiennent. La force des lois dans l'un, le bras du prince toujours levé dans l'autre, règlent et

(le libéralisme n'a que faire d'un fantomatique, hypothétique, introuvable « sens civique », non plus que du « **sens de l'État** » ; pour Tocqueville[1], cette confiance trop grande, démesurée dans les institutions, même les meilleures du monde, est trompeuse : ces institutions ne sont rien sans la **vigilance** quotidienne[2], le **sens civique** des individus* citoyens. (D'où la nécessité d'un **attachement des citoyens aux institutions** libérales qui sont les garants de leur liberté : **les citoyens doivent se faire les défenseurs des institutions qui sont en retour garantes de leurs libertés** ; sans cet attachement, ces institutions risquent de n'être qu'une façade, une coquille vide. Ex. **la montée de l'abstention aux élections : à terme, vide le suffrage électoral de sa substance**[3], sape à la base la légitimité des élus (président de la République, députés : leur légitimité démocratique ne tient qu'au fait qu'ils soient élus par la volonté populaire.) Le suffrage universel et libre, victoire libérale, serait vidé de sa substance si les citoyens se détournaient par trop de la politique pour ne plus s'occuper que de leurs « affaires » au sens économique. L'enjeu décisif est : le libéralisme tend-il à un effacement du politique, à sa résorption dans l'économique ? Cf. Renan définissant la nation comme un plébiscite « **de tous les jours** ». Il ne s'agit pas d'une volonté unique au départ (au moment fictif du contrat), après quoi les institutions fonctionneraient toutes seules.

---

contiennent tout. Mais dans un État populaire, il faut un ressort de plus, qui est la VERTU. [...] Lorsque cette vertu cesse, l'ambition entre dans les cœurs qui peuvent la recevoir, et l'avarice entre dans tous. Les désirs changent d'objet : ce qu'on aimait, on ne l'aime plus. On était libre avec les lois, on veut être libre contre elles. Chaque citoyen est comme un esclave échappé de la maison de son maître. [...] Comme il faut de la vertu dans le gouvernement populaire, il en faut aussi dans l'aristocratique. Il est vrai qu'elle n'y est pas si absolument requise. Le peuple qui est à l'égard des nobles ce que les sujets sont à l'égard du monarque, est contenu par leurs lois. » La vertu n'y est requise que pour les nobles, à qui la considération de la loi ne suffit pas, et qui sont régis par le principe de l'honneur : aussi le peuple n'y est-il pas vertueux, et n'a-t-il pas à l'être. Dans les monarchies, la politique fait faire des grandes choses avec le moins de vertu qu'elle peut ; comme dans les plus belles machines, l'art emploie aussi peu de mouvements, de forces et de roues que possible. L'État subsiste, indépendamment de l'amour de la patrie, du désir de la vraie gloire, du renoncement à soi-même. [...] Les lois y tiennent la place de toutes ces vertus, dont on n'a aucun besoin. L'État vous en dispense : une action qui se fait sans bruit y est en quelque façon sans conséquence. [...] Certainement la vertu n'en est pas exclue, mais elle n'est pas le **ressort** du gouvernement monarchique. [...] Je me hâte afin que l'on ne croie pas que je fais la satire du gouvernement monarchique. Non : s'il manque d'un ressort, il en a un autre. L'HONNEUR, c'est-à-dire le préjugé de chaque personne et de chaque condition, prend la place de la vertu politique dont j'ai parlé, et la représente partout. Il y peut inspirer les plus belles actions ; il peut, joint à la force des lois, conduire au but du gouvernement, comme la vertu même. », Montesquieu, *De l'esprit des lois*, 1748, *op. cit.*, Livre III, chap. 3-6.

1. *Histoire de la philosophie politique*, PUF, 1994, p. 849, 863.
2. Il convient de se défier d'une confiance trop grande dans les institutions : elles-mêmes et leur bon fonctionnement sont à leur tour confiées à la vigilance des citoyens. On ne peut se reposer sur elles pour assurer la démocratie parce qu'il n'est aucune institution qui ne soit exposée à « dériver » et à se trouver dénaturée par son fonctionnement quotidien. (Cf. Rousseau, *Le Contrat social*, Livre III, chap. 10-11, sur la tendance naturelle de toute forme d'organisation politique à dégénérer. Souci qui est déjà perceptible dans *La République* de Platon.)
3. Rétablissement « de fait » du suffrage censitaire. Aux USA, abstention bien plus forte du « vote noir » que dans l'ensemble de la population.

(Comme le Dieu cartésien qui, d'après Pascal[1], donne une **chiquenaude** au monde pour le mettre en mouvement, puis, de par la perfection de son mouvement, celui-ci continue à tourner tout seul indéfiniment sans réclamer une nouvelle intervention divine. Dieu, inventeur du mouvement perpétuel !) Pour les libéraux (contrairement à Tocqueville sur ce point) la démocratie serait acquise à jamais, de façon irréversible[2] pour peu que la constitution*, la loi fondamentale soient démocratiques. (**Hayek** : le libéralisme comme aboutissement de l'évolution sociale, **point d'équilibre atteint de façon irréversible**. Toutes les formes d'organisation sociale vont évoluer jusqu'à atteindre, rejoindre le libéralisme.)

Le libéralisme « troque » la « vertu[3] » (citoyenne) contre la liberté : des acteurs libres, entreprenant, faisant preuve d'initiative, feront plus pour la collectivité que de beaux parleurs avec leurs discours sur la liberté : **la « poursuite du bonheur » devient une simple affaire privée**[4], c'est à chaque individu* de définir **lui-même et lui seul** les buts qu'il poursuit, les intérêts qu'il investit et qui vont orienter son action. (L'État n'a pas à indiquer « le bon choix », ce n'est plus le « bon roi chrétien » qui doit montrer l'exemple et mettre son peuple sur la bonne voie, qui est comptable du « salut » des âmes de ses sujets.) **Le but ultime de la politique n'est que dans la défense, la préservation des droits des individus*. L'espace public, la sphère publique, la pratique politique n'ont pas d'autre objet que d'assurer à chacun l'existence, le respect, la préservation, la libre jouissance de sa sphère privée.** Pour les libéraux, **le public s'épuise dans la protection du privé : tout autre but politique est illégitime et liberticide**.

D'où le deuxième principe : limiter les pouvoirs, contenir le pouvoir par le pouvoir c'est-à-dire circonscrire la sphère d'intervention de l'État.

La limitation des pouvoirs restreint le champ du politique lui-même. Le libéralisme dégage ou émancipe des pans entiers de l'existence humaine, des pratiques humaines[5], de leur imbrication dans le politique. (Il les soustrait à la sphère d'influence, de compétence du pouvoir politique.) La formule de Mai 1968 : « Tout est politique » est un slogan anti-libéral par excellence ! *Pour un libéral, si tout est politique, alors la liberté n'existe plus.*

Adam Smith découvre le marché qui est mu par sa logique propre : on doit se passer et de la contrainte, et même de la vertu pour ne pas fausser, freiner, contrarier cette logique. [L'audace du libéralisme consiste à rejeter à la fois la

1. Brunschvicg, *Les Pensées*, § 77.
2. F. Fukuyama affirme cette irréversibilité de l'entrée en démocratie, c'est-à-dire selon lui de « sortie de l'histoire ». Cf. F. Fukuyama, *La Fin de l'histoire et le dernier homme*, cinquième partie.
3. L'appel à la vertu est inquiétant pour un libéral. Il évoque « Robespierre, l'incorruptible », de funeste mémoire. La vertu est une qualité morale qui trouve son point d'application dans la vie privée (la « sphère privée ») et non dans la pratique politique. Pour un libéral, elle saurait servir de « ressort » à l'action politique. Cf. Arendt, *Essai sur la révolution*, Gallimard, 1967, p. 105-106.
4. Cf. l'ambiguïté, sur ce point, de Jefferson dans les *Éléments de culture générale*, 1999, voir l'exposé sur la formule de Saint-Just, « Le bonheur est une idée neuve en Europe », p. 128-130.
5. La religion, la morale, l'économie (Adam Smith radicalise Locke sur ce point : il achève l'autonomisation de l'économique qui était seulement amorcée chez Locke.), les loisirs, les arts **tombent en dehors du champ politique**.

contrainte (courant « conservateur » au sens européen) et la vertu (courant « républicain » (idem), morale laïque correspondant au courant « radical », « mouvement des citoyens » en France.]

« Il faut que, par la constitution des choses, le pouvoir arrête le pouvoir. » (Montesquieu). **Seul le pouvoir peut arrêter le pouvoir** [présupposé : tout pouvoir tend naturellement à devenir absolu, à « abuser » (fondé sur une anthropologie implicite (tout homme désire ou aspire à toujours plus de pouvoir ?)] Ce pouvoir qui arrête le pouvoir doit être inscrit dans la structure même des institutions (pas dans le pouvoir de la rue, des médias : facteurs de guerre civile : viendrait parasiter ou bloquer le fonctionnement des institutions, au lieu de leur donner vie, de faire de ces rapports entre différents pouvoirs la vie même des institutions. La séparation des pouvoirs suppose un **éclatement d'une souveraineté* d'abord indivise** en pouvoir législatif, exécutif, judiciaire).

Troisième principe : La suprématie du droit, qui plane au-dessus des pouvoirs. La liberté est incompatible avec l'arbitraire. il faut substituer l'obéissance à la loi à la servitude à des maîtres, à des chefs politiques. (B. Constant). Cela n'est possible que si les dirigeants sont eux-mêmes soumis aux lois communes (y compris le chef de l'État). Suprématie du droit signifie que le droit en dernière instance surplombe tous les pouvoirs. Du point de vue de ce troisième principe, le libéralisme serait la consécration de **l'État de droit**. Le droit est au-dessus de chacun des pouvoirs, des fonctions, et à plus forte raison des personnes qui les exercent, les incarnent provisoirement pouvoir de fait des juges ? Cette nécessaire « suprématie du droit » peut-elle ne pas placer de fait le pouvoir législatif au-dessus des autres ? Problème : Comment le troisième principe peut-il être compatible avec le deuxième, comment ne pas rompre l'architecture des institutions, le fragile équilibre des pouvoirs qui seul rend possible la liberté[1] ? C'est là une des apories du libéralisme politique.

4. La querelle des héritiers

Les deux sensibilités, les deux tendances actuelles du courant libéral : (les deux stratégies possibles pour donner un second souffle au libéralisme, pour l'adapter aux questions du temps, actuelles) :

---

1. Cf. le débat actuel sur le thème : **indépendance de la justice, ou gouvernement des juges ?** Où réside la plus grande menace : dans la mise sous tutelle de la justice (et donc dans l'impunité assurée des autres pouvoirs), ou dans la mise à la merci des juges de ceux qui exercent le pouvoir exécutif ? Comment affirmer la suprématie du droit sans donner le pas au pouvoir judiciaire sur les autres pouvoirs ? L'exécutif est-il *in fine* au-dessus du judiciaire, ou inversement ? Il est bien difficile dans ce débat d'échapper à une logique de pouvoirs ? (s'abstraire d'une logique des pouvoirs, de soustraire ce débat à une pure logique des pouvoirs.)

a. Le libéralisme radical ou « intégral » (incarné par Hayek et la mouvance « libertarienne » américaine)

Dans leur perspective, la bataille pour le libéralisme politique est gagnée (même s'il faut toujours travailler à affaiblir l'État ; Popper : l'État a perpétuellement tendance à empiéter sur des sphères qui ne sont pas de son ressort. Tout ce qui peut contribuer à affaiblir l'État est favorable à la liberté des citoyens. Tendre vers un « État minimal », vers l'État réduit à sa plus simple expression. **Le meilleur État possible est « l'État minimal[1] ».** Refus que l'État prenne en charge les individus* sous couvert d'un prétendu « bien commun », « intérêt général ». C'est aux individus* à savoir ce qu'ils veulent, quelles fins ils visent, et le rôle de l'État se réduit à s'assurer qu'ils puissent poursuivre librement leurs fins particulières. Pour un libéral intégral, un bien commun, une fin commune sont des fictions comme est une fiction une « volonté générale » : **toute fin est particulière parce que toute volonté est individuelle, ou encore parce que seul un individu* peut avoir une volonté. Une « entreprise », une « société » ne veulent rien.** Reste à accomplir le libéralisme économique (non encore réalisé, advenu dans la perspective « extrême », « radical » qui est la leur. Nouveau front, nouveau combat à mener).

b. Le libéralisme à tendance sociale : représenté par Rawls

- **Convergences** : lui aussi considère le libéralisme politique comme acquis ; il refuse lui aussi que l'État prenne en charge l'individu* au nom d'un soi-disant « bien commun » ou « intérêt général » ; il accepte lui aussi sans restriction les lois du marché (c'est ce en quoi il reste lui aussi libéral même sur le plan économique) ;
- **Divergences** : mais il refuse la réduction de l'homme à *l'homo œconomicus*[2] (il conteste la conception de l'homme réduit à n'être qu'un *simple acteur économique* : donc, divergence au niveau de l'anthropologie) et il pense qu'on ne peut attendre du marché lui-même qu'il tende à réaliser « l'égalité des conditions » *qui est à la fois, et ce n'est pas la moindre de ses ambiguïtés, la condition et l'idéal du libéralisme.* Au contraire : le marché abandonné à sa logique tend à accroître les disparités sociales, « l'inégalité des conditions ». Il doit donc être « corrigé », ses conséquences doivent être « compensées » par le souci de la justice sociale. Pour Rawls, **c'est pour accomplir jusqu'au bout le libéralisme** (*pour faire entrer « l'égalité des conditions » dans les faits*) qu'il faut « adjoindre » au libéralisme politique et économique des « principes de justice ». L'exigence de justice sociale ne peut être abandonnée aux seuls individus*, ne peut relever de la simple « charité » ; elle ne peut pas non plus « tomber de haut », être imposée par

1. K. Popper, *État paternaliste ou État minimal*, Éditions de l'Aire, 1997. Fronde anti-étatique, pente sur laquelle on se trouverait vite côtoyer la mouvance de « l'anarchisme de droite » ou encore les tendances poujadistes, le boulangisme, etc. Les libertariens frôlent l'anarchisme de droite sans jamais « sauter le pas », aller jusqu'à préconiser la destruction de l'État. Les libertariens étaient fortement représentés dans l'entourage de Ronald Reagan : paradoxe de **serviteurs de l'État**, de hauts fonctionnaires de l'État se faisant les champions de la lutte contre l'État…
2. Refus du « tout économique ».

l'État. Elle concerne chacun en tant qu'il est citoyen. C'est l'affaire de tous de définir en commun des principes de justice et d'équité (synonymes chez Rawls : « *justice as fairness* », la justice « comme » équité ou « en tant » qu'équité), principes qui soient tels que tous les citoyens prêts à participer à un débat démocratique « raisonnable » ne puissent qu'y souscrire[1]. Aux USA : Il faut ajouter aux droits fondamentaux (droits politiques) définis par les pères fondateurs de nouveaux droits (des droits sociaux) : par ex. une sécurité sociale générale, promesse électorale du candidat Bill Clinton lors de sa première élection. Clinton entouré de conseillers « rawlsiens », même si on n'a pas l'habitude de les appeler comme ça aux USA. Inspirés par les théories de Rawls). Pour Rawls, ce n'est pas « trahir » l'esprit des pères fondateurs ni des textes fondateurs de la Nation américaine, au contraire, c'est **accomplir** le libéralisme en **étendant** les droits des individus* aux droits sociaux. *L'extension des droits de l'individu*, c'est à ses yeux le gain de nouvelles libertés individuelles.* L'autonomie de chaque individu* est plus effectivement assurée que jamais. Aux yeux des libertariens : il y a là une dérive vers « l'assistanat ». Les libertariens et les « rawlsiens » ne voient pas la même chose comme le « cœur » de la doctrine libérale et du fondement de la Nation américaine. Les libertariens insistent sur **l'impulsion laissée à l'initiative individuelle** (à leurs yeux, l'essentiel du libéralisme est que le « moteur » de la vie économique et sociale consiste dans l'initiative des individus* la « balle est dans le camp » de l'individu*, non dans celui de l'État : c'est de **l'initiative de l'individu*** seul qu'il faut attendre l'extension de sa liberté, s'il s'en donne les moyens. (Idéal du « *self made man* » comme idéal libéral, ayant supplanté l'idéal aristocratique.) L'État est « l'ennemi » ; le souci principal de Rawls en revanche est que des institutions libérales fonctionnant normalement puissent durablement, voire définitivement, coexister avec une situation d'injustice sociale qui les vide de leur substance, qui, de fait, privent certains individus* de l'exercice de droits qui leur sont

1. Un libéral radical ne s'élève jamais au point de vue de l'État, de l'universel : il borne sa volonté à des objets intéressant sa vie privée. Il n'est donc nullement surprenant que le point de vue de l'État lui apparaisse comme extérieur, voire hostile ou adverse au sien. Mais dans une telle perspective, c'est la possibilité même du politique qui devient problématique. Le politique n'existe que dans la mesure où un nombre suffisant d'individus* acceptent de se voir non seulement comme des acteurs économiques poursuivant des buts privés, mais aussi comme des êtres humains capables de s'interroger sur le mode de société qu'ils veulent construire en commun. C'est de cette perspective que s'exclut le libéral conséquent. « La société politique commence lorsqu'un nombre suffisant de citoyens finissent par dire non aux pratiques conformistes » pour s'interroger sur ce qu'ils veulent en commun. (Ph. Engelhard, *L'Homme mondial*, p. 25). Le politique ne doit pas être substantifié comme une entité adverse (libéralisme) ou protectrice (État-Providence) : il n'est rien d'autre que l'action des hommes agissant en citoyens.

reconnus en principe[1]. (Par exemple les citoyens situés en dessous du seuil de pauvreté : idée que des droits sociaux minimums pourraient être la condition de l'accès effectif aux droits politiques fondamentaux[2] garantis par la constitution*.)

- **Divergence** (entre les deux principales « branches » du libéralisme : querelle des héritiers) : mais la conséquence principale, **la véritable pomme de discorde est la suivante** : pour les libéraux-conservateurs, c'est à **l'État seul qu'il appartient de s'assurer que la façon dont les individus* définissent et comprennent leur intérêt est acceptable**, est « droite », compatible avec la liberté des autres individus*. (Ce qui est conforme aux conceptions des Pères fondateurs.) **C'est ce point précis qui est absolument inacceptable pour un libéral « intégral** » comme Hayek (par exemple). **C'est faire, en dernière instance, de l'État l'arbitre qui va juger la façon dont les individus* définissent leur intérêt, et donc ce qui motive leurs conduites dans l'existence. L'État chassé par la porte rentre par la fenêtre et recouvre *in extremis* toutes ses prérogatives traditionnelles d'État « paternaliste », d'État garant et gardien des valeurs, dépositaire du bien et du mal**. (L'État, *« Surmoi »* des individus* qui seraient *assimilés à ses enfants* ou à des mineurs placés sous sa tutelle ?) Cette position réintroduit « par la bande » la « tutelle de l'État » dont les libéraux intégraux veulent émanciper l'individu* : **du point de vue des libéraux « radicaux », on est là entièrement sorti de la doctrine libérale**. À leurs yeux, le courant libéral-conservateur n'est pas du tout un courant libéral et **est perçu comme un adversaire bien plus que comme un cousin même lointain** (surtout aux USA où les luttes sont exacerbées).

Faut-il en donner acte aux libéraux intégraux (sont-ils les derniers gardiens du Temple de la véritable doctrine libérale ?) Discutable, pour une raison simple : Adam Smith, tout comme les « Pères fondateurs » américains, **considéraient comme admise, évidente, l'existence d'institutions** (religieuses[3], politiques, carcérales...) **censées jouer un rôle modérateur**, régulateur. Cela allait sans dire, et ils y voyaient **la condition de possibilité du libéralisme**. Évidence implicite à l'époque, dont n'ont plus conscience les ultra-libéraux actuels qui se voient donc (au moins en partie à tort) comme les seuls héritiers fidèles, « orthodoxes » du libéralisme du XIXe siècle.

---

1. Cf. la distinction marxiste entre **droits formels*** et **droits réels***. Cf. aussi Rousseau, *Du contrat social*, GF, note de fin du livre I, p. 59 : « Sous les mauvais gouvernements, l'égalité [entre les citoyens] n'est qu'apparente et illusoire ; elle ne sert qu'à maintenir le pauvre dans sa misère et le riche dans son usurpation. [...] D'où il suit que l'état social n'est avantageux aux hommes qu'autant qu'ils ont tous quelque chose et qu'aucun d'eux n'a rien de trop. »
2. Par exemple : sous-représentation chronique du « vote noir » aux USA.
3. Voir le chapitre sur la laïcité.

II. Le pragmatisme[1]

Le pragmatisme est tout à la fois une *théorie de la connaissance* (un certain discours sur le vrai et le faux), ensuite une *théorie morale* (un certain discours sur le bien et le mal). **En quoi pourrait bien consister une politique « pragmatique », ou « pragmatiste » ?** En une simple application de ces principes généraux, ou cette dimension politique viendrait-elle rétroagir sur la théorie pragmatiste elle-même ? Ou bien encore s'agirait-il de définir les principes généraux d'une politique pragmatique, ayant le même degré de généralité et de radicalité que les principes de la connaissance et de la morale ? Le politique est-elle le champ délaissé de la philosophie pragmatique, ou bien simplement un champ dérivé, sans réelle autonomie ni spécificité ?

Deuxième problème : en quoi peut bien consister un « principe pragmatique » ? N'est-ce pas une contradiction dans les termes ? Être « pragmatique », n'est-ce pas refuser de se laisser guider par les principes pour agir au cas par cas, au coup par coup en s'adaptant entièrement à ce que la situation requiert ? Les « principes » seraient alors ce qui introduirait une distorsion, une tension entre l'action et ce que la situation requiert ? Les « principes » seraient ce qui empêcherait l'acteur politique ou économique, ou plus généralement le citoyen, d'être « de plain pied » dans la situation à laquelle il est confronté. On touche ici au problème du rapport entre le **sens rigoureux** du mot « pragmatique » et l'**usage commun** pour lequel le pragmatisme serait peu ou prou équivalent à la *realpolitik*[2], ou au cynisme, suivant qu'on privilégie les connotations* positives ou négatives, *c'est-à-dire suivant que l'on parle des pratiques de l'adversaire ou bien des siennes propres* ?

En quoi pourrait bien consister une improbable « politique pragmatique ? » L'illusion fondamentale consisterait à croire qu'il y aurait lieu (ou plus radicalement *que cela aurait un sens*) de fonder une pratique politique sur une théorie politique, d'enraciner une pratique dans un « programme », par exemple. Les systèmes philosophiques ne sont pour les pragmatistes que des contrecoups, des « répliques » au sens sismique, d'événements déjà advenus (Galilée pour Descartes, Newton pour Kant, Darwin pour Spencer, etc.). Construire une théorie philosophique, c'est déployer une stratégie (une contre-attaque si l'on veut) pour s'empêcher de prendre acte, purement et simplement, de la situation nouvelle ainsi créée[3]. [Descartes censé « fonder » après coup, après les travaux de Galilée, sur des principes métaphysiques dont la science n'a que faire (par exemple fonder le principe d'inertie sur l'immutabilité divine, la véracité divine, etc.).]

---

1. Ces affirmations/assertions pragmatiques peuvent sembler triviales (de simples truismes) tant qu'elles ne sont pas pensées dans leurs ultimes conséquences.
   Pour une critique sans concession du pragmatisme, voir F. Nietzsche, *Par-delà le bien et le mal*, § 39, 210. (Aubier)
2. Voir la critique de la « *realpolitik* » par Fukuyama dans le chapitre : « Le totalitarisme, et après ? ».
3. Ce seraient par conséquent autant de « mécanismes de défense » au sens freudien.

La tâche d'une philosophie politique ne peut consister à construire une théorie constituée de principes qu'il conviendrait ensuite d'appliquer au mieux par une pratique politique (aux antipodes de Rawls : souci de définir par la « discussion raisonnable » entre les citoyens les principes de la justice, c'est-à-dire les principes auxquels doit se plier l'action politique dans une société donnée pour pouvoir se prétendre « juste », en conformité avec les « principes de la justice »).

C'est précisément cette égalité qui est un non-sens aux yeux des pragmatistes.

Le pragmatisme consiste à se résigner à accepter sans appel le caractère contingent de nos points de départ, à accepter que nous partions de perspectives irréductiblement individuelles[1] (au lieu de tenter d'y remédier par des « théories politiques », ou, ce qui ne correspond qu'à un degré d'abstraction plus grand de la même attitude, par la mise au point d'une « méthode ». Par exemple, le « matérialisme dialectique, historique » constitue une telle « méthode »). Accepter cela, c'est se résoudre au caractère fondamentalement « social » ou « politique » de la vérité, c'est accepter de n'avoir d'autre guide que ce que nous devons aux autres hommes à travers la conversation, l'argumentation, le débat démocratique qui n'est encadré par aucune « loi » générale, qui n'admet aucune condition préalable, pas plus qu'il n'est orienté, finalisé par/vers un bien ou un vrai absolus, transcendants à la communauté des hommes. Dans la perspective pragmatiste, le débat démocratique ne consiste nullement en une quête d'un bien ou d'un vrai absolus, objectifs, transcendants (Aristote), il s'agit au contraire de définir en commun un bien et un vrai qui ne préexistent pas et ne seront que de convention[2].

Ce que nous perdons, ce à quoi nous renonçons, c'est l'assurance ou le confort, la certitude que nous sommes portés par le sens de l'histoire, que nous allons dans la bonne voie, que nous sommes sur le bon chemin. Toute assurance préalable nous est refusée.

Ce que nous gagnons en échange, c'est un sens renouvelé de la communauté. Nous découvrons notre société comme nôtre, c'est-à-dire comme formée et réformée, modifiée par nous (et non pas fondée par un sage législateur, comme Moïse recevant les tables de la loi d'une instance supérieure). Notre société ne tire pas sa valeur du fait qu'elle serait conforme à un ordre naturel des choses, du monde, à une loi de nature (Aristote, stoïcisme) ou à la volonté divine (le pouvoir découlant d'une délégation divine) ni même d'une application de règles rationnelles (ambition de toute **théorie** politique), mais au fait qu'elle est produite par l'activité concertée, réfléchie des hommes qui la composent. *Notre honneur, notre grandeur réside dans la part que nous prenons à des projets humains en toute*

1. Il y a donc là, à l'œuvre, une anthropologie implicite. Un sociologue comme Pierre Bourdieu par exemple contesterait bien sûr que de tels points de départ soient purement individuels. Il y verrait au contraire le fruit d'une transmission non homogène, inégalement répartie dans le corps social, de repères et de critères auxquels l'agent va se référer pour agir dans le champ social dans lequel il se trouve inséré.
2. Le pragmatisme rejoint sur ce point la sophistique antique. Cf. G. Romeyer-Dherbey, *Les Sophistes*, PUF, coll. « Que sais-je ? ».

hypothèse faillibles et transitoires, non dans l'observance de principes transcendants et intangibles.

Échafauder une « théorie politique » se ramène donc à un jeu qui consiste pour le théoricien à jouer avec des partenaires imaginaires, à marquer des points avec des adversaires qu'il invente pour les besoins de la cause, qui servent de faire-valoir à ses propres arguments, de marche-pieds à ses propres principes ; puis arriver face aux autres citoyens, face à ses concitoyens dans la Cité, bardé à l'avance de principes qu'il leur demande d'accepter ou de réfuter. Le philosophe veut avoir défini à l'avance, en solitaire, les règles de la discussion commune, de la vie en commun, les fins qu'il convient de poursuivre à travers la vie sociale, **avant** de considérer qu'il n'est lui-même qu'un citoyen parmi d'autres et que ce pourrait — devrait — être dans l'exercice réel du débat démocratique que de telles choses devraient se décider. Il n'est donc ni besoin, ni possible d'avoir une telle théorie qu'il n'y aurait plus par la suite qu'à appliquer à des circonstances données. Le pragmatisme rejette toutes les théories qui prétendraient fonder nos pratiques (sociales ou politiques) sur autre chose qu'elles-mêmes, sur quelque chose d'extérieur, de transcendant ou de préalable à elles (un ordre objectif du monde, une volonté divine, les lois de la race ou de l'histoire…). Toute théorie politique, quel que soit son contenu, consiste à prétendre **qu'une pratique reçoit sa valeur** (ou se trouve au contraire frappée d'invalidité) **de quelque chose qui la précède et à quoi la pratique n'aurait plus qu'à se conformer**[1]. Or c'est au contraire le soi-disant « fondement » qui reçoit sa valeur des pratiques qu'il rend possibles, *ou plutôt avec lesquelles il se trouve en adéquation, car à la vérité jamais aucun « principe » ne « fonde » aucune « pratique »*, une pratique n'est pas quelque chose qui doive attendre de recevoir un fondement « théorique » avant d'être pratiquée. C'est mettre la charrue avant le bœufs (qui croira que les sociétés étudiées par les ethnologues ont attendu la théorisation de leurs coutumes par lesdits ethnologues pour les pratiquer ?). Cet aspect du pragmatisme peut sembler le rapprocher de la position de Rawls : en effet, ce dernier insiste sur le fait que les « principes » de la « théorie de la justice » ne doivent jamais être pris isolément (pour les justifier « par eux-mêmes » ou les réfuter), mais *seulement dans leur fonctionnement*, tels qu'ils sont à l'œuvre dans l'ensemble de la théorie. Mais cette position reste insatisfaisante pour un pragmatiste : ce « fonctionnement » des principes demeure tout théorique, cette « pratique » n'a lieu qu'à l'intérieur de la « bulle théorique » qu'est la *Théorie de la justice*, ou plus généralement la théorie libérale. Ce à quoi un disciple de Rawls pourrait répondre : la *Théorie de la justice* ne s'est pas écrite en un jour, Rawls y a fondu strate après strate tous les critiques qui lui ont été faites, il a structuré son œuvre de ces débats, des attaques qu'il a subies et des réponses qu'il a apportées, ou des remaniements, des retouches à sa théorie (jusqu'au remaniement le plus profond qui va mener au *Libéralisme politique*). Soit, répondra le pragmatisme, mais Rawls ne dialogue qu'avec ses pairs (Hayek par exemple) **non avec ses propres concitoyens**, ce n'est encore qu'un débat démocratique fictif, entre intellectuels, à part ou en deçà de la pratique politique elle-même (on parle du

1. Cf. R. Rorty, *Conséquences du pragmatisme*, Seuil, p. 310.

temps qu'il a fallu pour que l'influence de Rawls se fasse sentir : il est *en décalage*, en avance, embusqué ou envoyé « en éclaireur » (ce qui n'est pas ici un éloge bien sûr, mais une critique). **Où** a lieu le débat démocratique ? (quand on dit de manière récurrente qu'il faudrait un « grand débat de société » : où a-t-il lieu ? Au parlement ? dans les médias ?) comment les intellectuels peuvent-ils y prendre part ? Le pragmatisme consiste à renvoyer la balle dans le camp des « citoyens ordinaires ». Il s'élève contre l'idée d'une **science politique** qui pourrait être enseignée (qui consisterait à définir les critères de l'action droite, ou de l'action efficace, de la guerre juste, du bien en soi que doit viser la cité, auquel doit s'ordonner la coexistence des hommes). Or si l'on souscrit à une telle idée, on ne peut que conclure avec Platon qu'il faut mettre « le philosophe au pouvoir[1] » : qui mieux que celui qui l'a conçue pourra appliquer la théorie politique ainsi définie ? **L'alternative, c'est le pragmatisme**, qui consiste à dire : défaites-vous de l'idée qu'il y aurait un bien en soi à chercher, que les intellectuels en sauraient plus long que vous : **il n'y a rien à savoir**, puisque le bien ne sera, ni plus, ni moins, **que ce que les citoyens auront décidé de façon concertée de vouloir.** (Si nous trouvons cette position décevante, si elle nous laisse sur notre faim, c'est que nous ne parvenons pas à nous défaire de l'idée que **le bien devrait précéder l'action pour l'orienter**, alors que pour le pragmatisme c'est l'action qui l'invente au fur et à mesure.) (*Le bien, le vrai pourraient bien n'être que des mirages*, des projections que l'action jette au devant d'elle-même.)

III. L'utilitarisme

Fondateurs : Jeremy Bentham (1748-1836) et James Mill[2] (1773-1836).

• *Définition*

L'utilitarisme désigne la doctrine consistant à affirmer que la justice ou l'injustice d'un acte dépendent uniquement de savoir si l'on croit que les conséquences en seront bonnes ou mauvaises, profitables ou nuisibles. [Définition exclusivement par les conséquences[3] : ni *par l'intention* comme chez Kant, ni par une propriété intrinsèque, inhérente à *l'acte lui-même*, comme dans la morale chrétienne, certains actes seront des « péchés » même s'ils ne causent

---

1. « Heureux le peuple dont le roi est philosophe, ou chez qui le philosophe est roi. » (Platon, *La République*). Le principe du **libéralisme**, que chaque homme est aussi bon que tout autre homme, qu'une voix vaut une voix, amène à l'idée que la démocratie n'a pas besoin d'experts (comme la république, qui n'avait pas besoin de savant.) Chacun, qu'il soit instruit ou non, riche ou non, a un droit égal à celui de tous les autres à s'exprimer, son suffrage pèse d'un poids égal à celui de tous les autres dans le résultat final. Non au philosophe-roi, en langage moderne : non aux experts, aux technocrates, aux eurocrates de Bruxelles… (évoqué ici, ce point sera traité dans le cours sur « Bureaucratie, Technocratie, Démocratie ».) (P. Manent, *Histoire intellectuelle du libéralisme*, p. 230).
2. À ne pas confondre avec son fils John Stuart Mill.
3. Cf. Amartya Sen, *Un nouveau modèle économique*, Odile Jacob, 2000, p. 67, 214.

de tort à personne, ne font souffrir personne, ou même éventuellement soulagent ou épargnent une souffrance (un mensonge : demeure un acte mauvais, un péché par une qualité propre qui lui est attaché indépendamment de conséquences utiles ou nuisibles. Une mensonge reste un péché même s'il permet de sauver la vie de quelqu'un).]

Bentham conçoit la société comme un agrégat d'individus* agissant en coopération mutuelle. Il s'agit d'« édifier la fabrique du bonheur au moyen de la raison et de la loi. » (Bentham, *P. M. L.,* p. 797). Le principe de la société la meilleure possible repose sur « le principe de l'utilité », encore appelé par Bentham « le principe du plus grand bonheur pour le plus grand nombre possible ». Ce principe, pierre de touche de la société la meilleure possible à laquelle les hommes puissent prétendre, repose sur l'idée de la calculabilité générale des plaisirs et des peines, la meilleure société possible, la plus désirable étant celle où le surplus de bonheur ou de plaisir, une fois soustraite toute la peine qui l'accompagne, est le plus grand possible. (Parenté avec Malthus : appliquer la statistique au fait social.)

La formulation du « principe du plus grand bonheur[1] » L'utilitarisme consiste à affirmer une seule chose : l'unique chose désirable, l'unique bien à vouloir est le bonheur. Il faut désirer le plus grand plaisir possible s'accompagnant du moins de déplaisir possible. Une action ou une institution seront justes (« *right* ») ou mauvaises (« *wrong* ») dans la mesure où elles tendent à accroître ou à diminuer **la « somme totale » de bonheur** dans une société donnée, ou dans l'humanité en général.

Quel dispositif présuppose l'application de ce principe ? Quelle perspective faut-il adopter pour que les conséquences des institutions ou des actions apparaissent le plus clairement possible, c'est-à-dire pour que le principe du plus grand bonheur nous permette de discriminer (de discerner) avec le plus de clarté et le plus d'exactitude la meilleure forme d'organisation sociale ?

L'utilitarisme fait appel à l'arbitrage d'un « observateur extérieur », à la fois **impartial et bienveillant**, sympathisant. Il ne fait pas et ne fera jamais partie de la société en question : c'est la garantie de son impartialité (c'est ce qui assure son impartialité. Rawls). Il n'est aucun des citoyens, aucun des membres de la société en question.

Rawls : N'importe quel citoyen en relation avec ses concitoyens est invité à réfléchir sur les principes auxquels doit se conformer toute société pour être juste. Tous les citoyens sont appelés à se placer par la pensée dans la « situation/position initiale » (cette notion remplace avantageusement celle de « contrat social » en liquidant le résidu/reliquat historique, mythique. Contrat situé dans un lointain passé). Rawls : on peut être appelé à se poser la question tout moment (suspendre le jeu, la partie pour en renégocier les règles, en sachant

1. On a reproché à l'utilitarisme classique de s'attacher à des réalités mentales subjectives telles que le bonheur ou la « satisfaction mentale », notions se prêtant mal au calcul. L'utilitarisme contemporain peut remplacer ces notions par des critères tels que le PIB par habitant, l'espérance de vie à la naissance, etc., sans rien changer aux principes de l'utilitarisme.

avec certitude que tout à l'heure le « jeu », c'est-à-dire la vie sociale, reprendra, et que nous occuperons l'une des places, nous serons l'un des acteurs, mais au moment d'en négocier les règles, nous ne savons absolument pas quelle place sera la nôtre : c'est la fonction même du « voile de l'ignorance* »).

• *Tableau comparatif de l'approche utilitariste et de l'approche rawlsienne*

L'approche utilitariste	**La théorie de la justice comme équité (*fairness*) (J. Rawls)**
Fait appel à l'arbitrage d'un observateur extérieur. Son *impartialité* est assurée par le fait qu'il ne fait pas et ne fera jamais partie de la société observée. Il n'est aucun des citoyens, par conséquent tous les citoyens doivent faire l'effort de s'imaginer[1] extérieurs à leur propre société pour pouvoir porter sur elle un jugement impartial.	Chaque citoyen est appelé à interroger les institutions et les règles de sa propre société en adoptant la « position initiale[2] » (équivalent anhistorique, possible à tout moment, du contrat social rousseauiste) Son *impartialité* est assurée par le fait qu'il ignore absolument quelle sera sa place dans la hiérarchie sociale de ladite société. Il est n'importe lequel des citoyens.
L'observateur extérieur ne sympathise avec aucun acteur social en particulier (c'est *ce en quoi consiste son impartialité* : on l'imagine dénué de tout préjugé contre ou en faveur de : hommes ou femmes, noirs ou blancs, jeunes ou vieux, intellectuels ou manuels, etc.). Il ne se préoccupe que de la somme de bonheur globale rendue possible par la forme d'organisation sociale retenue, et il apportera son suffrage à celle qui rend possible « la plus grande somme totale de bonheur », une fois le malheur ou le déplaisir déduits du total.	Le citoyen envisage tour à tour chacune des positions sociales possibles et ne peut en négliger aucune parce qu'il sait avec certitude que tout à l'heure il occupera l'une de ces places, mais il ignore complètement laquelle. Il se désintéresse de la somme de bonheur total, bonheur qui n'est, en toute hypothèse, ressenti par personne en particulier, par aucun des acteurs sociaux, et donnera son suffrage à la forme d'organisation sociale dans laquelle aucun individu* ni aucun groupe humain n'est sacrifié au bonheur des autres.

1. Le fait de s'envisager comme « observateur extérieur » suppose la capacité de faire un effort d'abstraction important. Le « dispositif » rawlsien demande un effort d'abstraction moins grand (il suppose que l'on mette entre parenthèses seulement sa position sociale particulière, non son appartenance à la société considérée ni la poursuite de ses intérêts personnels), mais un effort d'abstraction tout de même, auquel tous ne sont peut-être pas également aptes, ce qui pose la question de la place de l'intellectuel dans le débat démocratique sur les institutions et les règles sociales, problème déjà soulevé par les pragmatistes.
2. La position initiale, ou « originelle », dans la théorie de Rawls, joue le même rôle que la fiction d'un « état de nature » dans les théories du contrat.

L'observateur extérieur utilitariste met hors circuit et sa propre appartenance à la société, et la poursuite de ses intérêts particuliers. Il n'est plus guidé dans le choix du meilleur système que par une vague « sympathie », qui n'est sympathie pour personne en particulier (sinon, c'en serait fait de son impartialité) mais envers l'humanité en général. Peu lui importe alors que le bonheur commun soit payé par le plus extrême déplaisir ou l'absence totale de prise en compte des désirs ou des droits fondamentaux d'un des membres ou d'un petit groupe de membres du corps social.	Contrairement à l'observateur utilitariste, le citoyen rawlsien placé dans la « position initiale » fait la disjonction entre organisation sociale la plus efficace (celle permettant de dégager le plus de bonheur global) et celle qui est la plus « juste » (*fair*) et donc la meilleure, et il arbitrera en faveur de cette dernière. Il vise *un optimum* (l'organisation sociale qui rende possible le plus de bonheur sans sacrifier pour autant l'un quelconque des citoyens) et *non un maximum*.
La quête du bonheur est placée au-dessus du souci de la justice. L'approche utilitariste fait totalement l'impasse sur la *distribution* des richesses et du bonheur, puisque seule entre en compte la somme globale. De même, elle se caractérise par sa plus totale indifférence à l'égard des libertés et des droits : elle ne s'attache qu'au seul bonheur privé des citoyens[1].	Le souci de la justice sociale ne peut se satisfaire d'un ordre victimaire (fondé sur l'exclusion violente ou le sacrifice d'un individu* ou d'un groupe d'individus* traités comme boucs émissaires[2]) : tous les individus* doivent trouver leur compte à leur appartenance au corps social à quelque degré ou à quelque titre que ce soit. Tous doivent, quelle que soit leur place dans la pyramide sociale, avoir intérêt à vivre dans une telle société plutôt que en dehors du champ social, faute de quoi la société est peut-être redoutablement efficace, mais n'est pas juste.
L'observateur extérieur n'est guidé que par sa seule sympathie envers le genre humain, mais cette sympathie générale ne l'empêche pas, précisément, de fermer les yeux sur l'injustice subie par quelques-uns,	Paradoxe : l'homme placé dans la « position initiale », sous le coup du « voile de l'ignorance* », n'est guidé dans ses choix que par son seul intérêt[3]. C'est en feignant que l'homme n'est intéressé qu'à

1. Cf. A. Sen, *Un nouveau modèle économique*, Odile Jacob, p. 65-71.
2. Cf. René Girard, *Le Bouc émissaire*, Livre de Poche.
3. La théorie de Rawls est donc paradoxalement plus « utilitariste » que celle de Hume, de Bentham ou de Stuart Mill, dans la mesure où ceux-ci sont obligés de mettre hors circuit la quête de l'intérêt personnel, alors que d'après leur propre anthropologie elle est le ressort le plus puissant de l'action humaine. Malgré la toute puissance de la quête de l'intérêt personnel et malgré l'extrême faiblesse de la sympathie, c'est néanmoins à cette dernière que l'utilitarisme se trouvait contraint de s'en remettre pour choisir la meilleure forme d'organisation sociale possible. **Toute la morale utilitariste repose**, à la lumière de la propre anthropologie, **sur une tête d'épingle**.

injustice sur laquelle est basée le bonheur des autres. La faiblesse de la morale utilitariste est qu'alors que l'anthropologie utilitariste consacre la toute puissance des intérêts égoïstes et ne lui oppose qu'un vague sentiment de compassion de l'homme pour ses semblables, c'est malgré tout à ce vague sentiment qu'il doit s'en remettre pour définir la justice.	voir ses propres désirs satisfaits que l'on peut le mieux faire jouer l'exigence de justice sociale. La force de la théorie rawlsienne est de prendre en compte (et même de faire prévaloir sur toute autre considération) l'exigence de justice sociale sans avoir besoin pour autant de recourir à des motivations altruistes.
	Rawls va même plus loin : il démontre qu'il est impossible de fonder un ordre juste sur une propension altruiste dans l'espèce humaine, quand bien même une telle propension existerait. Imaginons une telle société réduite à deux personnes, chacune d'elles n'étant mue que par le souci que les désirs et les revendications de l'autre soient satisfaits. Aucune décision, aucune action, aucune institution ne sauraient découler d'une telle situation qui neutraliserait au contraire toute capacité d'action et toute vie sociale. L'altruisme peut être une motivation privée honorable voire très respectable, peut-être la plus admirable, mais il ne permet de fonder ni action, ni institutions politiques.

Optimum ou maximum ? L'opposition entre la quête d'un maximum et celle d'un optimum repose sur le fait que l'on adopte un ou plusieurs critères de mesure. L'optimum dit de Paréto[1] consiste à imaginer une situation dans laquelle l'utilité (ou le bien-être, ou l'intérêt, ou les capacités d'agir, peu importe) de quelque membre de la société que ce soit ne pourrait être augmentée sinon au détriment de l'utilité d'autrui. Paréto décrit donc une situation théorique dans laquelle les mécanismes du marché ne seraient plus susceptibles d'aucun perfectionnement, et ne pourraient plus qu'être bridés ou contrecarrés par ce que décideraient les acteurs sociaux. Paréto appelle « efficient » un changement bénéficiant même à une seule personne s'il ne nuit à aucun autre membre de la société. On voit qu'avec une définition aussi rigoureuse, aucune innovation ou presque ne pourra être qualifiée d'« efficiente ». D. Friedman[2], s'appuyant sur les théories d'Alfred Marshall, propose de redéfinir l'« efficience* » d'un changement ou d'une disposition, pour la rendre plus compatible avec des situations effectives, non théoriques. Il part du postulat que tout changement législatif est favorable à certaines personnes, accroît leur « utilité » ou leur bien-être, mais diminue en contre-partie ceux d'autres personnes ou d'autres catégories sociales. La nouvelle

1. Cf. Ph. Engelhard, *L'Homme mondial*, p. 102.
2. D. Friedman, *Law's Order, What Economics Has to Do with Law*, Princeton University Press.

disposition sera dite « efficiente » si la somme des gains et des pertes est supérieure à zéro. On voit donc que la définition de Friedman prend son parti d'un ordre victimaire, et fait l'impasse sur les modalités de la répartition des « gains ». Sur ce point précis, Friedman se situe donc du côté des utilitaristes, alors que Paréto souscrit à la définition rawlsienne de la « justice » (*fairness*).

> « Il n'y a évidemment pas de réponse à la question que Lessing posait aux utilitaristes de son temps : « et à quoi sert l'utilité ? » Le problème de l'utilitarisme est de se laisser prendre dans la chaîne sans fin de la fin et des moyens, sans pouvoir arriver à un principe qui justifierait la catégorie de fin et de moyen, c'est-à-dire qui justifierait l'utilité elle-même » [en tant que principe d'évaluation des conduites et des décisions humaines.] (H. Arendt[1]).

Bibliographie

• *sur le libéralisme*

Hayek (von) F., *La Route de la servitude*, PUF, 1946.

Manent P., *Histoire intellectuelle du libéralisme,* Hachette, Pluriel, 1987.

Popper K., *La Société ouverte et ses ennemis*, Seuil, 1995.

• *sur le pragmatisme*

Fisette J., *Pour une pragmatique de la signification*, Éditions XYZ, 1996, 299 pages.

Habermas J., *Vérité et justification*, Gallimard, 352 pages.

Peirce Ch. S., *Écrits sur le signe,* Seuil, 1978, 272 pages, (appartient à sa « deuxième période », sur 4, d'après la classification de Murphy.

Rorty R., *Conséquences du pragmatisme*, Seuil, 1993, 420 pages.

• *sur l'utilitarisme*

Sen A., *Un nouveau modèle économique*, Éditions Odile Jacob, 2000, 356 pages.

Stuart Mill J., *L'Utilitarisme*, GF, 1968, 181 pages.

1. H. Arendt, *Condition de l'homme moderne*, Calmann-Lévy, chap. IV, p. 173.

PRÉSENTATION D'UN PENSEUR

LE LIBÉRALISME INTÉGRAL DE FRIEDRICH VON HAYEK (1899-1992)

(Prix Nobel d'économie en 1974)

Friedrich von Hayek est le représentant le plus éminent de l'école viennoise ultralibérale d'économie.

Il est un disciple de Karl Menger, qui avait opté pour une révolution dans la méthode d'approche de leur objet par les sciences sociales. Pour Menger, il faut partir des « acteurs individuels » et non d'une approche macro-économique pour comprendre les comportements et les phénomènes sociaux. (On peut parler d'une tendance « nominaliste » : seul l'individuel existe[1].) Seules les composantes individuelles sont rationnelles et intelligibles ; c'est d'elles qu'il faut partir pour comprendre les phénomènes économiques (et sociaux en général).

La seconde génération de l'École de Vienne d'économie est dominée par la figure de F. von Hayek. Il fait découler de l'idée du caractère intelligible des choix économiques individuels la conclusion qu'il est nécessaire d'abandonner l'économie de marché à une concurrence entièrement libre. Toute tentative de planification et toute intervention de l'État fausserait la rationalité des choix individuels. Hayek refuse par conséquent toute recherche d'une troisième voie entre le « marché » et le « plan ». Or Hayek écrit à l'époque du keynésianisme triomphant aux USA : on semble se diriger vers un « capitalisme mixte ». Hayek n'est donc pas dans l'air du temps, il semble prêcher dans le désert de 1945 à 1973 (époque du déclin du keynésianisme, qui apparaît à son tour en crise, qui commence à s'essouffler et à montrer ses limites).

L'œuvre d'Hayek rencontre un intérêt souvent fondé sur un malentendu : on veut ne retenir de lui que son extrémisme et son conservatisme : (« tradition, guide de l'action plus sûr que la raison. » von Hayek ; idée empruntée à E. Burke, critique de la Révolution française). Sa philosophie politique mérite mieux qu'une récupération idéologique. Les principaux thèmes de sa pensée :

---

1. L'individu* et ses comportements sont le seul lieu d'intelligibilité du social.

1. La dénonciation du socialisme en tant qu'« erreur intellectuelle »

La qualification des différences bien réelles entre les individus* partageant une même société **comme une injustice** résultant du mauvais agencement du marché **est présentée par Hayek comme une simple erreur intellectuelle**, une erreur **réfutable**. Elle consiste à considérer ces différences comme étant **voulues** par quelqu'un, comme si elles découlaient d'une intention délibérée, comme si l'agencement du marché n'était précisément pas **aveugle**. Pour Hayek **l'agencement du marché n'est susceptible d'être ni juste, ni injuste**, dans la mesure où **il n'est voulu par personne**.

L'exigence de « justice sociale » est donc perçue comme **un simple effet de l'immaturité de notre esprit** (attaque contre Rawls), analogue à l'attribution d'une volonté hostile ou bienveillante au simples choses, aux lieux dans la pensée **animiste**. Mirage par lequel ce qui est en soi neutre est perçu comme bienveillant ou malveillant. Or en économie il n'y a rien de « veillant » du tout, bien ou mal. Le marxisme ne fait que réactiver ce vieux mythe : si vous êtes misérables, il faut bien qu'il y ait quelqu'un qui vous rende misérables, il faut des exploiteurs, quelqu'un à qui s'en prendre, quelqu'un à rendre responsable de vos malheurs, une volonté contre laquelle il soit possible de « lutter » : cela donne un visage à la misère anonyme, au malheur qui vous accable. (Ce processus du ressentiment « inventant » quelqu'un à qui s'en prendre a déjà été analysé par Nietzsche, qui lui oppose ce qu'il appelle « l'innocence du devenir », c'est-à-dire précisément le fait qu'il n'y a, après la « mort de Dieu », plus personne à qui on puisse s'en prendre, personne aux commandes.)

Cet intense désir de justice sociale est en fait une simple nostalgie des sociétés tribales disparues. Dans les sociétés tribales, tant que l'économie est dirigée et orientée, dans les « *téléocraties** » organisées dans la perspective de la quête d'un « bien commun », s'en prendre aux dirigeants présente effectivement un sens. Les sociétés contemporaines et leur mode de fonctionnement économique sont beaucoup trop complexes pour pouvoir être ainsi commandés par **une volonté planant au-dessus des acteurs économiques**.

Mais la loi d'une économie non dirigée est celle de la concurrence généralisée. Ceux qui échouent dans la concurrence, les moins « performants » réclament quelqu'un à qui pouvoir s'en prendre, **quelqu'un à qui imputer leur échec : ils incriminent le « système », le « capitalisme », le « patronat », réalités hypostasiées** auxquelles ils prêtent obscurément une volonté de nuire. Ils se comportent comme des perdants à un jeu qui, parce qu'ils ont perdu, remettraient en cause les règles du jeu et s'aviseraient tout à coup que ce n'est pas de leur fait, mais à cause de règles du jeu « mauvaises », qu'ils ont perdu. Or dans une économie de marché, il est illusoire de croire que les « patrons », ou les « riches », ou le « pouvoir » manipulent un jeu économique qui échappe à tout le monde. (Et heureusement, aux yeux d'Hayek.)

Pour Hayek, le communisme est une ultime tentative pour revenir à une « téléocratie* », un mode d'organisation tribal, un « baroud d'honneur » avant la victoire définitive de la libre concurrence. Les sociétés modernes occidentales sont des « nomocraties* », non des « téléocraties* » ; « nomocraties* » qui fixent par la loi les règles du jeu social, mais ne préjugent pas des choses à vouloir, des biens à viser, mais qui en laissent au contraire l'entière responsabilité aux acteurs individuels.

Une économie dirigée ne peut exister que dans deux cas bien précis :

1. **Soit les conditions sont réunies pour que les mêmes valeurs soient admises spontanément** par tous comme « évidentes » : c'est le cas des anciennes sociétés tribales dans lesquelles aucun pluralisme n'est possible. L'individu* a été plongé de tout temps, dès sa naissance, dans les valeurs communes de sa tribu. Il n'a aucun recul critique à l'égard de ces valeurs et ne dispose d'aucun instrument pour les critiquer. **L'adhésion est immédiate et spontanée : par conséquent il n'est nul besoin d'une force coercitive pour y soumettre les individus*.**
2. **Soit l'adhésion aux valeurs communes est exigée**, requise, **imposée à tous** les membres de la société, sous peine d'exclusion voire d'extermination des individus* ou des groupes humains, des classes sociales qui refuseraient de s'y soumettre : **c'est le cas du totalitarisme**. (Selon Hayek, c'est cette analyse qui nous permet de *comprendre*, et non de seulement *constater*, l'identité de fond entre les deux totalitarismes, communiste et nazi.)

2. Les attributs d'un État libéral

Cela permet aussi de comprendre pourquoi seul le libéralisme présente l'unique alternative à ces deux totalitarismes : dans les sociétés modernes ouvertes au marché, il n'y a pas (et il n'y a pas besoin qu'il y en ait) de consensus* sur les fins. Aucune adhésion à quelque principe que ce soit n'est exigée des individus*. Le système fonctionne même d'autant mieux qu'il n'y a pas d'accord conscient sur les fins. Hayek reprend la critique kantienne du bonheur visé comme fin de la vie humaine. Le bonheur n'est pas, pas plus que la vertu, un principe politique (Saint-Just[1]), « le bien-être n'a pas de principe » (il ne permet de fonder aucune politique précise opposée à une autre). Il y a des principes universels de la liberté, pas du bonheur (dissymétrie).

Une société libérale n'impose rien d'autre (pour autant qu'on puisse parler ici d'imposition) **que l'adhésion au principe de la liberté individuelle.** Seuls n'y sont pas bienvenus ceux qui contesteraient le principe de la liberté des individus*. **Aucun accord sur les fins n'est nécessaire, aucune hiérarchie de valeurs n'est imposée** : on peut parler d'une « politique négative », au sens où l'on parle d'une « théologie négative » : on ne peut que dire ce que l'État ne doit pas être, ne doit pas faire (ce avec quoi il ne doit pas interférer : les choix de vie et les actions des

1. Voir l'exposé sur « Le bonheur est une idée neuve en Europe », in *Éléments de culture générale*, Ellipses, 1999, p. 128-130.

individus* libres). C'est l'absence de tout but commun imposé qui explique toutes les caractéristiques d'une société d'hommes libres.

3. La notion d'« ordre spontané »

Selon Hayek, il convient de s'affranchir de la fausse alternative entre ordre naturel (Aristote, saint Thomas d'Aquin) et ordre artificiel (Hobbes). Il existe en effet un troisième terme entre les deux : un ordre résultant simplement de l'action des hommes, et non de leurs desseins (« L'harmonie des intérêts est le résultat de l'action des hommes, non de leurs desseins », A. Ferguson). Il s'agit donc d'un ordre non intentionnel, qui n'est voulu par personne mais qui est inhérent et immanent à l'activité sociale des individus*. Il faut bien comprendre, contre un contresens répandu, que la « main invisible*[1] » **exclut** toute téléologie (loin de la **réintroduire** de façon subreptice et sous une forme laïcisée), tout providentialisme. Ce n'est pas une main animée par une volonté, au service d'une décision, mais seulement une main [ne renvoyant à aucun « sujet », fut-il transcendant ou collectif : Dieu, l'humanité, l'Histoire hypostasiée, la raison gouvernant le monde (Hegel), la race, le *Volksgeist* (l'esprit ou le génie d'un peuple)]. Ou pour s'exprimer plus nettement encore, ce qu'il faut retenir de l'évocation de la « main invisible* », c'est précisément qu'elle n'existe pas, qu'il n'y a pas de main, qu'elle ne fait que nommer une place vide (et dont il importe absolument qu'elle reste bien vide) : c'est la lecture « radicale » que Hayek fait d'Adam Smith, de *La Richesse des Nations*.

Peu importent donc les motivations, les buts conscients (il faut les mettre entre parenthèses, s'en désintéresser : peu importent les mobiles qui agitent les individus*, pour comprendre le fonctionnement économique et social) : **seuls comptent les actes**, les choix faits, **non les mobiles**. Cette harmonie n'est pas naturelle (elle n'est assurée par aucune « prédisposition naturelle à la sociabilité », comme le croyait Kant), mais elle n'est pas plus artificielle (elle n'est **pas construite intentionnellement**, elle n'est pas acquise par un art politique qui en ferait son objet).

On peut donc faire l'économie de l'hypothèse inutile d'un contrat social. L'homme n'est ni l'auteur, ni le créateur des formes ordonnées que prend spontanément la vie sociale. La vie en société ne découle d'aucun contrat initial mais dérive lentement du fait de l'obéissance à un nombre croissant de règles. Ni les comportements, ni les règles sociales, ni les ordres sociaux n'ont été expressément voulus. Ils s'imposent au contraire peu à peu, spontanément. Les ordres spontanés sont infiniment supérieurs, plus complexes et plus durables que les ordres créés intentionnellement (par ex., les administrations). De la même façon, les règles communes sur lesquelles fonctionne à notre insu la société sont antérieures à toute législation.

---

1. Cf. Adam Smith, *La Richesse des Nations*, IV, 2.

La société est donc un fait que l'on constate au présent, mais qui résulte d'une lente et inconsciente évolution. La raison peut s'efforcer de la penser, mais elle ne le peut qu'à condition d'accepter que d'autres forces que les siennes propres l'animent et la modèlent : ces forces sont la tradition, la coutume, les mœurs, les mentalités, etc. La raison ne peut comprendre la société qu'à condition d'admettre que ce n'est pas la raison qui mène le monde. La société est une réalité infiniment plus complexe que n'importe quelle structure que ce soit qui aurait été construite par la raison. (Critique du constructivisme social.) **La complexité est l'effet et la preuve de l'absence de volonté, d'intention**. (Leibniz écrivait le contraire : les êtres vivants sont infiniment plus complexes que les machines faites de main d'homme, ce qui montre qu'ils sont créés par une intelligence infiniment supérieure à la nôtre. Ici encore, la main invisible* signifie l'exclusion de toute intention quelle qu'elle soit.)

Les règles et coutumes établies par la tradition sont le pendant sur le plan social au système de fixation des prix sur le plan économique. Elle se substituent à un savoir absolu défaillant : puisqu'on ne peut pas tout savoir, puisqu'on ne peut connaître l'infinité des paramètres qui rendrait notre choix rationnel pertinent, mieux vaut s'en remettre à la tradition et aux mœurs, non parce qu'ils seraient bons en eux-mêmes mais parce qu'ils sont les conventions en vigueur, tout comme le prix d'un objet découlant de la loi de l'offre et de la demande.

4. Quelques éléments de critique de la pensée d'Hayek

Que peut-on dire contre **ces institutions qui ont survécu malgré leur opposition à l'ordre libéral**, que sont l'État et ses règles ? D'où Hayek tire-t-il cette conviction que l'ordre libéral finira par s'imposer et par triompher de tous les obstacles qui lui sont opposés ? Hayek adopte une position évolutionniste selon laquelle seules les formes de régulation les mieux adaptées vont survivre, en balayant toutes les régulations qu'on avait prétendu imposer à partir d'une perspective rationnelle. Au nom de quoi peut-il s'opposer à ces formes d'État qui ont survécu et qui sont tout sauf des institutions libérales (comme l'État-Providence par exemple) ? Hayek commence par s'interdire tout critère extérieur et transcendant les sociétés et permettant de les juger. Pour lui, seule la « sélection naturelle » va juger et éliminer les formes inadaptées pour ne laisser survivre que « l'ordre spontané ». Et le voici l'instant d'après **conspuant les institutions étatiques et toutes les entraves faites au marché et à la vie sociale**, c'est-à-dire **constatant que son propre principe ne fonctionne pas**, que rien ne dit que l'ordre libéral triomphera un jour. Hayek « sanctifie » la tradition (non parce qu'elle serait vraie ou meilleure dans l'absolu), parce qu'elle incarne ce que « l'ordre spontané » a sélectionné (elle est le « dépôt » de l'évolution). Ne devrait-il pas suivant la même logique sanctifier l'État autoritaire voire totalitaire partout où il s'est imposé ?

Autrement dit, **le libéralisme intervient deux fois** dans son raisonnement : une fois comme grille d'interprétation de la réalité (consistant à s'interdire de recourir à une source transcendante tant du pouvoir que des réalités sociales), puis une deuxième fois comme principe présupposé être l'aboutissement ultime de toute l'évolution politico-sociale. **C'est une fois de trop** : logiquement, une fois récusé tout principe transcendant, on devrait accepter et approuver l'ordre tel qu'il surgira du processus de sélection, dut-il être étatique ou totalitaire.

En fait, le raisonnement de Hayek semble dissoudre le libéralisme à force de vouloir le présenter comme une évidence. Il n'y a(ura) de « réalité libérale », à la limite, qu'à la condition qu'il n'y ait pas de parti libéral, de courant libéral, d'idées libérales en circulation. Le libéralisme ne pourrait s'imposer dans les faits qu'en restant inconscient, or toute l'œuvre d'Hayek s'efforce de nous en faire prendre conscience. *Le libéralisme a existé en tant que projet libéral* ; il y a eu dans l'histoire, au XIXe et au XXe siècles, des partis libéraux. Ces partis ne sont naturellement pas étrangers à l'établissement d'institutions libérales en Occident (suffrage universel, pluralisme des partis politiques, équilibre des pouvoirs, etc.). Le libéralisme repose sur une idée éminemment abstraite (dont le libéralisme n'a pas les moyens, qui est un luxe qu'il ne peut s'offrir), et perpétuellement contredite par la nature : celle de la rigoureuse égalité de tous les individus*. L'« égalité des conditions » dont parle Tocqueville est-elle le fruit d'une évolution « spontanée », ou le but poursuivi par les partis libéraux, un programme à réaliser en faisant œuvrer en ce sens la puissance publique ?

Son refus radical de tout contractualisme comme de tout constructivisme social accule Hayek à rejeter l'idée que l'avènement du libéralisme puisse résulter d'un projet conscient, et le réduit à s'en remettre à la tradition pour accoucher de la liberté. **Hayek est contraint de réintroduire dans l'histoire** (sous le nom d'évolutionnisme) **toute la téléologie qu'il avait exclue du champ socio-politique.** La liberté politique est-elle le fruit aveugle d'une lente mais inexorable évolution, ou le résultat d'un combat politique ? **Un projet libéral, un programme libéral sont-ils des contradictions dans les termes ?** Le libéralisme comme courant de pensée semble se « suicider » dans l'exacte mesure où il s'en remet à la tradition pour accoucher de la liberté.

On peut accorder qu'il n'y a pas de volonté planant au-dessus du jeu. Reste que tous les acteurs (ou « joueurs ») ne jouent pas à jeu égal, ne pèsent pas du même poids (économique sur la partie). L'exigence de justice sociale n'est pas nécessairement le fruit d'une immaturité de l'esprit : elle peut être aussi la conséquence de la prise de conscience de ce fait, de tirer la conséquence du fait que personne n'a organisé le jeu : c'est donc à nous de le faire, d'en définir les règles (issue, conclusion non libérale du même constat).

À lire

Engelhard Ph., *L'Homme mondial*, Arléa, 1996, p. 296-297.
Hayek (von) F., *La Route de la servitude*, PUF, 1946[1].
Nemo P., *La Société de droit selon F. A. Hayek*, PUF, 1988.

1. En voir une synthèse dans les *Cent fiches de lecture*, Bréal, 1998, p. 34-37.

FICHES DE LECTURE

ALEXIS DE TOCQUEVILLE (1805-1859)

DE LA DÉMOCRATIE EN AMÉRIQUE

1re partie, 1835, 2e partie, 1840

• *Ambition du livre*

Le propos de Tocqueville est de montrer **comment le principe de la démocratie, à savoir l'égalité des citoyens, va affecter tant les institutions politiques que les pratiques et les mœurs sociales**, et ce, pour le meilleur (la liberté) et pour le pire (l'oppression). Le défi que veut relever Tocqueville consiste à examiner **à quelles conditions l'égalité pourrait coexister avec la liberté**, c'est-à-dire comment les hommes pourraient être à la fois libres et égaux.

• *Innovation méthodologique*

Pour Tocqueville, pour penser le fait politique, il ne convient pas de partir de l'individu* isolé pour le décrire, de faire un tableau de l'homme « à l'état de nature » (de développer une anthropologie au niveau de l'individu* isolé), mais de partir du fait social. **L'étude sur la politique doit faire suite à une enquête sur l'état social.**

I. Les conditions de la démocratie

L'état social est cause que tel régime va être adopté de préférence à tout autre. Cet état social n'explique pas tout : **d'autres facteurs** (croyances, tradition, climat...) **peuvent introduire des distorsions** spécifiques, mais ne sont nullement susceptibles d'affecter la nature du régime lui-même.

L'état social qui est le principe moteur du régime démocratique est l'égalité des conditions. Le développement du principe de l'égalité des conditions est le fait fondamental qui explique l'orientation de l'histoire humaine tout entière ; **Tocqueville déchiffre dans ce principe une intention de la Providence elle-**

même, et en conséquence **y subordonne tous les autres éléments de sa philosophie politique**. **La démocratie n'est**, par conséquent, **pas un régime comme les autres**, parmi d'autres, mais **celui auquel tous les autres sont voués à céder la place**, à aboutir.

Si une Providence oriente l'histoire humaine, l'homme n'est pas entièrement libre de son destin. L'homme n'est ni tout à fait libre, ni tout à fait esclave. **La Providence a tracé autour de l'homme « un cercle fatal »** (celui de la limite du possible) dont il ne peut sortir. Mais à l'intérieur de ce cercle, il est libre d'agir à sa guise. C'est à lui enseigner à faire le meilleur usage possible de cette « marge de manœuvre » que s'attache *De la démocratie en Amérique*.

Les hommes peuvent choisir eux-mêmes les régimes qui leur conviennent, ils peuvent opter pour l'égalité ou l'inégalité des conditions. Mais **c'est à eux seuls qu'incombe la responsabilité des conséquences de leur choix**. C'est à eux de faire en sorte que la liberté ne mène pas au crime, que l'inégalité ne mène pas à la tyrannie*, etc. L'ambition du livre est donc de **penser la nature de la démocratie** pour **prévoir les périls** auxquels elle est exposée, ceux auxquels elle expose les hommes, et **s'efforcer d'y trouver remède**.

II. La nature du régime démocratique

a. **Pour mieux saisir la nature spécifique du régime démocratique, Tocqueville fait en permanence référence aux propriétés de l'Ancien Régime**. Cette référence, **loin d'être un simple faire-valoir de la démocratie, est au contraire l'aune à laquelle la démocratie va être jugée** et à partir de laquelle il va pouvoir lui demander des comptes. Seul celui qui comprend les qualités propres d'un régime aristocratique peut saisir l'ampleur de la révolution démocratique, et **confronter ce qui est gagné à ce qui a été perdu**. L'Ancien Régime rendait possible l'élévation d'esprit, un mépris des choses matérielles, de fortes convictions, une occupation respectable, le culte des arts et des sciences abstraites, le goût pour la poésie, l'amour de la gloire. C'est tout cela qui va être balayé par la révolution démocratique : c'est ce qu'il va falloir faire entrer dans la balance à l'heure d'établir un bilan : contre quoi l'homme optant pour « l'égalité des conditions » a-t-il troqué ces qualités ?

b. **La caractéristique la plus visible du régime démocratique est l'atomisation* de la société. La démocratie repose sur le libre arbitre d'individus*** appelés à se prononcer en leur propre nom, et non sur des corporations ou d'autres institutions comme l'Église. **En retour, elle s'adresse exclusivement aux individus*** et se met à leur service : c'est « l'égalité de condition » entre individus* concrets et leur bien-être qu'elle prend pour objectif unique.

c. Du coup, **la société se retrouve composée d'individus* tous indépendants, confrontés les uns aux autres**, et **ne poursuivant nul but commun**, mais tous exclusivement préoccupés par la satisfaction de ses désirs ou la défense de ses objectifs privés.

d. **La démocratie est le régime qui se donne pour tâche de satisfaire le désir de bien-être de tous les citoyens**. Cette tâche ne peut être menée à bien que dans deux cas :
   - Si la prospérité est telle qu'il est possible de satisfaire le désir de tous les citoyens, et qu'aucun ne peut craindre de ne pas avoir sa part. (Société d'abondance.)
   - Si le régime parvient à modérer les désirs de l'homme démocratique.

e. Tocqueville est hésitant dans ses pronostics :
   - **tantôt il semble penser que la démocratie**, par la satisfaction générale qu'elle procure, **parviendra à maintenir les désirs des individus* à un niveau raisonnable** permettant leur égale satisfaction pour tous ;
   - **tantôt il semble penser que « l'égalité des conditions » va exacerber les rivalités** et pousser l'homme sur la voie des surenchères, ce qui rendrait impossible la satisfaction des désirs de tous et **scellerait l'échec de la démocratie** (chacun en voudra « toujours plus », et, encouragé par la nature du régime qui l'encourage à considérer comme des droits la satisfaction de ses désirs, l'amènera à juger invariablement qu'il ne reçoit pas une part satisfaisante de la prospérité).

III. Les conséquences de la démocratie : le problème

• *Le matérialisme*

La démocratie tourne l'homme vers l'accomplissement de ses désirs qui est la justification du régime démocratique lui-même. Tocqueville ne craint pas tant que l'homme en vienne à désirer des choses « malhonnêtes » et nuisibles aux autres, que de le voir s'absorber tout entier dans la recherche des satisfactions légitimes mais individuelles, ce qui distendrait, d'abord insensiblement, mais inexorablement, le lien social.

• *L'individualisme*

Le régime démocratique encourage et légitime la « recherche du bonheur » (« *pursuit of happiness* ») pour tous les individus* : elle engendre une compétition entre les individus* à laquelle plus rien n'est en mesure de mettre un frein. Chaque individu* devient le centre de son petit univers privé, consacré à la poursuite de ses fins personnelles, au lieu de trouver son identité et l'accomplissement de son statut d'homme libre dans la poursuite collective du « bien commun » (Aristote, saint Thomas).

> « La démocratie détend les liens sociaux, mais resserre les liens naturels. Elle rapproche les parents dans le même temps qu'elle sépare les citoyens. »
> (A. de Tocqueville, *De la démocratie en Amérique*, I, GF p. 245).

D'après l'analyse qu'en fait Tocqueville, le régime démocratique va produire pêle-mêle **matérialisme, médiocrité, compassion, attachement au foyer et à la vie privée, isolement** (atomisation* sociale). On mesure le prix à accorder à ces nouvelles valeurs en se rappelant celles cultivées sous l'Ancien Régime.

La conjonction de l'individualisme et de l'égalité des conditions va produire un résultat explosif : une course infinie à toujours plus de confort matériel.

- ***Conclusion***

L'homme démocratique va finir par troquer sa liberté contre l'égalité, le confort et le bien-être. Conséquence paradoxale : le régime démocratique qui semblait le plus favorable à la liberté va finir par produire d'autres valeurs auxquelles l'homme démocratique va immoler/sacrifier sa liberté.

IV. Les conséquences de la démocratie : la solution

La solution du problème interne de la démocratie doit être elle-même démocratique, c'est-à-dire conforme au principe de la démocratie qui est l'égalité des conditions. Toute solution empruntée à des régimes d'une autre nature ne feraient que contrarier le bon fonctionnement de la démocratie et compliquer encore le problème.

La tâche du philosophe politique ne peut consister à restaurer les régimes aristocratique ou monarchique, mais à définir à quelles conditions un régime démocratique peut déboucher effectivement sur la liberté et « quelle espèce de grandeur et de bonheur » est compatible avec (et propre à) « l'égalité des conditions ».

La démocratie est un *pharmakon**, elle est à la fois le poison et son remède : en même temps qu'elle libère le désir effréné d'égalité et de satisfaction des désirs, elle sécrète la passion pour la liberté.

> « Pour moi, loin de reprocher à l'égalité l'indocilité qu'elle inspire, c'est de cela principalement que je la loue. Je l'admire en lui voyant déposer au fond de l'esprit et du cœur de chaque homme cette notion obscure et ce penchant instinctif de l'indépendance politique, préparant ainsi le remède au mal qu'elle fait naître. » (A. de Tocqueville, *De la démocratie en Amérique*, tome II, GF, p. 354).

Conclusion

La démocratie repose sur un principe unique (celui de l'égalité des conditions), principe qui est à fois une donnée naturelle (la situation de fait des sociétés modernes), et le fruit de toute l'histoire humaine. Tant qu'elle ne reposera que sur cet unique principe, **elle ne pourra que mener inexorablement à l'abandon de la liberté** et à une tyrannie* sans précédent. Il est donc nécessaire d'associer à ce principe « naturel » et trouvé au départ **un autre principe ayant**

même force de manière à ce qu'il soit de nature à contrer les effets pervers du premier : **la « passion de la liberté »**. Pour qu'il ne s'agisse pas d'un simple vœu pieux, il faut faire de l'établissement de ce deuxième principe l'objet exclusif de la science ou de l'« art politique ». Ce sont des bonnes institutions, elles-mêmes confiées à la sauvegarde de la vigilance des citoyens, qu'il faut attendre l'établissement de ce principe. Si les hommes politiques et les penseurs politiques conçoivent seuls la nécessité de ce second principe, il existe pour le peuple une « passerelle » permettant de passer du premier au second : le simple individu* « a admis sans en connaître la science, la doctrine de l'intérêt, et son égoïsme est aujourd'hui aussi dépourvu de lumières que l'était son dévouement » [sous l'Ancien Régime]. Le ressort permettant de motiver l'action humaine au nom de l'autorité éminente de [ou du lien d'allégeance à] celui qui l'ordonne, ou de la vertu intrinsèque de l'acte en question s'est cassé avec l'effondrement du système féodal. **C'est désormais par le biais de la poursuite de l'intérêt bien compris que le simple individu* pourra devenir à son tour un véritable citoyen**, si l'art politique parvient à le persuader que seule l'existence de la liberté politique permet de poursuivre librement l'intérêt privé. Il incombe aux membres de l'élite éclairée le devoir d'inculquer aux hommes du peuple les rudiments de la « science politique », car c'est eux qui demain, en tant que membres de la majorité, gouverneront la société.

« Un état social (à savoir l'égalité des conditions) a triomphé, que l'homme ne pouvait pas prévoir ; mais il reste à l'art de l'homme à le saisir » et à faire en sorte qu'il mène à la liberté et non à l'oppression.

À lire

Arendt H., *Essai sur la révolution*, anglais 1963, Tel Gallimard 1967 pour la traduction française.

Nietzsche F., *Ainsi parlait Zarathoustra*, Gallimard, 1971, Prologue, § 5 (la description du « dernier homme », c'est-à-dire de l'homme démocratique moderne tel que le présente Nietzsche).

JOHN RAWLS

« LES DEUX PRINCIPES DE LA THÉORIE DE LA JUSTICE »

Les deux principes de la théorie de la justice sont formulés par Rawls dans la première partie de son ouvrage capital *Théorie de la justice* (1971 en anglais), ouvrage qui comporte trois parties (**1.** Théorie ; **2.** Institutions ; **3.** Fins). Il semble que la pratique qui s'est imposée dans les cercles intellectuels soit, pour paraphraser une formule célèbre : « s'y référer, toujours ; les lire et les formuler, jamais ». Il est vrai que John Rawls demande expressément que ces deux principes ne soient pas considérés à part, isolément de l'œuvre elle-même, et en particulier qu'ils ne soient pas adoptés ou rejetés pour eux-mêmes, mais seulement en fonction de leur rôle dans la théorie rawlsienne, en fonction de la manière dont ils « fonctionnent » et sont ou non opérationnels au sein de leur théorie. C'est donc aller contre l'intention explicite de Rawls que de les présenter à part. Cette solution constitue pourtant sans doute un moindre mal par rapport au fait de les ignorer purement et simplement, et peut-être le commentaire peut-il pour partie remédier aux inconvénients de cet expédient.

> **Premier principe** : chaque personne doit avoir un droit égal au système le plus étendu de libertés de base égales pour tous qui soit compatible avec le même système pour les autres.
>
> **Second principe** : les inégalités sociales et économiques doivent être organisées de façon à ce que, à la fois, (a) l'on puisse raisonnablement s'attendre à ce qu'elles soient à l'avantage de chacun, et (b) qu'elles soient attachées à des positions et à des fonctions ouvertes à tous.

Le statut des deux principes dans la *Théorie de la justice*

Les deux principes traitent de ce qui devrait faire l'objet de l'accord originel, fondateur du pacte social. La *Théorie de la justice* considère en effet le corps social comme reposant sur un accord *contractuel* (contrairement à l'esclavage par exemple). Il faut donc un consensus* initial sur lequel chacun des contractants s'accorde, sans quoi il ne ferait pas réellement partie du corps social.

Accords et désaccords

J. Rawls pense, contrairement à Rousseau dans le *Contrat social*, que le pacte fondateur du corps social n'a pas à préjuger de l'organisation socio-politique de la société. Il s'agit donc pour lui de définir *l'objet minimal du consensus**, des hommes « raisonnables » ne pouvant tomber d'accord sur un contrat vide de tout contenu. Les deux principes de la justice constituent dans la théorie rawlsienne *le foyer de l'accord*, du consensus* qui conditionne la possibilité même du corps social, en dépit de désaccords toujours persistants, légitimes, et même peut-être dans une certaine mesure *souhaitables*. Ils constituent « la charte fondamentale d'une société bien ordonnée ». Ils ne tombent pas du ciel et ne sont pas donnés à Moïse sur le mont Sinaï, mais émergent eux-mêmes d'une *discussion raisonnée*[1]. Ils ne statuent pas sur tout, mais *définissent les critères* en fonction desquels des arbitrages vont pouvoir être faits au sein d'une société donnée.

La théorie de la justice comme équité

La thèse que veut défendre Rawls dans la *Théorie de la Justice* est que les deux principes définissent la thèse alternative, « de rechange », par rapport au principe d'utilité de la morale utilitariste. Il entend montrer que ces deux principes sont ceux auxquels souscriraient des personnes « égales et raisonnables », que ce sont eux qui « emporteraient l'adhésion » de personnes « rationnelles et en position d'égalité ». C'est évidemment **le conditionnel qu'il s'agit de souligner** ici. Rawls sait fort bien — et même affirme à plusieurs reprises — que la « position originelle » dans laquelle les « personnes raisonnables » seraient appelées à se prononcer sur les principes de base devant orienter toute « société bien ordonnée » ne correspond à aucune situation sociologiquement pensable. Il s'agit d'un élément de fiction dans la théorie, assumé comme tel. La fiction de la « position originelle » est néanmoins préférable à celle du « contrat social » inaugural qu'elle a vocation à supplanter. Rawls balaie d'un revers de main tout reliquat d'historicité, même hypothétique, qui subsistait malgré tout dans la théorie rousseauiste du contrat social. Tout ne s'est pas joué dans un lointain passé, mais c'est **à tout moment** que **tout citoyen** peut se sentir appelé, en tant que citoyen précisément, à se replacer dans la « position originelle » pour repenser ou renégocier les règles sur lesquelles fonctionnent les « structures de base » de la société — essentiellement les institutions politiques, sociales et économiques.

---

1. Il y a là, peut-être, une faiblesse ou une faille dans la théorie rawlsienne. Rawls postule qu'il reste possible de définir la « discussion raisonnée », donc ce qui vaut comme « raisonnable », entre des gens qui ont totalement fait abstraction de leur appartenance sociologique, et même de leurs préférences idéologiques. P. Bourdieu contesterait évidemment cette possibilité, en disant que ce qui apparaît comme « raisonnable » à un acteur social ou à un groupe d'acteurs sociaux est entièrement déterminé par la place qu'il occupe au sein du champ social, tout ce que le « voile de l'ignorance* » caractérisant la « position originelle » consiste à mettre entre parenthèses.

Les caractéristiques de la « position originelle », ne devant rien à l'empirique ou à l'historique, découlent intégralement de sa fonction au sein de la théorie. Les citoyens adoptant la position originelle se placent sous le « voile de l'ignorance* », c'est-à-dire qu'ils font comme s'ils ignoraient tout de ce qu'est leur place au sein du corps social (s'ils sont hommes ou femmes, jeunes ou vieux, blancs ou noirs, riches ou pauvres, etc.). Une seule certitude : une fois levé le « voile de l'ignorance* », ils feront partie de la société qu'ils auront contribué à élaborer. Leur ignorance complète quant à leur condition future est liée à la nature contractuelle du lien social : aucun membre du corps social ne doit être sacrifié au bonheur ou à la liberté des autres ; tous doivent pouvoir trouver **raisonnablement** leur compte à entrer librement dans cette société.

Les deux principes de la justice tendent donc à définir les conditions que choisiraient spontanément les acteurs sociaux s'ils agissaient toujours de façon libre et raisonnable. La fiction de la « position initiale » n'a pas d'autre but que de remédier au fait que, dans la réalité, les acteurs sociaux n'agissent pas toujours de façon libre et raisonnable.

Concept et conceptions de la justice

Les citoyens placés sous le voile de l'ignorance* ne savent rien d'autre que ce qui doit leur permettre de définir le concept de justice (ce qui est l'objet des deux principes). Le consensus* est nécessaire quant au **concept** de justice qui va permettre de fournir les critères permettant d'orienter les décisions « dans une société bien ordonnée ». Cet accord nécessaire sur le concept n'empêche pas que puissent coexister au sein du même corps social des **conceptions** distinctes voire contradictoires de la justice. Cette distinction entre concept et conceptions est fondamentale dans l'œuvre de Rawls. Sans l'accord sur le concept, le contrat fondamental sur lequel repose le corps social ne serait que marché de dupe, « contrat de l'imposteur[1] » selon la formule de Rousseau ; du moins, rien ne permettrait de juger si une société est bien juste, c'est-à-dire souscrit aux principes de justice. Sans la pluralité des conceptions, il y aurait une vérité officielle unique et l'on sortirait du cadre du pluralisme qui caractérise une société libérale.

Le contenu des deux principes

Le premier point pose le principe de la réciprocité, et la nécessité de l'égalité. Sans lui, on se situerait dans la cadre des sociétés d'ancien régime où prévalait l'inégalité des conditions. La thèse de Rawls est que nul ne pourrait, placé sous le voile de l'ignorance*, souscrire à l'idée que des charges, des fonctions, des obligations ou des bénéfices soient inégalement réparties au sein du corps social, en fonction de la naissance ou du sexe par exemple. Le premier principe pose un

1. J.-J. Rousseau, *Discours sur l'origine de l'inégalité parmi les hommes,* 1755, GF, 1971, 249 pages.

égal accès aux fonctions, aux charges, aux bénéfices (indépendant de la naissance, de l'âge, de la couleur de la peau, des croyances religieuses, du sexe, etc.).

Si l'on s'en tenait au premier principe, s'il n'y avait qu'un seul principe de justice, la justice serait synonyme d'égalité, c'est-à-dire que toute inégalité dans le corps social serait assimilée à une injustice. Le deuxième principe admet la possibilité de l'inégalité — plus : il admet que cette inégalité est compatible avec la justice sociale — plus encore : il pose une certaine inégalité en principe de la justice, c'est-à-dire qu'il pose qu'il serait contraire à la justice qu'il n'y ait pas d'inégalité sociale. Mais il pose à cette inégalité une double condition, particulièrement contraignante[1]. Rawls n'extirpe nullement des citoyens se plaçant dans la « position originelle » le désir à accéder à une éminence, à ne pas se satisfaire de l'égalité avec leurs concitoyens. Mais cette aspiration :

1. ne doit pas entraver le bon fonctionnement d'une « société bien ordonnée », c'est-à-dire que l'émulation ne doit pas mettre à mal la coordination, la synergie des efforts sans laquelle le contrat originel serait lettre morte, c'est-à-dire cesserait de bénéficier à tous, ce qui serait contradictoire avec sa nature contractuelle ;
2. doit toujours respecter le fait que l'efficacité doit céder le pas devant la justice, ce qui est, dans les conséquences, la différence essentielle de la théorie rawlsienne par rapport à toute version de l'utilitarisme. À vrai dire, l'utilitarisme, faisant massivement l'impasse sur la question de la *distribution* des gratifications sociales, ne conçoit même pas le dilemme entre efficacité et justice. Ce dilemme est au contraire au cœur même de la théorie rawlsienne, qui le formule sous sa forme la plus aiguë.

Le deuxième principe reconnaît une certaine efficacité socio-économique au principe de l'émulation (Rawls pense ici en bon libéral), mais subordonne cette efficacité à l'exigence de justice, et stipule expressément que toutes les places doivent être « ouvertes à tous » (sans quoi la position initiale s'en trouverait biaisée, un élément essentiel nécessaire à définir le concept de justice faisant défaut aux citoyens placés sous le « voile de l'ignorance* », et sans quoi nul citoyen placé dans cette position initiale ne saurait « raisonnablement » souscrire à ces inégalités).

À lire

Rawls J., *Théorie de la justice*, Le Seuil, 1987, traduction française.
Ricœur P., *Lectures 1, Autour du politique*, Le Seuil, 1991, p. 176-230.

---

1. Plus contraignante par exemple que la formulation des révolutionnaires français : « Les inégalités ne doivent être fondées que sur l'utilité commune ». Cette formulation est utilitariste et non « rawlsienne » avant la lettre : elle n'exclut pas que des individus*, y compris leurs intérêts, leurs désirs les plus profonds, leurs « libertés de base » pour reprendre l'expression de Rawls, soient sacrifiés à « l'utilité commune ».

COMMENTAIRE DE CITATIONS

ANNE-ROBERT JACQUES TURGOT (1727-1781)

« LAISSEZ FAIRE, LAISSEZ PASSER »

La citation, comme c'est souvent le cas, n'est pas du personnage auquel on l'attribue, à savoir ici, Turgot. Celui-ci ne fait que la rapporter, en la reprenant à son compte il est vrai. C'est M. Le Gendre qui aurait dit à Colbert : « Laissez-nous faire ! », anecdote simplement rapportée par Turgot dans son *Éloge de M. de Gournay*.

Turgot, fils du Prévot des marchands de Paris, suit des études de théologie à la Sorbonne, dont il devient le prieur en 1749. Deux ans plus tard, il quitte l'habit ecclésiastique pour devenir substitut du procureur de Paris. Il fréquente les salons littéraires et collabore à l'*Encyclopédie* de Diderot et d'Alembert. Ses écrits sont alors des manifestes en faveur de la tolérance religieuse. Intendant de la généralité de Limoges de 1761 à 1774, il tente d'y mettre en application les idées économiques des **physiocrates**[1]. Ces physiocrates sont partisans d'un certain nombre

---

1. Néologisme formé par Dupont de Nemours en 1767. Étymologiquement, le terme signifie « gouvernement de la nature » ou « selon la nature ». Mouvement d'individus* regroupés autour de son fondateur François Quesnay, ses membres (le plus connu étant Mirabeau) sont d'abord appelés « les économistes » ou la « secte des économistes ». Les physiocrates croient à l'existence d'un « **ordre naturel** » en matière économique, ordre certes non encore réalisé, mais qu'il convient précisément de rechercher et de faire advenir. C'est à la lumière de ce principe fondamental qu'ils entreprennent une analyse systématique de l'ensemble des circuits économiques. Les physiocrates s'opposent aux **mercantilistes** qui attribuent une importance qu'ils jugent démesurée à la possession de métaux précieux. Ils partent d'une nouvelle définition de la richesse (à savoir : « une masse de valeurs qu'on puisse consommer à son gré sans s'appauvrir et sans altérer le principe qui les produit sans cesse »), ils n'incluent dans la richesse que les biens produits ayant une « valeur vénale » (*valeur d'échange*) à l'exclusion de ceux qui n'ont qu'une v*aleur d'usage* (individuelle et subjective). Certaines richesses sont renaissantes (elles se renouvellent spontanément, comme les fruits qui repoussent chaque année), d'autres sont anéanties par la consommation. À partir de là, ils élaborent une théorie nouvelle de la production : toute production implique une certaine consommation de richesse (les matières premières), le produit net étant la différence entre la richesse générée par la production et celle consommée par cette même production. Or selon Quesnay, cette différence n'existe que dans l'agriculture, non dans le commerce ou l'industrie. L'agriculture est la seule branche de l'activité économique où la richesse produite est supérieure à la richesse consommée. « *La terre*, écrit

de réformes visant toutes à accroître la liberté du commerce et du travail. Fort de cette expérience, Turgot publie alors ses *Réflexions sur la formation et la distribution des richesses* (1766). Le thème sinon le propos est le même que celui du livre d'Adam Smith qui paraîtra 10 ans plus tard. De 1774 à 1776, Turgot devient contrôleur général des finances, c'est le sommet de sa carrière, et il peut alors entreprendre à l'échelle de la Nation de réaliser les vastes réformes (financières, économiques et sociales) qu'il appelait de ses vœux : liberté du commerce des grains, suppression des « corvées », suppression des maîtrises et jurandes, imposition des propriétés foncières y compris nobiliaires, etc. La politique de Turgot est à l'évidence l'incarnation des valeurs et des revendications de la bourgeoisie, elle va dans le sens d'une modernisation économique du pays, et d'un démantèlement des derniers privilèges hérités du système féodal. Le mécontentement des anciens privilégiés est tel que Louis XVI se voit contraint de congédier Turgot. Les réformes entreprises sont aussitôt annulées. L'entreprise politique de Turgot, qui meurt en 1781, se solde par un échec. Seule la Révolution accomplira ce qui n'a pas été possible par la réforme.

La phrase d'origine serait donc le mot de M. Le Gendre à Colbert : « Laissez-nous faire ! » C'est M. de Gournay qui aurait repris la formule et lui aurait adjoint le complément « Laissez passer ! », lui donnant ainsi la forme sous laquelle elle est passée à la postérité. La phrase émane donc à l'origine non du pouvoir, mais de ce qu'on n'appelle pas encore la « société civile » : elle constitue un reproche implicite ou explicite à la politique économique trop interventionniste de Colbert. La classe des entrepreneurs, la classe bourgeoise lui dit : « Laissez-nous faire », faites nous confiance, ne mettez pas d'entraves à l'activité économique et le pays ne pourra que s'en mieux porter.

Quesnay, *est donc l'unique source des vraies richesses.* » L'agriculture, seule productive, le commerce et l'industrie, stériles. La notion de « circulation de la richesse » était bien déjà présente dans le mercantilisme, mais celui-ci réduisait cette circulation pour l'essentiel à la circulation monétaire. La notion de circulation prend un sens bien plus large chez les physiocrates, renvoyant à la circulation de tous les biens ou « richesses » quels qu'ils soient. Tout le flux des biens destinés à l'échange part de la seule classe productive, celle des cultivateurs et des exploitants agricoles, mais elle implique aussi l'intervention de propriétaires fonciers, fournissant une « avance » aux agriculteurs leur permettant d'exercer leur activité. Les biens circulent ensuite dans l'ensemble de la société du fait de l'universalité des besoins qu'il s'agit de satisfaire par la consommation. Une lecture « régressive » du circuit économique est ainsi rendue possible, venant se superposer à la lecture « progressive » partant de la production : il n'y aurait pas non plus de circulation économique s'il n'y avait pas une demande générale de consommation à satisfaire. Ce point précis permet de voir chez les physiocrates un lointain ancêtre de la théorie de la demande et de la relance par la consommation de Keynes. L'École physiocrate domine la pensée intellectuelle, en particulier en France, pendant la vingtaine d'années allant de 1756 (date de la parution de deux articles très remarqués de Quesnay dans l'*Encyclopédie*) à 1776 (date de parution de deux ouvrages orientant la pensée économique dans des directions nouvelles : *Le Commerce et le Gouvernement* de Condillac, et *La Richesse des Nations* d'Adam Smith).

À lire

Staël G. (de), *Considérations sur la Révolution française*, Tallandier, 1983.

Turgot A. R. J., « *Laissez Faire* », Textes choisis et présentés par A. Laurent, éd. « Les belles lettres », collection « Iconoclastes », 1997.

SUJET TRAITÉ

« L'IMPARTIALITÉ DE L'ÉTAT : MYTHE OU RÉALITÉ ? »

> « Notre propre intérêt est encore un merveilleux instrument pour nous crever les yeux agréablement. Il n'est pas permis au plus équitable homme du monde d'être juge en sa cause. »
>
> Blaise Pascal, *Les Pensées.*

Remarques

- Le sujet se présente sous la forme d'une alternative : tout ou rien ? Il importe avant tout de ne pas s'y laisser enfermer, de ne pas s'y enfermer soi-même.
- Il faut également se garder par dessus tout de laisser le sujet dégénérer et s'appauvrir en « pour ou contre l'État ? », ou « plus ou moins d'État ? » Il ne faut « perdre » au passage aucune notion importante, ici bien entendu la notion d'*impartialité.*
- Le verbe dans l'énoncé du sujet est laissé indéterminé. À vous de voir quels verbes pourraient être pertinents. Trois questions possibles : l'État *est*-il impartial ? (lequel, quand ? Poser la question : « est-il ? » implique de l'aborder sur le plan historico-politique). *Devrait*-il l'être, *doit*-il l'être ? *Peut*-il l'être ?
- **Mythe** : le terme peut être pris en deux sens au moins, dont l'un seulement est péjoratif. Un mythe, cela peut être une fiction ou une imposture destinée à dissimuler la réalité. Mais ce peut être aussi un mythe fondateur, un idéal ou une idée régulatrice qui donne son sens à l'État et son orientation à sa conduite. C'est en ce sens que Renan peut dire, sans aucune nuance péjorative, que toute nation repose sur un mythe, sur une version magnifiée de ses origines.
- Il faut rapidement passer de la question de fait : l'État est-il impartial, oui ou non ? (question d'ordre historique), à la question : **à quelles conditions un État peut-il être impartial ?** Est-ce toujours souhaitable ? Quel autres idéaux peut-on opposer à l'idéal d'impartialité ? Efforcez-vous d'aller toujours dans le sens d'une plus grande élaboration de la question, sans jamais perdre de vue pour autant la formulation d'origine.
- Il faut distinguer, avec la plus grande netteté possible, **la mise en cause de la notion** (le fait de critiquer cet idéal au nom d'un autre idéal) et **la mise en cause de la réalité** (le fait de mesurer sa non application, dire que cette notion n'est pas appliquée, n'est pas entrée dans les faits ou qu'une lente dérive l'a vidée de sa substance).

Introduction

L'État se prétend par définition impartial : l'est-il, peut-il l'être, a-t-il à l'être ? Cette impartialité n'est-elle qu'un mythe, c'est-à-dire un simple discours que l'État tient sur lui-même ? Est-ce un mythe au sens où ce ne serait qu'une fiction, une imposture derrière laquelle se dissimulerait la réalité de l'État (instrument aux mains d'une classe sociale dominante dans la théorie marxiste par exemple), ou bien d'un idéal auquel tendrait l'État sans jamais pouvoir prétendre l'incarner pleinement ?

I. L'impartialité, raison d'être de l'État

1. Pourquoi l'État ?

L'impartialité est la raison d'être de l'État, elle est sa fonction, son essence (Hegel). Il s'agit de trouver un arbitre qui ne soit pas la violence, un arbitre qui soit garant que les règles du jeu minimales aient été respectées : et qui fasse en sorte que « tous les coups » ne soient pas permis, que l'agression ou la ruse ne soient pas des moyens « payants », « efficaces », de parvenir à ses fins. On a là une conception de l'État comme instance d'arbitrage ou de contrôle. Concevant l'État ainsi, on peut le critiquer en le « rappelant à l'ordre », chaque fois qu'il manque à sa mission d'arbitre impartial, et équitable.

2. Impartialité ou neutralité ?

Toutefois impartialité n'est pas neutralité (du latin *ne uter* : ni l'un, ni l'autre). La neutralité impliquerait une position d'abstention, l'État s'en lavant les mains et renonçant à intervenir, comme Ponce-Pilate lors du procès de Jésus. L'État reste neutre lorsqu'il n'a pas à intervenir s'agissant d'une affaire purement privée par exemple, interne à une famille. *L'impartialité suppose au contraire une prise de position, une prise de responsabilité. L'État est impartial lorsqu'il assume pleinement son rôle d'arbitre, et qu'il l'assume avec impartialité*, c'est-à-dire avec équité. L'impartialité suppose que l'État joue pleinement son rôle, qu'il le joue sans faire acception de personnes (c'est-à-dire sans faire intervenir des critères n'ayant rien à voir, n'ayant pas à intervenir dans la cause qu'il s'agit de trancher : le rang des uns ou des autres, la couleur de leur peau, leur religion, etc.). L'impartialité suppose une vertu positive, la capacité de résister aux pressions de *lobbies*, de ne pas se laisser soudoyer par tel ou tel.

II. L'impartialité de l'État est toujours de mauvais aloi

1. Critique marxiste de l'État

L'impartialité de l'État n'est qu'une fiction et une imposture. Cette fiction consiste à prétendre défendre l'intérêt général, notion elle-même fictive destinée à occulter la réalité de la diversité des classes sociales porteuse d'intérêts fondamentalement divergents, et ce, de manière irréconciliable. Le discours de l'impartialité n'est qu'un discours de façade, idéologique, destiné à masquer la réalité. Se proclamant impartial, l'État masque ce qu'il ne peut manquer d'être : un instrument de domination entre les mains de la classe dirigeante. Conformément à sa nature, il ne peut être impartial et n'a pas à l'être. Dans une perspective marxiste, la soi-disant impartialité de l'État est donc toujours biaisée. L'État, en appliquant la même loi à tous, par exemple la loi garantissant à tous le droit de propriété, semble agir de façon équitable et juste, tout en arbitrant invariablement, de fait, en faveur des possédants. Il n'y a donc pas à rappeler à l'État son devoir d'impartialité (qui n'a jamais été qu'une fiction) mais à s'emparer de l'État pour le faire servir aux intérêts de la classe ouvrière, pour le retourner contre la bourgeoisie qui le fait servir actuellement ses propres intérêts.

2. Critique communautariste* de l'État

Un autre point de vue permettant de critiquer l'idéal même de l'impartialité de l'État est le point de vue communautariste*, qui consiste à faire intervenir l'histoire, et singulièrement le passé. On ne peut faire comme si la Nation n'avait pas de passé, comme s'il n'y avait pas des injustices séculaires à réparer (la réduction en esclavage des noirs américains par exemple, ou la spoliation des juifs pendant la Seconde Guerre mondiale). Exiger de l'État d'être impartial, c'est lui demander de rester aveugle aux injustices commises par le passé (à l'égard des femmes, des juifs, des noirs, des homosexuels, des minorités en tout genre, etc.) et sourd aux *demandes de reconnaissance et de réparation*. L'idéal d'impartialité constitue-t-il en soi un déni* de justice envers les victimes des discriminations d'hier ? L'idéal d'impartialité est-il un idéal qui vient toujours trop tard ? Ne serait-il légitime que s'il avait été mis en œuvre de tout temps ? À cette objection, on peut opposer le fait que c'est grâce à cette évolution historique bien réelle que de telles protestations peuvent venir au jour (ex. les « suffragettes » au XIXe siècle...). Leur véritable victoire, leur réhabilitation consistent-elles en ce que ces discriminations soient levées, ou qu'elles soient inversées ?

Un autre argument communautariste consiste, en se situant au présent, à contester l'idée que l'État doive traiter de la même façon, *indifféremment*, les individus* et les citoyens, quelques soient leurs appartenances communautaires, c'est-à-dire *à fait comme s'ils n'appartenaient pas à des communautés distinctes*. Cette impartialité de façade masque une complicité tacite, occulte, à l'égard de la culture dominante. À cette indifférence de l'État, les communautaristes opposent une « demande de reconnaissance* » (Charles Taylor), qui n'est plus une demande de réparation pécuniaire cette fois, mais une demande de reconnaissance* symbolique. Sous couvert d'impartialité, l'État œuvre en fait toujours en faveur du *mainstream* (du courant principal) et en défaveur des courants minoritaires. L'État travaille, activement (ex. interdiction de parler les langues régionales dans la France républicaine) ou non, à faire disparaître les cultures spécifiques et à fondre les individus* dans le *melting-pot*. L'État, en n'arbitrant pas entre les différentes communautés, en ne travaillant pas à leur maintien et à leurs spécificités, œuvre de fait en faveur de l'assimilation et de l'abandon des origines spécifiques par intégration des individus* dans le *mainstream*. Il ne s'agit donc pas, pour les communautaristes conséquents, de rappeler l'État à son devoir d'impartialité, mais au contraire de solliciter qu'il retourne son pouvoir en faveur des minorités jusque là marginalisées ou exclues (c'est le sens de la politique de « discrimination positive » aux USA).

3. Critique libérale de l'impartialité de l'État

Dans une perspective classique, l'État joue son rôle avec impartialité s'il a pour seul objectif de faire triompher l'intérêt général du jeu des intérêts particuliers, sans prévention aucune en faveur ou à l'encontre de telle ou telle partie. (Par exemple, lors de l'attribution d'un marché public, il convient de veiller à ce que ce soit bien l'entreprise qui présente le meilleur rapport qualité/prix qui emporte le marché.) Mais pour un libéral irréductible comme Hayek, c'est précisément quand l'État se soucie de viser l'intérêt général qu'il ne peut plus, par définition, être impartial. En effet, du point de vue du libéralisme intégral, la notion d'intérêt général n'est qu'une fiction. Seuls les individus* sont susceptibles d'avoir des intérêts et d'exprimer des volontés. Dès lors, si l'État se soucie de viser un hypothétique bien commun, il ne pourra manquer de se comporter de façon partiale, c'est-à-dire de ne pas traiter avec équité les projets et les entreprises individuels qui lui semblent conformes à l'intérêt général tel qu'il se le représente, et plus encore ceux qui lui semblent contribuer à le réaliser, et d'autre part ceux qui lui semblent nuisibles à cet intérêt général. Tant que l'État se sent investi de la mission de promouvoir l'intérêt général, il se comporte comme un acteur du jeu économique ayant ses propres intérêts à défendre contre d'autres. Il ne peut revendiquer un rôle d'arbitre s'il assume par ailleurs un rôle d'acteur économique. *L'État ne pourra donc être impartial que s'il renonce à se prononcer sur les fins*, s'il renonce à se comporter comme une « téléocratie* », pour se rabattre sur le rôle plus modeste de « nomocratie* », s'il se contente d'assurer que tous les acteurs du jeu économiques se conforment bien aux mêmes règles du jeu, sans se préoccuper des objectifs qu'ils visent. Le rôle d'arbitrage suppose un retrait de l'État de la sphère économique, et plus généralement, de toute sphère à l'intérieur de laquelle il revendique un pouvoir d'arbitrage.

III. Défense de la notion d'impartialité de l'État

1. La faiblesse du libéralisme intégral est de faire de l'État une réalité hypostasiée, une entité propre. Or l'État, c'est vous et moi chaque fois que nous nous comportons comme des citoyens, c'est-à-dire que nous nous élevons au-dessus de la défense de nos intérêts particuliers (en vertu du « voile de l'ignorance* » dont parle Rawls) pour nous demander, *en toute impartialité*, ce qui est équitable et ce qui ne l'est pas. Le libéral intégral est celui qui refuse de s'élever, jamais, au-dessus de la défense de ses propres intérêts. Il n'adopte jamais un autre point de vue sur la situation que le sien propre. Il ne peut alors, bien sûr, que récuser l'idéal d'impartialité. Refusant de s'élever jamais au point de vue

global sur la société dont il fait partie, *il ne peut percevoir ce point de vue global que comme extérieur*, et, à la limite, hostile au sien.

2. S'agit-il de critiquer cette attitude sur des bases simplement « morales » ou « civiques » (en arguant du fait par exemple qu'il faut penser aux autres, aux plus démunis) ? Non : ce qui est à critiquer dans cette attitude, c'est qu'elle est à très courte vue. Il n'est pas vrai que l'intérêt de l'État et ceux d'un entrepreneur privé soient systématiquement, ni même foncièrement, antagonistes. Si la monnaie dans laquelle travaille cet entrepreneur s'effondre, aussi prospère que soit son entreprise, elle sera touchée de plein fouet par cet effondrement (et même : plus elle est prospère, plus il a à y perdre...). Certes, de nos jours, les multinationales peuvent investir sur d'autres marchés, dans d'autres monnaies, passer leurs contrats en dollars : c'est alors à la crise économique mondiale, au krach boursier qu'il est vulnérable. La mondialisation joue dans les deux sens : affranchissant en grande partie les entreprises multinationales de la tutelle des États, elle les rend aussi plus fragiles et plus exposées aux aléas de l'économie mondiale. Certes, l'arbitrage de l'État rencontre ici ses limites. Lorsque les enjeux sont supranationaux, l'arbitrage de l'État peut-il suffire ? À l'évidence non. D'autres instances d'arbitrage sont ici à inventer, ou à crédibiliser, si ce ne doit pas être, là non plus, la violence qui ait le dernier mot.

Conclusion

Dire « l'État est impartial » est sans doute toujours énoncer une naïveté. Mais autre chose est de dire : l'État joue bien son rôle, il est dans son rôle lorsqu'il se comporte de façon équitable. Cela ne signifie nullement que l'impartialité constitue un simple vœu pieux masquant la réalité de pratiques bel et bien discriminatoires. « L'État est en route vers toujours plus d'impartialité ; l'État est dans son rôle quand il se comporte de façon impartiale » : de telles formules sont probablement plus raisonnables et plus justes. Il est difficile de contester l'idéal d'impartialité. L'impartialité absolue n'existe sans doute jamais sauf à titre d'idéal régulateur ou d'idée limite : elle est ce à quoi on peut et on doit mesurer, apprécier et évaluer les pratiques réelles de l'État. Un État impartial n'existe pas, mais l'État doit sans cesse faire l'effort de tendre vers l'impartialité. Sans doute l'État moderne est-il plus impartial que l'État antique même démocratique (l'esclavage n'y est plus pratiqué), l'État démocratique est plus impartial que les sociétés d'Ancien Régime décrites par Tocqueville : en ce que les protestants et les juifs (par exemple) jouissent des mêmes prérogatives que les autres citoyens, tous y sont citoyens de plein droit (en réservant le cas des immigrés, en particulier des « sans papiers »). *Il y a une histoire de l'État que la notion d'impartialité contribue à rendre intelligible.* Cette histoire *est celle de sa longue marche vers l'impartialité* : elle est celle de l'effacement de tous les critères en fonction les individus* ou les communautés sont traités différemment, ne jouissent pas des mêmes droits que les autres. L'impartialité est l'unique idée au nom de laquelle peuvent être démantelés les *privilèges* (qui apparaissent ainsi comme tout autre chose, presque le contraire, que des *droits*). L'idée d'impartialité est l'exigence de la disparition des critères discriminants et discriminatoires. Mais l'impartialité suppose également l'existence de conditions positives : que soit explicitement formulé ce en fonction de quoi un arbitrage sera rendu, un jugement sera prononcé. En l'absence d'un tel critère clair, le comportement de l'État ne peut apparaître qu'arbitraire.

Bibliographie

Nagel T., *Égalité et partialité*, PUF, 1991.

Ricœur P., *La Mémoire, l'histoire, l'oubli*, Seuil, 2000, troisième partie, première section, « L'historien et le juge », p. 413-436.

Taylor Ch., *Multiculturalisme*, Champs Flammarion, 1994.

Todorov T., *Mémoire du mal, tentation du bien : enquête sur le siècle*, Laffont, 2000, 355 pages.

CHAPITRE 6

La mondialisation

Cours

LA MONDIALISATION

La « mondialisation » désigne-t-elle autre chose que le triomphe ou la consécration du libéralisme à l'échelle planétaire ? Pourrait-elle recevoir un autre contenu ?

Adam Smith écrivait que l'accroissement de la richesse était lié à la division du travail de plus en plus poussée, elle-même liée à **un marché le plus vaste possible** (1776). Son livre est un manifeste en faveur du libre échange et de la libre circulation des biens et des capitaux. Ceci pour le plus grand profit de tous en principe[1]. La limite serait celle d'une « économie-monde[2] », pour reprendre un terme de F. Braudel[3]. Il y a forcément une limite à l'accroissement du marché, on vient buter sur un maximum. À moins que les individus* ne soient toujours plus nombreux, à moins que leur niveau de vie — c'est-à-dire leur capacité à consommer — ne soit toujours plus élevée, à moins que les échanges ne soient toujours plus intenses, toujours plus rapides. C'est peut-être ce qui se produit aujourd'hui, que nous appelons la « mondialisation ». *La mondialisation : ce serait alors le moment et le lieu où le mouvement se poursuit là où l'on aurait pu croire qu'il ne pourrait que stopper* : par intensification et accélération des échanges.

Ce phénomène repose sur deux conditions :

1. **L'essor technologique, le progrès des technologies.** Cela produit un « rétrécissement de l'espace », un espace « baroque » (Zaki Laïdi) : **l'espace économique contemporain est résolument « non euclidien »** : Sarajevo est « à deux heures d'avion de Paris », Alger aussi, ce qui ne supprime pas les frontières politiques, encore moins celles des mentalités, les barrières de l'incompréhension[4]. Elle s'accompagne du risque de **l'illusion** que toutes les frontières seraient abattues, d'une toute puissance de l'opinion internationale à l'ère d'Internet et des télévisions satellites. (La prise de pouvoir par les

---

1. Cf. Le principe de Ricardo : Cf. *Cent Fiches de lecture*, Bréal, 1998, p. 213 : où il est montré que celui-ci n'est pas toujours vérifié.
2. Cf. Minc, *La Mondialisation heureuse*, p. 22, 25.
3. Cf. Ph. Engelhard, *L'Homme mondial*, Arléa, 1996, p. 250.
4. On repère ici toute l'ambivalence* de la mondialisation : en même temps qu'elle sécrète de la proximité (un « rétrécissement de l'espace »), elle sécrète par ailleurs de la distance et de l'incompréhension. À la limite de la promiscuité : chaque civilisation fait irruption dans l'intimité de toutes les autres, elle génère en même temps un besoin d'enracinement identitaire, de recréation de repères.

Talibans à Kaboul montre les limites de « l'opinion publique internationale », rappelée à plus de modestie.)

L'accélération rendue possible par les techniques est décisive, et peut avoir des effets catastrophiques : un krach boursier se répercute en temps réel sur toutes les places du monde, au rythme des téléphones, des Fax, d'Internet : au point qu'on est obligé de mettre en place des « disjoncteurs » (depuis 1996) pour éviter une répercussion automatique de la crise, pour enrayer la propagation du krach. La mondialisation, c'est aussi « le virus du Sida, voyageant à la vitesse du Jet, [*qui*] essaime de façon fulgurante sur tout le globe[1] ».

2. **Une volonté politique** : le libre échange, ce sont d'abord des traités[2], des accords d'État à État, donc des actes politiques, au travers desquels les États *exercent* leur souveraineté*, *l'engagent* sur le plan politique (quitte à ce que l'on considère après qu'ils se sont liés les mains, qu'ils ont engagé une fois pour toutes leur souveraineté* sur tel point précis). La constitution du *Commonwealth*, la communauté européenne du charbon et de l'acier, les Accords du GATT, *ce sont des États qui les ont voulus, signés et ratifiés*. Ils procèdent d'une volonté politique, même si après cela semble échapper au politique, et donc constituer une réalité autonome (un phénomène mondial, autonome, ayant sa logique propre, qu'on appelle « la mondialisation ». Les bases ont d'abord été posées par des actes conscients, posés, réfléchis, sinon pensés dans leurs ultimes conséquences, mais telle est la loi immuable de l'action en politique). La mondialisation n'est pas une réalité mystique, insondable, imprévisible. Alain Minc écrit « les privatisations sont inscrites dans les astres[3] » (*La Mondialisation heureuse*, p. 191) : avant de tomber sinon dans une **analyse** « astrologique », du moins dans une **métaphore** astrologique pour penser la mondialisation, revenons sur terre : elle s'est d'abord inscrite sur le papier de traités signés par des stylos de représentants de nations. Peut-être les privatisations sont-elles une excellente chose, mais l'argument des astres est un peu « léger ».

---

1. E. Morin, *Penser l'Europe*, Folio Gallimard, 1990, p. 228.
2. Accords du GATT : signés et ratifiés par des États. Sous la contrainte ? Avec quelle marge de liberté ?
3. Phrase qu'Hayek ne désavouerait pas. Elle suppose une philosophie de l'histoire implicite, jamais exprimée, encore moins justifiée. Elle exprime une certitude de savoir où va l'histoire (la « main » ne serait donc pas si « invisible » que cela...). Les libéraux nous jurent leurs grands dieux que la main est invisible, et les voici l'instant d'après pris en flagrant délit de tenter de nous faire passer une philosophie de l'histoire en contrebande... Comme dans les années 60-70 on nous expliquait sans complexe que la « victoire du prolétariat » était inéluctable parce qu'elle faisait partie du sens de l'histoire, elle était portée par le vent de l'histoire. De telles phrases incantatoires ne doivent leur force d'évidence que du fait d'être inlassablement répétées, par des personnes variées, des intellectuels... Qui peut dire aujourd'hui si le « virage libéral » de l'histoire sera une orientation définitive ou un méandre de l'histoire, une correction de tir qui appellera à son tour une autre correction (Zaki Laïdi pense que l'exacerbation de la concurrence va produire une demande de plus d'État, de plus de protection sociale, et la gauche aura cette carte à jouer quand le moment sera venu... « Prophétie » aussi crédible, aussi plausible que la privatisation inscrite dans les astres...)

La mondialisation, c'est d'abord **une histoire** que l'on peut retracer après la parenthèse de l'entre-deux-guerres.

- Libre circulation des biens de consommation (dans un contexte de guerre froide) : les produits circulent plus librement que les capitaux.
- Libéralisation des flux économiques : années 80. Les États retirent les entraves aux flux de capitaux. Point d'orgue concernant la France (« acceptation » définitive de la mondialisation par la France) : en 1988, un gouvernement de gauche accepte la libre circulation des capitaux sans parvenir à imposer à ses partenaires économiques une harmonisation de la fiscalité sur le capital. (Minc, *idem*, p. 17, 65)
- Années 90 : libre circulation des nouvelles technologies (des « *know how*[1] », des savoir-faire) que les pays émergents s'approprient très vite. (Cf. dragons d'Asie, industrialisation à marches forcées.) D'abord produits de bas de gammes dans les hautes technologies, puis produits capables de soutenir la comparaison avec produits européens et américains.
- Depuis 1989 : effondrement du bloc soviétique. Nous sortons d'un monde hémiplégique où la moitié des économies du monde étaient « clouées au sol » (Minc), ce qui a permis à l'occident de conserver et de faire prospérer au-delà de toute espérance ses rentes coloniales puis néo-coloniales[2].
- Depuis les années 90 : très grande mobilité, volatilité des emplois hautement qualifiés. Seuls les emplois non qualifiés sont cloués à leur sol d'origine comme les agriculteurs : ils ne pourront qu'être les laissés pour compte de la mondialisation, seront perdants à tout coup. Ils sont les seuls à être effectivement exposés au péril de la délocalisation, qui n'est qu'un fantasme pour les autres salariés.

La mondialisation = la fin de toutes les rentes. L'occident a longtemps vécu de sa « rente technologique » (Elle « dormait » sur son avance technologique). Désormais, le jeu est complètement ouvert, les pays d'Asie du Sud Est, les pays d'Europe centrale et de l'Est entrent dans la danse, *jamais le jeu n'a été aussi égal, équitable*[3]. (La mondialisation : le moment où tout semble se rejouer, où les cartes se redistribuent : jamais le jeu n'a été aussi ouvert, avec pour seule certitude celle-ci : « rien ne sera plus jamais comme avant. » Z. Laïdi.) *Toute position peut être aussi vite conquise que reperdue,* tout dépend de la combativité et de la pertinence des choix d'une économie année après année. Les États-Unis ont refait

---

1. A. Minc, *La Mondialisation heureuse*, p. 19.
2. *Idem*.
3. « Plus la technologie sera à la portée de tous, plus la partie sera ouverte, plus les positions acquises seront réversibles. L'Occident se trouve dans la même situation que l'est, à une échelle plus modeste, un monopole public placé brutalement en situation de concurrence. », Minc, *idem*, p. 22. Plus une position est facile à conquérir, plus elle est difficile à défendre. « **Nos pays ne sont plus les rentiers de la modernité** » (p. 23) : **ils ne seront pas nécessairement les victimes de la mondialisation**. Ils ne le seront que s'ils se laissent rejeter dans ce rôle. « Ils redeviennent étrangement maîtres de leur avenir ». **Il n'y a plus de victimes pré-désignées comme au bon vieux temps de « l'échange inégal »...**

leur retard technologique sur le Japon à une vitesse qui semblait impossible aux observateurs dans les années 70 (Le thème du « déclin de l'empire américain » était un lieu commun perçu comme une évidence). Le Japon est entré en crise quand il semblait un modèle pour le reste du monde. **Désormais les preuves seront sans cesse à refaire**.

De ce point de vue, **la mondialisation est le retour ou l'accès à une situation normale**, où aucune nation ni aucun continent ne peut être assuré de conserver durablement son avance sur les autres, s'il ne fait pas ce qu'il faut pour la défendre et la conserver. Les vieilles nations européennes n'avaient plus l'habitude d'avoir à « faire leur preuves ». La mondialisation n'est rien d'autre qu'un retour à la normale, situation qui n'est perçue comme anormale que par des nations raisonnant encore avec une mentalité de vieilles douairières[1].

La seule « rente » qui subsiste encore, c'est la « rente dollar », ou « l'exception dollar », qui permet aux États-Unis de faire financer leur déficit extérieur par leurs partenaires *via* une sous-évaluation de leur monnaie. Si le lancement de l'Euro est un succès, il mettra fin une fois pour toutes à la « rente dollar », c'est-à-dire à la dernière distorsion de concurrence qui subsiste. « La naissance de l'euro signifie la fin de l'exception dollar. » (A. Minc[2]).

En quoi la situation actuelle, bien que fruit d'une lente évolution, est malgré tout inédite :

La mondialisation ne se résume pas à ce qui est le plus visible, chiffrable : l'intensification et l'augmentation quantitative du volume des échanges, de plus en plus rapidement, sur des distances de plus en plus grandes, à un coût de plus en plus faible. (Z. Laïdi : il coûte à peine plus cher de faire venir une voiture de Tokyo à Bruxelles par mer que de Barcelone à Bruxelles par terre : les coûts de transports sont devenus comparables : on peut maintenant comparer réellement les produits, directement en concurrence malgré la distance. Doivent se partager un même marché, se tailler des parts de marché et l'incluent dans leur stratégie.)

Le vrai changement consiste en ceci : **on est passé d'échanges de complémentarité à des échanges concurrentiels**[3]. Situation coloniale : l'occident importe des matières premières et exporte des produits finis, à haute valeur ajoutée. Échanges confortables et gagnants en toute hypothèse pour l'occident (pratique

1. Or le libre échange est certes quelque chose de rude, de « sauvage » ; le « capitalisme sauvage », la concurrence impitoyable : mais c'est encore la forme de transaction la moins violente qu'on ait inventée (Laïdi) depuis qu'elle a supplanté le rapt, le pillage, le massacre en vue de spoliation…
2. Remplacée par une « rente Euro » ? Y aura-t-il demain une seule monnaie de référence : l'Euro ? Ou plusieurs monnaies en concurrence, chacune avec sa zone d'influence, une zone Euro, une zone dollar, une/quelle monnaie pour l'Asie ?
3. Ces notions de systèmes d'échanges purement complémentaires ou purement concurrentiels constituent deux idéaux-types*, la réalité étant toujours quelque part entre ces deux modèles. V. Paréto a développé avec Walras et Debreu le modèle d'un système de concurrence pure et parfaite, qui est critiqué par Ph. Engelhard (opus cité p. 102, 143, 206).

de ce qu'on a appelé pudiquement « l'échange inégal[1] »). Aujourd'hui : on commerce avec des pays qui, sur tous les continents (sauf l'Afrique), peuvent produire les mêmes biens que nous. Ventes croisées : la concurrence est désormais directe, frontale, implacable.

> Sur le nécessaire maintien du « principe de variété » à l'échelle de chaque pays :
>
> « Les activités économiques diversifiées se renforcent mutuellement, comme les composantes d'un système écologique qui sont bien plus en complémentarité qu'en compétition. » (P. Engelhard, *L'Homme mondial, op. cit.*, p. 195).

• *Conséquence*

Ce ne sont plus seulement des produits qui sont en concurrence, ni même des entreprises (campant sur un même créneau), mais à travers ces produits, ce sont des systèmes économiques et sociaux, des modes de vie, des civilisations[2] qui se

---

1. Samir Amin, *L'Échange inégal et la loi de la valeur*, 1973 ; cf. Minc, *op. cit.*, p. 19, 25. Cf. Ph. Engelhard, *L'Homme mondial*, p. 251 pour qui la notion d'« échange concurrentiel » constitue une « vaste tautologie ».
2. C'est précisément ce que conteste Paul Krugman dans son livre *La Mondialisation n'est pas coupable* (1998), ce qu'il flétrit sous le nom de « théorie pop » (par allusion ironique à la « musique pop » : une théorie populaire, la croyance naïve des non économistes, à laquelle il semble voir avec étonnement ses collègues économistes emboîter le pas.) On ne peut parler de mise en concurrence d'économies entières comme on peut parler de la concurrence entre deux entreprises. Il y a concurrence entre Pepsi et Coca-cola parce que les deux occupent le même créneau et se disputent le même marché : si Coca gagne un point de part de marché, Pepsi en perd mécaniquement un. Or telle n'est pas la situation entre deux États. « Deux États se livrant à un échange bilatéral sont l'un pour l'autre à la fois source d'importation et marché d'exportation. » Et Krugman de conclure : « Le commerce international n'est pas un jeu à somme nulle. » Amartya Sen au contraire présuppose dans sa démarche, (*Un nouveau modèle économique*, Éditions Odile Jacob, 2000, p. 86) qu'une telle confrontation de modèles terme à terme a sa pertinence.

   Prenons un contre-exemple : l'anthropologue Marcel Mauss décrit cet échange paradoxal entre deux villages : une fois l'an, les deux villages parcourent un long trajet jusqu'à une place de marché située entre les deux villages, et y échangent leurs troupeaux de chèvres ». Du point de vue de la simple rationalité économique, cet échange est incompréhensible, il est « un jeu à somme nulle » (Marcel Mauss : il a une autre signification : l'échange est un « fait social total », sur lequel la perspective économique est trop restreinte, elle ne suffit pas à rendre raison/compte des échanges sociaux. Dans ce cas, c'est mis en évidence par le fait que la signification économique de cet échange est nulle, l'intelligibilité que propose une « grille économique » de cet échange est nulle. Ce qui oblige à chercher d'autres enjeux : signe de paix entre les deux villages, occasion de contracter des accords, de conclure des mariages entre l'un et l'autre village, etc.) Or justement, la situation n'est jamais telle dans les échanges économiques/commerciaux internationaux. On n'est jamais purement dans un échange concurrentiel : Il s'agit d'une simple idée limite toujours plus ou moins éloignée de la réalité. Le commerce international **serait** un jeu à somme nulle **s'il** s'exerçait entre économies purement interchangeables, c'est-à-dire si le commerce international était purement une *permutation* des biens. Mais une telle situation serait bien évidemment absurde : sur un plan strictement économique, l'échange n'est pas un but en soi mais un moyen de produire de la valeur. Dans la réalité, on est toujours dans un mixte, dans un mélange entre *échanges complémentaires* et

toisent, se mesurent, sont en concurrence, ce que Samuel Huntington pense en termes de « civilisations ». Z. Laïdi écrit que chaque civilisation entre dans l'intimité[1] de l'autre, et estime avoir son mot à dire, disposer d'un droit de regard (ex. : les USA se plaignent au Japon des loyers trop élevés à Tokyo, pénalisant l'implantation d'entreprises américaines sur le sol japonais : il n'y a plus de domaine réservé, le droit de regard sur l'autre est illimité...). On assiste à une mise en concurrence de systèmes sociaux et économiques, ainsi que du savoir faire technologique, du climat social, de la capacité de gérer les crises : tout entre dans l'équation finale.

Deux hypothèses, deux issues possibles dans cette compétition (Z. Laïdi[2]) :

1. Hypothèse pessimiste : le « mieux-disant social » va être considéré seulement en termes de « coûts » ; on entrera alors dans une logique tendant à les réduire autant que possible. Les pays ayant la meilleure protection sociale, la meilleure qualité de vie, seraient pénalisés. D'où une pression quasi irrésistible qui viendrait laminer les systèmes les plus « vertueux » (ceux ne pratiquant pas l'esclavage, le travail des enfants, assurant une couverture sociale...) On aboutirait à un **alignement sur le « moins disant » social**, culturel, écologique...
2. Hypothèse optimiste : soit, si tout entre effectivement dans l'équation, la qualité de la vie, le niveau de formation et d'éducation, la motivation des employés interviendraient au même titre que la qualité et le coût du produit, et il pourrait se produire **une émulation en faveur du « mieux disant social », écologique et « culturel ».** P. Engelhard pousse à son terme cette deuxième hypothèse : si l'on inclut l'amélioration des conditions de vie des hommes dans le processus même du développement, voire si l'on en fait l'objet même de ce développement, alors le véritable défi qui est devant nous ne consiste pas dans la question de savoir si le PNB va continuer de croître, mais dans celle de « l'aptitude du développement économique à résorber la pauvreté et à faciliter la vie des gens ». (P. Engelhard, *L'Homme mondial*, Arléa, 1996, p. 19)

Pourquoi tout n'est pas joué d'avance : parce que, toutes les études le montrent, comparer terme à terme coût salarial à coût salarial ne veut rien dire :

échanges concurrentiels. Le jeu économique n'est jamais à somme nulle, ce qui signifie que les « parts de gâteau » (entendons de marché) augmentent en raison de l'augmentation du volume de l'échange. *En principe, les échanges doivent profiter aux deux parties, sinon, il n'y aurait pas échange, qui implique le consentement d'au moins deux parties,* mais spoliation. Celui qui n'aurait rien à y gagner, voire qui aurait à y perdre, refuserait d'échanger C'est bien ce qui fait la différence entre un *échange commercial* et un vol, un pillage, une *spoliation*, etc.

1. Irruption qui peut être ressentie comme une violence, comme une atteinte à la culture de l'autre, à son mode de vie. Intrusion dans ce qui était jusqu'alors le « pré carré » d'un pays, d'un pouvoir, d'un système politique.
2. Cf. aussi Amartya Sen, *Un nouveau modèle économique*, Éditions Odile Jacob, 2000, p. 15, 24, 26, 29-30, 46-47, 65, 148-149, qui plaide pour le fait que les différentes formes de libertés ne soient pas simplement comprises, instrumentalement, comme des vecteurs de développement économique, mais comme des facteurs du développement économique et humain, comme des éléments à part entière de ce développement.

une telle comparaison est non pertinente. Un ouvrier bengali gagne 20 fois moins qu'un ouvrier français. Il est moins bien formé, moins bien payé, ses conditions de vie sont autrement plus dures : il est moins productif. S'il est 20 fois moins productif qu'un ouvrier français, le gain est nul.

On pourrait mettre ceci en équations :

Haute formation + bonne rémunération = haute productivité.
Bas niveau de formation + bas niveau de rémunération = basse productivité.

D'où la conclusion de Minc :

> « Les vrais concurrents des ouvriers français se trouvent aux États Unis ou (éventuellement) en Europe de l'Est, non au Bengale ou au Zaïre ». (A. Minc)

Il pourrait y avoir un vrai problème de distorsion de concurrence avec l'Europe de l'Est, mais provisoire, surtout si on intègre l'Europe de l'Est dans l'Union Européenne. « Si un pays exporte un produit 100 Fr, il finira par l'acheter 100 Fr aussi[1]. » (D. Cohen). **Le développement de la mondialisation lui-même travaillerait dans le sens d'une égalisation des niveaux de vie**. Un pays qui vend bien à l'exportation s'enrichit, le pouvoir d'achat augmente, les prix montent, il tend vers la situation de ses partenaires, c'est-à-dire qu'il tend à résorber de lui-même l'avantage qu'il avait sur eux[2]. C'est cet avantage même qui contribue à l'« engraisser », c'est-à-dire à diminuer l'avantage qu'il avait. Il devra toujours fournir l'effort de conserver son avantage : celui-ci ne se transformera jamais **en rente : c'est précisément ce qui constitue toute la nouveauté de la mondialisation.**

« Plus un partenaire progresse, plus les salaires s'élèvent, plus le niveau de vie augmente, plus l'avantage compétitif s'étiole. » (Minc, *ibidem*, p. 27) Plus l'avantage compétitif se réduit, plus il faut fournir d'efforts pour le maintenir. Les situations tendent à s'égaliser. (On retrouve tout simplement ici, à l'échelle mondiale, le « dogme » libéral de l'autorégulation du marché.)

Mais dans l'entre-deux, pendant la période de transition, l'enrichissement des pays émergents se fait-il aux frais des anciens pays riches, est-il la cause de la paupérisation dans les pays riches ? Non. Une idée simple, séduisante, mais fausse, selon A. Minc et Z. Laïdi.

Pour combattre une idée fausse : ce n'est pas la mondialisation qui crée le chômage dans les pays développés. Il serait tentant de le croire parce que les deux phénomènes sont concomitants : l'arrivée sur la scène économique de nouveaux pays, les « pays émergents », serait la cause d'une paupérisation dans les pays riches. Raisonnement simple mais faux, du moins sous cette forme : ce facteur ne joue qu'« à la marge ». Daniel Cohen va même jusqu'à dire : c'est plutôt l'inverse qui est vrai. Les inégalités ont recommencé à croître dans les pays développés, et c'est dans le sillage, dans le contexte de cette montée des inéga-

1. *Cent fiches de lecture en philosophie*, Bréal, 1998, tome 1, p. 213.
2. Exemple : montée de mécontentement dans la jeunesse japonaise : elle exige un mode de vie à l'occidentale, avec vacances, indépendance vis-à-vis de l'entreprise…

lités que se produit la mondialisation. (Il est en accord avec Minc sur ce point : il faut éviter un raisonnement à causalité linéaire : si une chose se produit après une autre, croire qu'un lien de causalité est établi entre les deux.) Situation très complexe, mais justement tellement complexe que ce n'est jamais tout à fait faux. Il n'est aucune tendance actuelle que l'on puisse isoler pour dire « la mondialisation n'a rien à voir avec ça. » Une fois admis que le rapport à la mondialisation n'est pas inexistant, il est très difficile de tenir en respect les explications causales simplistes et de plaider en faveur d'une explication faisant intervenir des « causalités complexes ». Minc reprend la typologie de Robert Reich pour affiner son analyse. Elle distingue quatre types d'emplois :

1. **Ceux des manipulateurs de symboles**, concepteurs, producteurs d'idées, intellectuels : ils seront les grands gagnants de la mondialisation. S'exportent facilement. Leur succès sera mondial au lieu d'être local (Bill Gates par ex. aurait été il y a deux siècles un entrepreneur prospère au niveau d'une ville moyenne, ou d'une région prospère. Il bénéficie de la mondialisation comme « caisse de résonance » de son succès).
2. **Les travailleurs du secteur des services** : leur sort est incertain, n'est écrit nulle part. Tout dépend de leur combativité personnelle mais aussi de celle de l'environnement dans lequel ils travaillent. (Cf. D. Cohen sur le rapport respectif entre ces deux combativités.)
3. **Les emplois liés au *Welfare State*** : le déclin du *Welfare State* les condamne à terme, mais ils sont protégés par leur statut, et disposent d'un **fort pouvoir de nuisance**[1], qui leur permet de retarder confortablement leur déclin (paradoxalement, « leur force d'inertie », **leur « capacité de résistance » au changement leur procure un long sursis :** précisément ce qui les condamnerait dans les autres emplois, « exposés », ce qui les pénaliserait dans tout autre position sociale est ce qui fait ici leur force). Ceci les met à l'abri dans une sorte de « niche salariale », mais pour combien de temps encore ? La pression ira en s'accentuant à mesure que leurs « **avantages acquis** » apparaîtront de plus en plus aux yeux du reste de la population comme des **privilèges exorbitants**...
4. **Les travailleurs routiniers** : ce seront les grands perdants de la mondialisation, surtout les moins qualifiés. Ils sont les seuls à être directement exposés aux délocalisations. Leur travail est effectivement sensiblement équivalent à celui d'un autre pays comparable : c'est le système fiscal, social, etc., qui va faire la différence. (Minc parle d'un « *lumpen-salariat* », vissé comme les agriculteurs à leur sol d'origine[2].)

1. Minc, *ibidem*, p. 106, comme on l'a vu lors des grèves de décembre 1996.
2. *Ibidem*, p. 34. Par analogie au « lumpen-prolétariat » (sous-prolétariat, prolétariat « en haillons ») dont parlait Marx.

Pour l'essentiel, il n'y a pas de « **transfert d'emplois**[1] » : idée simple, mais fausse[2]. Seuls 2 à 3 % des emplois en Europe sont menacés par des délocalisations : on est loin d'une explication globale du phénomène du chômage ! Aux USA, l'augmentation des importations en provenance de l'Amérique centrale et du Sud a détruit 6 % des emplois non qualifiés dans l'industrie, qui n'emploie elle-même que 18 % de la population active. Phénomène marginal monté en épingle parce que facile à comprendre, et démagogique. **La mondialisation a et aura bon dos** : elle présente l'avantage de constituer une explication facile pour les hommes politiques qui peuvent dire que cela les dépasse, que les maux de la société n'ont pas de rapport avec leur politique mais sont une conséquence de la mondialisation, avec à la clé le risque de décrédibiliser, à terme, de façon globale, collective, la « classe politique » tout entière.

La mondialisation n'est qu'une pièce du puzzle pour comprendre la situation économique, en l'occurrence la passe difficile que traversent les pays développés, non l'explication globale de tous les dysfonctionnements.

• *Conclusion*

À partir d'analyses et de diagnostics largement convergents, on peut s'étonner de constater une grande diversité dans **ce qui est présenté comme probable** (pronostic) et de **ce qui est proposé comme souhaitable** (prescription).

1. Position de Minc : un libéralisme à visage humain

La mondialisation est le libéralisme à l'échelle planétaire, mondiale. Il l'a déjà emporté, la « loi d'airain » de la libre concurrence a d'ores et déjà triomphé partout des dernières résistances. L'Europe doit accepter sans réserve, sans arrière pensée, sans restriction mentale, les lois du libéralisme. Sans restriction mentale, cela signifie concrètement : sans croire qu'il restera des secteurs protégés, comme le « service public à la française » : aucune sphère ne sera épargnée. Pour s'être raccrochée à cette chimère, la France a fait prendre 5 ou 10 ans de retard à France Télécom, Air France, la SNCF, etc., sur leurs concurrents européens. Minc parle d'un « *retard à l'allumage* » *lié à cette croyance en une exception française*, en un « service public à la française ». En acceptant les règles du marché, l'Europe va pouvoir **construire un libéralisme à l'européenne**, conforme à la culture européenne. Sinon, le libéralisme s'imposera un peu plus tard mais beaucoup plus brutalement (l'État serait contraint de sous-traiter à des entreprises privées dynamiques son secteur public délabré, à la dérive, en déshérence).

Qui plus est, il existe toute une palette de solutions à l'intérieur du cadre libéral : « Il y a plusieurs demeures dans la maison du Père[3]. » « Pensée unique » ne veut

1. comme on l'a vu en France lors des grèves de décembre 1996. Cf. Minc, *ibidem*, p. 26.
2. Ou simple, *donc* fausse ? « Tout ce qui est simple est faux, tout ce qui est compliqué est inutilisable. » (Valéry).
3. Le marché-roi équivaut donc au royaume des cieux ! Minc attribue au marché-roi tous les attributs traditionnels de la divinité (invisibilité, toute puissance, caractère irrésistible, imprévisibilité, ubiquité, à la fois immanent et transcendant, etc.) Cf. « Le marché a fini par

pas dire modèle socio-politique unique. L'État doit se resserrer et se concentrer pour redevenir efficace (abandonner les petits bureaux de postes, les lignes de chemin de fer non rentables, abandonner le dogme de la couverture sociale universelle, soumettre les allocations à condition de ressources : ne plus offrir la couverture sociale qu'à ceux qui en ont réellement besoin ; il convient de **« resserrer » les efforts sur les plus pauvres pour les rendre plus efficaces et surtout plus en rapport avec nos moyens** ; les autres, les classes moyennes et aisées, ont de quoi payer leurs soins, l'éducation de leurs enfants, etc. Pour l'instant, la politique française vise à maintenir le pouvoir d'achat de la classe moyenne (pour des raisons électorales) *en acceptant en contrepartie la paupérisation d'une frange de plus en plus importante de la population*. Il n'est possible d'inverser la tendance et de réduire les inégalités à l'intérieur de la société française qu'en remettant en cause les acquis de la classe moyenne, c'est-à-dire en « rognant » sur son pouvoir d'achat, ses « avantages acquis » : politique qui serait extrêmement impopulaire, qui supposerait un grand courage politique précisément, et une remarquable capacité d'explication de cette politique.

2. Daniel Cohen : le libéralisme appartient au passé

Il y a eu jusqu'à maintenant trois étapes dans les relations entre politique et économie :

- **a. Le mercantilisme**[1] : l'économie au service de la politique (soutenir la politique militaire de Louis XIV par ex.) (**Époque correspondant à l'absolutisme**).
- **b. Le libéralisme** : instrumentation de l'État par la classe dominante, qui met l'appareil d'État au service de ses intérêts (théorisé par Marx. La théorie de Marx a son domaine de validité : elle correspond à un moment réel des rapports entre économie et État ; mais la théorie est extrapolée indûment si on l'applique pour penser les situations politico-économiques du XXe siècle). **Époque bourgeoise**.
- **c. Le keynésianisme** : l'État a reconquis une partie de son indépendance, et même une partie de son pouvoir de régulation sur l'économie. (Moyennant la prospérité économique des « 30 glorieuses ».) **Époque de l'État-Providence**, du « *Welfare State* ».
- **d.** Cette ère est à son tour aujourd'hui révolue : ralentissement de la croissance, mondialisation et surtout nouvelle révolution technologique. Nous sommes entrés dans la troisième phase de la révolution industrielle : **celle de l'informatique**. Les relations entre politique et économie sont à réinventer, aucun modèle du passé n'est viable, ces rapports ne pourront pas être aussi

---

prendre la place de Dieu. » (Ph. Engelhard, *L'Homme mondial*, p. 274). Amartya Sen au contraire, (*Un nouveau modèle économique*, Éditions Odile Jacob, 2000, p. 120, 133, 146-147), insiste sur les aspects *institutionnels* du développement mondial, reposant sur un corps d'institutions bien concrètes comme les places boursières, la Banque Mondiale, le FMI, etc.

1. Voir le commentaire de la phrase de Turgot : « Laissez faire, laissez passer. ».

simples que la simple domination de l'une par l'autre. D. Cohen nous laisse devant un point d'interrogation.

3. Zaki Laïdi : un « oui, mais... » au libéralisme

La mondialisation n'est pas un but en soi. Elle n'est en et par elle-même ni bonne, ni mauvaise, ni heureuse, ni malheureuse. Tout dépend de ce que nous en ferons, c'est-à-dire de comment nous nous l'approprierons sur le plan social et culturel. **Elle ne peut être la fin poursuivie** (en opposition sur ce point à A. Minc). **Il faut au contraire contrebalancer les adaptations, les efforts auxquels elle nous oblige par un projet commun clair**. La mondialisation n'est qu'un cadre auquel il convient de donner un contenu. Nous vivons dans un monde sans visibilité historique, sans horizon vers l'avenir. D'où une tyrannie* de l'urgence, un surinvestissement du présent. **Ne croyant plus à l'avenir, « l'homme exige du présent ce que les hommes espéraient jadis de l'avenir »**. Cette « surcharge du présent » est une situation malsaine et intenable à terme : elle exaspère toutes les frustrations. Il faut ouvrir un horizon d'avenir commun, sans être pour autant nostalgiques de(s) grandes planifications de l'avenir. Le marxisme a été la dernière grande narration historique à travers laquelle les hommes se sont racontés leur histoire à venir. La fin tragique de ce projet ne doit pas continuer de jeter le discrédit sur toute idée d'un projet collectif, **sinon l'humanité restera prisonnière d'un présent sans avenir.** Il nous faut retrouver d'une manière ou d'une autre un chemin vers l'avenir, renouer avec la possibilité de nous représenter un avenir commun. (Sinon, nous sommes pris dans un face à face mortifère entre un individu* livré à lui-même, ultra-narcissique (G. Lipovetsky) et un processus impersonnel et anonyme baptisé « mondialisation », que l'individu* ne peut que subir.)

Par ailleurs, il ne faut pas enterrer trop vite l'État. L'âpreté même de la compétition économique va susciter, le temps venu, une demande accrue de protection sociale, une demande de « plus d'État ». **La gauche européenne aura alors une carte à jouer, pour peu qu'elle évite de céder une fois de plus à ses vieux démons.** (Zaki Laïdi)

Bibliographie

Bauman Z., *Le Coût humain de la mondialisation*, Pluriel Hachette, 1999.
Brender A., *La France face à la mondialisation*, La Découverte, 1998
Cohen D., *Richesses du monde, pauvreté des nations*, Champs Flammarion.
Cohen É., *L'Ordre économique mondial*, Fayard, 2001.
Engelhard Ph., *L'Homme mondial*, Arléa, 1996.
Krugman P., *La Mondialisation n'est pas coupable*, La Découverte/Syros 1998, 2000.
Minc A., *La Mondialisation heureuse*, Plon, Pocket, 1997.
Sen A., *Un nouveau modèle économique*, Éditions Odile Jacob, 2000, 356 pages.
Laïdi Z., *Malaise dans la mondialisation*, Textuel, 1997.

FICHES DE LECTURE

ALAIN MINC (né en 1949)

LA MONDIALISATION HEUREUSE

Plon, 1997, 209 pages

Remarques préalables

- Je me contente de réagir à ce livre en tant que philosophe, c'est-à-dire en tant que personne formée à une lecture critique des textes, ainsi qu'en tant que citoyen, à ce titre intéressé à la chose publique.
- **Plan de l'ouvrage** :
  I. Le marché-roi : état des lieux, tour d'horizon.
  II. Le bouclier européen : la construction européenne, rempart contre la mondialisation, ou moyen de développer un modèle européen d'équilibre marché/société ou intérêt général ?
  III. Les « lois de la gravitation » économique : la mondialisation prend à contre-pied le modèle français.
  – Vers la mondialisation à reculons.
  – Le déclin de l'État.
  – La nécessaire réforme fiscale.
  IV. La quête de l'impossible salut : pour liquider le mythe du « modèle français ».
  Conclusion : Une démocratie à responsabilité limitée ?

Chapitre 1 : « Le marché-roi »

1. La réalité du marché

La réalité du « marché roi » : Le marché roi est un fait contemporain ; fascinant ou irritant, il faut le prendre comme tel, pour composer avec lui. Une fois ce principe admis, libre à chaque pays « laisser parler son tempérament national et de faire ses choix » — à l'intérieur du cadre défini par ce « marché roi », naturellement.

Or **le « marché » a une philosophie**, assez simpliste — mais du coup, relativement aisément prévisible. Les marchés évaluent la santé d'une économie nationale et la stabilité politique, en particulier la constance de sa politique économique. La réalité de la santé économique d'un pays peut être ainsi sensiblement différente de sa perception par ses ressortissants, voire par ses élites politiques. Ainsi la France va mieux que ne le croient les observateurs français — les taux d'intérêt à long terme inférieurs de 1 % aux taux américains constituent un *satisfecit* délivré par le marché à la bonne santé de l'économie française. Les marchés « votent » avec leurs capitaux, (comme les Allemands de l'est étaient dits « voter avec leurs pieds » avant la « chute du mur »).

N.B. : A. Minc présuppose qu'il ne peut pas y avoir de perturbation idéologique dans l'appréhension de la situation économique par les acteurs économiques : la bonne ou mauvaise santé d'une économie est « fabriquée par le regard » que les autres portent sur lui : **nature « spéculaire » du marché** : c'est le regard des acteurs économiques qui fait la pluie et le beau temps dans les places boursières. Il semble exclure la possibilité d'une irrationalité des marchés[1], capables pourtant de s'affoler parfois sur la base d'une simple rumeur.

Le bluff des banques centrales : celles-ci continuent à **donner le change**, à faire comme si c'était elles qui régulaient véritablement les mouvements des capitaux. Leur devise pourrait être : « ces mystères nous dépassent : feignons d'en être les organisateurs ! » En réalité, le pouvoir des banques centrales s'est effrité, et les gouverneurs des principales banques centrales ont vu **leurs fonctions réelles** s'estomper (leur marge de manœuvre sérieusement réduite : aujourd'hui, une seule journée de spéculation monétaire peut voir se dissiper les réserves de change accumulées patiemment en une dizaine d'années de « politique vertueuse », entendons : d'austérité économique) au profit de **leur fonction symbolique** : celle de « gourous officiels » de l'économie.

Le principe de réalité économique : détournant le concept freudien de « principe de réalité », on peut dire que Alain Minc se réclame sans complexe de la « pensée unique[2] ». Il ironise sur Jacques Chirac pourfendant tout au long de sa campagne présidentielle (1995) **la pensée unique**, pour revenir à la raison six mois plus tard et se convertir brusquement (octobre-novembre 1995) à la réalité. **Ce n'est pas la pensée qui est unique : c'est la réalité**. Ne pas l'accepter d'emblée comme ce dont il faut partir et comme données avec lesquelles il s'agit de composer, c'est se tromper et de partie, et d'enjeux. « La mondialisation est synonyme de réalité. »

2. La mondialisation en marche

La vérité est que **l'épargne est devenue mondiale**. À l'issue de la Seconde Guerre mondiale, les capitaux circulaient moins librement que les biens de

1. Daniel Zadjenweber, dans *Économie des extrêmes*, Flammarion, 2000, 220 pages, critique cette idée répandue de l'« irrationalité des marchés ».
2. Il se présente lui-même comme « un archevêque de la pensée unique ».

consommation[1]. Ce n'est que dans le courant des années 1980 que toutes les entraves à la libre circulation des flux économiques sont tombées les unes après les autres. Point d'orgue de cette évolution : l'acceptation par la France, en juin 1988, de la libération des mouvements financiers, sans que le gouvernement de gauche puisse obtenir en contrepartie une harmonisation fiscale portant sur l'épargne en Europe.

La mondialisation aurait d'ores et déjà triomphé. Libre circulation des biens de consommation (après 1945), libre circulation des capitaux et des investissements (années 1980), libre circulation des nouvelles technologies (des « *know how* » : « les brevets sont devenus des frontières de papier ». Ce système de libre circulation est devenu, « à vues humaines », « sauf cataclysme militaire », irréversible.

Du coup, l'Occident ne peut plus prétendre vivre de ses rentes : Les pays d'Europe à empires coloniaux ont longtemps vécu de leur « **rente coloniale** » (pratique dite pudiquement de l'« *échange inégal*[2] »), puis de leur **rente technologique** (L'Europe vivait de son avance technologique[3], qui lui permettait de vendre au « Tiers-monde », compte tenu de son absence de capitaux et d'élite à même de diriger le processus de production, des usines « clé en mains », d'exporter sa technologie et ses produits à forte valeur ajoutée). Les observateurs ont sous-évalué à quel point la guerre froide et **l'existence du bloc communiste ont aidé l'occident à conserver et à faire prospérer cette « rente technologique »** au-delà de toute espérance : la moitié de la planète se trouvait en dehors du jeu économique, et des économies entières qui auraient pu être prospères étaient « clouées au sol ». Sans que nous en ayons eu conscience, la prospérité économique de nos pays était « gagée sur la paralysie économique d'une moitié de la planète ». Nous sortons d'un monde hémiplégique, **l'ère des rentes est désormais révolue**. Cela ne veut pas dire que la partie soit perdue pour l'Occident (Europe) : les États-Unis sont parvenus en peu d'années à refaire leur retard sur les Japonais, ce que la plupart des observateurs jugeaient impossible (thème du « déclin de l'empire américain » dans les années 70). **Plus la technologie sera à la portée de tous, plus la partie sera ouverte**. Les positions chèrement conquises seront à défendre au jour le jour, le même processus qui aura permis de les conquérir les fera aussi aisément et rapidement reperdre. **L'avenir économique n'est écrit nulle part** : il dépendra de la combativité et des choix stratégiques des uns et des autres.

---

1. Sur ces différentes étapes de développement du capitalisme, voir Luc Boltanski et Ève Chiapelle, *Le Nouvel esprit du capitalisme*, Gallimard, 1999.
2. Cf. Samir Amin, *L'Échange inégal et la loi de la valeur*, Anthropos, 1973, nouvelle édition remaniée, 1988.
3. Rente qu'Oswald Spengler, dans *Le Déclin de l'Occident*, préconisait de préserver en refusant tout transfert de technologie vers les pays du Tiers-monde (voir la fin du cours sur « Civilisation, Décadence »...).

3. Réfutation d'une idée fausse : la « mondialisation » serait facteur de chômage dans les pays développés

Une idée fausse veut que **mondialisation** rime avec **délocalisation**, au sens d'un transfert massif et irréversible du travail des pays riches vers les pays pauvres. Or « rien n'est plus faux ». Nous n'assistons pas à une **migration** des emplois des pays riches vers les pays pauvres, mais à un phénomène autrement plus complexe : disparition ou dévaluation salariale des emplois peu qualifiés dans les pays occidentaux, remplacés par des emplois toujours plus qualifiés ; apparition d'emplois peu qualifiés au service de l'exportation dans les pays du Tiers Monde, et développement progressif d'emplois qualifiés (dans les « dragons d'Asie »). Aux USA, l'importation de produits venus du Sud n'a détruit que 6 % des emplois non qualifiés dans l'industrie, lesquels ne représentent à leur tour que 18 % de la population active. En Europe, seuls 2 à 3 % de la main d'œuvre totale est en concurrence directe avec le travail dans les pays pauvres.

Néanmoins, A. Minc tient en réalité moins qu'il ne promet (« Rien n'est plus faux ») : il se contente en fait de montrer que l'**on n'en est « pas encore » là**[1] : (« Il existe un troc entre les emplois qualifiés de mieux en mieux payés, **aussi longtemps** qu'il n'est pas concurrencé sur les créneaux les plus sophistiqués, et un emploi peu qualifié » ; « Ce phénomène a **encore** des effets limités ») ; et d'autre part que cette tendance va se trouver « corrigée » dans ses effets négatifs en Europe et Amérique du Nord par la hausse du niveau de vie et des salaires qu'elle va elle-même induire dans les pays en voie de développement. « Plus ces acteurs progressent et font évoluer leurs exportations, plus les salaires augmentent, plus leur avantage compétitif s'étiole[2]. »

4. Non, la mondialisation n'est pas la fin du monde

Certains ont vu dans le 10 novembre 1989 (Chute du Mur de Berlin) la date de la fin de l'histoire[3] suite à la victoire par K.O. du modèle de la démocratie libérale à

1. Ph. Engelhard me paraît bien voir le problème lorsqu'il écrit que « c'est la période de transition qui pose problème. », *L'Homme mondial*, p. 193.
2. L'argument paraît peu convaincant en l'absence de toute donnée chiffrée. Quelle est, pays par pays, la différence de coût du travail par rapport au coût moyen à l'intérieur de l'Union européenne par exemple ? Combien de dizaines d'années faudrait-il, dans les hypothèses les plus optimistes, pour résorber la différence de coût du travail ? Quels seront les effets induits, en occident, par cette distorsion de la concurrence pendant la période de « transition » (à supposer, de plus, que le coût du travail n'évolue plus, ou du moins n'augmente plus en Europe). Sans parler du travail des enfants, dont Alain Minc ne dit mot, c'est-à-dire d'une pratique de quasi esclavage, soit, pour le dire en termes économiques, d'un coût salarial quasiment nul. (À noter cependant : **Daniel Cohen** abonde sur ce point dans le sens de Minc, à partir d'un argumentaire sensiblement différent : ***Richesse du monde, Pauvretés des nations***, Champs Flammarion, 1997, p. 17-18, 47-65 : il se livre à une descente en flamme des thèses de Jimmy Goldschmith et de Ross Perot sur les conséquences de la mondialisation.)
3. Fukuyama, *La Fin de l'histoire et le dernier homme*, Champs Flammarion. Zaki Laïdi s'inscrit au contraire dans la filiation de Fukuyama (*Malaise dans la mondialisation*, p. 18).

l'occidentale. C'était aller un peu vite en besogne, oublier la situation explosive dans les Balkans, [oublier l'Afrique ajouterais-je[1]], oublier que des renversements d'alliances sont toujours possibles, désormais sur des bases autres qu'idéologiques (sur des bases économiques et/ou géopolitiques par exemple). Ainsi l'axe américano-japonais s'est-il cimenté dans la crainte commune de l'URSS pendant toute la guerre froide. Si la Russie décidait de renverser sa politique vis-à-vis du Japon (restitution plus ou moins masquée des îles Kouriles et de Sakhaline au Japon en échange d'investissements de capitaux nippons massifs en Sibérie), un renversement d'alliances pourrait bien se produire, le Japon renonçant à un axe (du moins privilégié) Tokyo-Washington au profit d'un axe Tokyo-Moscou : toute la donne tant économique que géostratégique en serait modifiée en Asie. **La mondialisation n'est pas le bout du monde**.

5. Le « marché-roi » ne signifie donc pas le « tout économique », l'économie n'est pas devenue soudainement la maîtresse du monde[2]

La mondialisation reste exposée à trois types de périls qui lui échappent et la menacent.

§ 1. Les enjeux géostratégiques n'ont pas disparu

Nul ne peut prédire le comportement de la Chine, belliqueux ou se contentant de « régner pacifiquement » sur sa zone d'influence. Le problème de Taiwan n'est pas résolu, non plus que celui des deux Corées. L'évolution des relations entre l'Inde et le Pakistan, entre le Japon et « les » Corées, est incertaine voir lourde de menaces : nous ne sommes nullement sortis de l'histoire. Seul l'espace américain échappe à de telles incertitudes stratégiques ; en Europe comme en Asie, la mondialisation demeure tributaire de comportements et de réflexes qui lui sont antérieurs. La mondialisation n'est synonyme de réalité qu'en période de calme politique : « le politique s'efface derrière l'économique », la mondialisation semble située « en amont de toutes les politiques nationales voire « régionales » (Zone d'influence américaine, région Europe, Asie du Sud-Est). Mais qu'éclate un conflit et aussitôt « le politique reprend ses droits », la hiérarchie s'inverse.

§ 2. Cycle de croissance des inégalités

Les inégalités ne se creusent plus tant entre les Nations — à l'exception de l'Afrique centrale[3] — où se produit au contraire un rattrapage (les économies des

1. Zaki Laïdi trouve la formule juste : la mondialisation crée de véritables « angles morts » (*Malaise dans la mondialisation*, p. 121) dont, excusez du peu, l'Afrique tout entière.
2. Alain Minc ironise sur le discours d'ultra-libéraux pour qui tout est économique, qui se font ainsi les héritiers paradoxaux de Marx pour qui et les institutions politiques et les politiques menées n'étaient que la traduction au plan de la « superstructure » des rapports de production économiques.
3. D'une façon générale, *l'Afrique est la grande absente de ce livre* consacré pourtant à la « mondialisation », congédiée, au détour d'une phrase, p. 32. De même qu'il peut sembler un

pays en voie de développement connaissent une croissance plus forte que celle des pays industrialisés), mais entre les citoyens d'une même nation ou les ressortissants d'une même « zone économique ».

La période actuelle se caractérise économiquement par une « pénurie d'épargne ». Plus l'épargne est rare, plus elle est chère, d'où l'apparition, capitale aux yeux de Minc, depuis 1982, de **taux d'intérêt réels positifs**, contrairement à la période précédente. Les épargnants sont désormais en position de force, ce sont eux désormais qui choisissent les États dont ils acceptent de financer les déficits publics, « ce sont les fonds de pension qui font la pluie et le beau temps sur les marchés boursiers occidentaux. » La chute du mur a encore aggravé le déséquilibre, avec la nécessité de financer la reconstruction en Europe de l'Est, et tout d'abord en Allemagne de l'Est. Contrairement à la période précédente où qui empruntait s'enrichissait (forte inflation), les taux d'intérêts réels positifs introduisent une fracture de plus en plus nette entre qui ne dispose que des revenus de son travail (qui ne cessent de s'amenuiser[1]) et qui dispose d'un capital à faire fructifier. La vie quotidienne porte chaque jour davantage la trace de la croissance des revenus du capital au détriment de ceux du travail.

Ce phénomène est paradoxalement accentué par une spécificité française : « le taux marginal d'impôt sur le revenu est deux fois supérieur au prélèvement sur les plus-value », alors qu'il est comparable dans le système fiscal britannique pourtant ultra-libéral.

*** Thèse de Minc***

> « La mondialisation va de pair avec l'accumulation du capital mais n'en est pas l'origine. Elle s'accommode de taux réels positifs, mais s'accommoderait tout aussi bien d'un retour de l'inflation. »

Cette thèse introduit au thème de **la mondialisation, bouc émissaire de tous les maux de la terre**. Ce n'est que dans le discours idéologique et dans les fantasmes collectifs que mondialisation et croissance des inégalités sont structurellement liés : encore une idée fausse à éventer. La croissance actuelle et brutale des inégalités a pour origine les taux réels positifs (creusant l'écart entre ceux disposant d'un capital et ceux n'en disposant pas) et **la révolution industrielle dont la mondialisation n'est qu'une lointaine conséquence**.

Le recours à la **typologie de Robert Reich** permet d'affiner l'analyse : Il existe dans cette grille quatre types d'emplois :

---

peu « léger » d'affirmer que pendant la guerre froide, le bloc communiste était purement et simplement en dehors du jeu économique, de même il me semble quelque peu léger de faire l'impasse sur un continent entier dans un livre consacré à la « mondialisation ». N'est-ce pas admettre implicitement que le livre d'A. Minc reste exposé à des critiques qui partiraient d'une analyse de la situation africaine (comment soutenir que les écarts entre les continents se réduisent ?) ?

1. Aux USA, la baisse des salaires réels est de 30 % en 20 ans ; en France, compte tenu du Smic, le chômage de cette catégorie d'emplois est passé de 3 à 20 % durant la même période.

1. Ceux des « **manipulateurs de symboles** » : les producteurs d'idées, à tout coup **grands bénéficiaires de la mondialisation**. [À la jonction des techniques de l'information et de l'ouverture au monde se met en place une économie davantage fondée sur la production d'idées (que celle de la révolution industrielle), **donc plus inégalitaire** que celle qui l'a précédée. « Sa propension à exclure est grande, et les travailleurs non qualifiés en seront les premières victimes. »]
2. **Les travailleurs du secteur des services**.
3. **Les travailleurs dont l'emploi est lié au « *Welfare State* »** : collectivement condamnés au déclin, « leur capacité de résistance au changement leur offre un long sursis. »
4. **Les travailleurs routiniers** : les seuls dont les emplois soient directement menacés par le risque de délocalisation. Ils seront les grands perdants de la mondialisation, les « laissés pour compte » de la mondialisation. (Seul le *lumpen-salariat*, les ouvriers non qualifiés, vissés comme les agriculteurs à leur sol d'origine, seront les exclus de la mondialisation.)

Pour les deux catégories intermédiaires (deux et trois), **l'avenir est incertain** et dépendra de la stratégie adoptée et de la plus ou moins grande combativité des économies dans lesquelles ils sont insérés.

Même aux moments les plus « durs » de la révolution industrielle, **jamais les inégalités n'ont augmenté avec une telle violence** : apparition et extension aux USA depuis 1970 de la catégorie des « *working poors*[1] », et en Europe des « *non working poors* ». Plus une économie fait une large place aux activités tertiaires, plus les inégalités s'accroissent, et la mondialisation « n'est qu'une pièce du puzzle qui se met lentement en place sous nos yeux. »

Il est néanmoins **tentant de faire**, par démagogie, **de la mondialisation la cause de tous les maux** (aucun homme politique, aucun parti national n'en porte la responsabilité). Si la mondialisation était réellement la cause de l'accroissement des inégalités, il existerait un remède simple : la hausse de la scolarisation et de la qualification. Mais **les inégalités continuent de prospérer en dépit d'une professionnalisation croissante** et d'une qualification toujours plus poussée.

C'est en fait **la classe moyenne**[2] **qui est en train de se dissoudre** sous nos yeux : fille du « fordisme », grandie sous la tutelle du *Welfare State*, enrichie par l'inflation, elle se décompose sous le double effet des taux d'intérêts réels positifs et de la spécialisation des emplois.

---

1. Développement d'un « lumpen-salariat », par analogie à ce que Marx appelait le « *lumpen-prolétariat* », le sous-prolétariat ou « prolétariat en haillons ».
2. Le « compromis social » qui s'est mis en place en Europe en 1945 (fin de la guerre, reconstruction, nationalisations, Plan Marshall) n'a fonctionné à plein régime que pendant les « trente glorieuses », contribuant à la mise en place d'une classe moyenne toujours plus large et homogène. Ce sont les chocs pétroliers (1973-1974) qui l'ont sérieusement mis à mal, et la mondialisation achève de lui donner le coup de grâce : d'autres modalités du vivre ensemble sont à rechercher. « **Le pacte de 1945 ne fonctionne plus** ». (A. Minc)

§ 3. Apparition d'une tension entre l'uniformisation croissante que génère la mondialisation et la résurgence d'aspirations identitaires.

D'un côté l'apparition d'un anglais de pacotille comme langue véhiculaire universelle, la formation d'un « média-monde[1] » (*CNN* avec son style, son rythme, ses « *sit-coms* » imprégnés d'un américanisme qui irrite parfois les américains eux-mêmes), partout un mode de vie rythmé par la télévision, le *jean* et le coca-cola ; de l'autre **une aspiration identitaire sans précédent**, parfois relayée par des jeunes eux-mêmes vêtus de *jeans*, mangeant Mac Donald's et vibrant au rythme des musiques américaines, « comme si la globalisation et la quête des racines étaient deux phénomènes gémellaires. »

D'où la question : **sans la mondialisation, le « retour » des Nations** et plus généralement des identités collectives **se serait-il produit** ? Ce « retour » est surtout le fait de l'effondrement du bloc soviétique, et avec lui de la dernière des grandes « utopies internationalistes ». Ce ne sont ni les marchés, ni le libre-échange mais des haines ancestrales qui poussent à s'affronter russes et tchétchènes, serbes, croates, bosniaques et albanais, grecs et turcs, grecs et macédoniens, etc. La mondialisation a bon dos, dès lors que le communisme est mort ou moribond, et que les USA ne sont plus guère convaincants dans leur rôle de « Grand Satan ».

> « La mondialisation fait recette. Elle suscite plus facilement la haine ou l'hostilité que le mythe passablement éculé de l'impérialisme américain. Omniprésente, elle est néanmoins insaisissable : ni signes extérieurs de puissance, ni symboles de pouvoir, ni aréopage militaire. Tutélaire, elle est invisible : ni manifestations de son *imperium*, ni décisions à appliquer, ni interprétations à contester. C'est une réalité, la plus ancrée des réalités, et ce n'est qu'une idée. »

D'où la propension à se servir de la mondialisation comme **bouc émissaire** : **puissance sans visage**[2], sans lois et anonyme, à la fois bien réelle et écran rêvé de toutes les craintes, elle **peut mobiliser ou cristalliser tous les fantasmes**.

Deux voies, deux issues possibles se dessinent en face de nous : **l'une, harmonieuse**, profitant aux petits États et aux puissances régionales (**exemple catalan** combinant harmonieusement aspiration à la régionalisation, à la décentralisation et à la reconnaissance d'une identité régionale face au pouvoir de Madrid centralisé, et intégration dans l'Europe et dans une économie globalisée) ; **l'autre, conflictuelle** : résurgence des espoirs nationalistes, tentation de l'isolationnisme et du souverainisme qui, « interdit dans les faits », attiserait aigreurs, rancœurs, frustrations[3]. **Il n'y a pas « d'autre politique » possible**, pas d'alternative à la mondialisation, **le « souverainisme » est une impasse**

---

1. Par analogie bien sûr à l'« économie-monde » de F. Braudel.
2. Encore que : Banque Mondiale, FMI, **O**rganisation **M**ondiale du **C**ommerce… Amartya Sen, *Un nouveau modèle économique*, Éditions Odile Jacob, 2000, p. 120, 133, 146-147, etc. insiste sur les aspects **institutionnels** du développement mondial.
3. Minc ironise sur « les militants de la dépense publique, les zélotes du déficit, les obsédés de la relance » à propos des « croisés Anti-Maastricht » militant contre les critères de convergence.

historique condamnée à l'échec. « Le marché-roi n'a plus rien à craindre, mais sa toute-puissance est la source même de sa fragilité » Intouchable, la marché-roi ne cessera de faire l'objet de procès en sorcellerie, qui sont bien plus profonds que de simples phénomènes transitoires. L'explosion des inégalités sera sa « Tunique de Nessus » dont la mondialisation aura bien du mal à se débarrasser.

> « Les armes de la raison manquent de chaleur : on ne meurt pas pour le marché-roi. C'est à la fois sa grandeur et son péché originel. On peut, en revanche, imaginer de mourir pour l'Europe... »

Chapitre 2 : Le bouclier européen[1]

La mondialisation en marche semble consacrer le primat de l'économique sur le politique — du moins en temps de paix —, revanche du libéralisme prospérant sur la crise — voire les ruines — du *Welfare State* : la prophétie d'Hayek serait en passe de se réaliser, consacrant la revanche du « jeu naturel du marché » sur une conception « constructiviste » de la société reposant sur l'idée d'un primat de l'ambition et de la volonté politiques sur les contraintes économiques[2].

Et pourtant, la poursuite de la construction européenne est un exemple vivant permanent du contraire. D'après Alain Minc, **elle est le pur fruit d'une volonté politique** (essentiellement franco-allemande, et dans la dernière période, depuis la chute du mur, quasi exclusivement **allemande**, et même reposant sur les épaules d'un seul homme : Helmut Kohl[3]) **faisant fi des tendances économiques lourdes**, et **parvenant** finalement **à s'imposer aux marchés eux-mêmes**, aux décideurs économiques. Tous les faits économiques militaient contre la construction européenne, contre le traité de Rome, contre la monnaie unique. Le nez sur les critères de convergence, n'oublions pas ce fait incroyable :

> « [...] des gouvernements qui, armés de leur seule volonté, imposent une révolution aux marchés, et ceux-ci, après avoir multiplié les escarmouches, de rendre les armes pour se préparer à l'avènement de l'euro ! »

Certes, **l'Europe** a dû pour y parvenir **donner des gages d'orthodoxie économique**. L'idée européenne n'a pu se muer en réalité que *via* la conversion des gouvernements européens aux principes d'une économie mondialisée. La leçon à tirer est limpide : nous ne pouvons dégager des marges de manœuvre

---

1. Dans quelle mesure Alain Minc prend-il cette expression à son compte ? « Si l'idée d'un bouclier équivaut au rêve d'une déconnexion par rapport au reste du monde, c'est une illusion. S'il s'agit d'atténuer le choc de la globalisation sans en refuser l'orientation, c'est en effet possible. » « Les aspirations à « l'Europe sociale », à une construction communautaire d'un autre type, à « l'Europe du travail » contre celle « du capital », se multiplieront comme si les États membres avaient à leur disposition un modèle alternatif. [...] Les Français sont, parmi les européens, les seuls à s'interroger en des termes aussi surannés. »
2. Cf. De Gaulle disant que « la politique ne se fait pas autour de la corbeille ».
3. Éloge très appuyé, p. 46-47.

politiques qu'à la condition de respecter les règles du jeu d'une économie globalisée. L'Europe sera un bouclier contre les aspects négatifs de la mondialisation à condition d'avoir au préalable su en tirer le meilleur parti et s'y intégrer de plain-pied[1].

La chute du mur de Berlin (le 10/11/1989), et, dans la foulée, la réunification allemande, aurait pu remettre en cause la poursuite de la construction européenne. **La construction européenne a pour père bien plus Staline que Jean Monnet** : elle est fille de la peur du bloc soviétique. La construction européenne aurait pu disparaître avec le rideau de fer qui coupait l'Europe en deux. Alors que jusqu'alors la construction européenne dépendait de la bonne entente du tandem franco-allemand, la réunification allemande l'a fait dépendre du seul bon vouloir de l'Allemagne.

> « L'Allemagne divisée[2] ne pouvait mener qu'une politique : la construction européenne occidentale sous la protection des USA. Unie, elle récupère sa liberté de choix et sa seule décision suffit à fixer l'avenir de l'Europe. »

Au lendemain de la chute du mur, deux voies s'ouvraient devant l'Allemagne :

1. Soit travailler à la construction d'une « **Europe carolingienne** » : poursuite du processus de Maastricht, abandon du mark au profit de l'euro, acceptation d'une Banque centrale européenne supplantant la *Bundesbank*.
2. Soit reconstituer le « **Saint Empire romain germanique** » : une Europe comme zone de libre-échange allant de l'Atlantique à l'Oural, englobant la *Mitteleuropa* avec pour pivot l'Allemagne, la création d'une vaste « zone mark » adossée sur un mark fort.

Toutes les pesanteurs économiques et politique œuvraient en faveur de cette deuxième solution[3]. Le maintien de l'axe franco-allemand et du cap fixé par le traité de Maastricht sont à mettre au crédit de la volonté d'un seul homme : Helmut Kohl.

> « Née d'un improbable miracle, l'Europe carolingienne n'apporte que des réponses partielles à la mondialisation. »

La naissance de l'*Euro* va provoquer une situation inédite et irréversible. La Grande-Bretagne sera contrainte de s'y rallier. La vraie question est de savoir quelle place va tenir l'*euro* dans le système monétaire international. Il est impossible d'en préjuger à ce jour. De toute façon, **la naissance de l'*euro* signifie la fin de « l'exception dollar »**. Les USA ne pourront plus vivre de **leur « rente**

1. Cf. Edgar Morin disant (dans *Penser l'Europe*) que l'Europe n'a pas à **s'adapter** au monde mais à s'y **ouvrir**, c'est-à-dire à être elle-même, à jouer pleinement son rôle, et à peser de tout son poids au sein du monde contemporain.
2. Traversée par le « rideau de fer ».
3. « L'entropie qui a toujours caractérisé le processus européen semblait plus menaçante que jamais après le 9 novembre 1989. [...] La seule inertie aurait naturellement conduit l'Europe sur la ligne de sa plus grande pente, un espace mou autour d'une zone d'influence allemande. »

dollar », et faire financer leur déficit extérieur par le reste du monde *via* une monnaie artificiellement sous-évaluée.

Les gouvernements des pays européens, liés par l'*euro*, ne disposeront plus de la « manette monétaire » pour infléchir la situation économique. **Ils imputeront** (devant l'opinion publique) **les conséquences** négatives de leur impuissance **soit à l'Europe, soit à la mondialisation**. La réalité est tout autre : après 20 ans d'intempérance budgétaire, l'heure était venue d'apurer les comptes. Par une ruse de l'histoire, « l'impuissance macroéconomique des États les obligera enfin à s'occuper de l'essentiel. » **Même à l'abri de la monnaie unique, l'Europe est promise à un destin libéral** qui consacrera **la victoire définitive du consommateur sur le producteur.**

La construction européenne condamnera chacun des États à la vertu, **à la « course à la modernisation »** sous peine de se voir distancé par les autres États. Ex. les États des États-Unis qui n'ont pas su suivre le rythme de la modernisation ont signé leur déclin. Elle aura pour vertu de rendre impossibles les faux-fuyants et d'obliger chaque État à un choix de politique économique et de modèle de société clairs.

L'acceptation des lois du marché et de la mondialisation ne condamne pas les pays d'Europe à un alignement sur le modèle américain, à une « américanisation » larvée sous couvert de « mondialisation ». Deux voies, deux modèles bien distincts restent bien ouverts devant nous :

> « En économie libérale [Comme dans l'Évangile : Évangile de Jean, 14 : 2], il y a plusieurs demeures dans la maison du Père[1]. »

En fait, selon Minc, il y en a principalement deux.

Le choix est aujourd'hui **réduit à opter pour un « libéralisme de droite » ou un « libéralisme de gauche. »** Le libéralisme est l'horizon indépassable de notre temps[2]. Libéralisme de droite et libéralisme de gauche ne sont pas pour autant interchangeables : **ils représentent deux modèles sociaux bien distincts**, deux modèles alternatifs correspondant à une vraie différence de nature et non simplement de degrés. (Ex. Libéralisme de droite correspondant au modèle anglo-américain, libéralisme de gauche correspondant aux modèles hollandais et danois.)

Chapitre 3 : Les lois de la gravitation économique

1. Vers la mondialisation à reculons

Les pays d'Europe et en particulier la France se sont longtemps **raccrochés à l'idée que des pans entiers de l'économie resteraient à l'abri de la logique de**

1. « Au lieu de laisser la globalisation imposer son modèle unique, [l'Union européenne] fera la démonstration qu'il existe, à l'intérieur de la palette libérale, une gamme de tonalités très différentes. »
2. Je parodie naturellement la phrase de Jean-Paul Sartre : « Le marxisme est l'horizon indépassable de notre temps. »

la compétitivité et de la libre concurrence : c'est par exemple le mythe du « service public à la française ». On a cru que l'industrie d'armement, le secteur de la santé, la poste, les télécommunications, le trafic aérien[1], etc. seraient **protégés par un cordon sanitaire** de la mondialisation en cours. D'où un « retard à l'allumage » pour des pans entiers de notre économie. D'où aussi l'erreur stratégique du secteur bancaire : affolé par la montée annoncée de la concurrence, il se « replie » vers des secteurs comme l'immobilier, avec les conséquences que l'on sait. Ce n'est qu'une fois consacré l'échec de cette stratégie qu'elles ont entamé, un quart de siècle après l'industrie, leur longue marche vers la compétitivité. Encore beaucoup de patrons n'y voient-ils que la nécessité de solder les comptes du passif de leur désastreuse « aventure immobilière », et non la politique qu'il aurait fallu entreprendre, à la place, il y a au moins 20 ans. Des patrons continuant à raisonner en ces termes : « Vérité à New York, hérésie à Paris », ce qui signifie que la mondialisation n'a pas encore commencé dans leur tête, ni par conséquent dans leur stratégie.

« Le consommateur n'est pas schizophrène » : pour entreprendre les mutations nécessaires à temps, il aurait suffi de jeter un regard sur ce qui se passait hors de nos frontières, ou plus simplement encore d'observer que le consommateur qui compare les prix dans les supermarchés ne pourrait pas rester indéfiniment aveugle à ses factures de téléphone, d'électricité, d'eau, au prix de son billet d'avion.

Le *Welfare State*, loin de constituer un rempart [contre la mondialisation], **doit se soumettre à son tour à la « loi d'airain » de la productivité**.

La concurrence est en passe de muter d'une concurrence entre les entreprises d'un même secteur à une **concurrence entre les États et les économies nationales**. **Un État de l'UE dont les dépenses publiques sont supérieures** à celles des autres États membres n'est pas sanctionné (s'il reste dans la limite raisonnable des 3 %), mais **se pénalise lui-même** et **pénalise son économie** en termes de productivité ; il met ses entreprises pratiquement dans l'incapacité de se montrer concurrentielles par rapport aux entreprises des autres États membres. **L'alternative est désormais simple « entre davantage de dépenses publiques ou davantage de pouvoir d'achat global »**.

En France, **la contradiction est devenue insoluble entre État-Providence** aux revenus plafonnés (montée du chômage, vieillissement de la population) et **dérive des dépenses** (allocations chômage, RMI…) **L'État-Providence fonctionne au profit d'une classe moyenne qui menace sans cesse de se scinder**, et sans freiner l'apparition d'une nouvelle pauvreté (fins de droits, nouveaux pauvres, sans papiers…)

La volonté de maintenir le principe égalitaire (allocations familiales universelles, égalité devant le droit aux soins villes/campagnes) se heurte à des réalités de plus en plus complexes : « La machine égalitaire fonctionne désormais à rendement décroissant. » Contrairement à ce qui se passait sous les 30 glorieuses, **les inégalités ont recommencé à croître** et le système génère chaque jour de

1. « Air France a 10 ans de retard sur British Airways, et 5 ans sur Lufthansa ». (A. Minc)

nouveaux exclus : aucune des mesures mises en place n'est de nature à inverser cette tendance. Le RMI, la principale mesure destinée à ces plus défavorisés, représente à peine 3 % des dépenses sociales, ce qui témoigne de l'absence d'une véritable volonté politique de faire pièces à la nouvelle pauvreté.

Le coût du travail n'est pas en France supérieur à ce qu'il est chez nos principaux partenaires (en témoigne une balance du commerce extérieur excédentaire). En revanche, **le coût du travail non qualifié est le frein principal à l'embauche**. En France, le pouvoir d'achat global a augmenté de 50 % depuis 1973 (début de la crise pétrolière). Si 5 % seulement avaient été affectés à la **baisse du coût du travail non qualifié**, le problème du chômage n'existerait pratiquement pas en France.

> « C'est en faisant inconsciemment cet arbitrage, en décidant de financer à guichets ouverts la protection sociale, que la société française a choisi le chômage, et le chômage des plus faibles. »

Bilan de l'analyse de Minc : **le compromis social de 1945 aboutit aujourd'hui à pénaliser deux fois les plus faibles** : une fois en les mettant **en première ligne de la montée du chômage**, une deuxième fois **en les protégeant moins bien des risques sociaux** (allocations familiales non plafonnées et non soumises à condition de ressources, mutuelles et assurances privées permettant à la classe moyenne d'être mieux couverte que les plus démunis). Faute d'oser s'en prendre à ce compromis consensuel, sur lequel veillent les syndicats sous le nom d'« avantages acquis », on accuse invariablement la construction européenne et/ou la mondialisation d'être à l'origine de la montée de la nouvelle pauvreté.

La construction européenne va nous contraindre, bon gré, mal gré, **à baisser les prélèvements obligatoires**. Dès lors, de deux choses l'une :

1. Soit cette baisse va être gérée conformément aux mêmes principes qui ont présidé jusqu'ici à leur augmentation, auquel cas **le processus se fera au profit des classes moyennes** et au détriment des plus défavorisés : « La machine égalitaire sera devenue une machine à aggraver les inégalités ».
2. Soit nous acceptons une révolution de nos modes de pensée et faisons prévaloir le **principe d'équité**[1] sur le principe d'égalité : il faut distribuer plus à ceux qui ont moins. La France ne peut plus se permettre, comme durant les 30 glorieuses, d'accorder les mêmes droits sociaux à tous. Il faut qu'elle en prenne acte et se résigne à ne les accorder qu'à ceux qui en ont le plus besoin. Ce n'est qu'à cette condition que pourra **s'inverser la tendance** présente **à l'accroissement constant des inégalités**.

Pourtant, il ne suffit naturellement pas de « prendre aux riches pour donner aux pauvres » : la formule est moralement louable mais économiquement indigente. Il s'agit de **toucher aux avantages acquis de la classe moyenne au moment même où celle-ci menace d'exploser** sous le poids d'inégalités croissantes. Une

1. Le terme est bien sûr repris de J. Rawls, qu'il ne cite pas.

situation économique mondiale de plus en plus complexe appelle des mécanismes de régulation « aux antipodes du compromis de 1945 ».

2. Le déclin de l'État

Les critères de convergence (de Maastricht) n'ont fait que rappeler les États européens à **une nécessaire saine gestion du budget de l'État**, **devenue une urgence** du fait de décennies d'intempérance budgétaire et de relance keynésienne.

> « Il existe, en matière d'endettement public, un phénomène cumulatif qui oblige, au-delà d'une masse* critique, à des efforts d'économie impressionnants pour stabiliser la dette. »

Les critères de convergence nous laissent **bien en deçà de ce qu'exigerait une saine gestion** : compte tenu de notre courbe démographique, une saine gestion consisterait à dégager 3 % d'excédent par an pour thésauriser en vue de financer les retraites à venir, au lieu des 3 % de déficit tolérés par Maastricht.

L'intégration européenne contraindra la France à alléger la charge des prélèvements obligatoires. S'il veut maintenir le système des postes en l'état, ne pas se recentrer sur les lignes SNCF viables, **l'État est condamné à une lente paupérisation**, nous allons **vers un service public délabré** et vers un corps de fonctionnaires vieillissants, qui risque de contraindre l'État, à terme, de sous-traiter à des entreprises dynamiques ce qu'il considère aujourd'hui comme son « service public ». **« Le choix est simple entre un État (*aussi*) étendu (*qu'aujourd'hui*) et appauvri, et un État restreint mais plus efficace.** »

Est-il raisonnable de recruter aujourd'hui des jeunes de 20 ans en leur garantissant l'emploi jusqu'en 2040 ? Peut-on ne pas leur dire que ce privilège exorbitant se payera de leur **prolétarisation larvée** par rapport à leurs camarades d'études ayant opté pour le secteur privé ? Minc est favorable à une disparition du statut des fonctionnaires tel que nous le connaissons aujourd'hui, en maintenant dans leur statut les fonctionnaires déjà recrutés pour éviter de déclencher « une révolution » !

3. La réforme fiscale

L'archaïsme même du système fiscal français pourrait paradoxalement se révéler un facteur **militant pour une réforme en profondeur**. Les réformes qu'il aurait fallu entreprendre depuis longtemps tombent sous le sens : le poids actuel des prélèvements « indolores » (TVA) est exorbitant, l'impôt sur les revenus du capital est anormalement léger par rapport à l'imposition des revenus du travail, la fiscalité locale est tellement compliquée et opaque que nul n'est capable de dire quelle est sa vertu « redistributive », l'assiette de l'impôt sur le revenu est anormalement étroite, ce qui oblige à une progressivité excessive. Les solutions s'appellent : **mise à niveau de la fiscalité sur le capital par rapport à celle sur le**

travail, rationalisation et mise à plat de la fiscalité locale, basculement des prélèvements obligatoires vers des types de prélèvements à l'assiette la plus large possible (CSG, RDS), baisse de la TVA à un niveau comparable à celui des partenaires européens.

Toutes ces réformes tombent sous le sens et auraient dû être entreprises depuis longtemps, avec un simple infléchissement possible entre la gauche et la droite. Aujourd'hui, cette réforme ne peut plus être envisagée en fonction des seuls rapports de forces hexagonaux, mais doit être **mise en perspective avec la construction européenne et la mondialisation**. Certes, ni l'une ni l'autre ne nous imposent du dehors un régime fiscal *ex cathedra*. Mais il faut une convergence avec les systèmes fiscaux de nos partenaires européens pour éviter de trop fortes **distorsions de concurrence**.

Avec la mobilité croissante des classes aisées, en particulier à l'intérieur de l'Europe, avec le développement de comportements de plus en plus individualistes, il est impératif **d'harmoniser les politiques fiscales à l'égard des classes les plus favorisées**. De même, la très grande volatilité du capital doit pousser à harmoniser l'imposition du capital.

Chapitre 4 : La quête de l'impossible salut

L'avènement du consommateur-roi condamne l'État au déclin et lui interdit de s'engager désormais sur la voie de toujours plus de prélèvements obligatoires. Les tendances lourdes seront donc : élargissement le plus grand possible de **l'assiette fiscale** (tendant vers l'assiette universelle) ; disparition des « niches fiscales » ; une fiscalité du capital rejoignant celle du travail. Seule la fiscalité locale pourrait se soustraire encore longtemps à l'harmonisation européenne. « Avec un marché unifié et une monnaie unique, l'harmonisation fiscale s'imposera d'elle-même. »

Nos vieux réflexes idéologiques nous poussent à opposer : privatisation et service public, modèle français et mondialisation, État ou marché-roi. La **responsabilité des élites** françaises est écrasante dans l'entretien du mythe d'une spécificité française, qui cultive des attentes chimériques à l'égard de la classe politique et **participe par conséquent de son propre discrédit**.

Le parti socialiste français a toujours un train de retard par rapport à ses homologues de l'« internationale socialiste » : il était encore socialiste lorsque tous les autres partis socialistes d'Europe avaient accompli leur virage vers la **social-démocratie** (ex. congrès de Bad-Godesberg en 1959 en Allemagne) ; il est aujourd'hui enfin social-démocrate quand les (autres) partis équivalents sont devenus **libéraux de gauche** (Italie, travaillistes en Angleterre, Espagne, Portugal...)

> « Moins marqués par l'héritage de l'État-nation, nos voisins savent de longue date que l'intérêt général existe en dehors de la puissance publique, qu'il ne s'identifie pas à un marché pur et parfait destiné à dominer l'ensemble du jeu social, pan après pan, et que mille et un moyens peuvent en être l'expression. »

L'intérêt général est le pendant de l'**équité**, de même que notre conception de l'État demeure l'expression de **l'égalité**. **Où est l'intérêt général** par exemple : dans la cohabitation d'un système hospitalier en pleine paupérisation, redevenant l'hôpital des pauvres du XIXe siècle, et d'une médecine de riches (cliniques) adossée à des compagnies d'assurance privées, ou dans la préservation d'une médecine hospitalière de qualité ouverte à tous, rendue possible par la rigueur de la rationalisation de sa gestion financière ? Nous disposons de trois modèles théoriques pour penser le rapport État/société : le tout-État et le primat absolu de **l'égalité**[1] : ce modèle a fait faillite avec l'effondrement du bloc soviétique et la crise de l'État-Providence ; le règne sans partage du marché qui **fait exploser les inégalités** ; le marché tempéré par le sens de **l'équité** et le souci de l'intérêt général (J. Rawls. Les choix des États de l'Union européenne vont consister à moduler diversement cette trosième voie).

À 50 % de dépenses collectives, la voie est ouverte :

1. soit à un État-Providence[2] classique fonctionnant dans l'opacité du profit de la classe moyenne ;
2. soit à un *Welfare State* nouvelle manière, centré sur le souci principal de l'équité[3] : concentre son action et ses efforts sur les franges de la population en voie de marginalisation (les « laissés pour comptes », les orphelins de la croissance économique).

L'acceptation sans réserve de la mondialisation ne ferme pas la porte à tout choix politique[4] mais réduit le choix de sociétés à deux systèmes : libéralisme de droite ou libéralisme de gauche, qui donnent réellement deux types de sociétés bien distinctes. Mais comment mieux dire que **le libéralisme lui-même ne peut pas** (plus[5] ?) **faire l'objet d'un choix, qu'il est une constante**, une contrainte ou une réalité qu'il nous faut accepter et avec laquelle nous devons composer ?

---

1. Voir chez Tocqueville la conscience, déjà, que l'exigence radicale d'égalité était le péril propre de la démocratie (voir fiche de lecture sur : *De la démocratie en Amérique*, p. 264).
2. Terme qui mériterait que l'on s'y attarde : l'État s'est-il réellement mis à suppléer une divinité absente, à combler le vide laissé par une Providence devenue oisive (sur le thème du « dieu oisif », le « *deus otiosus* », [le dieu paresseux], voir M. Éliade, *Aspects du mythe*, chap. VI, p. 121-127. Toute la question est de savoir comment l'on comprend la main invisible* d'Adam Smith : aux deux extrêmes, soit on y voit une forme laïcisée et « honteuse » du thème religieux de la providence divine (lecture marxiste : la dénonciation de cette imposture conduit logiquement à convier les hommes, en l'occurrence *via* l'État, à prendre directement les commandes du cours des choses) ; soit au contraire on insiste sur le fait qu'il s'agit d'une **simple main** qui n'est guidée par aucune conscience, aucun dessein caché, **aucune intention**, et l'on dit alors que la seule chose à retenir de la main invisible* est qu'elle n'existe pas (Hayek) et qu'elle ne fait que marquer une place vide et dont il importe absolument qu'elle le reste (vide).
3. Allusion critique à Rawls ?
4. Alain Minc critique la phrase de Lionel Jospin : « si le marché gouverne tout, il n'y a plus de métier politique ».
5. Ambiguïté très importante : quelle est la **philosophie de l'histoire implicite** qui sous-tend de tels propos ? L'avènement du libéralisme (ici, économique), est-il donc inscrit depuis toujours dans la marche même des choses, dans l'histoire des sociétés humaines ? **Même ambiguïté que chez Hayek**. Que peut bien signifier la phrase : « Les privatisations sont inscrites dans les

Conclusion

Une souveraineté* nationale à responsabilité limitée, ou une démocratie sous haute surveillance ? L'acceptation sans autre du marché et de ses « lois de gravitations économiques », de son « inscription dans les astres », semble rétrécir singulièrement le domaine d'exercice légitime de la souveraineté* populaire. Tous les choix sont possibles dès lors qu'on a admis une fois pour toutes comme équivalentes à la « réalité » les principes de l'économie de marché[1]. « Un maître d'école, le marché des capitaux, nous surveille qui, d'un coup de règle bien ajusté : une hausse des taux, n'hésite pas à nous punir. » (Qui est ici le « maître », qui est le « nous » : Les citoyens ? Les acteurs économiques ? Les actionnaires ? L'État ?)

À lire

Bauman Z., *Le Coût humain de la mondialisation*, Pluriel Hachette, 1999.

Collectif, *Mondialisation : chances et risques*, Publications de l'Assemblée Nationale, 1999, 116 pages, paru en 12/1999.

Engelhard Ph., *L'Homme mondial*, Arléa, 1996.

Krugman P., *La Mondialisation n'est pas coupable*, La Découverte, 2000, 224 pages.

Laïdi Z., *Malaise dans la mondialisation*, Textuel, 1997, 112 pages.

Lazuech G., *L'Exception française : le modèle des grandes écoles à l'épreuve de la mondialisation*, Presses Universitaires de Rennes, 1999, 303 pages.

Redslob A., *La France face à la mondialisation : de la peur à l'espoir*, L'Harmattan, 1999, 168 pages.

---

astres. » ? Si jadis l'on intimidait les peuples avec l'affirmation qu'il fallait se plier aux volontés de la divine Providence (jusqu'à ce que les hommes secouent, par la Révolution française en particulier, une aussi pesante et aussi encombrante « Providence »), les prédicateurs du jour nous prêchent-ils de nous soumettre à la volonté des « astres » — entendons « à la toute puissance des marchés financiers ». Il serait intéressant de relever combien des attributs de la divinité dans la théologie monothéiste traditionnelle deviennent ici des attributs du « Marché » : toute puissance, ubiquité, invisibilité, à la fois présence concrète (« Dieu plus intime à moi-même que moi-même » selon saint Augustin), et réalité impalpable, caractère imprévisible (Les voies du marché, comme celles de la Providence, sont insondables), absence de toute prise humaine sur une réalité qui dépasse les hommes, promesse d'un **bonheur** futur — d'une « mondialisation heureuse » — si, au lieu de lutter contre inutilement, on s'en remet à ce nouvel avatar de la « providence ».

1. Voir sur ce thème la fiche sur Zaki Laïdi (p. 313) qui distingue, de façon salutaire me semble-t-il, *prise en compte de la réalité de la mondialisation* et *acceptation de son idéologisation*, acceptation de l'idéologie qui l'accompagne, et qui consiste à en faire le *modèle* unique de transformation sociale de notre temps. C'est cette seconde acceptation qui consiste à « capituler » devant le marché, qui renonce à se demander ce qui échappe au marché, bien plus : à quelles finalités supra-économiques le marché pourrait être subordonné, à condition que soit rouvert la dimension de l'avenir et de la décision collective.

ZAKI LAÏDI

MALAISE DANS LA MONDIALISATION

Éditions Textuel, 1997, 135 pages

Plan

I. Un présent sans avenir : perte de l'horizon historique et surinvestissement du présent, « surcharge du présent », « tyrannie* de l'urgence ».
II. Les ressorts d'une grande peur : le processus de la mondialisation et son idéologisation.
III. La gauche, l'État et le libéralisme
IV. Un nouveau modèle français ?
Conclusion : **La mondialisation comme promesse ?** Renouer avec un projet historique « par-delà le marché ».

I. Un présent sans avenir ?

> « La mondialisation consacre l'entrée du monde dans l'intimité sociale de chaque société. » (p. 14)

La mondialisation, c'est, d'une phrase lapidaire, l'influence d'un retraité californien sur le sort des emplois d'Argentan *via* les fonds de pension.

> « La mondialisation relie l'ensemble des conséquences politiques, économiques, sociales et culturelles induites par l'appartenance réelle ou imaginée à un même monde. » (p. 14)

Elle bouleverse notre rapport au temps qui s'accélère et à l'espace qui rétrécit. Elle est ce moment historique où les sociétés humaines renégocient leur rapport au temps (accélération du temps) et à l'espace (compression de l'espace). **« C'est le moment où tout semble se rejouer, avec pour seule certitude que rien ne sera plus comme avant. »**

Cette proximité est fondamentalement ambivalente. « À mesure que la mondialisation fabrique de la proximité, elle sécrète symétriquement — et parfois violemment — de la différence et de la distance[1]. » La mondialisation est tension entre soi et l'autre, entre l'ici et l'ailleurs, entre le Hors et le Là. La mondialisation bouleverse notre perception de ce qui est proche et lointain. Grâce aux médias, beaucoup de réalités autrefois lointaines nous paraissent aujourd'hui directement

1. Cf. Alain Minc, *La Mondialisation heureuse*, p. 37 ; F. Fukuyama, *La Fin de l'histoire*, p. 279 ; Ph. Engelhard, *L'Homme mondial*, p. 249.

accessibles. Cette accessibilité est ambiguë, elle tend à nous faire croire que l'effort pour découvrir l'autre est devenu superflu, que tout est immédiatement disponible et accessible.

> « Les instances de médiation entre l'individu* et le monde semblent s'être déréglées. » « Par la facilité qu'elle engendre, l'abolition de la géographie nous conduit paradoxalement à ne plus faire l'effort de mieux connaître l'autre. »

« Sarajevo est à deux heures d'avion de Paris », disait François Mitterrand. Un tel constat induit le risque de faire croire que la proximité techniquement possible abolit les frontières politiques, dénoue la complexité des problèmes. Les distances psychologiques, géopolitiques[1] demeurent. La mondialisation développe en nous une « conscience baroque », où se juxtaposent technologies ultramodernes, modernité étatique, identités pré-modernes ou anti-modernes. Les exemples tragiques de l'ex-Yougoslavie, du Rwanda, de l'Algérie pulvérisent les espoirs voulant que l'avènement de l'ère des médias imposerait le règne d'une conscience universelle bannissant les pratiques qui lui seraient contraires. La suppression des distances par la technique n'équivaut ni à une proximité politique, ni à une solidarité planétaire mécanique. Elle signifie simplement que la distance géographique n'est plus un paramètre pertinent pour appréhender la compréhension ou l'incompréhension régnant entre sociétés.

Pourquoi un tel silence en France sur la situation algérienne ? Parce que l'Algérie occupe une place importante et fort complexe dans l'inconscient français. La psychanalyse est ici plus pertinente que géographie et technologie. C'est pour la même raison que nous avons attendu 1976 (Soljenitsyne) pour commencer à prendre la mesure du phénomène totalitaire en URSS. Nous ne savions pas parce que nous ne pouvions pas vouloir savoir.

La mondialisation correspond-elle à la disparition de tout projet historique national ? Avec le communisme, avons-nous assisté à la disparition de la dernière grande narration collective ? Au rétrécissement géographique du monde répond un « rétrécissement symbolique ». C'est l'articulation entre mondialisation et perte de la finalité qui est essentielle, parce qu'elle nous contraint à **nous penser sans extériorité**[2]. Sans extériorité spatiale : le monde est fini ; sans extériorité symbolique : l'occident n'a plus d'ennemi à partir duquel se définir, nous n'avons plus non plus d'utopie disponible à partir de laquelle nous projeter dans l'avenir. **Nous semblons appartenir à un monde sans horizon** : la thèse de Fukuyama (la fin de l'histoire) méritait mieux que les sarcasmes qui l'ont accueillie. Le temps mondial érode l'idée de projet mondial historique. Les nations ont de plus en plus de mal à justifier leur existence tant par rapport au passé que par rapport à l'avenir[3]. La mondialisation ne signifie pas pour autant la mort des nations, celles-ci demeurant portées par une très profonde « inertie historique ».

---

1. Convergence avec Alain Minc, *La Mondialisation heureuse*, p. 29-31.
2. Michael Hardt et Antonio Negri partagent cette analyse : la mondialisation produirait un « empire » abolissant toute frontière entre intérieur et extérieur, un empire sans dehors. (*Empire*, Éditions Exils, 2001, 560 pages).
3. Voir la fiche de lecture : E. Renan, *Qu'est-ce qu'une Nation ?*, p. 474.

Mais qu'est-ce qu'un « temps mondial » qui ne s'inscrit plus dans aucune temporalité historiquement orientée ? Nous avons affaire à un nouveau calendrier du monde[1], non à une nouvelle flèche du temps. **La mondialisation offre un présent commun à des sociétés issues d'histoires singulières**. Ce calendrier mondial invite ces sociétés à rompre avec leur passé sans leur faire miroiter d'avenir prometteur. Il les contraint à se penser dans le présent, **dans ce présent** commun. **La mondialisation n'existe nulle part ailleurs que dans cet effort exigé de chacun pour « s'adapter » à la mondialisation**. Un présent sans promesse d'avenir radieux, un appel à faire « table rase du passé », mais cette fois sans contrepartie ni assurance aucune. L'avenir n'est plus appréhendé comme espérance d'un monde meilleur mais comme nécessité de s'adapter pour survivre. La situation actuelle se caractériserait par une sorte de « cul de sac historique » (d'où l'expression de « fin de l'histoire » chez **Fukuyama**) — il faudrait remonter au moins au Bas-Empire romain pour rencontrer une situation historique comparable (Pierre Nora).

Faute d'avenir, nous vivons une « surcharge du présent » et une montée en puissance de l'urgence. Cette surcharge du présent tient à ce qu'on reporte sur lui toutes nos attentes et que l'**on exige désormais de lui ce que l'on espérait jadis de l'avenir**. Nous appartenons à des sociétés incapables de se projeter dans l'avenir sur le mode de la promesse. Le **pragmatisme** nous invite à convertir notre dépendance à l'égard d'une extériorité et d'une transcendance (la Providence, la métropole colonisatrice...) en un investissement de nos propres potentialités (John Dewey). Force nous est de constater l'incapacité au moins provisoire à fomenter l'espoir hors de toute téléologie : « **l'urgence est une éthique de l'inespoir**[2] ».

II. Les ressorts d'une grande peur

Nous ressentons appréhension et angoisse face à l'absence d'horizon qui nous menace. La « visibilité historique » est devenue très faible, notre conscience a cru d'être exposés à des logiques globales qui nous dépassent. La mondialisation est à la fois une réalité terriblement abstraite (que sont « les marchés financiers » pour un paysan beauceron ?) et terriblement concrète (retombées sur la vie quotidienne, perte d'emplois, concurrence des produits venus des quatre coins du globe).

> « La mondialisation n'est ni heureuse, ni malheureuse. Elle n'est ni un modèle à suivre, ni un piège à éviter. Elle sonne comme une épreuve de vérité pour les sociétés, qui ont désormais à répondre à cette question essentielle : quel sens donner au « vivre ensemble » par-delà le marché ? »

1. Notion reprise de Zaki Laïdi, *Le Temps mondial*, 1997.
2. Terme forgé par A. Comte-Sponville pour opposer à l'espoir (dans ce qu'il a d'illusoire et de chimérique) non pas le **désespoir** (la résignation pathétique due à la perte de tout espoir) mais l'**inespoir** (le refus de se bercer d'espérances et l'aptitude concomitante à investir le présent de son désir et de sa joie de vivre).

Mais « par-delà le marché », cela a-t-il un sens[1] ? N'est-ce pas la loi du marché qui fait advenir la mondialisation, n'a-t-elle pas pour corollaire la « pensée unique[2] » qui ne laisse aucune place à la contestation ? Non : il faut faire le pari d'une mondialisation qui irait au-delà, ne pas lutter contre la mondialisation mais se situer d'emblée au-delà. Ce que nous appelons « la mondialisation », c'est en fait la convergence de cinq grandes mutations qui accomplissent sous nos yeux l'interpénétration économique, sociale et culturelle des sociétés[3] :

1. **La mondialisation des marchés** : nous fait basculer de la concurrence entre entreprises à la compétition entre modèles de sociétés[4].
2. **La mondialisation de la communication** au travers des révolutions technologiques et des « autoroutes de l'information ».
3. **La mondialisation culturelle** qui, à travers la montée en puissance des sociétés civiles, accroît considérablement le nombre des « acteurs » du « jeu mondial ».
4. **La mondialisation idéologique**, caractérisée par le fait que le libéralisme, resté seul en lice après la défection du modèle soviétique et la crise de l'État-Providence, radicalise sans cesse ses prétentions.
5. **La mondialisation politique**, c'est la fin de la rente séculaire de l'Occident sur le reste du monde[5].

Ces cinq grands vecteurs de la mondialisation se confortent les uns les autres et se mettent en place à une vitesse imprévue. Ex. la mondialisation de l'information permet le développement extrêmement rapide du capitalisme financier à l'échelle mondiale. L'effondrement du communisme a conforté la « démocratie de marché » comme modèle unique des sociétés contemporaines. Le principe « *TINA* » (« *There Is No Alternative* ») de Mme Thatcher, appelé en France « pensée unique », semble être devenu vérité d'évangile.

La mondialisation fonctionne de fait non comme simple constat d'un état de fait, mais comme **principe de changement social**. Le discours « il faut s'adapter à la mondialisation » a pour corollaire la délégitimation profonde de l'État au profit d'un

---

1. A. Sen donne un contenu précis à cet « au-delà du marché », et ce d'un point de vue strictement économique : les mécanismes du marché concernent les biens privés (les biens de consommation, ceux qui mettent les acquéreurs en compétition les uns avec les autres). Mais il existe encore d'autre bien qui ne relèvent pas de ces mécanismes, ceux qui font l'objet des politiques publiques (la scolarisation, les campagnes de vaccination, etc. Ce qui dépasse le marché est ce qui ne peut être vendu à une seule personne à la fois. **« L'existence de biens publics justifie qu'on se situe au-delà du mécanisme de marché. »** (A. Sen, p. 135) Les biens publics (par exemple un environnement exempt de malaria), définissent précisément l'objet de ce qui se situe, « au-delà du marché » et doit faire l'objet de politiques publiques. Le marché et ses mécanismes ne sont donc pas omni-englobants.
2. Voir la fiche de lecture sur Alain Minc, *La Mondialisation heureuse.*
3. Cf. Luc Boltanski et Ève Chiapelle, *Le Nouvel esprit du capitalisme*, Gallimard, 1999.
4. Voir la critique de cette idée par Paul Krugman, *La Mondialisation n'est pas coupable*, La Découverte/Poche, 2000.
5. Cf. Alain Minc, *La Mondialisation heureuse*, p. 19-25.

Marché-roi supposé autorégulateur. Mais **la mondialisation n'est pas un bloc monolithique**, à prendre ou à laisser.

> « C'est un événement complexe qui, dans sa multiplicité, attend encore son sens et sa valeur : les jeux ne sont pas faits. Le destin des sociétés n'est pas scellé. » (p. 24)

Présenter la mondialisation comme à la fois souhaitable et inévitable, n'est-ce pas présenter la compétition comme l'horizon et la fin de tous les rapports humains ? Tous les systèmes sociaux sont compétitifs, quelque soit le degré d'imbrication dans les autres systèmes sociaux et le degré de pénétration de la logique du marché. Le « marché » est la forme de compétition la moins violente et la plus « civilisée » (il a supplanté la guerre, le pillage, les razzias[1]...). Le marché est un mode de relations *contractuel*, contrairement à l'esclavage par exemple. Le marché repose sur l'existence de la possibilité toujours ouverte de choix et de comparaison.

Mais la question des finalités de nos sociétés reste posée. Nous avons tous dû admettre, à la suite de John Rawls, que :

> « [...] le sens de notre vie en société découle moins d'un principe transcendant, que de l'ajustement permanent entre des visions concurrentes du juste, de l'équité. »

Nos finalités naissent désormais du recoupement des intérêts divergents des différents citoyens, non d'une vision *a priori* du bien sur le long terme.

> « En l'absence de toute autre finalité, le marché apparaît bel et bien comme la seule finalité de nos sociétés ».

Comment dès lors accepter ce caractère indépassable du marché, sans accepter pour autant que le marché constitue l'unique horizon du sens de nos sociétés ? Comment (question liée à la précédente)**, maintenir l'écart entre démocratie et marché, une fois discrédité voire disparu le modèle de « démocraties populaires » ?** C'est dans l'euphorie qui a suivi la chute du mur de Berlin qu'a surgi l'étrange concept de *« démocratie de marché »*, consistant à affirmer qu'il ne peut y avoir démocratie sans marché, pas plus que marché sans démocratie : que le marché est la condition de la démocratie. Ces deux termes apparaissaient, à la lumière de l'effondrement du bloc soviétique, indissociables.

Or **nous assistons aujourd'hui à la corrosion de la démocratie par le marché**. Cette corrosion est plus rapide encore et plus visible dans les « nouvelles démocraties » (de l'est, avec leurs mafias) que dans les anciennes (corruption économico-politique). On parle désormais de démocratie en termes empruntés au marché : en termes d'offre et de demande politique, de créneau politique, d'un marché des idées soumis à l'arbitrage des « citoyens consommateurs ».

En réalité, l'individu* est de plus en plus écartelé entre le consommateur et le citoyen :

---

1. Cf. Amartya Sen, *Un nouveau modèle économique*, p. 17, 39, 121, 123 qui insiste sur le fait que la liberté des transactions est en elle-même une liberté fondamentale, et non une disposition qu'il faudrait défendre uniquement en raison de ses effets économiquement bénéfiques.

- En tant que consommateur, il veut acheter avec le meilleur rapport qualité/prix, d'où que vienne le produit.
- En tant que citoyen, il veut défendre les emplois dans son pays, refuser des produits ayant impliqué dans leur production le recours à l'esclavage des enfants, qui explique dans une large mesure l'écart des prix.

Cette contradiction est vécue sous sa forme extrême par les Français : de tous les pays d'Europe, la France est celui où le quadrillage du territoire par les grandes surfaces est le plus serré, alors que les Français sont les plus attachés au commerce de proximité. Les Français **ne sont pas près à « aligner leur consommation sur leur citoyenneté. »** Cette logique aboutit **à un consommateur roi, surpuissant**, choyé et sollicité de toutes parts, ayant pour corollaire **un citoyen impuissant**, délaissé, à qui l'on explique qu'il n'y a pas d'alternative et qu'il faut s'aligner sur la mondialisation. On voit le risque de dévaloriser la citoyenneté, ou de ne plus la voir s'exprimer que sur le mode défensif, la citoyenneté nationale devenant le dernier bastion de la résistance à la mondialisation.

L'écart va croissant entre **une demande sociale** exprimée sur une base **mondiale** et une **offre politique** qui continuera à s'exprimer encore longtemps sur une base **nationale**.

En l'absence de structures politiques mondiales crédibles, la **démocratie participative** (pratiquée à travers organisations, manifestations, associations, plates-formes de revendications) va prendre le pas sur la **démocratie représentative** (nationale).

Une citoyenneté planétaire n'offre aucun sens. La présenter comme horizon, c'est contribuer à discréditer une démocratie représentative nationale déjà mal en point. Il faut **s'engager dans un élargissement du cadre de la démocratie représentative**, non dans la perspective de son déclin. Pour la France, ce cadre élargi est l'Union européenne basée sur la prise de conscience d'une communauté de destin[1]. Cela ne nous interdit pas de nous mobiliser, ponctuellement, sur des causes plus larges, sur le mode de la démocratie participative (sauver les éléphants d'Afrique et la forêt amazonienne par exemple). **Je peux me montrer solidaire de la détresse d'autrui sans me prétendre son concitoyen**.

Il faut se garder de confondre mondialisation et universalité : que le même produit soit proposé en tout point de la planète, c'est la mondialisation. Que des mêmes valeurs soient partagées par des sociétés par ailleurs fort diverses, c'est là leur universalité. Confondre les deux **aboutirait en fait à généraliser le modèle américain**[2] (ses valeurs, ses institutions, son mode de vie) sous couvert de mondialisation. La mondialisation est la libre circulation des produits et des capitaux, l'universalité est le *partage du sens*, au-delà du marché.

La mondialisation risque fort de fonctionner comme machine de guerre contre l'universalité : « L'universel, c'est le local moins les murs. » (Miguel Torga)

---

1. Voir la fiche de lecture sur E. Morin, *Penser l'Europe*, p. 53.
2. Sur ce péril, que la mondialisation soit en fait une américanisation du monde, voir Alain Minc, *La Mondialisation heureuse*, p. 57.

Torga **conditionne l'universalité de l'homme à son appartenance à une histoire particulière. Si la mondialisation déracine l'homme** et le coupe totalement de son passé, **elle le rend inapte à l'universel**[1]. Le partage du sens avec d'autres suppose un ancrage dans une histoire particulière. H. Arendt a montré que dans la pensée des Lumières, la notion d'arrachement à une culture d'origine jouait un rôle décisif dans l'accès à l'universel.

Avec la mondialisation, le rapport à l'identité locale ou nationale s'est inversé. L'individu* confronté à la mondialisation aspire moins à s'abstraire de ses liens d'origine qu'à défendre son identité et ses repères culturels qu'il sent (à juste titre) menacés. **La mondialisation**, pour reprendre les termes de Torga, **ce serait « le global plus les murs »**.

Dans *Malaise dans la civilisation*, Freud dialogue avec ce que Romain Rolland appelle le « sentiment océanique » ; le **malaise dans la globalisation** découle de ce sentiment océanique[2] lié à la **perte de nos référents*** traditionnels et à la conscience aiguë d'être dépossédés de notre avenir.

> « Il ne s'agit plus désormais de s'arracher mais de s'enraciner, plus de conquérir mais de se faire reconnaître[3]. »

La mondialisation érode inexorablement ces identités, et **vide de leur contenu** et de leur sens **ces réaffirmations identitaires**. La croissance de la diversité, du pluralisme, de la complexité « nourrit un relativisme éthique, culturel et politique de plus en plus fort ». (Z. Laïdi s'oppose ici au **pragmatisme**, en particulier à Richard Rorty, qui se félicite au contraire de cette tendance.)

Nous assistons à une **inflation de l'offre de valeurs en tout genre**, qui semble **ouvrir** comme jamais **les possibilités de choix**, tout **en les vidant de leur substance**. Les valeurs se dégradent au rang de produits de consommation se dévaluant de plus en plus vite. **L'universalisme** en tant que valeur ne disparaît naturellement pas, mais **devient une valeur parmi d'autres** puisque « tout se vaut ». R. Rorty parle de l'universalisme comme « morale des riches et des pays riches ». S. Huntington parle du choc des civilisations comme unique alternative à la suprématie de l'Occident et à l'universalisme de mauvais aloi (consistant en l'extension universelle du modèle occidental) qui en est **l'idéologie**[4]. Ces critiques se parent d'un combat contre l'ethnocentrisme : au nom de quoi imposer nos valeurs à ceux qui n'en veulent pas, aux sociétés pour lesquelles elles ne sont pas faites ? Le débat est néanmoins biaisé dans la mesure où il y a belle lurette que **l'occident n'a plus le monopole de l'universalité**. (Z. Laïdi)

---

1. Voir « Je suis homme et rien de ce qui est humain ne m'est étranger » et « Qu'est-ce qu'être citoyen du monde ? » in *Éléments de culture générale,* Ellipses, 1999, p. 26-27 et 257-259.
2. Z. Laïdi fait ici un contresens. Le sentiment océanique est décrit par Romain Rolland (et avant lui par Ferenczi, *Thalassa, psychanalyse des origines de la vie sexuelle*, PBP) comme un sentiment de plénitude, dans lequel le moi n'est plus coupé du monde mais plongé dans le monde qui l'entoure, tout sentiment de manque, et même de danger provenant d'un environnement extérieur hostile, s'étant évanoui. (Voir fiche de lecture sur Freud, *Malaise dans la civilisation*, p. 62)
3. Le mouvement multiculturaliste* apparaît ici comme un symptôme de cette tendance.
4. À l'instar d'O. Spengler donc, affirmant l'égale valeur de toutes les Civilisations.

L'anti-universalisme occidental trouve un second souffle dans le fait qu'il est aujourd'hui relayé par un anti-universalisme non occidental (musulmans et asiatiques réclament une « réécriture » de la *Déclaration des droits de l'homme* qui ne soit pas le fait des seuls occidentaux et rédigée dans la perspective de la seule civilisation occidentale[1]). Cette revendication a d'autant plus de poids qu'elle n'émane pas de seuls États laissés pour compte, mais de puissances en train de réussir leur décollage économique (les pays d'Asie du Sud-Est, dragons asiatiques). Mais ces sociétés économiquement florissantes sont instrumentées par des régimes politiques autoritaires : c'est eux, beaucoup plus que la société civile, qui s'émeuvent de la montée de l'individualisme parce qu'ils en craignent les retombées au plan national, ils craignent d'être balayés par une lame de fond, ou d'être contraints de réviser brutalement leurs méthodes de gouvernement. Les démocraties comme l'Inde ou le Japon ne participent pas à cette « fronde » anti-occidentale.

Faut-il réviser la Déclaration de 1948 ? Il est incontestable que les 3/4 de l'humanité n'y ont pas été associés, et que le droit, y compris les droits de l'homme, sont évolutifs. Mais évolution ne signifie pas nécessairement relativisme : il y a une logique permettant de passer de la Déclaration de 1789 à celle de 1948 (inclusion des droits sociaux notamment[2]).

L'universalité est l'unique principe qui nous permet d'échapper à la mondialisation comme enfermement de l'humanité dans les lois du marché. Mais l'universel est évolutif. Entre l'universalisme abstrait et figé, et le relativisme intégral qui n'a rien à opposer ni à proposer au-delà de l'horizon du marché, existe la possibilité de voir évoluer et s'enrichir notre appréhension de l'universel. Le défi à relever consiste dans l'intégration d'une complexité sans cesse croissante. Cette nécessité est accentuée par la mondialisation, mais, même à l'échelle d'un pays, l'affirmation dogmatique de grands principes bute sur la complexité croissante des situations, ou de la conscience que nous en avons.

La tentation est grande **de glisser du pluralisme au relativisme**, mais on peut parfaitement **prendre en compte le pluralisme** croissant de nos sociétés sans pour autant **répudier l'idéal d'universalité**. Il s'agit moins de « repenser l'universel » que de trouver les conditions d'un « *agir universaliste* ». Nous sommes devenus méfiants à l'égard de la notion d'universalisme parce qu'elle fut historiquement toujours portée par des empires conquérants voulant asseoir leur domination (Empire d'Alexandre, Empire romain). La révolution technologique nous permet-elle de penser pour demain **une universalité** (de la communication, des échanges...) **sans domination planétaire** ? « Internet ne pourra renforcer le lien social si celui-ci n'est pas préalablement repensé » : le risque est de voir se développer un lien social « à la carte », de privilégier la communication avec un correspondant en Australie sur celle avec son voisin de pallier (« *Random chat* » sur ICQ). On entrerait dans la logique d'un lien social sélectif, alors que :

---

1. Cf. Fukuyama, *La Fin de l'histoire et le dernier homme*, chap. 22.
2. Inclusion critiquée par H. Arendt, qui « préfère » celle de 1789. Celle de 1948 lui semble juxtaposer des droits tout à fait hétérogènes (in *Essai sur la Révolution*, Gallimard, 1963).

> « [...] le propre du lien social repose sur l'impossibilité de choisir ceux qui participent à ce même lien social[1]. » (p. 36)

Tout l'enjeu de la mondialisation est le suivant : la mise en concurrence des systèmes économiques et sociaux va-t-elle relancer la question portant sur le contenu social et culturel de nos sociétés (émulation vers un « mieux-disant culturel et social »), ou au contraire va-t-elle amener à penser ces paramètres en termes de simples « coûts » sociaux ? Dans le premier cas, on irait vers **une « société à économie de marché »** pouvant varier considérablement d'un pays à l'autre, dans le deuxième cas vers **une « société de marché »** rêvée et prophétisée par Hayek dans les années 30, c'est-à-dire vers une société où tous les rapports sociaux se ramèneraient à de simples rapports marchands.

III. La gauche, l'État et le libéralisme

La mondialisation met la tradition de gauche au pied du mur. La gauche est historiquement attachée à la valeur de l'égalité entre les hommes, et au principe de la transformation sociale comme moyen de parvenir à cette égalité. Pour y parvenir, elle devait contenir ou contrer la tendance inégalitaire du marché, soit en bâtissant en face de lui un secteur public fort, soit en promouvant une forte redistribution des richesses *via* l'impôt, le tout dans un cadre national. Aujourd'hui, « toutes ses coordonnées identitaires sont ébranlées. » La gauche doit se repenser, se rénover.

Face à la mondialisation, **le cadre national n'est plus pertinent** pour penser la transformation sociale. La notion de **transformation sociale** est tombée en discrédit. « On ne sait plus ce qu'est la transformation sociale parce qu'on ne sait plus ce qu'est une société » : c'est ce que Marcel Gauchet a appelé : « la crise du **nous** », revers de l'individualisme. Pendant le XXe siècle, le « nous » semblait plus aisément appréhensible que le « je » : **le nous était cerné par la sociologie**, qui décrivait avec des cadres théoriques des comportements collectifs, alors que **le « je » semblait rester la chasse gardée de la psychanalyse** ne livrant ses secrets que dans l'intimité du divan. La situation semble s'être inversée aujourd'hui : **le « nous » semble être redevenu plus opaque que le « je »**, depuis la disparition du dernier grand récit collectif (le communisme), et la montée en puissance des revendications et des affirmations individualistes (G. Lipovetsky). « C'est le collectif qui est devenu énigmatique ». Le « Nous » qui s'exprime dans la « Déclaration universelle des droits de l'homme » est fortement contesté par les pays asiatiques qui y voient un masque derrière lequel se dissimulerait l'hégémonie occidentale. **Le « Nous » national est lui aussi en crise**, jugé trop homogène (on retrouve ici la mise en accusation du « *mainstream* » de la part des communautaristes) face à la diversité des revendications communautaires. Les sociologues sont de plus en

1. Idée qui vient d'Hannah Arendt, qui affirme que le lien d'amitié est un lien purement privé dans la mesure où il repose sur l'élection et la préférence, alors que le lien social est un lien contraint entre tous ceux qui partagent une même société. (*La Condition de l'homme moderne*, Calmann-Lévy, 1961, 1983).

plus perplexes, confrontés à la complexité croissante des situations particulières et la multiplication des « trajectoires individuelles[1] ».

Cette complexité rend problématique la définition d'une stratégie d'ensemble. Situation paradoxale : on semble devenu incapable de faire évoluer une société, au moment où grâce au progrès du génie génétique on est en passe de devenir capables de transformer l'humanité elle-même ! Il se produit un retour de la question téléologique[2] : qui est aujourd'hui capable de définir des priorités et des finalités ? Personne ne semble à même de proposer des perspectives.

Identifier la gauche au combat contre la mondialisation serait l'enfermer dans une impasse, la cantonner dans une posture purement défensive, la priver plus gravement encore de tout moyen de proposer d'autres perspectives, la condamner au déclin historique.

La gauche est acculée à se renouveler profondément : « l'ère de l'État producteur est révolue », la gauche **ne peut continuer à défendre l'idée d'une secteur public fort** dans le **champ concurrentiel** : ce serait condamner la France à se priver des alliances multinationales nécessaires à la défense de l'emploi. « Privatiser n'est plus trahir ». La stratégie consistant à défendre un secteur protégé de la libre concurrence n'est plus non plus tenable : ce serait avaliser l'idée d'une inégalité légitime devant le chômage.

La gauche doit aussi rompre avec l'idée d'une protection sociale universelle et inconditionnelle, pour se recentrer sur la protection sociale de ceux qui en ont réellement besoin[3]. La notion de **contrepartie** à une solidarité sociale doit être réhabilitée. Le RMI, une invention de gauche, allie solidarité et effort de réinsertion sociale.

> « La gauche parviendra d'autant mieux à proposer de nouvelles pistes et de nouveaux équilibres qu'elle se débarrassera des dernières scories du passé. »

Dès lors qu'elle rompt avec ses démons du passé, la gauche a une carte et un rôle à jouer : confrontée à un néolibéralisme qui sera sans complexe antiétatique, il lui appartiendra de réhabiliter le rôle de l'État non par nostalgie mais parce que **l'intensification de la compétition économique s'est toujours accompagnée d'une demande d'État accrue.** En Europe, la part de la protection sociale par rapport au PIB n'a cessé d'augmenter de 1980 à 1996 malgré la vague de libéralisme.

Mais **comment réhabiliter l'État sans accroître la dépense publique** ? Nous vivons la conjonction d'un marché fort qui a le vent en poupe et qui tend à éroder la solidarité, et d'une croissance de la pression sociale en faveur de plus de

---

1. Cf. Danièle Hervieu-Léger, *Le Pèlerin et le Converti*, Flammarion, 1999, 290 pages.
2. Rappelons ici qu'Hayek prophétisait ce déclin des « téléocraties* » au profit des « nomocraties* » — pour s'en réjouir, lui. Z. Laïdi s'oppose ici à Minc critiquant la phrase du Premier ministre Jospin : « si tout est économique, il n'y a plus de métier politique », A. Minc, *La Mondialisation heureuse*, p. 193.
3. Accord sur ce point avec Alain Minc, *La Mondialisation heureuse*, p. 76-79, 86.

protection. Cette double pression nous place dans une situation explosive. Nous pouvons tenter de contenir la pression du marché dans quelques domaines (éducation, santé, sport, etc.) mais c'est loin de constituer une politique suffisante pour sortir de cette contradiction.

> « Égaliser les conditions sociales et culturelles d'accès au marché » devrait constituer le cœur d'un nouveau programme politique de gauche.

Les autres combats de la gauche devraient s'appeler **reconnaissance croissante du pluralisme** qui compose la société française, **lutte contre les discriminations**, y compris par l'introduction de certaines discriminations positives,

> « [...] qui ne semblent pas aujourd'hui incompatibles avec le pacte républicain, mais constituer tout au contraire la condition de sa survie ».

IV. Un nouveau modèle français ?

C'est sur le terrain économique que le repli de l'État a posé le moins de problème en France. « La France s'est remarquablement bien adaptée à la mondialisation[1]. » Elle exporte par habitant plus que l'Allemagne, alors qu'on aurait pu la croire handicapée par une longue tradition protectionniste.

Le train de vie de l'État (ses dépenses de fonctionnement) n'a rien d'exorbitant, mais se situe à un niveau équivalent à celui d'un État néo-libéral comme la Grande-Bretagne (20 % de la production annuelle) ; **c'est l'importance de la protection sociale qui explique le niveau élevé des dépenses publiques**.

Le modèle républicain à la française est politique et non culturel : il ne refoule ni ne nie les identités culturelles mais **veille à leur conserver leur caractère *privé*.**

Faut-il souhaiter une évolution à l'américaine (vers le multiculturalisme*) ? La France n'a pas à renier sa tradition pour en adopter une autre, mais à **éviter de se crisper sur son modèle pour le laisser évoluer**.

> « La force d'un modèle ne tient pas à son intangibilité mais à son aptitude à être renégocié[2]. Le modèle français n'échappe pas à la règle. »

On ne peut pas se contenter durablement de se raccrocher à un universalisme abstrait[3]. On ne peut simplement ignorer la montée du pluralisme dans nos sociétés, et la transformation des demandes identitaires. Il s'agit **non d'exacerber et de flatter les particularismes** (ce qui mènerait à une impasse génératrice de violences inter-ethniques) mais de valoriser les **trajectoires historiques**

1. Zaki Laïdi partage ce diagnostic optimiste avec Alain Minc : la France va mieux qu'elle ne le croit.
2. Zaki Laïdi se montre ici « rawlsien » de stricte obédience.
3. « Dans une société de plus en plus inégale, la réaffirmation de principes communs ne suffit pas. », *idem*, p. 93.

particulières. Un Français d'origine asiatique n'aura jamais le même rapport à son identité qu'un Français de souche. **La reconnaissance de trajectoires passées différentes n'hypothèque nullement les chances d'un avenir commun** (contrairement à l'enfermement dans des **appartenances identitaires**[1]).

Le modèle républicain français s'est construit contre les corps intermédiaires (assimilés aux classes privilégiées de l'Ancien Régime[2]). En France, individualisme et centralisme de l'État vont de pair et se confortent mutuellement, c'est pourquoi la France subit de plein fouet les conséquences du déclin de l'État. En Europe du Nord et en Allemagne, l'existence de médiations sociales fortes atténue au contraire ces conséquences. En France seulement le désengagement de l'État est immédiatement perçu comme une atteinte au lien social. Il importe de développer de nouvelles médiations pour estomper le face à face entre l'individu* et l'État au moment où l'État recule sur tous les fronts.

Dans sa politique étrangère, la France a longtemps privilégié son **rang** (symbolique) plutôt que son **rôle** (effectif). Trop soucieuse de ce rang, elle a négligé de mesurer les résultats concrets de sa politique. Aujourd'hui, les influences ne se construisent plus en s'imposant, elles ne passent plus par la médiation des élites nationales, mais par celle de la culture de masse*. Dans une situation de plus en plus complexe, les pays du Tiers-monde ne sont plus fascinés par le modèle français et ne sont plus demandeurs d'un modèle politique à importer clés en main. Les influences sont multiples et fluides, le modèle anglo-saxon parvient beaucoup mieux à s'exporter que le modèle français.

> « On ne dira jamais assez que la mondialisation marque l'avènement d'un monde beaucoup plus équilibré en termes de valeurs et d'intérêts, et que cela constitue un véritable défi pour les vieilles nations européennes habituées depuis plus d'un siècle à dominer le monde[3]. »

Mais accepter **la réalité de la mondialisation** n'est pas accepter nécessairement son idéologisation, **l'idéologie qui l'accompagne**[4]. Celle-ci est celle du marché autorégulateur qui oublie un point essentiel : les marchés opèrent dans des contextes sociaux et culturels propres. L'autonomie de l'individu*, que la vulgate néo-libérale veut garantir par la transcendance du marché, présuppose l'inscription dans une culture qui donne sens aux choix individuels.

> « Une société ne se régule pas simplement à partir de règles permettant aux individus* de poursuivre leurs intérêts propres, mais par rapport à des valeurs qui précèdent et transcendent le marché. »

1. Contre Charles Taylor, *Multiculturalisme**, qui enferme non seulement l'individu* dans son appartenance identitaire, mais, par anticipation, tous ses descendants.
2. Cf. H. Arendt, *Le Système totalitaire*, Le Seuil, 1972.
3. C'est le thème, chez Alain Minc, de la fin de la « rente » coloniale.
4. Critique implicite de Minc.

De quelles marges de manœuvre disposons-nous ? De celles que nous fournira la **construction de l'Europe** politique : mise en place de l'*Euro* permettant de contenir l'hégémonie américaine dans des limites supportables, redéfinition d'un modèle social européen, recherche d'une politique extérieure commune devraient permettre l'ouverture de cet « *espace de sens* » européen.

Conclusion : la mondialisation comme promesse ?

L'enjeu auquel nous sommes confrontés consiste à nous approprier socialement et culturellement la mondialisation[1]. Cela suppose que nos sociétés redeviennent capables de se penser en termes de finalités, d'idéal de vie bonne, de promesse collective.

À force de penser tous les processus socio-économiques en termes de rationalisation, « on en vient à exclure ceux qui ne sont pas "raisonnables", ou qui ont cessé de l'être parce qu'il ne leur est plus permis d'espérer. » On ne peut convaincre une société de changer en profondeur qu'à la condition d'articuler cet impératif à une promesse.

> « Il faut lier l'impératif adaptatif à une offre de gains symboliques, pour éviter que les enjeux de sens se déclinent sur le mode exclusif de la perte ».

H. Arendt écrit que des hommes liés par un dessein concerté disposent d'une supériorité décisive sur les gens entièrement libres que ne lie aucune promesse et que n'attache aucun dessein. Des hommes liés par un dessein concerté disposent de l'avenir comme s'il s'agissait du présent. C'est en l'absence d'un tel dessein que nous ne pouvons que subir le culte de la contrainte. C'est cet étau qu'il nous faut desserrer en réhabilitant le culte de la promesse. Une réhabilitation de l'avenir est un préalable à la réappropriation de notre capacité d'agir en commun.

La question des fins de l'existence humaine va faire retour que nous le voulions ou non. L'abaissement du temps de travail hebdomadaire va inéluctablement soulever **la question du temps ainsi libéré** pour des activités autres que celles soumises à rémunération : comment valoriser des activités non marchandes dans une société qui ne reconnaît, à ce jour, les individus* qu'à travers leur capacité à dégager des valeurs marchandes ? Nous n'échapperons pas à une **interrogation sur la nature et le sens de notre lien social**.

Le sens de cette « promesse » reste par essence indéterminé. H. Arendt a montré qu'**à vouloir planifier tout l'avenir, on aboutit à une société totalitaire**.

1. Amartya Sen insiste lui aussi sur le fait que la mondialisation — ou le développement — doivent être appropriés, intériorisés ; qu'il s'agit d'un processus compréhensif qui ne surplombe pas les acteurs sociaux, mais passe par une modification de leur « *habitus** », pour reprendre un terme de Bourdieu. « J'envisage le développement comme un processus d'expansion des libertés réelles dont les individus* peuvent jouir. », Amartya Sen, *op. cit.*, p. 46.

Les avantages de la « société ouverte[1] » ne sont plus à démontrer. La difficulté est de concevoir un « dessein concerté tout en refusant prise en charge et planification de l'avenir ». H. Arendt parle de « jalons de sûreté » et d'« îlots de certitude ». Les sociétés ouvertes doivent ménager des lieux où les hommes puissent continuer d'espérer.

À lire

Engelhard Ph., *L'Homme mondial*, Arléa, 1996, 568 pages.

Collectif, *Mondialisation : chances et risques*, collectif, Publications de l'Assemblée Nationale, 1999, 116 pages, paru en 12/1999.

Krugman P., *La Mondialisation n'est pas coupable*, La Découverte, 2000, 224 pages.

Laïdi Z., *Le Sacre du présent*, Flammarion, 2000, 320 pages.

Lazuech G., *L'Exception française : le modèle des grandes écoles à l'épreuve de la mondialisation*, Presses Universitaires de Rennes, 1999, 303 pages.

Redslob A., *La France face à la mondialisation : de la peur à l'espoir*, L'Harmattan 1999, 168 pages.

Sen A., *Un nouveau modèle économique*, Odile Jacob, 2000, 356 pages.

1. Cf. H. Bergson, *Les deux sources de la morale et de la religion*, 1932 ; K. Popper, *La Société ouverte et ses ennemis*, 1945.

SUJET TRAITÉ

« Y A-T-IL LIEU DE REDOUTER UNE MONDIALISATION DE LA CULTURE ? »

« Partout ou quelqu'un dit : "voici ce qui est humain",
c'est un type d'hommes bien particuliers
qui tente de s'imposer comme norme de l'humanité. »

(F. Nietzsche).

Introduction

Une telle mondialisation de la culture est-elle d'ores et déjà en route ? Est-elle programmée et prévisible dans un avenir proche ? Accompagne-t-elle la mondialisation de l'économie et des technologies comme son ombre ? Est-elle à désirer ou à souhaiter (comme moyen de faire pièces à un « choc des civilisations » meurtrier, par exemple), ou est-elle à redouter, à déplorer voire à combattre ? S. Huntington voit dans le futur « choc des civilisations » l'unique (et peut-être salutaire) alternative à une suprématie occidentale, sournoise et revêtue des horipeaux « culturels », à une hégémonie culturelle qui se ferait passer, une fois de plus, abusivement pour un universalisme. Si l'universalisme est l'idéologie de cette suprématie, l'uniformisation des cultures serait le triomphe de l'occident ; la lutte pour la défense de valeurs différentes serait la lutte légitime pour la préservation de la diversité des cultures, aussi vitale à l'humanité que la biodiversité aux écosystèmes. « Les guerres du futur se feront au nom des valeurs.», écrivait F. Nietzsche. N'avons-nous d'autre choix que conflit civilisationnel ou uniformisation culturelle, c'est-à-dire en clair américanisation du monde ?

I. Réalité ou fantasme, le thème récurrent d'une « mondialisation de la culture » est en lui-même significatif et symptomatique

1. La « mondialisation de la culture » ne serait qu'une facette d'un phénomène plus vaste et plus global, celui de la mondialisation tout court. Cette thèse peut se comprendre de deux façons

a. soit la logique de la mondialisation économique serait globale, n'admettant aucune exception et englobant comme par définition la dimension culturelle. L'« exception culturelle à la française » (défendue par la France lors des accords du GATT) ne serait alors, selon la formule cruelle de Marc Fumaroli, que « la ligne Maginot » de la culture. *Les règlements* (quotas de chansons françaises à la radio par exemple) *ne seraient que des* « frontières de papier » (Alain Minc). Comment ne pas voir en tout cas qu'une telle position n'est qu'une ligne défensive (défendre la langue française par rapport à l'hégémonie de l'anglais par exemple : « loi Toubon »). Face à une telle logique, rappeler que « le monde n'est pas une marchandise » peut paraître sympathique mais en tout cas illusoire et chimérique. Comment faire en sorte que la culture (et singulièrement les *biens culturels* comme des films issus d'une véritable industrie, l'industrie cinématographique) échappent à la loi implacable du marché et de la concurrence ?

b. Soit la mondialisation économique entraînerait comme conséquence induite la destruction ou la fragilisation des cultures locales, laminées par le rouleau compresseur du cinéma américain par exemple. L'hégémonie économique se traduirait par une hégémonie culturelle dont Internet, le câble, les antennes paraboliques ne seraient que des vecteurs.

2. Perçue comme le cheval de Troie d'une culture hégémonique (occidentale et/ou américaine), la mondialisation économique ne peut que susciter des réactions de défense voire de repli sur soi des cultures qui se sentent ainsi « agressées »

Ex. : diabolisation des antennes « paradiaboliques » dans la rhétorique islamiste dans le monde arabe. L'argument n'est pas forcément fallacieux, même s'il entraîne des réactions « tribales » qui ne peuvent être que des impasses historiques. La Guerre du Golfe, avec la prédominance médiatique de CNN, a bien montré que la guerre se jouait aussi sur les ondes, qu'il y avait une concurrence acharnée pour occuper « l'espace médiatique ».

3. *L'analyse critique de « l'école de Singapour »*

La thèse de l'école de Singapour (dont le représentant principal est le Premier ministre Lee Kouan You) consiste à soutenir qu'à une hégémonie politico-militaire (ère coloniale) aurait succédé un néo-colonialisme (impérialisme économique, lié à l'étranglement du Tiers-monde par la dette, qui aurait pu faire l'économie d'un contrôle politique direct des pays sous influence occidentale, subissant par exemple les soubresauts des fluctuations des cours des matières premières) ; et serait actuellement en train de se mettre en place une troisième phase de l'hégémonie occidentale : tolérant ou assistant à la montée en puissance, sur le plan économique, des « pays émergents », (notamment en Asie) la domination, négligeant la maîtrise politique directe, voire économique, se jouerait aujourd'hui directement sur le plan des valeurs, de la culture, des représentations culturelles et des « *habitus** » (pour reprendre un terme de P. Bourdieu). Le conflit entre les cultures se serait simplement déplacé (S. Huntington). Le droit d'ingérence, la politique au nom des droits de l'homme, le « nouvel ordre international » seraient le fer de lance de ce nouveau conflit, visant à imposer le modèle politico-économique dominant au reste du monde, prétendant que seul vaut le mode de régimes politiques ayant prévalu en occident (Fukuyama), qu'il a, à terme, vocation à supplanter tous les autres, et qu'il n'est solidaire d'aucun contenu civilisationnel, ce que contestent par exemple l'École de Singapour et Samuel Huntington. Sous le nom de « mondialisation », de « fin de l'histoire », de « victoire des démocraties libérales », ce seraient les valeurs de l'occident, la culture occidentale qui s'efforceraient de donner le ton au plan mondial et de s'imposer comme unique modèle à valeur universelle.

4. *Contre cette prétention, l'École de Singapour renvoie les différentes « Déclarations des droits de l'homme » à leur particularité*

Elles s'enracinent dans la culture « chrétienne-occidentale » et ne sont pas adaptées aux civilisations asiatiques ; un régime autoritaire fort étant, lui, l'émanation naturelle d'une société imprégnée de confucianisme. Une mondialisation en forme d'imposition du modèle culturel occidental est-elle en marche, ou bien allons-nous au contraire vers un choc frontal entre cette civilisation particulière et les civilisations musulmane et confucéenne, choc d'autant plus inévitable et d'autant plus brutal que l'occident se prétendrait, une fois de plus, sur le plan culturel cette fois, détenteur d'un modèle universel (Fukuyama, *La Fin de l'histoire*) ? La « culture » des droits de l'homme entrerait-elle en conflit, en contradiction avec d'autres cultures, musulmane ou confucéenne par exemple, qui donneraient la priorité au respect de l'autorité, à la discipline, à la loyauté (c'est-à-dire à d'autres valeurs) par rapport aux droits de l'individu* ? À la culture occidentale renvoyée à sa singularité, il conviendrait d'opposer d'autres cultures dont il ne conviendrait pas de préjuger de la plus ou moins grande « valeur »). **La mondialisation perpètre-t-elle sous nos yeux un « génocide culturel », l'occident s'apprête-t-il à perpétrer un « génocide culturel » ?** *L'universalisme* (des droits de l'homme par exemple) *est « la morale des riches et des pays riches »* (Richard Rorty). Cela pose toute la question de savoir si la démocratie libérale de type occidental est un luxe de pays civilisé et développé (thèse contre laquelle Amartya Sen s'inscrit en faux), voire une idiosyncrasie occidentale, l'Asie et l'Afrique n'ayant pas à aller chercher de « modèles de développement » ailleurs que dans leur propre culture, ou au contraire un aspect et un vecteur de tout développement (thèse d'Amartya Sen).

> « Le choc des espaces décrit la déstructuration de l'espace symbolique des cultures. » (P. Engelhard)

II. Si de la mondialisation économique à l'homogénéisation des cultures, la conclusion est bonne, alors ce phénomène d'éradication des cultures locales peut rejaillir sur la mondialisation elle-même et nourrir des phénomènes de rejet plus ou moins violents.

1. La culture peut-elle échapper à la logique globale de la mondialisation ?

> « Le développement économique tel que nous le connaissons est parfois jugé dangereux pour les nations, dans la mesure où il conduirait à l'élimination des traditions et de l'héritage culturel. » (Amartya Sen)

Toutefois, les influences ne se produisent jamais à sens unique. Ce ne serait pas la première fois dans l'histoire que la puissance économiquement et militairement dominante se verrait conquise culturellement par les peuples sur lesquels elle exerce sa suprématie. Les contacts de culture à culture ne peuvent s'exercer à sens unique.

La suprématie économique – et même technologique – n'est pas synonyme de suprématie/supériorité culturelle. (Ex. : Empire romain colonisé culturellement par une Grèce réduite militairement ; romanisation des hordes barbares triomphant de l'Empire romain d'occident ; « *brain drain* » qui fait que les États-Unis importent souvent leurs « cerveaux », leurs élites, d'Europe, d'Inde, et maintenant de l'ex-Union soviétique.)

2. Réponse à l'École de Singapour

On n'a pas manqué de noter que les critiques du pseudo-universalisme occidental émanaient essentiellement des cercles proches du pouvoir, voire du pouvoir lui-même (le Premier ministre de Singapour Lee Kouan You), alors que l'opposition (en Chine, en Birmanie...) se réclamait volontiers des valeurs soit-disant « occidentales » de la liberté de la presse, de la liberté d'opinion, du multipartisme, etc. L'École de Singapour n'a pas le monopole de l'interprétation de Confucius, elle s'adonne volontiers à un simple plaidoyer *pro domo* visant à justifier un type de régime autoritaire, une politique musclée, l'absence des libertés fondamentales, et A. Sen, lui-même oriental, montre abondamment qu'on pourrait tirer de Confucius des maximes de gouvernement tout opposées à celles qu'en tire l'École de Singapour. En tout état de cause, l'« Asie » est un continent immense où se mêle une grande diversité de cultures qui ne se laissent pas ramener à la seule interprétation confucéenne.

> « Rien ne justifie que la liberté de la presse ou le droit des citoyens à communiquer entre eux chancellent dans l'ombre portée de la tradition. Le confucianisme des origines correspondrait-il à l'interprétation qu'en donnent les historiens les plus versés dans l'autoritarisme, cela ne légitimerait en aucun cas la censure ou les lois d'exception, tant il est clair que l'adhésion, par nos contemporains, à des principes énoncés au VIe siècle av. J.-C. mérite d'être soumise à discussion. » (Amartya Sen)

III. Vide ou trop-plein culturel ?

1. Traversons-nous l'« ère du vide » (Lipovetsky), faisons-nous l'expérience d'un « vide culturel » (P. Engelhard) ?

La perte des repères et des valeurs, consécutive à la confrontation brutale du local au mondial, (et ce dans une situation d'extrême inégalité : que pèsent les cultures africaines face à la culture nord-américaine ?) ferait le lit d'une « culture unique minimale », pendant de la « pensée unique ». Paradoxalement, le multiculturalisme* d'origine américaine, qui affirme comme un dogme « l'égale valeur de toutes les cultures » (se contentant de transposer au niveau des cultures ce que les droits de l'homme affirment des individus*) pourrait bien être l'idéologie de cette « culture mondiale » en gestation. Le multiculturalisme* constitue-t-il un stade supérieur dans le processus d'englobement ou d'encerclement de toutes les cultures embrassées dans l'horizon d'une culture unique, la culture américaine ? *Le baiser multiculturaliste* serait alors le baiser de Judas*. Le multiculturalisme* serait symptomatique du passage d'une logique nationale – ayant pour écueils le protectionnisme et l'isolationnisme, à une logique d'empire, englobant toutes les cultures comme l'Empire romain englobait et assimilait toutes les religions des peuples conquis/soumis. Le monde transformé en « *disneyland* », ce serait la reprise « *kitch* » et américanisée des différentes cultures et traditions des divers continents. Là où prévaut la logique économique libérale, se contente-t-elle d'annexer les « biens culturels » considérés comme des marchandises parmi d'autres, ou bien plus profondément détruit-elle toute « culture de l'âme », *cultura animi*[1] ?

> « Reste à savoir ce que signifie encore le concept de culture dans un monde où la raison instrumentale a fini par prévaloir. Il n'est pas exclu que les cultures elles-mêmes soient à réinventer. C'est là la conséquence du désenchantement. » (P. Engelhard)

---

1. Cf. Marc Fumaroli, *L'État culturel*, Éditions de Fallois, 1992, p. 203-204.

Rien ne nous autorise pour autant à confondre le *vide culturel* auquel nous sommes confrontés et le déferlement des mouvements irrationnels qui tendent à venir l'emplir (le mouvement *new age* par exemple).

2. Distinction entre mondialisation, globalisation et universalité

Le *proton pseudos* du sujet, l'élément leurrant, consiste peut-être dans une confusion entre mondialisation et universalité. Que le même produit (Coca-Cola) soit proposé en tout point de la planète, et à des prix comparables, c'est là la mondialisation ou la globalisation. Que les mêmes valeurs puissent être partagées par des ressortissants de cultures par ailleurs fort diverses, c'est là leur universalité (Zaki Laïdi). Que la *Déclaration des droits de l'homme* ait pu servir de justification idéologique aux entreprises coloniales du XIXe siècle – comme le christianisme avait pu se prêter aux entreprises des *Conquistadores*, c'était sans doute confondre *universalité* (le fait qu'ils concernent tous les hommes) et *globalité* (la prétention de les imposer par la force, du dehors). Il nous appartient sans doute de ne pas reproduire la même erreur au XXIe siècle en confondant cette fois mondialisation économique et technologique et américanisation du monde. Comme le fait remarquer P. Engelhard, le déferlement de la modernité européenne sur les autres continents a sans doute tué dans l'œuf le germe d'autres modernités, dont d'autres cultures étaient porteuses. Il insiste sur le fait qu'aucune culture n'est monolithique, et qu'à ce titre il est fallacieux d'opposer la culture occidentale « moderne » aux cultures indigènes « traditionnelles » et menacées par la mondialisation. La tradition nous assure d'un *temps réversible* sur lequel nous pouvons faire fond (P. Engelhard). Elle n'est en rien synonyme de blocage ou d'immobilisme qui n'en sont que des dérives ou plutôt des raidissements. La vie de toute culture est faite d'un certain nombre d'invariants qui se composent et se recomposent diversement au cours de l'histoire, en fonction de diverses contraintes. La mondialisation est aujourd'hui la contrainte majeure à laquelle est confrontée la diversité des cultures, induisant ici une accélération des mutations, là au contraire un blocage et un raidissement sur des positions acquises (École de Singapour).

> « La mondialisation est la libre circulation des produits et des capitaux, l'universalité est le partage du sens, au-delà du marché. » (Zaki Laïdi)

La thèse très en vogue de l'incommunicabilité interculturelle se heurte au phénomène bien réel de la traduction, au fait qu'une œuvre d'art puisse nous toucher quelque soit sa culture d'origine, que les idéaux de la Révolution française puissent être repris à leur compte par les opposants politiques de tous continents. Cette thèse de la non communicabilité, thèse paresseuse, prépare les esprits à une culture unique minimaliste, culture unique dont la mondialisation économique assure la diffusion *via* le « *merchandizing* » des mêmes produits de par le monde.

3. *L'au-delà du marché et le partage du sens*

Qu'il y ait bel et bien un au-delà du marché (ce que les plus chauds partisans de la mondialisation, tel Alain Minc, ont tant de mal à admettre), est ce qui permet de maintenir ouverte la possibilité que la mondialisation ne se referme pas sur la culture pour l'englober, elle aussi. Or il y a bel et bien un tel au-delà du marché, sans quoi les politiques publiques seraient sans objet. *Appartient à un tel au-delà du marché tout ce qui ne peut pas faire l'objet d'une appropriation privée* concurrentielle : Amartya Sen donne l'exemple d'un « environnement sans malaria », ou encore le niveau d'instruction d'une population donnée. À cet égard le statut de la culture ne peut qu'être ambigu : en tant que biens culturels (livres, films, cassettes vidéos), il s'agit évidemment de biens commerciaux soumis à la loi du marché. Mais la culture est aussi tout autre chose : *cultura animi*, culture de l'âme, elle est liée au niveau d'instruction et *n'existe qu'appropriée* par des sujets. Si un individu* ne peut être enfermé dans sa culture (quoi qu'en pensent les communautaristes), c'est qu'elle ne l'influence que pour autant qu'il se l'approprie, se positionne par rapport à elle, la revendique ou la rejette, ou, sans doute, de façon plus réaliste, fait jouer de façon à chaque fois singulière ses invariants constituants pour les recomposer de façon novatrice. Comme le dirait Pierre Bourdieu, la liberté des acteurs sociaux n'est pas illusoire mais s'exerce à l'intérieur de l'horizon qui leur est tracé par leur appartenance sociologique. C'est aussi pourquoi la culture ne pourra jamais être unique : n'étant pas un bien disponible à la disposition de « consommateurs », elle n'existe qu'appropriée par des peuples comme par des individus*. Le sort que l'Amérique fait subir à ses cultures « minoritaires », la culture américaine exportée le subira à son tour. L'avenir n'est écrit nulle part et rien ne permet de préjuger de ce que véhiculeront demain « les autoroutes de l'information ». Reste le souci légitime de savoir quelle place y tiendra ce qui mérite d'être appelé « culture ».

Conclusion : La culture est-elle à réinventer ?

Le péril auquel nous sommes confrontés est peut-être à la fois plus grave et plus profond que celui d'une uniformisation de la culture : celui d'une disparition pure et simple de la culture, ou du moins de sa relégation au rang des distractions pour oisifs. À l'ère de la consécration sans partage de la « raison instrumentale » (qu'elle soit économique ou technologique), à l'ère des nouvelles technologies et de la nouvelle économie, reste-t-il encore une place pour la culture ? Michel Henry a pu parler, à propos de notre modernité, de « barbarie[1] » – non pas d'absence de culture, mais de déclassement de la culture, d'indifférence croissante à l'égard de la culture, d'incapacité croissante à savoir quoi en transmettre et à en saisir les enjeux. Il nous faut peut-être sortir d'une position purement défensive (défendre et protéger, préserver les cultures du passé, ou menacées de n'appartenir plus qu'au passé), pour trouver les

1. M. Henry, *La Barbarie*, Grasset, 1987.

ressources permettant de penser cette situation nouvelle du monde qui nous est faite : produire une culture à la hauteur de cet avenir mondialisé qui se dessine sous nos yeux.

Bibliographie

Engelhard Ph., *L'Homme mondial*, Arléa, 1996.
Fukuyama F., *La Fin de l'histoire et le dernier homme*, Champs Flammarion, 1992.
Fumaroli M., *L'État culturel*, Éd. de Fallois, 1992.
Henry M., *La Barbarie*, Grasset, 1987.
Huntington S., *Le Choc des civilisations*, Odile Jacob, 1997.
Minc A., *La Mondialisation heureuse*, Plon, 1997.
Sen A., *Un nouveau modèle économique*, chap. 10., Odile Jacob 2000.

CHAPITRE 7

Communautarisme*, multiculturalisme* et mouvement « politiquement correct »

COMMENTAIRE, MULTICULTURALISME* ET MOUVEMENT « POLITIQUEMENT CORRECT »

Du statut de la différence dans les sociétés pluralistes

Le communautarisme* est un courant de pensée qui nous vient des États-Unis. Il faut donc le resituer dans le contexte de *lobbying* caractéristique de la société et de la vie politique américaines. Le communautarisme*, loin de s'inscrire en faux par rapport à ce contexte, en est intégralement tributaire. Il consiste à inciter chaque « groupe », chaque « communauté », à se comporter en groupe de pression pour faire valoir ses intérêts ou ses « droits » propres, et par dessus tout pour être « reconnu ».

Pour comprendre l'émergence et l'importance de ce phénomène, il faut partir d'un constat : *les sociétés modernes*, pour la plupart, *ne sont pas des sociétés homogènes* (ni en termes de peuplement (USA : Indiens, colonisation d'origine européenne, « traite » des noirs ; Europe : vagues d'immigrations), ni en terme religieux (sans compter la montée croissante du phénomène de *l'absence de toute appartenance religieuse*) ni en terme d'opinions politiques (en réservant pour ailleurs la question du *consensus**, de la « pensée unique ») : diversité de partis politiques, de familles de pensées). **Les sociétés modernes sont pluralistes** : elles se situent aux antipodes de l'expression de l'absolutisme : « Une foi, une loi, un Roi », comme du principe « *Cujus regio, ejus religio* » sur lequel s'était conclue la guerre de 30 ans en Prusse). Nous sommes confrontés à un pluralisme de fait, que nous constatons. *Faut-il l'ériger en principe, en faire un pluralisme « de droit »* ? La République, l'État ont-ils à connaître des différences ? Quelle place accorder ou « reconnaître » à la différence, *quel statut de la différence dans les sociétés pluralistes ?* Telle est la question majeure à laquelle le communautarisme* propose une réponse, *sa* réponse.

Mais le constat de l'existence de sociétés pluralistes ne suffit pas à comprendre l'ampleur du phénomène communautariste. Il faut lui adjoindre la *hantise de la dissolution des appartenances* (ethniques, religieuses ou autres) liée au déracinement des individus* et des familles, à l'éclatement des solidarités ancestrales, héritées d'un passé commun (dû par exemple à l'exode rural), qui pourrait avoir pour conséquence la montée de l'individualisme[1], mais d'un individualisme qui serait celui de l'individu* abstrait et désincarné, ayant perdu ses repères et ses valeurs, menacé ou en proie à l'*anomie**. Les sociétés modernes, en plus d'être pluralistes, sont-elles des sociétés « atomisées* » ? L'atomisation* sociale est-elle le prix à payer pour le pluralisme, pour le relâchement de l'emprise collective (par les institutions religieuses notamment) sur les mœurs, les conduites, les modes de pensée ? Le communautarisme* serait-il le remède à cette atomisation* (ou simplement le contre-coup de cette atomisation*, un simple symptôme qui ne résoudrait rien et ne ferait signe vers aucune solution) ? Et sur le plan des théories politiques, cela se traduit-il par le fait que le communautarisme* prenne le contre-pied du libéralisme qui ne veut connaître que des individus*, qui veut penser et fonder la société sur les seuls individus* ? Les théories communautaristes* pourraient être la contrepartie de l'unilatéralité du libéralisme qui ne veut connaître que les seuls individus* autonomes[2], c'est-à-dire affranchis de toute tutelle collective, y compris celle de l'État. Peut-on penser la société non comme une juxtaposition d'individus* mais comme une articulation de communautés ?

Dernier élément à introduire dans l'analyse : Les sociétés modernes sont fondées sur ce qu'elles rejettent : « la violence », pour s'exprimer de façon générique et non historique (le massacre des indiens et l'esclavage des noirs pour les USA, la terreur en France, le Goulag en Russie, etc.). Il y a un **passif à gérer**[3] : l'histoire ne connaît pas de virginité. Le communautarisme* est le refus de faire table rase du passé, le refus de tourner la page. L'État se rendrait coupable d'un « déni* de justice » collectif en refusant d'entendre les légitimes revendications des communautés jadis opprimées et aujourd'hui encore marginalisées du fait de leur culture particulière.

I. Égalitarisme des sociétés libérales modernes : (le pari de « transcender » les différences)

La doctrine française au moins depuis la Révolution (héritage du centralisme de l'Ancien Régime fondé sur le refoulement du féodalisme ?) : La République est une et indivisible. **La Nation n'a pas à connaître des différences**, elle doit leur être indifférente. (Cf. La nuit du 4 août 1789, l'abolition des privilèges, **l'opposition**

1. Cf. Alain Laurent, *L'Individu* et ses ennemis*, Pluriel Hachette, 1987.
2. Unilatéralité assumée dans cette affirmation de William Simon : « Le peuple n'existe pas, c'est un mythe collectiviste. Il n'y a que des citoyens n'ayant qu'une volonté individuelle et des objectifs individuels. », *L'Heure de la vérité*, Économica, 1981. On ne saurait formuler de façon plus claire le « noyau dur » du libéralisme.
3. T. Todorov s'élève contre cette idée qui consiste à ses yeux à confondre justice et politique, à transposer indûment un principe de droit sur le terrain politique. Aux revendications de victimes d'hier viendront toujours s'opposer d'autres revendications d'autres victimes, entraînant un processus infini et une situation inextricable. À victime, victime et demie. Le rôle du politique n'est pas, à ses yeux, de redresser l'histoire, d'être un redresseur de torts historiques, mais de chercher une solution de justice dans le présent, au présent, ce qui est déjà une tâche suffisamment difficile en soi.

droit/privilège, l'universalité de la loi consistant dans le fait qu'elle s'applique également, **indifféremment**, à tous les citoyens sans distinction.) Ex. La Justice représentée les yeux bandés : elle ne fait pas acception de personnes, ne tient pas compte des différences (*la justice est aveugle* : à quoi, *sur quoi s'aveugle-t-elle* au juste ? Neutralité ou impartialité de l'État[1] : ex. la Nation tolère et protège toutes les religions mais ne **reconnaît** aucun culte. Les différences de statut social, de régions ne sont ni reconnues, ni répercutées au niveau de l'État. L'égalité du suffrage universel, le principe « un homme = une voix », sont autant d' applications de ce principe). (Problème : faut-il tolérer les sectes ? Répondre non supposerait que l'État soit à même de distinguer un secte d'une religion, qu'il soit dans son rôle en le faisant. Est-ce à l'État de « décerner » de manière sélective le « label » : « religion » ? L'État peut-il se mêler de théologie ? Cf. Le 28 juillet 1997, la Cour d'appel de Lyon a condamné la scientologie, mais, dans un attendu au jugement, a affirmé que celle-ci « [pouvait] revendiquer le titre de religion ». Cet attendu a été cassé par la Cour de cassation (07/1999), et constituait un précédent susceptible de faire jurisprudence : si le droit, le pouvoir judiciaire se mêle de décréter qui peut ou ne peut pas revendiquer légitimement le statut de religion, c'en est fait de la laïcité de la République qui, au terme de la loi de 1905, « ne reconnaît aucun culte[2] ». Aux USA, les religions sont exemptées d'impôt car supposées à but non lucratif ; or certaines possèdent des chaînes de TV, des hôpitaux, parfois des universités... Il y a là un cas manifeste de distorsion de la concurrence.

De plus, autre question : qui reconnaître : une « communauté » (quel sens cela aurait-il concrètement, institutionnellement ?) ou une institution supposée la représenter ? C'est par exemple tout le problème de l'Islam en France : un cas de carence d'une institution représentative. Le ministre des cultes, ministre de l'Intérieur, n'a pas de vis-à-vis, d'interlocuteur représentatif de la communauté musulmane de France.

Si l'on prend pour fil conducteur le *principe*[3] par lequel Montesquieu distingue entre eux les différents régimes politiques, on peut dire que le passage des sociétés monarchiques aux sociétés démocratiques se caractérise par le passage

---

1. Voir le sujet corrigé : « L'impartialité de l'État : mythe ou réalité ? »
2. Si la République « ne reconnaît aucun culte » (Loi de 1905), elle n'a pas compétence à dire quelle association cultuelle constitue ou non une religion. Les condamnations, quant il y a lieu, doivent donc se faire sur d'autres bases, en dépit du fait qu'il s'agisse de religions — ou plutôt : indépendamment de la question de savoir s'il s'agit ou non d'une religion : pour escroquerie, exercice illégal de la médecine, détournement de mineur, association de malfaiteurs, etc. Ces considérations militeraient contre la perspective d'une législation spécifique « anti-secte », et en faveur de l'application stricte de la législation en vigueur. (Cf. D. Hervieu-Léger, *Le Pèlerin et le Converti*, Flammarion, 1999, 290 pages, p. 242-244, qui estime pour sa part que cet attendu ne constituait pas une reconnaissance du statut de « religion » pour la scientologie, et que par conséquent il ne contrevenait pas au principe de laïcité. Elle ne mentionne pas le fait que cet attendu a été ultérieurement cassé.)
3. Rappelons pour mémoire que Montesquieu distingue la *nature* d'un gouvernement (ce qui le fait *être* tel qu'il est) de son *principe* (de ce qui est *moteur d'action* dans le cadre de ce régime, ce qui incite à *faire* quelque chose, et ce, tant pour les gouvernants que pour les gouvernés) (Cf. Montesquieu, *De l'Esprit des lois*, première partie, livre III, chap. 1-2).

d'une société basée sur **l'honneur** à une société basée sur **l'égale dignité** de tous les citoyens.

- Sociétés d'Ancien Régime : **l'honneur** est un principe par essence inégalitaire. Il sert à **distinguer**, précisément, à honorer les différences. La légion d'honneur est la survivance d'une mentalité, d'une institution typiquement « Ancien Régime ».
- Sociétés libérales modernes : partent de l'égalité, de **l'égale dignité** de tous les individus* qui composent la société.

• *Passage de « l'égalité des conditions » à « l'égalité des chances »*

Sauf à vouloir revenir à une société d'Ancien Régime, il est difficile de ne pas souscrire à l'idée de **l'égalité des chances** (principe moins niveleur, moins statique que le principe de l'égalité des conditions, qui semble figer une situation immuable. « Égalité des chances » signifie que certains peuvent plus ou moins bien saisir leurs chances ; mais il convient de s'assurer que tous jouent « à jeu égal ». (Peut être compatible avec un libéralisme modéré si par « chacun », on entend les seuls individus*.)

Le problème va être : comment inscrire ce principe dans la réalité ? Quels sont les moyens à même de le réaliser (ex. inscrire la parité homme/femme, à l'Assemblée, dans la constitution*, dans une loi) ? Et avec quels effets pervers [*chaque élu ne représenterait plus l'ensemble de la Nation mais une certaine catégorie sociale* : pourquoi pas demain les pêcheurs et les chasseurs, les homosexuels, les beurs, les harkis, etc. Ce ne serait plus les individus* et leur volonté qui s'exprimerait dans la représentation nationale, mais une réalité, un équilibre sociologique (comme au Liban, avec un système de présidence tournante... est-ce enviable, souhaitable ? Quelle place ménage-t-il à l'expression de la volonté populaire ?) On serait alors bien loin du simple lobbying : *le lobbying ne pèserait plus de façon extérieure sur le jeu parlementaire mais deviendrait la substance même du jeu parlementaire* : communautarisme* intégral] ?

Toute la question est alors : à qui doit s'appliquer le principe d'égalité des chances : *à l'individu** (seule forme compatible avec le *libéralisme*) à des familles, ou à des *groupes sociaux* (les noirs, les catholiques, les homosexuels...) Quels critères sociologiques sont alors pertinents pour discriminer sur quels groupes la loi doit s'appuyer ?

II. Les critiques de l'universalisme et l'affirmation des différences

Le multiculturalisme* et le communautarisme* partent d'une **critique de l'universalisme abstrait imputé au libéralisme**[1]. Critique de la modernité, répudiation de l'idéal universaliste des Lumières (perçu comme impérialiste. **Critique de l'impérialisme foncier de la *culture* occidentale**[2]). (Il y a là un paradoxe : *le communautarisme* est pleinement un courant de cette modernité, un pur produit de cette modernité*, et nullement un « retour aux sources », retour aux appartenances, à la tradition, ancrage dans une terre, une ethnie, une culture, etc.) L'analyse des multiculturalistes* consiste à dire que l'individualisme n'a pas libéré l'homme du poids des traditions, mais l'a déraciné, entraînant une perte des identités, et une situation d'*anomie**.

• *Le passage d'une politique des droits à une politique de la reconnaissance*

Pour l'essentiel, l'égalité des droits est acquise (aux USA abolition de l'esclavage, puis des lois discriminatoires : principe des droits égaux pour tous. Acquis attachés au nom de Martin Luther King) mais nullement *l'égalité dans l'exercice effectif de ces droits* (en 1960, 94 % des étudiants américains sont blancs). D'où la nécessité d'une politique volontariste pour **faire entrer les droits dans les faits**. Analyse multiculturaliste de la situation[3] : les minorités défavorisées ne demandent plus l'extension de leurs droits *mais la reconnaissance de leur culture spécifique face à la culture dominante « WASP » (white anglo-saxon protestant*). Ils ont intériorisé un certain regard social, une image dévalorisée d'eux-mêmes[4]. Quand malgré tout ils accédaient à l'Université, c'était, naturellement, la « culture blanche » qu'on leur enseignait.

Tête de turc[5] des communautaristes*, l'universitaire Saul Below aurait[6] déclaré : « Lorsque les zoulous produiront un Tolstoï, nous le lirons ! » Cette formule est censée exprimer candidement l'arrogance de la culture « blanche » européenne et

---

1. Ph. Engelhard, dans *L'Homme mondial*, deuxième partie, chap. 2, fait en partie sienne cette critique de l'universalisme, mais en l'assortissant d'une critique du relativisme sociologique et culturel, en renvoyant donc les deux dos à dos au nom d'une « raison modeste », c'est-à-dire avertie de ses limites.
2. Voir le corrigé : « La prise en compte de la diversité des cultures contraint-elle à renoncer à l'idée même de valeurs universelles ? »
3. Toute l'ambiguïté est de savoir qui parle ici, qui se présente comme le porte-parole de la volonté de ces « minorités » dites — à tort ou à raison — « défavorisées ». Voir la fiche de lecture sur Bernstein, à propos de cette « ventriloquie ».
4. C'est une reprise du thème tiers-mondialiste développé par Frantz Fanon dans *Les Damnés de la terre*, Gallimard, 1961. Cf. une critique par Ph. Engelhard, *L'Homme mondial*, p. 257.
5. Expression elle-même naturellement tout à fait politiquement incorrecte…
6. C. Taylor reconnaît lui-même que cette phrase n'a sans doute jamais été prononcée sous cette forme, mais peu importe, c'est l'idée qui compte.

américaine « blanche ». C'est précisément contre cela qu'il faut imposer une parité (dans les cursus universitaire par exemple : toutes les cultures doivent être au programme, il faut étudier autant d'auteurs féminins que masculins, etc). *La culture dominante est le mal à combattre, la politique des quotas constitue la panacée.*

D'où : la seule façon de lutter contre l'hégémonie de la culture dominante (dans l'esprit des représentants de cette culture, *mais aussi des catégories opprimées*), c'est d'instaurer des quotas. Volontarisme : donner aux membres des groupes minoritaires les moyens de se réapproprier leur propre culture, de se respecter sans se fondre dans le « *mainstream* », c'est-à-dire ne pas avoir besoin de « trahir, renier » leur identité[1] pour trouver leur place dans la société. (Problème analogue à celui auquel s'est trouvée confrontée la « communauté juive » d'Europe au XIXe siècle en particulier, lorsque l'accès à la pleine citoyenneté est devenue une option possible : assimilation ou ghettoïsation[2] ? Les immigrants de la seconde génération se voient souvent confrontés au même dilemme, au même déchirement.)

• *Thèses multiculturalistes : les différents degrés, les différentes variantes*

> Constat commun

La tendance vers une situation normale (où par exemple les noirs, ou les femmes, seraient représentés à l'assemblée, présents dans les universités, d'une manière proportionnelle à leur poids démographique) ne se fait pas toute seule, ou alors très lentement.

> 1re idée

Le refus opposé par l'État est déjà en lui-même discriminatoire : toutes les « communautés minoritaires » adressent à l'État une demande de reconnaissance* de leurs différences culturelles spécifiques, à laquelle l'État oppose une fin de non-recevoir (sous prétexte qu'il n'a pas à connaître des différences). Or **ce refus est déjà en lui-même un déni* d'identité infligé aux individus*** : ils ne sont pas reconnus dans leur appartenance à telle ou telle communauté (religieuse, ethnique, linguistique, etc.). L'État ne veut connaître que l'individu* abstrait, c'est-à-dire arraché à ses conditions de vie réelles, culturelles en particulier. L'État se raccroche à un mythe d'universalisme, à un individu* qui n'aurait aucune caractéristique concrète, aucun ancrage sociologique.

---

1. Problème analogue à celui exposé par Bourdieu : une ascension sociale est-elle possible sans trahison des valeurs et des *habitus* de la classe d'origine ?
2 Voir en particulier H. Arendt, dans *La Tradition cachée*, Christian Bourgois, 10/18, 1987, où elle oppose le « juif parvenu » au « paria conscient ».

> 2e idée, distincte (on peut donc souscrire à l'une sans souscrire à l'autre)

De plus, **cette « neutralité » de l'État qui surplomberait toutes les cultures est biaisée**, faussée : cela revient en fait à imposer insidieusement, perfidement ou subrepticement, la « culture dominante » (*mainstream*) à tous les membres de la société. La conviction des multiculturalistes est qu'en l'absence d'une intervention active de l'État[1], le temps joue invariablement en faveur de la culture dominante, du *mainstream*. [Ce n'est **pas une universalité de bon aloi** : pourquoi dans la France laïque et républicaine, compte-t-on à partir d'un calendrier commençant avec la naissance du Christ, pourquoi la semaine a-t-elle 7 jours (comme dans le récit de la *Genèse*), pourquoi est-ce le dimanche qui reste férié (plutôt que le vendredi ou le samedi par exemple), pourquoi Noël, Pâques etc. restent-ils officiellement des jours fériés, etc.] *Les communautés minoritaires ne peuvent le vivre que comme un déni* de leur propre identité culturelle.* (Ex. l'Islam est désormais la 2e religion de France : Pourquoi *l'Aïd el Kebir* n'est-il pas un jour férié au même titre que Noël ?)

• *Solutions préconisées par le multiculturalisme**

> Transposer le principe de l'égale dignité des individus* aux cultures ou aux communautés

Le remède passe par l'affirmation de l'égalité de toutes les cultures, c'est-à-dire de leur caractère également respectable. Ils sont partisans de l'interdiction de tout jugement critique comme de toute hiérarchisation. Il convient ici de distinguer entre un jugement personnel. (Il me semble essentiel de défendre absolument le droit pour l'individu* d'avoir des affinités, des préférences. Décréter à l'avance que toutes les cultures sont égales sur tous les points est absurde : il n'y a **pas d'admiration sur commande**.) Droit d'avoir ses préférences en musique, d'aimer ou non le jazz, etc. Mais reste un vrai problème au niveau des programmes, de ce qui est enseigné : au nom de quoi exclure par ex. la littérature de la « négritude », Aimé Césaire... Mais faut-il en faire des lois ou s'en remettre au choix des enseignants ? (et/ou des étudiants ?) Reste la méfiance que l'arbitrage fonctionne toujours à l'avantage du *mainstream* et au détriment des cultures minoritaires, d'où un volontarisme pour contrebalancer ce courant.

> Adoption d'une politique des quotas

(« *affirmative action* »), réserver des places dans les universités, dans les postes de responsabilité aux membres de telle ou telle minorité (comme en France, postes réservés à des handicapés dans les entreprises. D'où le problème : une minorité culturelle est-elle assimilable à un groupe d'handicapés ? Est-ce insinuer que les noirs (par exemple) ne parviendront jamais à ces postes si on ne les leur *réserve* pas... ? *Toute politique de « discrimination positive » est au mieux ambivalente.* Les multiculturalistes répondent qu'*il est seulement « handicapé »*

1. On voit ici à quel point le multiculturalisme s'oppose frontalement au libéralisme, et donc à quel point il est faux de prétendre que ce dernier n'aurait plus d'adversaire idéologique.

par le regard social que les autres portent sur lui et qu'il a intériorisé : perte de confiance en soi, auto-dévalorisation[1] à combattre par une discrimination positive. Reste un autre effet pervers : **une dévalorisation des postes** ainsi obtenus. Exemple pris par Taylor lui-même, conscient du problème : qui ira se faire opérer par un chirurgien qui doit son poste à la couleur de sa peau ou au fait qu'il est transsexuel ? Qui ira écouter un concert donné par un orchestre composé de façon à refléter exactement la composition sociologique de la ville ? Une politique de quotas risque fort de s'avérer contre-performante.

> **Les différentes motivations de la politique des quotas**

- Soit : il s'agit de *compenser une injustice passée* par une injustice présente en sens contraire. Ex. sur-représenter la communauté noire dans les Universités (aller au-delà de son poids démographique actuel) pour compenser le fait que jusqu'à présent ils ont été sous-représentés. On trouve ici l'idée, très discutable, qu'on répare une injustice par une injustice en sens inverse (on entretient plutôt les oppositions), qu'on peut « réparer » auprès des jeunes noirs actuels une injustice qu'ont subie leurs parents ou grands-parents ; et par ailleurs qu'il est juste qu'un jeune blanc voie ses chances d'entrer à l'Université diminuées pour réparer une injustice dans laquelle il n'est pour rien (de plus, ça ne s'appliquera jamais qu'à la classe la plus pauvre de la « communauté blanche », les autres ayant les moyens de payer l'entrée dans une université privée ou de faire faire les études à l'étranger. *Les lois ne s'appliquent qu'à ceux qui n'ont pas les moyens de les contourner*). Ne s'agit-il pas d'une **gestion de la culpabilité pour les actes passés** : ce phénomène est peut-être inévitable, nécessaire, mais **n'a aucun rapport avec un quelconque souci de justice**[2] ? Commettre de nouvelles injustices pour compenser celles du passé, faites à d'autres individus* ? Pour compenser des injustices commises non contre eux mais contre leurs ancêtres ? Renan y verrait le refus de l'oubli qui répare les plaies du tissu social. Une telle politique ne pourrait qu'entretenir les « camps », figer les conflits. Pour T. Todorov, une telle politique s'avèrera en définitive bien moins efficace qu'un retour à la justice, ou qu'une instauration de la justice. On ne peut pas demander plus aux pouvoirs publics, ni aux différents partis en présence. S'ils parviennent à faire prévaloir une solution de justice au présent — quitte à faire l'impasse sur les injustices passées — on ne peut guère en exiger plus.
- Soit il s'agit d'*établir provisoirement des quotas pour tendre vers une « situation normale »* (multiculturalisme*) où les représentations sociologiques ne présenteront plus de distorsion par rapport à la composition sociologique de la société, où la politique des quotas sera abandonnée

---

1. Idée inspirée de Frantz Fanon, *Les Damnés de la terre* : la domination est d'abord implantée dans la représentation de soi du dominé, et c'est là qu'il faut commencer par aller l'extirper.
2. Cf. Todorov, *Mémoire du mal, tentation du bien : enquête sur le siècle*, Laffont, 2000, 355 pages, qui plaide pour que l'on cesse enfin de mélanger action politique et décisions de justice, légitime souci de réparations.

[philosophie de la parité homme/femme en France : entorse provisoire au principe voulant que chaque député représente toute la nation, et donc qu'il n'est pas élu député en vertu de ce qu'il est « naturellement » (homme, femme, transsexuel, handicapé, breton, etc.) mais des **idées** qu'il défend, de la **volonté** qu'il incarne]. (Objection : il y a là un optimisme qui consiste à penser qu'une fois la « situation normale » établie, elle tendra à perdurer « naturellement », ce qui est loin d'aller de soi.)

- Soit encore la représentation politique, l'occupation des postes doit être de façon permanente le reflet de la composition sociologique du pays. L'État ne représente plus alors des individus* mais des communautés (« solution » libanaise, communautarisme* au sens strict) : logiquement, ceci ne pourrait que tendre à supprimer les élections, là où un bon sondage ou une **étude sociologique** feraient mieux l'affaire. **Peu importe ce que les individus* veulent : seul compte ce qu'ils sont**. Cela suppose qu'on réduise l'homme à n'être que le membre de telle communauté qui dit pour lui, à sa place, ce qui est bien, ce qu'il veut. (C'est précisément ce que Renan conteste : que les Alsaciens soient « germaniques » qu'ils le veuillent ou non.) (Position qu'on pourrait seule désigner du nom de « communautariste* », par distinction avec « multiculturaliste* », même si en fait l'usage est de fait assez « flottant ».) Le communautarisme* est acculé à cette impasse : le moment venu, inéluctablement, *il faudra bien faire prévaloir ce que les gens sont* (qu'ils le veuillent ou non), *ou ce que les gens veulent*. La démocratie consiste à faire prévaloir ce qu'ils veulent par l'expression du suffrage universel. En effet, si l'on fait prévaloir en dernière analyse ce que les gens sont, encore faudra-t-il interpréter les conséquences de ce qu'ils sont en termes de décisions politiques : c'est alors donner le pouvoir aux représentants de ces groupes (ou à ceux qui se prétendent leurs porte-parole : cf. la situation au pays basque, en corse), en confisquant donc la parole aux simples citoyens qui ne représentent, eux, qu'eux-mêmes.

Polémique née aux USA : *à quoi s'aveugle ainsi l'État*, sur quoi porte son aveuglement ? Sur le fait que les individus* concrets ne sont pas de « simples » individus*, mais qu'ils sont tissés d'appartenances et d'allégeances diverses à des communautés qui ont une histoire.

Ce qui semblait la condition de l'impartialité de l'État peut apparaître aujourd'hui comme étant précisément le refus de prendre en compte les différences entre les individus*, c'est-à-dire en fin de compte leur identité.

Les individus* ne demandent pas simplement **des droits** (la bataille sur les droits a *grosso modo* été gagnée en occident : abolition des privilèges en France, abolition de l'esclavage aux USA, accès à **l'égalité des droits**). reste maintenant la demande ou **l'exigence de reconnaissance** sur laquelle l'État fermerait les yeux, resterait volontairement sourd. Le multiculturalisme* milite en faveur d'un passage d'une politique des droits* à une politique* (positive) de la reconnaissance*.

III. Critiques ou réserves ; évaluation des positions

• *Ce qu'on ne peut qu'accorder au multiculturalisme**

- L'idéal de l'égalité des chances (sauf à vouloir revenir à des sociétés d'ancien régime).
- La reconnaissance du fait que les inégalités/disparités sociales ne se résorbent pas spontanément.
- L'importance du langage : certains mots sont en eux-mêmes des insultes, peuvent blesser, (sont faits pour blesser) ; le fait qu'une agression verbale peut déjà être en elle-même une agression (et pas seulement la *menace* d'une agression physique : on peut envisager d'en faire des délits tombant sous le coup de la loi (racisme, sexisme, homophobie, « jeunisme », c'est-à-dire manifestation de mépris envers les vieillards simplement parce qu'ils sont vieux ; peut-on faire une liste exhaustive ?).

• *Critique des présupposés du multiculturalisme*, de sa « panoplie » conceptuelle*

La notion de « *mainstream* », de courant principal ou majoritaire ne va pas de soi. Une société pourrait être composée d'une juxtaposition de minorités. Le multiculturalisme* suppose un courant majoritaire homogène. Il suppose en outre qu'on puisse dire clairement qui en fait partie et qui n'en fait pas partie (on peut en faire partie par sa classe sociale ou sa religion, pas par la couleur de sa peau ou sa sexualité, etc.). La notion de « *mainstream* » a-t-elle réellement un sens ? Y a-t-il homogénéité d'un courant majoritaire ? Ne sommes nous pas tous traversés par des couches faisant que nous sommes « parfois » dans le courant majoritaire, d'autres fois dans des courants minoritaires ?

Cette notion semble nier tant la réalité que la légitimité du *métissage* : si un poste est réservé à un noir, sera-t-il attribué à un métis (on s'aventure alors à ses risques et périls dans les catégories nazies : demi-juif, quart de juif…). Au nom de la politique des quotas se met en place un fichage des citoyens : l'employeur soumet à son employé un questionnaire sur sa sexualité, sa religion, etc. Il y a là manifestement atteinte à la vie privée. Mais pour le courant de pensée multiculturaliste, au fond, *il ne peut pas y avoir d'atteinte à la vie privée parce qu'en définitive, dans sa perspective, il n'y a pas de vie privée* ! Par exemple avoir des pratiques homosexuelles ou aller à la messe sont des actes sociaux, appréhendables en termes sociologiques, et non pas des conduites individuelles qui relèveraient de la liberté de chacun. **Il ne peut plus y avoir de vie privée si celle-ci se réduit à l'appartenance à telle ou telle minorité qui demanderait à être reconnue par l'État**. (Ex. : le phénomène « *Gaypride* ».)

On semble partir de l'évidence que majoritaire est synonyme de coupable, persécuteur, hégémonique, et que minoritaire est synonyme d'innocent, victime, sympathique. Or cela ne va pas de soi (la rivalité de particularités hypostasiées peut fort bien signifier balkanisation, risque de guerre civile). *La revendication de* *particularismes peut être très inquiétante* : elle passe presque invariablement par le dénigrement complet de la culture de l'autre. On comprend l'embarras de Charles Taylor quand il en vient à prendre en compte le contenu effectif des cultures. Toutes les cultures se valent et doivent être reconnues et respectées : *principe universaliste* (*paradoxalement transculturel*, mais formulé de l'intérieur de la culture occidentale dominante) apparemment généreux ; mais la reconnaissance de toutes les cultures signifie concrètement la prise en compte du fait que la plupart — sinon toutes — contiennent à titre de trait culturel l'évidence de leur supériorité par rapport à toutes les autres[1]. Lévi-Strauss l'a amplement montré : l'arrogance est la chose du monde la mieux partagée. *L'ethnocentrisme n'est pas un trait propre à la culture occidentale*, même si c'est là que, de par la puissance technologique, militaire[2], il a eu les conséquences les plus ravageuses ; mais peut-être aussi pour les mêmes raisons là que sa critique a le plus avancé. Le multiculturalisme* respecte et soustrait toutes les cultures à un jugement critique, ou même à une tentative d'évaluation, **sauf bien sûr** la culture occidentale identifiée au « mal », accusée d'hégémonie, etc.

Remarque élémentaire

En principe dans une démocratie, être majoritaire c'est revêtu d'une légitimité, de la légitimité issue des urnes. Il n'y a rien de honteux à être majoritaire. Si l'on remet en cause le principe de la « pluralité des suffrages », quelle vie démocratique demeurera possible ?

• *Un certain nombre de questions restant en suspens*

L'État doit-il reconnaître un certain nombre de droits à l'individus* par rapport à sa communauté, ne serait-ce que *le droit élémentaire d'en sortir librement*[3], soit pour aller voir ailleurs, soi pour se sentir « *citoyen du monde* » (cf. l'affaire Rushdie), y compris *le droit de critiquer sa propre culture ?* L'individu* est-il en droit de s'attendre à se voir défendu dans ses droits par l'État face aux prétentions de communautés qui revendiquent son appartenance ; ou bien l'État traite-t-il avec les communautés par dessus la tête des individus* ?

---

1. H. Bergson écrivait que l'on ne pouvait pas passer par un simple « élargissement du cercle » des sociétés closes — que Samuel Huntington appellerait « civilisations » — à la société ouverte qui serait coextensive à l'humanité tout entière — pressentiment de ce que l'on appellerait aujourd'hui la mondialisation — parce que toutes les cultures sont dressées dans leur antagonisme les unes contre les autres, parce que cet antagonisme leur est constitutif et que par conséquent, l'on ne fera pas l'économie de la critique de cet élément inscrit au cœur de chaque culture. (*Les deux sources de la morale et de la religion*, 1932, chap. 1.) Et Philippe Némo : « Les valeurs communautaires soudant le petit groupe et les valeurs sociétales rendant possible la grande société sont en fait incompatibles. »
2. « L'Europe n'a pas eu le privilège de la barbarie, mais celui de forger une idéologie universaliste, qui allait servir d'alibi à une entreprise de conquête à peine imaginable. », Ph. Engelhard, *L'Homme mondial*, p. 252.

Contestation de l'équation : **« identité = appartenance communautaire »**. Fait tout aussi bien partie de mon identité la manière qui est la mienne de me situer par rapport à l'héritage qui est le mien, de le revendiquer, de prendre des distances par rapport à lui, voire de le rejeter. C'est même là ce qui fait de moi une personne* : j'ai une façon toute personnelle d'assumer mon propre héritage culturel. Il faudrait faire jouer ici l'opposition entre « individu* et personne* » (du point de vue de la personne*, c'est l'individu* comme simple membre de tel groupe social qui fait figure d'abstraction : retournement de l'accusation d'abstraction adressée par le communautarisme* au libéralisme).

> De qui émane la demande de reconnaissance* ?

Émane-t-elle de « groupes naturels » comme par exemple « les homosexuels », et ceci qu'ils se revendiquent comme tels ou non ; ou d'un courant de pensée, d'une démarche politique au moins partiellement analogue à un courant de pensée ou un parti politique ?

> À qui s'adresse-t-elle ?

À la puissance publique, ou aux autres acteurs sociaux, aux autres « communautés » ? ex. : Problème du PACS : demande de reconnaissance* symbolique, ou simple revendication de droits (héritage, baux de location, sécurité sociale...). Cette reconnaissance doit-elle passer par une loi ? Par ex. par une loi condamnant les insultes « homophobes » comme les injures racistes ou sexistes ? Cela supposerait que l'État ouvre les yeux sur les différences.

Il faut bien convenir qu'il est impossible de s'en tenir à la position : la loi ne veut que l'universel, s'applique à tous indistinctement (il faut bien faire des lois sur la protection des mineurs, les retraites, le congé de maternité...). Le pouvoir politique ne peut plus faire l'impasse sur les réalités sociologiques.

Pour autant, penser en termes de **communautés** n'est pas nécessairement pertinent (les enfants, les femmes, etc., forment-ils une « communauté », une minorité, brimée ?). *La « communauté » est comme un corps étranger au sein d'une société.* **Elle représente une alternative à la vie en société, non l'élément dont la société serait composée** : organisation communautaire (phalanstère de Fourier, le courant monacal au Moyen Âge : on se « retire » de la société pour s'enfermer au couvent) les kibboutz, les ghettos (choisis ou subis...).

Il serait sans doute bien plus pertinent de penser en termes de *catégories sociales* qu'en termes de *communautés*. En effet, une loi peut porter sur telle catégorie sociale (ex. les mineurs, les femmes en âge d'avoir un enfant, les retraités : il s'agit là d'une population qui peut définir le champ d'application d'une loi). Penser en termes de catégories sociales rend possible un découpage pertinent sur lequel la loi peut effectivement s'exercer. Il est beaucoup plus scabreux de faire une loi sur les musulmans, les noirs, etc. Penser en termes de

3. Ce n'est qu'en 1950 que la *Convention européenne des droits de l'homme* a explicitement inclus dans son article 9 que la liberté religieuse comprenait la liberté de changer de religion ou de n'en avoir aucune.

« catégories sociales » n'est pas enfermer une fois pour toutes l'individu* dans une appartenance dont il ne sortira plus (les classes d'âge par exemple sont au contraire par définition traversées par les individus*) — et, plus grave encore, enfermer par anticipation toute sa descendance dans une « appartenance communautaire » immuable. Compte tenue de la grande mobilité (géographique comme sociologique) des sociétés contemporaines, il semble plus judicieux de penser en termes de « *trajectoires identitaires* » que d'« *appartenances identitaires* ».

La vision de la société comme juxtaposition de communautés a succédé à sa représentation en termes de classes sociales en lutte les unes contre les autres. Ce nouveau modèle est peut-être aussi problématique que l'ancien.

Dans l'esprit des multiculturalistes*, la revendication d'une politique de reconnaissance **n'est pas une entorse faite aux principe d'égalité** universelle, *mais au contraire la tentative de l'inscrire enfin dans les faits.* La sociologie montre s'il en est besoin qu'aux USA ne règne aucune égalité des chances : les chances d'un jeune américain ne sont pas, dans les faits, les mêmes selon la communauté dans laquelle il est né, même si elles le sont dans la Constitution*. Il existe donc de fait des communautés n'ayant accès qu'à une citoyenneté de seconde zone, et tout le sens de **l'« *affirmative action* » ne tend qu'à rétablir cette égalité des chances** inscrite dans la Constitution*.

Les différences sont des faits, des faits sociaux ; comme telles, elles relèvent d'une étude sociologique. **Ont-elles à prospérer à l'abri des lois ?** Celles-ci ont-elles pour vocation de cultiver, d'entretenir, de protéger les différences, ou au contraire de rappeler l'universel qui nous unit, qui fonde notre appartenance à un même corps social ? (Ex. de l'interdiction du breton à l'école en Bretagne : volontarisme centralisateur. Est-ce à l'État de « décentraliser », c'est-à-dire de lutter contre le pouvoir de l'État ?)

> Un soupçon

Le communautarisme* pourrait permettre aux USA de passer d'une logique nationale (guettée par la tentation de l'isolationnisme ou du protectionnisme) à une logique impériale[1] (sur le modèle de l'Empire romain) : incluant et intégrant toutes les différences en son sein, accueillants à toutes les disparités, ils pourraient enfin prétendre à incarner l'humanité tout entière, s'étendre à l'infini.

1. Cf. Ph. Engelhard, *L'Homme mondial*, p. 256.

• *Le mouvement « politiquement correct[1] »*

L'expression « politiquement correct » (en abréviation : PC) fait son apparition sur la scène américaine à l'automne 1990, dans un article de Richard Bernstein (dans le *New York Times*) reprend une expression marxiste léniniste (était politiquement correct ce qui était conforme à la ligne officielle du Parti) Bernstein lui donne un sens nouveau et l'applique spécifiquement au **langage**. Formule d'abord ironique.

La mauvaise fortune d'une locution : la formule est empruntée au jargon stalinien des années 50. Elle sert à désigner le respect scrupuleux et docile, aveugle, à la ligne politique dictée par le comité central. Elle sous-entend un comportement intolérant en même temps qu'une soumission aveugle irréfléchie, inconditionnelle à une ligne politique adoptée en haut lieu. Les excès délirants et absurdes commis ne doivent pas servir de prétexte à l'occultation des problèmes réels soulevés par le mouvement « PC ».

Vers une langue parfaite, pure de tout préjugé, c'est-à-dire de tout jugement de valeur ? Le politiquement correct témoigne d'un usage, d'un recours, d'une conception magiques, incantatoires du langage. Il semble s'orienter vers une éradication linguistique du mal...

Bibliographie

Conan É., *La Dérive multiculturaliste. Essai sur les formes du communautarisme*, Éd. Bruno Leprince, 2001.

Taylor Ch., *Multiculturalisme, différence et démocratie*. (1992 en américain), Champs Flammarion, 1994 pour la traduction française.

— *Les Sources du moi*, Seuil, 1998.

Cf. dans *Les Éléments de Culture Générale*, Ellipses, 1999, « Qu'est-ce qu'être citoyen du monde ? », p. 257-259.

Revue *Krisis* n° 16, juin, 1994.

1. Une interprétation stimulante du mouvement « politiquement correct » par René Girard : une fois dénoncé le processus victimaire par lequel la société expulse hors de soi la violence en la canalisant sur un bouc émissaire, il n'est plus guère possible de déclarer sans ambages : « je n'aime pas les noirs, les juifs, les arabes, les femmes sont inférieures », etc. La propension à la violence n'a pas disparu pour autant. *Elle n'est que déniaisée* et va se servir de la théorie du bouc émissaire pour l'instrumentaliser et trouver une voie détournée pour s'exprimer. On ne dira plus que l'autre est inférieur, on dira que l'autre crée des victimes, qu'il est hégémonique et persécuteur, qu'il est un producteur de boucs émissaires. C'est toujours chez l'autre, jamais chez soi, qu'est ainsi discernée la propension à exercer la violence au détriment d'un groupe persécuté. Le mouvement politiquement correct est le rejeton de cette tendance : il traque partout, et en particulier dans le langage, le fait que c'est l'autre qui s'acharne sur le bouc émissaire, et que moi je suis toujours dans le groupe des victimes, donc des innocents.

PRÉSENTATION D'UN PENSEUR

PIERRE BOURDIEU ET LE CHAMP CULTUREL

Pierre Bourdieu (né en 1930) est sans doute un des plus grands sociologues contemporains ; c'est aussi un personnage qui irrite parfois : il a été au centre d'une polémique en août 1998, lors de la sortie de son livre sur *La domination masculine*[1]. Professeur au Collège de France depuis 1981, il ne dédaigne donc pas d'intégrer l'une de ces « instances de légitimation » qu'il a vilipendé par ailleurs, du moins au début de sa carrière. Mais c'est là une critique trop facile, tout comme celle consistant à lui reprocher d'user et d'abuser de la télévision tout en en développant une critique radicale[2]. De telles considérations doivent pas nous dispenser de prendre en compte ses analyses, ni de les critiquer ou d'entreprendre de les réfuter le cas échéant.

Bourdieu, comme Lévi-Strauss, comme R. Aron, est philosophe et non sociologue de formation. Les sociologues seraient-ils des enfants égarés de la philosophie ? La question est loin d'être purement anecdotique, dans la mesure où elle soulève le problème du *statut de la sociologie*, de son indépendance. Question d'autant plus cruciale que Bourdieu importe massivement des concepts de la philosophie (venant de Marx philosophe), comme Lévi-Strauss en importe de la

---

1. La polémique a débuté par le livre de l'historienne Jeannine Verdès-Leroux, qui critique son arrogance, son dogmatisme, l'intransigeance sans distanciation de ses disciples. On parle de « terrorisme intellectuel » : le cercle des bourdieusiens pratique l'amalgame et rassemble dans un même sac tous ceux qui n'en font pas partie (selon Finkielkraut), les défenseurs de la république et de la démocratie, comme ses détracteurs. Finkielkraut parle de « formidable régression intellectuelle » : après la prise de conscience de la réalité du totalitarisme, Bourdieu revient comme si rien ne s'était passé, comme si l'on n'avait rien compris. Bourdieu est accusé de dénigrer le pluralisme comme « illusion bourgeoise » masquant la réalité d'un monde bipolaire fait du bien et du mal, des bons et des méchants, entre lesquels aucun compromis n'est possible, toute tentative de compromis (essence du politique selon Rawls) valant trahison. La pensée de Bourdieu trahirait ici ses limites, ses propres soubassements idéologiques curieusement (et furieusement) pré ou a-sociologiques. La même critique vaudrait pour Marx : il juxtapose des analyses d'une extrême finesse (dans *Le Capital*) et des jugements de valeurs moraux à l'emporte-pièce (« exploitation », « mystification ») dont on se demande dans quoi ils se fondent, que la théorie est incapable de fonder (Marx, après s'être livré à une critique implacable des droits de l'homme, revient en critiquant (d'où ?) l'exploitation de l'« homme par l'homme », comme si l'homme avait, malgré tout, des droits... C'est l'éternel problème du passage entre le descriptif et le normatif. Problème lui-même inclus dans un autre, plus général : dans quelle mesure un sociologue peut-il **critiquer** son objet ?
2. P. Bourdieu, *Sur la télévision*, Liber, 1996.

philosophie et de la linguistique (synchronique*/diachronique*, la notion de « système de différences » empruntée à Saussure lui permet de penser les « structures élémentaires de la parenté », le lien social fonctionnant de manière analogue au lien linguistique. La relation de Bourdieu au marxisme serait analogue à celle de Lévi-Strauss au structuralisme (c'est-à-dire non seulement à des courants qui débordent de loin la sociologie, mais de plus qui n'en proviennent pas). Mais Bourdieu va retourner ces concepts contre la philosophie, pour la penser contre elle-même, contre la façon dont elle prétend se présenter. C'est le cas par exemple de la critique de Heidegger déployée dans *L'Ontologie politique de Martin Heidegger* en 1988.

Ce qui saute aux yeux à une lecture superficielle de Bourdieu, c'est le lourd tribut payé au marxisme, jusque dans le vocabulaire employé, les concepts empruntés (donc présupposés. Il s'agit d'une grille de lecture que Bourdieu met en œuvre pour rendre intelligible le champ social, non pas concepts qui en émergent). Bourdieu semble reprendre à son compte tels quels les concepts de classe sociale, de classe dominante et de classe dominée, de lutte des classes, la critique de l'individualisme, **l'invalidation du témoignage de la conscience** peut-être fondamentalement mystifiée, peut-être en elle-même une mystification en tant que conscience individuelle (seule la conscience de classe serait alors porteuse d'une vérité, signifierait le triomphe sur l'illusion de la conscience individuelle. D'où l'usage récurrent du terme « **objectivement** » (disqualification de la conscience mise en œuvre dans les procès de Moscou). La sociologie aurait un rôle décisif à jouer dans cette « démystification » de la conscience. Il convient de ne pas se laisser arrêter par cette première impression, ne pas exclure *a priori* que Bourdieu opère des déplacements, pense quelque chose de nouveau *malgré*, *contre* le vocabulaire hérité. Bourdieu introduit d'autres concepts, nouveaux, qui font peut-être « bouger » ceux dont il hérite : les concepts de « *champ social* », d'*habitus** par exemple. (Ce serait en tout cas une analyse… structuraliste, faisant d'une théorie un système dont les différents éléments interagissent.) Il se démarque du marxisme par l'importance décisive qu'il accorde aux structures symboliques, au champ symbolique, et donc évidemment, éminemment à la culture, à la création artistique, à la politique, dont il est loin de faire de simples « superstructures » comme le veut la vulgate marxiste[1], mais auxquelles il reconnaît une consistance propre : si matérialisme il y a, il s'agira d'un matérialisme bien paradoxal, bien « pondéré ». Ceci doit nous conduire à nous intéresser moins à la « vulgate » bourdieusienne qu'à sa démarche.

Bourdieu malgré, tous ces emprunts, revendique l'indépendance de la sociologie (faute de quoi elle resterait inféodée à ces productions culturelles mystifiées et mystificatrices que sont les philosophies, les théories politiques, artistiques, etc.). Il nourrit une très haute ambition pour la sociologie : « la sociologie est une science

1. Pas Marx lui-même si l'on suit l'interprétation de Michel Henry dans son *Marx* en deux volumes (Tel Gallimard, tome I, 1976, 429 pages ; tome II, 1976, 484 pages) et qui s'ouvre sur la définition : « Le marxisme est l'ensemble des contresens qui ont été faits sur Marx. » (Tome I, p. 9). Michel Henry entreprend de sauver Marx des marxistes, comme on peut tenter de sauver Bourdieu, ou quelque chose de Bourdieu, des bourdieusiens…

au même titre que la physique ; le monde social est connaissable comme l'est le monde physique » (P. Bourdieu). C'est ce pari d'une réalité sociale parfaitement intelligible qui permet à Bourdieu de revendiquer pour la sociologie le statut de science à part entière.

La pensée propre de Bourdieu se déploie à partir de deux livres, d'un dyptique, un des livres constituant l'appareillage théorique (même s'il s'intitule *Le Sens pratique*, 1980), l'autre la mise en œuvre pratique, voire la mise à l'épreuve des concepts développés, théorisés dans *Le Sens pratique* : *La Distinction*, Éditions de Minuit, 1979. Les deux livres ont été écrits en fait de front. Dualité où l'on pourrait lire l'une des failles, l'une des faiblesses de la démarche de Bourdieu : il semble développer à part, préalablement, sa démarche théorique, pour la mettre seulement ensuite en œuvre, à l'épreuve (dans *La Distinction*, 1979, *La Domination masculine*, 1998, *La Noblesse d'État*, Éditions de Minuit, 1989, 568 pages ; (cette critique serait toutefois elle aussi à nuancer : sa théorie s'enracine malgré tout dans des travaux antérieurs : étude de la société algérienne (sur la Kabylie), étude d'ethnologie rurale dans le Béarn dans *La Reproduction*, Éditions de Minuit, 1970).

Présentation schématique de la méthode proprement bourdieusienne : elle consiste à « panacher » *approche structuraliste* et *approche constructiviste*

<table>
<tr><th>Approche constructiviste</th><th>Approche structuraliste</th></tr>
<tr><td>Elle s'attache aux structures sociales, aux divisions objectives du monde social.</td><td>Elle prend pour objet d'étude les structures mentales, les « principes de vision et de division » des agents sociaux, les critères et les repères qui leur permettent de se situer à l'intérieur d'un champ social, et d'orienter leurs choix et leurs conduites. Il s'agit — solidairement — des « schèmes de perception et d'action » de ces agents sociaux.</td></tr>
<tr><td colspan="2">L'approche de Bourdieu postule, bien entendu, une correspondance entre les « structures sociales » et les « structures mentales ». Les deux sont interdépendantes sans que l'on puisse dire de façon univoque que les unes déterminent les autres. Mais il ne s'agit pas non plus d'une adéquation ou d'une correspondances « mécaniques » : le rapport entre les deux n'est pas déterminé de façon rigide : il peut y avoir plus ou moins grande congruence entre structures mentales et structures sociales : c'est ici que le couple ajustement/désajustement va pouvoir jouer.</td></tr>
</table>

Cette dualité des approches permet à Bourdieu d'éviter à la fois deux approches (et, si l'on se resitue dans le contexte intellectuel de l'époque, elle lui permet d'échapper au dilemme : structuralisme ou existentialisme ?) :

Écueil du subjectivisme	Écueil de l'objectivisme
Il consisterait à prendre au mot, à prendre pour argent comptant le témoignage de la conscience (et donc d'exclure *a priori* l'hypothèse que la conscience soit fondamentalement mystifiée, qu'elle puisse s'illusionner sur elle-même, sur ce qui lui arrive et sur ce qu'elle fait).	Il consisterait à croire que les structures sociales pourraient perdurer, ou plus radicalement encore *exister*, sans que les agents sociaux se les approprient, les intériorisent, les « coulent » dans leurs mentalités et dans leurs comportements[1].

1. L'émergence de la « théorie bourdieusienne »

On peut dire que la démarche proprement bourdieusienne (le moment où Bourdieu commence à se trouver lui-même) naît du geste par lequel il se détourne de la « fascination » (critique qu'il s'adresse à lui-même rétrospectivement) pour les **instances de légitimations** (concours comme l'ENA, le prix Nobel, le concours général, les prix littéraires, les décorations comme la légion d'honneur...) en tant qu'objets dignes d'un sociologue, pour se tourner vers les champs sociaux dont ces **instances de légitimation** ne constituent **que des instruments** (la partie émergée de l'iceberg, la plus visible, dont doit se détourner le sociologue). Qu'est-ce qu'un **champ social**[2] ? C'est là un concept nouveau que Bourdieu surimpose (et non pas superpose) à celui de classe sociale. La lutte des classes se décline selon différents champs sociaux où les mêmes enjeux se rejouent à chaque fois : lutte pour « le monopole de la position dominante », pour l'occupation d'un espace symbolique dont on exclut les autres classes ou d'autres fractions de la même classe. Bourdieu complexifie ici le modèle marxiste sans vraiment le remettre en cause. Bourdieu donne pour exemple le champ politique, le champ de la haute couture, le champ intellectuel[3].

1. Par exemple, une institution comme l'ENA ne pourrait perdurer si à chaque promotion il n'y avait plus de candidats que de places et si ce n'étaient pas « les meilleurs » qui se présentaient au concours. « Les meilleurs » : un tel jugement n'a évidemment aucun sens dans l'absolu, *il ne s'agit pas d'un jugement porté par le sociologue mais du jugement porté par la société qu'il étudie*, en l'occurrence la société française. « Les meilleurs », c'est-à-dire *les plus aptes*, en fonction de critères implicites ou explicites, *à occuper demain les plus hautes fonctions dirigeantes*.
2. On assiste ici au déplacement d'accent qui signe un « virage structuraliste » de Bourdieu et qui pose la question du rapport complexe à Lévi-Strauss et à Foucault.
3. La lutte acharnée entre l'école de Bourdieu et les autres intellectuels dont elle vilipende les « essais » (terme péjoratif qui signifie chez lui : non scientifique, expression d'une subjectivité prisonnière de sa sensibilité, de sa partialité) illustrerait à merveille cette lutte féroce pour occuper le terrain culturel, intellectuel et médiatique. Attaques « stratégiques » de Bourdieu contre la télévision où il fait tout par ailleurs pour occuper le terrain. La critique de Finkielkraut ne manque pas de pertinence : Bourdieu réduit le débat intellectuel à n'être qu'un champ de bataille, une des facettes de la lutte des classes dont l'enjeu ultime est l'acquisition et la conservation du pouvoir, de la « position dominante ». Non pas la quête de la vérité, où l'on pourrait présumer l'interlocuteur de bonne foi, voir en lui un partenaire à convaincre plutôt qu'un adversaire à abattre... (A. Finkielkraut, *L'Express*, 20/8/1998).

Les **champs sociaux** sont définis et structurés comme espaces de concurrence **entre les classes sociales** (révélation de la sociologie, selon Bourdieu), alors qu'ils se donnent de prime abord comme espace de concurrence entre **agents sociaux** (ou acteurs sociaux : individus*, mais pas seulement : stratégies de lobbies, de personnes morales comme des entreprises…). Ce qui est visible et conscient, ce sont les stratégies de carrières, les rivalités de personnes (en outre mises en scène par les concours…). Les vrais enjeux sont en fait ailleurs : l'important n'est pas **qui** (quelle personne, quelle institution) occupe telle fonction, mais **comment** s'est opérée la sélection. Les agents ne sont pas interchangeables mais sont le fruit de conditionnements différenciés (familiaux, culturels, scolaires, sociaux…). La concurrence à l'intérieur de chaque champ social constitue une **compétition en vue d'une répartition inégalitaire des postes**, des fonctions, du pouvoir, selon des critères de sélection qui peuvent être conscients, concertés, ou inconscients mais qui visent toujours au maintien en place (ou à la « reproduction ») de la classe dominante occupant d'ores et déjà ce champ social. Même le thème, libéral, de « l'ascenseur social[1] » peut être lu à travers cette grille : il s'agit de sélectionner dans la génération suivante les individus* qui seront à même (à la limite *quelque soit leur origine sociologique* : il ne s'agit pas d'un déterminisme sociologique rigide et simpliste) de par leurs capacités, leur volonté d'adopter les valeurs dominantes, de reconduire le système hiérarchique toujours implicitement en place. Nous sommes face à un système « **objectivement** » inégalitaire = usage « marxiste » du terme « **objectivement** » qui signifie : « que la conscience s'en avise ou non ». Qu'il s'agisse d'un plan concerté, d'une volonté assumée de sélectionner un certain type de décideurs, une **élite** qui aura à charge de pérenniser le système en place, ou d'une sorte d'instinct de survie aveugle de la classe dominante, peu importe au sociologue. L'entretien d'embauche, le concours de recrutement viennent opérer une sélection à l'intérieur d'une classe d'âge entre ceux qui accéderont aux postes de commande (voire, plus grave encore, entre ceux qui seront intégrés dans la société et ceux qui en seront rejetés : c'est le thème de *l'exclusion* de ceux qui se sont avérés *incapables (de) ou rétifs* à intérioriser les modèles de comportements, d'attitudes, de goûts proposés comme modèles par la société, entre ceux qui ont fait la preuve de leurs plus ou moins grandes capacité et volonté à s'intégrer ou non à cette société, et les

1. Formulation cynique : la société sélectionnerait les éléments sur lesquels elle pense pouvoir s'appuyer, qu'elle préfère voir lier leur sort au sien plutôt que de les avoir comme adversaires ou contestataires, en leur offrant une promotion sociale, à charge pour eux d'adopter les valeurs dominantes, d'acquérir l'*habitus** des classes dominantes. (Cf. le film *Ressources humaines* de Laurent Cautet). Cf. *La Noblesse d'État*, p. 191 : Bourdieu s'inscrit en faux contre une régression vers une théorie simpliste, du sens commun, de la transmission, qui constitue la toile de fond de la théorie de la mobilité sociale. Il s'efforce d'enrayer la dégradation de sa théorie en discours idéologique. Discours résumé par la trivialité : « Tel père, tel fils ». Si c'était aussi simple, si la reproduction était mécanique ou automatique, il n'y aurait nul besoin d'institutions comme l'école pour assurer la stabilité des disparités sociales. Bourdieu s'attache à contrer une mauvaise vulgarisation de sa théorie. (Qui serait une régression vers des thèses du sens commun, préalables à la prise en compte des phénomènes sociologiques : Bourdieu peut donner l'impression parfois d'asséner des banalités.)

autres). « **Le processus de sélection des élites est en réalité un processus de cooptation**[1] » transgénérationnel.

L'œuvre de Bourdieu est habitée par un sens aigu de la fragilité des institutions et, d'une manière plus générale, des structures sociales. Elles ne peuvent survivre que si les « agents », génération après génération, se les approprient ; que si elles demeurent « désirables » et font donc l'objet, à chaque génération, d'une compétition. La société joue sa survie à chaque génération (tel est le vrai sens de *La reproduction* : l'enjeu n'est ni plus ni moins que la perpétuation ou non des structures sociales, de l'ordre social. **C'est ici que Bourdieu semble manquer le virage historique** : il ne semble penser les conditions sous lesquelles une institution sociale perdure qu'en termes de reproduction/reconduction, pas en termes d'évolution/d'adaptation. Il applique la notion d'adaptation aux agents (*via* le concept d'*habitus**) plus qu'aux structures sociales[2]. D'où une posture théorique paradoxale : l'œuvre de Bourdieu nous propose une théorie de la lutte des classes qui ne débouche sur aucune philosophie de l'histoire. Il est ici fidèle à quelque chose de Tocqueville : la survie des institutions est confiée à la vigilance des citoyens, à leur attachement aux institutions qui rendent la liberté possible ; mais fidèle à un Tocqueville mâtiné de Marx : les agents ne peuvent sauvegarder les institutions (les structures sociales) qu'en **reconduisant** les clivages sociaux et en particulier le partage principal, principiel, entre classe dominante et classes dominées.

2. La notion d'habitus*[3]

> Définition de l'*habitus**

Ensemble des schèmes, des normes implicites, des modes de fonctionnement et de comportement, qui définit si l'on appartient ou pas à un groupe social, si on

1. *La Noblesse d'État*, Minuit, 1989, p. 19.
2. Il s'interroge néanmoins sur la reconduction **et** sur l'évolution des structures. S'il écarte « l'histoire naïve », celle qui s'attache à narrer des événements en faisant l'impasse sur les structures, c'est pour esquisser une « histoire structurale » des grandes écoles dans *La Noblesse d'État*, Éditions de Minuit, 1989, p. 265 *s.*
3. Bourdieu définit l'*habitus** comme « un ensemble de dispositions socialement constituées » (*La Noblesse d'État*, Éditions de Minuit, 1989, p. 10). Louis Pinto développe cette définition de l'*habitus** : « grammaire génératrice de pratiques conformes aux structures objectives dont il est le produit. » (Pinto, *Pierre Bourdieu et la théorie du monde social*, Albin Michel, 1998, 263 pages, p. 46). L'*habitus** est donc la capacité d'acquérir une faculté d'adaptation : il ne s'agit pas d'une adaptation au coup par coup, par imitation, de pratiques juxtaposées. Mais bien d'une **intériorisation** d'un mode de fonctionnement généré par des structures objectives (c'est-à-dire sociales) qui fournit en quelque sorte « d'un coup » la clé de l'adaptabilité. L'*habitus** présente donc deux faces : l'une *objective* (il est l'expression de structures sociales, un *effet de structure*), l'autre *subjective* (il se traduit par un réseau de perceptions, d'évaluations, et d'attitudes découlant de ces évaluations, de ces manières d'appréhender les situations, dans lesquelles est pris l'individu*, ou dont on pourra dire qu'il est prisonnier). L'*habitus** est donc lui-même une interface qui peut être appréhendée tantôt comme intériorisation de structures préexistant à l'individu*, tantôt comme extériorisation des stratégies individuelles dans un champ déterminé par des structures objectives.

s'y est agrégé ou pas. L'acquisition de l'*habitus** est l'issue et l'objet de l'éducation. Tous n'y sont pas également prédisposés. Si les « normes implicites », jugements de valeur, hiérarchies de priorité, ont été préalablement intériorisés par les générations précédentes, l'élève aura d'autant plus de facilité à adopter « spontanément » les cadres (ou « schèmes ») qu'on lui impose ou lui propose à l'école, à l'université (c'est le thème central de *La Reproduction*). Certaines œuvres d'art (certaines musiques, certaines littératures, certaines peintures) sont jugées (par qui ? interroge le sociologue. Par les figures de proue de la classe dominante) dignes de faire l'objet d'un enseignement scolaire puis universitaires, d'autres non. On enseigne la musique classique, pas le rap. On enseigne Rembrandt, pas les tags. La façon de parler dans les quartiers chics est sanctionnée comme « correcte », c'est du « bon français », celle de parler dans les « banlieues » comme incorrecte, faite de « fautes » de français[1]. Toute la réflexion critique de Bourdieu se situe à l'intersection entre ce caractère normatif de l'école (le professeur a pour tâche d'inculquer le vrai et le faux, le bien et le mal, le beau et le laid ou le vulgaire), et la dimension sociologique qui sous-tend ces jugements de valeur. Bourdieu réduit l'éducation à la fonction d'acquisition et d'intériorisation des conditionnements sociaux, avec à la clé, à l'issue, la place à laquelle chacun pourra aspirer au sein de la société de la génération suivante. La société ne sélectionne pas tant des individus* (des « agents ») que des modes de comportements jugés ou non recevables, sociaux ou « asociaux » **dans une société donnée**, c'est-à-dire, pour Bourdieu, dominée par une classe sociale déterminée, qui impose ses propres critères de reconnaissance internes (on est un bourgeois si on aime tel type de musique, tel type de théâtre, ou si l'on préfère le théâtre aux concerts de rock...) comme valeurs générales valant universellement (critique de Kant) donnant le ton ou le *la*.

---

1. Un élève apprend tout d'un coup, ou plutôt peu à peu, que le français parlé à la maison, par ses parents, est « incorrect », que les téléfilms qu'ils regardent en famille sont nuls et non avenus, qu'ils ne font pas partie de la vraie « culture », celle qui mérite d'être enseignée à l'école. Les évoquer, s'y référer, devient honteux. Il apprend que les livres qui constituent la bibliothèque familiale ne sont pas de la « vraie littérature », mais méritent le qualificatif de « romans de gare ». Un autre élève va au contraire voir légitimer sa culture familiale : les concerts où il va en famille, les musées qu'ils fréquentent, les pièces de théâtre qu'ils vont voir constituent bien le patrimoine culturel méritant d'être transmis par cette institution, l'école. L'un va à l'école pour retrouver la culture dans laquelle il baigne quotidiennement ; l'autre pour se trouver confronté à une culture qui lui est étrangère et *dont il sent bien qu'elle a vocation à disqualifier* « *la sienne propre* », ou plutôt celle de sa classe sociale. L'un et l'autre vont faire une expérience radicalement différente de leur rapport à l'« école », à l'institution, et à travers elles, à la société. Ceci pose une question de fond. L'école peut-elle ne pas être normative, ne pas établir de hiérarchie ? Peut-elle ne pas dire que certaines tournures de phrases sont grammaticalement fautives ? Que toute littérature ne se vaut pas ? Comme dit A. Finkielkraut dans un raccourci saisissant : « Ce que lisent les « lolitas » vaut-il *Lolita* de Nabokov (in *La Défaite de la pensée*, Gallimard, 1987, p. 152) ? Bourdieu interroge le droit même de l'enseignant à transmettre des normes. Nous habitons ce malaise, en particulier confrontés à des classes extrêmement hétérogènes. Peut-on cautionner la prime permanente aux élèves auxquels est échu le bon « héritage culturel » ? Peut-on renoncer à former le goût et le jugement, au prétexte qu'ils ne seraient que ceux de la classe dominante ? Quel autre rôle alors assigner à l'école ?

> Thèse de Bourdieu

« [...] les inégalités *de* culture reflètent des inégalités *devant* la culture »

Tous les élèves sont loin d'être situés à égale distance de l'idéal que l'école place devant eux. L'égalité des chances en matière scolaire, et plus particulièrement en matière d'accès à la culture, n'est qu'une mystification. La transmission pure d'un savoir, les objectifs pédagogiques « purs » pris pour eux-mêmes, étrangers à tout rapport de force, à plus forte raison à toute lutte de classes, sont une fiction. La « sanctuarisation de l'école » est une ineptie. Le véritable enjeu du système scolaire n'est pas étroitement « pédagogique », *il n'est ni plus ni moins que la reconduction du système social*[1] *en place*. Croire pouvoir laisser les rapports de pouvoir à l'extérieur de l'école est donc une naïveté ; les enjeux pédagogiques sont toujours surdéterminés par des enjeux autres, extérieurs à l'école. Enjeu majeur : la production d'un ordre social (relativement) stable, le plus stable possible. Le rôle de l'institution scolaire est structurellement, fortement discriminant[2] : il s'agit d'établir un partage entre ceux qui veilleront à préserver cet ordre (qui lieront leur sort à lui) et ceux qui se contenteront de le subir).

L'éducation a parfaitement réussi quand l'individu* est intimement convaincu que « son » goût est *son* goût, c'est-à-dire que sa prédilection pour Mozart ou Bach est l'expression de sa singularité, non le reflet de la classe sociale dans laquelle il s'est agrégé. La réussite complète d'une éducation est la conscience complètement mystifiée, c'est-à-dire pleinement persuadée d'opérer librement ses propres choix quand elle se contente « d'agir » les *habitus** qui lui ont été inculqués.

3. Le sens pratique n'a donc rien d'une faculté innée

Le « sens pratique » est l'ensemble des structures intériorisées qui permettent à des acteurs sociaux (des « agents ») de se repérer et de s'orienter au sein d'un champ social. Le couple opératoire est ici **ajustement/désajustement**. Une famille déracinée par l'exode rural (ou une famille d'immigrés récents) se trouve « désajustée » : elle se retrouve dans un environnement dont elle ne possède pas les clés, elle est désorientée, d'où des comportements inadaptés. C'est le phénomène de « désajustement » qui permet de rendre visible le phénomène d'**ajustement** qui resterait sans cela invisible, indéchiffrable (qui « fait symptôme », dirait Lacan). Le sens pratique peut sembler absolu (ce qui permet de formuler des règles de vie pratiques ou morales universelles, inquestionnables), tant qu'on ne sort pas du champ social qui l'a généré, et en adéquation duquel il fonctionne.

---

1. « L'institution scolaire joue un rôle déterminant dans la reproduction de la distribution du capital culturel, et, par là, dans la reproduction de la structure de l'espace social. » L'institution scolaire est l'enjeu central de la lutte pour le monopole des positions dominantes. (*La Noblesse d'État*, Éditions de Minuit, p. 13)
2. Son rôle est de mettre en œuvre un système de sélection des futures élites ; de préparer la ventilation des « agents » dans la société inégalitaire de demain, pour préserver et perpétuer le système de domination, le rapport dominant/dominé.

Cette conception du « champ social » détrône toute prétention à l'universalité en matière de conduites humaines (toute morale de type kantien, mais aussi toute règle de conduite, tout manuel de sagesse) *sans pour autant sombrer dans le relativisme* : il y a bien des conduites adéquates ou inadéquates relativement à tel champ social déterminé[1].

Le *sens pratique* a pour enjeu théorique de faire descendre les « structures » de leur ciel intelligible (d'où sortent-elles ? Les structuralistes font l'impasse sur la *diachronie** pour mieux penser la solidarité des éléments constituant une structure dans la *synchronie** : ils se donnent la structure toute faite). Le geste opéré par Bourdieu consiste à remplacer la règle par des « stratégies » d'agents qui lui donnent vie, qui la constituent, dont elle émerge, loin de les précéder.

La position de Bourdieu ne consiste nullement à dire que l'individu* n'a aucun choix et qu'il est rigoureusement déterminé à agir de telle ou telle façon. Il ne nie pas la réalité de stratégies individuelles calculées. Mais il rappelle que cet éventail des possibles **se situe à l'intérieur d'un périmètre socialement déterminé** dont l'individu* n'a pas conscience (qui constitue en quelque sorte à son insu **l'horizon des moyens** auxquels il pense pouvoir avoir recours **et des fins qu'il est susceptible de poursuivre**) ; et que même à l'intérieur de ce périmètre invisible, ses choix ne sont pas « individuels » au sens où il l'entend. L'individu* n'est confronté à des « situations » qu'en tant qu'il les appréhende à travers un prisme qui est non individuel mais social : à travers des « schèmes » de perception, d'évaluation (de jugements valorisants ou dévalorisants, d'échelles **hiérarchiques** ou de **priorités** inconscientes, héritées, transmises à l'individu* *via* l'éducation et qui à ce titre s'imposent à lui). La réponse de l'agent, du « sujet » sera fonction des conditionnements qu'il a subis. L'initiative des individus* n'est donc pas à nier mais à contextualiser, à resituer à l'intérieur des cadres d'un conditionnement social différencié (un fils d'ouvrier aura tendance à réagir à une situation suivant d'autres stratégies qu'un enfant de cadre par exemple). À proprement parler, il ne peut pas s'agir de la « même situation » puisqu'elle n'est pas appréhendée à travers les mêmes cadres, les mêmes « schèmes » (élément de critique implicite de Sartre. La « situation » bourdieusienne n'est pas la situation sartrienne). Donc ce qui est en jeu n'est nullement une opposition simpliste entre liberté et déterminisme. Il s'agit pour Bourdieu de dire que la liberté d'action des « agents » se situe à l'intérieur d'un périmètre dont l'agent ne s'aviserait nullement, n'était la sociologie ; et d'autre part, que même à l'intérieur de ce périmètre, la liberté ne s'exerce nullement de façon discrétionnaire ou arbitraire, mais en fonction de critères et de repères que l'agent n'a nullement construits de toutes pièces mais dont il a hérité, qui lui ont été transmis, en vertu d'une transmission *non homogène* à l'intérieur du champ social.

1. Telles sont les limites du structuralisme selon Bourdieu : il tend à nous faire croire à la conformité des pratiques à des règles. Cette croyance vient masquer le rapport dominant/dominé, le fait que les « agents » ont toujours développé des stratégies pour contourner/déjouer les règles Cf. Marcel Gauchet, *Le Désenchantement du monde*, NRF Gallimard, 1985, 306 pages. Il a existé de tout temps des « résistances » au pouvoir, donc des rapports de pouvoir.

4. La notion de capital recouvre un champ bien plus vaste que chez Marx

Le « capital » ne se réduit pas à sa seule dimension économique : il englobe également tout le capital symbolique, toute forme de gratification et de récompense susceptible d'être inégalement réparti, de façon non homogène, au sein d'une société. Cela recouvre tout ce dont il est possible de tirer profit en l'intégrant à des stratégies (un diplôme, un carnet d'adresses, un nom célèbre...). Les différences de pouvoir peuvent être décrites en termes de différences de capital : les enjeux en sont aussi vitaux que ceux concernant le capital économique *stricto sensu*. Un capital symbolique doit être adossé à des processus de légitimation (diplômes... le système éducatif joue ici un rôle pivot, central, en décernant ce capital symbolique, en en désignant les légitimes dépositaires).

C'est dire si la sociologie telle que la conçoit Bourdieu ne peut être que subversive, trouble-fête, mauvaise conscience de la société. Il est, la formule est de lui, « celui qui vend la mèche ». Il s'agit pour le sociologue de *s'assurer que l'éducation ne réussisse jamais si complètement que l'individu* ne soit plus à même de repérer ce qu'il y a de social, c'est-à-dire de collectif* et de contraint, *dans ce qu'il croit lui être le plus intime* (ses goûts artistiques, mais aussi pourquoi pas ses prédilections sexuelles, son rapport à son identité, etc. Cf. *La Domination masculine*, Seuil, 1998).

> « Bourdieu pense la sociologie comme ayant pour finalité la réappropriation par le sujet du sens de son expérience du monde (social) originairement placé sous le signe de l'aliénation. » (Pinto, p. 58)
>
> « La sociologie a pour vocation la dénaturalisation et la défatalisation ; tâche qu'elle peut mener à bien en dévoilant les déterminants sociaux et les fondements historiques des discriminations sociales. » (P. Bourdieu) (ce sont ces déterminants sociaux qui permettent de comprendre en quoi les classes sociales ne sont pas des castes de droit divin à l'indienne)

• Critique

La sociologie bourdieusienne présente cette particularité de développer une théorie de la lutte des classes qui ne débouche sur aucune philosophie de l'histoire, sur aucune fin de l'histoire. Une conception anhistorique de la lutte des classes ? C'est là une position bien paradoxale d'un point de vue marxiste. Tout se passe *comme si la promotion du symbolique s'était faite au détriment de l'historique*. Mais c'est peut-être une autre façon de dire que le rapport dominant/dominé est, dans la perspective bourdieusienne, indépassable. Certes, il est possible de « désaliéner » la conscience, de permettre à l'« agent » social de développer des stratégies moins mystifiées, plus lucides ; mais il y a loin de la coupe aux lèvres, et de la possibilité pour l'agent de prendre conscience des déterminants sociaux en tant que tels pour qu'il ne les confonde plus avec des prédilections individuelles, à proposer un modèle de société alternatif, qui aurait surmonté la dualité des rapports dominant/dominé.

> L'élitisme républicain

Cet « élitisme républicain » est miné par la contradiction ramassée dans la formule de Daniel Halévy : « La démocratie, c'est les mêmes privilèges pour tout le monde. »

D'un côté, on a la quête de la distinction : recherche effrénée, frénétique de toute marque distinctive qui permet de se reconnaître « entre soi » (ceux qui partagent les mêmes goûts, qui ont « bon goût », qui ont les bonnes manières, qui sont « comme il faut »). D'un côté on a la volonté de se démarquer le plus possible des autres classes sociales inférieures, dominées (dégoût, répulsion pour tout ce qui fait « leur » culture ou « leurs manières », leur langage, leur façon de s'exprimer (vocabulaire recherché, accent distingué ou vulgaire…). Une classe dominante crispée sur des distinctions infinitésimales[1] par lesquelles elle joue sa cohérence, son unité et sa distance par rapport aux autres classes : une certaine intonation, un vocabulaire légèrement décalé, une certaine façon de se « tenir » et de mouvoir son corps.

Mais en même temps, d'un autre côté, on a la prétention de présenter à tous comme universels, *via* l'école, les critères de la classe dominante, le « ticket d'entrée » dans le club des dirigeants… L'idéal de « l'excellence » indéfinie et indéfinissable présenté par le modèle scolaire, comme la « terre promise » à laquelle une majorité d'une classe d'âge n'accèdera pas. Il ne saurait pas y avoir de « classe dirigeante universelle », pas plus que de « privilèges pour tous » : **il est essentiel qu'il y ait un « taux d'échec » à l'école, à l'université : elles sont faites pour ça**, pour tester qui est susceptible de s'agréger à la classe dominante et à quel degré. (On voit ici quelle formidable hypocrisie se dissimule derrière l'idéologie de « la réussite pour tous » : un tel programme supposerait *un autre type de société*, pour nous presque impensable, où le pouvoir serait distribué *de façon homogène et ne ferait plus l'objet d'une concurrence.*) La « réussite pour tous » supposerait **une répartition homogène du pouvoir** (ce qui serait peut-être, soit dit en passant, la négation même de l'idée de pouvoir, si, comme l'écrit Thomas Hobbes, « Le pouvoir n'est pas autre chose que l'excès du pouvoir de l'un sur le pouvoir de l'autre »).

À lire

Bourdieu P., *La Noblesse d'État*, Éditions de Minuit, 1989.
Mounier P., *Pierre Bourdieu, une introduction*, Pocket La Découverte 2001.
Pinto L., *Pierre Bourdieu et la théorie du monde social*, Albin Michel, 1998.

1. *La Noblesse d'État*, Éditions de Minuit, 1989, p. 197.

FICHE DE LECTURE

RICHARD BERNSTEIN

DICTATORSHIP OF VIRTUE[1], *(MULTICULTURALISM AND THE BATLLE FOR AMERICA'S FUTURE)*

New York, Alfred A. Knopf, 1994, 367 pages

Remarques

- Le livre part d'un paradoxe : l'idéologie multiculturaliste qui prétendait permettre aux minorités (ethniques, religieuses, sexuelles) de se faire entendre face au « courant dominant » (*mainstream*) est en passe de devenir le discours dominant tendant à recouvrir, voire à censurer, à exclure, tous les autres.
- **La thèse de l'auteur**
  Ce discours est d'ores et déjà le discours dominant aux USA, tendant à inhiber ou proscrire les discours d'autres courants de pensée ou d'autres sensibilités. Discours monolithique en faveur du pluralisme, discours censeur, exterminateur de la libre expression. Le livre se présente comme une critique « de gauche » (au sens de la gauche américaine) de l'idéologie multiculturaliste. L'auteur va jusqu'à comparer le climat actuel régnant aux USA au climat intellectuel de la France révolutionnaire robespierriste.
- **Le livre est une charge contre les excès de la pensée « politiquement correcte »**, dont les inspirateurs sont selon lui une bureaucratie envahissante de psychologues, sociologues, travailleurs sociaux, spécialistes des minorités ethniques, héritiers dévoyés des mouvements de contestation des années 60 (Vietnam, mouvements féministes, Tiers-mondisme, etc.). Sous couvert de traquer sexisme et racisme jusque dans les méandres de notre cerveau et de notre inconscient (leurs ultimes refuges), ils

1. *La Dictature de la vertu (le multiculturalisme et la bataille pour le futur de l'Amérique),* ouvrage non traduit en français à ce jour.

prétendent instaurer **une police non plus des mœurs** certes, **mais de la pensée et surtout du langage**.

Analyse de la situation

Les tenants du multiculturalisme* ont déjà noyauté l'élite intellectuelle (dont les principaux membres sont séduits, conquis ou circonvenus, neutralisés) et politique des USA, ont institutionnalisé leur emprise sur ces élites et sur les médias, la presse, les institutions, administrations : la bataille s'est portée désormais sur la masse* de la population, toutes les couches sociales qui doivent désormais être soumises à leur tour à cette « police de la pensée ». Telle est « la bataille pour le futur de l'Amérique » (sous-titre du livre). Bernstein veut mesurer l'impact — et les ravages — de cette nouvelle « conscience multiculturelle » là précisément où se joue l'avenir : dans les écoles publiques.

Contrairement à ce qui s'est passé dans l'élite intellectuelle et politique, cette campagne de « sensibilisation » rencontre une forte résistance des couches populaires, et souvent de la part même de ceux qu'ils sont censés « défendre ». Ex. : dans le *Queens*, quartier populaire de New York, réactions hostiles de la part de parents d'élèves (en particulier à la sensibilisation aux sexualités « autres », qu'il n'est plus question d'appeler « déviantes »).

Richard Bernstein **conteste l'idée reçue selon laquelle la société américaine blanche aurait d'ores et déjà cessé d'exister, ce serait un fait que nous n'aurions plus qu'à constater, pour en tirer les conséquences**. Il fait valoir des projections qui montrent qu'en 2040, la population « non-blanche » (notion elle-même bien problématique et inquiétante) des USA ne représentera encore que 25 % de la population totale, 40 % si on y inclut les hispaniques.

L'axe de cette critique « de gauche » du multiculturalisme*

Les idéologues contemporains, nouveaux « gardes rouges » (allusion furtive au maoïsme) de l'utopie « *new age* », règnent sur une forteresse vide, tant ils sont coupés de ceux qu'ils prétendent défendre et tant ceux-ci correspondent peu et se reconnaissent encore moins [dans les/aux] descriptions qu'ils peuvent en faire. Comme Dreyfus prétendant n'être pas dreyfusard, la plupart des membres des communautés « minoritaires » ne se reconnaissent en rien dans les mouvements de défense qui prétendent parler en leur nom, et ne rêvent de rien d'autre que de s'intégrer le mieux possible dans la société américaine tout entière, de s'y fondre et d'avoir enfin leur part du « rêve américain ».

Bernstein épingle au passage les aberrations parfois déconcertantes d'un « système multiculturel » se mettant progressivement en place. Ainsi, les immigrants en provenance de Haïti se voient-ils proposer une scolarité bilingue anglais/créole, alors qu'à Haïti l'enseignement se fait en français. Ces aberrations témoignent parfois d'une profonde méconnaissance des populations qu'on prétend défendre, lesquelles se voient parfois reprocher d'avoir « trahi » leur véritable culture, ce qui signifie qu'on prétend savoir, mieux qu'eux, à leur place, qui ils sont ou qui ils devraient être pour être conformes aux critères du multiculturalisme*. Sur la base de quel savoir ? D'un savoir historique ? Jusqu'à quelle date remonter ? Une telle position est intellectuellement intenable. Pire : si on explicite les présupposés, **on va retrouver comme fondement théorique impensé, véritable inconscient du multiculturalisme*, le fantasme de « races pures » au départ qu'il faut à tout prix préserver du mélange**, du métissage, c'est-à-dire de l'abâtardissement, **du « *melting-pot* » qui est à la base de la société américaine**.

Ex. : **on impose à des individus* qui ont peut-être pris une grande liberté**, peut-être fait tout un difficile travail de mise à distance de sa propre culture, **le respect par exemple des interdits alimentaires de leur culture d'origine** (hôpitaux de San Francisco). Que dirions-nous si on nous obligeait à aller à la messe le dimanche ou à faire carême sous couvert de « défendre » la culture française ? Ou bien **les cultures occidentales seraient-elles les seules à pouvoir et devoir faire leur autocritique** (pour cause de culture dominante, oppressive, colonisatrice… **bref pour délit d'universalité**) ? **Le local est sympathique, l'universel d'emblée suspect sinon coupable** : on touche là la principale faiblesse du courant « multiculturaliste* ».

Les limites de l'ouvrage lui-même apparaissent quand il s'agit d'expliquer cette rage à substituer à l'individu* un être qui soit être entièrement défini par son sexe, son « identité sexuelle », son ethnie (laquelle n'a elle-même d'unité, de consistance qu'au prix d'une reconstitution artificielle, d'une réécriture de l'histoire) ? L'ouvrage se contente d'incriminer **l'arrivée aux commandes du pays de la génération anti-guerre du Vietman**, la culpabilité américaine à expier par les surenchères multiculturalistes*. Explication qui explique à la fois trop et pas assez (elle permettrait tout aussi bien d'expliquer de toutes autres évolutions de la société américaine. **L'explication est trop « large » par rapport à la spécificité du phénomène dont il s'agit de rendre compte.**

Les détracteurs du livre présentent la *Dictatorship of Virtue* comme un simple inventaire d'anecdotes croustillantes mais rabâchées, choisies pour leur caractère spectaculaire. Une simple liste d'incidents, de scandales, de procès qui ont émaillé la vie intellectuelle et universitaire US de ces dernières années ? Selon l'auteur, ces anecdotes n'ont rien d'anecdotiques mais constituent un faisceau d'indices convergents des dérapages en cours, qu'il verse au dossier du « multiculturalisme* ».

Bernstein prétend retracer une « bataille » qui ferait rage sur la scène américaine (médias, éducation, administrations), **dont l'enjeu est le contrôle de l'espace public américain** ; combat entre les tenants de la « liberté d'expression » et les « défenseurs des droits des minorités » ou des différences. (Il existe une collusion, une convergence de fait entre tenants du multiculturalisme* et partisans du politiquement correct.)

L'issue de cette « bataille » est loin d'être inéluctable, même si l'avantage est pour l'instant dans le camp du multiculturalisme*. *La Dictature de la vertu* se présente comme une contre-offensive dans ce contexte sombre. **Par ailleurs des enjeux de pouvoir locaux**, interpersonnels, **peuvent instrumentaliser ce conflit** en le captant à leur avantage (quelques étudiants peuvent ruiner la carrière d'un universitaire, simplement en faisant circuler la rumeur d'un harcèlement sexuel ou d'une insulte raciste). Comme dans les années 60, une simple rumeur provoque un boycott « réflexe, instinctif », sans aucune procédure de contrôle de l'information.

Reprise critique : articuler multiculturalisme*, mouvement politiquement correct, communautarisme*

Les différences sont des faits : est-ce le rôle de la loi de les protéger, de les ériger en règles ? (Ou le rôle de la loi est-il au contraire de rappeler l'universel malgré, ou en dépit, ou au travers des diversités *réelles, mais factuelles* ?) Cette seconde hypothèse est la conception républicaine de la loi : garante de l'universel, son rôle est de le préserver (c'est le seul fondement de la distinction entre un droit et un privilège). *Si la loi prend sous son aile les différences*, ce qui distingue les individus* (ce par quoi les individus* diffèrent à travers des groupes divers en dépit du lien social qui les unit), *elle érige des privilèges au lieu de définir des droits*.

Le problème de fond posé par l'institutionalisation, aux États-Unis, de la « discrimination positive », est le suivant : est-il normal qu'un individu* obtienne un poste pour lequel un autre individu* était plus performant, au motif qu'il appartient à une minorité (ethnique, sexuelle, religieuse ou autre : où arrêter la liste ?) supposée opprimée ou défavorisée ? En France, il existe certes des postes réservés aux handicapés, mais la philosophie sous-tendant cette pratique reste malgré tout marginale. La règle qui continue à prévaloir en Europe est que doit ou devrait obtenir un poste celui qui est le mieux à même de l'exercer, et celui qui a su le mieux faire la preuve de ses capacités.

Où s'enracine la pratique de la « discrimination positive » ? N'aurait-elle pas pour motivation et finalité de soulager le corps social du sentiment de culpabilité à l'égard des victimes des discriminations ou des persécutions, ou de leurs descendants ? Est-ce la tâche, est-ce le devoir de la société de réparer, à travers ses représentants, les fautes bien réelles mais passées ? Un chef d'État, un gouvernement sont-ils des redresseurs de tort ? N'y a-t-il pas là une confusion des fonctions et des rôles ? N'est-ce pas à la justice de dire le droit, et d'imposer réparation là où des torts ont été commis, là où des droits ont été bafoués ? Est-ce à l'exécutif ou au législatif de « gérer » les torts du passé, ou bien leur rôle ne se limite-t-il pas à la tâche, déjà ô combien délicate, de faire régner la justice dans le présent, de trouver une solution de justice pour la situation présente (c'est la position de Todorov face au conflit israëlo-palestien : si chacun dresse une comptabilité des victimes passées, des morts à venger, des fautes à expier, aucune solution ne saurait, jamais, être trouvée. C'est la tâche des historiens et, le cas échéant, de la justice, d'établir les torts et le cas échéant de demander réparation. La tâche des politiques : trouver une solution équitable à la situation présente, est déjà bien trop périlleuse pour qu'on puisse se permettre de la compromettre en arguant à chaque pas des torts à redresser, et jusqu'à quelle date remonter si l'on met le doigt dans cet engrenage ?).

La critique de fond du communautarisme* consiste à montrer qu'*il se trompe d'interlocuteur* et qu'il adresse à l'« État » une demande irrecevable. Ce n'est ni à l'exécutif, ni au pouvoir législatif de rendre la justice. L'État a-t-il à « défavoriser » les étudiants blancs au profit d'étudiants noirs ou indiens ? Est-ce par des injustices présentes que l'on peut réparer les injustices du passé ? Martin Luther King demandait l'égalité des droits, non l'inversion des privilèges au profit des noirs. Une telle politique serait d'ailleurs nécessairement à double tranchant : impopulaire, *à juste titre*, dans les rangs de la population blanche pauvre, elle ne ferait qu'attiser la xénophobie, discréditer les postes obtenus sur la base de tels critères discriminatoires. (Taylor s'adresse à lui-même cette objection : qui ira se faire opérer par un chirurgien qui doit son poste au fait qu'il est noir, juif et transsexuel ? Qui ira écouter les cours d'un professeur qui a obtenu son poste sur de telles bases ?)

L'idée que les minorités seraient nécessairement opprimées par une majorité, un courant majoritaire, le fameux *maintream*, peut être étayée par des arguments historiques mais ne va pas de soi pour autant. Elle suppose l'homogénéité de cette prétendue « majorité ». Or je peux très bien appartenir ou non à cette fameuse « majorité » suivant que l'on parle en termes d'opinions politiques, de croyances religieuses, de couleur de peau, de pratiques sexuelles, de niveau social, etc. Ce concept de « majorité » est extrêmement confus d'un point de vue sociologique. Autant ce terme a un sens clair et précis s'agissant par exemple d'une élection politique (la majorité est l'expression de la volonté du plus grand nombre des citoyens, et il n'y a en ce sens rien d'infâmant à être « majoritaire » : la « majorité silencieuse » est à dé-culpabiliser), autant, pris dans l'absolu sans que soient définis les critères sociologiques, cette notion se révèle ambiguë et lourde de menaces. Puis-je me revendiquer d'une communauté minoritaire parce que je collectionne les timbres ou les papillons ? Il y a à l'arrière plan de l'analyse communautariste, dans le non-dit sous-jacent à toutes leurs approches et prises de position, l'idée que certaines pratiques (sexuelles[1], religieuses, mais peut-être aussi la couleur de la peau, d'autres encore peut-être, mais l'impossibilité d'établir une liste complète suffit à démontrer le caractère fallacieux de ce concept) définiraient, contrairement à d'autres, une identité collective censée primer sur la citoyenneté politique. On voit là sur quelle pente glissante se place le communautarisme* (cf. la fiche de lecture sur K. Jaspers, *La Culpabilité allemande*, p. 96).

Tout l'enjeu de ce débat ouvert par le communautarisme* (reconnaissons-lui ce mérite) consiste bien évidemment dans ***l'évaluation et le bilan du modèle du melting-pot à l'américaine***. La société pluri-ethnique constitue-t-elle l'aboutissement et l'apothéose du processus de *melting-pot*, ou au contraire la sanction de

1. Qu'on se souvienne avec quelle véhémence Michel Foucault s'était élevé contre une telle approche « identitaire » des pratiques sexuelles en particulier. Cf. M. Foucault, *Histoire de la sexualité*, NRF, Gallimard, 3 volumes, 1976 et 1984.

son échec ? Le communautarisme* radical voit dans le « *melting-pot* » à l'américaine non pas une tendance sociologique qui aurait, hélas, échoué ou partiellement échoué, mais bien l'incarnation du mal lui-même : la perte et la fusion des différences dans un courant dominant fade, sans saveur ni odeur. Faut-il alors inverser la tendance et faire de l'État le garant et le protecteur des cultures menacées, en voie d'extinction : la culture indienne, afro-américaine, mais aussi pourquoi pas *amish*, mormone, etc.

L'enjeu politique consiste à savoir si l'on doit donner le primat à l'universel en l'homme (à sa capacité de transcender sa propre culture, de prendre ses distances par rapport à elle, de la critiquer), ou au « droit à la différence », ou, pour faire court, au droit des individus* ou au droit des communautés. Un individu* doit-il pouvoir s'attendre à trouver auprès de l'État une protection face aux revendications parfois exorbitantes que sa communauté *supposée* peut élever à son endroit ? L'Affaire Salmann Rushdie a posé de façon dramatique cette question, avec en prime ce détail piquant que Salmann Rushdie a affirmé, du moins un temps, n'avoir jamais été musulman. Le citoyen a-t-il le droit de quitter sa communauté, de cesser d'être juif, musulman, chrétien, bouddhiste, etc. ? Doit-il pouvoir se placer sous la protection de l'État quand sa démarche le met en danger du fait de sa communauté d'origine ? Si l'on raisonne en bon communautariste, l'État n'a pas à connaître les individus*. La société est une mosaïque de communautés qui sont ses vis-à-vis, ses interlocuteurs, qui sont, *et non pas les individus**, les véritables acteurs sociaux. Il est alors vain pour tout individu* qui ferait entendre une voix divergente d'attendre une quelconque sollicitude de la part de l'État. Il mettrait en péril la culture qu'il faut préserver envers et contre tout en revendiquant le droit de la critiquer, un « droit d'inventaire ».

Un exemple américain, à la fois comique et tragique : un chirurgien avait opéré une enfant mineure sourde de naissance et l'opération a été médicalement un succès. Ce chirurgien s'est retrouvé traîné devant les tribunaux par les ligues de défense de la « communauté des sourds-muets », au motif qu'il existe une culture « sourd-muette » spécifique, avec son mode d'écriture spécifique, avec éventuellement des livres et des revues écrits exclusivement en brail, et ce chirurgien avait, en n'attendant pas la majorité de sa patiente et sa demande explicite d'opération, manifesté qu'il considérait la culture « sourd-muette » comme une culture inférieure. Quelle que soit l'issue de ce procès, l'important est qu'il ait pu avoir lieu, que la plainte ait été considérée recevable par les tribunaux américains, et cet exemple tend à donner raison à Richard Bernstein quand il dit que le communautarisme*, clamant haut et fort qu'il s'exprime au nom des opprimés et des sans voix contre la « culture dominante », est déjà de fait devenu l'idéologie dominante aux États-Unis et a presque remporté sans véritable guerre « la bataille pour l'avenir de l'Amérique ». Celle pour l'avenir de l'Europe s'est-elle jouée du même coup ?

L'intellectuel « post-moderne* » est, en contrepoint du courant communautariste, celui qui revendique explicitement son « droit d'inventaire ». Le passé ne contraint plus, ne dicte plus les pratiques et les mœurs, mais constitue un vaste réservoir dans lequel puiser et recomposer des paysages religieux, intellectuels et comportementaux improbables, voire baroques. L'individu* n'est plus ce qui s'impose à l'individu* et lui procure des racines (cf. l'immense succès aux États-Unis du best-seller *Roots* [Racines]), il est au contraire une sorte de fonds dans lequel l'individu* pourrait venir librement puiser. Le communautarisme* se positionne en rupture radicale par rapport au libéralisme ; la post-modernité* est au contraire un rejeton du libéralisme qu'il porte à sa limite, dont il constitue une version comme hypertrophiée, paroxistique.

Il faut souligner la différence fondamentale (le retournement même) entre Martin Luther King qui demandait l'accès à la pleine et entière citoyenneté pour les noirs américains, et pour les minorités ethniques en général. Demande que les noirs soient traités comme les autres, aient les mêmes droits et les mêmes devoirs, et Farakhan, l'actuel leader noir américain actuel qui réclame que les noirs soient admis et reconnus *en tant que noirs*, dans leur différence, dans leur particularisme, et qu'ils aient, en tant que tels, des droits *spécifiques* ; qui interdit la présence des femmes dans ses manifestations, qui à la limite demande la création d'un État Noir (qui serait l'incarnation institutionnelle suprême de leurs différences enfin reconnues). Ce mouvement actuel se situe plus dans la filiation des panthères noirs, du mouvement *Black power*.

À lire

Lévy B.-H., *La Pureté dangereuse*, Grasset, 1994, 303 pages.

Todorov T., *Mémoire du mal, tentation du bien : enquête sur le siècle*, Laffont, 2000, 355 pages.

SUJET TRAITÉ

« PRENDRE EN COMPTE LA DIVERSITÉ DES CULTURES CONTRAINT-IL À RENONCER À L'IDÉE MÊME DE VALEURS UNIVERSELLES ? »

Remarques

- La formule : « l'idée même de valeurs universelles » vous invitait à ne pas vous en tenir à des exemples de valeurs (par exemple : l'« individu* » est-il une valeur, voire une notion, spécifiquement occidentales[1] ?), mais à poser la question dans toute sa radicalité : est-ce le projet même consistant à définir des valeurs universelles qui se trouve invalidé, voué à l'échec, voire à la réprobation ?
- Le problème soulevé par le sujet se pose à au moins deux niveaux : au niveau local (les échanges qui font la vie d'une société ne jouent-ils pas invariablement en faveur de la culture dominante et donc ne tendent-ils pas à alimenter toujours plus le « *mainstream* » par la dissolution des cultures régionales ou minoritaires ?) ; ainsi qu'au niveau global (la mondialisation ne tend-elle pas à uniformiser les mentalités, la valeurs et les comportements au détriment de la diversité culturelle à la surface de la terre ?).

• *Problématique*

L'affirmation de valeurs universelles, de droits universels de la personne humaine ne posait guère problème à l'ère des Lumières, où l'on croyait pouvoir distinguer entre « monde civilisé » et « monde à civiliser[2] ». Invoquer l'universel est alors une arme permettant de combattre ce qu'il y a de simplement historique, c'est-à-dire de particulier, dans la civilisation occidentale (par exemple dans sa religion). Le développement de l'ethnologie et de l'anthropologie nous interdisent ces facilités : nous savons désormais qu'il n'y a de société humaine que civilisée, c'est-à-dire inscrite dans une civilisation. La réciproque est qu'il n'y a de civilisation que particulière : cette prise de conscience fait entrer en crise le concept d'universalité. À l'ère où les civilisations humaines sont confrontées comme jamais les unes aux autres, du fait du

---

1. Voir par exemple A. Laurent, *L'Individu et ses ennemis*, Hachette, 1987.
2. Norbert Élias, *La Civilisation des mœurs*, Calmann-Lévy, 1973, 340 pages, p. 72-73.

rétrécissement du « village planétaire », la notion d'universalité viendrait-elle à nous faire défaut ? Avons-nous perdu tout droit à nous réclamer d'un universel, et dès lors à élever la moindre critique face à toute pratique ou toute institution dès lors qu'elle se présente comme un trait civilisationnel ? En l'absence de toute valeur universelle, les différentes civilisations qui composent l'humanité sont-elles vouées à une insurmontable confrontation porteuse de tous les risques de conflits ? La prise en compte de la diversité culturelle nous condamne-t-elle à une insurmontable *neutralité axiologique* ?

I. Du fait de la prise de conscience toujours plus profonde de la diversité culturelle, l'invocation de l'universel a perdu son innocence et sa bonne conscience

1. La perte de l'innocence

Nous savons par exemple que l'universalité proclamée des principes de la Révolution française a pu servir de socle idéologique aux entreprises coloniales (l'universalité de la raison se substituant alors au rôle qu'avait pu tenir l'universalité proclamée de le religion catholique pour les Conquistadors, la tâche de convertir les païens venant apporter sa caution ou sa légitimation aux entreprises hégémoniques). « L'universalisme est la morale des riches et des pays riches. » (Richard Rorty)

Pour autant, il faut éviter l'auto flagellation unilatérale dans laquelle se complaît parfois l'occident : l'occident n'a pas le triste monopole de l'ethnocentrisme : au contraire, l'ethnocentrisme est la chose du monde la mieux partagée ; on pourrait presque dire que toute civilisation est par définition ethnocentrique (Lévi-Strauss). Même s'il reste vrai que l'avance technologique occidentale, en particulier au XIXe siècle, a mis l'ethnocentrisme occidental sur la sellette, l'a rendu à la fois plus visible et plus dramatique dans ses conséquences. Reste que l'Europe ne pourra peut-être jouer sainement son rôle sur la scène internationale (rien que son rôle, mais tout son rôle), que lorsqu'elle se sera défait de ses complexes post-coloniaux comme de ses rêves hégémoniques (E. Morin, *Penser l'Europe*).

2. Métamorphose ou mutation de l'« universalité occidentale » ?

Une hégémonie qui n'aurait plus besoin d'être politique ni même nécessairement économique, étant « directement » technologique (antennes paraboliques, Internet) et surtout culturelle (la technique n'étant pas neutre mais véhiculant des contenus culturels déterminés) ?

Le droit d'ingérence, fer de lance de la volonté d'hégémonie culturelle[1] ou civilisationnelle de l'occident ? C'est l'analyse faite par l'École dite de Singapour. L'occident prétendrait imposer son modèle au reste du monde. Les instances internationales (ONU, Banque mondiale, FMI...) seraient les vecteurs de cette occidentalisation (voire plus spécifiquement américanisation) annoncée et programmée. Le **droit d'ingérence** serait le volet militaire le plus visible de cette offensive. Le livre de F. Fukuyama (*La Fin de l'histoire et le dernier homme*) serait la théorisation idéologique de cette prétention hégémonique.

Reste que même l'École de Singapour ne conteste pas la quête d'universalité en tant que telle. Elle se contente d'opposer « vraie » et « fausse » universalité, elle appelle de ses vœux une universalité qui soit la juxtaposition des particularismes locaux[2], d'où l'image du « manteau d'Arlequin[3] » prise tant par ses promoteurs que par ses détracteurs.

Les arguments de l'École de Singapour ne sont pas imparables sur le fond. Les régimes autoritaires que cette école vise à légitimer ne sont pas étrangers à l'histoire de l'occident, mais sont bien au contraire ce que les démocraties libérales ont combattu et dont elles ont fini par triompher. L'argument des droits de l'homme, émanation naturelle d'une civilisation judéo-chrétienne est à double tranchant. L'histoire tumultueuse de la Révolution française révèle des rapports autrement plus complexes. L'acceptation par l'Église catholique des « droits de l'homme » (longtemps opposés aux droits de Dieu et aux droits de l'Église) a été une longue marche. L'existence historique d'une institution comme l'Inquisition montre qu'en Occident même, la prévalence des droits du groupe sur ceux de l'individu* a pu coexister avec le christianisme, et même être mise en œuvre *au nom* de celui-ci. Les droits de l'homme ne sont pas l'expression intangible de la civilisation occidentale, mais plutôt le résultat historique d'un travail *sur* – et en partie *contre* – soi-même, travail que d'autres civilisations pourraient entreprendre sur elles-mêmes. Les mouvements contestataires ne manquent pas d'exister dans des pays imprégnés de la fameuse « tradition confucéenne » censée les rendre impossibles, mouvements qui se réclament parfois ouvertement de la démocratie et des droits de l'homme (événements de la place Tien-An-Men, statue de la démocratie). Doit-on faire *chorus* à la propagande officielle qui veut réduire ces mouvements à n'être que la « cinquième colonne » de l'occident ? Seule la prétention d'imposer ces valeurs de l'extérieur et par la contrainte peut effectivement être reconnue comme illégitime.

---

1. « La pensée libérale fournit de nouveaux alibis non pour légitimer la domination de l'Europe, dont il n'est plus question, mais la suprématie de l'un de ses avatars culturels : la raison instrumentale. Or légitimer la raison instrumentale et le pseudo-universel revient *de facto* à légitimer de nouveaux empires transnationaux. », Ph. Engelhard, *L'Homme mondial*, p. 153.
2. Ce qui est évacué, par rapport à l'idéal des Lumières par exemple, c'est donc la dimension critique : l'École de Singapour conteste à quiconque le droit de critiquer quelque aspect de quelque culture que ce soit. Une culture, une tradition culturelle dans laquelle se reconnaît une communauté, est ce qui doit être accepté et « reconnu » (C. Taylor), non ce qui doit être soumis à un jugement critique. Doit-on accepter l'esclavage des enfants ou le traitement des femmes par les Talibans comme autant de « caractéristiques culturelles » ? Sous le vocable culture se rassemble le meilleur comme le pire.
3. Cf. par exemple M. Serres, *Le Tiers instruit*, François Bourin, 1991.

L'hétérogénéité des cultures est-elle réellement insurmontable et ultime comme le soutient Samuel Huntington ? L'affirmer, ce serait faire des différentes civilisations des essences ou des réalités absolues transhistoriques. Une telle absolutisation des cultures conduirait à une négation de l'histoire et de leur évolution. Ce serait faire comme si ces civilisations diverses n'avaient pas émergé au gré d'une même histoire et n'étaient pas à terme vouées à se fondre ou à se panacher pour engendrer de nouvelles formes de civilisations. S. Huntington semble hypostasier les « civilisations » pour en faire des entités autonomes dressées de manière anhistorique dans leur antagonisme les unes par rapport aux autres.

II. Peut-on renoncer à rechercher en commun l'universel, sans se résoudre à la violence comme horizon ultime des relations entre civilisations, et sans renoncer à faire face aux défis auxquels nous sommes confrontés ?

1. L'universalité des défis

Parmi les défis qui se trouvent, que nous le voulions ou non, devant nous, une part croissante revêt une dimension planétaire, et la réponse à ces défis n'a de sens qu'à l'échelle de l'humanité. Ces défis nous acculent donc à rechercher une solution universelle, c'est-à-dire à nous mettre d'accord au sein de l'humanité. Pour mémoire : certains problèmes écologiques (le trou de la couche d'ozone, l'effet de serre, le contrôle de l'énergie nucléaire, les OGM, la probable pénurie d'eau compte tenu de la démographie mondiale), la question de l'éradication de la famine, les nouvelles épidémies (SIDA, maladie de Kreutzfeld-Jakob), certaines questions de bioéthique : faut-il autoriser ou interdire le clonage humain (thérapeutique ou reproductif), peut-on déposer des brevets sur le génome humain ou faut-il le déclarer « patrimoine de l'humanité » ?), etc.

2. Se résigner sinon à la violence, du moins à l'incompréhension ?

Déduire du caractère irréductible de la diversité culturelle l'impossibilité et même l'illégitimité de toute valeur universelle, n'est-ce pas faire de la violence, ou du moins de l'incommunicabilité, l'horizon ultime des rapports entre civilisations ? Or ces cultures diverses ne sont-elles pas mutuellement viables, ne peuvent-elles pas coexister durablement sur la terre (surtout à l'heure du rétrécissement de l'espace et des armes technologiques toujours plus destructrices) que si elles trouvent un *modus vivendi* un *gentleman's agreement*, une base sur laquelle organiser cette coexistence ?

3. L'embryon ou le noyau de principes universels ?

Le multiculturalisme* radical est vicié par une contradiction de fond : comment ne pas voir que le principe d'une égale dignité de toutes les cultures, de leur égale valeur, de leur égal droit au respect, *se présente lui-même comme un principe transculturel,* s'imposant à toutes les cultures, et pas seulement à la culture occidentale, et donc comme un principe universel ? Le multiculturalisme* fait violence à au moins un trait culturel, et par là admet implicitement le droit de soumettre les cultures à un jugement critique : la conviction contenue dans quasiment toutes les cultures de sa supériorité par rapport aux cultures avoisinantes (son ethnocentrisme) (Lévi-Strauss).

Par ailleurs, peut-on sérieusement et durablement contester le principe de la préservation des équilibres des écosystèmes sans lesquels la perpétuation de la vie sur la terre elle-même semble compromise ? Les positions de H. Jonas (dans *Le Principe responsabilité*) échappent à l'évidence à la critique de l'individualisme dénoncé comme élément de l'idiosyncrasie occidentale par « l'École de Singapour[1] ». On tiendrait là un exemple – et peut-être est-ce plus qu'un simple exemple ? – de valeur qui transcenderaient les « barrières civilisationnelles », pour parler comme S. Huntington.

Les valeurs universelles ne sont peut-être pas à penser comme culturelles (ce qui éloignerait le spectre d'une uniformisation mondiale de la culture) mais comme transculturelles. Deux exemples : le modèle politique des démocraties libérales n'est, selon Fukuyama, solidaire d'aucun contenu culturel ou civilisationnel déterminé ; les règles de base visant à assurer la perpétuation de la vie sur la terre dans les meilleures conditions possibles sont des contraintes qui s'imposent également à toute culture quelle qu'elle soit (Jonas).

Conclusion

Sauf à nous résigner à une violence insurmontable au sein de l'humanité (comme semble le faire Samuel Huntington), sauf à accepter le conflit comme modalité indépassable des relations au sein de l'humanité[2], nous ne pouvons nous résoudre à abandonner la quête de valeurs universelles, c'est-à-dire renoncer à chercher à nous mettre d'accord sur l'essentiel, nous les humains, et ceci dans le cadre d'instances internationales comme l'ONU, peut-être Davos, la Banque mondiale, etc. En revanche, T. Todorov nous met en garde contre la tentation d'imposer le Bien par la force ; il nous invite (implicitement nous : l'occident) à ne pas nous complaire dans une posture de « justiciers planétaires », rôle par définition toujours usurpé, puisque nous poursuivons toujours en même temps, et c'est bien normal, nos intérêts propres,

1. Cf. F. Fukuyama, *La Fin de l'histoire et le dernier homme,* Flammarion, p. 278-279 ; M. Bettati, *Le Droit d'ingérence,* Odile Jacob, p. 31-33.
2. La conviction que **le conflit est la vérité dernière de la vie** est, selon Todorov, l'une des caractéristiques de l'idéologie totalitaire. Cette analyse, si on la partage, est de nature à rendre circonspect à l'égard des thèses de S. Huntington soupçonné d'être contaminé par cet aspect précis de la pensée totalitaire.

et avons par conséquent tendance à oublier que nos indignations (et à plus forte raison, nos interventions) sont sélectives (il critique, sur cette base, l'intervention au Kosovo ; cf. T. Todorov, *Mémoire du mal, tentation du bien : enquête sur le siècle*, Laffont, 2000).

Indications bibliographiques

Engelhard Ph., *L'Homme mondial*, Arléa, 1996, p. 221-229.
Finkielkraut A., *La Défaite de la pensée*, Gallimard, 1987, 186 pages.
Fukuyama F., *La Fin de l'histoire et le dernier homme*, Flammarion, 1992.
Huntington S., *Le Choc des civilisations*, Odile Jacob, 1997, réédition 2000.
Lévi-Strauss C., *Races et Histoire*, Médiations, 1952.
Taylor C., *Multiculturalisme, Différence et démocratie*, Flammarion, 1992.

CHAPITRE 8

De qui se moque-t-on ?

COURS

DE QUI SE MOQUE-T-ON ?

Place et fonctions du rire dans les sociétés contemporaines

En un sens, le thème de ce chapitre rejoint celui du chapitre sur le communautarisme* : il s'agit de traiter, d'une autre façon, du problème de la gestion des différences ; problème évidemment bien plus ancien que les « solutions » multiculturalistes* ; même si **ce problème se pose d'une façon nouvelle depuis l'apparition de sociétés ouvertement pluralistes**, ou se revendiquant pluralistes. La gestion de la différence — de la dissidence — par le rire **est-elle une alternative à la gestion coercitive**, ou au contraire **une des formes** (la forme « douce », vraiment ou apparemment « *soft* ») **de la coercition ?**

Le rire a une dimension sociale que nous ne pouvons plus méconnaître. Tous ne rient pas des mêmes choses. Le rire fédère ou soude, il « cimente » un groupe (il permet de vérifier qu'on se reconnaît entre nous, qu'on partage les mêmes valeurs, c'est-à-dire qu'on rit de la même chose : de la bêtise, ou de la laideur, ou de l'étranger, de son accent, ou de l'intellectuel, du campagnard ou du citadin, du riche ou du pauvre, etc.). Le rire joue un rôle essentiel comme facteur d'identification sociale (facteur pré-langagier, antérieur au langage ; le rire est une des formes du langage du corps. Dans le métro, des gens qui ne se connaissent pas rient ou ne rient pas de telle phrase ou de telle situation). Le rire instaure une connivence immédiate, une complicité. « Rire ensemble[1] » est l'un des plaisirs de la conversation, qui est elle-même le plaisir suprême que nous apporte l'amitié, qui est l'acte propre de l'amitié.

Mais cet aspect a bien sûr son revers : on rit la plupart du temps aux dépends de quelqu'un. On rit *avec* d'autres, mais on rit aussi *de* l'autre ou des autres, d'autrui. **On rit de qui ne rit pas des mêmes choses que nous**. Le rire fédère le groupe **parce qu'il expulse qui n'y appartient pas**, qui n'en fait pas partie. Le rire instaure une frontière, bien réelle quoique invisible, impalpable. On sait la férocité des enfants qui choisissent dans une classe, dans un groupe, une « victime », un « souffre-douleurs », celui aux frais de qui se feront les blagues, voleront les

---

1. « Ainsi chaque mot d'esprit exige son propre public, et rire des mêmes mots d'esprit témoigne d'une grande affinité psychique. », Freud, *Le Mot d'esprit et ses rapports avec l'inconscient*, Idées Gallimard, 1930, 410 pages, p. 248.

quolibets. Le rire semble naturel, spontané. Il n'y a pas d'apprentissage du rire, pas de formation consciente. Rire ne s'apprend pas. Ses rites et ses codes sont implicites et inconscients. (C'est même une condition pour que l'on rie : que le processus reste inconscient. On joue **à « flirter » en commun avec la limite**, sans jamais la franchir vraiment. Comme l'écrit Freud, s'agissant du mot d'esprit, tout est dans l'ellipse. Le mot d'esprit est une « *transgression virtuelle* » **des règles implicites du groupe**.)

Il y a un plaisir du rire (on peut rire « pour le plaisir »), mais le rire a aussi une fonction sociale. Est-il une forme de sanction coercitive ou non ? Une arme qui sanctionnerait les comportements déviants, désapprouvés par le groupe ? Le rire est peut être **un moyen de composer avec la tentation d'y céder**, de se laisser aller, de s'abandonner aux forces « centrifuges » qui déferaient les liens sociaux, qui mettraient en péril l'unité, donc à terme l'existence de la société. (Le rire manifeste une prise de distance, mais témoigne aussi d'une *complicité collective* : je comprends ce qui a pu pousser autrui à faire ou à dire quelque chose qui paraît ridicule aux yeux du groupe, quelque chose qui « ne se fait pas » ou « ne se dit pas ».) Le rire semble « spontané » du côté de ceux qui rient (alors qu'il résulte du fait **qu'ils ont intériorisé les normes sociales**, qu'**ils ne les ressentent plus comme des normes** (c'est-à-dire comme des contraintes s'imposant à eux du dehors), mais au contraire comme un élément de leur **identité**, **que le fait de rire** de ceux qui ne les partagent pas contribue à défendre, et même **consiste à défendre.** Mais le rire collectif **est aussi vécu comme une forme de violence, de persécution par ceux qui le subissent** (il peut pousser au **suicide**. Le quolibet peut être **une forme de « lynchage » virtuel**, symbolique). Par conséquent, le **rire divise en même temps qu'il fédère**. (divergences de vues sur le rire, de perception du rire. Entre le rire « innocent » et le rire « féroce », méchant, mauvais, il y a toute une gamme. Comment s'y retrouver dans la diversité du phénomène ?) On peut adopter soit approche sociologique, soit historique, soit psychologique.

1. Le rire comme sanction sociale

Sans appel, sans jugement, suppose une certaine cohérence/cohésion dans ce que le regard social considère comme ridicule. **Le rire comme un des éléments de cette cohésion**, renforce la cohésion en sanctionnant impitoyablement tout écart par rapport à cette norme, à la moyenne. On ne peut plus ignorer qu'il existe une fonction virtuellement **persécutrice** du rire.

Le rire comporte indéniablement une dimension sociale : ce qui paraît comique varie d'une société à l'autre. Le bizutage, consistant à ridiculiser l'autre, le nouveau, a manifestement une fonction sociale : celle d'intégrer l'individu* à une institution à laquelle il vient d'être agrégé, celle de « plier » la fierté, la raideur de l'individu* aux lois du groupe (Bergson). Les émissions humoristiques tiennent une place non négligeable à la télévision, avec cette innovation que non seulement on vous indique quand il faut rire, mais on rit à votre place : rires préenregistrés, à moins qu'un « téléspectateur moyen », présent sur le plateau, ne soit là pour rire complaisamment à votre place.

Le rire, phénomène social, donne prise à l'histoire. On peut esquisser, avec Lipovetsky, une « histoire du rire ».

• 1er moment : Rire au Moyen Âge[1]

Quelle est la place du rire dans une société fortement hiérarchisée, à faible mobilité sociale, soumise au double contrôle de l'État et de l'Église (dans l'Occident chrétien) ? Le comique est confronté à un sacré massif, institutionnel, disposant du pouvoir de vie ou de mort, qui n'a pas été inquiété ou désacralisé. (Du fait de l'impuissance des « hérésies » jusqu'à la Réforme à discréditer de façon durable le catholicisme.)

Le rire est un phénomène populaire, lié au retour annuel des mêmes festivités. Importance des carnavals dans la culture populaire. (Pouvaient aller jusqu'à représenter trois mois par ans dans certaines villes.) La mi-carême : rupture du jeune pendant un jour : défoulement général. (Moment de contraste extrême entre l'austérité d'une période de ferveur religieuse particulière encadrée par l'église, et le déchaînement spontané de la liesse populaire qui « se rattrape ».) La foule au Moyen Âge est confrontée à des institutions qui tiennent sur elles-mêmes le discours de la légitimité et de la transcendance. L'Église est le corps mystique du Christ. Le pape est le vicaire du Christ sur la Terre. Le Roi est une personne sacrée, ointe du saint chrême lors de son couronnement. Le déchaînement du comique se fera sur le mode du « réalisme grotesque » (expression employée par Michaïl Bakhtine à propos de Rabelais). Rire, c'est tourner en dérision, profaner le pouvoir, le sacré : en faire, le temps d'un carnaval, une réalité sur laquelle on a prise (qui ne serait enfin plus transcendante). Le rire est le principe du rabaissement du sublime, du pouvoir, du sacré. D'où le discours de Jorge contre le rire dans *Le Nom de la rose* d'Umberto Eco. Tout rire est satanique. Celui qui rit ou de Dieu ou de sa création : le rire en tant que tel est blasphématoire, quel qu'en soit l'objet. Objection de Guillaume, autre protagoniste du roman : le rire ne pourrait-il pas démasquer le méchant, afficher sa sottise ? (« le rire sert à confondre les méchants et à faire briller leur sottise »). Non selon Jorge : le rire ne met pas en posture de combat, ne prépare pas à combattre mais se substitue à ce combat. « Celui qui rit ne croit pas à ce dont il rit, mais il ne le hait pas non plus » « Rire du mal signifie ne pas se disposer à le combattre, et rire du bien signifie méconnaître la force avec laquelle le bien se propage en raison de sa propre vertu ».

C'est pourquoi, il n'est selon Jorge aucun cas de figure dans lequel rire serait légitime : d'où son affirmation selon laquelle « le Christ n'a jamais ri ». Le rire prédispose au doute, « Le rire libère le vilain de la peur du diable » (p. 593). Libération de la peur (de Dieu et/ou du diable) à mettre à l'actif du rire, ou, selon Jorge, plutôt à son passif.

1. Référence principale : G. Lipovetsky, *L'Ère du vide*, Gallimard, 1983, chap. 5.

Le carnaval : offre l'image d'un monde inversé, d'un monde à l'envers. *La Nuit des rois* de Shakespeare[1] : le temps d'une nuit, les rôles sociaux et la hiérarchie sociale est inversée. D'où l'affinité entre le carnaval et la folie, la « fête des fous ». Comme le fou ou le bouffon du roi, le carnaval permet de montrer ce qui d'ordinaire ne se montre ni ne se dit. Comme le fou est celui qui voit et peut dire la vérité sans crainte (Michel Foucault, *Histoire de la folie à l'âge classique*). De même le carnaval dévoile les scandales. Sous l'anonymat garantie par le masque, on peut montrer que la société n'est que le règne des apparences (Balthazar Gracian, *L'Homme de cour*, qui est au courtisan ce que *Le Prince* de Machiavel est au Souverain) : pendant la fête, on élit un abbé, un évêque, un pape de carnaval, le pape des fous. On introduit un âne vêtu en cardinal jusque dans l'église et on célèbre une messe pour lui... le pourrait-on encore aujourd'hui ? Cela nous ferait-il rire ?). Dans les manuscrits, même de la Bible, on trouve miniatures, enluminures représentant des évêques à tête de singe ou d'âne... Facéties de pierre dans les églises : personnages montrant leur derrière, etc. Le ressort du rire populaire consiste à rabaisser tout ce qui est sacré et intangible : que rien n'échappe à la dérision générale : ce qui est le plus haut placé y est le plus exposé. (Cf. Todorov : on assiste à une course à la place de victime comme à celle où nul ne peut se moquer de vous, où l'on n'a plus que des droits. L'exemple de Bill Clinton : plus on occupe une position de pouvoir, plus on est exposé à la risée publique. Une continuité sous-jacente ?)

La tolérance dont jouissent tant bien que mal les carnavals est une façon de gérer au mieux la violence, de canaliser les débordements pour assurer la paix sociale le reste de l'année (cf. par exemple dans le « *Molière* » d'A. Mnouchkine, la scène où les étudiants parviennent à faire le mur de l'université et à se joindre au cortège du carnaval en principe interdit). *Le comique s'identifie à l'exagération, au grotesque, à la grosse farce* associée à ce qui tente de se présenter comme raffiné, distingué, délicat, noble. Le schème carnavalesque qui imprègne les esprits jusqu'à la Renaissance (Rabelais).

• 2e moment : Le rire à l'âge classique

Dès la renaissance, le processus de décomposition du rire médiéval, de la liesse populaire est en marche. À la paillardise des « propos de table » de Luther s'oppose la finesse de l'humour d'un Érasme, des humanistes (T. More aussi, pas Rabelais bien sûr). L'humour se coule dans des formes littéraires (le trait d'esprit, la plaisanterie). Il s'agit de **se démarquer le plus possible de la fête « paysanne »**, populaire, vulgaire qui a prévalu à l'époque précédente.

Démarquage chronologique à l'égard du rire de l'époque précédente qui se double d'un démarquage social : rire de la finesse d'esprit, c'est se démarquer du roturier et de la populace qui ne sont pas encre sortis de cette époque précédente. La « modernité », le classicisme gagne d'abord les hautes

1. Cf. René Girard, *Shakespeare, les feux de l'envie*, Grasset, 1990, « Le narcissisme déjoué », chap. XII à XIII.

sphères sociales et intellectuelle, la « couche érudite » de la population pour ne se diffuser que lentement vers les couches les plus basses. La grossièreté, la vulgarité, la scatologie, les propos orduriers, bref tout ce qui était caractéristique du comique à l'époque précédente, tout ce qui déclenchait à coup sûr les fous-rire et éclats de rire, est déconsidéré comme « mauvais goût » déplaisant, absence de finesse, d'éducation, de distinction, etc. (Bref, les valeurs qui sont en train de s'imposer comme critères de l'humour de bon ton, **sont précisément ce qui était conspué, tourné en dérision à l'âge précédent**[1].)

Il convient donc de distinguer deux idées :

1. **On ne rit plus de ce qui faisait rire autrefois** (désormais réputé vulgaire, commun).
2. Les nouveaux critères du rire « de bon goût », dans la bonne société, sont précisément ce aux dépends de quoi s'exerçait le rire, ce dont le rire faisait les frais. On peut parler d'un véritable retournement du rire : *rira bien qui rira le dernier*. **L'individu*** instruit reprend l'initiative, se sert du rire pour affirmer ses valeurs. Le rire n'émane plus de la foule mais **de la subjectivité**, d'un individu*. **L'ironie est le fait d'un sujet, spectateur amusé du monde. L'*ironie*, 2e état du rire, supplante la *dérision* (1er état)**. L'univers est pour le dandy un spectacle divertissant ; le dandy promène son ennui et son spleen par les salons, lâchant ici ou là quelque bon mot qui sera répété indéfiniment, faisant le tour de la « bonne société ». **Un rire expurgé de tout grossièreté**[2], qui consiste au contraire à faire preuve de la finesse de son esprit, à faire le bel esprit. **L'esprit comme intelligence et l'esprit comme sens de l'humour se mettent à coïncider** dans les salons. Ironie pure qui s'exerce aux dépends des mœurs et des individualités typiques, stéréotypées. [*Les Caractères* de La Bruyère, les *Mémoires* du Duc de Saint-Simon (1675-1755).] On rit aux dépends d'autrui, on stigmatise impitoyablement ses travers et on fait rire de ses malheurs. Les caricatures : les bourgeois, les parlementaires croqués par Daumier (au Musée d'Orsay). *Le comique n'est plus symbolique* (ne s'en prend plus aux symboles du pouvoir, de l'Église, etc.) mais *ironique et critique*. Le dandy n'a pas d'autre souci que de faire rire aux dépends d'autrui tout en étant hanté par la terreur de pouvoir lui-même donner prise au rire. (Telle est la vérité du snobisme : sa terreur de paraître snob n'a d'égal que sa terreur de paraître n'être « pas dans le coup[3] » : calvaire du snob.) Joutes de mots d'esprits (*Ridicule* de

1. Cf. Érasme, *La Civilité puérile*, Ramsay, 1977. Voir la fiche sur Norbert Élias, p. 40.
2. Assimilé à de la facilité, qui trahit le manque d'éducation de qui s'y laisse aller.
3. La peur du snob de paraître snob n'a d'égale que sa peur de paraître n'être pas « dans le coup ». Le snobisme est la peur panique de paraître ridicule. Le snobisme, c'est la mécanique du désir qui tourne à vide : « le snob désire le néant » (p. 249) : il ne recherche ni avantage particulier, ni exemption de l'impôt, etc. Le snobisme s'exacerbe à mesure que les avantages réels de la société dans laquelle il souhaite être introduit et reconnu ont plus disparu. Une quête métaphysique à la recherche d'une différence impalpable, d'une différence qui n'existe **que par et pour le snob.** René Girard, *Mensonge romantique et vérité romanesque*, Pluriel, Grasset, 1961, 351 pages.

Patrice Leconte) Le rire dans ce 2e état culmine avec la figure de l'ironiste anglais, impassible, pince sans rire, qui savoure le fait de n'avoir été compris que par les *happy few*, voire par un seul, **voire par personne** : il savoure intérieurement, par dessus la tête des autres, sa propre supériorité. Le comble de l'humour se dissocie du rire (reste de vulgarité, d'épanchement non contrôlé par l'esprit). Il s'agit d'esquisser seulement un rictus ou un demi-sourire où se lise l'assurance de sa propre supériorité.

À l'époque bourgeoise (le comique subit une sorte de dégradation par rapport à l'humour des salons : **il n'est plus besoin de savoir en faire**, il suffit d'être capable de le comprendre, et pour cela de disposer des codes de la société, de la bourgeoisie par exemple), **le comique devient comédie au théâtre**, les comédies de boulevards sont **des tragédies à l'échelle bourgeoise**, où l'on rit de personnages stéréotypés dont on peut anticiper les réactions (le cocu, l'amant, la femme infidèle, etc.). On rit de ce qu'ils ne voient pas leur propre ridicule, alors même qu'ils ressemblent comme des frères aux spectateurs auxquels ces pièces sont destinées.

C'est un exemple de *Witz* (mot d'esprit) : Deux juifs, ennemis irréductibles, se croisent malencontreusement à l'entrée de la synagogue le jour du Yom Kippour, du Grand Pardon. Si un juif ne pardonne pas les offenses de ses ennemis ce jour là, son nom est rayé du livre de vie.

Le premier, prudent :

> « En ce jour solennel de Yom Kippour, je te souhaite ce que tu me souhaites ! »

Le second :

> « Tu vois ! tu recommences déjà ! »

3. Le comique à l'ère post-moderne

a. 1er trait : L'humour est devenu un humour de masse*

(mais il ne se produit pas pour autant un simple retour au 1er état ; autre chose que **la liesse populaire**, la foule[1] du Moyen Âge), aguicheur et racoleur : il doit pouvoir être compris par tous, immédiatement, sans effort. Il doit être à la portée de tous, instruits ou non, cultivés ou non[2]. Il peut y avoir du non-dit, du sous-entendu (d'après Freud, il y a toujours du non-dit dans un mot d'esprit, et c'est précisément ce non-dit qui fait rire), mais ce non-dit ne doit mobiliser aucun savoir, aucune connaissance particulière, ni même aucune compétence, aucun savoir-faire (comme par exemple la plus ou moins grande dextérité pour déchiffrer une contrepèterie) pour être véritablement post-moderne*. (Ex. Woody Allen disant : « *Mon cerveau est mon second organe préféré* ».)

---

1. La *masse** post-moderne* est autre chose que la *foule* au Moyen Âge.
2. Il se démarque autant que possible du rire dans son 2e état, sans revenir pour autant au premier, comme il pourrait le sembler. Comme toujours chez Lipovetsky, l'impression d'un retour (du religieux, de l'autorité, etc., est trompeuse. Tout est indexé par la post-modernité*). Ce qui était rituel et tradition bascule dans la dérision et la mascarade, p. 219.

b. Il a abandonné ce qu'il y avait de critique dans l'ironie (« l'esprit qui toujours nie » dont parle Goethe dans son *Faust*)

La subjectivité assurée de sa supériorité a disparu. Le comique a **perdu son mordant, son piquant, il n'est plus incisif** comme le trait d'esprit qui pouvait toucher juste, piquer au vif, censurer un travers. Les blasphèmes ont cessé de faire rire à mesure que s'effaçait le sacré (*le rire est victime de la dévaluation générale de ce à quoi il s'en prend*. La « ronde des jurons » de Georges Brassens a aujourd'hui quelque chose de poussif, elle fera, au mieux, sourire). Le rire pâtit de la dévaluation, de la décrédibilisation de ses cibles habituelles ; les objets se dérobent au fur et à mesure, ne résistent plus assez.

c. Il ne correspond plus à l'affirmation d'une quelconque suprématie sur le monde ou sur les autres

Plus personne ne se prend au sérieux, sinon l'humour tombe à plat. Tout le monde se tutoie (dans les soirées, mais aussi à la télévision, sur Canal+). Les plaisanteries *fusent*, tout le monde en rit. **Elles fusent d'on ne sait où, d'on ne sait qui** : peu importe qui a fait la plaisanterie, et même : il importe qu'on ne le sache pas. *Elle émane du groupe et fait rire le groupe* (s'opposant à l'humour poussif des comédies de boulevard, répartissant les rôles entre acteurs et spectateurs). **Quelqu'un qui voudrait briller**, se faire remarquer par un jeu de mots un peu trop complexe ou recherché : **se ferait siffler**, huer, il serait « mauvais goût[1] » ; il briserait le charme où tout le monde a régressé, où, moyennant fatigue, alcool, les inhibitions tombent et l'on se sent bien dans un groupe, pris dans une promiscuité quasi fusionnelle. De telles « fêtes », de tels moments sont un moyen de **surmonter par éclipses la solitude de l'individu* post-moderne***. La fonction du rire est alors de créer ces proximités peut-être factices, sûrement provisoires, mais immédiates, immédiatement disponibles, d'un soir, d'une année (copains de classe, de promo. qu'on perd de vue ensuite). **Une connivence, une complicité sans condition**, tous y ont un égal accès, *sauf* le rabat-joie qui ne jouerait pas ce jeu de la proximité.

d. Du rire sur commande au rire par procuration

À la télévision, on rit désormais à notre place. Des rires préenregistrés ponctuent les « plaisanteries » des séries américaines ou des émissions humoristiques britanniques. Nos clones sont là, dans le studio, nous représentant, riant ou applaudissant à notre place, sur ordre, au signal donné en dehors du champ de la caméra. Ce qui est propre à l'ère post-moderne*, c'est que **toutes les frontières s'estompent**. On ne sait plus si on est dans l'information véritable ou dans sa parodie (cf. l'émission « Un faux » de Coluche, Karl Zéro, les invités qui présentent le bulletin météo à la place des professionnels : tout le monde pourrait le faire, vous ou moi. On apprend les nouvelles aux « guignols de l'info » avant de les apprendre au « 20 H ». On est **d'emblée dans le « second degré »** : par exemple, le Président de la République s'essaie en direct à s'adresser à ses

1. Cf. A Rimbaud, *Œuvres complètes*, Gallimard, Pléiade, p. 30.

concitoyens en « verlan » (chose qui aurait été impensable du temps de De Gaulle) ; le Pape joue son propre rôle dans un vidéo-clip…

e. Le propre de l'âge post-moderne* n'est pas *l'existence d'un code humoristique,* mais le fait que *la frontière s'est effacée* entre ce qui en relève et ce qui n'en relève pas.

Lipovetsky reconnaît que **toutes les sociétés ont connu des codes humoristiques**, l'humour a été de tout temps un **moyen de régulation des tensions sociales**, mais seules les sociétés post-modernes peuvent être dites des « **sociétés humoristiques** ». Le code humoristique est partout, d'avance présupposé : on est d'emblée dans le 2e degré, ou plutôt : **la frontière entre premier et deuxième degré s'est effacée**. Le registre de l'humour devient le registre quasi obligé de publicités (on s'y attend, on attend la chute : cela fait partie du jeu, cela est intégré dans la logique des publicistes : la pub nous parle de tout sauf du produit, le spectateur ne peut que se demander : que tente-t-on de me vendre ? *Plus ça n'a rien à voir, plus c'est drôle*. Une logique inversée : il n'y a plus besoin de vanter des qualités objectives du produit (une telle démarche entraînerait aussitôt une « mise en éveil » de l'esprit critique, ou mobiliserait les moyens d'analyser et de critiquer ce discours : c'est au contraire ce qui est à prescrire absolument. **On nous prend par l'humour : si on critique, on n'est pas dans le coup, on est rabat-joie**. **Il s'agit avant tout de « désactiver » le sens critique du spectateur**. La limite de ce jeu, comme le rappelle Lipovetsky, c'est qu'il est subordonné d'abord au but de mémoriser le produit et sa marque, puis de déclencher le réflexe d'achat. (L'humour post-moderne* est un « humour tendancieux », dirait Freud.) Il doit déboucher sur quelque chose qui n'a plus rien voir avec de l'humour ou du rire : la logique économique, la guerre économique de la concurrence, ce qui signifie que l'humour est mobilisé au service de fins qui lui sont tout à fait étrangères, et il est sanctionné par là : une « bonne pub » sera en définitive non celle qui aura fait bien rire mais celle qui aura fait bien acheter.

De même un Président de la République en exercice s'essaie à s'adresser en verlan à ses concitoyens. (Le président est alors *à la fois lui-même et sa caricature*, on ne sait plus très bien si c'est lui qui l'a dit ou sa marionnette. En son temps (années 70) Giscard d'Estaing était doublé de Thierry le Luron qui imitait ses tics au service d'un discours absurde (rôle de fou du roi) ; si le (vrai) président se met à parler lui-même en « *verlan* », que peuvent encore faire les humoristes ?) **La post-modernité*, c'est ce moment où le roi et son fou ne font plus qu'un** : effacement ultime des frontières. À la limite, on ne sait plus si la phrase a été prononcée par tel homme politique ou par sa marionnette aux « guignols de l'info », et au fond, peu importe.

L'humour est à son tour gagné par l'inconsistance généralisée. Il pâtit du manque de substance de ce à quoi il peut s'en prendre (manque de consistance qu'il a contribué à créer). **L'humour est désamorcé** parce qu'il est **accueilli et même instrumenté** par ce à quoi il voudrait s'en prendre (on se bat pour figurer aux « guignols de l'info », « club » le plus « sélect » de la planète). Il doit renouveler en permanence ses cibles (alors que l'humour moderne s'en prenait à des cibles désignées, toujours les mêmes). Un comique lénifiant, *qui semble être en* *connivence avec ses prétendues cibles* : les guignols de l'info, à force de présenter Chirac comme un *looser*, finissent par le rendre sympathique, et font, consciemment ou non, campagne en sa faveur.

Finalement, **le seul objet récurrent** de l'humour post-moderne* **est le moi lui-même, le sujet** (on assiste ici à un retournement de la situation de l'ironiste qui rit de tout sauf de lui-même ; et du personnage qui fait rire parce qu'il ne voit pas qu'il est drôle (Charlie Chaplin, Laurel et Hardy, Buster Keaton, Jacques Tati : ils ne voient pas leur propre ridicule qui vient de leur inadaptation chronique au monde, de leur incapacité permanente à se saisir des codes et à en user. Il n'y a aucune connivence possible, aucune complicité avec le spectateur qui voit ce qu'eux-mêmes ne voient pas. Ce qui fait rire dans le personnage **burlesque**[1], c'est précisément qu'il ne se voit pas, qu'il ne voit pas en quoi il est véritablement comique. Il fait rire malgré lui, **parce qu'il** ne se regarde pas. Il peut y avoir pitié, tendresse (ainsi avec Charlie Chaplin dans « *La ruée vers l'or* »), mais *non communion dans le rire*.

Le personnage comique post-moderne* type, c'est Woody Allen : l'individu* hyper-narcissique s'auto-analysant en permanence, ne cessant de nous prendre à témoin de sa propre inconsistance (cf. l'acteur qui s'aperçoit qu'il est « flou »). Ce n'est plus son inadaptation au monde qui fait rire, *c'est la subjectivité elle-même*, comme *mise en abîme* et placée face à sa propre inconsistance. Woody Allen s'auto-analyse à longueur de films. On voit surgir un humour narcissique dans lequel le personnage comique fait rire sans cesser un instant de s'observer et de s'analyser, exposant et commentant au fur et à mesure son propre ridicule (« 5 femmes et 12 psys plus tard »... on compte le temps en « *psys* » et non plus en années) ; (ou encore : « Tous mes psys sont d'accord avec moi » : ce qui semblerait devoir « réinjecter » de la certitude la sape au contraire de manière radicale). **L'inconsistance ultime** n'est pas celle des institutions (religieuses, politiques, culturelles) mais **celle du Moi**, de l'Ego hyper-narcissique *qui tend au spectateur un miroir dans lequel il peut contempler son propre moi dévalué*. On ne se moque jamais, en définitive, que de soi-même (Bergson).

Paradoxalement pour Lipovetsky, l'ère de la « société humoristique » est **également celle du commencement de la liquidation du rire** (par épuisement de ses objets possibles, du dernier objet **vers lequel il a dû se retourner**, en désespoir de cause : **le Moi**). Disparition, « liquidation du rire » : il est devenu aussi malséant de rire « à gorge déployée », de rire franchement et bruyamment au théâtre, au cinéma, qu'il était autrefois à l'église. Les lieux où rire se raréfient : on

1. « Le personnage comique ne ressortit plus au burlesque, sa drôlerie ne procède plus ni de son inadaptation au monde, ni de la subversion des logiques (Jacques Tati), elle vient de la réflexivité elle-même, de l'hyperconscience narcissique, libidinale et corporelle. Le personnage burlesque est inconscient de l'image qu'il offre à l'autre, il fait rire malgré lui, sans s'observer, sans se voir agir [...] Au contraire, avec l'humour narcissique, Woody Allen fait rire en ne cessant jamais de s'analyser, en disséquant sous nos yeux son propre ridicule, en tendant à lui-même et au spectateur le miroir de son propre Moi dévalué. C'est l'Égo, la conscience de soi qui est devenu objet d'humour et non plus les vices, les travers, les déconvenues d'autrui, ses malheurs. », Lipovetsky, *L'Ère du vide*, Gallimard, 1983, p. 207.

se ferait rappeler à l'ordre. Alors que dans les comédies de Fédeau, le déchaînement du rire était tel que les acteurs devaient mimer les dernières scènes parce qu'on ne les entendait plus parler, et le service d'ordre évacuait les femmes « pâmées » de rire.

• *Reprise critique : sur Lipovetsky en général*

Comme toujours, la situation de la post-modernité* est décrite comme crépusculaire. Nous vivrions une fin de règne : on ne voit pas bien ce qui pourrait venir après. Il s'attache à décrire une sorte d'épuisement des possibilités. En un sens, la post-modernité* semble avoir conquis un rapport plus libre au passé : elle pioche librement dans la tradition (situation qui serait favorable à une nouvelle renaissance selon Edgar Morin : la grande Renaissance a eu lieu quand l'occident a acquis un regard libre sur son passé, a pu reprendre la tradition « sous réserve d'inventaire »). En fait, chez Lipovetsky, l'atmosphère est beaucoup plus sombre : il semble bien que la post-modernité* constitue une impasse. Elle aurait épuisé toutes ses possibilités, serait à bout de souffle : elle n'aurait plus d'autre choix, plus d'autre stratégie possible que de se retourner vers son passé pour vivre de sa carcasse, se nourrir à ses dépends. L'homme post-moderne* vit en parasite de ses ancêtres, incapable qu'il est d'engendrer du nouveau sacré, de nouvelles différences.

En se recentrant sur le rire

- On peut admettre que rire, humour et cruauté ont radicalement divergé (cf. la cruauté des fêtes médiévales : les chats ébouillantés, écartelés, les jeux du cirque à Rome : ne nous feraient plus rire, nous horrifieraient (quoique, dans l'émission de Jacques Martin, « Incroyable mais vrai », et les « *Reality-show* » américains...).
- La posture du dandy assuré de sa supériorité nous serait insupportable. Qui affecterait de l'adopter se verrait promptement remis à sa place. L'autodérision à la Woody Allen fonctionne bien mieux aujourd'hui, est bien plus « en phase » avec notre sensibilité.
- Reste le fait que nous continuons à rire, qu'il y a toujours des choses qui continuent de nous faire rire, que le rire a conservé une fonction à la fois psychologique et sociale. (Peut-être le rire a-t-il reflué vers la « scène privée » (pas tellement au théâtre, au cinéma), ou bien dans ces *lieux intermédiaires* que sont les soirées, les *booms*, les boîtes de nuit ? Mais y rit-on tellement ?).
- Bergson avait montré que le rire jouait un rôle social clé : il était le moyen de défense des « instincts grégaires » (formule — péjorative — de Nietzsche ; des forces sociales centripètes) : il sanctionnait toute différence, toute initiative, tout comportement individuel, personnel, osant s'affranchir de la coutume de « ce qui se fait ». Ce rire-là nous apparaît aujourd'hui clairement un rire persécuteur (blagues sur les juifs, les arabes, les belges, les homosexuels...) ce qui ne veut pas dire que ce type d'humour n'existe plus,

mais que ce *rire qui s'est lesté de mauvaise conscience* : un rire moins insouciant qu'avant ; de plus, le ressort semble s'estomper à mesure que le respect pour nos institutions, nos modes de vie est devenu de moins en moins automatique, de plus en plus problématique.

À l'époque de Louis XIV, de Saint-Simon, c'était le règne sans partage de la terreur panique de ne pas coller le jour même et au plus infime détail près à la mode. (René Girard[1]).

Selon Bergson, le rire est le réflexe de survie du groupe qui lutte contre les forces centrifuges, contre les comportements déviants pour s'assurer de l'unité du groupe et de sa cohésion. Il stigmatise « spontanément » qui **parle différemment**, avec un accent (suisse, belge, québécois ; hier bourguignon pour des oreilles parisiennes, accent du « titi parisien » pour le sud de la France) ; quiconque ose adopter un comportement différent : s'habille différemment, a des idées différentes, des modes de vie distincts (il est un « excentrique », un « extravagant »). Agir et penser à l'unisson du groupe, de concert avec le groupe, assure le confort que personne ne nous demandera pourquoi nous agissons ou pensons ainsi, nous-mêmes ne serons pas obligés de nous poser la question. Les comportements grégaires se justifient d'eux-mêmes, sont d'avance validés par le groupe, par la tradition. Oser se comporter comme un individu*, prendre des initiatives, oser remettre en question les lois du groupe, c'est s'en affranchir et mettre en danger sa cohésion. Le rire contraint « l'original » soit à rentrer dans le rang, soit à quitter purement et simplement le groupe. (Il resserre les liens en interne et évacue, exclut qui n'est décidément pas « récupérable » : le rire fait d'une pierre deux coups.)

- Aujourd'hui, reprise parodique de la mode, modes rétros. Ce qui serait le plus ridicule serait de vouloir en rajouter. Vouloir coller parfaitement au look baba-cool, ou skin, etc. *Serait désormais ridicule celui qui oublierait la dimension parodique, qui serait prisonnier des codes au lieu d'en jouer*, de manifester sa liberté et son indépendance à l'égard de ces codes. Ce phénomène est lié à la montée de l'individualisme : c'est maintenant le fait de ne pas se comporter comme un individu* qui est perçu comme ridicule, le ridicule a changé de camp[2]. On peut même reprendre, recycler les uniformes à condition de « décaler » par des touches de fantaisies (les surplus de l'armée américaine, les uniformes de l'armée rouge s'arrachent...) La mode et son dehors passent désormais l'un dans l'autre, ont cessé de s'opposer terme à terme.
- À l'ère de l'individualisme triomphant et de la sacralisation de la différence (ou : de la « promotion de la différence[3] » au rang de valeur suprême ?) serait suprêmement ridicule qui ne manifesterait aucune indépendance, aucun recul, aucune capacité de prendre des libertés à l'égard du code pour

1. *Mensonge romantique et vérité romanesque*, Grasset, Pluriel, 1961, chap. V, p. 140-141.
2. « Rien n'est plus mode — tendance — que de n'avoir pas l'air de se préoccuper de la mode. », Lipovetsky, *ibidem*, p. 218.
3. Voir le chapitre sur le communautarisme*.

en jouer plutôt que d'en être prisonnier. Quiconque n'oserait pas se distinguer, mais serait talonné par la terreur de n'être pas rigoureusement comme les autres, serait ridicule. À l'ère de l'individualisme exacerbé, rien ne serait plus ridicule que de manifester son inaptitude à se démarquer, à prendre ses distances par rapport aux règles, aux normes et aux codes auxquels on renvoie, à en *jouer* plutôt que de les *subir*. (Rien de plus ridicule que d'être une caricature du baba-cool, du punk ou du rocker.) *Le ridicule a, une fois de plus, changé de camp.* Est désormais ridicule *non plus la différence individuelle*, la bizarrerie, l'« *oddity* », mais *au contraire la soumission servile aux codes*, l'absence de distanciation.

Bibliographie

Asimov, *Le Robot qui rêvait*, J'ai Lu, n° 2388, 1988, 510 pages, p. 247.

Baconsky Theodor, *Le Rire des Pères (de l'Église)*, coll. « Théophanies », Desclée De Brouwer, 1996, 346 pages.

Bergson, *Le Rire*, « Essai sur la signification du comique », 1899, remanié en 1924, PUF.

Collectif, *Éléments de culture générale*, Ellipses, 1999, p. 309, note 4.

Deleuze G., *L'Image-temps*, Éditions de Minuit, 1985, 379 pages.

— *L'image mouvement*, Éditions de Minuit, 1983, 297 pages.

Derrida J., *Ulysse gramophone*, Galilée, 1987, 142 pages.

Eco, *Le Nom de la rose*, Livre de Poche, Grasset, 1982, p. 104-111, 126, 167-171, 591-596, 613.

— *Apostille au nom de la rose*, Livre de Poche, Grasset, 1985, 91 pages.

Freud, *Le Mot d'esprit et son rapport avec l'inconscient*, 1905.

Gripari P., *Du rire et de l'horreur*, Julliard/L'Âge d'homme, 1984, 147 pages.

Kofman S., *Pourquoi rit-on ?*, Galilée, 1986, 192 pages.

Kierkegaard, *Le Concept d'ironie constamment rapporté à Socrate*, in *Œuvres complètes*, 1975, vol. 2, 367 pages.

Lipovetsky G., *L'Ère du vide*, Gallimard, 1983, 314 pages, chap. 5.

Nietzsche, *Le Gai savoir*, Idées Gallimard, 1950, 379 pages, Livre 1, § 1, p. 36-39.

FICHE DE LECTURE

SIGMUND FREUD (1856-1939)

LE MOT D'ESPRIT ET SES RAPPORTS AVEC L'INCONSCIENT[1]

Idées Gallimard, 1930, 410 pages

La qualité du mot d'esprit (*der Witz* en allemand) **ne réside nullement dans l'idée qui est exprimée** (qui peut au contraire être banale ou triste), **mais seulement dans les mots employés** pour l'exprimer (employer d'autres mots pour exprimer la même pensée ferait s'évanouir le mot d'esprit).

I. La structure du mot d'esprit et le rôle de la condensation

Exemple : « J'ai dîné avec Rothschild et il m'a traité de façon tout à fait famillionnaire. » Entendons : J'ai dîné avec Rothschild, et il m'a traité de façon tout à fait familière, or n'oubliez pas qu'il s'agit d'un millionnaire ; ou : j'ai dîné avec Rothschild qui m'a traité de façon familière, comme si j'étais quelqu'un de sa famille, enfin dans la mesure où cela est possible de la part d'un millionnaire. Les transpositions qui explicitent fidèlement le sens de la phrase prêtent à réfléchir, au plus à sourire, mais ne déclenchent pas notre hilarité : c'est bien **dans l'expression elle-même qu'il faut chercher la source du comique**.

C'est donc en se tournant vers la formulation même du mot d'esprit, vers la technique verbale qu'elle met en œuvre, que l'on peut espérer isoler l'essence du mot d'esprit. **La question devient : quelles modifications dans l'expression une pensée ordinaire doit-elle subir pour se transformer en mot d'esprit ?** Ce qui frappe dans ce premier *Witz*, c'est son **caractère elliptique**, sa concision : il exprime en une seule formule ce qui nécessite deux ou trois phrases pour être formulé de manière claire, sans *Witz*. La dualité des idées se concentre enfin dans un seul mot (« *famillionnaire* »), qui exprime deux idées contradictoires ou du

1. Première édition en allemand : 1905.

moins dont l'association en un seul « mot-valise » déclenche l'hilarité (il est millionnaire, or il me traite comme quelqu'un de sa famille, il est millionnaire et me traite d'égal à égal, donc c'est un peu comme si j'étais moi-même un millionnaire) ; et la phrase sera d'autant plus drôle que celui qui la prononce sera en réalité de condition plus modeste. (Prononcée par un autre millionnaire, cette même phrase cesserait d'être un mot d'esprit.)

Le mot d'esprit fond donc deux idées en une seule, et l'effet produit sera d'autant plus comique que ces deux idées seront plus contradictoires. Le *Witz* exprime ici les deux idées suivantes :

1. Une assertion triomphale : J'ai été reçu par les Rothschild, ils me traitent comme un des leurs !
2. Une restriction, une concession : enfin, il ne faut quand même pas exagérer ; n'oublions pas qu'il est millionnaire et me l'a bien fait sentir : je ne **suis** pas l'un des leurs !
3. Cette deuxième idée est effacée parce que pénible, désagréable : elle gâte le plaisir contenu dans la première affirmation triomphale.
4. L'idée effacée resurgit malgré tout dans la phrase effectivement prononcée, sous la forme du mot-valise : « Famillionnnaire ». Le *Witz* exprime clairement la première idée, mais trahit involontairement ou humoristiquement la seconde.

On peut donc conclure que le Witz a exactement la même structure qu'un lapsus, et pour les mêmes raisons. Le lapsus est en quelque sorte un *Witz* involontaire, ou le *Witz* un « lapsus volontaire ». Dans les deux cas, deux idées distinctes s'expriment en une seule formule ou même un seul mot (celui qui « porte » ou qui « contient » le lapsus). Plus la condensation est forte, plus la force comique sera grande. De même, plus la contradiction entre les deux idées sera forte, ou plus l'idée « refoulée » sera elle-même comique, honteuse, déplacée, plus l'effet comique produit sera grand.

Le *Witz* consiste donc en une **formation de compromis**. Tout se passe comme si deux forces psychiques étaient à l'œuvre : l'une tendant à compresser les deux idées distinctes en une seule, l'autre, à faire disparaître purement et simplement la deuxième idée (pour des raisons d'économie* psychique : la deuxième idée est pénible). La résultante de ces deux forces est le mot d'esprit tel qu'il est formulé : la deuxième idée ne disparaît pas intégralement mais vient se « cacher » ou se nicher dans l'expression de la première.

Autre exemple de *Witz* par condensation : un homme retrouve un vieil ami qu'il avait perdu de vue, et lui voit une alliance au doigt : « Quoi, tu t'es marié ? » « *Trauring, aber wahr !* » [« Tragique, mais vrai ». La condensation tient dans le mot-valise « *Trauring* » = *traurig* (tragique, triste) + « *Ehering* » (alliance)].

Nous retrouvons dans le mot d'esprit la même **condensation** qui est à l'œuvre dans les **rêves** (deux lieux, deux personnes, deux situations, deux périodes de notre vie viennent se fondre en une seule[1]). Le *Witz* semble donc bien produit par les mêmes forces que les autres processus psychiques (rêve, lapsus), et relever donc d'une analyse psychologique. **La question centrale**, non résolue, **devient : pourquoi fait-il rire[2] ? À quelle réalité psychique le rire correspond-il ?**

> « La concision (du *Witz*) nous apparaît maintenant comme un signe de l'élaboration inconsciente qu'a subi le mot d'esprit. » (S. Freud)

II. Le mot d'esprit tendancieux ou le « rire impur »

Le mot d'esprit, forme adulte de ce qu'est initialement la plaisanterie, est au départ innocent, pur jeu, puis peut se trouver capté par différentes tendances ou « forces psychiques » : il devient alors « tendancieux », orienté et non plus gratuit.

Freud distingue 4 formes de mot d'esprit tendancieux :

a. Le mot d'esprit obscène (suggestion détournée d'une idée obscène).

b. Le mot d'esprit agressif ou hostile.

c. Le mot d'esprit cynique ou blasphématoire[3].

d. Le mot d'esprit sceptique : le plus subtil et le plus rare, le plus pur aussi : il aboutit à un état d'indécision où la possibilité de porter un jugement de vérité est suspendue[4]. Ces mots d'esprits (fréquents dans l'œuvre de Lewis Caroll, qui était logicien), présentent la même structure logique que les paradoxes, comme par exemple le fameux « paradoxe du menteur », dans lequel un crétois soutient que tous les crétois sont menteurs, ou, sous une forme encore plus ramassée : « Je te mens ! »

1. Cf. Sigmund Freud, *Le Rêve et son interprétation*, Idées Gallimard, p. 40-50.
2. C'est-à-dire, pour Freud, pourquoi est-il susceptible d'induire un **plaisir** psychique ?
3. Ex. : « Notre père qui êtes aux cieux, restez-y ! » (J. Prévert) ; « le père, la mère, le fils, la fille, le saint Esprit » (Brassens), etc.
4. Exemples :

   1. « Où vas-tu ?

   — À Lemberg.

   — Quel menteur tu fais ! Tu me dis que tu vas à Lemberg pour que je croie qu'en fait tu vas à Cracovie, alors qu'en fait tu vas réellement à Lemberg ! Tu vois bien : à quoi bon me mentir ? »

   2. « — Mais la marmite que je t'avais prêtée, tu me l'as rendue toute percée !

   — Premièrement, tu ne m'as jamais prêté de marmite ; deuxièmement, je te l'ai rendue en parfait état, troisièmement, elle était déjà percée quand tu me l'as prêtée ! »

   3. « Pourquoi une danseuse n'est-elle pas une femme ?

   — Premièrement parce qu'elle n'est pas une femme, deuxièmement parce qu'elle ne danse pas ».

Tableau des quatre formes du mot d'esprit tendancieux		
Forme de mot d'esprit	**Résultat recherché**	**Moyen employé**
Mot d'esprit obscène	Il fait du tiers, gêneur ou rival potentiel, un complice qui comprend et partage l'attirance érotique.	Il lève l'inhibition de la pudeur par la « prime de plaisir » qu'il procure.
Mot d'esprit belliqueux, polémique	Il fait de l'auditeur *a priori* indifférent un complice de ses haines, de ses aigreurs.	Il triomphe de l'indifférence de l'autre et déroute son sens critique en mettant « les rieurs de son côté ».
Mot d'esprit cynique	Il ébranle le respect dû aux fonctions, aux institutions.	Il se met au service des tendances cyniques, frondeuses.
Mot d'esprit sceptique, désabusé	Il ébranle le respect dû aux vérités admises, aux dogmes, aux croyances.	Il réveille les tendances sceptiques, les renforce et les met à son service.

Le mot d'esprit peut être **tendancieux**, c'est-à-dire qu'au lieu d'être le fruit d'une simple recherche de plaisir, de rire en commun et de faire le bel esprit (flatterie narcissique), il peut tendre à nuire à quelqu'un (mot d'esprit hostile) ou à servir les intérêts de celui qui le formule. Le *Witz* qui se fait aux dépends d'autrui est l'exemple même du *Witz* tendancieux :

Ex. H. Heine parlant de Musset : « La vanité est l'un de ses quatre talons d'Achille. » Nous voyons là à nouveau à l'œuvre le processus de condensation. Heine parvient à dire d'une seule phrase :

1. Musset est un vaniteux.
2. Encore n'est-ce là que l'un de ses multiples défauts. Achille n'avait qu'un talon vulnérable, Musset en a quatre.
3. Musset est plus une bête qu'un être humain (il a quatre talons, il est donc plutôt un quadrupède qu'un bipède).

Formulée sous la forme de ces trois phrases, le mot d'Heine devient plat, fade, ennuyeux. Le plaisir s'évapore lorsqu'il faut **expliquer** le mot d'esprit. Le mot d'esprit tient donc dans son extrême concision, il a été « codé » et doit être « décodé[1] », il fait appel à notre intelligence et à notre sens de l'humour, et surtout **l'idée principale est simplement suggérée, évoquée, jamais prononcée**, sinon le plaisir disparaît.

1. Comme le rêve chez Freud : le travail du rêve a, à partir d'idées, de tendances ou de désirs refoulés, élaboré une histoire (à travers quatre processus que sont la condensation, le déplacement d'accent, l'inversion, la mise en images ou en récit d'une idée abstraite) produit le rêve dont on peut se souvenir au réveil. Ce souvenir porte sur le **contenu manifeste** du rêve ; pour retrouver le « **contenu latent** » il faut par le travail de l'analyse défaire patiemment le

Le plaisir procuré par un mot d'esprit tendancieux n'est pas de même nature que celui procuré par un mot d'esprit « neutre », innocent. Dans le mot d'esprit innocent, le plaisir semble venir uniquement *du jeu avec le langage*, du plaisir qu'il y a à coder et à décoder une idée, ce qui établit une complicité entre locuteur et auditeur(s). Le mot d'esprit tendancieux au contraire est une sorte de vengeance, *une vengeance acceptable socialement,* ou même désirable socialement. Meilleur sera le mot d'esprit, plus son accueil sera indulgent, bienveillant. C'est comme si la mise en œuvre des ressources de l'esprit excusait la malignité de l'idée suggérée par le *Witz*. Le *Witz* semble déjouer ou contourner la censure, l'inhiber juste le temps du mot d'esprit. Sous le forme du mot d'esprit, chacun ose exprimer ce qu'il ne se permettrait jamais d'exprimer à haute voix, devant un public, sous la forme d'expression normale du langage. De même que le lapsus est la plupart du temps choquant, déplacé, et plonge celui qui l'a commis dans l'embarras et la confusion, de même les idées dissimulées (à demi, car le *Witz* ne fait rire que si on les *devine*) dans un mot d'esprit **feraient** honte à qui les exprime **si** elles n'étaient pas précisément suggérées sous la forme d'un *Witz*. Ceci nous met sur la voix de la découverte de la nature du plaisir procuré par le *Witz* et des raisons pour lesquelles celui-ci déclenche le rire.

> « L'essentiel du plaisir procuré par la plaisanterie, c'est d'avoir permis ce que la critique défend. » (S. Freud)

La société nous contraint à réfréner, voire à inhiber, l'expression de nos sentiments d'hostilité à l'égard d'autrui. Or la coexistence d'individus* chacun porteur de désirs produit inéluctablement l'apparition de telles impulsions hostiles[1]. Le *Witz* tendancieux est **l'expression socialement acceptable de telles impulsions**. On fait aujourd'hui un bon mot aux dépends de quelqu'un, là où hier on aurait provoqué en duel ou entraîné l'autre dans une bagarre. Le mot d'esprit tendancieux est un dérivatif à la violence. Le rire collectif cautionne cette forme de violence sublimée en reconnaissant son caractère socialement acceptable, il récompense/dédommage peut-être celui qui fait le *Witz* d'avoir su dominer ses impulsions hostiles et les couler dans un moule socialement acceptable en lui procurant le plaisir narcissique d'avoir su déclencher le rire. (Si le *Witz* « tombe à plat » et n'est pas cautionné d'une reconnaissance sociale, l'aigreur de celui qui l'a exprimé ne va pas disparaître mais augmenter.)

---

travail du rêve, il faut « décoder » ce que le travail du rêve avait « codé » ; S. Freud, *Le Rêve et son interprétation*, Idées Gallimard, p. 49.

1. Cf. S. Freud, *Malaise dans la civilisation*, PUF, 1971.

III. D'où vient le plaisir que procure l'esprit ?

A. La dimension négative du plaisir

D'abord s'agissant du **simple jeu gratuit avec les mots et les idées** : (plaisir de coder/décoder, de voiler/dévoiler, de jouer avec la production indirecte du sens) ; C'est un plaisir qui s'explique de manière économique[1], consistant en une simple **économie de moyen**. Un mot d'esprit est une sorte de « raccourci » psychique, il permet d'exprimer, de ramasser et de faire comprendre en une phrase ce qui aurait sans cela exigé une longue argumentation, une longue démonstration exposée à la critique ou à la réfutation d'autrui. C'est donc de cette perspective fastidieuse que le mot d'esprit nous affranchit. (Ex. : « Qu'est-ce que l'objectivité ? C'est 5 mn de temps de parole pour les juifs, 5 mn pour Hitler. »)

Deuxièmement, **le plaisir tendancieux**[2] de rire impunément d'autrui, de « sanctionner/censurer » autrui, ses comportements et ses défauts, sous une forme acceptable socialement, sans violence, sans autre danger que celui de recevoir en retour un autre trait d'esprit. Le plaisir est ici simple soulagement d'un sentiment confusément désagréable.

B. La dimension positive du plaisir

Mais le mot d'esprit peut aussi assouvir un désir spécifique. Il est souvent, en lui-même, savoureux et amusant[3], même quand il nous est simplement rapporté par quelqu'un d'autre. Le mot d'esprit est une pratique sociale, il s'exerce dans une compagnie d'hommes et/ou de femmes. Il consiste à jouer et à « flirter » avec les limites sociales qui nous sont communes (limites imposées par la pudeur, la bienséance, la politesse, etc.), autant de limites qui viennent contrarier, tout au long de notre vie sociale, certains désirs ou certaines tendances qui persistent néanmoins, mais refoulées hors de notre vie sociale. Le plaisir du mot d'esprit n'est autre que « l'attrait du fruit défendu de l'esprit. » Chaque mot d'esprit explore une frontière de la décence ou de la bienséance, il constitue une **quasi transgression**, il consiste de s'approcher aussi près que possible de la censure, sans pour autant la transgresser explicitement (sinon, le mot d'esprit n'en est plus

---

1. **Économique** au sens psychanalytique : description des faits psychiques reposant sur l'hypothèse d'une libre circulation et d'une constance de l'énergie psychique globale, permettant de décrire des phénomènes d'augmentation, de diminution (locales) et d'équivalences. C'est ainsi que selon Freud « le plaisir du mot d'esprit s'explique par l'épargne de la dépense nécessitée par le maintien de l'inhibition ; celui du comique par l'épargne de la dépense nécessitée par la représentation ; celle de l'humour, par l'épargne de la dépense nécessitée par le sentiment. », *Le Mot d'esprit*, Idées Gallimard, 1930, p. 396-397.
2. Le plaisir provient du fait que sans les ressources de l'esprit, la tendance à l'agressivité vis-à-vis d'autrui et le désir de se venger de lui ou de le rabaisser resterait insatisfaits et constitueraient donc une source d'irritation permanente. **Le plaisir tendancieux est soulagement d'un état pénible**.
3. De même que la plupart des rêves procurent également un sentiment de bien-être ou de plaisir.

un, il sera jugé vulgaire et attirera sur celui qui l'aura commis la réprobation sociale, au lieu de l'approbation et de la complicité[1]). C'est précisément l'idée qui n'est pas énoncée mais qui est suggérée, qui reste latente mais qui se dégage de l'analyse du mot d'esprit, par exemple l'idée qui seule permet de passer de la première idée exprimée à la suivante, qui transgresse carrément les limites de la décence ou de la moralité. Faire de l'esprit, c'est donc éprouver en commun le plaisir de transgresser « à blanc », « virtuellement » si l'on peut dire, les interdits qui structurent notre vie sociale et même parfois ceux qui structurent notre personnalité consciente. Plus un jeu de mots est audacieux ou « osé », plus il doit être spirituel pour « excuser » en quelque sorte la hardiesse du propos suggéré, de l'idée implicite.

IV. Psychogenèse du mot d'esprit

L'enfant acquiert le langage par des jeux. Il joue avec les mots comme avec les idées. À mesure qu'il grandit, un certain nombre d'inhibitions sont mises en place. Il va renoncer à tout assemblage de mots dénué de sens. C'est le développement de la critique ou de la raison qui met un terme à ce libre jeu avec le langage qui caractérise la petite enfance.

Le mot d'esprit pourrait correspondre à une levée partielle et temporaire des inhibitions ordinairement liées à l'usage raisonné du langage, et nous ferait ainsi renouer avec un plaisir de l'enfance.

On aurait donc d'une part un désir de traiter le langage lui-même comme objet de plaisir, d'autre part une inhibition habituellement liée à l'usage social du langage ; enfin le mot d'esprit par lequel le langage revêtirait une forme attrayante pour égarer, distraire ou séduire notre sens critique. La forme charmante ou agréable sous laquelle se présente un trait d'esprit nous *dissuade* d'emblée d'exercer notre jugement critique de peur de nous couper d'une source de plaisir possible. **Le mot d'esprit nous prévient en sa faveur en ce qu'il neutralise ou détourne notre sens critique par ailleurs aiguisé par notre vie en société**. « La pensée recourt au revêtement spirituel afin d'attirer notre attention et d'acquérir à nos yeux plus de poids ou de prix qu'elle n'en eut eu sans lui[2]. »

Le mot d'esprit déploie donc une double stratégie visant à mobiliser pour une part l'esprit critique en sa faveur, et d'autre part à neutraliser la part de cet esprit critique qu'il ne parvient pas à se rallier.

---

1. Un jeu de mots grossier serait ainsi un *analogon* de ce qu'est le cauchemar pour le rêve : une transgression trop explicite, trop mal déguisée, provoque gène et déplaisir, voire angoisse et sentiment d'insécurité, au lieu du plaisir que le rêve ou le mot d'esprit auraient été censés apporter.
2. Cf. la phrase d'Alain : « Tout mot d'esprit implique la mort d'une idée. » Le mot d'esprit serait ainsi en quelque sorte une idée avortée, une idée qui préfère séduire que convaincre et qui renonce à clarifier les ambiguïtés pour mieux en jouer. Cf. *Éléments de culture générale*, Ellispes, p. 41-45.

Formulation de la thèse centrale de Freud

« Le caractère primordial de l'élaboration spirituelle consiste dans la libération du plaisir par la levée des inhibitions. »

À partir de là, il convient de distinguer le processus psychique à l'œuvre chez celui qui produit le mot d'esprit, et celui à l'œuvre chez celui qui le reçoit. Chez le premier, le mot d'esprit revient à surmonter un obstacle interne ou encore à vaincre (provisoirement) ou triompher d'une inhibition. Chez le second, ce qui se produit peut être l'exacte réplique du processus à l'œuvre chez le premier : l'obstacle externe qui est surmonté chez l'auditeur (grâce à la stratégie visant à détourner son esprit critique et à lever ses inhibitions) peut être l'exact pendant de la levée de l'inhibition qui se produit chez le premier, d'où la complicité qu'éprouvent ceux qui ont ri ensemble d'un même trait d'esprit : ils ont commis en commun une « quasi transgression ».

Une interprétation purement « économique » du rire devient alors possible. L'énergie habituellement mobilisée pour maintenir de façon permanente l'inhibition se trouve pour un bref laps de temps détournée de sa tâche : il n'est plus nécessaire de maintenir l'inhibition puisque, sous la forme bénigne du trait d'esprit (comme sous la forme bénigne du rêve pendant le sommeil), la représentation inhibée/prohibée est devenue pour un bref moment inoffensive. Rire socialement d'un trait d'esprit, c'est éprouver pour un bref moment le plaisir en commun que suscite la possible (mais provisoire) levée d'une inhibition qui contrecarrent certains de nos désirs. **Le rire ne serait alors rien d'autre que la décharge de cette énergie devenue soudainement, mais temporairement, libre de sa tâche ordinaire.**

COMMENTAIRE DE CITATIONS

« LA FORCE N'EST JAMAIS RIDICULE »

Napoléon Bonaparte

Préambule

La citation est de Napoléon : c'est-à-dire d'un chef d'État, d'un empereur. Le mot « force » n'est donc pas à prendre uniquement, ni même d'abord, au seul sens de la force physique. C'est essentiellement de la force politique et militaire qu'il s'agit ici.

Quelle conception de la force s'exprime à travers cette assertion ? **La force est l'imposition du respect, la force est ce qui « en impose ».** Quelle doit être l'essence de la force pour qu'elle soit à même d'imposer à tous le respect en toute circonstance ? **Le déploiement de forces peut être une manœuvre d'intimidation**.

La phrase se présente clairement sous la forme d'une **dénégation***[1] au sens psychanalytique : comme telle, elle implique le soupçon ou la crainte que la force **puisse paraître** ridicule, c'est-à-dire puisse l'être, **car paraître ridicule et l'être sont en vérité une seule et même chose**[2], ce qui nous livre une première information sur ce qu'est le ridicule.

I. La force n'est jamais ridicule

Napoléon conçoit la force à la façon **romaine** : l'*imperium*, l'Empire romain. La force est ce qui investit l'extérieur *et l'intérieur* à la fois (Hegel). La véritable force ne s'en prend pas qu'aux corps, elle tend aussi à briser le courage, la volonté, la capacité de résistance, la **représen-**

1. Pour maîtriser le bon usage de ce terme technique de la psychanalyse, et en particulier éviter de le confondre avec celui de **déni***, voir le glossaire.
2. Cf. Le film de Patrice Leconte : « *Ridicule !* » (1995). Pour une contestation de cette équation : « paraître ridicule = être ridicule » [c'est-à-dire l'équation selon laquelle il *faudrait* et il *suffirait* de *paraître* ridicule pour l'*être* effectivement], voir les *Éléments de Culture Générale* (Ellipses) « Nuire à la bêtise ! » p. 42. Cf. aussi H. Arendt, *Essai sur la Révolution*, Tel Gallimard, 1967, p. 145-149.

tation que l'autre se fait de lui-même et du monde[1]. **La force investit l'imaginaire** : il s'agit de frapper l'adversaire d'effroi, d'épouvante ; de paralyser par la peur, de désorganiser toute stratégie de défense en répandant la panique, le découragement, de brouiller les informations dont dispose l'autre en faisant courir des rumeurs. C'est aussi l'idée, romaine, que Machiavel se fait de la force : le Prince investit d'abord l'imaginaire, lieu du pouvoir par excellence. Puisque ce sont les passions, et non la raison, qui gouvernent les hommes, le Prince ne pourra s'assurer de sa domination sur les hommes qu'en se rendant maître de leurs passions, en leur inspirant tour à tour, voire simultanément, amour et effroi. Cf. le conseil que donne Machiavel à tout Prince qui vient d'usurper le pouvoir : commencer son règne par quelques exécutions publiques, pour l'exemple. Il s'agit de **montrer sa force pour n'avoir plus besoin d'en user**. Si le Prince commence par être cruel, on le louera de sa magnanimité chaque fois qu'il négligera de sévir. Alors que si le Prince commence par la clémence, il sera aussitôt jugé faible, et devra recourir de plus en plus à la violence pour se maintenir au pouvoir, et paraîtra injuste et cruel chaque fois qu'il devra recourir à la force. La véritable force du Prince consiste dans l'art qu'il met judicieusement à user ou à s'abstenir d'user de sa force, selon ce que son intérêt requiert.

La force ayant investi l'intérieur et l'extérieur se retrouve de part et d'autre, des deux côtés et n'est plus aux prises qu'avec elle-même. La Terreur révolutionnaire est hantée par la phobie du complot, elle voit des « contre-révolutionnaires » partout, la Révolution est conduite inéluctablement à dévorer ses propres enfants. De même dans le système totalitaire, plus rien, aucune force n'est à même de s'opposer au pouvoir absolu du Parti qui s'est emparé de l'État : le totalitarisme doit sécréter ses propres forces d'oppositions, s'inventer des « contre-révolutionnaires objectifs », contre-révolutionnaires à leur insu et à leur corps

---

1. D'où l'idée que le colonialisme est d'abord institué dans la représentation que le peuple colonisé a de lui-même, que cette représentation est l'arme principale permettant la reconduction du système, et que c'est donc d'abord là qu'il faut aller l'en déloger. Cf. Frantz Fanon, *Les Damnés de la terre* (1961), la préface de Jean-Paul Sartre : « Un ex-indigène de langue française plie cette langue à des exigences nouvelles, en use et s'adresse aux seuls colonisés » [voir la filiation dans le mouvement communautariste : Martin Luther King s'adressait à la conscience de tous les citoyens américains, voire de tous les hommes, Louis Farakhan ne s'adresse qu'à la seule communauté noire.] : « Indigènes de tous les pays sous-développés, unissez-vous ! » [...] Lisez Fanon : vous saurez que la folie meurtrière est l'inconscient collectif des colonisés. [...] L'indigénat est une névrose introduite et maintenue par le colon chez les colonisés *avec leur consentement*. (C'est Sartre qui souligne) [...] « Cette violence irrépressible [Celle des peuples colonisés se dressant contre leurs colonisateurs], c'est l'homme lui-même se recomposant [...] Aujourd'hui, notre club si fermé [celui des pays d'Europe occidentale et d'Amérique du nord] révèle sa faiblesse : il n'est ni plus, ni moins qu'une minorité. Puisque les autres se font hommes contre nous, **c'est donc que nous sommes les ennemis du genre humain**. (C'est moi qui souligne). L'élite révèle sa vraie nature : un gang. La France autrefois était le nom d'un pays : prenons garde qu'il ne soit, en 1961, celui d'une névrose.], et la critique implacable de cette préface par H. Arendt, *Du mensonge à la violence* (Presses Pocket p. 135-136, 166-167) ; et *Condition de l'homme moderne*, (Calmann-Lévy chap. 5, p. 227-229). Charles Taylor se situe explicitement dans la filiation de Frantz Fanon (*Multiculturalisme, Différence et démocratie*, Champs Flammarion, p. 88-89). On est ici à un carrefour avec le cours sur le « Communautarisme* ».

défendant, si l'on peut dire, elle doit éliminer ses plus fidèles et ses plus aveugles partisans. Cf. Les « procès de Moscou » où tous les prévenus s'accusaient de crimes qu'ils n'avaient jamais commis parce qu'ils continuaient de penser que le « Parti » ne pouvait pas se tromper, et que si le Parti s'était retourné contre eux, **c'est donc qu'ils étaient bien des contre-révolutionnaires**[1]. C'est dans ce retournement du rapport entre la cause et l'effet qu'apparaît le mieux la folie totalitaire. Alors que la vie d'un régime démocratique est faite des tensions entre la majorité et l'opposition, et est ponctuée par des infléchissements ou des renversements des rapports de forces, **le totalitarisme en est réduit à inventer ses opposants parce qu'il n'en a pas et ne peut pas en avoir**. (Procès de Moscou, nuit des longs couteaux, incendie du *Reichstag* attribué à d'imaginaires adversaires, « Protocole des sages de Sion » « démontrant » le complot juif mondial[2], etc.) Lorsque le pouvoir en est réduit à inventer ses traîtres et à sécréter ses propres adversaires parce que plus rien ne subsiste hors de lui, alors en effet la force ne peut être ridicule.

À l'horizon de tout **rapport de forces** se profile **la menace de la mort violente** (Hobbes, Hegel). Le conflit violent est le lieu du risque suprême, chacun y risque tout puisqu'il y risque sa vie. Alors que le droit est binaire (j'ai ou je n'ai pas le droit de faire telle chose), la force est le domaine de la surenchère : le plus fort d'aujourd'hui rencontrera peut-être plus fort que lui demain. Toute force dans la nature est susceptible d'en rencontrer un jour une autre plus grande qu'elle qui la réduise par là même à l'état de faiblesse (Spinoza). La force est toujours de l'ordre du plus et du moins, du relatif. Être fort dans l'absolu ne présente aucun sens : être fort, c'est être **plus** fort que ceux à qui l'on est confronté. Le seul horizon, la seule limite possible est celle de **la « mort violente »** comme **« maître absolu »** (Hegel), la perspective de l'extinction de l'espèce s'exterminant elle-même, perspective qui **contraint** les hommes, selon Hobbes, à entrer dans des rapports sociaux les uns avec les autres, c'est-à-dire à inventer le droit pour qu'il vienne se substituer à la force pour arbitrer les conflits. Dès qu'il y a un rapport de forces, c'est instantanément la mort elle-même qui est présente à titre de virtualité, ou d'arbitre ultime (le vainqueur sera le survivant). La force, comme irruption de la mort, ne saurait relever de la sphère du ridicule.

II. La force du ridicule

Transition : Si la force s'établit d'abord dans l'imaginaire (Machiavel), alors il s'agit de la miner d'abord là, en son cœur, en son foyer : là où elle est la plus vulnérable (Fanon). Dans la mesure où la force a besoin d'investir l'imaginaire pour s'établir et s'affermir, la force va se

---

1. Voir d'A. Koestler, *Le Zéro et l'Infini* (1941) et *Le Yoghi et le Commissaire* (1945), et de M. Merleau-Ponty, *Humanisme et Terreur* (1947) et *Les Aventures de la dialectique* (1955). Dans *Humanisme et Terreur*, M.-P. reprend sur le plan théorique le traitement des procès de Moscou par les romans de Koestler..Il lui reconnaît le mérite d'avoir osé poser « les vraies questions de ce temps » mais il conteste encore à Koestler ses conclusions. Avec *Les Aventures de la dialectique* en revanche, M.-P. a rompu tous les liens avec le marxisme et se rallie à la position de Koestler.
2. Cf. H. Arendt, *Le Système totalitaire*, Le Seuil, 1995.

trouver menacée par ce qui risquerait de briser sa domination, son monopole sur la sphère de la représentation. **La force se trouve être vulnérable/exposée au ridicule comme à ce qui brise le respect dû à la force et dont elle se soutient**. La force craint le ridicule[1]. Cf. la phrase du Caligula de Camus : « Qu'ils me haïssent, pourvu qu'ils me craignent ! »

La force, cible privilégiée du ridicule ? Le ridicule s'en prend essentiellement à la force, trouve dans la force son objet propre. Il y a un plaisir spécifique, populaire, à tourner en dérision « les riches », « les puissants », « les grands », « les nobles[2] », etc. Qui s'aviserait de tourner en ridicule un mendiant, un malade ? Les plaisanteries qui circulent portent sur les hommes d'États, les décideurs économiques, les leaders religieux, etc. Disposer de quelque pouvoir réel ou symbolique qualifie pour attirer sur soi tous les quolibets, pour faire de soi la cible privilégiée du rire. Sinon à la force, à quoi donc s'en prendrait le rire ? Il y a un **pouvoir subversif du rire**, de l'ironie, de la dérision, dont jouent/vivent les caricaturistes, les chansonniers, les journaux satiriques. Il y a une *vis comica*[3] redoutable, un pouvoir jubilatoire des chansons révolutionnaires, des slogans jouant de la dérision[4].

1. Les stratégies du pouvoir

Quelles peuvent être les stratégies du pouvoir face à la force subversive du rire ? Si la force se montre souveraine, ignore les quolibets, si la société se contente de dire « que m'importent ces parasites ? » (comme le ferait selon Nietzsche toute société sûre d'elle-même et pouvant s'offrir le luxe de s'abstenir de punir), son indifférence ne peut que passer pour un signe de faiblesse, et il lui faudrait accepter que soit brisé son monopole sur l'imaginaire populaire, ce à quoi précisément la force ne peut se résoudre puisque c'est là que réside son assise. Si la force ne paralyse le jugement qu'en imposant respect et soumission, obéissance, le rire au contraire **libère** l'imaginaire.

Que la force au contraire entreprenne de censurer (d'interdire le journal satirique, d'embastiller le chansonnier), elle se reconnaît vulnérable au ridicule, elle admet qu'elle le redoute, **elle redouble son propre ridicule**. Censurer, c'est s'avouer ridiculisé.

---

1. Ici s'explique la phrase de Napoléon en forme de dénégation*. Napoléon est bien habité par la hantise que la force **en tant que telle** puisse être ridicule.
2. Certes, les comédies de Molière ne tournent en ridicule, apparemment, que les bourgeois qui n'exercent pas le pouvoir, elles fustigent le « bourgeois » qui veut faire le « gentilhomme » (mesurant l'écart entre prétention et réalité), mais n'atteignent-elles pas en vérité, par ricochet pourrait-on dire, les « gentilshommes » eux-mêmes ? Tournant en dérision les bourgeois occupés à singer les mœurs de cours, Molière ne tourne-t-il pas en dérision du même coup et indirectement ces mœurs mêmes ? (Il y aurait une comédie dans la comédie, un double niveau du rire.)
3. Une « force comique », en latin.
4. Tel en Mai 68 cet homme brandissant au bout d'une perche un régime de bananes et criant : « Le régime est pourri ! »

Ainsi le rapport de forces s'est il insensiblement déplacé, **il a investi la sphère de l'imaginaire** où il se situe désormais exclusivement. D'où la politique spectacle, **l'État spectacle**[1], la guerre médiatique[2] avec **pour arbitre l'opinion publique** qui compte les points ? Il se produit donc une **symbolisation des rapports de forces** à la faveur de laquelle le rire devient une arme politique. Le public assiste à une joute, à une ridiculisation mutuelle du pouvoir et de l'opposition, chacun prenant tour à tour l'opinion publique à témoin et s'acharnant à détruire le respect que son adversaire s'efforce de construire.

2. Les stratégies du ridicule

Le ridicule peut consister à faire apparaître la force comme **arbitraire**. C'est le fameux « *quia leo* », « parce que je suis le lion » (La Fontaine). Et alors ?

Le ridicule peut consister à faire apparaître la force comme **aveugle** : on opposera alors la force brutale à la ruse. Goliath vaincu par David est ridicule parce qu'il était *a priori* de loin le plus fort, mais puisque c'est en définitive David qui l'a emporté, n'était-ce pas dès le départ David qui était le plus fort ? La vraie force n'est-elle pas la ruse ? **Le ridicule joue de cette hésitation**, de cette oscillation. Staline disant : « *Le Vatican, combien de divisions ?* » est ridicule parce qu'il semble croire que les « divisions » font tout, que seules des divisions pourraient vaincre l'URSS (ce qui est absurde, au moins depuis l'équilibre de la terreur nucléaire), il semble ne pas voir que le conflit se joue aussi et même surtout ailleurs, sur un autre terrain, celui des valeurs, des représentations du monde (qui parviendra à se faire identifier durablement comme « le monde libre », libéré ?) L'histoire a répondu. Staline est ridicule dans la mesure où il ne voit pas d'où va venir le coup, comme Goliath n'attachant nulle importance à la fronde de David. ***Le ridicule de la force est de ne croire qu'à la force***.

Dans ces deux cas de figure, le ridicule vise à détrôner la force, à révéler que « le roi est nu[3] », ce que nul ne pouvait *voir* tant que l'imaginaire était dominé par le respect. Le ridicule abat les signes extérieurs de la force, il dépouille les oripeaux du pouvoir et il donne à voir du même coup que la force n'est que cela, qu'elle ne tient que par l'imaginaire[4].

Il y aurait donc une efficience*, une efficacité politique du rire. Le rire serait revêtu d'une véritable **force subversive**. À l'ère de la politique spectacle, on n'exécute plus ses

---

1. Cf. Guy Debord, *La Société du spectacle*, Gallimard ; et R. Debray, *L'État séducteur,* Folio Gallimard, 1993.
2. Cf. la guerre du Golfe se jouant d'abord, sur le plan international, sur *CNN*. Les guerres, qu'il s'agisse de celle du Golfe, de Bosnie ou du Kosovo, se jouent désormais d'abord dans les médias : c'est à qui réussira à faire endosser à son adversaire, dans l'esprit des téléspectateurs, le rôle du méchant absolu, de « grand Satan » ou encore de « nouvel Hitler » : tour à tour Saddam Hussein, Milosevitch, peut-être Poutine, Oussama ben Laden, etc. La liste est virtuellement infinie.
3. Voir, bien sûr, le conte d'Andersen, « Les habits neufs de l'empereur ».
4. Cf. La Boëtie, *Discours sur la servitude volontaire* ou *Le Contr'un*. La Boëtie s'y attaque à cette énigme : comment se peut-il qu'un homme seul parvienne à tenir en esclavage tout un peuple ?

adversaires ou ses opposants (du moins dans les sociétés démocratiques), mais on lâche des « petites phrases » assassines, c'est **le ridicule** qui **tue** (au moins politiquement parlant : il peut briser une carrière). Cf. le verbe « (se) ridiculiser » : rien ni personne n'est ridicule *en soi*, **est ridicule qui a été ou qui s'est ridiculisé** : voici un deuxième caractère qui nous renseigne sur l'essence du ridicule. Ridiculiser, c'est « tourner en ridicule », déconsidérer, déshonorer, briser le respect.

Transition : Mais **le ridicule n'a** alors d'efficacité **que d'emprunt** : il tire son efficacité de l'opinion publique qui lui sert de « caisse de résonance ». Dans un pays sans opinion publique (l'URSS au temps de Staline, l'Espagne au temps de Franco), le rire est dépourvu de toute efficacité réelle, il est cantonné au rôle de **pur soulagement privé**, il est « l'opium du peuple » (Marx parlant de la religion).

III. Le ridicule n'abat-il alors qu'une force à chaque fois imaginaire ?

Mais le ridicule est-il alors une authentique force subversive, ou bien un exutoire ou un dérivatif, un substitut symbolique à la révolte véritable, une révolution pour rire et pour un jour, une révolution imaginaire et se jouant dans l'imaginaire (cf. au Moyen Âge les carnavals où pour un jour la hiérarchie sociale est inversée, mise « cul par dessus tête », où le peuple élit « le roi des fous »... voir *La Nuit des rois ou « comme il vous plaira »* de Shakespeare).

La force installée d'abord dans l'imaginaire (Machiavel) est-elle autre chose qu'une force elle-même imaginaire = qui ne se maintient que par les signes extérieurs du pouvoir[1], par sa domination sur les consciences ?

Le ridicule serait alors la mesure même du décalage entre une prétention ou une revendication (en tout cas une **représentation**), et la réalité qu'elle prétend incarner ? Ce serait admettre que le ridicule n'atteint à chaque fois qu'un faux-semblant de la force, qu'il n'abat qu'un mirage, qu'il n'évince qu'un prétendant malheureux ou éphémère au pouvoir (**la force et le pouvoir** eux-mêmes **restant** en permanence hors d'atteinte, **hors de portée du ridicule**). C'est en ce sens que Marx écrit que la révolution n'abat à chaque fois qu'un semblant de pouvoir, un pouvoir illusoire déjà caduc, qui ne fait que se survivre à lui-même. Si la révolution réussit, c'est que la force véritable était déjà ailleurs, dans la bourgeoisie ou le prolétariat par exemple. (C'est la thèse de Marx selon laquelle les institutions sont toujours en décalage, c'est-à-dire d'après lui *invariablement en retard* sur la réalité économique et sociale qui évolue toujours plus vite que son « reflet » dans les institutions et l'organisation du pouvoir.)

---

1. Cf. Diderot disant qu'un aveugle confronté à un tribunal n'éprouverait aucune crainte parce qu'il ne verrait aucun attribut du pouvoir (l'hermine du juge, etc.). **Le pouvoir ne serait rien d'autre que la somme de ses attributs** ou de ses symboles (c'est l'uniforme du gendarme, non le gendarme lui-même, qui intimide.) Diderot, *Lettre sur les aveugles à l'usage de ceux qui voient* (1749).

Si le ridicule ne fait que mesurer un décalage (entre l'homme et la fonction par exemple, le ridicule consistant à montrer que l'homme n'est pas à la hauteur de la fonction qu'il prétend exercer), s'il n'abat à chaque fois qu'un prétendant malheureux, c'est donc que le **lieu de la force**, le **lieu du pouvoir** reste lui-même hors d'atteinte : il offre aussi peu de prises au ridicule qu'Ulysse rebaptisé « personne » au cyclope. **Le lieu de la force est une place imprenable parce que vide** (du moins en régime démocratique). Comme telle, elle n'offre aucune prise à l'imaginaire, fût-ce pour en rire. Cette place par essence vide est « occupée » de façon temporaire par la représentation. C'est le cas des démocraties **représentatives** : personne n'y incarne par naissance et de droit le pouvoir, ceux qui exercent pour un temps les plus hautes fonctions politiques ne font qu'y **représenter** le peuple et **exercer le pouvoir à sa place**. Le tyran quant à lui s'acharne à incarner le pouvoir lui-même, à s'identifier autant que faire se peut à ce lieu du pouvoir. Cf. le *Caligula* de Camus qui, conséquent avec lui-même, se refuse à envisager sa succession car ce serait se reconnaître mortel[1] et donc admettre que le pouvoir est appelé à passer en d'autres mains. Si « L'État, c'est moi », si je ne fais qu'un avec l'unité et la souveraineté* de la Nation, alors **le concept** même **de succession est dénué de sens**, puisqu'il suppose l'existence d'un lieu du pouvoir **distinct** de celui qui l'occupe actuellement[2]. « *Après nous le déluge*[3] *!* » Bien entendu, plus la prétention du tyran est exorbitante plus grand est son ridicule (à son insu) si du moins le ridicule est bien ce qui mesure un écart entre l'homme et la fonction, entre le réel et l'imaginaire (cf. le mot de Victor Hugo à propos de Napoléon III : « *Napoléon le petit* »).

Conclusion

Le ridicule n'atteint donc à chaque fois que ces **représentations** de la force qu'il abat inlassablement[4], comme les vagues déferlant sur la jetée. Le plaisir de voir un élu battu (aux élections suivantes) est pour le peuple le plaisir de sentir que les choses dépendent bien de lui,

---

1. Cf. Ernst Kantorovicz, *Les deux corps du roi, essai sur la théologie politique au Moyen Âge*, Gallimard. E. Kantorovicz y rappelle que dans la philosophie politique médiévale, le roi était pourvu de deux corps, **l'un matériel et mortel** comme celui de tout homme, **l'autre mystique et immortel** étant l'incarnation de l'unité de l'État. La phrase parfois mal comprise prononcée à la mort d'un roi : « Le roi est mort : vive le roi ! » est un écho de cette théorie. En tant que réalité mystique, le roi ne peut pas plus mourir que la Nation elle-même.
2. Cf. G. Garcia-Marquez, *L'Automne du patriarche*.
3. Le mot serait de la Marquise de Pompadour s'adressant à Louis XV pour le consoler après la défaite de Rossbach (1757).
4. Cf. le mot d'esprit qui peut resservir indéfiniment, visant à chaque fois une personne différente :
« — Comment un tel homme est-il parvenu à un poste pareil ?
— Il a dû arriver là par (ou : arriver premier dans) un concours de circonstance(s) » (le mot d'esprit se dédouble suivant que l'on met ou non « circonstance » au pluriel.).

Cf. aussi René Girard, *La Route antique des hommes pervers* (Grasset, 1985), sur le retour de la phase où le peuple « liquide » et « sacrifie » les chefs politiques qu'il s'est donné, autrefois en les tuant, aujourd'hui en se contentant de les exclure de la scène politique, c'est-à-dire de les « mettre à mort » symboliquement (en tant qu'hommes politiques.)

qu'il peut défaire ce qu'il a fait, et qu'en dernier recours c'est donc bien lui qui exerce le pouvoir, fût-ce par procuration. Faute d'avoir prise sur le lieu du pouvoir lui-même (**imprenable parce qu'il n'y a rien à prendre**), le ridicule s'acharne sur ses représentants. En estimant que ceux qui briguent ou occupent ce lieu en sont indignes, le ridicule contribue pour sa part à renforcer ce lieu, à l'élever, à s'assurer que la place reste bien vide. Si le ridicule consiste à mesurer un écart entre l'homme et la fonction, alors il naît de la haute idée que l'on se fait de ce lieu, qu'il contribue à son tour à rehausser.

À lire

Asimov I., *Le Robot qui rêvait*, J'ai lu n° 2388, p. 247 ss.
Baconsky Th., *Le Rire des Pères*, coll. « Théophanies », Desclée de Brouwer, 1996.
Collectif, *Le Rire du prédicateur : récits facétieux du Moyen Âge*, trad. Lecoy de la Marche, Éditions Brepols, coll. « Miroir du Moyen Âge »
Eco U., *Le Nom de la rose*, Livre de poche, Grasset, 1987, 192 pages.
Nietzsche F., *Le Gai savoir*, Idées Gallimard, Livre I, § 1, p. 38-39.

CHAPITRE 9

La laïcité

COURS

LA LAÏCITÉ

La question de la laïcité

Les théoriciens de la laïcité en avancent souvent une définition large et débonnaire : « La laïcité, c'est la loi de la coexistence » [Jean Baubérot ; sous entendu : dans une société plurielle, pluraliste. Principe fondé sur l'égal respect des convictions des uns et des autres] ; Guy Coq développe cette même conception de la laïcité : « La laïcité est un principe de coexistence des individus* et des groupes au sein d'une même société. » (Guy Coq). Comment ne pas souscrire à une telle définition, comment pourrait-on ne pas être laïque, ou favorable à la laïcité ? Définitions consensuelles qui masquent peut-être bien des équivoques. (Les termes « laïque », « laïcité » ne sont pas définis en droit français[1], alors même que les textes de loi portant sur ces questions y renvoient constamment, comme si c'était la chose du monde la mieux définie[2]...). Nous ne pouvons pas oublier que la laïcité telle que nous la comprenons est une *spécificité française* : il y a d'autres modes de coexistence possibles. (Modèles allemands, anglais, américain[3]...]

La laïcité n'est jamais un point de départ ; point d'aboutissement d'un lent processus de *sécularisation*[4]. Pouvoir politique et pratiques religieuses ne sont pas au départ séparés (Dumézil, Éliade). L'Islam en France est confronté (à l'école, mais aussi au niveau des relations entre la communauté musulmane et l'État) à une laïcité qui est le fruit d'une histoire à laquelle il n'a pas pris part : celle des Lumières, de la Révolution française, de la séparation des Églises et de l'État (1905),

---

1. Jean Boussinesq, *La Laïcité française*, Essais, Seuil, 1994, p. 13.
2. Déclaration en forme de définition de Maurice Schumann, qui n'engage que lui (discours) : « Par laïcité, nous entendons que l'État refuse toute immixtion des autorités religieuses dans les affaires et les domaines qui lui sont propres. », *idem*, p. 56-57. Dans une démocratie, l'État, l'école, les partis politiques se doivent d'être laïques, c'est-à-dire « ouverts à tous d'où qu'ils viennent, à tous les horizons religieux, philosophiques, ethniques, dans le respect de toutes les convictions. » Il ne peut pas — ou en tout cas il ne *doit* pas — y avoir de parti « démocrate-chrétien par exemple » pour Schumann : ce serait attentatoire au principe selon lequel un parti politique se doit d'être ouvert à tous.
3. Le terme « laïcité » n'a pas d'équivalent dans la plupart des langues et la notion qu'il recouvre semble parfois incompréhensible aux ressortissants d'autres cultures.
4. Cf. Ferdinand Buisson, *Dictionnaire de pédagogie et d'instruction primaire*, 1887 ; et Condorcet, *Rapport et projet de décret sur l'organisation générale de l'instruction publique*, 1792.

etc. Choc frontal auquel peut-être ni l'Islam, ni la laïcité à la française ne sont bien préparés. Double question :

1. Le concept français de laïcité est-il à même de faire face à de nouveaux défis, peut-il répondre à de nouveaux enjeux : il ne s'agit plus de soustraire l'éducation de la jeunesse à l'influence d'une religion majoritaire, mais d'intégrer à la société française de nouvelles franges de la population attachée à une tradition religieuse qui n'a pas encore fait le chemin menant à la laïcité.
2. La laïcité à la française peut-elle faire école, est-elle un modèle exportable à l'heure de la construction européenne ?

Question du **point d'équilibre** difficile à trouver (le gouvernement Mauroy « chute » au début des années 80 sur le projet de l'unification du système scolaire qui figurait parmi les 110 propositions du candidat Mitterrand en 1981. Il avait voulu « toucher » à l'équilibre qui s'était établi entre Éducation nationale et « écoles libres » ou privées. Que se rallume la « guerre scolaire » est en France un spectre récurrent. Jules Ferry[1] craint que la loi de séparation des Églises et de l'État (1905) — qu'il estime par ailleurs nécessaire — ne rallume la guerre scolaire au lieu de l'éteindre (il se pose la question de l'*opportunité* de cette loi, et de sa capacité à éteindre la guerre scolaire).

F. Buisson[2], dans son *Dictionnaire*, tend à assimiler *laïcité* et *neutralité* : les deux articles renvoient l'un à l'autre comme de quasi synonymes. Cette assimilation est elle-même une riposte à l'accusation (catholique) de « l'École sans Dieu, l'école sans morale », à la mise en accusation d'une école qui serait agressivement laïque. Condorcet théorisant le premier « l'instruction publique », il pense déjà que la laïcité ne peut pas s'en tenir à une simple règle d'abstention : les conflits de croyance existent qu'on le veuille ou non au sein de l'école, comme dans la société en général. Les enfants n'ont pas par eux-mêmes les moyens de les dépasser. La Laïcité républicaine doit être active, voire « de combat ». En effet, une simple laïcité d'abstention :

1. laisserait le champ libre aux querelles ;
2. favoriserait de fait, se ferait, de fait, la complice de la croyance dominante (idée que l'on retrouvera chez les multiculturalistes* pourtant hostiles à la laïcité). On ne peut imposer le silence aux croyances par un pur acte d'autorité. Il faut tenir un discours légitimant le principe de la laïcité. Principe qui se met donc en quête de ses propres fondements. Il s'agit de définir un modèle de laïcité qui ne soit ni une simple convenance (éviter les conflits dans l'enceinte de l'école : lâcheté, aveu d'impuissance, de la part de la raison, à faire taire passions et opinions ?), ni dogmatique (imposée, comme naguère la religion par les « bons pères »).

---

1. Boussinesq, *op. cit.*, p. 47.
2. Ferdinand Buisson, protestant, inspirateur et promoteur de l'école laïque, qui critiquait dans l'école catholique libre « la liberté d'accaparement des consciences. », D. Hervieu-Léger, *Le Pèlerin et le Converti*, Flammarion, 1999, 290 pages, p. 219.

Condorcet honnit « ce que le culte dominateur osa nommer tolérance, c'est-à-dire une permission accordée par des hommes à d'autres hommes de croire ce que leur raison leur dicte, de faire ce que leur conscience leur ordonne[1]. »

> « Nous ne voulons pas de votre tolérance : nous voulons la liberté[2] ! »

Il y a trois manières de faire de la religion une affaire publique :

1. que les citoyens soient tenus d'avoir une religion plutôt qu'aucune ;

2. que les citoyens soient tenus de n'avoir aucune religion ;

3. que les citoyens soient tenus d'avoir une religion plutôt qu'une autre.

L'absence de religion (de pratiques comme d'opinions religieuses), *lorsqu'elle relève de la loi*, équivaut à une exigence religieuse, fait de la religion une affaire publique, c'est-à-dire intéressant l'État, relevant du ressort de l'État.

La seule façon de faire en sorte que la religion ne soit pas objet ou motif de persécution est de faire de la religion une affaire privée : **que la loi soit dans un état d'indifférence absolue à l'égard des croyances et pratiques religieuses**. Cette indifférence se traduit juridiquement par le silence de la loi, qui fait de ce dont elle ne parle pas quelque chose qui relève de la liberté de conscience de chacun, la religion relève purement de la sphère privée. (En ce sens, l'ex-URSS, la Chine, Cuba *ne sont pas plus des États laïques* que l'Iran de l'Imam Khomeiny ou le régime des talibans en Afghanistan.)

I. Dimensions historiques et juridiques : la construction de la laïcité

Adoptons une grille d'analyse possible pour aborder la laïcité à la fois dans sa dimension historique et juridique. Jean Baubérot propose de distinguer « deux seuils de la laïcité » :

- 1er seuil : toute une série d'institutions s'autonomisent par rapport aux Églises — à commencer par l'État — mais celles-ci demeurent reconnues dans leur rôle social. Moment Jules Ferry en France (1881-1882). La religion dominante perd son rôle politique.
- 2e seuil : la religion n'est plus considérée comme faisant partie des institutions qui structurent l'espace social — encore moins politique. Elle ne possède plus sociologiquement de caractère institutionnel (sauf à titre de traces du passé). La religion « tombe dans le domaine privé » : loi de séparation des Églises et de l'État (1905). Les « cultes » doivent se constituer en **associations cultuelles de droit privé**, d'où le refus véhément du Pape Pie X.

---

1. Condorcet, *Esquisse d'un tableau des progrès de l'esprit humain*, Huitième époque, GF, p. 199.
2. Formule de Rabaut-Saint-Étienne, pasteur protestant et révolutionnaire. La tolérance est une pose de vainqueur, un luxe de vainqueur, une faveur qu'il octroie par « magnanimité ». En l'octroyant, il bafoue le droit — sinon le devoir ! — qu'a chacun d'obéir à sa raison et de suivre sa conscience.

La réalité est évidemment plus complexe et nuancée. La notion est chargée de deux siècles d'histoire du droit en France ; le sens du mot en est marqué, il est porteur de ces différents « combats ». Le terme « laïcité » est aujourd'hui parfois brandi dans un sens différent voire contraire à celui que lui donnaient les textes au départ. (J. Boussinesq, *idem*, p. 14) La philosophie ou l'idéologie latente, sous-jacente reste le plus souvent implicite. Elle n'est explicitée que par les discours à la chambre. Ces discours sont aujourd'hui précieux pour saisir les enjeux de l'époque.

C'est la Révolution française qui donne le coup d'envoi du processus de laïcisation. Au départ, cela signifie essentiellement en France : arracher à l'influence ou au monopole de l'Église catholique des pans toujours plus larges de la vie publique. 1792 : laïcisation de l'État civil. Le Code civil (1804) ne parle pas de religion mais du « droit universel et immuable qui n'est que la raison naturelle en tant qu'elle gouverne tous les hommes ». Ce faisant, il court-circuite l'Église catholique en tant qu'institution.

1810 : La loi interdit à tout ministre d'un culte de procéder à la cérémonie religieuse du mariage s'il n'a pas été préalablement établi à l'état civil (ce point heurte la doctrine catholique du mariage comme sacrement institué par Dieu. Pour le catholicisme, le « vrai » mariage est le mariage religieux). La loi de 1881 (Jules Ferry) abolit le statut religieux des cimetières. 1884 : re-légalisation du divorce ; 1885 : ce sont les communes qui sont responsables des cimetières. 1887 : une loi facilite les obsèques purement civiles. Le monopole de l'église catholique est battu en brèches sur tous les fronts. On peut désormais en France naître, se marier, divorcer et mourir sans en passer par le monopole de l'Église catholique.

Fin XIXe-début XXe : laïcisation des hôpitaux.

1972 : suppression de la formule « devant Dieu et devant les hommes » dans le serment que doivent prêter les jurés d'assises. Il s'agissait là comme d'un vestige oublié. Telles ont été en France les grandes étapes de la constitution d'un État purement laïque.

II. Les grands textes qui donnent son contenu à la laïcité

a. Déclaration des droits de l'homme et du citoyen (1789)

- Article 10 : « nul ne peut être inquiété pour ses opinions, **même** religieuses, (pourvu que leurs manifestations ne troublent pas l'ordre public) » (elle sonne comme une concession)
- Article 11 : liberté pour tous les citoyens de penser, parler, écrire, imprimer librement.

b. Préambule de la constitution* de 1946

- « l'organisation de l'enseignement **public, gratuit et laïque** est un devoir de l'État. »
- « Nul ne peut être lésé... en raison de ses croyances. »

c. Déclaration universelle des droits de l'homme de 1948

- Attention : ce texte n'a pas de valeur obligatoire ; il n'appartient pas au corpus juridique français (J. Boussinesq, *ibidem*, p. 27).
- Article 26 : « l'éducation doit favoriser la compréhension, la tolérance, l'amitié entre toutes les nations et tous les groupes religieux ».

d. Convention européenne des droits de l'homme (1950)

- Article 9 : la liberté de religion inclut celle de changer de religion ou de n'en avoir aucune.

e. Constitution* de 1958

- Article 2 : « La France est une république indivisible, démocratique, **laïque** et sociale ». Elle assure l'égalité de tous les citoyens devant la loi, sans distinction, etc. La définition de la république *comme laïque* figurait déjà dans la constitution* de 1946 (*ibidem*, p. 25). Ajouté par référence à la loi de séparation de 1905, sur proposition d'amendement communiste « Elle respecte toutes les croyances ».

f. Enfin, le plat de résistance

La *Loi de **séparation des Églises et de l'État*** de 1905, sans laquelle on ne pourrait pas parler de « *république laïque* » c'est-à-dire ne faisant appel à aucun fondement religieux, transcendant.

Le rapport de la commission portait pour titre : « projet de loi de séparation de l'Église et de l'État. » Ce titre était inexact (dans la situation précédente, le Concordat, la France reconnaissait quatre cultes : catholique, luthérien, calviniste, israélite) ; mais en trahissait bien l'esprit. Il s'agissait de desserrer l'étau de l'église catholique sur les esprits et sur la vie sociale.

Dans le texte de loi, c'est le terme de « culte » qui a prévalu (plutôt qu'Églises ou religions), mais à entendre au sens large (*ibidem*, p. 196 : de « confession, dénomination religieuse, religion »).

Statut de cette loi : *elle n'est pas un contrat.* Elle est imposée de façon unilatérale par la puissance publique. Qui plus est, circonstance aggravante, elle rompait, de fait, un texte qui était, lui, un contrat négocié entre l'Empire français et l'Église Catholique essentiellement : le Concordat[1]. D'où les protestations véhémentes de Pie X. C'est Pie XI qui, par pragmatisme, va adopter et décider de s'adapter à cette loi de séparation. (D'où en France l'**égalité de tous les cultes devant la loi** ; situation différente en Allemagne : contrat négocié au cas par cas entre la puissance publique et les différents « cultes ». On ne peut pas dire, à strictement parler, qu'en Allemagne, tous les cultes soient égaux devant la loi. Pas de loi générale comme en France.)

La loi comporte essentiellement trois volets :

1. Réaffirmation des libertés religieuses.
2. Réaffirmation de la totale indépendance de l'État et de la puissance publique à l'égard de quelque culte que ce soit.
3. Modalités pratiques portant sur les relations entre les pouvoirs publics et les différents cultes, une fois la séparation consommée ; certaines de ces dispositions étant transitoires, d'autres permanentes[2].

Article 1 : La République garantit le libre exercice de tous les cultes. (Toujours sous la réserve : respect de l'ordre public.) Pas seulement une liberté de croyance individuelle, mais liberté de pratique collective dans les lieux de culte adéquats.

On ne peut que s'étonner de voir une pourtant bonne spécialiste de la laïcité conclure son article dans le dictionnaire encyclopédique des PUF (*Dictionnaire des Notions*, laïcité) :

> « Un État laïque ne s'avise de l'existence de religions sur son territoire que pour leur réclamer le respect du droit commun et de l'ordre public. » (Catherine Kintzler)

elle oublie **le devoir qui est celui de l'État de garantir sur son territoire la liberté de culte**.

Les Églises ou cultes **deviennent des associations cultuelles de droit privé**. Les biens de ces cultes sont transférés aux associations à créer. Discours d'Aristide Briand à la Chambre : « Nous sommes en présence de trois églises. Elles sont libres de s'organiser comme bon leur semble comme toute autre association de droit privé. »

C'est cette notion d'association cultuelle privée qui constitue un *casus belli* pour le Pape Pie X, qui écrit dans son Encyclique « *Vehementer nos* », en février 1906 :

> « L'Église est le corps mystique du Christ ; il en résulte que cette Église est par essence une société inégalitaire. C'est dans le corps pastoral seul que résident le droit et l'autorité... »

Faire du prêtre l'employé, le salarié de sa paroisse, c'est dans l'esprit de Pie X inverser les rôles entre le berger et le troupeau.

---

1. « La loi rompait — sans dénonciation officielle — le contrat passé dans le Concordat. » Boussinesq, *ibidem*, p. 49.
2. Cf. D. Hervieu-Léger, *Le Pèlerin et le Converti*, Flammarion, 290 pages, p. 220.

La loi est parfois présentée comme une victoire de la ligne laïque dure incarnée par « le petit père Combe ». C'est une erreur historique (d'après J. Boussinesq et G. Coq) : il s'agit d'une victoire d'une ligne modérée[1] (incarnée par Briand et Jaurès) contre Combes qui trouvait un certain charme au Concordat en ce qu'il permettait à l'État de s'immiscer dans les affaires des Églises (J. Boussinesq, *idem*, p. 47).

> « J'ai horreur de la guerre religieuse. Le succès de mes idées dépend trop de la pacification des esprits pour que je ne désire pas voir l'Église s'accommoder du régime nouveau. » (A. Briand, 1905)

Paradoxalement, la ligne modérée incarnée par Jaurès et Briand est en un sens plus « révolutionnaire » que la ligne « dure » incarnée par Combes. Elle implique en effet une double rupture par rapport à la tradition française :

1. Rupture de l'« établissement » du catholicisme dans la société française » (Ex. de la situation précédente : les évêques étaient sénateurs d'office et à vie.)
2. moins visible : rupture d'avec la tradition régalienne* qui permettait à l'État d'intervenir dans les affaires de l'Église : des lois gallicanes de Louis XIV aux articles organiques de Napoléon Ier. (*Ibidem*, p. 50)

Analyse de Jean Boussinesq : **les institutions laïques françaises ne sont pas d'inspiration régalienne***. Au contraire, l'État s'y proclame incompétent en matière de religion. L'État admet un fait majeur qui n'est pas de son ressort, dont il proclame lui-même qu'il échappe à son emprise.

Ex. « La république ne reconnaît aucun culte » : cette formule souvent pris à contresens aujourd'hui par les militants « laïques » : l'État fait comme si les cultes n'existaient pas, ou n'a pas à connaître de leur existence[2]. Une telle interprétation est anachronique. Pour bien comprendre la loi, il faut se reporter à la situation qui prévalait avant, sous le concordat, et qui existe encore en Alsace-Moselle : L'État établit une liste des « cultes » qu'il reconnaît (prêtres, pasteurs, rabbins salariés). Les autres sont comme s'ils n'existaient pas. Dans la France régie par la loi de 1905, le rapport de la règle et de l'exception s'est inversé. L'État n'a pas à reconnaître nommément une religion. Problème : peut-il avoir à identifier une secte (une association qui revendiquerait de manière abusive le titre de religion) ? Grand embarras de l'État : en quoi est-il compétent pour décerner des « labels » de « religions » ? En 1997, la Cour d'Appel de Lyon a condamné des dirigeants de « l'Église de Scientologie », mais a cru pouvoir, dans un attendu au jugement, reconnaître que cette église pouvait « revendiquer le titre de religion. » En juillet

1. Cf. D. Hervieu-Léger, *Le Pèlerin et le Converti*, Flammarion, 1999, 290 pages, p. 219-220. La loi résulte d'un compromis entre les différentes conceptions de la laïcité existantes à l'époque (p. 220), et est une loi d'apaisement après la guerre entre « les deux France ».
2. À preuve : le troisième volet de la loi de 1905 traite des modalités de relations entre l'État et les différents cultes. Le ministre de l'Intérieur est en même temps *ministre des cultes*. Cette « absence de reconnaissance » de la part de l'État est précisément ce que critiquent les multiculturalistes* qui entendent promouvoir une « politique de reconnaissance » — du fait religieux entre autres.

1999, la Cour de cassation a refusé d'avaliser cet attendu qui créait un précédent et risquait de faire jurisprudence, alors qu'il constituait une entorse au principe selon lequel « la République ne reconnaît aucun culte ».

La loi de 1905 est d'inspiration libérale. Le rapporteur de la loi parle comme d'un fait établi de l'indépassable de la diversité religieuse (affirmation du principe du pluralisme) qui caractérise la société française : il souligne la nécessité pour la puissance publique de ne rien faire qui soit contraire aux convictions ou à la liberté de culte de l'une quelconque de ces religions. La jurisprudence interprétera le texte dans un sens toujours plus libéral. La loi de 1905 témoigne d'une conception de « laïcité ouverte » (André Latreille). Ex. de cette « libéralité » : dès 1905, le Conseil d'État condamne les prêtres qui ont constitué leur paroisse en association cultuelle en conflit avec leur hiérarchie. L'État laïque reconnaît et respecte la hiérarchie interne de l'Église catholique (au lieu de sauter sur l'aubaine, comme cela aurait été le cas sous la révolution).

De la part de l'État (du fait d'A. Briand notamment), il s'agit d'une « séparation bienveillante » à défaut d'être « à l'amiable ».

C'est Pie XI qui va décrisper la situation et aplanir les choses. (En 1923 : création des « associations cultuelles diocésaines » conformes à la loi de 1905.)

II. Impasses et apories : la laïcité en crise

La montée en puissance de la laïcité s'est produite dans un contexte intellectuel où tous ou presque (des laïques les plus militants aux responsables ecclésiastiques) pensaient que la modernité s'inscrivait dans un vaste déclin du phénomène religieux, du moins dans sa dimension socio-politique, la religion trouvant dans la seule sphère privée, celle de la liberté de conscience individuelle, son domaine résiduel. Or quoi qu'on pense des chances ou des menaces que représentent les nouvelles tentatives de synthèses politico-religieuses ou théologiques[1], un tel contexte n'est plus une évidence que pour ceux qui refusent de la remettre en question : la donne a changé. (Coq, *ibidem*, p. 14)

* ***Thèse de Guy Coq***

L'hostilité était affichée, visible, tangible, entre l'« école sans Dieu » et l'« école des curés ». Leur réelle complémentarité était beaucoup mois remarquée, voire pas du tout[2].

---

1. Cf. Guy Coq, p. 13.
2. Cf. D. Hervieu-Léger, *Le Pèlerin et le Converti*, Flammarion, 1999, p. 224-225. « Se révèlent en même temps l'affinité qui existe, par-delà leur concurrence historique, entre le dispositif catholique d'un pouvoir religieux hiérarchisé et territorialisé, et le modèle universaliste et administratif que la république met en œuvre dans tous les domaines. Ce n'est peut-être pas seulement du fait de sa domination historique dans l'espace national que le modèle de l'Église romaine a été constitué, dans le cadre de la laïcité à la française, comme la référence organisationnelle de toute religion. C'est aussi parce que la constitution institutionnelle rituelle qu'elle incarne constitue la référence implicite de la construction institutionnelle de la

Jules Ferry fait fond sur un consensus* de valeurs qu'il présuppose, qu'il peut présupposer parce qu'il existe pour l'essentiel :

> « Cette bonne et antique morale que nous avons héritée de nos pères et mères et que nous nous honorons tous de suivre dans les relations de la vie, sans nous mettre en peine d'en discuter les bases philosophiques ».

Jules Ferry n'avait pas à se mettre en peine ou s'embarrasser de se mettre en quête d'un fondement pour sa morale laïque parce que tous à l'époque en étaient peu ou prou les héritiers. Elle était fille ou petite-fille de la morale chrétienne, même s'il ne voulait pas se l'avouer (elle témoignait d'une « imprégnation chrétienne » forte de la société presque tout entière). *Une telle morale laïque ne pouvait convenir qu'à une période de transition*[1]. *Les limites de la laïcité faisaient qu'elle était déjà porteuse de ses crises à venir.* Le fameux conseil que donnait Jules Ferry à un instituteur imaginaire, quel inspecteur pourrait le donner aujourd'hui à un professeur des écoles ? :

> « Demandez-vous si un père de famille, je dis bien un seul, présent à votre classe et vous écoutant, pourrait de bonne foi refuser son assentiment à ce qu'il vous entendrait dire[2]. » (Coq, p. 16)

La thèse de la complémentarité est elle-même double. La quasi totalité d'une classe d'âge recevait une instruction religieuse. Chacun, de plus, y recevait les clés, les repères symboliques pour comprendre la société dans laquelle il était plongée ; la morale laïque se doublait d'une morale religieuse. Aujourd'hui, moins d'un enfant sur deux reçoit une éducation religieuse sérieuse. La laïcité ne peut se contenter d'être faite d'abstention, de silences, de s'abstenir d'évoquer certains sujets, « les sujets qui fâchent », ou du moins qui divisent. « On ne parle pas de religion, on ne parle pas de politique à l'école » : c'est cette conception de la laïcité qui n'est sans doute plus tenable aujourd'hui. La laïcité est victime de son succès. Elle doit prendre le relais, elle doit communiquer un minimum d'histoire des religions, transmettre le patrimoine symbolique d'une génération à l'autre, sauf à faire des nouvelles générations des « analphabètes » du symbolique, ne comprenant plus, n'étant plus capables d'interpréter les signaux qui circulent dans la société, donc de s'y repérer. Une laïcité faite de silences est désuète et incapable de faire face aux défis auxquels est confrontée la société française. On ne peu plus préjuger d'aucun accord sur les valeurs. Le patrimoine religieux-moral a fondu, de nouvelles populations ont fait leur place dans la société française,

---

République elle-même. La laïcité a contenu la puissance sociale et symbolique de l'institution catholique en lui opposant symétriquement son propre dispositif social et symbolique : le réseau territorial des écoles publiques face au réseau des paroisses ; la figure de l'autorité du maître d'école face à celle du prêtre ; la représentation de la communauté citoyenne face à la représentation de la communion catholique. »

1. « La morale civique n'a pas de force par elle-même : elle est au point d'intersection de multiples héritages. », P. Ricœur, 1997.
2. Formule célèbre qui correspondait à une nécessité historique, mais qui a pu aussi accréditer l'idée d'une laïcité caractérisée par ses abstentions, ses silences, en quête du plus petit dénominateur commun à force de chercher le consensus* et de fuir tout risque de conflit. G. Coq, *ibidem*, p. 16.

étrangères aux valeurs de la laïcité, mais en pleine possession au contraire (du moins pour la 1re génération) d'un patrimoine symbolique différent de celui de la majorité de la population, des Français de souche. Situation explosive, donc.

L'affaire dite du « foulard islamique » à l'école n'est que la partie émergée de l'iceberg. La position de Guy Coq consiste à dire « non » à tout signe ostensible d'appartenance religieuse à l'école (donc, pour éviter la langue de bois, non au foulard). Non à tout ce par quoi l'individu*, l'élève en l'occurrence, s'affirmerait comme membre d'une communauté distincte *avant* d'être membre de la classe, un individu* au contact d'autres individus* dans le cadre d'une institution dédiée à l'éducation. Remarque de Guy Coq : la salle de classe (et même la cour de récréation) ne sont ni des lieux publics, ni des lieux privés. N'entre pas dans la classe qui veut. La présence en ce lieu est finalisée. Précisément, *l'ombre du père de famille* que convoque par un artifice rhétorique le discours de Jules Ferry *n'a pas à planer sur la salle de classe* ; les parents d'élèves n'ont pas à intervenir dans le contenu de ce qui est enseigné aux élèves[1].

> « La thèse qui identifie école et espace public méconnaît profondément la spécificité de l'espace scolaire comme lieu éducatif. » (G. Coq, *ibidem*, p. 14)

III. Nouvelles perspectives pour la laïcité

Tous ou presque s'accordent sur la nécessité de passer d'une laïcité de combat, puis d'abstention, qui eut son rôle mais est dépassée, à une laïcité « ouverte », « bienveillante », « conciliante et conciliatrice », « tolérante », « médiatrice » (D. Hervieu-Léger). Pour autant, la vision de Guy Coq n'est-elle pas quelque peu idéaliste, utopique ? L'école a-t-elle vraiment les moyens d'une telle ambition[2] ?

> « L'école laïque n'est pas intercommunautaire. Les communautés n'ont pas à être dans la classe en corps constitués. L'esprit de tolérance succomberait si les diverses communautés religieuses entraient en compétition pour s'emparer de l'espace laïque de l'école, chacun affichant les signes de la clôture de sa communauté face aux autres ». (Guy Coq)

---

1. Aux États-Unis, la *Parent Teachers Association* (PTA) est un lobby qui revendique explicitement un droit de regard et même de contrôle exercé par les parents d'élèves sur le contenu des enseignements.

2. Danièle Hervieu-Léger formule et motive ainsi ses doutes : « La laïcité a-t-elle les moyens de cette révision ? [...] Le triomphe des logiques libérales, la dévaluation du rôle de l'État, l'appauvrissement de la conception moderne de l'autonomie du sujet absorbée par la revendication purement individualiste de l'indépendance de chacun dans sa vie privée [...] : tous ces processus concourent à l'ébranlement de la laïcité. Le foyer de ce séisme est la crise de l'institution scolaire, qui pulvérise le mythe de l'égalité par l'école et met à mal le dispositif idéologique et symbolique par lequel les valeurs républicaines étaient censées devenir le bien partagé de la communauté des citoyens. », D. Hervieu-Léger, *Le Pèlerin et le Converti*, Flammarion, 1999, p. 253. Sur ce dernier point, voir la présentation de la pensée de Pierre Bourdieu.

Le pari consiste à laisser à chacun la chance de rencontrer les autres comme personnes avant de voir en elles les représentants d'un groupe. Il ne s'agit de rien moins que de former dans une classe une « unité préfigurant la cohérence de la société civile de demain. » Rendre tabou les sujets religieux ? C'est communiquer aux élèves le sentiment qu'il est effectivement impossible de les aborder sans s'affronter. Or même leur affrontement dans la société civile, entre adultes, est légitime et peut faire une part de la vie démocratique.

La laïcité ne relève pas les défis[1] auxquels elle est aujourd'hui confrontée si elle ne prend pas le risque d'aborder, à l'école, les questions essentielles de l'existence, sous l'**autorité** du maître ou du professeur (qui n'a rien à voir avec un autoritarisme honni en Mai 68). Le professeur ne parle pas en son propre nom mais il est un « passeur », il a charge d'introduire les élèves dans la société des adultes, de les « faire pénétrer dans une culture. » Condorcet insistait sur la distinction entre *instruction* (seule finalité légitime de l'école à ses yeux) et *éducation* : nous ne pouvons plus nous offrir ce luxe, à l'heure du recul de l'enseignement religieux et de la pratique religieuse, à l'heure de la démission parentale, l'école doit bien, bon gré mal gré, jouer un rôle d'éducation. C'est dire que les vraies questions doivent y être abordées sans faux fuyants. L'école (re ?)deviendrait alors ce lieu où l'autorité garantirait à chacun la liberté de parler de ses choix ultimes, dans un égal respect des convictions de chacun ; le lieu où s'imposerait le droit de s'exprimer (et de se mettre au clair) sur ses raisons et ses valeurs, avec, comme contrepartie décisive, garantie par l'autorité du professeur, l'obligation d'écouter l'autre avec le même respect et de tenter de le comprendre. Le maître étant le garant ultime de l'écoute réciproque sans laquelle le droit à la parole perdrait tout son sens, sombrerait dans la propagande ou le prosélytisme. Alors oui, l'école serait véritablement laïque. Autant il est légitime que dans la société civile les options fondamentalement divergentes donnent lieu à des tensions et sporadiquement à des conflits politiques, « à l'école, à l'aube de sa vie », le futur citoyen aurait appris l'obligation d'écouter l'autre, son futur concitoyen. Lieu où apprendre qu'il est possible de s'écouter et de débattre sans sombrer dans la violence et l'exclusion de l'autre. Une conception « frileuse » de la laïcité enseigne, implicitement, le contraire.

---

1. Guy Coq voit donc dans la crise qui affecte les institutions religieuses, dans la « dérégulation des modalités traditionnelles de validation du croire », pour reprendre une formule de Danièle Hervieu-Léger, l'occasion d'un deuxième souffle pour la laïcité, en même temps que la nécessité impérieuse de redéfinir celle-ci et de la repenser. Danièle Hervieu-Léger voit au contraire dans cette crise des institutions religieuses **une crise qui affecte du même coup la laïcité elle-même dans la mesure où celle-ci s'était constituée comme contre-modèle, antitype de l'institution religieuse**, et en France essentiellement de l'institution de l'Église catholique. « La désorganisation institutionnelle du paysage religieux contribue à déstabiliser le modèle de la laïcité à la française ébranlé, par ailleurs, par des évolutions politiques, économiques et culturelles qui atteignent en leur principe les valeurs sur lesquelles il repose. », p. 225.

> « C'est ce qui n'est pas assumé d'un héritage qui devient pesant. [...] Il ne faut pas donner un seul sens au mot laïcité. L'État est laïc, c'est très clair : il ne reconnaît ni ne subventionne aucun culte. C'est une laïcité d'abstention. Mais la société civile ne fonctionne pas comme ça : c'est une laïcité de confrontation. Vous avez le droit de publier et de professer des convictions adverses. L'école publique est entre les deux. Elle est d'une part l'appendice de l'État, et, d'autre part, le lieu où la société civile s'enseigne elle-même. Il est inévitable qu'elle soit une zone de friction. » (Paul Ricœur, 1997)

Restent en suspens :

1. Le problème des sectes ; on peut exercer des actions en justice contre les sectes *en dépit* du fait qu'elles se revendiquent du statut de religions, et non *en vertu* de ce fait. Faire une lois spécifiquement sur les sectes, donc sur les « fausses » ou les « mauvaises » religions, ce serait pour l'État se résoudre à *tenir un discours, fut-il implicite, sur ce que doit être une vraie ou une bonne religion*, donc violer la lettre et l'esprit de la loi de 1905 au terme de laquelle « la République ne reconnaît aucun culte », c'est-à-dire s'interdit de statuer en matière de religion. Les sectes devraient donc pouvoir tomber sous le coup des condamnations des « délits de droit commun[1] », si l'on peut dire : actions en justice pour détournement de mineurs, captation d'héritage, opérations frauduleuses, exercice illégal de la médecine, mise sous influence, lavage de cerveau, etc. À mon sens, il ne faut pas de loi spécifique sur les sectes, parce que ce serait prendre comme dénominateur commun à cette loi le fait qu'elles se réclament du statut de religions, ce dont la justice n'a pas à juger, la république ne reconnaissant aucun culte. Si on s'aventure sur ce terrain, la justice est piégée.
2. Le problème de la protection par l'État de la liberté de culte, de religion (de pensée, d'expression, de pratique de son culte). Il y a une injustice de fait entre les « cultes » déjà bien implantés sur le territoire français lors du vote de la loi de 1905 (la loi met à leur disposition gracieusement les lieux adéquats à l'exercice de leur culte) et les autres, qui se sont implantés par le biais d'immigrations plus tardives : c'est le cas de l'Islam en particulier. L'État devrait-il construire à ses frais des Mosquées en France ? Ce serait contrevenir à la loi qui veut que l'État ne subventionne aucun culte. Mais l'abstention cautionne une injustice de fait, risque de mettre l'Islam de France sous la coupe de pays étrangers, et est de nature à étayer la thèse de Danièle Hervieu-Léger : la laïcité à la française fonctionne de façon biaisée, accordant une « prime » aux religions historiquement implantées sur le territoire français, et en fonction desquels elle s'est définie, au premier rang desquels l'Église catholique bien sûr.

---

1. La plupart d'entre elles étant constituées en associations loi de 1901, s'applique à elles tout le dispositif pénal qui encadre les activités de ces associations. D. Hervieu-Léger, *Le Pèlerin et le Converti*, Flammarion, 1999, p. 258.

« La laïcité de l'État excluant qu'il prenne en charge la définition juridique de la religion, ce n'est pas sur le terrain du droit que cette définition positive de la religion est produite, mais sur le terrain social. Les religions socialement tolérables sont les religions que l'opinion accepte comme telles ; autrement dit celles qui s'inscrivent *grosso modo* dans le cadre des "religions historiques". » (D. Hervieu-Léger, *op. cit.*, p. 245)

« La République n'a pu combattre et vaincre la puissance de l'Église catholique qu'en lui opposant le contre-modèle d'une véritable religion civile. » (Pierre Nora, cité par D. Hervieu-Léger)

Bibliographie

Baubérot J., *La Morale laïque contre l'ordre moral*, Seuil, 1997.
— *Vers un nouveau pacte laïque ?*, Seuil, 1990.
— *La Laïcité, quel héritage ?*, Labor et Fides, 1990.
Boussinesq J., *La Laïcité française*, Essais Seuil, 1994.
Coq G., *Démocratie, religion, éducation*, 1993.
Gauchet Marcel, *La Religion dans la démocratie*, Folio Gallimard, 2001.
Hervieu-Léger D., *Le Pèlerin et le Converti*, Flammarion, 1999, p. 213-273.
Jézéquel L., *Liberté de croire, liberté de penser*, Gallimard, 1999, 168 pages.

FICHES DE LECTURE

MARCEL GAUCHET

LE DÉSENCHANTEMENT DU MONDE

NRF Gallimard, 1985, 306 pages

Marcel Gauchet reprend à Max Weber l'expression de « *désenchantement du monde* » pour lui conférer un sens beaucoup plus large : celui d'épuisement du règne de l'invisible, de disparition du sacré. L'ouvrage se présente comme la première tentative d'esquisser une « histoire politique de la religion » à l'échelle de l'histoire humaine tout entière.

L'ouvrage assume consciemment deux postulats, qui sont sa condition de possibilité :

1. Malgré ou à travers la persistance des institutions religieuses, l'histoire du développement du phénomène religieux à l'intérieur de l'espèce humaine est pour l'essentiel achevée.
2. L'originalité de l'Occident moderne tient à la réappropriation au cœur du lien social et de l'activité des hommes du lien sacral qui les a d'abord modelés de l'extérieur.

   « Si fin de la religion il y a, il faut l'entendre non pas au sens de disparition de la foi, mais au contraire au sens d'une recomposition de l'univers humain-social, non pas seulement en dehors de toute institution religieuse, mais à rebours de sa logique religieuse d'origine. »

   Le livre se consacre à l'étude de **la dissolution du religieux dans le social, processus qui est aussi celui du retournement de l'immémoriale emprise organisatrice du religieux sur les sociétés humaines.**

Le rôle passé des dieux dans les sociétés humaines sera éclairé « à partir de leur effacement présent, à la lumière à la fois de la défection qui nous en distancie, et de la métamorphose qui nous y relie ». L'humanité n'a jamais été jusqu'à ce jour autant soustraite à l'emprise du religieux, et en même temps autant capable d'en comprendre l'essence ou le mécanisme.

Le ressort producteur de faits religieux semble aujourd'hui cassé : le christianisme restera dans l'histoire « comme la religion de la sortie de la religion. » Un risque nous guette néanmoins : que nous projetions sur le passé cette distance que nous avons acquise au fil de l'histoire à l'égard du fait religieux, que nous croyions retrouver dans le passé du religieux ce qu'il est devenu pour nous. Il est nécessaire de faire preuve de rigueur méthodologique pour éviter de faire du religieux l'expression d'un simple « sentiment » (ce qu'il peut être en effet *aujourd'hui* pour certains d'entre nous), ou encore un élément de légitimation venant apporter du dehors une caution transcendante à un ordre politique ou social structuré sans lui, soumis à d'autres contraintes. Que le religieux ne soit plus ce qui structure nos sociétés ne doit pas nous empêcher de voir qu'il l'a été par le passé, dans d'autres sociétés que les nôtres. Le reflux de l'adhésion collective a laissé chez certains d'entre nous le besoin privé de croire : croire pouvoir partir de ce besoin pour expliquer le rôle historique du fait religieux dans les sociétés humaines serait la pire des illusions. « Comprendre ce qui fut exige en l'occurrence de rigoureusement mesurer ce qui n'est plus. » À cet égard le préjugé sceptique ne serait pas moins égarant que l'examen soumis aux intérêts de la foi.

1. Le croyant, guidé par sa propre expérience religieuse, risque de la prendre pour mesure pour appréhender les phénomènes religieux du passé. Il postule « la communion des saints » dans le christianisme, la continuité de la vie des chrétiens, vivants ou morts. Aveuglé par la continuité supposée de l'expérience qui l'unit à sa tradition, il risque de méconnaître ou de sous-estimer l'inscription dans un contexte social et historique radicalement différent de la foi de ses pères par rapport à la sienne propre.
2. L'incroyant au contraire, se positionnant comme extérieur au phénomène religieux, va être porté à croire que les phénomènes religieux du passé n'ont pas été plus consistants que les phénomènes actuels : il risque de projeter dans le passé l'actuel effacement du religieux et par exemple de sous-estimer les motivations proprement religieuses des croisades (il pense que les guerres ont toujours fondamentalement des raisons politiques, économiques, géopolitiques, et que le « religieux » n'est qu'une justification idéologique permettant de dissimuler les vrais mobiles). Il est porté à nier toute « épaisseur organisatrice » à ce qui n'est à ses yeux que voiles superstitieux interposés entre la conscience que l'homme prend de lui-même et sa réalité historico-politique.

Double aveuglement donc, reposant sur des motifs divergents, mais aboutissant à la même méconnaissance du fait religieux dans les sociétés humaines du passé. (Gauchet voit dans la convergence paradoxale des préjugés des uns et des autres la vraie raison de l'état d'abandon dans lequel sont laissées les études d'histoire religieuse ou politico-religieuses, désertées depuis les travaux de Durkheim et de Max Weber.)

> « L'hypothèque à lever est double : se déprendre de la reconstruction à visée apologétique dictée par les intérêts actuels de la foi, mais tout autant de l'aveuglement dans lequel l'athéisme nous plonge en nous donnant à croire que la vraie dynamique collective se joue forcément « en dessous » de ces représentations fantasmagoriques que sont les mythes et les croyances religieuses ».

Ce dernier préjugé nous cache peut-être plus sûrement encore que le premier **la réalité d'une société structurée sur un mode religieux**.

On ne peut se déprendre de ce double préjugé qu'en admettant que le religieux est de part en part un phénomène historique, et que la place et la fonction de ce qu'on appelle « le religieux » n'a cessé de varier au cours de l'histoire de l'humanité, assumant des rôles fort divers voire opposés (M. Gauchet veut montrer que le religieux joue précisément dans nos sociétés modernes un rôle exactement inverse de celui joué par le religieux dans les sociétés « sauvages »). Contre le discours dominant qui veut que le religieux soit un « phénomène originel, premier, irréductible », qu'il soit une des contraintes avec lesquelles l'on doit composer pour étudier et comprendre le fait social (arguant du fait que le religieux se trouve partout où il y a société humaine, y compris, sous des formes étranges, dans les sociétés *a priori* les plus hostiles au fait religieux, comme les sociétés communistes), **Gauchet maintient que le religieux est non pas une contrainte**, inhérente à toute société humaine, transversale à l'histoire, dont on pourrait dégager le « noyau invariant », mais qu'il serait vain de tenter de « déduire » de quelque autre phénomène que ce soit, **mais bel et bien une institution humaine**, historique de part en part, et dont on peut s'efforcer de penser l'apparition et le devenir. Phénomène historique de part en part, **le religieux n'est pas coextensif à l'histoire de l'humanité tout entière, mais a eu un commencement et est en train de connaître sa fin**. C'est à penser ce phénomène que s'attache l'ouvrage.

> « Sans doute le religieux a-t-il été, jusqu'à présent, une constante, à très peu près, des sociétés humaines. Il n'en est pas moins à comprendre comme un phénomène **historique,** c'est-à-dire défini par un commencement et une fin, c'est-à-dire correspondant à un âge précis de l'humanité, auquel en succédera un autre. Sans doute la religion est-elle depuis toujours et de partout. Elle n'en procède pas moins, dans son organisation, d'une **institution** et non de la contrainte, du choix et non de l'obligation. » (M. Gauchet)

I. Les grandes étapes historiques du phénomène religieux

Le postulat théorique de Marcel Gauchet est que c'est sous les premières formes d'organisation sociale de l'humanité que le phénomène religieux apparaît sous sa forme la plus pure, la plus structurante, la plus « visible ». Il faut donc se déprendre de l'idée que le religieux serait d'abord apparu sous une forme encore bien fruste et embryonnaire, étudiée de façon condescendante par les ethnologues, avant de s'épanouir sous la forme des « grandes religions universelles » que nous connaissons : le bouddhisme, le judaïsme, le christianisme, l'islam. Au contraire : ces grandes religions dites « universelles », loin de faire apparaître le fait religieux dans toute sa pureté et de manifester le déploiement de ses « germes », « ne représentent en réalité « *qu'autant d'étapes dans le relâchement du fait religieux* », ne sont qu'autant d'étapes du relâchement de son emprise sur les individus* et les groupes, jusqu'à sa dissolution finale.

Le moment de l'emprise maximale du religieux sur les humains, nous pouvons le reconstituer : la religion sauvage nous fournit la réponse : c'est celui de la coupure entre l'actuel (le présent) et l'originel censé en rendre compte de façon exhaustive et satisfaisante[1]. Chaque individu* est coupé de ce qui donne sens et poids à son action (les mythes et les rites), et il ne peut y accéder que par l'intermédiaire du groupe auquel il appartient, à travers des institutions plus ou moins fortement structurées. **Il est tributaire, dépendant du groupe, pour accéder au sens de ce qu'il fait et de ce qui lui arrive : le religieux est cette dépendance même**.

> « La clé de voûte de l'organisation collective, ce sera cette instance d'un côté en cheville avec l'invisible Législateur (mythique), et de l'autre en opposition avec le commun des mortels auprès desquels elle a charge d'en imposer les commandements et la règle. »

> « Tous les grands développements spirituels ou intellectuels ultérieurs sortent du creuset constitué par la contradiction entre les représentations héritées du fondement au nom duquel s'exerce la domination, et d'autre part les formes effectives que revêt son exercice[2]. » M. Gauchet

À partir de là, on peut schématiquement diviser l'histoire politico-religieuse de l'humanité en deux périodes :

1. Une période où l'ordre politique est en avance sur les systèmes de sacralité censés le justifier.
2. Et une période où l'organisation religieuse est à son tour en avance, de par la version « idéale, utopique » de la Cité terrestre qu'elle véhicule, par rapport à l'état de choses politico-social qu'elle est supposée légitimer, et qu'elle permet en fait de critiquer (comme n'allant pas assez loin dans la réalisation sur terre de ce que la religion nous fait miroiter comme idéal[3]).

M. Gauchet introduit à ce niveau un nouveau postulat : quelques diverses que puissent être les formes historiques du phénomène religieux, elles doivent toutes partir des mêmes « données de base », qu'elles combinent et organisent d'une manière à chaque fois originale et unique, faute de quoi les conditions de possibilité d'une approche historique ne seraient pas réunies. Au cours de l'histoire se sont dégagées deux grandes tendances : la première était un compromis entre le maintien de la structure en place et l'intégration de contenus toujours nouveaux, d'où le caractère protéiforme de la divinité ou le panthéon grec puis romain toujours ouvert ; la seconde, « ultra marginale au départ », née dans le minuscule interstice entre les grandes religions des grandes civilisations environnantes : le monothéisme hébreu, exclusif et intransigeant, appelé pourtant, de façon inattendue, à bouleverser le monde, à terme.

---

1. Cf. M. Éliade, *Aspects du mythe*, Idées Gallimard, 1963, 247 pages.
2. Voir par exemple, dans le judaïsme, la constante opposition entre les prêtres de la religion instituée, et le courant prophétique. Cf. André Neher, *L'Essence du prophétisme*, 1955.
3. Cf. G. Hegel, *Philosophie du droit*, Idées Gallimard, § 341-360.

L'ouvrage de Gauchet s'attache à suivre le cheminement de cette deuxième voie, d'abord ultra minoritaire, à s'interroger sur les conditions et les raisons de son apparition, sur les mutations qu'elle a subie, sur le relais apporté par le christianisme et l'islam,

> « jusqu'à la matérialisation des virtualités d'autonomie terrestre portées par la foi nouvelle — jusqu'à la formation, dans et grâce à la religion, d'une société sans plus besoin de religion. »

Je délaisse délibérément le traitement par Gauchet de la « religion sauvage primitive », de l'émergence du monothéisme et de ses mutations, pour reprendre les choses par l'autre bout, à partir du XVIIIe siècle, pour la période donc qui nous intéresse (XVIIIe-XXe siècles).

II. Le « retournement » qui donne naissance au monde moderne

C'est « autour de 1700 » que les choses basculent. Là s'arrête le règne de l'ère proprement chrétienne. La « grande translation » d'une organisation sociale à forte imbrication hiérarchisée du visible et de l'invisible, du naturel et du surnaturel, vers une organisation basée sur leur séparation[1], c'est-à-dire la vérité du christianisme en tant que phénomène historique, « est pour l'essentiel accomplie ».

> « De la phase de gestation des composantes majeures de la modernité à l'intérieur de l'évolution religieuse générale, on bascule dans leur phase d'épanouissement par sortie hors de la religion, chaque secteur d'activité : politique, intellectuel, économique et technique, s'émancipant pour devenir le creuset d'une réabsorption de l'ancienne altérité structurante. »

On peut tracer une sorte de « ligne de partage des eaux » théorique qui suivrait le moment où chacune de ces sphères de l'activité humaine s'émancipe et prend son essor à l'extérieur voire contre la réalité religieuse dans laquelle elle avait vu le jour, tout en se réappropriant son contenu[2] : émancipation du politique (théorisée par J. Bodin et Machiavel, réalisée par la Révolution française) : naissance de l'État-nation et souverain (qui s'est débarrassé de son « fondement » religieux), arraisonnement et investissement du monde (par la science et la technique), etc. Chacune de ces sphères fait de l'incorporation de la substance du religieux le générateur de son développement.

> « Ce n'est pas tant qu'il s'est séparé, que le fait qu'il va au rebours des autres, puisque l'essentiel de son mouvement consiste à ramener au cœur de l'espace humain-social (profane) ce qui partout avant et partout ailleurs l'articulait et le fondait du dehors. »

---

1. Cf. « Mon Royaume n'est pas de ce monde », Jésus-Christ.
2. « La société moderne n'est pas une société sans religion mais une société qui s'est constituée dans ses articulations principales par métabolisation de la fonction religieuse. »

Là se situe :

> « la fracture la plus profonde de l'histoire des hommes : l'établissement du devenir des hommes aux antipodes de sa logique d'origine. »

Là se déchiffre l'« exceptionnelle fécondité » (paradoxale, si l'on veut) du christianisme, puisque c'est en terre chrétienne et nulle part ailleurs que s'est inventé pour la première fois l'espace laïc, une manière proprement profane et humaine d'organiser la vie collective des hommes. Ce n'est pas que **l'altérité extérieure du divin** se soit résorbée sans reste. La « réduction » de cette altérité ne signifie nullement que les hommes aient été renvoyés à leur propre transparence, à eux-mêmes et aux autres. Bien au contraire. La modernité ne se caractérise pas par un effacement de la différence mais au contraire par le premier mode d'organisation purement profane de la différence. Sortie de la religion n'est pas disparition de toute expérience religieuse, mais fin du rôle de structuration de l'espace social à partir d'un pôle transcendant auquel serait dévolu la fonction de fondement et de caution de l'organisation sociale.

On ne peut parler de « **fin de la religion** » qu'en ce sens précis. Il peut fort bien subsister, à la pointe extrême de la modernité (l'exemple américain le prouve) une foi fervente, et un rôle social de premier plan joué par les diverses églises, qui n'empêche pas que la nature du lien social soit purement profane. Les USA sont l'exemple le plus frappant parce qu'apparemment le plus paradoxal[1]. Un pays fondé dès le départ sur une dissidence religieuse européenne : donc où la revendication de tolérance est fondatrice, le souci de la liberté de conscience individuelle un absolu. Les USA sont le pays à la fois le plus avancé sur le plan chrétien, et celui où le christianisme s'est le mieux adapté à l'esprit de la modernité[2].

> « Les pratiques religieuses, à la fois privées et associatives, se coulent naturellement dans l'état social démocratique. »

En France, le fait religieux est devenu au moins depuis la Révolution l'enjeu d'une guerre sociale. Aux États-Unis, cela n'a pas été le cas.

> « Les réactions chrétiennes à un monde issu de la chrétienté » (cf. l'aggiornamento de l'Église catholique avec Vatican II)

ont pu revêtir des formes très diverses. Il n'y a aucune incompatibilité de fond entre le contenu du message évangélique et le contenu de la modernité (et pour cause, l'un étant issu de l'autre) à savoir le principe de l'égalité (Cf. Tocqueville) : leur accommodement mutuel reste une possibilité parfaitement intelligible (l'exemple américain en démontre la « viabilité ») ; reste que :

> « [...] la dynamique de l'égalité, c'est la formation d'une société où la foi religieuse devient une option sans plus de prise ni de portée sur l'organisation collective ».

---

1. C'est pourquoi M. Gauchet le choisit pour « tester » l'efficacité de son modèle théorique.
2. Cf. de Max Weber, « Les sectes protestantes et l'esprit du capitalisme », in *L'Éthique protestante et l'esprit du capitalisme*, Agora Pocket, 1964, 286 pages, p. 229-263.

Ce dont les USA nous offrent l'exemple, c'est l'influence spirituelle et culturelle conservée par adhésion confessionnelle individuelle à l'intérieur d'une société tout aussi rigoureusement dégagée dans ses rouages, ses orientations et ses valeurs, que les sociétés beaucoup plus laïcisées ou déchristianisées de la vieille Europe.

L'exemple américain (confronté à l'exemple européen) permet à M. Gauchet de préciser son propos : Il y a deux plans à distinguer soigneusement :

1. Une chose est l'organisation complète du champ social-humain par la religion : c'est cela la vérité historique du phénomène religieux, le « moment » de l'histoire où il révèle le mieux sa nature et sa fonction — du moins à nos yeux à nous qui sommes dégagés de son emprise, quelques soient nos convictions personnelles par ailleurs.
2. Tout autre chose est le rôle gardé par les croyances religieuses dans le cadre de sociétés organisées de part en part hors religion, de sociétés dans lesquelles le lien social est un lien purement profane, et par conséquent la religion une affaire purement privée.

C'est au premier plan, et au premier seulement, qu'il convient de parler d'une « **fin du religieux** », d'une sortie de l'humanité de sa phase « religieuse ». **On peut imaginer que la religion, reléguée dans la seule sphère privée des individus* qui serait désormais son unique « champ d'action » en quelque sorte résiduel**, rompe avec ses vieux démons (autoritarisme, chasse aux sorcières et traque des hérétiques, prétention à régenter la recherche scientifique et à avoir la haute mais sur ses résultats, prétention à orienter ou à guider les grandes orientations politiques des « rois très chrétiens ») et **opère une conversion sincère et complète à l'âge démocratique** qui lui redonnerait « souffle et force », et le remettrait en état d'exploiter la convergence entre le message évangélique originaire et le contenu de la modernité (liberté, égalité, fraternité). L'esprit du christianisme et le destin de l'occident pourraient se retrouver un jour en synchronie et en synergie. À conditions que les Églises renoncent entièrement et définitivement à leur prétention à « faire monde », à organiser et à structurer elles-mêmes le monde des hommes, le champ social.

> « **L'âge de la religion comme structure est terminé. Il serait naïf de croire que nous en avons fini avec la religion comme culture**. » (M. Gauchet)

Reste à savoir dans quelle mesure les deux plans dégagés sont réellement indépendants l'un de l'autre, quelle est la profondeur exacte de leur dissociation, autrement dit : la « superstructure » religieuse peut-elle se maintenir durablement lorsque son « infrastructure » s'est effondrée, ou encore : le besoin de croire, et la gratification qu'y peuvent trouver les croyants, peuvent-ils survivre durablement à l'effacement de la fonction sociale fondamentale de la religion ? On serait tenté de penser que le religieux, vidé de sa substance qui était la fonction sociale primordiale qu'il remplissait au départ, ne peut que s'étioler, privé du sol où il puisait sa vitalité, et finir par se déliter complètement. **Quelle est la fonction subjective que l'expérience religieuse conserve — ou peut-être acquiert — quand sa fonction sociale s'est effacée ?**

Fin du religieux ne veut pas dire non plus rupture pure et simple. C'est bien la même histoire qui continue, nous n'avons pas basculé soudain dans une autre histoire ou une autre réalité, sans commune mesure avec les précédentes. Nous retrouvons bien les mêmes éléments, mais agencés tout autrement, les places s'étant inversées. Nous ne sommes pas passés d'un état de soumission et de passivité absolue des hommes à l'égard de leur propre destin, à une reconquête ultime de leurs propres pouvoirs[1] et la libre disposition, souveraine, de leur histoire. Après « la dictature* du dehors », nous ne sommes pas dans la clarté de choix purement réfléchis et rationnels. L'opacité que l'homme subissait comme lui étant imposée de l'extérieur, voici qu'elle est devenue sienne. Avec le développement de la psychologie, l'homme découvre que l'opacité et l'obstacle sont toujours là, mais cette fois à l'intérieur de lui et *entre* les hommes.

> « L'opacité est toujours là, mais à l'intérieur de l'individu* lui-même, dans le rapport entre les individus*, au cœur même de leur être-ensemble, sans garantie extérieure cette fois pour les soustraire au questionnement. »

Conclusion

> « C'est dans la mesure où le processus de réincorporation de la transcendance instituante est allé assez loin, est maintenant pour l'essentiel achevé, dans la mesure où le réseau des contraintes organisatrices est suffisamment stabilisé, que nous pouvons commencer à comprendre sa nature et à mesurer l'enjeu devant lequel il nous laisse : la confrontation aux conditions mêmes de l'existence et de la possibilité de l'être-avec, du phénomène humain-social. Le mouvement de sortie de la religion qui s'est amorcé vers 1700 et qui est en passe de s'achever nous dévoile désormais sa nature : l'alignement forcé de l'expérience personnelle et collective sur ce qui, nous obligeant, nous constitue. De cette sortie, en un sens, à nouveau nous sortons. Ce grand remodelage, c'est à l'insu de tous qu'il s'est accompli. Nous l'avons, lui aussi, subi. Voici que, parce qu'il est pour l'essentiel acquis, nous nous mettons à discerner qu'il a eu lieu. Nous en arrivons à percevoir à quelles nécessités sans appel sa traversée nous a fait obéir. L'histoire à venir sera celle d'une question : à présent que nous les reconnaissons, qu'y pouvons-nous ? »
>
> Marcel Gauchet.

1. La réappropriation par l'homme de ce dont il s'était exproprié en le projetant sur la divinité, comme le pensait L. Feuerbach dans *L'Essence du Christianisme*, FM Fondations/Maspéro, 1982, 526 pages.

DANIÈLE HERVIEU-LÉGER

LE PÈLERIN ET LE CONVERTI (LA RELIGION EN MOUVEMENT)

Flammarion, 1999, 290 pages

Il ne s'agit pas ici un relevé complet des thèses et des thèmes de ce livre ; je me contente de relever quelques points qui ne se trouvent ni chez G. Lipovetsky, ni chez M. Gauchet, et qui me semblent particulièrement intéressants et aisément « réutilisables ».

1. Elle substitue aux couples

Désenchantement/réenchantement du monde ; mort de Dieu/revanche de Dieu ; effacement du sacré/retour du sacré, **le couple** : **décomposition/recomposition**[1] du lien religieux, de l'appartenance religieuse. À un phénomène bien réel de désintégration du lien social hérité par la tradition (exode rural qui a quasiment détruit la structure des « paroisses » comme unité de base du lien religieux, juxtaposition et atomisation* d'individus* déracinés et parqués dans des « banlieues-dortoirs » anonymes) succède ou plutôt s'entrecroise l'apparition de liens nouveaux, choisis, instables, éphémères, voués à la précarité. Liens souples qui se défont aussi vite qu'ils ont apparu, voire purement virtuels (on regarde la messe à la télé, ou aux USA le « télévangéliste », le prédicateur qui s'adresse à ses ouailles *via* les médias, la paroisse devenant coextensive à une chaîne de télévision).

2. Le lien entre religion et mémoire[2]

La religion est la « mémoire collective » d'un groupe humain.

> « Aucune société, fût-elle inscrite dans l'immédiateté qui caractérise la modernité la plus avancée[3], ne peut, pour exister comme telle, renoncer

1. En particulier *Le Pèlerin et le Converti*, p. 25, 27, 179.
2. Elle reprend ici la thèse d'un précédent livre : *La Religion pour mémoire*, Cerf, 1993.
3. Attention : Danièle Hervieu-Léger ne reprend pas à son compte le terme de « post-modernité* » (J.-F. Lyotard et G. Lipovetsky) : si bien que lorsqu'elle parle de sociétés modernes et plus encore de sociétés modernes « les plus avancées », elle parle en fait de ce que les autres appellent :

> entièrement à préserver un fil minimum de la continuité, inscrit, d'une façon ou d'une autre, dans la référence à la "mémoire autorisée" qu'est une tradition.
>
> Dès lors qu'on évoque la construction symbolique et pratique d'une "lignée croyante", on met en évidence le rapport décisif qui existe entre religion et mémoire. [...] Les sociétés modernes sont de moins en moins des sociétés de mémoire. Elles sont au contraire gouvernes, de façon de plus en plus impérieuse, par l'impératif de l'immédiat. C'est d'ailleurs parce qu'elles sont parvenues à briser le carcan de la mémoire obligée de la tradition qu'elles sont devenues des sociétés de changement, érigeant l'innovation en règle de conduite. »

D. Hervieu-Léger parle à propos des sociétés modernes « les plus avancées » de sociétés « frappées d'amnésie collective » ou « menacées d'amnésie collective ».

3. Une formule qui fait mouche

Elle parle, à propos de l'Abbé Pierre, de Desmond Tuttu, de Mère Thérésa, du Dalaï-Lama, (mais peut-être conviendrait-il d'ajouter Mgr Gaillot, H. Reeves, Albert Jacquard ?) de personnages présentés par les médias comme des « athlètes de la quête du sens ».

4. Le thème de la reprise de l'individualisme religieux à l'intérieur de l'individualisme moderne

Elle reprend[1] l'idée que chez Calvin, on atteint la pointe extrême de l'individualisme religieux : chaque individu* est responsable de sa destinée, seul face à Dieu, c'est à chacun de s'approprier par la foi le contenu du message évangélique, d'accepter le salut venant de Dieu seul (sans la médiation d'une institution constituée), de mettre en œuvre les préceptes du Christ (le « sermon sur la montagne » en particulier), dans sa vie quotidienne. Mais contrairement à ce à quoi pourrait porter une lecture trop hâtive de Max Weber, elle ne croit pas que cet individualisme religieux soit la préfiguration directe de l'individualisme moderne. Cet individualisme moderne consiste en effet à dire qu'il n'y a pas de vérité transcendante hors de nous, pas de normes transcendantes et absolues du bien et du mal[2], et donc que c'est à chacun de nous de se former sa propre règle de vie, valant pour lui seul. Ce qui caractériserait alors le phénomène « spiritualo-ésotérique » contemporain, ce serait **l'absorption de l'individualisme religieux par l'individualisme moderne**. L'individu* moderne porteur d'une quête spirituelle

---

« post-modernité* ». Sur cette « immédiateté » caractéristique du monde contemporain, voir Zaki Laïdi, *Malaise dans la mondialisation*.

1. À Max Weber en particulier, *L'Éthique protestante et l'esprit du capitalisme*, Presses Pocket, Plon, 1964, 290 pages.
2. Cf. G. Lipovetsky, *Le Crépuscule du devoir*, Gallimard, 1992.

n'est plus en quête d'une altérité transcendante située hors de lui (d'où l'apparent paradoxe d'une religiosité sans dieu(x)[1]) :

> « Il ne s'agit plus de découvrir et d'adhérer à une vérité existant hors de soi, mais d'expérimenter — chacun pour soi — sa propre vérité[2]. Aucune autorité ne peut définir une quelconque orthodoxie ou orthopraxie[3] s'imposant de l'extérieur à l'individu*. L'objectif poursuivi est le perfectionnement de soi, perfectionnement qui ne concerne plus l'accomplissement moral de l'individu* (éthique puritaine selon Max Weber, morale kantienne), mais son accès à un état supérieur d'être »,

à une plénitude affective et spirituelle. **L'individualisme religieux est en train de se résorber sous nos yeux à l'intérieur de l'individualisme moderne** : **la spiritualité est mise au service d'un individualisme narcissique**, autocentré (enfermé dans la problématique pseudo-orientale de la réconciliation avec soi-même, du développement de ses potentialités, de la découverte et de l'accomplissement de sa « légende personnelle » s'agissant de la mouvance « *new-age* ») **et hédoniste** (s'adonnant à la seule quête du plaisir et du bonheur, tel que décrit par Gilles Lipovetsky). Ce qu'ajoute Danièle Hervieu-Léger aux analyses de Lipovetsky, c'est précisément la description de cet individualisme religieux issu, par des voies tortueuses, de la Réforme, et la thématique de sa reprise dans le cadre de l'individualisme narcissique post-moderne. Une version frelatée du bouddhisme, adapté pour les besoins de la cause à la mentalité occidentale et aux problématiques qui lui sont propres, sert le plus communément de caution à cette « spiritualité individuelle » soumise aux besoins de l'individu* narcissique.

5. Dans ce cadre ainsi défini, elle pose la question des modes de validation du croire

a. Dans les sociétés traditionnelles, la **validation du croire** (à savoir l'affirmation de la réalité de la foi et de sa conformité au dogme) **émane d'une autorité spirituelle** et/ou institutionnelle (l'Église catholique par exemple), susceptible de prononcer l'excommunication.

b. Une deuxième phase est celle de la « **validation communautaire** » : la validation du « croire » de chaque individu* lui vient de son inscription dans une communauté de croyants (« autogérée » sur le plan spirituel, si l'on peut dire), c'est le cas des diverses dénominations qui découlent des mouvements de « réveil » spirituel ponctuant l'histoire du protestantisme (méthodisme, pentecôtisme, etc.[4]).

---

1. Voir l'article d'Henri Tincq, « La métamorphose de Dieu ? », *Le Monde*, 26 novembre 1999.
2. D'où le thème central : découvrir et vivre chacun « sa légende personnelle », dans *L'Alchimiste* de Paulo Coelho. Il ne s'agit plus d'accéder à une vérité transcendante sur — ou autour de — laquelle pourrait se réunir une communauté.
3. *Orthodoxie* signifie en grec « pensée droite », conforme au dogme ; *orthopraxie* signifie quant à lui « comportement droit », pratiques conformes aux instructions d'une institution.
4. Cf. Max Weber, « Les sectes protestantes et l'esprit du capitalisme », in *L'Éthique protestante et l'esprit du capitalisme*, Presses Pocket, Plon, 1964, 290 pages.

c. La troisième phase est celle de la **validation mutuelle** : on partage ses expériences spirituelles, ses doutes, ses espoirs avec l'autre (dans des groupes de prière ou de méditation par exemple), et chacun reçoit de l'autre l'attention et l'approbation, l'écoute qui valide son propre cheminement spirituel.

d. Aujourd'hui prévaut une **autovalidation du croire** : l'individu* ne reconnaît plus aucune instance qui serait habilitée à lui dire si sa croyance est « droite » ou non : la validation du croire devient une opération purement individuelle, ouvrant à une vérité exclusivement subjective (à chacun sa « *légende personnelle* »...) et dissolvant, à terme, toute possibilité de « communion des croyants » (la communion des saints dans le catholicisme, l'*umma* dans l'islam).

6. Un tableau qui lui semble rendre visibles les deux « postures »,

les deux positionnements possibles, pour l'homme moderne, à l'intérieur du phénomène religieux ; résumer les deux « profils » possibles (d'où le titre bien sûr) :

La figure du pratiquant	La figure du pèlerin
Identité reçue par filiation	Identité choisie
Pratique obligatoire	Pratique volontaire, optionnelle
Pratique normée par l'institution	Pratique autonome, autodéfinie
Pratique fixe, régulière	Pratique modulable, « à géométrie variable »
Pratique communautaire	Pratique individuelle
Pratique territorialisée, stable ; sédentarité spirituelle	Pratique mobile, volatile, instable (*zapping*) ; nomadisme spirituel
Pratique répétée, ordinaire, inscrite dans le quotidien (intégrée à l'espace et au temps sociaux, ponctuant la semaine avec régularité)	Pratique exceptionnelle, extraordinaire, recherche de moments d'intensité émotionnelle et spirituelle forts (retraites, stages de développement personnel...)

7. La crise de la transmission

Du fait de la montée de la perception du monde individualiste, beaucoup de parents, même parmi les plus pratiquants et les croyants les plus sincères **se sont mis à douter de leur droit à transmettre une culture religieuse à leurs enfants**, à plus forte raison à leur « transmettre » leur foi. Dans un sondage portant sur : « que vous semble-t-il le plus important à transmettre à vos enfants ? », la foi religieuse figure dans les toutes dernières positions. Se met à prévaloir la position : nous ne voulons rien lui imposer, il/elle choisira quand il/elle sera grand(e). **La**

question de la transmission est différée, éludée, **et transférée sur la génération suivante**, celle des enfants. D'où le développement de plus en plus frappant du *phénomène de transmission paradoxale* allant des enfants vers les parents : les enfants renouant avec la religion juive ou la tradition musulmane pressent leurs parents (en particulier la mère pour les questions alimentaires) de respecter plus scrupuleusement la « cachroute » (le caractère « cacher » des aliments) ou le Ramadan par exemple. Ce qui produit soit de graves ruptures au sein de la famille, soit une ré-islamisation, re-judaïsation ou re-christianisation de la génération des parents *via* celle des enfants.

8. Nous assistons à une crise fondamentale (sans précédent ?) du dispositif de la transmission (liée à l'invalidation, à la perte du respect des vieux par les jeunes, à la croyance que ce qui est nouveau a plus de valeur que ce qui est ancien)

On passe de plus en plus d'identités héritées, constituées, reçues, à des identités choisies, qui sont le résultat d'une **trajectoire d'identification :** l'identité (éventuelle) est **acquise au terme d'une démarche individuelle ancrée dans le sujet**, menée à l'initiative de l'individu*. L'identité religieuse est non plus quelque chose dont on hérite simplement, mais quelque chose que l'on construit au cours d'une vie, susceptible d'être modulée tout au long de l'existence. Au détriment de la validation accordée par une institution se développe le processus de l'adhésion volontaire ; la revendication d'**authenticité** prend le pas sur les valeurs de la **fidélité** (à une institution, à une croyance) et de **conformité** (aux dogmes, à ce qu'ont cru les ancêtres). **La revendication d'authenticité a pris le pas sur la demande de validation du croire**. Mais la trajectoire-pèlerinage peuvent fort bien n'aboutir à aucune identité cohérente, le pèlerinage se meut alors en **errance spirituelle**, l'individu* ayant perdu tout repère, ne sachant plus ni où il en est, ni précisément ce qu'il cherche.

9. Beaucoup ne sont plus du tout en demande d'identité religieuse

Ils se satisfont d'une pratique dans laquelle l'individu*, isolé de toute communauté, s'adonne à des pratiques qui ne valent que pour lui[1]. Le mouvement « *new age* » se caractérise par une sorte d'« identification molle », non impliquante, n'engageant à rien, détachée de toute pratique religieuse déterminée. On n'y demande plus à l'individu* post-moderne de faire abstraction de lui-même, de

1. Freud voyait dans les rites religieux une sorte de correspondance, à l'échelle collective, des « rituels » auxquels le patient est soumis dans les névroses obsessionnelles, d'où la comparaison par Freud de la religion avec un phénomène névrotique collectif. La *comparaison* devient-elle *identification* dès lors que les pratiques « spirituelles » s'individualisent ?

sortir de son enfermement narcissique, mais au contraire on lui propose une panoplie d'outils spirituels, de techniques d'éveil de soi (yoga, méditation transcendantale, etc.) que l'on met à sa disposition sans contrepartie, qui viennent simplement s'ajouter à l'arsenal dont il dispose déjà. Développement récent du comportement consumériste en matière spirituelle. L'individu* post-moderne* se comporte en consommateur partout : en voyage, ils est un touriste, en religion, il est un consommateur (églises « *drive in* » aux États-Unis où l'on entre à l'église avec sa voiture et on écoute le sermon du prédicateur assis dans son véhicule, comme pour aller voir un film au cinéma ou aller acheter un menu Mac Donald).

10. Crise des institutions religieuses et « dérégulation » du religieux

Dans la société contemporaine, toutes les religions sont confrontées à leur « désinstitutionnalisation ». Le religieux échappe toujours plus à leurs modes traditionnels de gestion de la vérité et d'organisation du pouvoir. Ce même phénomène se décline selon les différentes religions :

a. Dans **le catholicisme**, la « validation du croire » était assurée par un magistère institutionnel qui fonctionnait dans le cadre de paroisses définies territorialement, par le culte et les sacrements. L'exode rural, le nomadisme moderne, l'inéluctable déclin du nombre de prêtres a fait entrer ce modèle en crise.

> « La mobilité et le développement des échanges ont miné les fondements sociaux et culturels de l'univers paroissial. »

Mais l'essentiel est ailleurs : c'est le principe même de ce mode d'organisation qui est remis en cause.

> « Le croyant moderne ne se contente pas de choisir sa foi : il entend choisir également sa communauté, si du moins il éprouve le besoin d'en avoir une. »

Le catholique d'aujourd'hui en France se sent :

> « *[...] l'adhérent volontaire d'une religion statistiquement majoritaire mais (devenue) culturellement minoritaire.* »

Dans ce nouveau contexte, la pratique régulière elle-même a changé de signification : aller à le messe dominicale, c'était hier être catholique, c'est être aujourd'hui catholique **engagé**. La pratique conformiste s'efface devant une pratique militante. Les paroisses rurales basées sur un principe territorial sont aujourd'hui en concurrence avec un autre mode d'engagement : la pratique volontaire sur la base d'affinités ou de visions communes. Le développement des communautés nouvelles (le « chemin neuf », le mouvement charismatique, les cellules de prière...) s'organise en dehors des structures territoriales de la sociabilité catholique. On assiste à une séparation croissante entre deux dispositifs concurrents, l'un organisé sur une base territoriale, l'autre selon un réseau d'affinités et d'engagements communs. Pour être reconnues par l'institution, ces nouvelles communautés multiplient les gestes d'allégeance à l'évêque dont elles relèvent en principe, les autorités religieuses tentant avec plus ou moins de succès de contrôler ces nouvelles formes de communauté qui sont apparues indépendamment d'elles, leur confiant parfois des fonctions dans la gestion de paroisses souffrant du déficit de prêtres, ce qui est une façon de reconquérir un contrôle sur ces communautés. Toutefois l'institution peine à contrôler un processus qui échappe à la gestion territorialisée sur laquelle s'est structurée l'Église catholique. Longtemps marginale, la sociabilité de communautés et de réseaux électifs, plus en phase avec les tendances de la société actuelle, tend à s'imposer par son dynamisme tandis que les paroisses se vident tant d'ouailles que de prêtres. Ainsi s'impose de fait au sein même de l'église catholique un mode communautaire de validation du croire, alors qu'historiquement cette Église s'est établie sur un mode de validation institutionnel et hiérarchique. **L'Église catholique est prise aujourd'hui dans un conflit entre conformité et cohérence**, dont les démêlés avec les tendances traditionalistes — allant jusqu'à l'excommunication de Monseigneur Lefebvre — n'est que la partie la plus visible.

« Ce qui est frappant, c'est la difficulté permanente de ces dispositifs régulateurs et leur impuissance croissante à opérer les arbitrages et compromis nécessaires pour assurer, par-delà les conflits, la pérennité du régime institutionnel de validation des croyances communes. » (p. 205)

b. Dans les **Églises protestantes**, c'est historiquement le mode de validation communautaire qui a prévalu. La Réforme elle-même a opéré une **désacralisation institutionnelle**. La fidélité n'est pas comme dans la catholicisme fidélité à une institution mais fidélité à l'héritage doctrinal de la Réforme, et à l'histoire des églises de la Réforme.

« Dès l'instant où l'institution n'est plus considérée comme sainte, rien ne s'oppose à ce que l'on crée d'autres institutions ecclésiastiques si l'on estime que l'Église n'est plus assez fidèle[1]. **La question de la fidélité dans l'optique protestante n'est plus une question institutionnelle mais herméneutique**. » (J. P. Willaime, cité par D. Hervieu-Léger, p. 208)

Les Églises issues de la Réforme souffrent donc structurellement d'une faiblesse de leurs institutions, renforcée par l'individualisation religieuse amorcée par Luther et Calvin — chaque croyant étant responsable devant Dieu de sa compréhension de l'Écriture et de son salut. La « fragilité institutionnelle » constitutive du protestantisme se traduit par une tendance irrépressible à la pluralisation, voire à l'éclatement, comme le montre l'exemple nord américain, où l'on voit jouer à plein :

« [...] la propension à la différenciation, mais aussi à la conflictualisation des régimes communautaires de la validation du croire dans un contexte de forte dérégulation, voire de pulvérisation du champ théologique ».

1. En régime protestant, ce n'est donc pas seulement la question de la fidélité du croyant envers l'Église, mais bien celle de l'Église à l'égard de l'évangile qui est posée.

c. Dans **le judaïsme**, la situation française se caractérise par le consistoire mis en place par Napoléon en 1808, et censé être représentatif de la communauté juive de France. Ce qui était proposé par Napoléon dans le cadre du Concordat (1801), c'était « un renoncement au contenu national de l'identité juive, renoncement inséparable de l'intégration plénière du judaïsme comme l'une des "religions officielles de la France". » [Pour qu'il fasse partie des cultes reconnus par l'État, le judaïsme devait se constituer comme une confession dotée d'une autorité centrale et définissant un culte particulier. Historiquement, ce modèle consistorial centralisé a été sans cesse contesté dans sa représentativité par les vagues successives d'immigrants ashkénazes (venant d'Afrique du Nord) puis séfarades (venant d'Europe centrale.] Ce modèle se trouve également confronté à la dilution lente de l'identité communautaire juive dans un « judaïsme silencieux » vécu comme une attache personnelle par des individus* qui, par définition, ne reconnaissent à aucune institution la légitimité à les représenter.

d. **L'Islam** de France se caractérise par l'absence d'une telle institution représentative centralisée, ce que ne cesse de déplorer le ministre de l'Intérieur, ministre des cultes, en quête d'un interlocuteur crédible, reconnu et représentatif habilité à parler au nom de l'Islam en France. La thèse de D. Hervieu-Léger est que **l'Islam n'est peut-être pas à cet égard en retard mais plutôt en avance** par rapport aux autres cultes présents dans la société française. Cette carence d'institution représentative serait caractéristique d'une situation plus générale, qui est celle de la crise des institutions religieuses incapables de représenter les nouvelles formes de religiosité.

> « L'Islam pourrait bien être à cet égard le révélateur paradoxal — parce qu'il semble figurer une exception — du paysage religieux tout entier. »

Cette « plasticité », cette « fluidité » que déplore, impuissant, le ministre des cultes, et qui certes fait obstacle à la pleine reconnaissance de l'Islam en France, pourrait être révélatrice d'une

> « montée en puissance d'un **régime communautaire de la validation du croire** s'imposant à travers la prolifération de groupes d'adhérents qui mettent en avant un "modèle fort" de la vérité partagée et le déploiement d'un régime de validation mutuelle du croire au sein d'une nébuleuse fluide de réseaux spirituels mouvants où prévaut un "modèle faible[1]" de la vérité recherchée. »

L'Islam est-il par nature inassimilable par la République ? On doit bien voir que cette question, souvent posée, **n'interroge pas moins les règles implicites d'« admissibilité » dans la République** que la nature de l'Islam.

Ces deux tendances ne sont pas caractéristiques de l'une des religions mais « travaillent conjointement l'ensemble du paysage religieux » contemporain.

1. Dans la mouvance « *new age* » par exemple.

11. La laïcité en panne ?

La thèse paradoxale que soutient D. Hervieu-Léger est que le phénomène de dérégulation auquel se trouve confronté le pouvoir religieux, loin de faire le jeu de la laïcité ou de consacrer son avènement, affecte au contraire en profondeur son fonctionnement au point de la faire entrer en crise voire de la mettre « en panne ». La thèse est que la laïcité n'a pu supplanter la puissance de l'institution de l'Église catholique sur la société française qu'en la mimant et en s'en inspirant largement. Il n'est donc pas fortuit que la crise que traverse le pouvoir religieux, du fait de son inadéquation à la société contemporaine, affecte tout aussi bien le modèle de la laïcité à la française qui s'en inspirait.

Au terme de la loi de 1905, la République ne reconnaît plus aucun culte. « Mais elle pérennise une conception confessionnelle de la religion qui définit la communauté religieuse en la réduisant, en dernière instance, à l'assemblée des fidèles réunis pour le culte » — d'où les différentes dispositions du troisième volet de la loi de 1905 organisant l'exercice du culte, d'où le principe constamment réaffirmé de la « liberté de culte » comme droit de l'homme fondamental.

> « Or cette définition confessionnelle de la communauté religieuse s'ajuste fort bien avec le modèle institutionnel rituel de l'Église catholique tel qu'il se réalise dans une civilisation paroissiale dont le rassemblement cultuel est précisément la clé de voûte. **En fait, elle en dérive directement.** [...] Le modèle de l'Église romaine a été constitué, dans le cadre de la laïcité à la française, comme la référence organisationnelle de toute religion. **Cette construction institutionnelle constitue la référence implicite de la construction institutionnelle rituelle de la République elle-même.** [...] La définition confessionnelle de la religion dans les limites de la République emprunte en fait ses références au modèle catholique dont elle vise à contenir les prétentions. Pour que ce système fonctionne [...] les institutions religieuses doivent être capables d'imposer en leur sein un régime de validation du croire qui fasse de l'autorité institutionnelle le garant ultime de la vérité partagée. **La désorganisation institutionnelle du paysage religieux contribue à déstabiliser le modèle de la laïcité à la française.** » (p. 225)

> « Le dilemme fondamental trouve sa source dans la logique de la laïcité elle-même, enracinée dans une problématique institutionnelle et confessionnelle du religieux qui renvoie, en dernière instance, au face-à-face avec l'Église romaine qui a présidé à sa construction historique. **La capacité régulatrice de l'État en matière de religion, capacité qu'il subordonne à sa nécessaire neutralité, s'exerce en fait dans un espace institutionnel du religieux prédélimité par des religions** — historiques — **reconnues en fait sinon en droit**. En dehors de cet espace, l'État n'a rien à dire sur la religion. » (p. 247)

Or les nouveaux mouvements religieux, dont les sectes, sont un symptôme de cette dérégulation généralisée du paysage religieux ; ils prolifèrent hors de toute référence aux systèmes institutionnellement validés du croire religieux qui lui fournissent **sa définition inavouée du religieux**. Enfermé dans sa conception héritée de l'histoire du religieux, l'État reste impuissant à jouer son rôle de régulation face à la nouveauté de ces phénomènes. L'affaiblissement du pouvoir de régulation des phénomènes religieux par les autorités religieuses et par l'État sont corrélatifs, loin que l'État puisse se substituer aux institutions religieuses défaillantes : la laïcité est en panne.

• *Conclusion : vers une laïcité « médiatrice »*

> Les données du problème

La dérégulation institutionnelle (la crise interne des institutions religieuses) et la prolifération des phénomènes religieux hors de tout cadre institutionnel tendent conjointement à « brouiller » la délimitation des espaces au sein desquels les institutions religieuses d'un côté, l'État de l'autre, peuvent jouer leur rôle de régulateurs. La position de « neutralité étatique » est de plus en plus difficile à tenir lorsque des situations de crise éclatent au sein du champ social — affaire du voile islamique, tragédie de l'« Ordre du Temple solaire » par exemple. L'État ne peut plus se contenter de renvoyer la balle du côté des institutions religieuses, du côté du droit propre des Églises, comme historiquement il l'a fait selon une jurisprudence constante. L'opinion publique fait appel à l'État, attend autre chose de l'État. S'agissant des sectes, la demande publique d'un traitement préventif « en amont » ne cesse de croître. La justice peut bien sévir lorsque la loi a été transgressée, mais l'opinion publique attend plus : « La notion de nocivité déborde très largement celle d'illégalité », les associations anti-sectes réclament qu'un dispositif juridique :

> « les place hors la loi avant que leur pouvoir de nuisance ne trouve à s'exercer. »
>
> « **Il faut repenser en fonction des problèmes nouveaux que fait surgir la désinstitutionnalisation du religieux, un modèle de laïcité qui fut entièrement structuré par le projet de contenir, sur tous les terrains, les prétentions d'une Église catholique en situation de quasi monopole religieux**. »

> La redéfinition d'une laïcité du futur

L'incapacité à jouer un rôle de régulateurs du champ religieux tant de la part des autorités religieuses que de l'État laïc forme un terrain sur lequel prolifèrent les diverses formes de repli identitatires et ethniques, qui sont le symptôme de la fragmentation sociale et culturelle de notre société, en même temps qu'elles contribuent à l'accentuer. Les diverses formes de communautarisme* s'alimentent d'autant plus aisément dans le patrimoine symbolique et idéologique constitué par les grandes religions que l'accès à ce stock est devenu plus libre[1], et que les institutions traditionnelles voient le contrôle de ce patrimoine leur échapper toujours plus. Cette situation donne lieu aux « bricolages symboliques » les plus improbables ; on assiste à des instrumentations incontrôlées de fragments empruntés à des traditions religieuses les plus diverses, incluant par exemple le bouddhisme, instrumentations au service de cause ou de tendances les plus

---

1. Sur cet accès libre au stock du patrimoine et sur cette « spiritualité à la carte », self-service, voir G. Lipovetsky, *L'Ère du vide*, et plus généralement la thématique de la post-modernité*.

diverses, qui contribuent à dévaloriser globalement ce patrimoine, instrumentations au service de cause ou de tendances les plus diverses, qui contribuent à dévaloriser globalement ce patrimoine.

C'est face à ce constat résultant d'un « flottement généralisé des dispositifs régulateurs » qu'un nouveau « pacte laïc » (formule de Jean Bauberot) pourrait voir le jour. Les ennemis d'hier, confrontés conjointement au risque d'une dissolution du lien social et d'un bradage généralisé du capital symbolique et historique sur lequel repose la culture peuvent être conduits à collaborer, « à mettre en commun les ressources symboliques constituées dans le conflit historique qui les a opposés, afin de contribuer à la sauvegarde et à la recharge de la mémoire collective ». La République laïque ne veille plus seulement à la conservation des édifices religieux mais à la transmission de la, mémoire symbolique, y compris religieuse ou spirituelle. Face au constat d'une « inculture religieuse », voire d'un analphabétisme religieux de la plupart des élèves, institutions religieuses et institution scolaire peuvent être amenées à collaborer pour la préservation de la mémoire commune.

Mais les différentes « familles de pensée », y compris religieuses, sont aussi sollicitées et mises à contribution par la République laïque, par exemple pour être représentées au « Comité Consultatif National d'Éthique » créé en 1983. Cette place accordée aux différentes familles religieuses ne contrevient pas à l'esprit de la loi de 1905 dans la mesure où *ce comité, purement consultatif, n'est investi d'aucun des attributs de la souveraineté* nationale*. Parler d'un nouveau pacte laïc fonctionnant sur le principe d'un partenariat de l'État et des autorités religieuses ne consiste nullement à revenir sur l'esprit de la loi de 1905 ; il ne s'agit pas pour la République de « reconnaître » les cultes au sens où le faisait le Concordat. Le principe fondamental de la laïcité, celui de la totale autonomie politique de l'État vis-à-vis de quelque confession que ce soit ne saurait, à plus forte raison, être remis en cause, non plus que celui de l'égalité de tous les « cultes » devant la loi. Il ne s'agit pas non plus d'introduire insidieusemet une conception « molle » de la laïcité qui la réduirait à n'être qu'une synthèse plus ou moins réussie de l'apport des principales familles de pensée spirituelles, ce qui ne ferait qu'aller dans le sens du multiculturalisme*, de la tendance *new age*, et ne ferait qu'ajouter encore à la confusion ambiante. Il s'agit simplement de constater que le rapport entre la République laïque et les religions est *susceptible* d'évoluer (et peut-être, compte tenu des circonstances, est *amené* à évoluer), et de *passer d'un régime d'une neutralité* enfin relativement pacifiée *à celui d'une coopération de références et de critères éthiques* (au sein de comités d'éthiques par exemple) comme en matière de transmission de la mémoire collective, et partant, de reconstruction du lien social.

SUJET TRAITÉ

« LA RELIGION EST-ELLE DEVENUE AUJOURD'HUI UNE AFFAIRE PUREMENT PRIVÉE ? »

Introduction

L'affaire semblait entendue : la religion semblait devoir être, pour paraphraser une phrase de Hegel, pour nous essentiellement une affaire du passé. Le retour en force du religieux sur la scène politique bouleverse nos certitudes historiques héritées au moins des Lumières. Mais même sans ce retour, il faut s'interroger sur les raisons pour lesquelles la religion, refluant du domaine politique puis de la sphère sociale, aurait trouvé dans la vie privée sa sphère de légitimité résiduelle. La religion n'intéresse-t-elle plus, aujourd'hui, que les seuls individus* ou les seules familles ? A-t-elle réellement perdu toute pertinence tant politique que sociale ?

I. « Le sabre et le goupillon »

1. Si la religion a pu *devenir* une affaire privée, c'est qu'au départ elle ne l'était pas. Dans son analyse des sociétés indo-européennes, G. Dumézil a mis en lumière la célèbre idéologie tripartite qui associe le pouvoir religieux et sacral du prêtre, le pouvoir militaire du guerrier, et la fonction du paysan consistant à assurer la prospérité matérielle de l'État[1]. Au départ, pouvoir religieux et pouvoir politique sont intimement liés, sinon purement et simplement confondus[2].

2. Lors de la lente constitution des États-nations, la religion a largement joué le rôle de fondement du pouvoir politique. Le roi l'est de droit divin, dans la théologie médiévale, tout pouvoir terrestre est une délégation de la *potestas* divine, de la puissance divine sur cette terre. Jusqu'aux conflits entre le Saint Empire et la Papauté attestent d'une rivalité pour exercer un même pouvoir solidairement temporel et spirituel. Le Pape est le chef des États du Vatican, chef d'État et homme politique à ce titre, et inversement l'Empereur est empereur du « Saint Empire romain germanique », il règne par la grâce de Dieu et est comptable devant Dieu du salut de ses sujets. Jusqu'au principe qui met un terme à la « guerre de trente ans » : « *cujus regio, ejus religio* » lie fermement le sort politique et le sort religieux de ceux qui sont à la fois

1. G. Dumézil, *L'Idéologie tripartite des indo-européens*, Latomus, revue d'études latines, 1958.
2. Cf. M. Éliade, *Le Sacré et le Profane*, Idées Gallimard, 1965.

sujets sur le plan politique et ouailles sur le plan religieux. En France, ce n'est qu'avec l'effondrement de l'Ancien Régime et son remplacement dans un premier temps par une monarchie constitutionnelle, issue d'un *contrat* passé entre le roi et la nation, que l'État perd officiellement son fondement religieux transcendant pour ne plus s'enraciner que dans la volonté contractuelle des hommes, contrat qui peut être rompu de part et d'autre. Et d'un point de vue religieux, c'est le moment où la sphère d'influence de la religion commence à refluer, délaissant dans un premier temps la pshère politique, pour se replier non pas tout d'abord sur la seule shpère d'existence de l'individu* privé, mais sur son poids sur l'existence sociale de la nation.

II. Le découplage du politique et du religieux

1. La modernité, du moins sous sa forme occidentale (mais la modernité n'est-elle pas occidentale ?), semble aller de pair avec un vaste mouvement de sécularisation. La religion semble refluer de la sphère politique puis de la sphère sociale pour se retrouver cantonnée à la seule sphère des convictions individuelles et des pratiques familiales. L'État n'a plus besoin d'un fondement religieux ou transcendant dans la mesure où l'exercice de la souveraineté* s'autorise de la volonté du peuple. Dès lors, la séparation des Églises et de l'État est dans l'ordre des choses : l'État n'a pas plus à s'occuper des affaires religieuses que la religion des affaires politiques. En France, la République ne reconnaît ni ne subventionne aucun culte. Mais la loi de la séparation des Églises et de l'État, de 1905, va plus loin : elle oblige les différents « cultes » à se constituer en autant *d'associations de droit privé*. Comme le dit Aristide Briand dans un de ses discours, les Églises « sont libres de s'organiser comme bon leur semble comme toute autre association de droit privé. » C'est dire que les cultes, qui n'avaient déjà plus la fonction de fonder ni de légitimer l'État, cessent également de jouer un rôle social décisif[1]. À terme, la société ne s'organisera plus autour des grandes fêtes et célébrations religieuses, et le lien paroissial ne sera plus la cellule de base du lien social. On comprend pourquoi le Pape Pie X réagit de façon véhémente à cette loi laïque, par son *Encyclique* de février 1906, loi qui est un acte unilatéral de la puissance publique remettant de fait en cause le *Concordat* qui était, lui, un contrat passé entre le pouvoir politique et les institutions religieuses.

2. Est-ce à dire pour autant que la puissance publique se désintéresse purement et simplement de la chose religieuse ? Non. Déjà la *Déclaration des droits de l'homme* de 1789 affirmait la liberté d'opinions dans tous les domaines, y compris religieux. *Le Préambule de la constitution* de 1946* rappelle que « nul ne peut être lésé en raison de ses croyances ». La puissance publique a le devoir de faire respecter non seulement la liberté de pensée et de conviction religieuse, la liberté d'expression, mais encore le libre exercice des cultes dans la mesure où ils ne troublent pas l'ordre public. Reste que l'exercice de ces cultes est désormais une affaire privée.

1. Cf. Jean Boussinesq, *La Laïcité française*, Seuil, 1994.

3. C'est dans le contexte français que la laïcité a été vécue comme un combat, et que la séparation des églises et du pouvoir politique a été perçue comme une défaite de l'Église catholique essentiellement. S. Kierkegaard, le philosophe luthérien danois, dans le journal qu'il a créé, *L'instant*, s'insurge contre la formidable imposture que constituent à ses yeux un « État chrétien », une « civilisation chrétienne ». Comment quelqu'un d'autre que l'individu* pourrait-il accepter ou rejeter le message du Christ, le message évangélique ? Kierkegaard par ses prises de position radicales se situe bien dans la filiation de la Déclaration des droits de l'homme, mais surtout avant elle de la réforme qui fait du religieux avant tout une affaire de conviction personnelle. Toutefois l'individu* n'est pas seulement l'Isolé ou l'Unique devant Dieu : il entretient également des relations avec ses semblables. Qui dit affaire privée ne dit pas seulement intériorité de la conscience. Il peut se développer une vie associative, caritative, cultuelle autour de la dimension religieuse. Seulement ce qui est caractéristique de la modernité est que ce lien ne sera pas de nature sociale, il ne se confondra pas avec le lien obligatoire, contraint, qui lie les citoyens entre eux. Il s'y superposera de façon optative : chacun pourra développer avec son prochain, outre les liens civiques qui unissent les citoyens, des liens d'un autre ordre, comme celui constitué par l'appartenance à une même communauté religieuse par exemple.

> « La société moderne n'est pas une société sans religion. C'est une société qui s'est constituée dans ses articulations principales par métabolisation de la fonction religieuse. » (Marcel Gauchet[1])

III. Métamorphoses du religieux ?

1. Assiste-t-on aujourd'hui réellement à un effacement du religieux de la scène publique voire internationale, ou au contraire à sa prolifération et à sa « mondialisation » ? Jacques Derrida voit dans la multiplication des scènes de repentance et de pardon, y compris dans les

1. *Le Désenchantement du monde*, Gallimard, 1985, p. 234. « Prenons l'exemple américain, le plus intéressant parce que le plus paradoxal, au moins en apparence. Voici un pays fondé par une dissidence religieuse européenne, un pays donc où la revendication de tolérance et le souci de liberté de conscience sont de nécessité et d'institutions premières, où le dogme communément partagé est, d'entrée, à la fois le plus épuré, le plus avancé du point de vue du mouvement chrétien, et le mieux adapté à l'esprit de la modernité, où les formes de la pratique et de l'association religieuses, à la fois individualisées et associatives, se coulent naturellement dans l'état social démocratique. [...] La dynamique de l'égalité, c'est la formation d'une société où la foi devient une option sans plus de prise ni de portée définitionnelle sur l'organisation collective. [...] Ce dont les États-Unis nous offrent l'exemple, c'est de l'influence spirituelle et culturelle conservée par l'adhésion confessionnelle à l'intérieur d'une société tout aussi rigoureusement dégagée dans ses rouages, dans ses orientations et ses valeurs de la dépendance envers l'autre que les sociétés beaucoup plus déchristianisées ou laïcisées en surface de la vieille Europe. », p. 234-236. Cette analyse serait à opposer à celle de Max Weber, « Les sectes protestantes et l'esprit du capitalisme », in *L'Éthique protestante et l'esprit du capitalisme*, Plon, Agora Pocket, 1964, 286 pages.

pays et les civilisations étrangères ou partiellement étrangères à la tradition abrahamique (Japon, Afrique du Sud), une « mondialisation » en marche de cette tradition.

> « Dans cette immense scène de confession en cours, nous assistons à un processus de christianisation qui n'a plus besoin de l'Église chrétienne[1] »

pour se réaliser. D'ores et déjà,

> « [...] le langage abrahamique est devenu l'idiome universel du droit, de la politique, de l'économie ou de la diplomatie. » (J. Derrida)

Nous ne conclurions donc à un effacement du religieux que du fait de notre cécité incapable de repérer ses « métabolisations », comme dit Marcel Gauchet. La mondialisation pourrait être vue, plus que comme une américanisation, comme une christianisation du monde, réussissant enfin par les voies du droit et de la diplomatie ce qui n'a pas été possible par les voies des croisades et de la colonisation.

2. C'est l'accusation amère portée par les théoriciens de l'École de Singapour : les « *droits de l'homme* » seraient la quintessence de la civilisation judéo-chrétienne, par essence étrangère à la civilisation confucéenne. Le « droit d'ingérence » serait le fer de lance militaire de cette « christianisation » forcée du monde. La mondialisation en cours serait-elle porteuse d'une « fausse universalité », d'une universalité biaisée à laquelle il faudrait opposer une « vraie » universalité, représentative du poids démographique des différentes civilisations du monde, ou bien serait-ce l'idée même d'universalité qui serait typiquement juive puis chrétienne ?

Conclusion

Les idéologies politiques qui proclamaient la déchéance du religieux ont été balayées par l'histoire, ou semblent aujourd'hui acculées à une impasse. De l'autre côté, nous trouvons des mouvements religieux qui aspirent à assumer le pouvoir politique, qui assurent donc que le religieux peut avoir, aujourd'hui encore, vocation à organiser l'espace public, et est à même de relever les défis de notre temps, même si ces mouvements peuvent aujourd'hui sembler s'essouffler à leur tour[2]. Ni les uns ni les autres ne faisaient de la religion une affaire privée, car qu'est-ce que poursuivre par la puissance publique les citoyens en raison de leurs croyances religieuses, sinon faire de la religion une affaire d'État, une affaire concernant l'État et non les simples citoyens dans leur vie privée ? Si ces deux modèles sont en crise, faut-il en conclure que la laïcité a de beaux jours devant elle ? Tout dépend, naturellement, de ce que l'on entend par laïcité. Si l'on s'en tient à une simple laïcité d'abstention, d'abstinence et de silence, consistant simplement à ne pas aborder certains sujets, ceux sur lesquels la société se divise, alors la laïcité risque de n'être qu'une vieille lune, une bataille menée et remportée par le

1. J. Derrida, *Le Siècle et le Pardon*, Seuil, 2000.
2. G. Keppel, *Jihad*, Gallimard, 2000.

passé, évoquée avec nostalgie par ses anciens combattants, mais incapable de relever les défis d'aujourd'hui et de demain[1]. Les sociétés contemporaines sont plurielles, et parmi elles la société française, et contiennent désormais dans leur sein des populations auxquelles la tradition de laïcité est fondamentalement étrangère. Ce qui était resté implicite doit aujourd'hui devenir explicite, la laïcité doit devenir active et se saisir des sujets qu'elle laissait, hier, à ses adversaires, les institutions religieuses. S'obstiner à ne voir dans la religion qu'un simple phénomène privé, c'est peut-être se priver des moyens de faire face aux défis qui sont devant nous, c'est renoncer à traiter dans l'espace public, par la discussion raisonnable et informée, des divergences qui habitent, qu'on le veuille ou non, le cœur des sociétés modernes, démocratiques et pluralistes.

Indications bibliographiques

Gauchet M., *Le Désenchantement du monde*, NRF Gallimard, 1985, 306 pages.

Hervieu-Léger D., *Le Pèlerin et le Converti*, Flammarion, 1999, 290 pages.

Weber M., *L'Éthique protestante et l'esprit du capitalisme*, Agora Pocket, Plon, 1964, 286 pages.

1. Cf. Guy Coq, « La Laïcité comme idée neuve », Chrétiens École Laïque, p. 11 à 22.

CHAPITRE 10

Droit d'ingérence et souveraineté* des États

Cours

Droit d'ingérence et souveraineté* des États

Droit ou devoir d'ingérence, ou souveraineté* discrétionnaire des États ?

La problématique de départ de ce chapitre pourrait se formuler ainsi : de la souveraineté* « discrétionnaire » (formule de Mario Bettati qu'il emploie comme synonyme de l'expression : « souveraineté* absolue ») au droit d'ingérence ?

La problématique d'arrivée serait alors, une fois admis le droit d'ingérence : droit d'ingérence, ou devoir d'ingérence ?

Le droit d'ingérence n'est-il autre chose qu'une transposition de la mondialisation sur le plan juridique, ou encore la facette juridique de la mondialisation ? Se contente-t-il de faire signe vers un droit international effectif encore à venir, ou simplement en passe de devenir réalité ? (création du Tribunal International Permanent de La Haye).

Définition de la souveraineté* discrétionnaire :

> « Ils [les minorités, les victimes…] sont chez moi : ils sont à moi » (Jean Combacau, in Mario Bettati, *Le Droit d'ingérence, op. cit.*, p. 20)

ou encore :

> « Charbonnier est maître chez soi : nous sommes un État souverain ; tout ce qu'a dit cet individu* [Bernheim] ne vous [la SDN] regarde pas ; nous faisons ce que nous voulons de nos socialistes, de nos pacifistes et de nos juifs. » (Goebbels, 1933, *op cit.*, p. 18).

Bernheim, simple particulier, était venu se plaindre auprès de la SDN du sort qui était fait aux minorités et en particulier aux juifs depuis l'arrivée au pouvoir d'Hitler en Allemagne. Les fonctionnaires de la SDN sont choqués par la démarche de Bernheim, non par la réponse de Goebbels, qui ne prend pas même la peine de démentir les faits rapportés par Bernheim. Remarque amère de Mario Bettati : conscients ou non, les fonctionnaires de la SDN viennent de signer un blanc-seing à Hitler. Quoi qu'il advienne, la SDN ne se saisira pas de la manière dont sont traités les opposants, les minorités, les adversaires ou « parasites » désignés à l'intérieur des frontières du Reich.

I. Définition du « droit d'ingérence », et historique de la notion

• *Idées clés à retenir*

1. De façon « *stupéfiante* » pour Mario Bettati, l'ONU dans sa Charte (1945), au sortir de la Seconde Guerre mondiale, n'a rien de plus pressé à faire que de réaffirmer le principe fondamental de la souveraineté* des États ; souveraineté* « discrétionnaire c'est-à-dire absolue ».

Sous la pression de la France et par la voix de **René Cassin** (grand-père ou précurseur du droit d'ingérence), l'article 2 § 7 de la Charte prévoit une limitation ou une exception à ce principe de non ingérence : « sauf en cas de violation des **droits de l'homme** ou d'atteinte aux **libertés fondamentales** » (non définis dans la Charte : il faudra attendre la *Déclaration universelle des droits de l'homme* en 1948).

Exception à cette exception : « sauf en ce qui relève de la compétence exclusive des États » (là encore, le contenu de cette formule demeure non défini ; la Charte de 1945 comporte donc **deux inconnues, deux variables** s'agissant du « droit d'ingérence » embryonnaire : elle se prêtera à des interprétations « à géométrie variable », interprétant tantôt de façon restrictive, tantôt de manière large l'un et l'autre point. La tendance historique va vers une interprétation élargie des droits de l'homme et des libertés fondamentales, vers une interprétation de plus en plus restrictive de ce qui relève de la seule prérogative des États souverains.

Le droit d'ingérence semble s'avancer masqué, et comme de façon déniée*, ou plus précisément en déniant* à chaque avancée le fait qu'il porte en germe le principe de la remise en cause de la souveraineté* discrétionnaire des États. Ainsi, dans la Protocole II de 1977, l'article 3 stipule-t-il :

> « Aucune disposition du présent Protocole ne sera invoquée en vue de porter atteinte à la souveraineté* d'un État ou à la responsabilité du gouvernement de maintenir ou de rétablir l'ordre public dans l'État, ou de défendre l'unité nationale ou l'intégrité territoriale de l'État **par tous les moyens légitimes**. »

Une fois encore, lesdits « *moyens légitimes* » ne sont pas définis, ce qui revient à en laisser la libre appréciation aux États ou aux gouvernements en question, ce qui retire tout ou partie de son efficacité audit Protocole. Compte tenu de cet article 3, le Protocole de 1977 ne sera pas opposé à la façon dont le gouvernement de Bagdad réprime la population kurde en 1991. Lors de la guerre entre la Serbie et la Croatie en 1992, le conseil de sécurité de l'ONU n'a pu, à cause de cet article 3, fonder son intervention sur ce Protocole, mais a simplement invoqué ses responsabilités en matière de maintien de la paix.

2. Au gré de cette tendance historique, la « doctrine » en termes de droit international s'est inversée. (impossible à dater, inversion lente, et qui ne s'est pas faite au même rythme selon les pays)

• La doctrine traditionnelle

La coexistence pacifique des États est assurée par le respect réciproque de la souveraineté* absolue des États. Doctrine que l'on pourrait résumer par la formule : « Je ne m'occupe pas de tes affaires intérieures (de la manière dont tu traites tes minorités ou tes opposants par exemple) pour que tu ne t'occupes pas non plus de la manière dont je traite les miens ».

• Formule provocatrice, polémique de Mario Bettati

« La souveraineté*, c'est la garantie mutuelle des tortionnaires. » Bettati prend ici parti. Dès 1940, dans un article teinté d'amertume, René Cassin passe à la contre-offensive et rédige un article qui constitue une charge contre le principe de souveraineté* discrétionnaire. Il y stigmatise la frilosité de la SDN qui, pour n'avoir pas eu le courage de remettre en cause le principe de souveraineté* discrétionnaire des États, s'est trouvée impuissante à lutter contre « le droit de la guerre et la neutralité indifférente » et complaisante qui n'en sont que les conséquences directes. Il voit dans l'absence d'engagement face à la barbarie nazie au nom du devoir de « neutralité » :

> « [...] une régression très grave sur le chemin d'une organisation raisonnable de la communauté humaine » (M. Bettati),

et conclut :

> « La neutralité et le bellicisme sont les deux faces d'une même réalité : l'acceptation sans nuance de la souveraineté* absolue des États[1]. »

Dès 1940, l'analyse de René Cassin impute donc au principe de la souveraineté* discrétionnaire, et aux pratiques discriminatoires auxquelles ce principe laisse le champ libre, une responsabilité décisive dans le déclenchement des guerres. Mais en 1940, René Cassin prêche encore dans le désert.

• La doctrine qui tend de plus en plus à prévaloir

La violation des droits de l'homme et des libertés fondamentales constitue en elle-même une grave menace pour la paix (en ce qu'elle crée des populations entières de réfugiés, d'apatrides ; elle est propice à l'instauration d'un climat de guerre civile). C'est maintenant au nom du maintien ou de la préservation de la paix que l'ONU réclame un « **droit de regard** » sur l'observation ou non par les États des droits de l'homme et des libertés fondamentales. C'est maintenant au nom du maintien de la paix et de la stabilité dans une région du monde que l'ONU se réserve le droit d'intervenir. C'est une nouvelle application du concept de « **crime contre la paix** » qui avait été appliqué à Nuremberg.

Ex. 1 : en avril 1946, le Conseil de Sécurité de l'ONU (qui n'est pas compétent en matière de **droits de l'homme** mais seulement pour ce qui concerne le

1. Cité par Mario Bettati, *Le Droit d'ingérence, mutation de l'ordre international*, Odile Jacob, 1996, p. 58.

maintien de la paix) se saisit de la situation qui prévaut dans l'Espagne franquiste arguant que la nature et les pratiques du régime « mettent très gravement en danger la paix et la sécurité internationales. » (p. 47).

Ex. 2 : l'Afrique du Sud. Le Conseil de Sécurité estime que :

> « [...] lorsqu'un État érige en principe fondamental de sa vie publique la suprématie d'une race sur les autres [...] il crée incontestablement une situation dangereuse **non seulement à l'intérieur de ses frontières, mais pour la paix et la sécurité sur le continent où il se trouve** et par voie de conséquence dans le monde entier. » (p. 47 : motive et légitime le droit d'ingérence)

L'argument du maintien de la paix s'est inversé : il joue maintenant en faveur du droit d'ingérence et non plus de la souveraineté* discrétionnaire ; ce sont maintenant les partisans du droit d'ingérence qui l'invoquent.

Remarque cependant : ce n'est pas directement au nom des droits de l'homme que l'intervention se fait, mais en tant que leur violation délibérée, systématique constitue une menace pour la paix.

3. Positionnement de Mario Bettati par rapport à Samuel Huntington

Il reprend à son compte certaines de ses analyses, lui non plus ne croit pas à la fin de l'histoire. Il voit au contraire dans le droit, puis le devoir d'ingérence l'embryon d'un processus nouveau qui est loin d'être arrivé à son terme.

**** Selon l'analyse de Mario Bettati cependant, Samuel Huntington noircit le tableau***

Il prend trop au sérieux les discours des personnes actuellement au pouvoir dans les « pays émergents », notamment en Asie (« École de Singapour » qui prétend que seul un État fort est compatible avec la mentalité et la culture asiatiques : Lee Kouan You, Mahathir, les japonais Mahbubani et Shintaro Ishihara, etc.). Ils prônent une « tyrannie* du respect et de l'obéissance volontaire » conforme à la tradition confucéenne, tout comme les « droits de l'homme et de la personne humaine » sont conformes à la tradition judéo-chrétienne. (Bettati, *Le Droit d'ingérence*, p. 31-33 ; Fukuyama, *La Fin de l'histoire et le dernier homme*, p. 278-279) ; « école » qui manie l'argument de « l'impérialisme des droits de l'homme », invention occidentale ; elle développe une critique d'un **impérialisme culturel occidental** dont le soit-disant « droit d'ingérence » serait l'un des principaux vecteurs. Selon Bettati, ils tiennent ce discours pour justifier leurs pratiques gouvernementales musclées.

**** Analyse propre de Mario Bettati***

Il s'agit de pays en pleine expansion économique. Une classe moyenne, une bourgeoisie sont en train de s'y former, qui n'aspirent à rien d'autre qu'à vivre tranquillement « à l'occidentale », à profiter pacifiquement de sa nouvelle et chèrement acquise prospérité. Quand cette classe-là s'emparera du pouvoir, nos politiciens-théoriciens-dictateurs d'opérette seront balayés et l'occident trouvera pour plusieurs dizaines d'années au moins des interlocuteurs « occidentalisés », habitués à traiter économiquement avec l'Amérique du Nord, l'Europe, le Japon... Le discours « dur » sur la spécificité asiatique ne trouvera alors plus porte-parole et échos que dans la population pauvre, chez les « laissés pour compte » de la croissance... **Ce discours sera d'opposition, il ne sera plus au pouvoir : cela fait toute la différence**, cela permet de mesurer de façon juste la divergence d'analyse entre Huntington et Bettati. Autrement dit, M. Bettati ne croit pas en une Guerre mondiale imminente dont les guerres en ex-Yougoslavie n'auraient été qu'une répétition générale.

**** Définition de l'ingérence***

> « [...] immixtion **sans titre** d'un État ou d'une organisation intergouvernementale ou supranationale (ex. ONU ou OTAN) dans les affaires qui relèvent de la compétence exclusive d'un État souverain tiers. » (p. 12 ; « intervention illicite » p. 38, sinon il n'y a pas ingérence.)

La définition même de ce droit est donc paradoxale : il s'agit de revendiquer le droit de faire quelque chose de contraire au droit ; du droit d'agir hors des cadres du droit existant.

**** Mesurer le paradoxe***

Revendiquer un droit d'ingérence, c'est parler du droit de faire quelque chose *sans titre*, de manière *illicite*. Cela signifie en fait tout simplement que le droit d'ingérence heurte de plein fouet le droit tel qu'il s'était établi précédemment, sur le principe absolu de la non ingérence.

Deux remarques

1. **Sans titre, illicite :** (quand on intervient à la demande du pays concerné pour se porter à son secours ou à celui des victimes, il n'y a pas ingérence : secours après tremblement de terre, Tchernobyl, sous-marin nucléaire en perdition...)

2. **Instance intergouvernementale ou pays tiers :** (Ex. : interventions du Vietnam au Cambodge, d'Israël et de la Syrie au Liban, interventions de l'armée américaine en Amérique du Sud, etc.). Une intervention d'un individu* agissant en son propre nom, ou d'une ONG, ne constituent pas une ingérence au sens du droit international (suppose une relation de souveraineté* à souveraineté*).

Exemple (limite : tentative de mettre les concepts à l'épreuve des faits) : Mme Danièle Mitterrand prenant publiquement position en faveur du Front Polisario s'agissant de la question du Sahara occidental intervient-elle en sa qualité d'épouse du Président de la République, ou en sa qualité de Présidente de l'Association France-Liberté (ONG) ? Dans le premier cas, il y a ingérence, dans le deuxième cas, non. *Juridiquement*, on se trouve dans le second cas (il n'existe pas de responsabilité officielle du conjoint du chef de l'État en France. Mais peut-être tout au plus un certain devoir de réserve ?) ; mais *diplomatiquement*, on se situe au contraire dans le second cas. (L'affaire est perçue par le Maroc comme une ingérence de la France dans ses affaires intérieures.)

II. Développement de la problématique : présentation des thèses de Mario Bettati

• *Introduction*

Mario Bettati est professeur de droit international public à l'université. À ce titre il l'enseigne, le commente le critique, il ne le produit pas. Ce livre est plus ambitieux, il excède les compétences d'un professeur universitaire : contribuer modestement à le produire. Raconter l'histoire d'un concept récent, en faveur duquel Mario Bettati a toujours œuvré : le concept de « droit d'ingérence ». Concept perçu à l'ONU comme « Français, d'origine française ». Mario Bettati reconnaît lui-même que la formule n'est sans doute pas très heureuse[1], mais elle est frappante : c'est elle qui s'est implantée dans l'opinion publique, c'est elle qui a « pris » : on ne peut plus qu'en prendre acte. (Mario Bettati aurait préféré parler de « nouveau droit international humanitaire ».)

Il s'agit d'un concept inconnu avant 1988. Absent jusqu'à cette date de tout ouvrage juridique. Depuis, il a fait une apparition d'abord timide : figure dans l'index, avant de faire l'objet d'un chapitre ou d'une section (soit pour le critiquer au nom de la longue tradition de « souveraineté* discrétionnaire des États », soit pour en souligner la radicale nouveauté : une innovation en matière de droit international, qui bouscule bien des traditions. Comme dit Kant, « une étoile nouvelle est apparue dans l'histoire du droit »). Bettati en fait l'objet de tout un livre : coup de projecteur, « zoom » sur cette notion et son histoire.

Depuis 1988, on crée des chaires d'université consacrées au concept de droit d'ingérence ; le droit d'ingérence apparaît dans l'intitulé des sujets d'épreuves dans certains concours ; plus important : ce concept commence à peser sur le cours de l'histoire contemporaine.

Depuis 1990, le Conseil de Sécurité des Nations Unies reconnaît officiellement l'existence de « crises humanitaires » et se déclare compétent pour statuer sur elles. Il réaffirme dans toutes ses résolutions le principe du « libre accès aux victimes au moins pour les ONG » (médecins du monde, médecins sans frontière) (Pays ou crises ayant fait l'objet de telles résolutions : Irak, Angola, Rwanda, ex-Yougoslavie, Yémen, Géorgie, Haut Karabakh).

Le 30 août 1995, Bill Clinton et Jacques Chirac décident de forcer le siège de Sarajevo. Ils ouvrent **par la voie militaire et non diplomatique** les routes et les aéroports pour que les convois humanitaires des ONG puissent passer. **Sarajevo, ville ouverte** : quelque chose de nouveau est en marche, dont on peut espérer qu'il ne s'arrêtera plus. (20 ans avant, une telle intervention aurait été très largement perçue par l'opinion internationale comme une entreprise impérialiste, on aurait agité frénétiquement la formule de « politique de la canonnière » : la voici

1. Elle est génératrice de malentendus et de polémiques. Les diplomates et les juristes lui préfèrent d'autres formules, moins provocatrices, moins polémiques, moins chargées d'ambiguïtés et d'équivoques. Le concept — puisqu'on retiendra malgré tout cette expression, doit être précisé, élucidé : ce à quoi s'attache le livre.

devenue, pour tous ou presque[1], légale et légitime, plus, nécessaire ; pour beaucoup, **le scandale est qu'elle n'ait pas eu lieu avant**.)

En quoi le droit international en sort-il changé, transformé[2] ? tel est l'objet du livre de Mario Bettati.

L'enjeu majeur est le choc frontal entre droit d'ingérence et principe de souveraineté* des États. **Le principe de souveraineté* a pour corollaire obligé (sauf à ne plus rien vouloir dire) le principe de non-ingérence dans les affaires intérieures d'un pays tiers**. (L'autre face, « négative » en quelque sorte, de la même médaille, de l'affirmation de la souveraineté* d'un État : il ne peut être placé sous tutelle d'un autre État. La notion de protectorat est attentatoire à la notion d'État.)

Remarque en forme de *flash-back*

Depuis Marsile de Padoue *Le défenseur de la paix* (1324), Machiavel, *Le Prince* (1513), Jean Bodin[3], *Les six livres de la République* (1576), État

---

1. Il y a eu des polémiques. Cette évolution ne s'est pas produite dans l'atmosphère feutrée et confinée des cabinets de travail, mais bien sur la place publique. Les polémiques se poursuivent : il reste des adversaires résolus au concept de droit d'ingérence, le dernier carré des irréductibles partisans de la souveraineté* discrétionnaire (C. Cheysson pour ne citer que lui). Ces polémiques ne sont pas dénuées d'objet, elles soulèvent de vrais problèmes. Ces problèmes sont de deux ordres selon Mario Bettati :
   – un problème médiatique : qu'a-t-on le droit de montrer ? quand peut-on parler ?
   – un problème politique : pour reprendre une formulation de Régis Debray dans *L'État séducteur*, « Les convois de médicaments sont-ils l'alibi d'une volonté politique défaillante ? », ou au contraire celui d'une politique néo-coloniale qui n'ose plus dire son nom ? C'est dans le sillage des chars des casques bleus qu'entrent les convois de médicaments et que les ONG se frayent un accès jusqu'aux victimes. Pour poser le problème sommairement : Régis Debray ou Bernard-Henri Lévy ? Sans doute ni l'un ni l'autre : il s'agit d'un problème fort complexe qui appelle sans doute des prises de position moins caricaturales, plus nuancées.
2. Le « dogme » en matière de droit international que le principe d'ingérence humanitaire met à mal : la concorde entre les Nations repose sur le respect absolu et réciproque de la souveraineté* de tous les États. Dans une perspective critique, on aurait affaire à un « code de bonne conduite » (*a gentleman's agreement*) passé entre les dirigeants par dessus la tête des peuples, que l'on pourrait résumer ainsi : « ne mets pas ton nez dans mes affaires internes et je ne mettrai pas non plus le mien dans les tiennes ». (N'interviens pas, même par un simple « droit de regard », dans la manière dont je traite mes opposants, mes minorités, mon empire colonial, etc., et je n'interviendrai pas non plus dans la manière dont tu traites les tiens.)
   La célèbre formule de Térence, dans *Le Bourreau de soi-même*, (acte 1, scène 1) : « **Je suis homme et rien de ce qui est humain ne m'est étranger** », est en quelque manière la première affirmation du principe de « droit d'ingérence ». Reste, bien entendu, à transposer ce principe sur le terrain du droit international... Cf. *Éléments de culture générale*, Ellipses, 1999, p. 26-27.
   Accord qui arrange tout le monde du côté des gouvernants et qui se faisait sur le dos des victimes — des gouvernés — tout en se drapant dans la dignité des grands principes : le respect de la sacro-sainte « souveraineté* illimitée, discrétionnaire des États », à laquelle on pourrait opposer « le droit des gens, le droit des peuples à disposer d'eux-mêmes » : principes déjà présents chez Kant, principes de l'*Aufklärung*, le « printemps des peuples : l'histoire ou la préhistoire de l'ingérence remonte peut-être plus haut, plus loin que ne le dit Mario Bettati : un principe qui pourrait plonger ses racines dès avant la Seconde Guerre mondiale.
3. Voir ce qu'en dit Bettati, *idem*, p. 42.

équivaut à souveraineté*. Il y a État si et seulement si « il y a rassemblement de plusieurs ménages **accompagné de puissance souveraine** » (Jean Bodin). « Puissance » (la *potestas* du droit romain) « souveraine » ; c'est-à-dire qui n'a d'autre compte à rendre qu'à elle-même de l'usage qu'elle fait de cette puissance. Enjeu à l'époque : l'empereur du Saint Empire romain germanique (Marsile de Padoue), les principautés italiennes (Machiavel) ou plus largement la « chrétienté » (Jean Bodin) ont-ils ou non des comptes à rendre au Pape ou à ses représentants ? La réponse de nos trois auteurs est : non, autrement nous n'avons pas affaire à un État. L'autorité religieuse (le Pape) n'a pas à intervenir dans les affaires séculières, non plus que le pouvoir séculier n'a à intervenir dans les affaires spirituelles, autrement, aucune paix ne sera jamais possible au sein de la chrétienté (Marsile de Padoue).

Peut-on penser une souveraineté* limitée, sous surveillance ? Une souveraineté* à responsabilité limitée (Irak, Serbie) : est-ce une contradiction *in adjecto* ? Peut-on concevoir, plus : **vouloir**, qu'un État dispose d'un droit de regard sur la manière dont un autre État fait usage de sa souveraineté* ? Ou bien ce droit de regard et de surveillance doit-il émaner d'instances, d'institutions supra-étatiques ? Dans ce cas, les États sont-ils encore souverains ? Sont-ils encore des États ? Les instances supra-nationales sont-elles investies d'une quelconque souveraineté* ? Ce qui revient à poser la question : **peut-on penser une souveraineté* qui ne soit pas liée, attachée à un peuple**[1] **?** Peut-on briser la locution (séparer les termes) « peuple souverain » ? Autre chose qu'un peuple peut-il être souverain, peut-il être dépositaire d'une part de souveraineté* ? Peut-on parler autrement que par métaphore d'une « **souveraineté* de l'humanité, de l'espèce humaine** » ? (Bettati n'hésite pas à parler d'une double nationalité, d'une nationalité « nationale ET internationale ». Une « nationalité internationale » : n'est-ce pas une contradiction *in adjecto* ?). Nous revoici devant la formule de Térence : « Je suis homme et rien de ce qui est humain ne m'est étranger ». Située au départ dans un contexte privé, de rapport privé d'individu* à individu*, serait-elle en fait en avance sur le droit international moderne, irait-elle d'un seul coup beaucoup plus loin, sans en avoir l'air, que tout ce qui relève de la « souveraineté* inviolable » d'un État ?

1. Les instances supranationales sont-elles investies d'une quelconque souveraineté*, ou de certains attributs de la souveraineté*, telle la capacité à légiférer ? Ou bien se replie-t-on derrière les notions d'*opinion internationale* (opinion des populations pour autant que nous puissions la connaître) ou de *communauté internationale* (désignant plus précisément les institutions nationales et supranationales supposées la représenter) pour pallier précisément à l'absence de souveraineté* d'institutions telles l'OTAN ou l'ONU ? L'« opinion internationale » : une fiction montée en épingle (derrière laquelle se cachent les intérêts occidentaux ou américains), ou une réalité avec laquelle il faut désormais compter, voire composer, à l'ère de la télévision par satellite, de la radio, d'Internet, etc. ?

III. Éléments de solution

L'État souverain est à la fois auteur et sujet du droit international. La règle qui prévaut est que seule l'expression de son consentement peut soumettre l'État à une règle. Les grands traités internationaux sont des contrats passés entre États. (Accords d'Helsinski, Pacte de non prolifération nucléaire, interdiction des armes chimiques et bactériologiques, etc.). Une intervention qui se contenterait de rappeler à un État qu'il est tenu de respecter la teneur des traités internationaux qu'il a signés et ratifiés ne serait pas à ce titre attentatoire à sa souveraineté* (elle ne le soumettrait pas à des principes qui lui sont étrangers, extérieurs), mais se contenterait de lui rappeler d'avoir à respecter les engagements qu'il a pris par un acte de sa souveraineté*.

La question de savoir **quel est l'État souverain légitime** du territoire sur lequel se trouvent les populations civiles à secourir est souvent **l'enjeu même du conflit** en cours. Le critère de souveraineté* ne peut donc pas s'appliquer de manière absolue, à plus forte raison si l'on fait intervenir la notion d'« urgence » liée à celle de « crise humanitaire. L'aide humanitaire ne peut attendre que le conflit ait abouti à une solution pour intervenir. C'est pourquoi le premier Protocole des conventions de Genève parle non pas de l'État souverain mais des « différentes parties » du conflit en cours, dont il s'agit d'obtenir, sinon la coopération, du moins l'assurance qu'elles ne feront pas obstacle à l'aide humanitaire.

Les notions d'**urgence** (situation de personnes ou de populations qui, à défaut d'une intervention rapide, périraient), de **péril imminent**, de situation de **détresse extrême**, sont les arguments avancés par les « sans frontiéristes » partisans d'un libre accès aux victimes (pour l'aide humanitaire, la nourriture, les médicaments, les soins) avec ou sans l'accord des autorités locales : il y a ici la justification d'une **infraction à la souveraineté*** locale, d'un passage en force au nom de la situation d'urgence et de la détresse des populations civiles à secourir. Le sans frontiérisme remet en cause « le culte de la frontière inviolable ».

La pratique du « sans frontiérisme » place les membres des ONG dans l'illégalité du point de vue d'une des parties du conflit au moins, parfois des deux. Cela pose la question de « la mise en place d'une réglementation susceptible d'offrir une couverture juridique minimum aux membres des ONG ». (Florence Veber) La transgression délibérée des droits propres à chaque pays crée une situation de vide juridique sur le plan du droit international. Une fois encore, le droit d'ingérence contraint le droit à évoluer et à se donner les moyens d'opposer d'autres principes, d'autres règles, à l'affirmation de la souveraineté* discrétionnaire des États.

L'argument de l'« illégalité » dans laquelle se placent les membres des ONG pratiquant le « sans frontiérisme » est éminemment réversible. Ces transgressions du droit à des fins humanitaires ne se produisent que dans des situations de crises graves dans lesquelles, la plupart du temps, les États sont eux-mêmes sortis du droit, c'est-à-dire ont fait un usage abusif de leur souveraineté* voire ont bafoué la souveraineté* d'un pays tiers. En 1983, un médecin membre d'une ONG, l'AMI (Aide Médicale Internationale) ayant pratiqué le sans frontiérisme est capturé en Afghanistan et condamné à 8 ans de prison par la justice soviétique pour avoir « franchi illégalement la frontière afghane ». Le coordinateur de Médecins du Monde pour l'Afghanistan fait remarquer dans un communiqué qu'en 1979, ce sont quatre-vingt mille soldats soviétiques qui ont « franchi illégalement la frontière afghane », et que depuis lors, en raison de l'occupation étrangère, il n'existe plus de légalité afghane. Comment transgresser un droit qui n'existe plus ?

Conclusion

La mise en place, dans les esprits puis dans les faits, du principe du droit d'ingérence constitue sans doute l'une des grandes aventures du XXe siècle sur le plan juridique. Faut-il y voir une entorse provisoire, exceptionnelle, justifiée par des situations d'urgence extrême, au principe de souveraineté* des États, ou au contraire l'embryon d'un droit supra-étatique susceptible de devenir une réalité permanente (sous la forme du Tribunal Pénal International de La Haye par exemple) ? L'idée semble s'imposer partout dans le monde que le principe de la souveraineté* des États n'est plus opposable au libre accès aux victimes ou aux populations en détresse. Là même où ils le souhaiteraient encore, les États ne sont plus guère en position d'imposer leur conception propre de leurs prérogatives (cas de l'Irak, de la Serbie). Mais l'aide humanitaire n'est-elle qu'un alibi permettant aux États tiers de se « défausser » et de n'avoir pas de véritable politique étrangère face à un conflit en cours ? (accusation de R. Debray à propos de la guerre en Bosnie et du siège de Sarajevo). Ou bien au contraire, n'est-elle que le fer de lance d'une intervention diplomatique, politique voire à terme militaire ? Y a-t-il lieu de s'inquiéter de l'*abaissement* des États dont la souveraineté* peut se trouver durablement relativisée voire tenue en échec (exemple de l'interminable embargo sur l'Irak) ? Comme le montre l'exemple Afghan, l'intervention humanitaire, le « droit d'ingérence » ne font fi de la souveraineté* des États que dans des situations extrêmes dans lesquelles l'une au moins des parties en présence est d'ores et déjà clairement sortie du droit. Sans doute faut-il, dans ces cas extrêmes, **fonder le droit d'ingérence sur le devoir d'ingérence**. L'aide humanitaire ne peut cesser de considérer les frontières comme « inviolables et sacrées » que lorsque celles-ci sont utilisées par l'une des parties du conflit comme moyen d'entraver le libre accès aux victimes, d'empêcher la nourriture, les médicaments, les soins, de parvenir aux populations à qui elles sont destinées. Le droit d'ingérence ne met en cause que la souveraineté* d'États qui sont déjà gravement sortis du droit et ont fait un usage abusif de leur souveraineté*, piétinant celle de leurs voisins.

Bibliographie

Bettati M., *Le Droit d'ingérence, mutation de l'ordre international*, Odile Jacob, 1996, 384 pages.

Moreau Defarges Ph., *Un monde d'ingérences*, Presses de Sciences-Po, 2000 (réédition), 144 pages.

Sujet traité

« Peut-on faire la guerre au nom des droits de l'homme ? »

Les guerres du XXe siècle se feront au nom des valeurs.

F. Nietzsche.

Considérations préliminaires

On constate l'apparition au XXe siècle d'une nouvelle motivation et d'une nouvelle légitimation de la guerre : les « droits de l'homme » ? Cela pose la question des « droits de l'homme » comme nouvelle idéologie officielle des sociétés démocratiques en cette fin du XXe siècle et ce début du XXIe siècle.

Introduction

La notion de « guerre **au nom des** droits de l'homme » suppose tout autre chose, elle suppose un saut qualitatif dans le raisonnement. **Les droits de l'homme** qui pouvaient jusque là être invoqués pour « encadrer la guerre », pour contenir ses atrocités, **peuvent-ils se muer en ce qui justifie de nouvelles guerres, en fondement et légitimation de guerres** qui seraient entreprises et menées à bien **en leur nom** ? Que se passera-t-il si une guerre menée « au nom des droits de l'homme » est perdue, si c'est la partie adverse qui l'emporte ? Dire que l'on fait la guerre « au nom des droits de l'homme » ne revient-il pas à fournir des *motivations morales* à la guerre : cela peut-il ne pas aboutir à diaboliser l'adversaire, à le présenter comme « l'absolu du mal » (même si celui-ci est **protéiforme** et n'est l'absolu du mal que d'un moment ? : le communisme au temps de la guerre froide et de la défense du « monde libre », l'intégrisme iranien qui prend en otages les diplomates, opprime les femmes et les minorités, Saddam Hussein, le régime serbe[1], etc.). Dès lors, si le camp adverse représente l'absolu du mal, comment avoir des états d'âme, comment, paradoxalement, tous les coups ne seraient-ils pas permis pour l'abattre (pointe, ici, le risque

1. Cf. la formule récurrente : « un nouvel Hitler », qui signifie simplement que l'on agite le spectre de commettre une nouvelle fois l'erreur de Munich.

de régression en deçà de la notion d'un « droit de la guerre ») ; **ou bien au contraire**, faire la guerre au nom des droits de l'homme, cela n'implique-t-il pas que l'on soit au-dessus de tout soupçon, que la guerre soit seulement « chirurgicale » et ne fasse de victimes que parmi les bourreaux, ce qui est bien éloigné des réalités de la guerre, même moderne[1]. Une guerre faite « au nom des droits de l'homme » peut-elle faire des victimes innocentes, des victimes civiles, des victimes dans la population opprimée ?

Les notions clés pour traiter le sujet sont bien sûr celles introduites par Bernard Kouchner à l'intérieur de l'espace du débat public : celles du **droit**, puis du **devoir d'ingérence humanitaires**. Ce droit et ce devoir s'opposent à l'évidence au **principe de la souveraineté*** des États dans leurs affaires intérieures. Est-il légitime, sinon de bafouer, du moins de limiter ou de relativiser ce principe de la souveraineté* (interdiction aérienne dans des zones importantes de l'espace aérien irakien, même plusieurs années après la fin de la guerre), du fait de l'importance des crimes commis[2] ? Ce qui complique la situation et le problème, c'est que bien souvent la question : s'agit-il d'affaires intérieures ou extérieures, de politique nationale interne à un seul État, ou bien d'un conflit entre plusieurs États distincts, **fait justement l'objet d'un différend entre l'État agresseur et la communauté internationale, cette question constitue le cœur même du débat** (Rapport Irak/Koweït, « province éternelle » de l'Irak, entre Israël et le peuple palestinien, entre les Serbes ou l'ex-Yougoslavie et les États autoproclamés indépendants, à la limite aussi entre la Russie ou l'ex-URSS et les ex-Républiques associées à l'URSS, peut-être aussi entre la Chine populaire et Taiwan, ROC).

• *Problématique centrale*

Ce qui a un temps pu passer pour un alibi pour ne rien faire (la « bonne conscience dans l'inaction »), pour ne pas mener une politique internationale digne de ce nom, pour être un évitement de l'intervention militaire dont on savait bien que seule elle serait de nature à faire cesser la soi-disant « purification ethnique » par exemple, se serait-il retourné au contraire en argument d'intervention militaire, et ce, non seulement pour protéger les populations civiles, mais pour contraindre à reculer l'armée de l'agresseur ?

Ce sur quoi il faut s'interroger avant tout dans ce sujet est l'expression : « au nom de » : qu'est-ce que faire la guerre « au nom de » quelque chose ? Les motivations affichées peuvent se relayer (*au nom du* nationalisme, au nom de la suprématie civilisationnelle, pour imposer la

---

1. Ou **surtout** moderne ? La guerre n'a semble-t-il jamais fait autant de morts parmi les populations civiles qu'au XXe siècle.
2. C'est ainsi que V. Jankelevitch répond à ceux qui disent que les crimes des nazis sont une affaire strictement nationale, ne regardant à ce titre que les Allemands, et ne relevant que d'un tribunal allemand : ces crimes sont tels qu'ils concernent immédiatement tous les êtres humains **sauf les Allemands**, les Allemands sont les seuls à n'avoir rien à dire sur ce sujet et à devoir écouter maintenant, tête baissée, ce que l'humanité blessée, bafouée, a à leur dire.

pax romana[1], etc.) : cela change-t-il fondamentalement quelque chose à la guerre elle-même, ou seulement aux discours tenus sur la guerre ? La notion de « guerre *au nom des* droits de l'homme » serait-elle une régression vers les notions de « guerre juste », de « guerre sainte », pourtant déjà amplement critiquées par la philosophie politique[2] ?

L'idée d'un droit de la guerre n'est pas récente : on la trouve déjà chez Kant par exemple (*Projet de paix perpétuelle*), avec l'idée que la guerre doit respecter le « droit des gens » (c'est-à-dire des peuples), doit toujours être conduite de telle manière qu'elle autorise un retour à la paix qui ne passe pas par une destruction pure et simple de l'adversaire. Ménager les voies d'un retour à la paix serait la condition fondamentale à laquelle devrait souscrire toute guerre.

Cette notion est pourtant en elle-même bien paradoxale : la guerre consiste à laisser parler les armes, tout autre moyen d'accéder à une entente ayant échoué. Aura gain de cause celui qui l'emportera par sa suprématie militaire. Or *l'idée d'un droit de la guerre revient à encadrer à nouveau la force par le droit*, à proclamer que *même en temps de guerre* tous les coups ne sont pas permis. On sait le rôle décisif joué par Henri Dunant, horrifié par les atrocités de la Bataille de Solferino (1859), qui fonde la Croix-Rouge et est à l'origine de la « Conférence de Genève » qui va fixer les première règles du « droit de la guerre » : liste d'armes interdites (armes non conventionnelles, chimiques ou bactériologiques) ; introduction des notions de « crime de guerres » et de « crimes contre la paix », qui seront appliquées à Nuremberg, qui supposent qu'une fois la paix revenue, un Tribunal puisse statuer sur les crimes commis pendant la guerre.

I. La guerre et la nécessité de désigner l'adversaire

1. Les limites du « tout humanitaire »

Un des enjeux essentiels est que la politique réduite à l'humanitaire permettait de ne jamais nommer les fauteurs de troubles et de crimes contre l'humanité, et de ne parler que des victimes (Rwanda, ex-Yougoslavie). C'est une des ambiguïtés du « tout humanitaire » que de n'avoir affaire qu'à des victimes sans coupables (critiques d'A. Finkielkraut sur cette politique du « tout humanitaire ». La guerre menée au nom des droits de l'homme a au moins pour mérite de contraindre à désigner clairement les agresseurs. (Au prix d'une diabolisation ?)

2. La guerre, acte de politique internationale, déborde toujours les seuls enjeux humanitaires

Quelque soit votre position *in fine*, il faut éviter de donner tant dans l'angélisme que dans le cynisme.

1. En latin : la paix romaine.
2. Donc une « rechute » en deçà d'une appréhension politique du phénomène de la guerre, une régression vers une approche moralisatrice. Pour une recension honorable de ces critiques de la notion de guerre juste, voir par exemple Jacques Ellul, *Contre les violents*, Le Centurion, 1970.

Une guerre, quelque soit ce au nom de quoi on la mène, **est un acte de politique internationale**. À ce titre, on sait parfaitement que de nombreux autres enjeux, de nombreuses autres considérations entrent en jeu que le seul souci « humanitaire » (considérations géopolitiques, stratégies d'alliances et d'implantation dans une région du monde, enjeux économiques : pétrole, ou contrats après la guerre pour la reconstruction, etc.). Quelle place accorder aux considérations humanitaires dans ce phénomène aux enjeux complexes et multiples : un « strapontin » (simple justification idéologique d'une guerre menée pour de tout autres raisons), ou au contraire un rôle moteur, premier, décisif ? Un fait à ne pas négliger est qu'une guerre menée pour des « raisons humanitaires » peut difficilement être menée entre deux États seuls. Les intérêts de l'État qui agirait seul « au nom des droits de l'homme » seraient bien trop visibles, manifestes (suspicion de volonté d'hégémonie). Une guerre menée **au nom des droits de l'homme** suppose un vaste accord entre de nombreux pays, sans doute au moins l'aval de l'ONU, donc l'absence de veto de tous les membres permanents du Conseil de Sécurité, ce qui affaiblit d'autant l'argument de ceux qui tiennent pour une « guerre humanitaire », simple façade ou justification idéologique. Une guerre ne peut être menée « au nom des droits de l'homme » que s'il existe un large accord au sein de la communauté internationale, donc si un relatif isolement du pays ou du régime désigné comme agresseur s'est déjà produit, c'est-à-dire si ce régime a eu un comportement suffisamment agressif pour être « lâché », désavoué même par ses alliés naturels ou traditionnels.

II. Poids des mobiles humanitaires face aux grands enjeux internationaux

1. Manœuvre pour asseoir son hégémonie politique ?

Ne vous enfermez pas dans une approche extrême ou manichéenne, ne proposez pas une réponse simple à une question complexe.

Entre l'idéal d'une guerre menée « purement » au nom des droits de l'homme et la thèse des droits de l'homme, simple alibi masquant les ambitions hégémoniques (des États-Unis ? de l'Occident ?), toute une palette de positions est possible.

2. Tentative d'imposer au monde les valeurs de l'occident ?

Ici apparaît une nouvelle possibilité : il est possible de répondre oui à la question posée, mais néanmoins (ou plutôt : précisément pour cette raison) de s'opposer à ce type de guerre.

Au-delà de l'hégémonie politique et économique, un autre enjeu, un autre argument, plus subtil, donc plus difficile à réfuter, peut être invoqué : La question est posée sur le plan intellectuel de l'universalité ou de la non universalité des valeurs de l'occident (et en particulier de la *Déclaration des droits de l'homme*). La guerre « au nom des droits de l'homme » n'est-elle pas la tentative d'imposer par la force les valeurs occidentales au reste du monde ? Une autre position, plus subtile et peut-être plus difficile à récuser, se profile ici : il serait possible de reconnaître que la guerre (en Bosnie, au Kosovo) est effectivement menée au nom des droits de l'hommes, mais que **précisément pour cette raison** elle n'est pas légitime, qu'elle est instrumentée par l'occident (par l'OTAN), qu'elle n'est qu'une facette et un moyen de l'hégémonie occidentale (hégémonie pensée non plus en termes économico-politiques, ou mêmes géostratégiques, mais en termes culturels, civilisationnels. Cf. S. Huntington, *Le Conflit des civilisations*). Fukuyama évoque (pour la contester bien sûr) la revendication de certains pays du Tiers-monde d'une nouvelle « Déclaration universelle des droits de l'homme », qui serait, celle-là, et contrairement aux précédentes, universelle non par son contenu mais par la composition « sociologique » des hommes et des femmes qui seraient chargés de la produire. La *Déclaration universelle de 1789* a été rédigée par des hommes représentant moins d'un centième de la population mondiale de l'époque[1] (uniquement des hommes et aucune femme, uniquement des blancs, des bourgeois intellectuels...). Sont ici en jeu deux conceptions de l'universalité : l'universalité par le contenu (doit valoir pour tout homme en général), ou par la représentation proportionnelle (autant de femmes que d'hommes, une représentation des asiatiques, des africains, des latino-américains, à hauteur de leur poids démographique... Un universel qui serait bigarré, un manteau d'Arlequin (cf. Michel Serres, *Le Tiers-Instruit*, François Bourin, 1991) qui emprunterait un peu à toutes les cultures.

Conclusion

Mais la notion d'homme elle-même ne s'évapore-t-elle pas au gré de cette vision multiculturaliste* de l'universel ? Ce qui est condamné comme « *crimes contre l'humanité* » par l'occident doit-il au contraire être accepté au titre de la « *différence culturelle* » ? L'humanité occidentale, vu son passé récent, a-t-elle des leçons à donner au reste du monde ? Mais d'un autre côté, peut-on, sous ces prétextes, rester sourd à l'appel au secours des victimes, peut-on, sous ces prétextes, « *les laisser mourir* » ?

---

1. Formulations de Lee Kouan You (Premier ministre de Singapour) et de Shintaro Ishihara (japonais), cité in Fukuyama, *La Fin de l'histoire et le dernier homme*, p. 276-279.

Bibliographie

Bettati M., *Le Droit d'ingérence, mutation de l'ordre international,* Odile Jacob, 1996, 384 pages.

Finkielkraut A., *La Mémoire vaine*, Folio Essais, 1989, 125 pages.

Fukuyama F., *La Fin de l'histoire et le dernier homme*, Champs Flammarion, 1992, 452 pages.

Géopolitique n° 68 : « Droit d'ingérence », PUF, 01/2000, 104 pages.

Jaspers K., *La Culpabilité allemande,* Éditions de Minuit, 1990, 128 pages.

Moreau Defarges Ph., *Un monde d'ingérences,* Presses de Sciences-Po, 2000 (réédition), 144 pages.

CHAPITRE 11

UN DEVOIR DE MÉMOIRE ?

COURS

UN DEVOIR DE MÉMOIRE ?

La mémoire, l'histoire, l'oubli

Retour sur le siècle

On peut partir de deux livres, et d'un texte de Derrida, qui, au moment où se referme la page du XXe siècle, accordent une place centrale à la mémoire en tant que rapport au passé historique : celui de Ricœur et celui de Todorov. Une convergence immédiatement perceptible : Ricœur se dit irrité, voire exaspéré, par les injonctions appelant au « devoir de mémoire » ; Todorov écrit que l'instrumentation de la mémoire pour légitimer la violence présente est aussi préoccupante que le risque d'amnésie collective.

Selon Ricœur, dès que l'on met la mémoire à l'impératif, on amorce l'abus de mémoire[1]. Parler d'abus de la mémoire oblige à une réflexion sur ce que serai(en)t son ou ses usage(s) légitime(s). Réflexion sur la mémoire et le témoignage en tant qu'il est transmission de la mémoire, précisément quand il ne s'agit pas de ma mémoire personnelle (mémoire des événements de ma vie) mais de la mémoire de ce qui intéresse la chose publique et historique.

Pour Ricœur, nous nous trouvons à un tournant délicat : celui où la mémoire des survivants ([Ricœur pense ici à la Seconde Guerre mondiale et en particulier aux témoignages concernant les camps d'extermination (Robert Antelme[2], Primo Lévi[3], Jorge Semprun[4], Jean Améry[5])] se heurte nécessairement à l'histoire déjà écrite, à l'historiographie de la Seconde Guerre mondiale et du IIIe Reich. Le conflit entre les deux est inévitable parce que les perspectives ne sont pas les mêmes. Non parce que l'un ou l'autre des discours serait faux ou inexact, mais parce que, plus fondamentalement, ils ne relèvent pas du même registre.

---

1. « On ne met pas au futur une entreprise de remémoration, donc de rétrospection, sans faire violence au libre exercice de l'anamnèse, et, risquons le mot, sans un brin de manipulation. » « Mise en scène du devoir de mémoire », Paul Ricœur, *Le Monde*, 15 juin 2000.
2. Robert Antelme, *L'Espèce humaine*, 1957, rééd. Gallimard, 1996, 306 pages.
3. *Si c'est un homme*, 1947, rééd. Pocket, 1988, et surtout *Les Naufragés et les Rescapés*, 1986, rééd. Gallimard, 1989, note p. 208.
4. Jorge Semprun, *L'Écriture ou la vie*, Gallimard, 1996.
5. *Par-delà le crime et le châtiment*, Actes Sud, 1995.

La place du *témoignage* est à cet égard décisive. Le témoignage constitue la plaque tournante par laquelle s'articulent la mémoire des survivants et l'écriture de l'histoire. Le témoignage, c'est le moment où la mémoire se livre au langage, se coule dans des mots, fût-ce pour dire l'absence de mots pour parler de cela, qui est le caractère spécifique de la *Shoah*, qui induit une « crise du témoignage » (Paul Ricœur, *idem*, p. 222-224, 230), sur laquelle on reviendra. R. Antelme écrit qu'il n'y a pas de mots pour dire la faim, le froid, la souffrance, l'humiliation, la déshumanisation. Mais il prend néanmoins la plume pour écrire cette absence de mots, c'est-à-dire cette incommensurabilité du langage avec l'expérience vécue. Il néglige les facilités de « l'alibi de l'indicible », il ne cède pas à la tentation du silence.

Or le témoignage a un double statut, un double destin :

- le témoignage devant l'histoire (il se livre à l'archive, devient le matériau sur lequel va travailler l'historien. « Aux archives, l'historien de métier est lecteur. » (Ricœur, *ibidem*, p. 209) ; archivation puis consultation par les historiens, puis interprétation historique) ;
- et par ailleurs le témoignage devant le tribunal, qui va déboucher sur un **jugement**. (*Ibidem*, p. 201)

Dans le premier cas, le témoignage est à l'origine du travail historiographique, qui peut se ramener à trois étapes (pas forcément chronologiquement dissociables : elles peuvent être menées de front (Ricœur, *ibidem*, p. 170 : elles désignent trois moments méthodologiques de la tâche de l'historien, non trois étapes successives) :

1. Recueil des témoignages (au même titre que des traces, archéologiques par exemple, qu'on peut assimiler à des « témoignages silencieux »).
2. La phase explication-compréhension (l'historien est ici en proie à la problématique pourquoi/parce que) ; moment qui lui aussi est mis en crise par la *Shoah* : essayer de comprendre, entreprendre d'expliquer, n'est-ce pas commencer à justifier, s'apprêter à justifier ?
3. La phase représentation : mise en cohérence des informations, présentation narrative cohérente. Phase qui elle aussi est mise en crise par la *Shoah* : comment se représenter l'irreprésentable ? Comment humaniser l'inhumain ? Le résultat du travail historiographique doit être une représentation dans laquelle l'humanité puisse se reconnaître.

Dans le deuxième cas, le témoignage est au point de départ du travail historiographique, ce qui, loin d''annuler le conflit ou l'opposition ultime entre la parole du témoin et celle de l'historien, ne fait que *rendre cette opposition encore plus douloureuse et troublante*.

- Le témoignage : est porté par une visée de *véracité* (témoignage sincère, de bonne foi : irremplaçable en cela[1]).

1. Le titre *Histoire* ***sincère*** *du parti communiste* semble confondre les deux registres.

- L'histoire est portée par une visée de *vérité*, qui transcende tous les points de vue particuliers (celui des acteurs et des spectateurs, celui des victimes et celui des bourreaux). La perspective n'est pas la même, ne peut pas être la même. Pour mieux saisir la profondeur du changement de registre qui s'opère le long du travail de l'historien, il faut tenter d'analyser les éléments constitutifs du témoignage, qui peuvent être mis en lumière par tout ce sur quoi peut porter l'incrédulité, la mise en doute du témoignage (p. 202 : « le soupçon se déploie le long de la chaîne d'opérations en quoi consiste le témoignage »).

1. Le trait premier du témoignage consiste dans le fait qu'il se réclame toujours d'un « J'y étais[1] »

Le témoignage est un discours en première personne qui ne sera jamais celui de l'historien. Auto-attestation du témoin qui se porte garant de la vérité de sa parole (véracité). D'où la parenté entre le témoignage et la promesse (*ibidem*, p. 206). Témoigner, c'est implicitement assurer de sa disponibilité à réitérer son témoignage, à le confirmer. C'est en cela que le témoignage introduit un élément de stabilité dans les rapports constitutifs du lien social.

2. Caractère prédicable du témoignage

Alors que le témoignage a pour corrélat un événement ou une expérience, il se plie aux lois de la prédicabilité, il accepte d'être discursif. C'est ce qui fait qu'il est susceptible d'être vrai ou faux, de formuler des assertions justes ou non.

3. Le témoignage est toujours « dialogal »

Il s'adresse à des auditeurs ou à des lecteurs (contrairement aux archives qui n'ont pas de destinataires désignés, qui sont disponibles pour quiconque sait lire et décide de s'en saisir). Dans la mesure où le témoin se porte lui-même garant de la véracité de sa parole, tout témoignage est en déséquilibre, et demande à être cru. Au « j'y étais » s'ajoute toujours implicitement un « croyez-moi » et éventuellement un « demandez aux autres », s'il n'est pas accédé à cette première demande.

1. Paul Ricœur, *ibidem*, p. 183, 204-205.

4. Au moment de témoigner, le témoin se pose toujours en tiers, en spectateur, quand bien même il énonce qu'il a été acteur, bourreau ou victime.

En sa qualité de témoin rapportant un événement, il se positionne en tiers, dans une position de relative extériorité. Cet aspect se trouve exacerbé jusqu'à un point de rupture s'agissant du témoignage de l'extermination organisée.

> « Il n'y a pas de survivant des chambres à gaz nazies. Nul ne pourra jamais dire : j'y étais. On ne peut que dire : j'étais autour, avant à côté. » (Jorg Semprun)

Le témoignage ne dit pas seulement « j'y étais », mais dit en même temps « je suis ici pour en témoigner » : seuls les rescapés peuvent témoigner. Auschwitz, les camps d'extermination, constituent ainsi une sorte de « tache aveugle » dans le témoignage. Un témoignage impossible, d'où la peur panique de ne pas être cru. Le simple fait d'être là pour en témoigner semble contredire le contenu du témoignage : je peux témoigner parce que j'ai survécu à ce à quoi on ne devait en principe pas survivre. En tant que je suis capable de témoigner, je suis une exception. Rester en vie était l'exception, une anomalie dans les camps d'extermination, d'où la culpabilité des survivants : « pourquoi, moi, ai-je survécu ? » La capacité de témoigner suppose que ce sentiment ait été sinon surmonté, du moins combattu. D'où l'affirmation de Primo Lévi : *il n'y a pas de vrai témoin.* Nous les survivants ne sommes pas les vrais témoins. Nous sommes une minorité non seulement exiguë mais anormale. Le témoin du camp d'extermination est seulement le porte-parole des vrais témoins, qui, eux, ne peuvent plus témoigner. **Nous ne pouvons que témoigner de l'impossibilité du témoignage**.

Tout témoignage repose sur la présupposition d'un monde commun, d'une communauté d'humanité. C'est ce monde commun qui fait défaut s'agissant des témoignages portant sur Auschwitz, d'où l'incrédulité presque mécanique, prévisible, l'impossibilité de croire en l'incroyable, anticipée par les rescapés eux-mêmes. « Nous ne pouvions pas parler, c'était impossible. À peine commencions-nous à raconter que nous suffoquions. » (R. Antelme)

L'historien se heurte d'ordinaire à la tentation de croire à la véracité de ses sources ; tentation qu'il doit contrebalancer par l'examen critique, la confrontation des sources... Ici, devant ce témoignage vivant, la tentation est inverse : le témoignage ne peut être accueilli que si on lutte contre l'incrédulité naturelle devant l'incroyable et le désir d'oublier ou de ne pas savoir[1].

Même si son témoignage est reçu, le témoin ne se reconnaîtra jamais dans ce qu'en fera l'historien. Le travail de l'historien consiste en une mise à distance par rapport au témoignage brut. Il ne produira pas un discours en première personne mais un discours neutre ou en troisième personne. À l'*ici absolu* du témoin (« j'y

1. Primo Lévi doute et se demande si le caractère irrecevable de leur témoignage n'est pas bénéfique : il n'est pas sûr qu'un événement aussi exceptionnel dans la condition humaine que la *Shoah* puisse être pris en compte, gardé en souvenir.

étais »), il substitue une géographie et une chronologie : il resitue les événements dans une trame historique alors que le témoin les a vécus comme l'absolu de son expérience singulière. « Il encadre par un système de places et de dates ce qui a été vécu sur le mode de l'ici et maintenant absolus de l'expérience vive. » Toujours le témoin se sentira trahi par l'historien.

Pour Ricœur, ce travail de l'historien est bénéfique, nécessaire, même si l'historien ne remplacera jamais, pour autant, le témoignage direct, de première main. Aucun livre d'histoire ne viendra jamais remplacer *Si c'est un homme* ou *L'Espèce humaine*. Quelle est la fonction sociale de l'historien ? L'historien a-t-il sa place dans un prétoire ? Au même titre qu'un expert psychiatre par exemple ? Est-ce dans le cadre d'un procès, fut-il historique, que doit être établie la vérité historique ? Ricœur pense à trois procès historiques : celui de Barbie (procès de la torture), de Touvier (procès de la milice), de Papon (procès de la collaboration de l'appareil d'État).

Que les historiens soient convoqués pour déposer lors de ces procès « historiques » constitue un phénomène pour le moins ambivalent. Leur tâche consiste-t-elle à nous donner une vaste vision des choses que par définition n'avaient pas les acteurs à l'époque ? Ou au contraire à resituer les actes, les décisions dans le contexte de l'époque, dans le savoir disponible à l'époque ? Toute l'ambiguïté réside dans la portée d'une signature d'un fonctionnaire au bas d'un document. Comment assigner des responsabilités dans un système où tout était fait pour les brouiller ? (Cf. H. Arendt, Claude Lefort parlant de « bureaucratie d'État » : responsabilités inassignables, dilution à l'infini de la responsabilité : au bout de cette chaîne, il y aurait la thèse de D. Goldhagen : tous coupables ; des millions de bourreaux volontaires.) Il faut résister à cette tendance, à cette pente qui fait peut-être le jeu du système totalitaire lui-même : même « *post-mortem* », le totalitarisme continuerait à obtenir que le droit fondé sur des lois stables ne puisse pas fonctionner normalement. Comme l'écrit Jaspers, tous n'étaient pas coupables des mêmes choses ni au même degré. Il est salutaire, salubre de rétablir des distinctions et des hiérarchies. « Je n'ai fait qu'obéir aux ordres », s'insurge Papon. Pouvait-il ne pas signer ? On ne peut pas juger quelqu'un pour n'avoir pas été héroïque dans son comportement. Il n'y a pas d'obligation légale d'héroïsme, l'absence d'héroïsme ne peut constituer un délit. Mais quand Papon déclare : « Je n'étais pas un déserteur », il revendique aujourd'hui, dans un « monde normal » (au sens d'Arendt) où il n'est pas menacé de façon arbitraire, ses propres compromissions ; il franchit le pas de l'apologie de ses actes, 50 ans après. **Une telle phrase est inacceptable** : Jean Moulin (Préfet de Chartres qui a quitté son poste pour entrer dans la résistance) était-il un déserteur ? De Gaulle était-il un déserteur pour avoir « fui » à Londres ? Les préfets ou hauts fonctionnaires qui ont quitté leur poste étaient-ils des déserteurs ? C'est ce qui est impliqué, implicitement, par la phrase de Papon, qui convertit en vertu ses petites compromissions de tous les jours.

> « C'est la tâche ingrate de l'histoire documentaire de contribuer à la guérison de la mémoire. » (P. Ricœur, *op. cit.*, p. 230)

L'appel sans cesse réitéré au devoir de mémoire ne doit pas faire obstacle au travail de l'historien, ni lui être opposé[1]. Non que Ricœur milite aucunement en faveur de l'amnésie. Mais au *travail* de la mémoire (qui s'oppose à une simple *conservation* fétichiste ; suppose une élaboration et même une appropriation) doit s'adjoindre *un travail de deuil* sans lequel ce qui est passé ne passe pas, précisément, de manière quasi pathologique (ferait fonction de traumatisme sur le plan individuel). Travail de deuil qui fait que la vie reprend ses droits et que la réconciliation redevient envisageable. Sans travail du deuil, il y a risque de capitalisation de la mémoire.

• *Les us et abus de la mémoire*

Aussi détestable que l'amnésie collective (facilité, confort intellectuel) est **l'instrumentation de la mémoire** (Todorov) pour justifier des violences présentes. Si l'on rentre dans le jeu de cette instrumentation de la mémoire (prouver qu'on a été une victime ou qu'on fait partie d'un groupe qui a été autrefois une victime ouvre une ligne de crédit inépuisable[2], faisant qu'on n'a plus que des droits et pas de devoirs), on met le doigt dans un engrenage sans fin. Les palestiniens à leur tour vont demander réparation du préjudice subi (spoliation de leurs biens, de leur terre). Il faut éviter toute confusion des genres. S'il y a eu dommage, « dol » (et, juridiquement, délit), c'est devant les tribunaux qu'il faut en demander réparation, à une personne ou un groupe de personnes bien identifiées (procès de la collaboration, Procès Eichmann). Le jeu politique n'a pas pour vocation de réparer toutes les injustices passées mais de trouver une solution équitable aux problèmes du moment.

Todorov est perplexe quand l'instance politique se mêle d'établir la vérité historique [il est très critique envers la loi française reconnaissant la réalité du génocide arménien. Non parce que le génocide n'aurait pas eu lieu, mais parce que ce sont aux historiens de faire leur travail, non aux politiques d'en décider. Une loi américaine reconnaît aux indiens d'Amérique le statut de « premiers occupants » ; à ce titre, tout reste de sépulture ancienne (en particulier conservée dans les musées) doit être remis à la « communauté indienne »]. Or des chercheurs américains (Dennis Stanford en particulier) ont découverts des traces d'une civilisation antérieure de plusieurs dizaines de milliers d'années au peuplement supposé par les indiens. Il s'agirait d'une civilisation complètement différente. Tant et si bien qu'on en est à remettre à la « communauté indienne » les restes d'une population que leurs ancêtres ont probablement trucidés, exterminés... Voici un

1. « Le devoir de mémoire est aujourd'hui constamment convoqué à dessein de court-circuiter le travail critique de l'histoire. », Ricœur, *Le Monde*, 15 juin 2000. L'unicité de la *Shoah* ne doit pas servir de prétexte au refus de la voir abordée librement par les historiens, traitée de la même manière (historique, conformément à la méthodologie historique) que n'importe quel autre événement de l'histoire. Réciproquement, Jacques Derrida insiste que le pardon ne devrait pas avoir pour finalité une « normalisation », un retour à la normale. Le pardon est toujours exorbitant, jamais normalisant.
2. Voir le chapitre sur le communautarisme*.

exemple des mésaventures auxquelles s'expose le pouvoir politique quand il prétend légiférer sur la vérité historique, même avec les meilleures intentions du monde. Le problème se pose également s'agissant de la loi française qui constitue le négationnisme en délit. La loi sur l'incitation à la haine raciale aurait-elle suffi ? Todorov le suggère, cela va sans dire, sans aucune complaisance pour le négationnisme. Mais cette loi semble une « bizarrerie » juridique ; faut-il faire une loi équivalente pour ceux qui nieraient la réalité de la torture en Algérie ?

Pour Todorov, le contraire du Mal n'est pas nécessairement un bien. L'horreur devant les crimes totalitaires ne doit pas nous aveugler sur les défaillances ou les imperfections de la démocratie. L'honneur de la démocratie est d'être le seul régime à autoriser la libre expression de ses critiques : exerçons ce droit !

La repentance publique[1], exercée ou débattue aujourd'hui, constitue-t-elle un remède au caractère sélectif de la mémoire nationale ? Serait-elle une sorte de « pendant » aux commémorations positives : ne pas fermer les yeux sur les horreurs passées ? Cas possibles : Willy Brandt s'agenouillant au ghetto de Varsovie, l'acte de repentance de l'Église catholique pour sa persécution à l'égard des juifs, reconnaissance par le Président Chirac, au nom de l'État français, de la responsabilité de cet État sous l'occupation dans la rafle du Vel d'Hiv, et plus généralement dans la déportation des juifs.

Quelques questions : qui peut se repentir ? Une institution peut-elle se repentir ? Un État ? Ricœur approuve le geste de Willy Brandt s'agenouillant au Ghetto de Varsovie : il agit non seulement en son nom propre, mais en tant que « personnalité représentative » (mais de qui : du peuple allemand ? de l'État allemand ?) Gestes à portée symbolique forte qui préparent le terrain de la réconciliation ; qui marquent une certaine étape dans la prise de conscience des responsabilité, qui l'accélèrent ou l'objectivent aussi.

Mais on ne doit pas sous-estimer (négliger) le risque d'une régression vers le « tout moral ». Demander pardon est-il un acte politique ? Le pardon relève primitivement de la sphère religieuse. Sa traduction politique et juridique est l'amnistie ou la grâce. Elles sont des actes de souveraineté* (émanant d'un État). Un État peut-il demander pardon ? À qui ? À un peuple, à un autre État ?

Par ailleurs, comment peut-il y avoir une mémoire collective ? N'est-ce pas toujours *un individu** qui se souvient ? Qu'est-ce que « se souvenir » à plusieurs ? Nous sommes héritiers de la tradition du « regard intérieur » qui ouvre la dimension de l'intériorité. St Augustin dans ses *Confessions* célèbre « les vastes palais de la mémoire » qui communiquent avec les abîmes en moi-même. La mémoire est fondatrice de la conscience d'être soi et de l'intériorité.

E. Renan introduit l'idée qu'une Nation repose à la fois sur une mémoire collective, un oubli, et un « plébiscite de tous les jours », c'est-à-dire la volonté sans cesse réaffirmée de lier notre sort, de partager un avenir commun. Sans l'oubli des vagues d'immigrations successives, des guerres civiles, des guerres de religion,

---

1. Jacques Derrida s'insurge contre la mise en scène théâtrale du pardon dans des cérémonies commémoratives (*Le Monde des Débats*, n° 9, 1999, p. 10).

jamais **l'unité** d'une nation ne pourrait émerger[1]. Mais la Nation suppose également une mémoire commune, ravivée par des célébrations d'événements identifiés comme fondateurs (ex. la Révolution française). Renan admet que ces commémorations ont un caractère artificiel, forcé, et même le cas échéant falsificateur[2]. Il cautionne une certaine falsification de l'histoire féconde pour la fondation de la nation : ex. le Clovis « laïc » fondateur du royaume de France n'est sans doute pas plus le Clovis des historiens que le Clovis du catholicisme dont la baptême vaut « baptême de la France[3] » qui fait de la France « la fille aînée de l'Église ».

Donc la mémoire n'est pas seulement subie mais choisie et même (re-)construite. Or tout nationalisme repose sur **une sélectivité** de la mémoire. La thèse de Renan est-elle l'expression d'un nationalisme à la française ?

La psychanalyse a bien montré s'agissant de l'individu* la solidarité entre mémoire et oubli. Ce que j'oublie (de ma vie, de mon vécu), est aussi révélateur sur moi-même que ce dont je me souviens. Cet oubli n'est ni neutre, ni aléatoire. Au contraire Freud a montré la caractère fondamentalement signifiant, « tendancieux », de l'oubli individuel. En va-t-il de même pour l'oubli collectif ?

La lecture qui fait de Renan un nationaliste me semble un contresens. Tout le sens de sa conférence tend à montrer que la Nation ne repose sur aucun fondement « donné », naturel ou historique. Qu'aucun de ces donnés ne suffirait à soi seul à constituer une nation, sans la volonté présente, actuelle, des hommes vivants (« de tous les jours ») : ceci redonne tout son poids à la volonté politique, démocratique. Ni le sang, ni la race, ni la langue, ni le sol, ni la continuité d'une dynastie ne suffisent à faire l'unité d'une nation. Tout repose sur une volonté. De plus, il se garde bien d'absolutiser les nations. Elles sont à ses yeux une figure historique probablement provisoire : « les nations ne sont pas quelque chose d'éternel. Elles ont commencé : elles finiront. La confédération européenne, probablement, les remplacera. » (Conférence prononcée en 1882 !)

> « Mais telle n'est pas la loi du siècle où nous vivons. À l'heure présente, l'existence des nations est bonne, nécessaire même. » (p. 55)

Donc *on ne peut faire de Renan un* nationaliste, fût-ce « à la française ».

Reste le problème de savoir si et comment une mémoire collective est possible, fut-elle stimulée par des commémorations officielles. C'est Maurice Halbwachs dans *La Mémoire collective* (éd. posthume 1949) qui passe à la contre-offensive et présente d'emblée la mémoire comme un phénomène collectif, comme un « regard extérieur », pour parler par analogie avec le « regard intérieur » de la mémoire individuelle, par laquelle l'individu* se « plonge » dans ses souvenirs.

---

1. Si on perpétuait indéfiniment la mémoire des méfaits, des affronts, des coups de force… L'unité repose sur le refoulement de ce qui doit être oublié. L'Édit de Nantes stipule explicitement l'oubli des offenses réciproques passées, condition de la pacification du Royaume.
2. « L'oubli **et je dirai même l'erreur historique** sont un facteur essentiel de la création d'une nation. », E. Renan, *Qu'est-ce qu'une Nation ?*, 1882, I, Presses Pocket, p. 41.
3. « France, qu'as-tu fait des promesses de ton baptême ? » Question de Jean-Paul II lors des commémorations du baptême de Clovis.

Enjeu : arracher la mémoire à une approche seulement *psychologisante* (approche de Charles Blondel à l'époque) pour en proposer une approche purement *sociologique* dans la lignée de Durkheim dont il est un successeur. Halbwachs va jusqu'à inverser la charge de la preuve : la mémoire individuelle ne serait plus qu'un rejeton ou un « fragment » de la mémoire collective, de la mémoire du groupe. Halbwachs veut montrer qu'il y a des structures objectives de la mémoire, susceptibles d'être décrites par la sociologie. Argument négatif : isolé du groupe auquel il appartient, l'individu* voit sa mémoire s'étioler faute d'appuis extérieurs (de structures sociales) ; argument positif : toute mémoire s'étaye sur l'existence de groupes sociaux. On ne se souvient qu'en se plaçant ou se replaçant dans la perspective d'un groupe ou d'un courant de pensée. La mémoire ne trouverait pas dans l'individu* livré à lui-même d'appuis suffisants.

• *Conclusion*

La mémoire ne nous enferme pas de façon mortifère dans le passé. Il y a aussi ce que Ricœur appelle « le futur du passé » : l'héritage que nous recevons est aussi riche de promesses non tenues, de rêves inaccomplis. « Ce qui pèse le plus lourd en un homme, ce sont ses rêves. », écrivait André Malraux. Nous sommes toujours à la fois dans l'héritage et dans le projet. Il est impossible, artificiel, mortifère de séparer les deux, tout comme il est superficiel de prétendre les opposer.

Bibliographie

Derrida J., « Le siècle et le pardon », in *Le Monde des Débats*, n° 9, décembre 1999 ; repris par le Seuil, 2000.

Jankelevitch V., *L'Imprescriptible ; Pardonner ? Dans l'honneur et la dignité*, Seuil, 1986, 103 pages.

Lévinas E., *Autrement qu'être ou au-delà de l'essence*, Martinus Nijhoff, 1978, chap. V, p. 181-194.

Ricœur Paul, *La Mémoire, l'histoire, l'oubli*, Seuil, 2000, 676 pages.

Todorov T., *Mémoire du mal, tentation du bien : enquête sur le siècle*, Laffont, 2000, 355 pages.

> « Sous l'histoire, la mémoire et l'oubli.
> Sous la mémoire et l'oubli, la vie.
> Mais écrire la vie est une autre histoire.
> Inachèvement. »
>
> Paul Ricœur

FICHES DE LECTURE

ERNEST RENAN

QU'EST-CE QU'UNE NATION ?

Presse Pocket, 1992, 316 pages

La conférence de Renan : « Qu'est-ce qu'une Nation ? » a été prononcée à la Sorbonne le 11 mars 1882. La formule-clé « **Une Nation est un plébiscite de tous les jours** » a fait le tour du monde, au point d'échapper à son auteur : Renan est-il un chantre du Nationalisme à la française, ou au contraire exprime-t-il la conception républicaine de la Nation ? Renan, « souvent cité, peu fréquenté » (Joël Roman). Fréquentons-le !

L'ambition de la conférence : **analyser le concept**, clair en apparence, lourd d'ambiguïtés en réalité, **de Nation**.

Renan part du constat de la diversité des formes prises par les sociétés humaines au cours de l'histoire : Cités-États, Empires, confédérations, regroupements commandés par des parentés de race ou de langue... « Voilà des modes de groupements qui tous existent » : il faut accueillir cette diversité de fait sans opérer de confusion. Les Révolutionnaires français se sont rendus coupables d'une telle confusion : ils ont cru pouvoir transposer les institutions politiques des Cités-États de l'Antiquité à l'échelle d'une grande Nation moderne.

Aujourd'hui (fin du XIXe siècle), nous commettons une confusion encore plus grave : **nous confondons la race avec la Nation**, et croyons pouvoir attribuer, sur la seule base d'une communauté linguistique, à un groupement humain une souveraineté* analogue à celle de peuples réellement existants[1].

L'ambition est de **lever les confusions sur les mots** et sur les concepts, confusions qui pourraient mener aux plus fatales conséquences.

---

1. L'enjeu est bien sûr : **les Alsaciens sont-ils des Allemands qu'ils le veuillent ou non**, qu'ils le reconnaissent ou non, du seul fait qu'ils parlent une langue « germanique » : l'Alsacien ? Qu'est-ce qui décide de l'appartenance d'un groupe humain à une Nation, la participation à la souveraineté* nationale : des racines communes (liens de sang ou de langue), ou bien la libre décision de vivre ensemble, d'assumer ensemble un passé et un avenir commun ?

1. Approche historique du problème : d'où viennent les Nations ?

Depuis la dislocation de l'empire carolingien, **l'Europe occidentale apparaît divisée en Nations**. Réaliser l'unité politique de l'Europe apparaît une chimère. Tous ont échoué, dont le plus récent, Napoléon). La France, l'Angleterre, l'Allemagne, la Russie, sont **des individualités historiques** qui existeront toujours dans quelques centaines d'années, en dépit des vicissitudes de l'histoire.

La Nation ainsi entendue **est un phénomène récent**, moderne, inconnu de l'Antiquité. Un athénien ou un lacédémonien pouvait être patriote au plus haut point, fidèle à leur Cité, il n'était pas membre d'une Nation. **Le patriotisme est un phénomène indépendant de l'existence de Nations**.

C'est l'Empire romain qui fut le plus près de constituer une patrie véritable. Une domination d'abord imposée devint progressivement consentie dans la mesure où tous bénéficiaient des avantages de la « paix romaine » opposée au chaos de la barbarie. Mais un empire aussi grand « ne saurait constituer un État au sens moderne » du terme. Dès lors, la coupure orient/occident était inévitable (pas une simple **réalité historique** mais une **nécessité historique**).

Les envahisseurs germains introduisent le principe de ce qui deviendra plus tard les Nations et le nationalisme. Ils conquièrent des territoires et **des peuples qu'ils soumettent et qui prennent le nom de leurs envahisseurs** devenus leur classe dirigeante (une Burgondie, une Lombardie, une Normandie...). À partir du traité de Verdun (août 843[1]), l'Allemagne, la France, l'Angleterre, l'Espagne, l'Italie prennent forme et vont progressivement donner naissance aux États que nous connaissons aujourd'hui. Ces États se caractérisent par une fusion progressive des populations qui les composent (contrairement à ce qui se produit dans l'empire Ottoman). Deux facteurs favorisent cette fusion : l'adoption du Christianisme par les peuples germaniques ; et par ailleurs l'oubli de leur propre langue par les peuples conquérants. « France devint très légitimement le nom d'un pays où n'était entrée qu'une imperceptible minorité de Francs. » **La nation se forme donc par adoption** (d'une langue, de mœurs, de coutumes, de croyances...) plus que par métissage proprement « biologique ». L'idée d'une coexistence de peuplements distincts est évidente chez Grégoire de Tours (538 ?-594 ?), presque inexistante après Hugues Capet (941 ?-996). La différence sociologique entre « noble » et « vilain » est aussi marquée que possible, mais elle n'est plus sous-tendue par/ne correspond plus à une différence ethnique.

> **« L'oubli, et je dirai même l'erreur historique, sont un facteur essentiel de la création d'une Nation. »** (E. Renan)

Avant même d'introduire la **mémoire** et la **volonté de vivre ensemble**, Renan introduit l'**oubli** comme condition nécessaire de l'émergence d'une Nation[2]. L'unité

1. Partage de l'empire d'Occident entre les fils de Louis le Pieux.
2. « Pour tous, il est bon de savoir oublier. », E. Renan, *op. cit.*, p. 49.

d'une Nation ne pourrait se faire si chacun persistait à faire mémoire de sa langue, de sa religion, de ses mœurs propres, et de la manière brutale dont s'est produite la mise en présence des différentes populations (« L'unité se fait toujours brutalement »). L'unité de la Nation ne peut se faire que sur le refoulement des différences, des antagonismes et des inimitiés. L'erreur historique est même parfois nécessaire : il est légitime que nos commémorations mettent quelque peu à mal les réalités historiques. La Nation ne peut faire son unité qu'en soulignant ce qui y contribue et en gommant ou en minorant ce qui la menace.

« La Nation moderne est donc le résultat historique d'une série de faits convergents. Tantôt l'unité a été réalisée par une dynastie (France), tantôt par la volonté directe des provinces (Hollande, Suisse), tantôt par un esprit général tardivement vainqueur des caprices de la féodalité (Allemagne, Italie). » (Renan)

C'est la gloire de la France d'avoir la première, par la Révolution, proclamé qu'une Nation existe par elle-même. « Le principe des Nations est le nôtre » : « ne trouvons pas mauvais qu'on nous imite ». Formulé pour la première fois par la France, ce principe est le bien commun de tous. Mais comment définir la Nation ? Comment la France a-t-elle pu demeurer une Nation quand le principe qui l'avait façonnée (la Monarchie) a disparu ? Pourquoi la Suisse (avec ses disparités de peuplement : linguistique, religieux...) est-elle une Nation quand la Toscane (si homogène) ne l'est pas ?

2. Approche théorique du problème : À quel(s) critère(s) reconnaître une Nation ? Sur quoi se fonde son droit à la Souveraineté* ?

• *Première hypothèse : le droit national dérive du droit dynastique*

Une Nation est d'abord une dynastie, résultant d'une conquête, d'abord subie, puis acceptée, puis oubliée par le peuple. Il est vrai que dans la plupart des pays d'Europe, des familles issues de l'ancienne féodalité ont fait fonction de « noyau de centralisation ». Les frontières des États en question n'ont rien de naturel et sont le résultat de conquêtes ou d'alliances faites en un temps où nul ne se souciait ni des frontières naturelles, ni du « droit des gens ». Mais certaines Nations se sont constituées sans ce principe dynastique (Suisse, USA), d'autres ont survécu à ce principe (France). S'il ne repose pas sur le droit des princes, sur quoi fonder le droit national, ce qui revient à poser la question : **qu'est-ce qui autorise un peuple à se constituer en Nation souveraine ?** L'hypothèse faisant dériver le droit national du droit dynastique étant écartée, sur quoi fonder la Nation ?

1. Droit fondé sur la race

La race des populations est le fond permanent sur lequel on peut fonder la continuité de la Nation (alors que les dynasties passent, les alliances se renversent…). C'est alors le droit absolu d'une nation de « reprendre ses membres épars », c'est-à-dire de reconstituer sa propre intégrité. Le droit de la Nation allemande sur telle province parce qu'elle est peuplée de germains prévaut sur le droit des habitants de cette province eux-mêmes. Peu importe qu'à un moment donné de l'histoire, ils veuillent ou ne veuillent pas être Allemands. Ils le sont qu'ils le veuillent ou non dans la mesure où leur « sang » est Allemand. La biologie prévaut sur la politique et la fonde/justifie. « Au principe des Nations, on substitue celui de l'ethnographie ». On fournit un fondement non politique à la politique. Grave erreur : on instaure un principe transcendant (analogue à celui des monarchies de droit divin) qui ne passe pas par la volonté des peuples. Cette conception pouvait présenter quelque apparence de vérité dans les tribus primitives ou les Cités antiques, qu'on pouvait effectivement assimiler à une simple extension du principe de la famille. Principe à l'évidence inopérant pour penser l'Empire romain ou même les Nations modernes issues d'un métissage millénaire. Les répartitions des Royaumes ne tiennent aucun compte de l'unité de peuplement (Traité de Verdun), et les frontières dépendent des rapports de forces historiques et non des liens de parenté.

> « La considération ethnographique n'est donc pour rien dans la constitution des Nations modernes. La vérité est qu'il n'y a pas de race pure et que faire reposer la politique sur l'ethnographie, c'est la faire porter sur une chimère[1]. »

2. Droit fondé sur la langue

Le même raisonnement s'applique à la langue : « une même langue invite à se réunir, mais n'y force pas. » Les USA se sont détachés de l'Angleterre, l'Amérique latine hispanophone de l'Espagne, malgré une langue commune ; la Suisse reste unie en dépit de la diversité des langues. « Il y a en l'homme quelque chose de bien supérieur à la langue : c'est la volonté. » La volonté de la Suisse de rester unie « est un fait (*politiquement*) bien plus important qu'une similitude obtenue à force de vexations ». Il n'y a pas plus à faire dériver la politique de la philologie comparée que de l'ethnographie :

> « Laissons à ces intéressantes études l'entière liberté de leurs discussions ; ne les mêlons pas à ce qui altérerait leur sérénité. »

---

1. « Le fait de la race, capital à l'origine, va donc toujours perdant de son importance. (C'est un principe qui se dilue au fil de l'histoire. J. B.) L'histoire humaine diffère essentiellement de la zoologie. La race n'y est pas tout et l'on n'a pas le droit d'aller par le monde tâter le crâne des gens, puis de prendre les gens à la gorge en leur disant : « tu es de notre sang : tu nous appartiens. » En dehors des caractères anthropologiques, il y a la raison, la justice, le vrai, le beau qui sont les mêmes pour tous. […] J'aime beaucoup l'ethnographie, mais je la veux libre, c'est-à-dire sans application politique. », E. Renan.

L'intérêt excessif porté à la langue est cause

> « [...] qu'on se renferme dans une culture déterminée, tenue pour nationale ; on se limite, on se claquemure[1]. »

Ne peut-on aimer les mêmes choses en des langues différentes ?

3. Droit fondé sur la religion

La religion ne peut pas plus servir de fondement au droit national. À l'origine, la religion tire son existence du groupe social : culte des ancêtres, des fondateurs magnifiés et déifiés ; le culte d'Athènes, c'est Athènes/Athéna elle-même : le groupe social ne vénère que ses mythes, ses lois, ses rites. Il y a donc un cercle vicieux à fonder le droit d'une Nation sur sa religion. De nos jours, il n'y a plus de religion d'État, plus de masses* croyant uniformément la même chose, « la religion est devenue chose individuelle. » Il n'est donc possible de fonder la souveraineté* nationale sur la religion ni dans le monde antique, ni dans le monde contemporain.

4. Droit fondé sur l'intérêt commun

Est-ce alors la communauté d'intérêts qui assurera l'unité de la Nation. Non, la communauté d'intérêt est un puissant lien social, mais jamais un accord commercial ne fera une patrie. Dans l'idée de Nation intervient une dimension d'attachement affectif, un sentiment d'appartenance forte où se joue notre identité, qui sont absolument étrangers à tout contrat mercantile. Une Nation est « âme et corps à la fois » ; l'intérêt commun ne pourra jamais rendre compte, au mieux, que du corps[2].

5. Droit fondé sur la géographie

la notion de frontière naturelle est une absurdité. Qu'est-ce qui confère à telle rivière, à telle montagne, leur qualité de « frontières naturelles », et non à telles autres ? Les frontières résultent des rapports de forces (fluctuants dans le temps), des alliances, des traités. Elles ne peuvent donc **présider** à la naissance d'une Nation souveraine qu'elles présupposent au contraire.

On ne peut donc faire reposer la souveraineté* nationale sur aucun fait empiriquement constatable, par quelque science que ce soit.

> « Une Nation est un principe spirituel résultant des complications profondes de l'histoire. »

---

1. À mettre en relation avec les débats contemporains sur le multiculturalisme* et le communautarisme*.
2. Renan esquisse ici une critique feutrée de l'utilitarisme. Voir Stuart Mill, *L'Utilitarisme*, et Fukuyama, *La Fin de l'histoire et le dernier homme*, troisième partie. Il prend habilement ses distances vis-à-vis de l'utilitarisme.

Une Nation ne peut donc se fonder que sur elle-même, c'est-à-dire concrètement sur la volonté continuée, réaffirmée jour après jour, de ses membres[1]. Une Nation, c'est à la fois **la prise de conscience** d'une continuité, d'une unité qui perdure à travers le temps, **et la volonté** de la poursuivre, la volonté réitérée d'assumer un même passé et de partager un même avenir.

> « Le chant spartiate : "Nous sommes ce que vous fûtes, nous serons ce que vous êtes !" est l'hymne abrégé de toute patrie. »

« L'existence d'une Nation est un plébiscite de tous les jours. » (Ernest Renan)

Conséquences

Une Nation n'a pas plus qu'un Roi le droit de dire à une Province :

> « "tu m'appartiens, je te prends".
> Une province, ce sont ses habitants. Si quelqu'un doit être consulté, ce n'est que l'habitant. [...] Les Nations ne sont pas éternelles. Elles ont commencé, elles finiront. La Confédération européenne, probablement, les remplacera. Mais telle n'est pas la loi de notre siècle. À l'heure présente, l'existence des Nations est bonne. Leur existence est la garantie de la liberté. [...] L'homme n'est esclave ni de sa race, ni de sa langue, ni du cours des fleuves, ni de l'orientation d'une chaîne de montagnes[2]. »

Évaluation

La conférence de Renan est d'une grande lucidité et d'une grande clarté ; elle constitue un classique de la pensée politique. Il pose les principes fondamentaux : une Nation suppose **l'oubli** (des déchirements passés), la mémoire d'un passé assumé en commun, la volonté enfin de partager un même avenir. Étonnant de clairvoyance, Renan prévoit la fin/le dépassement des États-nations en Europe et leur remplacement par une « confédération européenne », dont il sait qu'elle n'est pas « pour ce siècle ».

Néanmoins, on ne peut oublier que Renan a en permanence une arrière-pensée : celle du destin de l'Alsace-Lorraine. Toute la conférence est une explication avec la politique et la pensée allemande. Il répond à une pensée comme celle de Herder qui voit dans une Nation une communauté unie par un sang commun. À cet égard, il est habile de se démarquer de l'utilitarisme qui réduit la nation à n'être qu'une association d'individus* réunis autour d'intérêts

---

1. Cf. Rousseau, *Le Contrat social*, Livre IV, chap. 2, GF, p. 148.
2. E. Renan a voulu donner tout son poids à cette courte conférence, où aucun mot n'est laissé au hasard, et demandé qu'on y voie son testament politique : « Le morceau auquel j'attache le plus d'importance est la conférence : "Qu'est-ce qu'une Nation ?" J'en ai pesé chaque mot avec le plus grand soin : *c'est ma profession de foi en ce qui touche les choses humaines*, et quand la civilisation européenne aura sombré par suite de l'équivoque funeste de ces mots : nation, nationalité, race, je désire qu'on se souvienne de ces vingt pages-là. »

communs, et montre bien, comme Hegel, que l'appartenance à une même Nation crée un « lien substantiel » entre les individus*, c'est-à-dire est déterminante pour leur identité.

Renan veut fonder la politique sur quelque chose de plus tangible et moins « métaphysique » et moins chimérique que le droit divin, la pureté de la race ou encore la croyance en des « frontières naturelles ». En faisant de l'existence de la Nation « un plébiscite de tous les jours », il évite de la faire reposer sur un « contrat social » initial qui n'est qu'une pure fiction. Ce plébiscite quotidien est une réalité vécue dès lors que nous traitons les autres humains que nous rencontrons comme nos concitoyens soumis aux mêmes lois que nous.

Mais Renan qui dit avoir pesé chaque terme ne manque pourtant pas de confondre parfois « patrie » et « Nation », alors que **l'idée de « patrie » renvoie bien à l'idée d'un père commun**, c'est-à-dire d'une fraternité de sang. Si les citoyens sont réputés « enfants de la patrie », si l'une des vertus républicaines est la « fraternité », la funeste équivoque sur le vocabulaire est-elle réellement évitée ?

Enfin, **dire qu'une Nation est un « plébiscite de tous les jours », c'est** évidemment **vouloir souligner sa continuité, sa permanence et sa vivacité** (contrairement au principe de la pureté de la race qui va toujours se diluant, ou à la référence à un contrat social initial qui recule dans un passé toujours plus lointain). Mais **c'est aussi, involontairement et inconsciemment, mettre le doigt *a contrario* sur la fragilité de la Nation : si elle consiste en un plébiscite de tous les jours, alors chaque jour tout peut être remis en question**. Que se passe-t-il si cette détermination à vivre ensemble vient à manquer, si cette acceptation d'assumer un passé commun vient à s'estomper ? Renan le dit lui-même : les Nations sont mortelles.

> « Ce qui distingue les nations n'est ni la race, ni la langue. Les hommes sentent dans leur cœur qu'ils sont un même peuple lorsqu'ils ont une communauté d'idées, d'intérêts, d'affections, de souvenirs et d'espérances. Voilà ce qui fait la patrie. La patrie, c'est ce que l'on aime. » (Fustel de Coulanges)

À lire

Engelhard P., *L'Homme mondial*, Arléa, 1996, p. 257-258.
Finkielkraut A., *La Défaite de la pensée*, Folio/Essais, 1987, 186 pages.

JACQUES DERRIDA (né en 1930)

LE SIÈCLE ET LE PARDON

Le Monde des Débats, n° 9, décembre 1999 ; Le Seuil, 2000

La thèse de Jacques Derrida, ou plutôt l'hypothèse qu'il explore dans ce texte, consiste à dire qu'**on ne peut pardonner que l'impardonnable**, qu'il n'y a de pardon qui vaille qui ne porte sur l'impardonnable.

A priori, il n'y a pas de limite au pardon, le pardon est sans mesure, illimité, inconditionnel, sans modération. Le pardon est toujours de l'ordre de l'excès, jamais de l'ordre de la mesure et de l'équilibre économique de l'échange.

Mais notre époque se prête (à) — et entretient savamment — la confusion entre pardon, amnistie, grâce, excuse, regrets, prescription, etc.[1]. C'est face à ces confusions qu'il faut interroger rigoureusement la notion de pardon.

Les notions d'amnistie, de prescriptibilité et d'imprescriptibilité[2] relèvent du droit, « d'un droit pénal auquel le pardon devrait rester en principe hétérogène et irréductible ». Pour bien mesure la portée de la notion d'imprescriptibilité des crimes contre l'humanité, il faut voir qu'elle introduit :

> « [...] une sorte d'éternité ou de transcendance, l'horizon apocalyptique d'un jugement dernier : dans le droit au-delà du droit, dans l'histoire au-delà de l'histoire. » (p. 11)

Le pardon en tant qu'il est irréductible à ce qui se joue sur la scène juridique provient de l'héritage religieux abrahamique, commun au judaïsme, au christianisme et à l'Islam, même si cet héritage est complexe voir conflictuel.

Notre époque voit la mise en scène du théâtre du pardon, et cette mise en scène tend à s'universaliser, à se mondialiser, c'est-à-dire qu'elle touche aussi bien des pays ne relevant pas de cette tradition abrahamique. On voit ainsi le Premier ministre japonais demander pardon aux coréens et aux chinois pour les atrocités commises par l'armée japonaise au cours de la dernière Guerre mondiale.

---

1. P. Ricœur s'interroge également dans *La Mémoire, l'histoire, l'oubli*, sur le glissement qui fait passer le pardon de sa sphère d'origine, la sphère religieuse, à la sphère juridique voire politique.
2. « Le concept juridique de l'imprescriptible n'est en rien équivalent au concept non juridique d'impardonnable. », p. 11.

Loin d'un désenchantement du monde, d'une sécularisation d'une mort de Dieu proclamée, nous assistons à un « processus de christianisation » à l'échelle mondiale « qui n'a plus besoin de l'Église chrétienne ». Le langage abrahamique :

> « [...] est d'hors et déjà devenu l'idiome universel du droit, de la politique, de l'économie et de la diplomatie. »

Mais qui peut demander pardon et à qui ? Qui peut accorder ou refuser le pardon ?

> « Dans toutes les scènes de repentir, d'aveu, de pardon ou d'excuses collectives qui se multiplient sur la scène géopolitique, ce ne sont pas des individus*[1] mais des communautés entières, des corporations professionnelles, les représentants des hiérarchies ecclésiastiques, des souverains et des chefs d'État qui demandent "pardon". »

Ces demandes s'expriment dans le langage abrahamique[2].

La multiplication de ces scènes de repentir et de « pardon » :

> « [...] signifie sans doute une urgence universelle de la mémoire : il faut se tourner vers le passé, et cet acte de mémoire, d'auto-accusation, de repentance, de comparution, il faut le porter à la fois au-delà de l'instance juridique et de l'État-nation. »

Cette situation découle d'une série d'événements exceptionnels, d'une gravité extraordinaire, qui a conduit à la constitution du Tribunal de Nuremberg, à l'apparition du concept de « crimes contre l'humanité », puis d'« imprescriptibilité ». D'où ce à quoi nous assistons aujourd'hui : « le grand pardon, la grande scène du repentir ». N'est-ce là qu'hypocrisie, calcul, cabotinage ? Non.

> « Mais le simulacre, le rituel automatique, l'hypocrisie, le calcul et la singerie sont de la partie, s'invitent en parasites à cette cérémonie de la culpabilité. »

En forgeant le concept de « crimes contre l'humanité », **l'humanité s'inculpe elle-même de crimes contre elle-même**. Ce sont des hommes et eux seuls qui commettent des crimes contre l'humanité.

« Le concept de "crime contre l'humanité" reste l'horizon de toute la géopolitique du pardon[3] ». Le crime contre l'humanité, dans une interprétation juive — et plus encore chrétienne — de la tradition abrahamique :

> « [...] est un crime contre le plus sacré dans le vivant, et donc déjà contre le divin dans l'homme. [...] La mort de l'homme et la mort de Dieu trahiraient ici un seul et même crime. » (p. 10-11)

1. Voir Paul Ricœur, *La Mémoire, l'histoire, l'oubli,* p. 620-621, note 24.
2. Le cas le plus flagrant aux yeux de Derrida est celui de la commission « Vérité et réconciliation » qui a été « christianisée » par l'archevêque anglican Desmond Tutu, qui a cru bon d'« introduire le vocabulaire du repentir et du pardon » — ce qui lui a été reproché par la frange non chrétienne de la communauté noire. Le discours de Desmond Tutu « oscille entre une logique non pénale et non réparatrice (il la dit « restauratrice ») et une logique judiciaire de l'amnistie. On devrait analyser de près l'instabilité équivoque de toutes ces autointerprétations. »
3. Voir le cours sur le droit d'ingérence.

La question qui s'impose à nous est celle de la possibilité d'un don qui serait pur de toute arrière-pensée et de tout calcul, autrement dit la question de la possibilité et de l'existence même du pardon. Les demandes de pardon — japonaises par exemple — résultent de tractations et de négociations serrées. Ces tractations visent presque toujours à produire une réconciliation (nationale ou internationale) propice à une normalisation. « Le langage du pardon, au service de finalités déterminées, est tout sauf pur et désintéressé. » Que serait alors un pardon qui serait « pur », an-économique, étranger à toute logique de l'échange et de la tractation, de la réciprocité ?

La réponse à cette question qui suppose ce constat consiste à dire : **oui, il y a de l'impardonnable, et cet impardonnable est l'objet propre du pardon**. Que serait un pardon qui ne pardonnerait que le pardonnable, qui pardonnerait *à condition* que ce qui est à pardonner soit pardonnable ? L'impardonnable « n'est-il pas en vérité la seule chose à pardonner ? » L'impardonnable est la seule chose qui *appelle* le pardon. « Si l'on n'était prêt à pardonner que ce qui est pardonnable, l'idée même de pardon s'évanouirait. » D'où ce paradoxe : « le pardon pardonne seulement l'impardonnable » ; *il ne peut être possible qu'à réaliser l'impossible.* La question de la possibilité et de l'impossibilité du pardon constitue une unique question.

« Autant dire que le pardon doit s'annoncer comme l'impossible même ». C'est confrontés à l'impardonnable qu'il nous est nécessaire de penser le pardon et sa possibilité. Au terme d'un siècle :

> « [...] de crimes monstrueux — impardonnables — devenus visibles, connus, rappelés, nommés, archivés par une conscience universelle mieux informée que jamais, parce que ces crimes à la fois cruels et massifs paraissent échapper par leur excès même à la mesure de toute justice humaine, eh bien l'appel au pardon s'en est trouvé (par l'impardonnable même) réactivé, re-motivé, accéléré. »

Dans *L'Imprescriptible*, V. Jankelevitch écrit qu'on ne peut pardonner les crimes contre l'humanité de l'homme — c'est-à-dire *contre la puissance de pardonner elle-même*[1]. Les nazis se sont acharnés à détruire les seuls êtres humains qui eussent pu, éventuellement, leur pardonner : leurs victimes. Les arguments de Jankelevitch sont les suivants :

- Nous a-t-on demandé pardon ? Peut-on pardonner qui n'a jamais reconnu ses fautes et ses crimes, mais au contraire les revendique ?
- Qui pourrait pardonner au nom des victimes de la *Shoah* ; qui faudrait-il être pour pouvoir pardonner *à la place* des victimes de l'holocauste ?

Argument commun à Jankelevitch et à H. Arendt : pardonner, c'est remettre une dette. Le pardon comme le crime relève de ce qui est commensurable avec les affaires humaines. Or les crimes contre l'humanité excèdent de toute part ces affaires. Ils ne reliaient pas des hommes à d'autres hommes, perçus et traités

1. C'est dans une même logique que Hegel écrivait que toute faute est pardonnable hormis le crime contre l'esprit (cf. Matthieu 12 : 31), à savoir contre la puissance réconciliatrice du pardon.

comme adversaires politiques par exemple. Là où toute punition serait dérisoire[1], infiniment disproportionnée par rapport à la gravité du crime, le pardon devient impossible. C'est l'argument de l'*inexpiable*, du crime inexpiable. D'où la conclusion implacable de Jankelevitch : « **Le pardon est mort dans les camps de la mort**. » La logique du pardon aurait rencontré là sa limite. « De l'inexpiable ou de l'irréparable, Jankelevitch conclut à l'impardonnable. » (J. Derrida)

Derrida répond : oui, à moins que le pardon ne consiste précisément à pardonner l'impardonnable. « À moins que le pardon ne devienne possible qu'à partir du moment où il paraît impossible » (p. 12), exorbitant. **L'histoire du pardon commencerait alors avec et par l'impardonnable**.

Ne peut-on pardonner que qui demande pardon ? Ce serait inscrire le pardon dans la logique conditionnelle de l'échange : je te pardonnerai (peut-être) à la condition que tu me demandes pardon. Le pardon présupposerait comme prérequis le fait que le criminel ne soit déjà plus tout à fait le criminel qu'il a été[2], qu'il ait déjà — avant tout pardon — suffisamment changé pour devenir celui qui aujourd'hui me demande pardon. **Or cette capacité de changer, de n'être plus tout à fait**, ou en tout cas plus seulement, **celui qui a commis le crime**, **n'est-elle pas** au contraire **ce qui est offert par la victime** quand elle offre son pardon à qui l'a offensé[3] ?

Pardon conditionnel ou inconditionnel ?

> « Il y a là une transaction économique qui à la fois confirme et contredit la tradition abrahamique. Il est important d'analyser au fond la tension, au cœur de l'héritage, entre d'une part l'idée, qui est aussi une exigence, du pardon inconditionnel, gracieux, infini, an-économique, accordé au coupable en tant que coupable, sans contrepartie, même s'il ne se repent pas ou ne demande pas pardon, et d'autre part, comme en témoignent un grand nombre de textes, un pardon conditionnel, proportionné à la reconnaissance de la faute, au repentir et à la transformation du pécheur qui demande alors, explicitement, pardon. » (p. 12)

Derrida se pose alors la question de l'héritage et de la transmission : qu'est-ce qu'être héritier quand l'héritage porte la trace de deux injonctions divergentes et même contradictoires ? Tout se passe comme si nous devions, « dans la nuit, sans norme ni critère préétablis, réinventer la mémoire ».

Face à l'inexpiable, Jankelevitch et Arendt s'entendent pour dire que le pardon n'est pas possible, et que même s'il l'était, il n'aurait pas de sens. C'est supposer

1. « En l'absence de toute punition possible qui soit proportionnée à son crime, le châtiment du coupable devient presque indifférent. » (H. Arendt)
2. Il y a là un présupposé, contestable à mon avis, chez J. Derrida : qu'au moins au moment de commettre son crime, le criminel ne fasse qu'un avec le crime qu'il est en train de commettre, ne soit pas lui-même partagé, n'excède pas déjà le fait qu'il est bien ce criminel qui est en train de commettre ce crime précis.
3. C'est ce que Paul Ricœur appelle « délier l'agent de son acte ». Paul Ricœur, *La Mémoire, l'histoire, l'oubli*, p. 637.

que le pardon doive avoir un sens — rédempteur, salvateur, réconciliateur, restaurateur, *normalisateur* : le pardon comme le retour à la normale. Le pardon ne doit jamais devenir « normal », ni signifier un retour à la normale. Le pardon doit rester exceptionnel et exorbitant, comme l'impardonnable qu'il pardonne, sauf à entraîner une perpétuelle paralysie de la justice, ou à se dévaloriser.

Or en s'installant dans une logique économique du pardon, en établissant une symétrie entre punir et pardonner, en voyant dans le pardon une faculté ou une possibilité *humaines* qui serait comme le corrélat de la faculté de punir, Jankelevitch et Arendt perdent l'un des deux versants de la tradition abrahamique, la référence au « pardon inconditionnel et an-économique, au-delà de tout échange et même de l'horizon d'une rédemption ou d'une réconciliation. »

Au nom de l'« unité nationale », de la « réconciliation nationale » (De Gaulle), Mitterrand au nom de son rôle de garant de l'unité de la nation, on accorde l'amnistie, on grâcie (Touvier).

> « Il y a toujours un calcul stratégique et politique dans le geste généreux qui offre la réconciliation. » (p. 13)

À moins que l'on ne juge que ces mêmes finalités seront mieux assurées et renforcées par de nouveaux procès historiques, par l'ouverture des archives : on agite alors le « devoir de mémoire ». Ces stratégies peuvent se justifier, elles peuvent relever d'une bonne hygiène sociale, mais n'ont rien à voir avec le pardon que l'on invoque alors abusivement. « Le pardon ne relève pas d'une thérapie de la réconciliation. »

Qui pardonne-t-on, ou que pardonne-t-on ? Pardonne-t-on *à* quelqu'un, ou bien pardonne-t-on *quelque chose* ? Pardonne-t-on *quelque chose*, une faute, un crime, un tort, un moment qui n'épuisent pas la personne incriminée et à la limite ne se confond pas avec le coupable et lui reste irréductible ? Ou bien pardonne-t-on *à quelqu'un*, absolument, ne marquant plus alors la limite entre le tort, le moment circonscrit de la faute, et d'autre part la personne qu'on tient pour responsable ? Et dans ce dernier cas, à qui demande-t-on pardon : à la victime, ou bien à une sorte de « témoin absolu » et impartial des faits, Dieu par exemple ? Cf. dans son acte public de repentance pour le traitement infligé aux juifs au cours de l'histoire, l'Église catholique a demandé pardon *à Dieu*, publiquement il est vrai, et en prenant seulement à témoin les victimes ou leurs descendants, la communauté juive.

Qui peut pardonner ? Devant la commission « Vérité et réconciliation » en Afrique du Sud, une femme noire dont le mari avait été exécuté par la police a déclaré :

> « Une commission ou un gouvernement ne peuvent pas pardonner. Moi seule éventuellement pourrais le faire — et je ne suis pas prête à pardonner, ou pour pardonner » (selon les traductions : « *I am not ready to forgive* »).

Cette femme voulait rappeler que le corps anonyme de l'État n'était pas habilité à pardonner, à accorder ou à refuser le pardon. Il n'en a ni le droit ni le pouvoir, il n'a pas *compétence* pour le faire. Le représentant de l'État — le pouvoir judiciaire — peut juger, mais ce jugement n'a rien à voir avec le pardon, précisément.

Et inversement, le pardon peut être « juste », mais d'une justice qui n'a rien à voir avec la justice en tant qu'institution judiciaire, pouvoir judiciaire. Si quelqu'un a quelque titre à pardonner, c'est la victime et non une institution tierce, médiatrice. La justice suppose toujours une institution intermédiaire, médiatrice qui permet à la justice de se dissocier de la vengeance ; alors que le pardon suppose, lui, *un face-à-face sans médiation* entre le coupable et sa victime. On ne peut ni contraindre, ni pousser quelqu'un à pardonner.

Et même ainsi se pose la question redoutable : en toute rigueur, seul le mari mort avait compétence pour pardonner à ses bourreaux — dans quelle mesure son épouse était elle à même de se substituer à lui pour pardonner à ses bourreaux à sa place — à supposer qu'elle fut prête à pardonner ?

> « Disparues par essence, les victimes ne sont jamais elles-mêmes absolument présentes, au moment du pardon demandé ou accordé, comme les mêmes, celles qu'elles furent au moment du crime. »

L'impossibilité du pardon en toute rigueur tient à ceci que ni les coupables, ni les victimes ne sont « les mêmes » au moment de pardonner ou de demander pardon, que celles qu'elles étaient à l'heure de la perpétration du crime.

La grâce est un acte de souveraineté*. Elle émane du chef de l'État exerçant un pouvoir de par la fonction qu'il assume, soustrayant le coupable aux rigueurs de la justice. Le pardon en toute rigueur en serait l'exact opposé :

> « Ce dont je rêve, ce que j'essaie de penser dans la « pureté » d'un pardon digne de ce nom, ce serait un pardon sans pouvoir (*qui ne soit pas l'émanation d'un pouvoir ou d'une capacité de l'homme*) : inconditionnel, mais sans souveraineté*. »

Ce qu'il s'agit de penser, c'est un pardon qui ne serait pas l'expression d'un pouvoir exercé par la victime sur le cours de la vie du coupable.

À lire

Arendt H., *Condition de l'homme moderne*, Calmann-Lévy, 1961, 1983, chap. V, « L'irréversibilité et le pardon », p. 265-273.

Jankelevitch V., *L'Imprescriptible ; Pardonner ? Dans l'honneur et la dignité*, Seuil, 1986.

Kundera M., *La Plaisanterie*, Gallimard, 1985, 400 pages.

CHRONOLOGIE

Date	Événements historiques, sociaux, économiques	Créations artistiques et littéraires (date de parution en langue originale pour les ouvrages)
1532		Machiavel, *Le Prince* (publication posthume).
1536	[Mort d'Érasme.]	
1555	Paix d'Augsbourg (« *Cujus regio, ejus religio* » : la religion du prince sera celle des habitants de la principauté).	
1572	France : la Saint-Barthélémy.	
1576		Jean Bodin, *La République*.
1598	France : *Édit de Nantes* (Henri IV).	
1605	Grande Bretagne : échec de la « conspiration des poudres » par laquelle les catholiques ont tenté de reprendre le pouvoir.	
1632		Galilée, *Dialogue sur les deux plus grands systèmes du monde*.
1633	Procès et condamnation de Galilée. Galilée se rétracte.	
1634		R. Descartes renonce à publier son *Traité du monde*.
1637		R. Descartes, *Discours de la méthode pour bien conduire sa raison*.
1641		R. Descartes, *Méditations métaphysiques*.
1642	[Mort de Galilée.]	
1650	[Mort de Descartes.]	
1679	Grande-Bretagne : *l'Habeas Corpus Act* est voté par le Parlement.	
1685	France : Révocation de *l'Édit de Nantes* par Louis XIV : les dragonnades.	
1687		I. Newton, *Principes mathématiques de la philosophie naturelle*.
1689	Angleterre : « *Bill of Rights* » : abandon de la notion de monarchie de droit divin. Le pays est garanti contre une suspension arbitraire des lois du Parlement émanant de la famille Royale. *Acte de tolérance* : adoption du principe de tolérance en matière religieuse.	Locke, *Lettre sur la tolérance*.

1710		Leibniz, *Essai de Théodicée.*
1712		G. Berkeley, *De l'obéissance passive.*
1715	Mort de Louis XIV ; découverte de la « Quinine » (P. Valéry rapprochera les deux événements pour se demander lequel est le plus important, le plus « historique »).	
1721		Montesquieu, *Les Lettres persanes.*
1723		J.-S. Bach compose la *Passion selon saint Jean* et le *Magnificat.*
1727	[Mort de Newton.]	
1729		L'abbé de Saint-Pierre publie un *Abrégé* (en trois volumes) de son *Projet de paix perpétuelle.* J.-S. Bach compose la *Passion selon saint Matthieu.*
1742		Haendel compose *Le Messie.*
1748		Montesquieu, *L'Esprit des lois.*
1749		J.-S. Bach compose l'*Art de la fugue.*
1750	[Mort de J.-S. Bach.]	
1755	Tremblement de terre de Lisbonne. [Mort de Montesquieu.]	
1759	[Mort de Haendel.]	Voltaire, *Candide ou de l'optimisme*
1761-1762	Affaire Calas.	Mme Dupin charge Rousseau d'établir une édition complète du *Projet de paix perpétuelle* de l'abbé de Saint-Pierre. Le projet avortera et Rousseau ne publiera qu'un *Extrait du projet de paix.*
1762		J.-J. Rousseau, *Du contrat social,* (inachevé).
1763		Voltaire, *Traité sur la tolérance.*
1774		Goethe, *Les Souffrances du jeune Werther.*
1776	*Déclaration d'Indépendance américaine.*	A. Smith, *Recherches sur la nature et les causes de la richesse des nations.*
1779		Lessing, *Nathan le Sage.*
1781		E. Kant, *Critique de la raison pure.*

1785		Mozart compose *Les Noces de Figaro.*
1787	*Constitution* américaine.*	
1789	Révolution française : 14 juillet, prise de la Bastille ; nuit du 4 août : abolition des privilèges. L'Assemblée nationale vote la *Déclaration des droits de l'homme et du citoyen.*	
1790		E. Burke, *Réflexions sur la révolution de France.*
1791	*Bill of Rigths* américain. [Mort de Mozart.]	Mozart compose *La Flûte enchantée* et son propre *Requiem* (inachevé).
1792	France : Abolition de la Monarchie. Proclamation de la (première) République.	
1793		G. Fichte, *Considérations sur la Révolution française.*
1794	[France : J.-A. Condorcet meurt en prison, en pleine « Terreur révolutionnaire » (mort d'épuisement ou suicide).]	
1795		Condorcet, *Esquisse d'un tableau historique des progrès de l'esprit humain* (publication posthume). E. Kant, dans son *Projet de paix perpétuelle,* appelle de ses vœux la formation d'une « Société des Nations » chargée de faire respecter le « droit des gens ». Sade, *La Philosophie dans le boudoir* (incluant le pamphlet : « Français, encore un effort si vous voulez être républicains ! »)
1796-1797		G. Fichte, *Fondement du droit naturel.*
1801	France : Concordat.	
1804	France : Proclamation de l'Empire, Sacre de Napoléon Ier. Code Napoléon. [Mort de E. Kant.]	
1807		Hegel, *Phénoménologie de l'Esprit.*
1813-1814	Coalition européenne contre l'Empire français, qui aboutit à l'abdication de Napoléon Ier.	B. Constant, *De l'esprit de conquête et de l'usurpation.*

1814	France : 1re Restauration. Louis XVIII, Roi de France. Mars 1814. Capitulation de Paris. L'Acte du Sénat proclame la déchéance de l'Empereur.	G. de Staël, *De l'Allemagne.*
1815	Retour de Napoléon de l'île d'Elbe. « Les Cent jours ». Waterloo. Nouvelle abdication de Napoléon. Seconde Restauration. Retour de Louis XVIII aux Tuileries. « Terreur blanche » contre les partisans de Napoléon.	
1817	[14 juillet : Mort de Mme de Staël.]	
1819		B. Constant, *De la liberté des Anciens comparée à celle des Modernes.*
1821	[Mort de Napoléon Bonaparte.]	
1823		A. Thiers, *Histoire de la Révolution française*, ouvrage qui défie le gouvernement de la Restauration. L. van Beethoven compose sa *Neuvième symphonie.*
1824	France : Charles X succède à Louis XVIII.	
1830	France : « Les 3 glorieuses ». Abdication de Charles X. Monarchie de Juillet : Louis-Philippe Ier, Roi des français.	
1831	[Morts de Hegel et de Clausewitz.]	
1832-1837	[1832 : Mort de Goethe.]	Von Clausewitz, *De la guerre* (posthume).
1835-1840		A. de Tocqueville, *De la démocratie en Amérique.*
1843	[Mort de Hölderlin.]	K. Marx, *Critique de la philosophie du droit de Hegel.* Dans *Ou bien… ou bien,* S. Kierkegaard prend *Don Juan* comme le prototype d'un des modes de l'existence esthétique (celle qui ne tend qu'à la jouissance).
1845		R. Wagner compose *Tannhaüser.*
1847		R. Wagner compose *Lohengrin.*
1848	France : Abdication de Louis-Philippe. Lamartine proclame la (seconde) République.	Marx et Engels, *Manifeste du Parti communiste.* R. Wagner compose *L'Anneau du Nibelung.*

1850		K. Marx, *La Lutte des classes en France.*
1851	France : Coup d'État du 2 décembre. Second Empire. Napoléon III, Empereur des français. Victor Hugo s'exile.	
1852		K. Marx, *Le 18 Brumaire de Louis Bonaparte*.
1856		A. de Tocqueville, *L'Ancien Régime et la Révolution.*
1859	Bataille de Solférino. Fondation de la Croix-Rouge par H. Dunant. [Mort d'A. de Tocqueville.]	R. Wagner compose *Tristan et Iseult.*
1862		Publication posthume des *Considérations sur les principaux événements de la Révolution française*, de G. de Staël.
1864	Convention de Genève.	
1867		K. Marx, *Le Capital* (inachevé).
1870-1871	Guerre franco-prussienne. Défaite de la France. Chute du Second Empire, capitulation de Napoléon III. Commune de Paris. (mars-mai 1871) Juillet : proclamation de la (troisième) République. Août : Thiers président de la République.	V. Hugo, *L'Année terrible.* K. Marx, *La Guerre civile en France, 1871.*
1872		R. Wagner compose *Le Crépuscule des dieux.*
1882		Renan, *Qu'est-ce qu'une Nation ?*
1883	[Morts de K. Marx et de R. Wagner.]	
1883-1885		F. Nietzsche, *Ainsi parlait Zarathoustra.*
1886		F. Nietzsche, *Par-delà le bien et le mal.*
1888		F. Nietzsche, *Le Cas Wagner, Nietzsche contre Wagner, Ecce Homo* et *Le Crépuscule des idoles* (publication 1889).
1889	[Nietzsche sombre dans la folie.]	
1894	Condamnation de Dreyfus pour haute trahison.	

1896		R. Strauss compose *Ainsi parlait Zarathoustra*, en hommage à Nietzsche.
1897		A. Gide, *Les Nourritures terrestres.*
1898		Janvier : Zola publie « *J'accuse !* ».
1899	Dreyfus est à nouveau condamné, puis gracié.	
1900	[Mort de F. Nietzsche.]	S. Freud, *L'Interprétation des rêves.*
1905	Russie : Première révolution russe. Mise en place d'une politique de réformes.	M. Weber, *L'Éthique protestante et l'esprit du capitalisme.* Albert Einstein formule la théorie de la relativité restreinte.
1906	Dreyfus est réhabilité.	
1907	Russie : Dissolution de la Douma, retour à une régime autoritaire, autocratique.	Picasso peint *Les demoiselles d'Avignon.*
1909	Selma Lagerlöf Prix Nobel de littérature.	
1910-1914	Lawrence d'Arabie se fait le champion de l'indépendance et du nationalisme arabe, face à l'occupant ottoman, mais aussi aux velléités hégémoniques de l'Empire britannique.	
1911	Crise d'Agadir.	
1913-1915		Rilke, *Les Élégies de Duino.*
1914	Début de la Première « Guerre mondiale ».	
1915	Turquie : génocide arménien.	
1916		Albert Einstein formule la théorie de la relativité générale.
1917	Russie : Révolution de 17. Révolution d'octobre : les bolchéviks s'emparent du pouvoir, avec Lénine à leur tête.	
1918	Fin de la Première Guerre mondiale.	O. Spengler, *Le Déclin de l'Occident* (tome I), inspiré par la crise d'Agadir, rédigé pendant la guerre dans la perspective d'une victoire allemande. L. Wittgenstein, *Tractatus logico-philosophicus.*

1919	Traités de Versailles, perçus comme un « *Diktat* » par une large frange de la population allemande. Création de la « Société des Nations », que les États-Unis refusent de reconnaître.	
1921	Einstein Prix Nobel de Physique.	
1922	Italie : Marche sur Rome. Mussolini s'empare du pouvoir.	O. Spengler, *Le Déclin de l'Occident* (tome II) J. Joyce, *Ulysse.*
1924	URSS : Décès de Lénine. La Troïka au pouvoir.	A. Breton, *Manifeste du surréalisme.*
1925		F. Kafka, *Le Procès.*
1926	L'Église Catholique condamne l'« *Action Française* ».	Lawrence d'Arabie, *Les sept piliers de la sagesse.*
1927		J. Benda, *La Trahison des clercs.* M. Heidegger, *Être et Temps* (inachevé).
1929	Crise économique de 29. URSS : Staline expulse Trotski et exerce seul le pouvoir.	S. Freud, *Malaise dans la civilisation.* E. Hemingway, *L'Adieu aux armes.*
1931	Chine : arrivée au pouvoir de Mao Zedong, président d'une « république soviétique » occupant deux provinces de la Chine.	P. Nizan, *Aden Arabie.*
1931-1945	Le Japon occupe la Manchourie.	
1933	États-Unis : *New Deal* ; Allemagne : arrivée d'Hitler au pouvoir.	A. Malraux, *La Condition humaine.*
1934		H. Kelsen, *Théorie pure du droit.* S. Weil, *Réflexions sur les causes de la liberté et de l'oppression sociale.*
1935	[Mort de Lawrence d'Arabie.]	Charlie Chaplin tourne *Les Temps modernes.*
1936	France : Front populaire. URSS : Procès de Moscou, orchestrés par Staline. De nombreux artisans de la Révolution d'Octobre sont exécutés. [Mort de Maxime Gorki.]	J. M. Keynes, *Théorie générale de l'emploi, de l'intérêt et de la monnaie.* A. Gide, *Retour de l'URSS.*
1936-1939	Espagne : arrivée de la gauche au pouvoir. Guerre d'Espagne. Franco s'empare du pouvoir.	1937 : « Guernica » de Picasso. 1937 : L'Allemagne nazie organise des expositions d'« art dégénéré ». 1938 : A. Malraux, *L'Espoir.*

1937		Ch. Maurras, *Devant l'Allemagne éternelle.*
1938	Accords de Munich.	J.-P. Sartre, *La Nausée.*
1939	Pacte Germano-soviétique. Le pape Pie XII lève la condamnation de *l'Action Française.*	N. Élias, *Sur le processus de la civilisation.*
1940		A. Koestler, *Le Zéro et l'Infini.* E. Hemingway, *Pour qui sonne le glas.* Charlie Chaplin tourne *Le Dictateur.* O. Welles tourne *Citizen Kane.*
1943		J.-P. Sartre, *L'Être et le Néant.*
1944	Août 1944 : Débarquement allié en Normandie.	F. Hayek, *La Route de la servitude.* A. Koestler, *Le Yogi et le Commissaire.*
1945	Mai : Capitulation allemande. Bombardement avec des bombes atomiques, par l'armée américaine, des villes d'Hiroshima et Nagazaki. 15 août : Capitulation du Japon. Tribunal de Nuremberg. Conférence de Yalta, « le partage du monde » : « *Un rideau de fer est tombé sur l'Europe.* » (W. Churchill) Création de l'« Organisation des Nations Unies » (ONU). France : Quatrième République. Le gouvernement interdit l'Action Française pour collaboration avec l'ennemi.	
1946	Création de l'UNESCO.	K. Jaspers, *De la culpabilité allemande.* M. Heidegger, *Lettre sur l'humanisme.*
1946-1947	Plan Marshall pour l'Europe.	
1947	Indépendance de l'Inde. L'Empire britannique commence à se démanteler à mesure que se constitue le *Commonwealth* (alliance économique entre les différents membres de l'ancien Empire). Formation du *Kominform* : Les partis communistes deviennent clairement des partis d'opposition dans les pays occidentaux.	M. Merleau-Ponty, *Humanisme et Terreur.* V. A. Kravchenko, *J'ai choisi la liberté.*

1948	L'ONU adopte la *Déclaration universelle des droits de l'homme*. Traité de Bruxelles créant des organismes qui seront absorbés par l'OTAN en 1949. Accords du GATT. Création de l'État d'Israël. URSS : Affaire Lyssenko : opposition entre la « science bourgeoise » et la « science prolétarienne ». Les opposants à Lyssenko sont envoyés dans des camps (Goulag). Le « Coup de Prague » impose un régime communiste en Tchécoslovaquie. Allemagne : Blocus de Berlin ouest. Inde : Assassinat de Gandhi.	
1949	Proclamation de la République Populaire de Chine. Formation de l'OTAN (Organisation du Traité de l'Atlantique Nord).	S. de Beauvoir, *Le deuxième sexe*. C. Lévi-Strauss, *Les Structures élémentaires de la parenté*. G. Orwell, *1984*.
1951	Convention de Genève. Le Tibet, jusqu'alors indépendant et gouverné par le Dalaï-Lama perd son indépendance par le traité de Pékin et devient une « province » chinoise à l'autonomie fictive.	
1952	[Mort de Ch. Maurras.]	E. Hemingway, *Le Vieil homme et la mer*.
1953	[Mort de J. Staline.]	Aragon condamne le portrait de Staline par Picasso, pas assez révérencieux à ses yeux. S. Beckett, *En attendant Godot*.
1954	Par les Accords de Genève (non reconnus par les USA), la France reconnaît l'indépendance du Vietnam.	A. Kurozawa tourne *Les sept samouraïs*.
1955	Pacte de Varsovie.	H. Marcuse, *Éros et Civilisation*. C. Lévi-Strauss, *Tristes tropiques*.
1956	Indépendance du Maroc et de la Tunisie. Chine : Campagne des « Cent Fleurs » invitant à l'autocritique et à la délation.	
1957	*Traité de Rome*. Création de la Communauté Économique européenne. Mise en orbite réussie du « Spoutnik » soviétique.	R. Aron, *L'Opium des intellectuels*.
1958	Chine : Le « grand bond en avant ». Épuration du Parti. France : Cinquième République. Constitution* rédigée notamment par M. Debré. Succès pour le général De Gaulle.	Dans la *Condition de l'homme moderne*, H. Arendt salue le fait que pour la première fois dans l'histoire de l'humanité, un objet fait de main d'homme gravite autour de la terre.

1959	Cuba : Fidel Castro accède au pouvoir et crée un Parti unique, le « Parti de la Révolution ». Chine : Répression sanglante des mouvements indépendantistes tibétains ; le Dalaï-Lama doit se réfugier en Inde.	Cinéma : la nouvelle vague (Godard, Truffaut).
1960	Rupture entre la Chine et l'URSS.	J.-L. Godard tourne *À bout de souffle.* J.-P. Sartre préface *Aden Arabie.*
1961	Guerre d'Algérie. Construction du Mur de Berlin. Premier homme dans l'espace : Youri Gagarine, un soviétique. Rupture des relations diplomatiques entre Cuba et les États-Unis. Affaire de la « Baie des cochons ».	A. Soljenitsyne, *Une journée d'Ivan Denissovitch.*
1961-1963	Constitution de l'OUA (Organisation de l'Unité Africaine).	
1962	Rome : Vatican II. Mot d'ordre : l'« *aggiornamento* », la modernisation de l'Église. Accords d'Évian sur l'indépendance de l'Algérie. Formation de l'OAS. Crise des missiles entre Cuba et les USA. Krouchtchev fait machine arrière.	O. Welles tourne *Le Procès*, d'après Kafka.
1963	USA : Assassinat de J. F. Kennedy à Dallas.	
1964	Reconnaissance de la Chine Populaire par la France. J.-P. Sartre refuse le Prix Nobel de littérature.	Vogue du « Nouveau Roman » (N. Sarraute, A. Robbe-Grillet, G. Pérec, etc.)
1965		J.-L. Godard tourne *Pierrot le fou.* R. Aron, *Démocratie et Totalitarisme.*
1966	Israël : Procès Eichmann. Chine : la « Révolution Culturelle ».	H. Arendt, *Eichmann à Jérusalem.* M. Foucault, *Les Mots et les Choses.*
1967	Assassinat de Che Guevara. Coup d'État militaire en Grèce. Israël : « Guerre des six jours » : guerre-éclair au terme de laquelle Israël occupe le Sinaï, Gaza et la Cisjordanie. Formation de l'ASEAN (Association des nations du Sud-Est asiatique), dans un contexte de guerre froide.	
1968	Le « Printemps de Prague » : l'entrée dans Prague des chars soviétiques met fin brutalement à une timide tentative de libéralisation du régime. Événements de Mai 68. USA : Assassinat de Martin Luther King.	A. Malraux, *Les Anti-mémoires.*

1969	Libye : arrivée du colonel Khadafi au pouvoir. La Libye devient une « république socialiste arabe ». France : Le Général De Gaulle perd le référendum sur le Sénat et les régions, et se retire du pouvoir. USA : un jeune américain de 16 ans meurt d'une maladie inconnue (probablement le futur « SIDA »). Août : Concert de Woodstock.	
1970	Slojenitsyne Prix Nobel. [Mort du général De Gaulle.]	
1971		J. Rawls, *Théorie de la Justice.*
1972	L'homme a marché sur la lune : succès de la mission américaine Apollo 17. Affaire du « *Watergate* » : Nixon acculé à la démission (1974).	M. Foucault, *Histoire de la folie à l'âge classique.*
1973	Octobre : guerre israëlo-arabe. En rétorsion, l'OPEP réunie à Koweit décrète un embargo pétrolier à l'encontre des USA et de la Grande Bretagne. Le prix du baril flambe. (+ 70 %) [Mort de Picasso.]	A. Soljenitsyne, *L'Archipel du Goulag.*
1974		E. Lévinas, *Totalité et Infini.*
1975	Maroc : La « Marche Verte ». Le Maroc occupe le Sahara occidental dont les Espagnols viennent de se retirer. Sakharov Prix Nobel de la paix.	
1976	Cambodge : Pol Pot s'empare du pouvoir. Sous sa direction, les « Khmers rouges » s'adonnent à un « auto-génocide » auquel seule l'invasion vietnamienne (1979) mettra un terme. Chine : Mort de Mao Zedong. [Mort de Man Ray.]	M. Foucault, *Histoire de la sexualité 1 : La Volonté de savoir.*
1977		S. Ray tourne *Les Joueurs d'échecs.*
1978-1981	Second choc pétrolier. De 1970 à 81, le prix du baril de pétrole a été multiplié par 19.	
1979	Irak : Arrivée au pouvoir de Saddam Hussein, du Parti Baas. Accords de Camp David : Traité de paix séparé entre Israël (Begin) et l'Égypte (Sadate). Rétrocession du Sinaï à l'Égypte. Égypte isolée au sein du monde arabe.	H. Carrère d'Encausse, *L'Empire éclaté.*

1980	Pologne : Accords de Gdansk reconnaissant formellement l'existence d'un syndicat indépendant du Parti communiste : *Solidarité*. Début du pontificat de Jean-Paul II. [Mort de J.-P. Sartre.]	A. Kurozawa tourne *Kagemusha*.
1980-1988	Guerre d'usure entre l'Iran et l'Irak. L'occident craignant une contagion de la révolution islamique soutient l'effort de guerre irakien. 18/7/88 : cessez-le-feu entre les deux belligérants ; victoire en demi-teinte de l'Irak, bien que l'essentiel de ses objectifs de guerre n'ait pas été atteint. Le conflit se solde par environ 1 200 000 morts.	
1981	France : mai : arrivée de la gauche au pouvoir. Iran : Libération des otages américains prisonniers depuis 1979, libération coïncidant avec le départ de Jimmy Carter et l'arrivée au pouvoir aux USA de R. Reagan. Pologne : décembre : le général Jaruselski décrète l'état de guerre, arguant d'une possible intervention des chars soviétiques. [Mort de Jacques Lacan.]	
1982	Invasion du Liban par l'armée israélienne. Début de la guerre du Liban. France : Multiplication des attentats à Paris. Loi de décentralisation. Premiers diagnostics de SIDA aux États-Unis. Point de départ officiel de l'épidémie.	
1982-1983	Vague d'attentats en Irak visant à déstabiliser le régime Baas et à faire de l'Irak une république islamique sur le modèle iranien.	1983 : G. Lipovetsky, *L'Ère du vide*.
1983	Pologne : Le général Jaruselski lève l'état de guerre. Découverte du virus du SIDA par l'équipe du Professeur Montagnier.	P. Sloterdijk, *Critique de la raison cynique*.
1985	M. Gorbatchev devient Secrétaire général du Parti Communiste US. Deux mots d'ordre : *Glasnosk* (transparence) et *Perestroïka* (reconstruction).	Sting chante « *Russians* » : « *Russians love their children too.* » (« Les russes aiment eux aussi leurs enfants »).

1987		E. Morin, *Penser l'Europe.* H. Carrère d'Encausse, *Le Grand défi.* Mario Bettati, *Le Devoir d'ingérence : peut-on les laisser mourir ?* A. Finkielkraut, *La Défaite de la pensée.*
1989	Chute du Mur de Berlin. Fin de la « guerre froide ».	
1990	M. Gorbatchev devient Président de l'URSS. Pologne : Lech Walesa Président de la République. Invasion puis annexion du Koweit par l'Irak. Saddam Hussein prend en otage des diplomates occidentaux. Normalisation des relations entre l'Iran et l'Irak.	M. Onfray, *Cynismes.*
1991	URSS : Tentative de putsch émanant de l'aile conservatrice du PCUS et de l'Armée rouge. Gorbatchev est évincé du pouvoir par Boris Eltsine. Effondrement de l'URSS. Guerre du Golfe.	J. Baudrillard, *La Guerre du Golfe n'a pas eu lieu.*
1992	Désagrégation de la Yougoslavie : au nom de l'idéologie de la « grande Serbie », S. Milosevitch mène la guerre en Croatie puis en Bosnie.	F. Fukuyama, *La Fin de l'histoire ou le dernier homme.* M. Fumaroli, *L'État culturel.* G. Lipovetsky, *Le Crépuscule du devoir.*
1993		J. Derrida, *Spectres de Marx.* J. Rawls, *Libéralisme politique.* S. Huntington, *Le Choc des civilisations.*
1994		L. Montagnier, *Des virus et des hommes, une histoire du SIDA.*
1997	L'humanité apprend la naissance de la brebis Dolly, premier mammifère né après avoir été « conçu » par clonage. Plusieurs chefs d'État se prononcent en faveur de l'interdiction définitive du clonage humain, sans faire la distinction entre clonage reproductif et non reproductif.	Traduction en français du *Choc des civilisations* de S. Huntington.
1998		M. Houellebecq, *Les Particules élémentaires.*

1999	Guerre du Kosovo. Intervention alliée qui contraint l'armée serbe à se retirer du Kosovo, officiellement « province » de la Fédération Yougoslave.	P. Sloterdijk, *Règles pour le parc humain : une lettre en réponse à la Lettre sur l'humanisme.* J. Testart, *Des hommes probables.* A. Finkielkraut, *L'Humanité perdue, essai sur le XXe siècle.*
2000	Serbie : octobre : Slobodan Milosevitch perd le pouvoir à la faveur d'une consultation électorale qu'il avait lui-même orchestrée.	M. Onfray, *Théorie du corps amoureux.* P. Rosanvallon, *La Démocratie inachevée.* T. Todorov, *Mémoire du mal, tentation du bien : enquête sur le siècle.*
2001	11/09 USA : attentats contre les tours du World Trade Center à New York et contre le Pentagone à Washington. Les autorités américaines parlent de « la première guerre du XXIe siècle ».	M. Houellebecq, *Plateforme.*

GLOSSAIRE[1]

1. Les mots suivis d'un * sont ceux figurant dans le glossaire à titre d'**entrée**.

Ambivalence (en psychanalyse) : fait, pour un même individu*, d'être en proie à des sentiments simultanés et contradictoires (ex. amour/haine) vis-à-vis d'un même objet ou d'une même personne, ou encore en proie à des désirs simultanés et contradictoires (désirer à la fois faire et ne pas faire quelque chose).

Anomie : littéralement, « **absence de loi** ». Jean-Marie Guyau forge le mot dans son *Esquisse d'une morale sans obligation ni sanction* (1885) pour **l'opposer à l'autonomie** kantienne (qui consiste dans le fait de se donner à soi-même sa propre loi). Il veut indiquer par ce terme que l'éthique du futur, dans le cadre d'une montée en puissance de l'individualisme et un effondrement des valeurs traditionnelles, ne comportera plus aucune loi universelle, l'avènement de l'ère de l'individu* étant un processus à la fois inéluctable et désirable. **Durkheim** reprendra le mot en lui donnant un **sens péjoratif**. Pour Durkheim, toute règle morale consiste en une norme sanctionnée par le groupe[1]. Il y a donc **anomie** lorsque la cohérence d'un groupe social se défait, et que l'individu* se retrouve seul et sans repères pour se situer dans le monde et pour guider sa conduite. (Phénomène lié à l'atomisation* sociale.)

Archéologie : signifie chez Foucault l'histoire d'une notion ou d'une réalité, « la folie » par exemple, en tant que cette histoire est inscrite dans son présent sous forme de strates, de couches, de sédimentation. Retracer dans l'histoire d'une chose comment s'est mise en place sa structure présente est une démarche parallèle à la critique d'une croyance : celle qui consisterait à croire que la « folie » ou la « sexualité » constitueraient des réalités anhistoriques, intemporelles, auxquelles chaque époque se contentrait de se rapporter différemment. Pour Foucault, la sexualité (par exemple) n'est rien d'autre que la façon dont nous nous y rapportons.

Atomisation : destruction des liens sociaux, pulvérisation des corps intermédiaires (classes sociales, corporations, associations...) laissant face à face un individu* livré à lui-même et la (toute) puissance d'un Parti ou d'un État (ayant dissous toutes les solidarités, tous les liens sociaux, tous les corps intermédiaires). H. Arendt voit dans l'atomisation sociale la condition de la mise en place d'un pouvoir totalitaire[2].

Communautarisme : dans sa forme la plus radicale, le communautarisme consiste dans la doctrine selon laquelle l'État est l'émanation non de l'assemblée des citoyens, mais des différentes communautés (ethniques, religieuses, linguistiques) qui composent la société civile. Selon cette doctrine, les « piliers » de l'État seraient non pas la volonté affirmée des individus* (comme c'est le cas chez Tocqueville, Renan, etc.) mais la vie et les traditions des diverses communautés.

Connotation/dénotation : en linguistique, on distingue, pour un mot ou une expression, sa **dénotation** c'est-à-dire son sens (le sens qu'il véhicule) de sa **connotation** [des nuances péjoratives ou valorisantes qui lui sont attachées, des jugements de valeur (le plus souvent) implicites que le locuteur porte sur l'objet de son discours]. Exemples de mots ayant une même dénotation mais des connotations distinctes voire opposées : enfantin/infantile, médiéval/moyenâgeux, croyance/crédulité, incroyant/incrédule, etc.

Consensus : **accord en principe unanime** des individus* composant une communauté ou un groupe social sur des valeurs communes, ou le fonctionnement des institutions,

1. Position que l'on peut rapprocher du pragmatisme.
2. In *Le Système totalitaire*, Seuil, 1995.

ou sur la décision à prendre dans telle circonstance particulière. Dans la théorie du contrat social de Rousseau, le consensus n'est nécessaire qu'à un seul moment et sur un point unique : au moment ou se réalise le « contrat » précisément, où chaque individu* décide d'entrer dans la vie sociale en renonçant à l'état de nature, et où tous tombent d'accord une fois pour toutes sur le « principe de la pluralité », c'est-à-dire sur le fait que ce qui sera décidé par une majorité de citoyens s'appliquera à tous. L'absence de tout consensus initial constituerait l'**anomie*, l'absence et l'impossibilité de toute loi**, état qu'Hobbes décrit comme étant celui où « chacun est en guerre contre tous ». Les libéraux pour leur part insistent sur l'idée qu'aucun consensus sur les fins n'est nécessaire ni même souhaitable pour que la société se développe harmonieusement. Selon H. Arendt, les régimes totalitaires sont les seuls à se passer de tout *consensus juri,* de tout consensus sur le droit, s'imposant alors par la seule terreur.

Constitution : au sens antique (chez Aristote), désigne la **nature** d'un régime politique (despotique, démocratique, etc.) ; au sens moderne, désigne un texte fondateur, une sorte de charte qui encadre l'espace politique qu'elle ouvre (Constitution américaine, constitution de la Ve République). D'où la notion de « régime constitutionnel » (dans lequel l'arbitraire du pouvoir est contenu ou contré par la constitution), régime démocratique et régime constitutionnel tendant à devenir synonymes à l'époque moderne (par opposition à l'absolutisme). La constitution renvoie alors à un type de régime déterminé (démocratique), et non à la nature des différents types de régimes politiques possibles.

Contre-culture : mouvement principalement américain des années 60 et 70, qui se donnait pour but de s'opposer à la culture dominante identifiée comme « bourgeoise », en transgressant systématiquement les règles traditionnelles et/ou implicites de l'art ou de la culture en général. Mouvement lié à la protestation contre la guerre au Vietnam, on peut évoquer les noms de Andy Warhol et de Jack Kerouak (auteur de *Sur la route*). Synonyme du mouvement « *underground* », souterrain. Un cinéaste vénérable ayant été interpellé lors d'une conférence de presse par un jeune lui demandant quand il allait enfin se mettre à faire du cinéma « *underground* » lui avait répondu qu'il ferait du cinéma « *underground* » après sa mort. On peut voir dans la condamnation de la culture dominante et la volonté affichée de s'en démarquer une préfiguration du rejet du « *mainstream* » (en français : « courant principal ») par les multiculturalistes*.

Demande de reconnaissance/Demande de droits (dans le contexte multiculturaliste) : les multiculturalistes distinguent (voire opposent) **une simple demande de droits** (*a priori* demande de droits égaux pour tous, comme le droit de vote pour tous les citoyens, ou le droit pour les « noirs » d'aller dans les mêmes écoles, de fréquenter les mêmes universités, d'emprunter les mêmes autobus que les « blancs » (aux USA) ; mais éventuellement **aussi** demande de **droits nouveaux** : les droits sociaux, le RMI, la couverture sociale universelle, etc.) ; et une **demande de reconnaissance** (c'est-à-dire essentiellement la demande de la **reconnaissance symbolique** de la valeur, de l'égale dignité de telle ou telle culture ou **communauté particulières**), donc demande que soit prise en compte la **spécificité** de telle ou telle communauté ou tel groupe social, que cette spécificité ne soit **pas seulement tolérée** mais **reconnue et respectée**, perçue comme un facteur d'enrichissement de la société tout entière. Dans cette perspective, les multiculturalistes opposent une simple **politique des droits** (nécessaire mais insuffisante et d'ailleurs acquise pour l'essentiel, du moins en occident) et une **politique de reconnaissance** (intégration et valorisation active de l'apport spécifique de telle ou telle communauté). Cela débouche sur l'« *Affirmative action* » aux USA : une politique volontariste de promotion des différentes communautés perçues comme constituant le tissu social.

Déni/dénégation : (en psychanalyse) deux termes à ne pas confondre : le **déni** constitue une **réaction de défense** de la part du psychisme d'un individu* confronté à une **réalité traumatisante** ou insupportable : il consiste tout simplement à **ne pas prendre acte de la réalité** ou d'une réalité (par exemple la mort d'un proche, ou de l'absence de pénis chez la femme dans la théorie freudienne de la « phase phallique ») ; le déni est donc une sorte d'**hallucination négative** ; la **dénégation** consiste à énoncer une idée (un désir, un souvenir) sous une forme négative, en lui affectant un indice de vérité contraire à son indice réel. (Par exemple : « je n'ai jamais désiré avoir de relations sexuelles avec elle » : si tel était le cas, le locuteur n'aurait jamais eu non plus l'idée de formuler cette phrase : **c'est précisément dans la mesure où elle est fausse qu'elle peut être formulée** : c'est exactement ce en quoi consiste la **dénégation**.) Pour comprendre la **dénégation**, il faut partir de l'**ambivalence*** ressentie par le sujet à l'endroit de ses désirs. Dans la dénégation, le désir, de purement et simplement refoulé qu'il était auparavant, commence à affleurer à la conscience **sans que le sujet puisse encore le reconnaître comme sien**.

Déontologie : l'étymologie grecque renvoie à la connaissance (*logos*) ou la théorie des devoirs (*deon, deontos*). Le terme est donc à l'origine synonyme de **morale** ou éthique. L'utilitarisme l'emploie encore en ce sens très large (Jeremy Bentham, 1834). Mais depuis la seconde moitié du XIXe siècle, il a pris un sens plus restreint : ensemble des règles et devoirs liés à l'exercice d'une profession, en particulier d'une **profession libérale** : on parlera de la déontologie des médecins (**serment d'Hippocrate**, probablement le premier « code de déontologie »), mais aussi des journalistes, des juristes, des hommes politiques, etc. (On ne parle guère de la « déontologie des ouvriers », par exemple : fait qui mérite que l'on s'interroge…)

Despotisme : chef unique (*monarchos*) qui agit guidé par son seul désir, de manière **arbitraire** (Aristote, Oresme, XIVe siècle) : il agit comme un berger qui se révélerait tout à coup être un loup (Platon). *République*, 565-566.

Diaspora : état de dispersion de la « communauté juive[1] » de par le monde (et principalement en Europe et en Afrique du Nord) du fait de la destruction de l'État d'Israël antique (par les romains, destruction du Temple de Jérusalem en 70 après Jésus-Christ et dispersion forcée du peuple juif). Le courant « sioniste » s'est développé au XIXe siècle (**en réaction à la tendance** croissante de la communauté juive **à s'intégrer** aux différents pays d'accueil en dissolvant leur spécificité, intégration rendue

1. Lorsque le mot « *Diaspora** » est employé comme un nom propre (du grec *diaspora** signifiant « dispersion ». Attesté en ce sens en français depuis 1909 seulement : la **date d'apparition** du terme est donc **consécutive à la prise de conscience du phénomène**, et non à son apparition historique). Comme nom commun, peut être employé (par extension, attesté en français depuis 1968) pour décrire d'autres situations de dispersion (ex. diasporas* arménienne, chinoise, kurde, palestinienne, etc.).

possible par la levée des mesures discriminatoires à leur égard, en France depuis la Révolution française en particulier) préconisant la **fin de la diaspora** par la recréation d'un État d'Israël. L'État d'Israël a bien été créé dans la foulée de la Seconde Guerre mondiale (1948), mais sans mettre fin au phénomène de *diaspora*.

Dictature : dans l'Empire romain, la dictature se distinguer de la **tyrannie*** (grecque, toujours contraire aux lois), en ce que le pouvoir légitime peut remettre ce pouvoir entre les mains d'un « dictateur » lorsque la situation l'exige et que la nation est en danger (du fait d'une menace intérieure : sédition, situation de guerre civile) ou extérieure (invasion). Le pouvoir est remis entre les mains du dictateur, avec liberté de suspendre les lois et les libertés habituelles, pour **un temps** déterminé et avec un **contrat** clair à remplir. La dictature était proclamée par décret émanant du Sénat, pour une période de 6 mois, et nominative (le décret désignait nommément le dictateur), avec pour mission de ramener la paix civile et de rendre possible le retour aux libertés. La « dictature » était donc — contrairement à la tyrannie* — une disposition inscrite dans le droit romain, comme un ultime recours pour sauver l'État.

Droits formels/droits réels (contexte marxiste) : les **droits formels** sont de simples droits théoriques, inscrits dans la loi mais dont une part importante de la population se trouve coupée dans la mesure où elle n'a pas accès à l'exercice effectif de ces droits (économiquement parlant en particulier). Les **droits réels** sont ceux qui incluent l'accès effectif de tous ceux qui en sont pourvus à l'exercice de ces droits.

Économique : (sens psychanalytique) description des faits psychiques reposant sur l'hypothèse d'une libre circulation et d'une constance de l'énergie psychique globale (*libido*), permettant de décrire des phénomènes d'augmentation, de diminution (locales) et d'équivalences. (Le croisement de l'approche économique, topique* et dynamique du psychisme humain constitue ce que Freud appelle une théorie « métapsychologique[1] » de ce psychisme[2].)

Efficience : dans le modèle de V. Paréto, une innovation ou une disposition nouvelle sont efficientes si elles apportent une amélioration à la qualité de vie d'une personne ou d'un groupe social *sans nuire à aucun autre*. Alfred Marshall propose quant à lui une définition moins restrictive de l'efficience : est efficiente toute disposition qui, compte tenu des avantages procurés aux uns et des désavantages occasionnés à d'autres, présente un solde positif.

Habitus : terme employé par le sociologue Pierre Bourdieu pour définir « *un ensemble de dispositions socialement constituées* ». L'*habitus* désigne donc l'intériorisation par un « agent » (ou acteur social) d'un mode de fonctionnement généré par des structures objectives (c'est-à-dire sociales) qui lui fournit en quelque sorte la clé de l'adaptation au champ social dans lequel il est amené à se situer. L'*habitus* comporte donc deux faces, l'une objective, l'autre objective, et peut être décrit tantôt comme l'intériorisation par l'agent des structures lui préexistant, tantôt comme l'extériorisation des stratégies individuelles dans un champ déterminé par des structures objectives.

Heuristique : une règle, une croyance, une hypothèse, une méthode sont dites **heuristiques** lorsqu'elles sont fécondes, lorsqu'elles favorisent ou rendent possible

1. Cf. S. Freud, *Métapsychologie*, 1915, Idées Gallimard, 1940.
2. Cf. Laplanche et Pontalis, *Dictionnaire de psychanalyse*, p. 125.

l'accroissement des connaissances, lorsqu'elles stimulent la recherche, sans préjuger de savoir si elles sont vraies ou non.

Idéal-type : terme sociologique, néologisme forgé par Max Weber. Un idéal-type (ou type idéal, selon la traduction retenue) est la description d'un modèle ou d'une structure « idéale » au sens où sa logique irait jusqu'au bout de ses conséquences et n'aurait à composer ni à faire de compromis avec rien : ni avec des éléments contingents ou historiques, ni avec un rapport de pouvoirs, ni avec une autre structure. En ce sens, un « idéal-type » n'est jamais réalisé tel quel dans une structure réellement existante, mais il permet de rendre intelligible une logique ou une articulation d'éléments en faisant abstraction de tout ce qui pourrait venir introduire une distorsion accidentelle, historique ou provisoire.

Individu/personne : individu et personne sont distingués voire opposés par le courant personnaliste qui voit dans **l'individu** une abstraction, l'homme coupé de son inscription dans une famille, un groupe humain, une société : l'homme amputé de sa dimension sociale et collective. **La personne** au contraire désigne l'homme confronté à (ou aux prises avec) une réalité humaine et sociale (rapports de pouvoir au sein d'un groupe, répartition des richesses, regard social posé sur l'homme qui l'intériorise). L'individu est isolé alors qu'il y a un monde de la personne qui est le social lui-même. **L'homme serait un individu s'il était seul au monde**, l'homme ne peut être une personne que parmi d'autres hommes, en interagissant avec d'autres personnes. (E. Mounier)

Main invisible : métaphore empruntée par Adam Smith dans *La Richesse des Nations* pour désigner le fait que le marché se régule de lui-même sans qu'il soit besoin de recourir à une intervention, qu'elle soit humaine ou divine.

> « En préférant le succès de l'industrie nationale à celui de l'industrie étrangère, il ne pense qu'à se donner personnellement une plus grande sûreté ; et en dirigeant cette industrie de manière à ce que son produit ait le plus de valeur possible, il ne pense qu'à son propre gain ; en cela, comme dans beaucoup d'autres cas, il est conduit par une main invisible à remplir une fin qui n'entre nullement dans ses intentions. Tout en ne cherchant que son intérêt personnel, il travaille souvent d'une manière bien plus efficace pour l'intérêt de la société que s'il avait réellement pour but d'y travailler. » (*La Richesse des Nations*,
> IV, 2)

Masses : le terme de « masses » est presque toujours pris avec une nuance péjorative et caractéristique de l'époque contemporaine. **Il s'oppose aux idées de classes sociales** fortement différenciées, de corporation, **de vie associative**. Les « masses » constituent **un ensemble indifférencié**, sans structuration organique, dans lequel les individus* se retrouvent seuls et livrés à eux-mêmes. H. Arendt parle des masses comme la condition sociologique d'apparition du totalitarisme : le jeu des partis politiques traditionnels se trouve en effet vidé de sa substance dans la mesure où il n'y a plus de catégories sociales clairement définies dont ces partis pourraient avoir vocation à défendre les intérêts. L'opposition masses/peuples ou groupes peut être formulée avec les termes sartriens de **collectif sériel** (juxtaposition d'individu* que rien d'essentiel ne relie : ex. les individus* assis dans le même autobus, qui n'ont rien en commun sinon le fait d'aller dans la même direction) et de **groupe en fusion**

(ex. : manifestants vibrant à l'unisson au rythme des mêmes slogans, assemblés volontairement par un but commun).

Moratoire : du latin *morari* : retarder. Un moratoire est l'interdiction **provisoire** d'une pratique, soit décidée par concertation, soit imposée, qui s'étend jusqu'à une « date butoir » ou jusqu'à un événement mettant clairement fin au moratoire et amenant à rouvrir le débat en vue d'aboutir à une conclusion d'autorisation ou d'interdiction définitive de ladite pratique.

Multiculturalisme/Communautarisme : quoique l'usage de ces deux mots soit encore flottant et qu'ils soient fréquemment pris l'un pour l'autre, je propose d'appeler « *multiculturalisme* » le courant qui présente les différences de cultures, de mentalités, de modes de vie comme un enrichissement de la société tout entière, la confrontation ou les échanges entre ces différents groupes constituant la vie de la société tout entière (donc le refus du mélange de ces différences dans le melting-pot qui aboutirait à une société uniformisée), et de réserver le terme de « *communautarisme* » au courant plus radical qui pense que **la société est constituée de ces différentes communautés et non des individus*** qui les composent. Dans cette perspective, l'individu* ne peut avoir aucun droit face à la communauté à laquelle il est censé appartenir, il ne peut attendre de l'État aucun secours face aux revendications de sa communauté, et les véritables **partenaires/interlocuteurs de l'État**, ceux auxquels l'État s'adresse, sont non pas les individus* mais les communautés. Ce qui prévaut est alors **non ce que les gens veulent** mais **qui ils sont** en termes d'appartenances communautaires.

Nihilisme : (de *nihil* en latin : rien) au sens antique, le nihilisme désigne un mouvement de pensée selon lequel l'homme ne peut accéder à l'absolu (sophistique, scepticisme). Au sens moderne, le nihilisme désigne un mouvement historique (qui est selon Nietzsche le moteur caché de l'histoire occidentale) par lequel les valeurs supérieures se dévalorisent progressivement, rien ne subsistant à terme des valeurs et des croyances sur lesquelles s'était construite la civilisation occidentale. Le nihilisme n'est pas, cependant, selon Nietzsche, un phénomène spécifiquement moderne, mais la modernité est l'époque où la montée du nihilisme devient visible par tous. Enfin, en Russie, le nihilisme devient un courant politique (proche de l'anarchisme) selon lequel toutes les institutions héritées du passé doivent être mises à bas (par le terrorisme en particulier), « ne résistera des institutions que ce qui est fondamentalement bon. » (Pissarev, Tourgueniev).

Nomocratie : étymologiquement : le règne de la loi.

Performatif (se dit d'un discours ou d'une formule) : l'usage **performatif** du langage s'oppose à son usage descriptif ou narratif. L'usage **narratif** consiste à rapporter (à porter au langage) une réalité qui existait indépendamment du langage et qui subsiste sans lui. L'usage *performatif* du langage consiste à agir par la parole, à **faire advenir une réalité nouvelle qui n'aurait pu exister sans le langage** (ex. la promesse, le serment, la demande de pardon, l'absolution). (Austin)

Pharmakon : (grec) : **poison, remède**, « drogue » : c'est l'idée que le *pharmakon* a deux effets possibles, qu'il est à la fois le poison et son antidote. [Idée présente chez Platon, reprise par Jacques Derrida (*La Pharmacie de Platon*) et René Girard (*Des choses cachées depuis la fondation du monde*).]

Phylogenèse/ontogenèse : **l'évolution phylogénétique** est celle qui se poursuit à travers la **succession des générations**, au fil de laquelle une espèce ou un groupe social évoluent de façon lente et continue ; une **évolution ontogénétique** est celle qui s'effectue à l'échelle de l'individu*, au fil de son histoire personnelle allant de sa naissance à sa mort.

Post-modernité : le terme de post-modernité, employé en architecture au départ, puis repris en philosophie et dans les essais sur le monde contemporain, terme attaché aux noms de J.-F. Lyotard (même si celui-ci ne le reprenait pas à son compte de façon univoque) et de G. Lipovetsky, signifie que la page de la modernité serait désormais tournée. Pendant la période dite des « Temps modernes », l'humanité aurait **rompu avec des traditions** multiséculaires, pour **tout fonder sur le présent**, sur la nature, la raison ou l'individu*. Le **geste de rejet du passé** aurait prévalu comme condition de la refondation (de la société, de l'État, du savoir, de la science, etc.) sur des bases entièrement nouvelles. L'idée des tenants de la post-modernité est que cette ère est définitivement révolue parce que tout risque de retour aux ordres et aux institutions du passé (ex. les sociétés d'Ancien Régime, Tocqueville) est désormais écarté. **L'individu* post-moderne** (car post-modernité rime avec individualisme exacerbé) **n'a plus à rompre avec rien**, il n'a plus de comptes à régler avec la tradition ou avec le passé, **il ne s'assure plus de son identité en se démarquant de ce qui l'a précédé**. **Au contraire, il a acquis un rapport libre au passé**, aux différentes traditions, et peut se permettre de puiser librement dans le patrimoine de l'humanité que constituent toutes les traditions, les modes de pensée et de vie, ce qui lui semble pertinent pour inventer son présent. En architecture par exemple, il va reprendre des ruines ou des matériaux antiques pour les mêler à des éléments futuristes, à des matériaux récents (métaux, béton, baies vitrées, etc.). (Cf. Par exemple le musée David d'Angers à Angers, résultat composite des ruines d'une ancienne église et de structures métal/verrières du style de la pyramide du Louvre.)

Référent : en linguistique, ce à quoi renvoie le signe, la réalité extérieure au langage à laquelle le signe (le mot par exemple) se réfère. Il faut donc éviter de confondre le **signifié** (à savoir l'idée associée au signe dans sa matérialité, visuelle ou sonore) et le **référent** qui est la chose, l'objet ou la réalité, *extérieurs au langage*, auxquels renvoie le signe.

Régalien : de *rex* en latin : le roi. Recentrer l'État sur ses fonctions régaliennes (soit principalement le droit de battre monnaie, de rendre la justice, de faire régner la concorde sociale et de mener la politique étrangère, de faire la guerre), c'est récuser son intervention dans les domaines socio-économiques, sur les terrains de la liberté de conscience, de croyances ou d'expression. (F. Bacon par exemple.) À l'État régalien s'oppose par excellence l'« État-Providence ».

Responsabilité civile/responsabilité pénale : responsabilité civile et responsabilité pénale représentent les deux faces de la **responsabilité juridique** (par distinction avec la **responsabilité morale**, dont l'individu* est seul juge en son *for intérieur*. Cf. K. Jaspers) La **responsabilité civile** est l'obligation faite à chacun de réparer les dommages qu'il a fait subir à autrui, intentionnellement ou non. La **responsabilité pénale** représente la peine (prison, amende) que quelqu'un peut avoir à subir du seul fait qu'il a enfreint ou transgressé une loi : c'est donc à l'État (en tant qu'il promulgue la loi, c'est-à-dire en tant que **pouvoir législatif,** et qu'il est chargé de veiller à son respect, c'est-à-dire en tant que **pouvoir judiciaire**), et non à un ou des tiers, qu'il a à rendre compte.

Souveraineté : le concept de souveraineté, qui émerge en particulier avec *Les six livres de la République* (1576) de Jean Bodin (1529 ?-1596), est inséparable de la formation des États-nations. Les États d'Europe ont hérité (de l'Empire romain) de la notion de *potestas*, de puissance. Mais dans la théologie et dans la philosophie politique au Moyen Âge, Dieu seul « a puissance souveraine », et les pouvoirs humains (individus* ou institutions) ne disposent de la *potestas* que par délégation. Dieu peut les faire **dépositaires de la puissance**, mais toujours de façon conditionnelle et provisoire : Dieu peut les déposséder à tout moment de la *potestas*. Nicolas Machiavel et Jean Bodin sont les deux premiers théoriciens à oser penser le pouvoir politique comme **autonome**, c'est-à-dire comme ne dérivant pas de la *potestas* divine, mais **se fondant en quelque sorte sur lui-même**. Pour la première fois dans l'histoire de la pensée humaine est affirmée **l'idée qu'il existe sur la terre une source de puissance qui est souveraine** c'est-à-dire qui n'a de compte à rendre à personne. C'est la définition même de l'État selon Jean Bodin : il y a État là où il y a action « avec puissance souveraine » (ex. battre monnaie, rendre la justice, promulguer des lois, etc. : les attributs de la souveraineté sont par excellence les attributs régaliens* de l'État. L'enjeu principal de la philosophie politique devient alors : **qui est investi de la souveraineté** : **le Prince**, le monarque, l'empereur (Machiavel, Hobbes) ?, **ou bien** au contraire **le peuple** (théorie de la **souveraineté populaire**, Rousseau).

Syndrome : **conjugaison de plusieurs symptômes** constituant une entité clinique reconnaissable, fournissant un **faisceau d'indices** permettant d'établir un diagnostic clinique ; ensemble de signes révélateurs d'une situation jugée inquiétante. (Médecine générale, psychiatrie.)

Téléocratie : pouvoir organisé en vue d'une fin, d'un but (*télos* en grec).

Thaumaturge : de *thaumas*, l'étonnement, *thauma*, le miracle. Littéralement « faiseur de miracles ». Sous l'Ancien Régime, les souverains étaient censés disposer d'un pouvoir thaumaturgique, en particulier du pouvoir de guérir les malades par simple attouchement. Le jour de son sacre, le roi était censé être revêtu du pouvoir de « guérir les écrouelles » (= abcès). Ce pouvoir était censé manifester la dimension sacrale de son règne[1], et la faveur divine qui accompagnait le « bon souverain ». (Cf. Ernst Kantorovicz, *Les deux corps du roi*, Gallimard, 1989)

Topique : (en psychanalyse) du grec *topos*, le lieu. L'approche **topique** du psychisme humain consiste à s'efforcer de distinguer différents « lieux », les différentes « zones » ou « instances[2] » de ce psychisme. (Le terme de « lieu » est bien sûr à prendre en un sens métaphorique ; à ne surtout pas confondre avec la problématique totalement distincte des **localisations cérébrales.**) Dans la théorie freudienne se sont succédé deux topiques distinctes (c'est-à-dire deux modèles distincts pour appréhender la

1. On pourrait établir un parallèle avec ce que la pensée musulmane appelle la « baraka » d'un leader politico-religieux, qui est aussi la manifestation du fait que la protection divine l'accompagne, et que Dieu apporte son onction à ce que ce leader entreprend dans la soumission (*islam* en arabe) à Allah.

2. Cf. « Les diverses instances de la personnalité psychique », in *Nouvelles conférences sur la psychanalyse*, 1932, Idées Gallimard, 1936, troisième conférence, p. 78-107.

structure topique de l'appareil psychique) : la **première topique** (ébauchée dès 1895, formulée pour la première fois nettement en 1900 dans *Die Traumdeutung, L'interprétation de rêves*) distinguait le **conscient**, le **préconscient**[1] et l'**inconscient** ; la **deuxième topique**[2] (ébauchée à partir de 1920) distinguait le Moi, le Surmoi et le Ça. **Les deux topiques ne se recouvrent pas**, ce qui explique l'intérêt de passer à une deuxième topique, rendant compte de ce que la première ne permettait pas d'expliquer : c'est essentiellement la promotion de la problématique du **narcissisme**[3] qui a conduit Freud à « basculer » de la première topique à la seconde[4].

Tyrannie : pour les grecs, un régime politique dégénéré où l'essence du politique s'est perdue. Elle est souvent présentée (déjà par Platon) comme une conséquence de la démocratie dégénérant : chacun donnant libre cours à ses désirs, la loi tombe en discrédit et il n'y a plus d'alternative que l'arrivée au pouvoir d'un tyran qui rétablisse l'ordre, **son** ordre, c'est-à-dire qui fasse valoir **son** désir propre comme étant la loi. La tyrannie n'est donc pour Platon qu'une falsification du politique. La liberté ne peut exister que si, tant les individus* que dans la Cité, c'est la raison qui gouverne les passions.

Voile de l'ignorance : dans la *Théorie de la Justice* de J. Rawls, le voile de l'ignorance désigne l'ignorance de leur statut social où sont les différents citoyens qui se placent dans la « **position initiale** » pour délibérer de manière raisonnable sur les principes de la justice d'où doivent découler à la fois des **lois** et des **institutions** justes (= équitables, pour Rawls) permettant **qu'aucun membre ne soit lésé** par l'organisation sociale. Le « **voile de l'ignorance** » est donc la condition de **l'impartialité des citoyens délibérant** sur les principes de justice.

Remarque

Ne multipliez pas le recours à ces termes techniques dans vos dissertations. Utilisez votre propre langage, évitez le style jargonnant souvent déployé à seule fin de masquer la faiblesse de la réflexion. N'utilisez ces termes que si vous êtes sûr(e)s d'en maîtriser l'usage et donc de les employer à bon escient, et par ailleurs s'ils apportent effectivement plus de **clarté** ou plus de **précision** dans votre propos. Utilisez-les (éventuellement avec une définition à la clé) d'une manière qui montre sans équivoque que vous en possédez le sens et l'emploi correct.

---

1. **Bannir absolument** le terme de **subconscient**, terme de vulgarisation que Freud a employé au tout début, mais a très vite récusé parce qu'il suggérait l'idée **d'une autre conscience sous la première**, ce qui n'a évidemment rien à voir avec la conception freudienne de l'inconscient. Cf. Laplanche et Pontalis, *Dictionnaire de la psychanalyse*, PUF, p. 463-464.
2. Il faut comprendre la topique* deuxième comme un **remaniement en profondeur de la première** sous la poussée du concept de narcissisme appelé peu à peu à occuper une place prépondérante dans la théorie psychanalytique.
3. Cf. « Pour introduire le narcissisme », 1914 (in S. Freud, *La Vie sexuelle*, PUF, 1969, p. 81-105).
4. Freud ébauche l'articulation des deux topiques* dans in *Nouvelles conférences sur la psychanalyse*, 1932, Idées Gallimard, 1936, troisième conférence, p. 100-107, et en particulier **le schéma de la page 107** qui « superpose » les deux topiques* (qui, encore une fois, ne se recouvrent pas).

QUELQUES EXEMPLES DE SUJETS PROPOSÉS

1. La construction européenne, un rempart[1] contre la mondialisation ?

2. Peut-on faire l'Europe sans défaire la France[2] ?

3. Peut-on opposer Europe des nations et Europe des marchés ?

4. « Économie de marché » et « société de marché[3] » : cette distinction résiste-t-elle à l'analyse ?

5. La mondialisation consacre-t-elle l'avènement du marché-roi ou du consommateur-roi[4] ?

6. La mondialisation constitue-t-elle un modèle à suivre, ou un piège à éviter[5] ?

7. La mondialisation peut-elle ne pas être aujourd'hui une américanisation du monde[6] ?

8. Le processus de mondialisation et la montée des revendications identitaires sont-ils antagonistes ou complémentaires[7] ?

9. La mondialisation traverse-t-elle aujourd'hui une crise de légitimité ?

10. La mondialisation est-elle la fin de l'histoire (ou : du monde[8]) ?

11. Une mondialisation de la culture est-elle à redouter[9] ?

12. Le projet d'un « nouvel ordre international » est-il définitivement enterré (ou : a-t-il avorté, a-t-il vécu) ?

13. Quels équilibres géopolitiques pour demain ?

14. Après la fin de la guerre froide, allons-nous vers un monde unipolaire, ou multipolaire ?

15. Quel rôle pour l'OTAN après la dissolution du Pacte de Varsovie ?

16. Le XXIe siècle sera-t-il religieux ?

17. Peut-on penser le religieux comme relevant de la seule sphère privée[10] ?

---

1. Cf. A. Minc, *La Mondialisation heureuse*, Plon/Pocket, 1997, chap. 2, p. 41, 59, 88.
2. La formule est de Zaki Laïdi, Malaise dans la mondialisation, p. 127. Il écrit que si l'on mise sur le statu quo, on aboutira à ce résultat de « défaire la France sans faire l'Europe ».
3. Cf. Zaki Laïdi, *Malaise dans la mondialisation*, p. 112-131.
4. « Dans certaines parties du monde, la mondialisation de l'économie est en train de détruire l'État-nation comme creuset de la pluralité. [...] Négatrice de tout fait authentiquement social et politique, elle promeut le marché comme lieu indéfini et illimité de rencontre des monades individuelles. », Ph. Engelhard, *L'Homme mondial*, Arléa, 1996, p. 263.
5. Cf. Zaki Laïdi, *Malaise dans la mondialisation*, p. 9.
6. Cf. Ph. Engelhard, *L'Homme mondial*, Arléa, 1996, deuxième partie. (En particulier p. 253)
7. Cf. A. Minc, *La Mondialisation heureuse*, 1997, p. 36-38 ; Zaki Laïdi, *Malaise dans la mondialisation*, p. 115-117 ; Ph. Engelhard, *L'Homme mondial*, Arléa, p. 249.
8. Cf. Fukuyama, *La Fin de l'histoire et le dernier homme* ; Minc, *La Mondialisation heureuse*, p. 11 ; Zaki Laïdi, *Malaise dans la mondialisation*, 1997, p. 18-19, 126-131 ; Ph. Engelhard, *L'Homme mondial*, Arléa, 1996, p. 17.
9. Ph. Engelhard, *L'Homme mondial*, Arléa, 1996.
10. Cf. Ch. Taylor, *Multiculturalisme*, Champs Flammarion, Aubier, 1994 ; D. Hervieu-Léger, *Le Pèlerin et le Converti*, Flammarion, 1999 ; M. Gauchet, *Le Désenchantement du monde*, NRF Gallimard, 1985.

18. Pouvons-nous échapper aujourd'hui à une redéfinition de la famille[1] ?

19. Prendre en compte la montée des revendications identitaires implique-t-il une redéfinition du lien social[2] ?

20. Comment se rejoue aujourd'hui la frontière entre le privé et le public[3] ?

21. Espaces privés, espaces publics dans les sociétés contemporaines[4].

22. Quelle place pour l'Afrique au XXIe siècle[5] ?

23. Quelles solutions pour l'Afrique au XXIe siècle ?

24. Quelle politique africaine de la France au XXIe siècle ?

25. La politique africaine de la France au XXe siècle se solde-t-elle par un échec (ou : a-t-elle échoué) ?

26. La francophonie : un combat d'arrière-garde ?

27. Au nom de quoi défendre « l'exception culturelle[6] » ?

28. Quel rôle pour l'ONU au XXIe siècle ? L'ONU a-t-elle vocation à devenir le « gendarme du monde » ?

29. Quelles modifications structurelles (et/ou institutionnelles) permettraient à l'ONU de jouer pleinement son rôle au XXIe siècle ?

30. Le libéralisme est-il l'horizon indépassable de notre temps[7] ?

31. Indépendance de la justice ou gouvernement des juges ?

32. Quel rôle pour les élites à l'ère de la culture (et/ou de la communication) de masse*[8] ?

33. Les nouveaux enjeux écologiques[9].

34. « Préserver la nature » peut-il à soi seul constituer un projet politique[10] ?

---

1. Cf. Ph. Arriès, *L'Enfant et la vie familiale sous l'Ancien Régime*, Seuil, 1973 ; C. Thélot, *Tel père, tel fils ?*, Dunod, 1982.
2. Cf. Ch. Taylor, *Multiculturalisme*, Champs Flammarion, Aubier, 1994 ; Zaki Laïdi, *Malaise dans la mondialisation*, p. 115-119.
3. Cf. H. Arendt, *Condition de l'homme moderne,* Calmann-Lévy, 1961 et 1983 ; *Essai sur la révolution*, Tel Gallimard, 1967.
4. Z. Bauman, *Le Coût humain de la mondialisation*, Pluriel Hachette, 1999, chap. 2, « Les guerres de l'espace ».
5. Daniel Cohen, *Richesses du monde, pauvreté des nations* ; Philippe Engelhard, *L'Homme mondial*, deuxième partie, chapitre I b, p. 263-267, 1996.
6. Jacques Rigaud, *L'Exception culturelle*, Grasset, 1995, 298 pages.
7. Allusion à la phrase de Sartre : « Le marxisme est l'horizon indépassable de notre temps. ».
8. Cf. *Éléments de culture générale*, Ellipses, 1999, « Les élites », p. 113-115 ; P. Bourdieu, *La Reproduction*, Éditions de Minuit, 1970 ; P. Cohen, *Protéger ou disparaître : les élites face à la montée des insécurités*, Gallimard, 1999 ; J. Julliard, *La Faute aux élites*, Gallimard, 1999.
9. H. Jonas, *Le Principe responsabilité* ; M. Serres, *Le Contrat naturel*, François Bourin, 1990 ; L. Ferry, *Le Nouvel ordre écologique*, Grasset, 1992 ; Ph. Engelhard, *L'Homme mondial*, Arléa, 1996, première partie, chap. 3, § C.
10. H. Jonas, *Le Principe responsabilité*, Champs Flammarion, 1990 ; L. Ferry, *Le Nouvel ordre écologique*, Grasset 1992 ; M. Serres, *Le Contrat naturel*, François Bourin, 1990.

35. Le problème de la faim dans le monde est-il derrière nous[1] ?

36. Quels vous semblent être les enjeux majeurs du XXIe siècle ?

37. Les idéologies sont-elles vraiment mortes ?

38. Quelles vous semblent être les idéologies typiquement contemporaines (ou : les nouvelles idéologies) ?

39. L'identité est-elle à penser en termes d'**appartenances** (collectives) ou en termes de **provenances** (ou : trajectoires) individuelles[2] ?

40. Peut-on et doit-on légiférer sur le vivant[3] ?

41. Comment lutter efficacement contre la délinquance internationale ?

42. La délinquance en col blanc.

43. Quel bilan retenez-vous du XXe siècle ? Quel regard portez-vous aujourd'hui sur le XXe siècle[4] ?

44. Les autoroutes de l'information, les révolutions communicationnelles : quels enjeux pour demain ?

45. L'ère industrielle appartient-elle au passé ?

46. Quel État est en crise ? Assistons nous à une crise de l'État-Providence[5], ou à une crise de l'État Nation[6] ?

47. Le repli de l'État jouera-t-il en faveur des individus* ou des marchés financiers[7] ?

48. À qui va profiter le recul de l'État[8] ?

49. Si l'Europe s'est faite pour oublier la guerre et faire face à la menace soviétique, peut-elle aujourd'hui permettre/servir à contenir la puissance/l'influence américaine ?

50. Le consensus* : fin du débat démocratique ?

51. L'impartialité de l'État : mythe ou réalité ?

52. L'idée de révolution est-elle révolue[9] ?

53. Le droit d'ingérence constitue-t-il une négation du principe de souveraineté* des États ? une régression ?

---

1. D. Cohen, *Richesse du monde, pauvretés des nations*, p. 24.
2. D. Hervieu-Léger, *Le Pèlerin et le Converti* ; Ch. Taylor, *Multiculturalisme*, Champs Flammarion, Aubier, 1994.
3. Collectif, *L'Éthique du vivant*, Éditions Unesco, 1998 ; (collectif), *Le Clonage humain*, Seuil, 1999 ; Jacques Testart, *Des Hommes probables*, Seuil, 1999.
4. T. Todorov, *Mémoire du mal, tentation du bien : enquête sur le siècle* ; J. Derrida, *Le Siècle et le Pardon*. Le Monde des débats, n° 9, décembre 1999, repris par Seuil, 2000.
5. Cf. Pierre Rosanvallon, *La Crise de l'État Providence*, Seuil, 1981.
6. Voir J. Habermas, *Après l'État Nation*, Fayard, 2000 ; Ph. Engelhard, *L'Homme mondial*, 1996, deuxième partie, chap. 1 ; Z. Bauman, *Le Coût humain de la mondialisation*, Pluriel Hachette, 1999, chap. III ; A. Minc, *La Vengeance des Nations*, Grasset, 1990.
7. Ph. Engelhard, *L'Homme mondial*, Arléa, 1996, p. 19, 256 *s*.
8. Ph. Engelhard, *L'Homme mondial*, Arléa, (en particulier p. 256 *s*.).
9. H. Arendt, *Essai sur la révolution*, Tel Gallimard, 1967.

54. Souveraineté* des États, ou droit des peuples à disposer d'eux-mêmes ?

55. Parler de « souveraineté* limitée », est-ce formuler une contradiction ? La formule « souveraineté* limitée » constitue-t-elle une contradiction ?

56. Droit d'ingérence, ou devoir d'ingérence[1] ?

57. Peut-on définir et limiter les principes fondamentaux justifiant l'invocation du droit d'ingérence ?

58. Où s'arrêtent les affaires intérieures d'un État sur lesquelles ni un autre État, ni une instance internationale n'ont droit de regard ?

59. Abandons de souveraineté*, délégations de souveraineté* : ces notions ont-elles un sens ? Sont-elles synonymes ?

Cette liste de sujets n'a naturellement rien d'exhaustif, et ne peut couvrir le champ des sujets possibles. Ils ont vocation à vous inciter à vous exercer. Les sujets sur lesquels vous n'auriez rien à dire attirent votre attention sur les lacunes qu'il est le plus urgent de combler. Les références données en notes sont autant de suggestions bibliographiques.

1. Mario Bettati, *Le Droit d'ingérence, mutation de l'ordre international*, Odile Jacob, 1996.

EXEMPLE DE COPIE CORRIGÉE

UNIVERSITÉ DE PARIS I

CIPCEA - Préparation ENA

Galop d'essai

MATIÈRE : Culture générale

DATE : 26/02/2000

Le candidat inscrit ici très lisiblement les renseignements qui lui sont demandés

NOM : ELICOURT

Prénoms : DANIEL

N° INSEE :

N° U.F.R. :

N° de conv.

14 - 15.

La composition étant anonyme, prière de ne pas inscrire son nom ou son n° INSEE sur les feuilles intercalaires.

Les étrangers non francophones peuvent inscrire une croix dans la case ci-contre

Une excellente maîtrise de la discussion.

NOTE de 0 à 10 ou de 0 à 20 (1)	NOM et Prénoms des correcteurs	APPRÉCIATIONS EXPLIQUANT LA NOTE CHIFFRÉE(1)
1er Correcteur :		Je suis en désaccord avec vous sur le fond : vous ne montrez pas véritablement en quoi il y a pervenion, dans ce que j'appellerais plutôt "l'instrumentation" du débat. Pourquoi selon vous le débat devrait-il ne déboucher sur rien ? Votre critique des pratiques actuelles me semble s'enraciner dans une vision très idéaliste des choses : unanimité, décision convenant à tous, alors que le principe de la démocratie est celui de la majorité. Un débat qui ne débouche pas sur 1 consensus est-il un débat qui a échoué ?
2e Correcteur :		

Ne rien inscrire dans cette marge	
	« Quelles limites au débat démocratique ? »
	Le débat démocratique se caractérise par la possibilité offerte à chacun en son sein de s'exprimer librement et à égalité avec l'autre.
Il faudra penser les conditions de cette égalité. La démocratie serait-elle possible sans lui ?	Ainsi défini, le débat démocratique tient en apparence une place de premier ordre dans notre société. L'affirmation de l'égalité des citoyens et de la liberté d'expression concourt à son continuel renouvellement.
	Mais l'échange des mots et des idées dans la relation entre

(1) Prière de rayer la mention inutile.

Imp. Rault, Tél. (1) 45 86 45 45

PARTIE
A
RABATTRE

les Hommes n'a jamais constitué pour ces derniers une fin en soi. Il doit être vecteur pour le moins de plaisir intellectuel, sinon de culture, de connaissances. L'échange, le débat, n'a donc d'intérêt que dans son issue.

Le débat démocratique connaît pour cette raison deux limites, la seconde découlant de la première : son instrumentalisation et sa rationnalisation. Chacune s'attache à limiter l'une des composantes essentielles du débat démocratique : l'égalité et la liberté.

Bien posé

*

* *

L'instrumentalisation du débat démocratique est la directe manifestation de ce besoin qu'ont les Hommes de donner au débat une issue. Elle conduit de façon tout aussi directe à rompre l'égalité entre les Hommes au sein de ce débat, puisque de la nécessité de parvenir à une décision qui soit satisfaisante découle l'inéluctable prévalence de l'opinion de la majorité.

oui : débat n'est ni bavardage ni conversation.

*

La recherche d'une décision quelle qu'elle soit qui

constitue l'issue du débat aboutit directement à la perversion du processus du débat démocratique.

Dès lors que le débat démocratique n'est plus une fin en soi mais le moyen de parvenir à une décision, il est contesté dans ses fondements mêmes.

Il faudrait montrer en quoi ceci constitue une perversion. N'est-ce pas au contraire ce qui donne son poids au débat ?

La sphère du débat démocratique se caractérise en effet par son a-temporalité et sa neutralité. Les hommes y échangent leurs idées, leurs points-de-vue, leurs arguments, d'égal à égal, sans discrimination. → seulement ? ou des volontés, des désirs, les intérêts ?

Qu'une décision doive être prise à l'issue de cet échange, et la réunion de ces conditions n'est plus possible.

L'on serait d'ailleurs enclin à penser que c'est là chose positive, que le débat sinon se résumerait à la somme de bavardages stériles.

Reste que débattre n'est pas (encore) décider, ce qui laisse au débat sa liberté (d'envisager "à blanc" toutes les hypothèses)

Cependant, la recherche d'une décision présentée comme nécessaire conduit à replacer le débat démocratique au centre du temps et au centre de la société. B

par qui ? émerge-t-elle du débat, ou y a-t-il rupture ? ("Délibérer est le fait de plusieurs; décider, le fait d'un seul." De Gaulle).

Les réflexions sont alors jugées non seulement en fonction de leur pertinence mais aussi de la position sociale de l'individu qui les exprime.

Surtout, la multiplicité des arguments appelle le dégagement d'une majorité qui pourra prendre la décision contre la minorité.

L'on pourrait toutefois attendre du débat démocratique qu'il ait permis l'éclosion d'une décision juste et équitable pour tous. Mais la perversion induite par l'instrumentalisation du débat démocratique est telle que cela n'est pas davantage possible.

*

Dès lors que le débat démocratique est seul le moyen de parvenir à une décision, le caractère juste et équitable attendu de celle-ci n'est lui-même pas tenable.
En effet, le respect de l'égalité, principe intrinsèque au débat démocratique, devrait conduire à rechercher une décision qui contente tous les acteurs du débat. Mais une telle décision ne pourrait s'apparenter qu'à un jugement de Salomon dont l'unique effet serait finalement un mécontentement général.

*

La fin conférée au débat démocratique d'aboutir à une solution satisfaisante conduit donc celui-ci à s'abstraire de l'un de ses fondements, le principe d'égalité.

Cette première limitation et perversion du débat démocratique est chaque jour manifeste. Un article de ce jour de Jean-Paul Fitoussi dans les colonnes du Monde en rend compte a contrario. Celui-ci s'interroge en effet sur une éventuelle "fin de l'économie", en constatant que le principe d'une économie de marché est acquis à tous les esprits à présent et que parallèlement ne cessent de se multiplier les rencontres, les lieux de débat…

L'instrumentalisation du débat démocratique l'a ainsi complètement perverti, en a fait perdre le sens originel. Il semble même à présent que la décision parfois précède le débat qui, comme dans notre exemple, ne fait plus que l'entériner.

*

[Marginal note:] très idéaliste. Elle pourrait être "l'équation" la plus raisonnable, favorable, compte tenu des positions et des intérêts en présence. Qui a dit que les décisions devraient se prendre à l'unanimité ? l'absence d'unanimité n'est-elle pas la condition du débat ?

D Recto

Cette première limite apportée au débat démocratique a sans doute provoqué mécaniquement l'apparition de la deuxième : ne pouvant être conçu autrement que comme un instrument de prise de décision, le débat démocratique devait dès lors être rationnalisé.

*

* *

La rationnalisation du débat démocratique constitue une seconde limite tout aussi importante en ce qu'elle porte atteinte à son deuxième fondement, la liberté. Elle prend forme en effet d'une part dans la professionnalisation du débat démocratique, d'autre part dans un contrôle de sa teneur.

*

B. Qui débat ? Faut-il un mandat pour participer au débat démocratique, ou chacun ne s'y exprime-t-il qu'en son propre nom ? Questions de fond !

La professionnalisation du débat démocratique entraîne ipso facto la perte de liberté du citoyen ordinaire en son sein. Elle prend corps dans deux phénomènes : la mécanisation du débat démocratique, et sa personnalisation.

Le débat démocratique se trouve donc, d'une part, enfermé dans un ensemble de mécanismes sur lesquels le citoyen ordinaire n'a qu'une faible influence et qui contraignent donc la liberté d'expression de celui-ci. Instrument de prise de décision, le débat démocratique s'est d'abord vu enfermé dans des mécanismes institutionnels étatiques qui en régissent le déroulement et finalement le stérilisent. Cette situation est renforcée par l'évolution de la société qui *aux thèmes traités un caractère toujours plus technique qui entraîne une

* donne

technocratisation des acteurs de ce débat démocratique institutionnalisé.
Ainsi, les débats à l'Assemblée Nationale revêtent aujourd'hui davantage l'aspect d'une suite de monologues monocordes, dont l'auditoire en outre est bien souvent clairsemé. L'essentiel du travail de l'Assemblée s'effectue en effet dans le cadre de Commissions où le "débat" repose cette fois sur une suite d'expertises.

Mais la mécanisation du débat démocratique est présente aussi en dehors de la sphère étatique.
Le monopole des médias en la matière est en effet manifeste. Il n'y a plus d'autre moyen de lancer ou de participer au débat démocratique qu'en passant par la presse écrite, la radio ou la télévision.
Les acteurs du débat démocratique n'en sont plus les maîtres. Leur liberté est soumise à un droit de péage qui certes se veut le plus infime, le plus transparent possible, mais qui existe néanmoins.

D'autant plus que le nombre des acteurs pouvant participer au débat démocratique tend à être réduit, du fait d'une "personnalisation" du débat démocratique.
Celle-ci fut appelée par la mécanisation susvisée: la participation au débat démocratique est devenue affaire de spécialistes.
En témoigne l'apparition des partis politiques, puis des corporations syndicales. La presse elle-même a aujourd'hui ses chroniqueurs, ses analystes politiques, seuls aptes à appréhender les enjeux du débat politique.

Recto

La professionnalisation du débat démocratique réduit donc la liberté du citoyen ordinaire, mais aussi finalement de ces nouveaux acteurs intégrés à ces cadres, d'y participer sans contraintes.

Mais la rationnalisation du débat démocratique est aussi manifeste au égard à l'éventuel contrôle qui peut être porté sur la teneur et l'issue de celui-ci.

*

Il apparaît en effet que peut parfois être porté sur le débat démocratique un réel contrôle, alors même que des limites comme nous l'avons vu, viennent déjà le contraindre.

Le débat démocratique a été perverti par le fait que l'opinion d'une majorité peut s'imposer. Mais il peut cependant arriver que cette majorité "se trompe", c'est-à-dire que le "sens commun" s'oppose au "bon sens".
Il arrive dès lors dans ce cas que le débat démocratique, qui donnerait l'occasion à la majorité de s'exprimer et s'imposer, soit neutralisé, ou bien que son issue soit sévèrement critiquée.
Il s'agit alors d'aller contre la majorité, ou plutôt de vouloir réaliser son bien-être malgré elle.
Le contrôle du débat démocratique peut s'avérer dangereux dans le sens où il peut confiner au totalitarisme.
Mais l'on doit reconnaître aussi qu'il peut parfois être souhaitable. C'est ainsi qu'en France, le

débat sur la peine de mort n'est pas relancé car l'on sait que la majorité des Français y est favorable.

L'actualité nous montre aussi et nous rappelle comment le débat démocratique peut conduire à l'horreur, en ce qu'il permet à des hommes politiques pro-nazis d'accéder aux postes de pouvoir.

Les limites au débat démocratique sont donc nombreuses et l'atteignent dans ses deux fondements, l'égalité et la liberté. L'instrumentalisation du débat démocratique relevait quasiment de l'inévitable, à moins de faire de celui-ci un exercice sans intérêt, mais elle a par là même abouti à la perversion de celui-ci. La rationnalisation du débat démocratique a tiré les conséquences de son instrumentalisation et de son poids dans la prise de décision, en restreignant la liberté des acteurs du débat. Celle-ci peut apparaître parfois préjudiciable, mais le contrôle qu'elle induit, bien que la frontière de celui-ci doive être tracée avec précaution, permet parfois de placer la démocratie devant ses contradictions et de l'encourager à réparer les conséquences de ses égarements.

BIBLIOGRAPHIE

Appel Karl-Otto, *Éthique de la discussion*, Cerf, 1994, 120 pages.
Arendt Hanna, *Essai sur la révolution*, Tel Gallimard, 1967, 475 pages.
— *La Crise de la culture*, Idées Gallimard, 1972, 380 pages.
— *Le Système totalitaire*, Points Seuil, 1995, 307 pages.
Binoche Bertrand, *Critiques des droits de l'homme*, PUF, 1989, 125 pages.
Boltanski Luc et Chiapelle Ève, *Le Nouvel esprit du capitalisme*, Gallimard, 850 pages.
Bourdieu Pierre, *La Noblesse d'État*, Les Éditions de Minuit, 1989, 569 pages.
Burke Edmund, *Réflexions sur la révolution de France*, Pluriel, 1989, 815 pages.
Chevalier Louis, Classes laborieuses, classes dangereuses, Hachette, 1984.
Chiffres Michel, *La Désertion des énarques : du pantouflage en République*, Stock, 249 pages.
Constant Benjamin, *De la liberté chez les modernes*, Pluriel, 1980, 703 pages.
Debray Régis, *L'État séducteur*, Folio Essais, 1993, 190 pages.
Delbary Françoise, *La Psychanalyse, une anthologie*, tome I : « Les concepts fondamentaux », Presses Pocket, 1996, 465 pages.
Derrida Jacques, *Spectres de Marx*, Galilée, 1993, 280 pages.
— *Le Siècle et le Pardon*, Seuil, 2000.
Élias Norbert, *La Civilisation des mœurs*, Presses/Pocket, 1969, 342 pages.
Engelhard Philippe, *L'Homme mondial, les sociétés humaines peuvent-elles survivre ?*, Arléa, 1996, 568 pages.
Etchegoyen Alain, *La Valse des éthiques*, François Bourin, 1991, 245 pages.
— *Les Pères ont des enfants*, Seuil, 1999.
— *La Vraie morale se moque de la morale*, Seuil, 1999.
Finkielkraut Alain, *La Défaite de la pensée*, Folio Essais, 1987, 180 pages.
— *L'Humanité perdue, Essai sur le XXe siècle* ; *La Nation à l'épreuve*, Tricorne, 1999.
— *L'Ingratitude : conversation sur notre temps*, Gallimard, 1999, 220 pages.
Fukuyama Francis, *La Fin de l'histoire et le dernier homme*, Champs Flammarion, 1992.
Fumaroli Marc, *L'État culturel*, Livre de Poche, Éditions De Fallois, 1992, 411 pages.
Furet François, *Le Passé d'une illusion*, LGF, 1999, Livre de poche, 824 pages.
Girard René, *Mensonge romantique et vérité romanesque*, Grasset, Pluriel, 1961, 350 pages.
Hardt M. et Negri A., *Empire*, Exils, 2001, 560 pages.
Henry M., *La Barbarie*, Livre de poche Biblio/Essais, Grasset, 1987, 205 pages.
Hervieu-Léger Danièle, *Le Pèlerin et le Converti*, Flammarion, 1999, 290 pages.
Huntington Samuel, *Le Choc des civilisations*, Odile Jacob, 1997, réédition 2000.
Jonas Hans, *Le Principe responsabilité*, Champs Flammarion, 1990, 470 pages ; ou à défaut *Pour une éthique du futur*, Rivages Poche, 1998, 117 pages.
Jouvenel (de) Bertrand, *Du pouvoir*, Pluriel, Hachette, 1998, 607 pages.
Keppel Gilles, *Jihad, Expansion et déclin de l'islamisme*, Gallimard, 2000, 430 pages.
Laurent Alain, *L'Individu et ses ennemis*, Hachette Pluriel, 1987, 570 pages.
Lefort Claude, *La Complication : retour sur le communisme*, Fayard, 1999, 258 pages.
Legendre Pierre, *Miroir d'une Nation : L'École Nationale d'Administration*, Mille et une Nuits, 1999, 80 pages.
Manent Pierre, *Histoire intellectuelle du libéralisme*, Pluriel, 1987, 250 pages.
Michel Onfray, *Politique du rebelle*, LGF, Livre de poche Biblio/Essai, 1999, 345 pages.

Minc Alain, *La Mondialisation heureuse*, Gallimard 1998, 256 pages.
— La Vengeance des Nations, Grasset, 1990, 273 pages.
Popper Karl, *La Leçon de ce siècle*, 10/18, 1993, 146 pages.
Sen Amartya, *Un nouveau modèle économique*, Éditions Odile Jacob, 2000, 356 pages.
Serres Michel, *Atlas*, Flammarion, 1996, 288 pages.
— *Le Contrat naturel*, François Bourin, 1990, 191 pages.
Strauss Léo, *Droit naturel et histoire*, Champs Flammarion, 1986, 315 pages.
— *Qu'est-ce que la philosophie politique ?*, PUF, 1992, 296 pages.
Tocqueville Alexis (de), *De la démocratie en Amérique*, Gallimard, 1991, 2 tomes ; ou Laffont, 1999.
Todd Emmanuel, *L'Illusion économique, Essai sur la stagnation des pays développés*, Folio Gallimard, 1998 (livre), 1999 (préface), 392 pages.
Todorov T., *Mémoire du mal, tentation du bien : enquête sur le siècle*, Laffont, 2000, 355 pages.
Weber Max, *L'Éthique protestante et l'esprit du capitalisme*, Agora Pocket, 1964, 286 pages.
— *Le Savant et le Politique*, 10/18, Plon, 1959, 185 pages, préface de Raymond Aron.
Weil Simone, *Réflexions sur les causes de la liberté et de l'oppression sociale*, Idées Gallimard, 1955, 150 pages.
Wittgenstein Ludwig, « Conférence sur l'éthique », in *Leçons et Conversations*, Idées Gallimard, 1971, 175 pages. (Lire les pages 141-155).

Outils de travail

Alcaud D., Quillien P., Lefort S., *L'Épreuve de culture générale*, Ellipses, 2000.
Cobast Éric, *La Revue de culture générale : l'année Major, 1999-2000*, PUF, 2000, 240 pages
Collectif, *Dictionnaire de culture générale*, PUF, 2000.
Collectif, *Cent fiches de lecture : les livres qui ont marqué le XXe siècle*, Bréal, 1998.
Lorvellec Y., *Exercices de culture générale*, Ellipses, 2000.

N.B. : pour les ouvrages traduits, la date est celle de la traduction française.

INDEX DES NOMS

Ajami Fouad : 202, 204.
Akbar M. J. : 198.
Alain (Émile Chartier, dit) : 45, 143, 161.
Alembert Jean (d') : 273.
Allen Woody : 382, 385, 386.
Améry Jean : 465.
Amin Samir : 206, 289, 298.
Antelme Robert : 465, 466, 468.
Aragon Louis : 496.
Arendt Hannah : 34, 56, 86, 95, 98, 109, 130, 140, 142, 143, 159, 160, 161, 163, 164, 165, 167, 168, 169, 170, 171, 172, 173, 174, 175, 176, 178, 179, 207, 214, 216, 217, 218, 219, 220, 227, 228, 229, 230, 231, 244, 257, 268, 319, 320, 321, 324, 325, 326, 342, 397, 398, 399, 469, 484, 485, 486, 496, 497, 504, 505, 508, 515, 516.
Aristote : 30, 113, 117, 162, 238, 250, 261, 266, 506.
Aron Raymond : 23, 39, 113, 138, 159, 160, 162, 163, 165, 168, 169, 170, 172, 173, 174, 175, 176, 177, 182, 196, 199, 218, 220, 224, 225, 226, 227, 228, 231, 351, 496, 497.
Asimov Isaac : 60, 388.
Augustin (saint) : 24, 312, 471.
Bacon Francis : 28, 35, 238, 510.
Baconsky Theodor : 388.
Bakhtine Michaïl : 379.
Balazs Étienne : 138, 143.
Ballé : 143.
Balzac Honoré (de) : 151.
Banks Russell : 132, 133.
Barrès Maurice : 25.
Bataille Georges : 67, 187.
Baubérot Jean : 407, 409, 419.
Baudrillard Jean : 206, 500.
Bauman Zygmun : 295, 312, 515, 516.
Beauvoir Simone (de) : 496.
Beckett Samuel : 496.
Below Saul : 341.
Benda Julien : 494.
Bentham Jeremy : 237, 252, 253, 255, 506.
Benveniste Émile : 82.
Bergson Henri : 52, 109, 111, 128, 326, 347, 378, 385, 386, 387, 388.
Berkeley George : 489.
Bernstein Richard : 341, 350, 362, 363, 364.
Bettati Mario : 196, 373, 447, 448, 449, 450, 451, 452, 453, 454, 456, 462, 500, 517.
Bloch Ernst : 111, 124, 127, 241.
Bloch Marc : 16.
Blondel Charles : 473.
Bodin Jean : 59, 238, 424, 453, 454, 488, 511.
Bonaventure (saint) : 50.
Bourdieu Pierre : 6, 138, 148, 181, 250, 270, 325, 329, 333, 342, 351, 352, 353, 354, 355, 356, 357, 358, 359, 360, 416, 507, 515.
Boussinesq Jean : 407, 408, 410, 412, 413, 419, 440.
Brague Rémi : 61.
Braudel Fernand : 203, 205, 285, 303.
Brender A. : 295.
Breton André : 494.
Briand Aristide : 412, 413, 414, 440.
Buisson Ferdinand : 407, 408.
Burke Edmund : 237, 258, 490.
Bush G. W. : 185.
Busino G. : 143.
Calasso Roberto : 13.
Calvin Jean : 429, 434.
Camroux David : 194, 197, 202, 203, 204.
Carrère d'Encausse Hélène : 226, 498, 500.
Cassin René : 448, 449.
Castoriadis Cornelius : 138, 143.
Chartres Bernard (de) : 27, 33.
Chirac Jacques : 82, 175, 297, 385, 452, 471.
Cicéron : 14.
Clausewitz (von) Karl : 491.
Clinton Bill : 247, 380, 452.
Cohen Daniel : 292, 299, 515, 516.
Cohen E. : 291, 294, 295.
Colbert Jean-Baptiste : 273, 274.
Combacau Jean : 447.
Combes Émile : 413.
Comte Auguste : 26, 59, 60, 209.
Conan É. : 350.
Condorcet : 28, 48, 407, 408, 409, 417, 490.
Coq Guy : 407, 413, 414, 415, 416, 417, 419, 443.
Constant Benjamin : 241, 245, 490, 491.
Corneille Pierre : 43.
Courrier Paul-Louis : 11.
Courteline Georges : 151.
Crozier Michel : 143, 147, 152, 153, 156.
Darwin Charles : 59, 249.

De Gaulle Charles : 10, 17, 304, 384, 469, 485, 496, 498.
Debray Régis : 13, 94, 401, 453, 456.
Deleuze Gilles : 144, 388.
Delmas-Marty Mireille : 131, 133.
Derrida Jacques : 180, 189, 190, 191, 206, 222, 231, 388, 442, 465, 470, 471, 473, 481, 482, 484, 500, 509, 516.
Descartes René : 28, 119, 249, 488.
Dewey John : 315.
Diderot Denis : 273, 402.
Dostoievski Fiodor : 93, 130.
Dreyfus Alfred : 87, 363, 492, 493.
Dufoix Georgina : 81.
Dumézil Georges : 407, 439.
Durkheim Émile : 421, 473, 504.
Duverger Maurice : 161, 162, 163.
Eckermann Johann : 45.
Eco Umberto : 379, 388.
Einstein Albert : 47, 72, 127.
Éliade Mircea : 311, 407, 423, 439.
Élias Norbert : 21, 22, 35, 40, 42, 46, 58, 63, 369, 381, 495.
Emmanuel Pierre : 17.
Engelhard Philippe : 54, 161, 173, 179, 182, 186, 187, 189, 195, 199, 247, 256, 285, 288, 289, 290, 294, 295, 299, 313, 326, 330, 331, 332, 334, 341, 347, 349, 371, 374, 480, 514, 515, 516.
Engels Friedrich : 491.
Érasme : 48, 50, 51, 52, 380, 381.
Ésope : 8.
Euclide : 127.
Farakhan Lois (ou Louis) : 368, 398.
Fédeau : 386.
Ferdinand Ier, Roi de Bohême : 86.
Ferenczi Thomas : 62, 63, 319.
Ferguson A. : 261.
Ferry Luc : 26, 35, 83, 120, 181, 408, 415, 416, 515.
Fichte Johann Gottlieb : 490.
Finkielkraut Alain : 35, 99, 131, 133, 214, 351, 354, 357, 374, 462, 480.
Fisette J. : 257.
Flaubert Gustave : 12, 151.
Foucault Michel : 75, 173, 180, 181, 190, 354, 366, 380, 497, 498, 504.
Fourier Charles : 70, 143, 173, 348.
Freud Sigmund : 21, 27, 62, 63, 64, 65, 66, 67, 68, 69, 70, 71, 72, 73, 74, 75, 84, 91, 95, 96, 164, 178, 319, 377, 378, 382, 384, 388, 389, 391, 392, 393, 394, 396, 432, 472, 493, 494, 507, 511, 512.
Friedman D. : 256, 257.
Friedmann G. : 148.
Fukuyama Francis : 30, 38, 60, 126, 179, 180, 181, 182, 183, 184, 185, 186, 187, 188, 189, 190, 191, 192, 193, 196, 199, 201, 204, 222, 223, 229, 230, 244, 249, 299, 313, 314, 315, 320, 329, 334, 371, 373, 374, 461, 462, 478, 500, 514.
Fumaroli Marc : 10, 11, 12, 13, 14, 15, 16, 17, 23, 77, 331, 334, 500.
Furet François : 177, 178, 221, 222, 229, 230.
Fustel de Coulanges : 480.
Galilée : 59, 249, 488.
Gates Bill : 292.
Gauchet Marcel : 152, 178, 196, 321, 359, 419, 420, 421, 422, 423, 424, 425, 426, 428, 441, 443, 514.
Gibbon Edward : 24, 35.
Gide André : 493, 494.
Girard René : 22, 74, 132, 209, 222, 255, 350, 380, 381, 387, 403, 509.
Giscard d'Estaing : 31, 82, 384.
Godard J.-L. : 497, 498.
Goethe : 44, 45, 91, 489, 491.
Goldhagen Daniel : 95, 99, 104, 469.
Gorbatchev M. : 177, 499, 500.
Gracian Balthasar : 43, 380.
Greenway H. D. : 198.
Grégoire de Tours : 475.
Gripari Pierre : 388.
Guizot : 35, 242.
Guyau Jean-Marie : 504.
Habermas Jürgen : 97, 110, 257, 516.
Haendel Georg Friedrich : 489.
Halbawachs Maurice : 472, 473.
Halévy Daniel : 13, 361.
Hayek von Freidrich : 68, 220, 237, 238, 239, 240, 242, 244, 246, 248, 251, 257, 258, 259, 260, 261, 262, 263, 279, 286, 311, 321, 322, 495.

Hegel G. W. : 7, 38, 39, 89, 91, 180, 188, 189, 190, 191, 204, 238, 261, 423, 439, 483, 490, 491.
Heidegger Martin : 28, 52, 95, 128, 180, 494, 495.
Hemingway Ernest : 76, 494, 496.
Henry Michel : 180, 333, 334.
Herder Johann F. : 25, 38, 44, 104, 107, 479.
Hervieu-Léger Danièle : 31, 322, 339, 408, 412, 413, 414, 416, 417, 418, 419, 428, 429, 434, 435, 436, 443, 514, 516.
Hilaire Georges : 11.
Hippocrate : 34, 130.
Hitler Adolph : 16, 98, 99, 103, 108, 165, 166, 167, 208, 209, 211, 214, 394, 401, 447, 457, 494.
Hobbes Thomas : 28, 59, 184, 235, 238, 261, 361, 505, 511.
Holbach (Paul-Henri, baron d') : 47.
Hölderlin Friedrich : 491.
Homère : 16, 44.
Hottois Gilbert : 28.
Houellebecq Michel : 180, 189, 500, 501.
Hugo Victor : 492.
Huntington Samuel : 8, 123, 192, 193, 194, 195, 196, 197, 198, 199, 200, 201, 202, 203, 204, 205, 290, 319, 327, 329, 334, 347, 372, 373, 374, 450, 451, 461.
Hussein Saddam : 198, 203, 401, 457, 498, 500.
James William : 89.
Jankelevitch Vladimir : 110, 458, 473, 483, 484, 485, 486.
Jaspers Karl : 81, 95, 96, 97, 98, 99, 101, 102, 103, 104, 105, 106, 107, 108, 109, 130, 171, 202, 208, 213, 216, 218, 462, 469, 495, 510.
Jaurès Jean : 413.
Jézéquel L. : 419.
Jonas Hans : 28, 70, 89, 90, 91, 95, 101, 111, 112, 114, 115, 117, 119, 120, 125, 130, 189, 191, 241, 373, 515.
Joyce James : 494.
Jünger Ernst : 25.
Kafka Franz : 146, 494.
Kant Emmanuel : 6, 27, 30, 35, 42, 43, 44, 46, 59, 89, 92, 93, 104, 113, 114, 117, 127, 179, 184, 186, 190, 204, 249, 252, 260, 261, 357, 359, 452, 453, 459, 489, 490, 504.
Kantorovicz Ernst : 403, 511.
Kelsen Hans : 494.
Keynes John : 258, 274, 494.
Keppel Gilles : 442, 520.
Kerouak Jack : 505.
Khamenei : 199.
Khomeiny : 409.
Kierkegaard Sören : 388, 441, 491.
King Martin Luther : 341, 368, 398.
Kissinger Henry : 184, 185, 193.
Koestler Arthur : 220, 399, 495.
Kofman Sarah : 388.
Kojève Alexandre : 191.
Kouan You Lee : 182, 204, 329, 330, 450, 461.
Kouchner Bernard : 501.
Kravchenko : 495.
Krugman Paul : 206, 295, 289, 312, 316, 326.
La Boétie Étienne (de) : 175, 216, 223.
La Bruyère Jean (de) : 381.
Lacan Jacques : 358.
Lacroix Jean : 110.
Lagrange Léo : 12.
Laïdi Zaki : 178, 180, 186, 189, 195, 202, 203, 229, 285, 286, 287, 288, 290, 291, 295, 299, 300, 312, 313, 315, 319, 322, 323, 326, 332, 429, 514, 515.
Lang Jack : 12, 13.
Laurent Alain : 275, 338, 369, 520.
Laurent Jeanne : 11, 12, 17.
Lawrence d'Arabie : 494.
Lazuech Gilles : 312, 326.
Lefort Claude : 137, 138, 140, 161, 163, 178, 221, 222, 225, 227, 228, 229, 230, 469.
Leibniz Georg : 262, 489.
Lénine : 142, 166, 167, 213, 224, 226, 493, 494.
Lessing Gotthold : 44, 257, 489.
Lévinas Emmanuel : 473, 498.
Lévi-Strauss Claude : 30, 40, 351, 352, 354, 370, 373, 374, 465, 468, 496.
Lévy Bernard-Henri : 12, 94, 453.
Lipovetsky Gilles : 9, 33, 72, 152, 295, 321, 331, 379, 382, 384, 385, 386, 387, 388, 428, 429, 430, 437, 500, 510.
Locke John : 238, 241, 244, 498.
Luther Martin : 59, 380, 434.
Lyotard Jean-François : 428, 510.
Machiavel Nicolas : 59, 88, 169, 185, 235, 238, 241, 380, 424, 453, 454, 488, 511.
Mahbubani Kishore : 196, 450.

Maine de Biran (Marie François Pierre) : 238.
Malia Martin : 11, 13, 178, 221, 222, 226, 229, 231.
Malraux André : 91, 494, 497.
Malthus Thomas : 253.
Manent Pierre : 235, 236, 238, 239, 252, 257.
Mao Tse Toung : 142, 182, 363.
Marcuse Herbert : 75, 496.
Marrou Jean-Iréné : 35.
Marshall (plan) : 256, 302, 507.
Marsile de Padoue : 453, 454.
Marx Karl : 8, 12, 39, 121, 122, 124, 126, 180, 188, 189, 190, 191, 209, 228, 230, 277, 278, 292, 294, 295, 300, 302, 350, 351, 356, 360, 491, 492, 507.
Maurras Charles : 12, 25, 495, 496.
Mauss Marcel : 223, 289.
Melville Herman : 144, 146.
Menger Carl : 258.
Merleau-Ponty Maurice : 160, 161, 215, 220, 399, 495.
Merton Robert King : 151, 152.
Mill James : 252.
Minc Alain : 146, 186, 195, 222, 240, 285, 286, 287, 288, 289, 291, 292, 293, 295, 296, 297, 299, 300, 301, 302, 303, 304, 307, 308, 309, 311, 313, 314, 316, 318, 322, 323, 324, 328, 333, 334, 514, 516.
Mintzberg Raoul : 138, 143.
Mirabeau Victor : 46, 47, 273.
Mitterrand François : 82, 123, 314, 408, 451, 485.
Montagnier Luc : 500.
Montaigne Michel (de) : 34.
Montesquieu : 34, 139, 162, 169, 170, 171, 219, 237, 238, 242, 243, 245, 339, 489.
More Thomas : 380.
Moreau-Defarges Philippe : 456, 462.
Morgenthau Henry : 185.
Morin Edgar : 19, 30, 32, 33, 34, 56, 60, 193, 202, 286, 305, 318, 370, 386, 500.
Mounier Emmanuel : 508.
Musil Robert : 144, 146.
Nagel Thomas : 281.
Newton Isaac : 59, 127, 249, 488.
Nietzsche Friedrich : 5, 15, 23, 26, 44, 45, 52, 68, 95, 132, 180, 188, 189, 190, 223, 249, 259, 268, 327, 386, 388, 492, 493, 509.
Nizan Paul : 494.
Nora Pierre : 315, 419.
O'Tooll : 146.
Onfray Michel : 500, 501.
Orwell George : 496.
Özal Turgut : 200.
Palmer R. : 193.
Paréto Vilfredo : 256, 257, 288, 507.
Pascal Blaise : 26, 27, 36, 244, 276.
Patocka J. : 36.
Péguy Charles : 88, 130.
Peirce Charles : 257.
Pérec Georges : 497.
Pinto Louis : 356, 360.
Pissarev : 509.
Platon : 6, 15, 219, 243, 252, 506, 509, 512.
Pol Pot : 191, 218, 498.
Popper Karl : 96, 109, 237, 241, 246, 257, 326.
Rabelais François : 379, 380.
Racine Jean : 43.
Rawls John : 112, 237, 239, 241, 242, 246, 247, 250, 251, 253, 254, 256, 257, 259, 269, 270, 271, 272, 279, 308, 311, 317, 351, 498, 500, 512.
Redslob Alain : 312, 326.
Reich Wilhelm : 292, 301.
Renan Ernest : 7, 15, 60, 216, 243, 276, 314, 344, 345, 471, 472, 474, 475, 477, 478, 479, 480, 492.
Reynaud J.-D. : 149.
Ricœur Paul : 84, 86, 90, 92, 95, 110, 131, 132, 133, 281, 415, 418, 465, 466, 467, 469, 470, 471, 473, 481, 482, 484.
Riemann Paul : 127.
Rigaud Jacques : 17, 515.
Rike Rayner Maria : 493.
Rimbaud Arthur : 383.
Robbe-Grillet Alain : 497.
Rolland Romain : 62, 63, 319.
Roman Joë : 474.
Romeyer-Dherbey Gilbert : 250.
Rorty Richard : 251, 257, 319, 330.
Rosanvallon Pierre : 501.
Rougemont Denis (de) : 61, 140.

Rousseau Jean-Jacques : 23, 27, 28, 29, 36, 43, 46, 73, 243, 248, 270, 271, 479, 489, 505, 511.
Rousset David : 206, 220.
Sade (marquis de) : 490.
Sainsaulieu Renaud : 143, 147, 148, 150.
Saint-Exupéry Antoine : 12.
Saint-Just : 219, 244, 260.
Saint-Pierre (L'abbé de) : 489.
Saint-Simon (Duc de) : 381.
Saint-Victor (Hugo de) : 50.
Salle Jean-Baptiste (de la) : 52.
Sarraute Nathalie : 497.
Sartre Jean-Paul : 32, 160, 306, 359, 398, 495, 497, 499, 515.
Saussure Ferdinand (de) : 352.
Schiller Friedrich (von) : 44.
Schopenhauer Arthur : 38, 42, 67, 69, 70.
Semprun Georg : 465, 468.
Sen Amartya : 143, 257, 289, 294, 295, 316, 325, 326, 330, 331, 333, 334.
Serres Michel : 112, 130, 371, 461, 515.
Shakespeare William : 43, 44, 380.
Sloterdijk Peter : 190, 499, 501.
Smith Adam : 187, 238, 241, 244, 248, 261, 274, 285, 311, 489, 508.
Soljenitsyne Alexandre : 161, 497, 498.
Sophocle : 83, 95, 114.
Spencer Herbert : 249.
Spengler Oswald : 25, 36, 37, 38, 39, 63, 192, 194, 298, 319, 493, 494.
Spinoza : 63, 68.
Staël Germaine (de) : 491, 492.
Staline : 140, 160, 166, 167, 173, 174, 176, 208, 209, 217, 224, 305, 401, 402, 494, 496.
Stanford Dennis : 470.
Stuart Mill : 89, 252, 255, 257, 478.
Taylor Charles : 148, 278, 281, 324, 341, 347, 350, 371, 374, 398, 514, 515, 516.
Térence : 453, 454.
Testart Jacques : 501, 516.
Thatcher Margaret : 235, 316.
Thiers Louis Adolphe : 491.
Thomas d'Aquin (saint) : 238, 241, 261, 266.
Tocqueville Alexis (de) : 68, 71, 142, 188, 190, 207, 222, 223, 237, 243, 263, 264, 265, 266, 267, 280, 311, 356, 425, 491, 492, 510.
Todorov Tzvetan : 132, 174, 177, 231, 281, 338, 344, 373, 374, 380, 465, 470, 471, 473, 516.
Torga Miguel : 318, 319.
Tourgueniev Ivan : 509.
Toynbee Arnold : 194, 195.
Trotski Léon : 228.
Truffaut François : 497.
Turgot Anne Robert Jacques : 23, 46, 273, 274, 294.
Tutu Desmond : 482.
Valéry Paul : 12, 23, 24, 29, 30, 36, 54, 77, 293, 489.
Veber Florence : 455.
Vercors : 35.
Vico Jean-Baptiste : 36.
Vignaux Michèle : 82, 95.
Volkoff Vladimir : 204.
Voltaire : 22, 23, 45, 63, 71, 187, 489.
Weber Max : 85, 86, 88, 95, 137, 138, 139, 141, 142, 143, 147, 149, 151, 161, 420, 421, 425, 429, 430, 441, 443, 493, 508.
Weigel George : 196.
Weil Éric : 95, 170.
Willaime J. P. : 434.
Wittgenstein Ludwig : 493.
Zay Jean : 12.

TABLE DES MATIÈRES

INTRODUCTION **3**

- **Cours** 5
  Qu'est-ce que la culture générale ? 5
- **Conseils méthodologiques en vue de la dissertation de culture générale** 9
- **Sujet traité** 10
  « La culture est-elle l'affaire de l'État ? » 10

CHAPITRE 1 – CIVILISATION, DÉCADENCE, RENAISSANCE ? **19**

- **Cours** **21**
- **Présentation d'un penseur** 37
  Le déclin de l'occident selon Oswald Spengler. 37
- **Fiches de lecture** 40
  Norbert Élias, *La Civilisation des mœurs.* 40
  Edgar Morin, *Penser l'Europe.* 53
  Sigmund Freud, *Malaise dans la civilisation.* 62
- **Sujet traité** 76
  « La civilisation d'Europe occidentale est-elle en décadence ? » 76

CHAPITRE 2 – LA RESPONSABILITÉ EN QUESTIONS **79**

- **Cours** **81**
- **Fiches de lecture** 96
  Karl Jaspers, *La Culpabilité allemande.* 96
  Hans Jonas, *Le Principe responsabilité.* 111
- **Sujet traité** 129
  « Ne sommes-nous responsables que de ce que pouvions prévoir ? » 129

CHAPITRE 3 – BUREAUCRATIE, TECHNOCRATIE, DÉMOCRATIE **135**

- **Cours** **137**
- **Présentation d'un penseur** 144
  Utiliser *Bartelby* (1853) de Hermann Melville 144
- **Fiche de lecture** 147
  Renaud Sainsaulieu, *L'Identité au travail.* 147

CHAPITRE 4 – LE TOTALITARISME, ET APRÈS ? PENSER L'APRÈS COMMUNISME **157**

- **Cours** **159**
- **Fiches de lecture** 207
  Hannah Arendt, *Le Système totalitaire.* 207
  Claude Lefort, *La Complication. (Retour sur le communisme)* 221

CHAPITRE 5 – LIBÉRALISME, PRAGMATISME, UTILITARISME **233**

- **Cours** **235**
- **Présentation d'un penseur** 258
  Le libéralisme intégral de Friedrich von Hayek. 258
- **Fiches de lecture** 264
  Alexis de Tocqueville, *De la démocratie en Amérique.* 264
  John Rawls, « Les deux principes de la théorie de la justice » 269
- **Commentaire de citations** 273
  « Laissez faire, laissez passer. » (Anne-Robert Jacques Turgot) 273
- **Sujet traité** 276
  « L'impartialité de l'État, mythe ou réalité ? » 276

CHAPITRE 6 – LA MONDIALISATION **283**

- **Cours** **285**
- **Fiches de lecture** 296
  Alain Minc, *La Mondialisation heureuse.* 296
  Zaki Laïdi, *Malaise dans la mondialisation.* 313
- **Sujet traité** 327
  « Y a-t-il lieu de redouter une mondialisation de la culture ? » 327

CHAPITRE 7 – COMMUNAUTARISME, MULTICULTURALISME ET MOUVEMENT « POLITIQUEMENT CORRECT » 335

- **Cours 337**
- **Présentation d'un penseur** 351
  Pierre Bourdieu et le champ culturel 351
- **Fiche de lecture** 362
  Richard Bernstein, *Dictatorship of Virtue (Multiculturalism and the Battle for America's Future).* 362
- **Sujet traité** 369
  « Prendre en compte la diversité des cultures contraint-il à renoncer à l'idée même de valeurs universelles ? » 369

CHAPITRE 8 – DE QUI SE MOQUE-T-ON ? 375

- **Cours 377**
- **Fiche de lecture** 389
  Sigmund Freud, *Le Mot d'esprit et ses rapports avec l'inconscient.* 389
- **Commentaire de citations** 397
  « La force n'est jamais ridicule. » (Napoléon Bonaparte) 397

CHAPITRE 9 – LA LAÏCITÉ 405

- **Cours 407**
- **Fiches de lecture** 420
  Marcel Gauchet, *Le Désenchantement du monde.* 420
  Danièle Hervieu-Léger, *Le Pèlerin et le Converti. (La Religion en mouvement)* 428
- **Sujet traité** 439
  « Le religion est-elle devenue aujourd'hui une affaire purement privée ? » 439

CHAPITRE. 10 – DROIT D'INGÉRENCE ET SOUVERAINETÉ DES ÉTATS 445

- **Cours 447**
- **Sujet traité** 457
  « Peut-on faire la guerre au nom des droits de l'homme ? » 457

CHAPITRE 11 – UN DEVOIR DE MÉMOIRE ? **463**

- **Cours** **465**
- **Fiches de lecture** 474

Ernest Renan, *Qu'est-ce qu'une Nation ?* 474

Jacques Derrida, *Le Siècle et le Pardon.* 481

CHRONOLOGIE **487**

GLOSSAIRE **503**

QUELQUES EXEMPLES DE SUJETS PROPOSÉS **513**

EXEMPLE DE COPIE CORRIGÉE **519**

BIBLIOGRAPHIE **529**

INDEX DES NOMS **533**

Dépôt légal Avril 2003
Achevé d'imprimer sur les presses de
MAME Imprimeurs à Tours (n° 03032151)
Flashage numérique CTP